Pasemos adelante

Intermediate Spanish
For Christian and Home Schools

Steven A. Guémann, PhD

Photographers

Carrie Guemann
Margaret Guemann
Steven Guemann

Consultants

Ana Reed
Daniel Saldívar
Stephanie Sauer
José Zanudo

Copyright 2014, Steven A. Guemann

"Hermanos, yo mismo no pretendo haberlo ya alcanzado; pero una cosa hago: olvidando ciertamente lo que queda atrás, y extendiéndome a lo que está delante, prosigo a la meta, al premio del supremo llamamiento de Dios en Cristo Jesús."

Filipenses 3: 13-14

"Brethren, I count not myself to have apprehended; but this one thing I do, forgetting those things which are behind, and reaching forth unto those things which are before, I press toward the mark for the prize of the high calling of God in Christ Jesus."

Philippians 3: 13-14

Introduction

Pasemos adelante is an intermediate Spanish text for Christian and home schools. As a sequel to *Más que vencedores* (A Beka Book), it may be used in the third year of high school or the third semester of college. While grammatical forms and structures continue to be an important part of the text, greater emphasis is placed on broadening the student's vocabulary base and on developing proficiency in handling many of the practical situations one encounters when travelling abroad. At the same time, the text endeavors to help the student gain confidence in discussing themes of both a spiritual and a practical nature. Finally, the text aims to prepare the student for sharing his/her faith through the stories of the Old Testament and the message of the Gospel.

Each chapter of the text corresponds to one week of study (at the high school level), with every three chapters forming a unit based on a single vocabulary theme. In this system, vocabulary is introduced at the beginning of the first week and an oral presentation applying the vocabulary is given at the end of the second week. During the third week no new grammar or vocabulary is introduced so that students can focus on additional application exercises and prepare for a test on the unit. There are three units in each quarter with the exception of the first, which contains only two units due to the preliminary review. While it is possible to do all of the activities and exercises included in the class and home programs, the text has been designed to allow the teacher to pick those which he or she feels most beneficial.

Following is an overview of the suggested class and home programs for a typical unit.

WEEK 1	CLASS PROGRAM	HOMEWORK
MONDAY	1. Vocabulary review 2. Introduction of new grammar	Grammar exercises
TUESDAY	1. Grammar conversations 2. Introduction of new vocabulary	Write out new vocabulary three times and memorize for a quiz.
WEDNESDAY	1. Vocabulary quiz 2. Exprésate: Entrevista 3. Introduction of verse	Write out and memorize verse for a quiz or do additional grammar exercises.
THURSDAY	1. Quiz on verse 2. Exprésate: Narración/Comentario 3. Oral Mastery exercises	Study for grammar quiz.
FRIDAY	1. Grammar Quiz 2. Enrichment activity	Optional reading or composition

WEEK 2	CLASS PROGRAM	HOMEWORK
MONDAY	1. Introduction of dialogue 2. Introduction of new grammar 3. Work on oral presentation	Do grammar exercises.
TUESDAY	1. Grammar conversations 2. Vocabulary Expansion/Review 3. Exprésate: Entrevista 4. Work on oral presentation	Write out new vocabulary three times and memorize for a quiz.
WEDNESDAY	1. Quiz on vocabulary 2. Grammar Review/Expansion 3. Introduction of verse 4. Work on oral presentation	Write out and memorize verse for a quiz or do additional grammar exercises.
THURSDAY	1. Quiz on verse 2. Exprésate: Narración/Comentario 3. Oral Mastery exercises 4. Work on oral presentation	Memorize oral presentation
FRIDAY	Oral Presentation	Optional reading or composition.

WEEK 3	CLASS PROGRAM	HOMEWORK
MONDAY	1. Introduction of Bible Story 2. Introduction of Interpreter 3. Oral Mastery exercises	Reading and Questions
TUESDAY	1. Exprésate: Entrevista 2. Work on Bible Story or Interpreter 3. Oral Mastery Exercises	Reading and Questions
WEDNESDAY	1. Exprésate: Narración/Comentario 2. Work on Bible Story or Interpreter 3. Oral Mastery Exercises	Reading and Questions
THURSDAY	1. Exprésate: Composition 2. Work on Bible Story or Interpreter 3. Oral Mastery Exercises	Memorize oral presentation or study for a unit test.
FRIDAY	Give oral presentation or take a unit test	Optional composition.

The Class Program

The class program is the student's primary opportunity to use the language in practical ways, with homework serving as a reinforcement of skills introduced and practiced in class. While each teacher will want to develop his own class program, the following suggested schedule works quite well and allows each student a minimum of 25 minutes of practice a day. It should be noted that this program may vary from day to day and that certain activities may be cut when necessary.

WEEK 1		MINUTES
Saludos	Students spend about 1-2 minutes asking each other the questions in the Saludos.	1-2
Structure Review	The students write out three review translations while the teacher attends to students with special needs, make-up work, etc. The teacher then asks individuals to give the Spanish translations.	3-3
Verb/Grammar Drills	The teacher drills a verb tense and one other part of speech (Nouns/Adjectives/Pronouns/Grammatical Contrasts)	3-5
Vocabulary Review	Students working one on one test each other on vocabulary learned to date.	3-5
Self-Expression	Using the questions in *Exprésate* as a guide, one student interviews another and takes notes on what is said. After about seven minutes, the teacher calls on individual students to stand a tell what they learned about their partners.	15
Homework Correction	The teacher reads the correct answers while the students check/correct their work.	3-5
Structure Practice	The students use either the grammar conversations or the oral mastery exercises to practice the newly learned structure. Afterwards, the teacher checks individuals for accuracy.	10
New lesson	The teacher presents the new lesson and assigns the homework.	10

WEEK 2		MINUTES
Saludos	Students spend about 1-2 minutes asking each other the questions in the Saludos.	1-2
Structure Review	The students write out three review translations while the teacher attends to students with special needs, make-up work, etc. The teacher then asks individuals to give the Spanish translations.	3-5
Verb/Grammar Drills	The teacher drills a verb tense and one other part of speech (Nouns/Adjectives/Pronouns/Grammatical Contrasts)	3-5
Vocabulary Review	Students working in pairs test each other on vocabulary learned to date.	3-5
Homework Correction	The teacher reads the correct answers while the students check/correct their work.	3-5
Structure Practice	The students use either the grammar conversations or the oral mastery exercises to practice the newly learned structure. Afterwards, the teacher checks individuals for accuracy.	10
New lesson	The teacher presents the new lesson and assigns the homework.	10
Oral Presentation	The students work in pairs writing an original dialogue based on the dialogue found at the beginning of the chapter.	15

WEEK 3		MINUTES
Saludos	Students spend about 1-2 minutes asking each other the questions in the Saludos.	1-2
Historias bíblicas	The students read aloud and answer the questions on the Bible story found at the beginning of the chapter. Students may be asked to write a summary of the story, interpret it from English to Spanish or memorize a portion of it for presentation before the class.	15
Reading and Discussion	The students read aloud and discuss the articles from *Nuestro pan diario* found at the end of each chapter in the unit.	20
Interpreter	The students takes turns being interpreters using the passage found at the end of the chapter. One student looks at the English and gives the Spanish (or vice-versa), while the other checks his work.	10
Structure Practice	The students use the oral mastery exercises to review and reinforce recently learned structures. Afterwards, the teacher checks individuals for accuracy.	10

The Elements of the Class Program

1. **Saludos**
   Place: Chapter introduction page
   Purpose: The *Saludos* are designed as a warm-up activity, allowing the students to speak briefly on familiar topics such as the time, date, weather, recent activities, etc.. As an alternative to these questions, the teacher may simply ask students to tell their partners what they did the day before or what they plan to do after school. This is a fast, efficient way to improves one's fluency and pronunciation.
   When to use: At the beginning of each class, with the exception of quiz days.

2. **Repaso rápido**
   Place: Chapter introduction page
   Purpose: The written translation exercises test the student's retention of a recently learned structure. Done daily at the beginning of class, they reinforce what he learned the week before. A secondary purpose of these translation exercises is to give the teacher time at the beginning of class to work with students who have been absent and need special attention.
   When to use: At the beginning of each class, with the exception of quiz days.

3. **Vocabulario**
   Place: Beginning chapter of each unit*.
   Purpose: To broaden the students mastery of practical expressions used in the most common encounters of everyday life and especially in travel to Hispanic countries. Though sixty expressions are given, only thirty are required as active vocabulary. The others may be learned passively or memorized optionally as extra credit.
   When to use: The vocabulary should be presented in class on Monday of the first week. If thirty expressions appear to be too much, the teacher may choose to present only fifteen or twenty and introduce the remainder on another day (possibly Monday of the second week).
   How to use: To learn the words, students should write them out three times at home or invent original sentences with each expression. After writing them, they should study the words for a quiz. Following the quiz, the students should review the words daily by working in pairs, with one student testing the other.

4. **Ejercicios de vocabulario**
   Place: Opposite the vocabulary page at the beginning of the first chapter of each unit.
   Purpose: To apply the first thirty words or expressions through question-answer and fill-in exercises.
   When to use: These exercises may be done in class as the vocabulary is introduced or assigned as homework to reinforce what is done in class.

5. **Explicación de gramática**
   Place: Opposite the grammar exercises.
   Purpose: To explain the grammar for the week or the unit and prepare the student for the written homework exercises.
   When to use: On Tuesday/Wednesday/Thursday of the first week and Monday/Tuesday of the second week.

6. **Ejercicios de gramática**
   Place: Adjacent to the Explicación
   Purpose: To practice using the newly introduced form or structure.
   When to use: On Tuesday/Wednesday/Thursday of the first week and Monday/Tuesday of the second week.

7. **Conversaciones**
   Place: Immediately after the written grammar exercises.
   Purpose: To help the student visualize and manipulate the newly learned structure.
   When to use: Following the correction of the written exercises.
   How to use: Students take turns formulating and answering original questions based on the structural outline.

---

*Before beginning the new vocabulary, students should review the vocabulary presented in Spanish 1 and 2 (A Beka Book curriculum). These appear (along with cognates) in the *Antes de empezar...* page opposite the Unit Heading. Some of these same words will be presented again in the new vocabulary.

8. Lectura
Place: At the end of each chapter.
Purpose: To give the student practice reading unedited devotional material taken from *Nuestro pan diario* (*Our Daily Bread*) with the intent of discussing it in Spanish and applying it to one's own life.
When to use: The lectura may be assigned optionally as homework on Wednesdays or read in class on Monday, Tuesday and Wednesday of the third week.
How to use: Students read the selection and answer the questions. The reading is then discussed in class.

9. Exprésate
Place: At the end of each chapter.
Purpose: To stimulate and guide self-expression, either oral or written.
When to use: On Wednesday or Thursday of the first week or second week. Since the students also need to work fifteen minutes on their oral presentations during the second week, it may be necessary to skip this activity and assign it instead as a written composition over the week-end of the second week.
How to use: There are two types of exercises, an interview and a guided narration (oral or written).
For the interview, students work simultaneously in pairs. One student interrogates the other, choosing questions from the list and taking brief notes on what he learns. At the end of around 6-7 minutes, the teachers stops the activity and asks individuals to stand and report what they learned from their partners.

For the guided narration, one student may speak on the assigned theme using the guide and the vocabulary manual to help him express his thoughts. The other takes notes on what he/she hears. After 6-7 minutes the teacher stops the activity and calls on individuals to stand and report what they have learned from their partners. If done as a written exercise in class, each student writes a paragraph on a slip of paper. After 9-10 minutes, the teacher calls time and has individuals stand and read what they have written. The teacher may optionally make corrective notes and explain them after a student has read his paragraph. At the end, the slips of paper may be collected for further correction.

10. Nota cultural
Place: At the end of each chapter.
Purpose: To give the student additional practice reading in Spanish about aspects of Hispanic culture related to the unit topic.
When to use: Since these are primarily for enrichment, they may be read at any time. If time permits, the teacher may choose to discuss them in class.
How to use: Students read the selection silently or aloud and the teacher asks questions on content.

11. Diálogo
Place: At the beginning of the second chapter.
Purpose: To give the student a model of vocabulary usage in practical situations from everyday life and travel abroad.
When to use: Introduce the dialogue on Monday of the second week. Students work on it daily during the final fifteen minutes of class until the oral presentation on Friday.
How to use: After reading the dialogue out loud, pairs of students create an original dialogue of around 200 words (100 words per student) based on the model. They are free to take whatever they want from the original or to edit it to fit their needs. Since the model is long and quite detailed, the students will need to be selective in what they choose to use. Humor and creativity should be encouraged for this activity.
While the students work together, the teacher should move about the class to check progress and to make corrections and answer questions. By Thursday, all of the students should have finished writing and the teacher should make the final check for accuracy as they practice the dialogue together. If the class is not too big and the teacher corrects a little each day as the students work, it is not necessary to collect and correct the presentations. On Friday, the students present their dialogues before the class, with each student receiving an individual grade based on accuracy, fluency, pronunciation and length/complexity. In a large class, there is not time to present all of the dialogues, and the remainder may be presented on Monday. Students who are absent a day or two during the week of the writing and presentation may be given more time or merely told to memorize a portion of the model.

12. Historia bíblica
Place: At the beginning of the third chapter of each unit.
Purpose: To give the student experience in telling or interpreting Bible stories.
When to use: Any time during the week. Stories may be assigned as extra credit or used in place of the regular oral presentation.
How to use: Students may either memorize the story and tell it with picture props or they may interpret it from English to Spanish.

13. Intérprete
Place: At the end of the third chapter.
Purpose: To review and reinforce the vocabulary learned in the unit and to give the student experience in interpreting from either Spanish to English or English to Spanish.
When to use: Going from Spanish to English, this activity may be done at the end of the unit. Going from English to Spanish, which is far more challenging, it is probably best done several weeks after the unit ends, after the student has mastered the vocabulary by reviewing it over a period of time. Even then, the student will need help on certain expressions. The interpreter exercise may be done as extra credit or assigned in place of the regular oral presentation.
How to use: The exercise may be done with one student reading one part aloud and the other interpreting, or with one student looking at the English and saying the Spanish equivalent.

14. Oral Mastery
Place: At the end of the third chapter.
Purpose: To develop speed and fluency in using the structures taught during the quarter.
When to use: Though the oral mastery drills are located at the end of the third chapter, they may be used anytime during the unit, once a structure has been taught and practiced in class and at home. They are the final stage in mastery of the structure, to be used after the written exercises have been done.
How to use: Students work in pairs, holding the paper between n them. One student looks at the English and says the Spanish equivalents, while the other checks the Spanish for accuracy and makes any necessary corrections. If there is more than one column, it is usually best to go across the page, from left to right, though students may also choose to go down any given column.

15. Quarter Review
Place: At the end of units 2, 5, 8 and 11.
Purpose: To review the forms and structures taught during the quarter.
When to use: On the conclusion of units 2, 5, 8 and 11.
How to use: Students do these exercises as homework in preparation for the quarter test.

Contents

Lección de repaso A 1

I. Gramática
1. Verb Forms 2
2. Nouns and Adjectives 4
3. Personal Pronouns 6
4. Sentence Structure 8
5. Grammar Contrasts 10
6. Functional Vocabulary 12

II. Aplicación
1. Tu vida al presente 14
2. ¿Cómo son tus padres 15
3. ¿Cómo son tus hermanos? 16
4. ¿Cómo son tus abuelos? 17

Lección de repaso B 19

I. Gramática
1. Verb Forms 20
2. Nouns and Adjectives 22
3. Personal Pronouns 24
4. Sentence Structure 26
5. Grammar Contrasts 28
6. Functional Vocabulary 30

II. Aplicación
1. Tu vida de niño/a 32
2. ¿Qué tipo de alumno eras? 33
3. La historia de tu padre/tu madre 34
3. Lo que hiciste con tu familia el año pasado 35

Lección de repaso C 37

I. Gramática
1. Verb Forms 38
2. Nouns and Adjectives 40
3. Personal Pronouns 42
4. Sentence Structure 44
5. Grammar Contrasts 46
6. Functional Vocabulary 48

II. Aplicación
1. Tus pasatiempos favoritos 50
2. Tus deportes favoritos 51
3. ¿Qué deportes practicas? 52
4. Tus planes para el futuro 53

Unidad 1: Planeando un viaje 55

Capítulo 1 57
1. Vocabulario: Los viajes 58
2. Gramática: The Subjunctive Mood in Commands 60
3. Versículo: I Juan 3:18 57
4. Lectura: Peregrinación 66
5. Exprésate: Planeando un viaje 67

Capítulo 2 69
1. Diálogo: En la agencia de viajes 71
2. Gramática: Object Pronoun Placement in Commands 74
3. Versículo: Hebreos 10:24 69
4. Lectura: Salida de sol en el cielo 78
5. Exprésate: Un viaje que hiciste 79

Capítulo 3 81
1. La historia de José: Los sueños de José 82
2. Versículo: Mateo 16:24b 81
3. Lectura: Mantén el rumbo 84
4. Exprésate: Un viaje que me gustaría hacer 85
5. Intérprete: En la agencia de viajes 86

Oral Mastery Exercises: The Subjunctive Mood in Commands 88
Placement of Object Pronouns in Commands 90

Unidad 2: Viajando en avión 93

Capítulo 4 95
1. Vocabulario: Viajando en avión 96
2. Gramática: The Subjunctive Mood in Indirect Commands 98
3. Versículo: Juan 3:14 95
4. Lectura: Sentimiento de seguridad 104
5. Exprésate: En el aeropuerto 105

Capítulo 5 107
1. Diálogo: En el aeropuerto 108
2. Gramática: The Subjunctive after Expressions of Desire and Request 110
3. Versículo: Filipenses 1:9 107
4. Lectura: Despierto en el cielo 114
5. Exprésate: Un viaje que hiciste en avión 115

Capítulo 6 117
1. La historia de José: Traicionado 118
2. Versículo: I Timoteo 2:8 117
3. Lectura: Reservación garantizada 120
4. Exprésate: Los medios modernos de transporte 121
5. Intérprete: Viajando en avión 122

Oral Mastery Exercises: The Subjunctive after Expressions of Desire and Request 124
The Subjunctive in Spanish vs. the Infinitive in English 125

Repaso de unidades 1-2 127

Unidad 3: Viajando en tren   129

Capítulo 7   131
1. Vocabulario: Viajando en tren   132
2. Gramática: The Subjunctive after Expressions of Emotion   134
3. Versículo: Juan 6:4a   131
4. Lectura: Túneles y puentes   138
5. Exprésate: Viajando en tren   139

Capítulo 8   141
1. Diálogo: En la estación de ferrocarril   142
2. Gramática: The Subjunctive after Expressions of Doubt and Denial   144
3. Versículo: I Juan 3:23a   141
4. Lectura: Nunca abandonado   150
5. Exprésate: ¿Cómo prefieres viajar?   151

Capítulo 9   153
1. La historia de José: En la casa de Potifar   154
2. Versículo: I Juan 5:1   153
3. Lectura: Vanidoso   156
4. Exprésate: Reglas de Seguridad para el Viajero   157
5. Intérprete: Viajando en tren   158

Oral Mastery Exercises: The Subjunctive after Expressions of Emotion   160
Expressions of Affirmation vs. Doubt and Denial   161

Unidad 4: Viajando en coche   163

Capítulo 10   165
1. Vocabulario: Viajando en coche   166
2. Gramática: The Subjunctive in Adjective Clauses   168
3. Versículo: Romanos 3:10-11   165
4. Lectura: Sigue la señal   174
5. Exprésate: ¿Cómo es tu coche?   175

Capítulo 11   177
1. Diálogo: Alquilando un coche   178
2. Gramática: The Subjunctive in Adverb Clauses   180
3. Versículo: I Juan 3:2b   177
4. Lectura: Me equivoqué   184
5. Exprésate: ¿Cómo manejas?   185

Capítulo 12   187
1. La historia de José: En la cárcel   188
2. Versículo: Juan 11:25   187
3. Lectura: En el asiento del conductor   190
4. Exprésate: Comprando un coche   191
5. Intérprete: Alquilando un coche   192

Oral Mastery Exercises: The Subjunctive vs. the Indicative in Adjective Clauses   194
The Subjunctive in Adverb Clauses   195

Unidad 5: En la estación de servicio 197

Capítulo 13 199
1. Vocabulario: En la estación de servicio 200
2. Gramática: The Subjunctive in Adverb Clauses 202
3. Versículo: Efesios 6:2-3 199
4. Lectura: En busca de lo obvio 208
5. Exprésate: En la estación de servicio 209

Capítulo 14 211
1. Diálogo: En la estación de servicio 212
2. Gramática: The Subjunctive after Relative Pronouns and Adverbs 214
3. Versículo: Hebreos 13:6b 211
4. Lectura: Chequear el aceite 218
5. Exprésate: Un viaje en coche 219

Capítulo 15 221
1. La historia de José: Los sueños de Faraón 222
2. Versículo: Juan 3:17 221
3. Lectura: ¿Estás haciendo tu parte? 224
4. Exprésate: Una descompostura o accidente que tuviste 225
5. Intérprete: En la estación de servicio 226

Oral Mastery Exercises: The Subjunctive after Time Conjunctions 228
The Subjunctive after Relative Pronouns and Adverbs 229

Repaso de unidades 3-5 231

Unidad 6: En la ciudad 233

Capítulo 16 235
1. Vocabulario: En la ciudad 236
2. Gramática: The Past Perfect (Pluperfect) 238
3. Versículo: Lucas 19:10 235
4. Lectura: La larga caminata 242
5. Exprésate: Tu ciudad 243

Capítulo 17 245
1. Diálogo: En la oficina de turismo 346
2. Gramática: The Conditional Perfect 248
3. Versículo: Juan 14:2 245
4. Lectura: Direcciones de lo alto 252
5. Exprésate: Lo que haces en la ciudad 253

Capítulo 18 255
1. La historia de José: Gobernador de Egipto 256
2. Versículo: Juan 2:19a 255
3. Lectura: Una linterna encendida por Cristo 258
4. Exprésate: Los problemas que confronta tu ciudad 259
5. Intérprete: En la oficina de turismo 260

Oral Mastery Exercises: The Past Perfect (Pluperfect) 262
The Conditional Perfect 263

Unidad 7: En el hotel 265

Capítulo 19 267
1. Vocabulario: En el hotel 268
2. Gramática: The Future Perfect 270
3. Versículo: I Tesalonicenses 4:15b 267
4. Lectura: Listo para ir a casa 274
5. Exprésate: ¿Dónde prefieres hospedarte? 275

Capítulo 20 277
1. Diálogo: En el hotel 278
2. Gramática: The Perfect Infinitive 280
3. Versículo: Hebreos 10:26 277
4. Lectura: Deja la luz encendida 284
5. Exprésate: Un hotel en que te quedaste 285

Capítulo 21 287
1. La historia de José: Los hermanos en Egipto 288
2. Versículo: Hebreos 1:3b 287
3. Lectura: Lugar para Jesús 290
4. Exprésate: ¿Qué haces cuando te quedas en un hotel? 291
5. Intérprete: En el hotel 292

Oral Mastery Exercises: Review of the Perfect Tenses 294
The Past Infinitive 295

Unidad 8: Buscando un apartamento 297

Capítulo 22 299
1. Vocabulario: Buscando un apartamento 300
2. Gramática: The Present Perfect Subjunctive 302
3. Versículo: Juan 4:10a 299
4. Lectura: Incompleta 308
5. Exprésate: Tu casa 309

Capítulo 23 311
1. Diálogo: Buscando un apartamento 312
2. Gramática: The Present Perfect Subjunctive in Adjective and Adverb Clauses 314
3. Versículo: Santiago 1:12a 311
4. Lectura: La casa soñada de mamá 318
5. Exprésate: ¿Dónde se vive mejor? 319

Capítulo 24 321
1. La historia de José: El dinero en los sacos 322
2. Versículo: Mateo 5:18 321
3. Lectura: Mi corazón, hogar de Dios 324
4. Exprésate: Los quehaceres domésticos 325
5. Intérprete: Buscando un apartamento 326

Oral Mastery Exercises: The Present Perfect Subjunctive 329
Review of the Subjunctive Tenses 330

Repaso de unidades 6-8 333

Unidad 9: La comida 335

Capítulo 25 337
1. Vocabulario: La comida 338
2. Gramática: The Imperfect Subjunctive 340
3. Versículo: Juan 18:14b 337
4. Lectura: Biblias y chocolate 344
5. Exprésate: Tres comidas típicas 345

Capítulo 26 347
1. Diálogo: En el restaurante 349
2. Versículo: Lucas 24:46 347
3. Gramática: The Imperfect Subjunctive 351, 353
4. Lectura: Hambruna espiritual 356
5. Exprésate: Comiendo fuera 357

Capítulo 27 359
1. La historia de José: La copa de José 360
2. Versículo: Juan 1:7 359
3. Lectura: Puedes servirte. 362
4. Exprésate: La comida rápida vs. la comida tradicional 363
5. Intérprete: En el restaurante 364

Oral Mastery Exercises: The Imperfect Subjunctive 367

Unidad 10: En el supermercado 369

Capítulo 28 371
1. Vocabulario: En el supermercado 372
2. Gramática: The Imperfect Subjunctive in Adjective Clauses 374
3. Versículo: Lucas 24:46 371
4. Lectura: ¡Pélala! 378
5. Exprésate: Tu supermercado favorito 379

Capítulo 29 381
1. Diálogo: En el supermercado 383
2. Gramática: The Imperfect Subjunctive in Adverb Clauses 386
3. Versículo: 2 Corintios 5:21 381
4. Lectura: La sal de la tierra 390
5. Exprésate: Lo que haces cuando compras comestibles 391

Capítulo 30 393
1. La historia de José: José se revela 394
2. Versículo: Salmos 90:2 393
3. Lectura: Demasiado fácil 396
4. Exprésate: Una receta favorita 397
5. Intérprete: En el supermercado 398

Oral Mastery Exercises: Adjective Clauses in the Past 400
Adverb Clauses in the Past 401

Unidad 11: Comprando ropa 403

Capítulo 31 405
1. Vocabulario: Comprando ropa 406
2. Gramática: The Imperfect Subjunctive in If-Clauses 408
3. Versículo: Juan 1:7 405
4. Lectura: Vístete para triunfar 412
5. Exprésate: Mi vestuario 413

Capítulo 32 415
1. Diálogo: En la tienda departamental 416
2. Gramática: The Imperfect Subjunctive after *Ojalá* and *como si* 418
3. Versículo: Apocalipsis 3:15 415
4. Lectura: Sus amigos saben 422
5. Exprésate: Lo que haces cuando vas de compras 423

Capítulo 33 425
1. La historia de José: Jacob en Egipto 426
2. Versículo: Salmo 119:5 425
3. Lectura: No seas falso 428
4. Exprésate: La moda 429
5. Intérprete: Comprando ropa 430

Oral Mastery Exercises: If...then...Clauses 432
The Imperfect Subjunctive after *Ojalá* and *como si* 433

Repaso de unidades 9-11 435

Una corrida de toros, Madrid

Introduction to Review Lessons

The review lessons A. B and C are designed to be practiced orally in class during the first few weeks of the semester. They cover most of the basic grammar taught in Spanish 1 and 2 and can be done either before beginning Unit I or simultaneously with it. In addition to the grammar review, each lesson contains a set of interviews and self-expression exercises which allow the student to practice his speaking and writing skills. It is recommended that both types of exercises--grammar review and communicative exercises--be done each day in class and/or at home.

How to use the Grammar Review

Each of the three review chapters is divided into six sections representing the major parts of speech.

1. Verb Forms
2. Nouns and Adjectives
3. Pronouns Forms and Placement
4. General Sentence Structure
5. Grammatical Contrasts
6. Function Words

The teacher may choose to assign one or more of these sections for practice per day, according to the students' needs and abilities. Note that each review gives the cues on the left page and the answers on the right, allowing students to test themselves, as a home remedial exercise, or each other, as a class exercise. In the latter case, one student looks at the cues and gives the Spanish while the other looks at the answers and gives any necessary corrections. While most of the review, for the sake of simplicity and space, involves English to Spanish translation, minimal vocabulary is used and a basic knowledge suffices to do the exercises.

Interviews

The interviews use vocabulary from years one and two and allow the student to practice his oral and auditory comprehension skills. Students should work simultaneously in pairs. One student interrogates the other, selecting questions from the list and taking brief notes on what he learns. At the end of 6-7 minutes, the teachers stops the activity and asks individuals to stand and report what they learned from their partners.

Narration

The narration exercise may either be done orally in class or assigned as a written paragraph to be done either in class or at home. In the first case, it is recommended that the students work in pairs, with one student speaking and the other listening and taking notes. After seven or eight minutes, the students who have taken notes are given the opportunity to stand and tell the class what they have learned about their partner.

Repaso A

I. Gramática
1. Verb Forms
2. Nouns and Adjectives
3. Personal Pronouns
4. Sentence Structure
5. Grammar Contrasts
6. Functional Vocabulary

II. Aplicación
1. Tu vida al presente
2. ¿Cómo son tus padres?
3. ¿Cómo son tus hermanos?
4. ¿Cómo son tus abuelos?

Tossa de Mar, Cataluña

Práctica 1: The Present Tense

1. REGULAR VERBS

1. (yo) hablar	6. (yo) leer	11. (yo) comprender	16. (yo) esperar
2. (tú) comer	7. (tú) beber	12. (tú) recibir	17. (tú) creer
3. (nosotros) escribir	8. (nosotros) vender	13. (nosotros) buscar	18. (nosotros) escuchar
4. (él) vivir	9. (ella) mirar	14. (él) cubrir	19. (ella) escribir
5. (ellos) comprar	10. (ellas) tomar	15. (ellas) abrir	20. (Uds.) contestar

2. SHORT IRREGULAR VERBS

1. (yo) ser	6. (yo) saber	11. (yo) dar	16. (yo) estar	21. (yo) ver
2. (tú) dar	7. (tú) ser	12. (tú) estar	17. (tú) ver	22. (tú) ir
3. (nosotros) estar	8. (nosotros) dar	13. (nosotros) ser	18. (nosotros) ir	23. (nosotros) saber
4. (ella) ver	9. (él) estar	14. (ella) ir	19. (Ud.) saber	24. (él) dar
5. (ellos) ir	10. (ellas) ver	15. (Uds.) saber	20. (ellos) ser	25. (Uds.) estar

3. -G- STEM VERBS

1. (yo) hacer	6. (yo) tener	11. (yo) decir	16. (yo) salir	21. (yo) venir
2. (tú) oir	7. (tú) decir	12. (tú) poner	17. (tú) caer	22. (tú) traer
3. (nosotros) salir	8. (nosotros) oir	13. (nos.) hacer	18. (nos.) decir	23. (nosotros) caer
4. (ella) poner	9. (él) hacer	14. (ella) traer	19. (Ud.) oir	24. (él) salir
5. (ellos) traer	10. (ellas) salir	15. (Uds.) oir	20. (ellos) poner	25. (Uds.) decir

4. -Z- STEM VERBS

1. (yo) conocer	6. (yo) producir	11. (yo) aparecer	16. (yo) introducir
2. (tú) conducir	7. (tú) ofrecer	12. (tú) conocer	17. (tú) parecer
3. (nosotros) crecer	8. (nosotros) parecer	13. (nos.) traducir	18. (nos.) producir
4. (ella) parecer	9. (él) reconocer	14. (ella) ofrecer	19. (Ud.) conducir
5. (ellos) merecer	10. (ellas) traducir	15. (Uds.) crecer	20. (ellos) reconocer

5. -Y- STEM VERBS

1. (yo) huir	6. (yo) distribuir	11. (yo) concluir	16. (yo) incluir
2. (tú) incluir	7. (tú) concluir	12. (tú) destruir	17. (tú) huir
3. (nosotros) destruir	8. (nosotros) construir	13. (nos.) huir	18. (nos.) concluir
4. (ella) construir	9. (él) huir	14. (ella) influir	19. (Ud.) distribuir
5. (ellos) influir	10. (ellas) destruir	15. (Uds.) construir	20. (ellos) fluir

6. -IE- STEM-CHANGE VERBS

1. (yo) pensar	6. (yo) querer	11. (yo) sentir	16. (yo) cerrar
2. (tú) perder	7. (tú) tener	12. (tú) preferir	17. (tú) sentar
3. (nosotros) cerrar	8. (nosotros) empezar	13. (nos.) venir	18. (nos.) preferir
4. (ella) entender	9. (él) mentir	14. (ella) cerrar	19. (Ud.) despertar
5. (ellos) venir	10. (ellas) comenzar	15. (Uds.) entender	20. (ellos) tener

7. -UE- STEM-CHANGE VERBS

1. (yo) jugar	6. (yo) recordar	11. (yo) volver	16. (yo) poder
2. (tú) poder	7. (tú) dormir	12. (tú) almorzar	17. (tú) encontrar
3. (nosotros) mostrar	8. (nosotros) contar	13. (nosotros) mover	18. (nosotros) dormir
4. (ella) mover	9. (él) encontrar	14. (ella) morir	19. (Ud.) recordar
5. (ellos) morir	10. (ellas) costar	15. (Uds.) contar	20. (ellos) doler

8. -I- STEM-CHANGE VERBS

1. (yo) pedir	6. (yo) conseguir	11. (yo) reírse	16. (yo) vestir
2. (tú) servir	7. (tú) despedir	12. (tú) sonreír	17. (tú) seguir
3. (nosotros) seguir	8. (nosotros) vestir	13. (nos.) pedir	18. (nosotros) servir
4. (ella) repetir	9. (él) impedir	14. (ella) corregir	19. (Ud.) conseguir
5. (ellos) corregir	10. (ellas) medir	15. (Uds.) repetir	20. (ellos) sonreír

1. REGULAR VERBS

1. hablo	6. leo	11. comprendo	16. espero
2. comes	7. bebes	12. recibes	17. crees
3. escribimos	8. vendemos	13. buscamos	18. escuchamos
4. vive	9. mira	14. cubre	19. escribe
5. compran	10. toman	15. abren	20. contestan

2. SHORT IRREGULAR VERBS

1. soy	6. sé	11. doy	16. estoy	21. veo
2. das	7. eres	12. estás	17. ves	22. vas
3. estamos	8. damos	13. somos	18. vamos	23. sabemos
4. ve	9. está	14. va	19. sabe	24. da
5. van	10. ven	15. saben	20. son	25. están

3. -G- STEM VERBS

1. hago	6. tengo	11. digo	16. salgo	21. vengo
2. oyes	7. dices	12. pones	17. caes	22. traes
3. salimos	8. oímos	13. hacemos	18. decimos	23. caemos
4. pone	9. hace	14. trae	19. oye	24. sale
5. traen	10. salen	15. oyen	20. ponen	25. dicen

4. -Z- STEM VERBS

1. conozco	6. produzco	11. aparezco	16. introduzco
2. conduces	7. ofreces	12. conoces	17. pareces
3. crecemos	8. parecemos	13. traducimos	18. producimos
4. parece	9. reconoce	14. ofrece	19. conduce
5. merecen	10. traducen	15. crecen	20. reconocen

5. -Y- STEM VERBS

1. huyo	6. distribuyo	11. concluyo	16. incluyo
2. incluyes	7. concluyes	12. destruyes	17. huyes
3. destruímos	8. construímos	13. huímos	18. concluímos
4. construye	9. huye	14. influye	19. distribuye
5. influyen	10. destruyen	15. construyen	20. fluyen

6. -IE- STEM-CHANGE VERBS

1. pienso	6. quiero	11. siento	16. cierro
2. pierdes	7. tienes	12. prefieres	17. sientas
3. cerramos	8. empezamos	13. venimos	18. preferimos
4. entiende	9. miente	14. cierra	19. despierta
5. vienen	10. comienzan	15. entienden	20. tienen

7. -UE- STEM-CHANGE VERBS

1. juego	6. recuerdo	11. vuelvo	16. puedo
2. puedes	7. duermes	12. almuerzas	17. encuentras
3. mostramos	8. contamos	13. movemos	18. dormimos
4. mueve	9. encuentra	14. muere	19. recuerda
5. mueren	10. cuestan	15. cuentan	20. duelen

8. -I- STEM-CHANGE VERBS

1. pido	6. consigo	11. me río	16. visto
2. sirves	7. despides	12. sonríe	17. sigues
3. seguimos	8. vestimos	13. pedimos	18. servimos
4. repite	9. impide	14. corrige	19. consigue
5. corrigen	10. miden	15. repiten	20. sonríen

Práctica 2: Nouns and Adjectives

1. DESCRIPTIVE ADJECTIVES ENDING IN -O

1. the new book	6. a short pencil	11. the tall girl
2. the red pen	7. some long tables	12. some short boys
3. the white chairs	8. some pretty notebooks	13. the new teachers
4. the yellow papers	9. a small computer	14. a good person
5. the white chalk	10. a good ruler	15. the handsome boy

2. DESCRIPTIVE ADJECTIVES ENDING IN -E OR IN A CONSONANT

1. the blue book	6. an elegant dress	11. some easy assignments
2. the green pen	7. some big hats	12. an excelent student
3. the grey chairs	8. an interesting class	13. the final exams
4. the blue papers	9. some difficult lessons	14. an oral presentation
5. the brown tables	10. an important quiz	15. some popular students

3. ADJECTIVES OF NATIONALITY

1. a Spanish paintor (pintor)	6. the Spanish Armada	11. a German invention
2. a French novel (novela)	7. French fashion (moda)	12. a Portuguese student
3. German food (comida)	8. a German motorcycle	13. an English actrice (actriz)
4. Japanese cars	9. some Spanish paintings	14. some Spanish dances
5. the English theater (teatro)	10. a French bicycle	15. Portuguese food (comida)

4. POSSESSION AND RELATION WITH *DE* PLUS NOUN

1. the Spanish teacher	6. Mary's mother	11. Paco's father
2. the science class	7. Paul's book	12. Sarah's parents
3. the math book	8. Peter's house	13. Oscar's girlfriend
4. the history exam	9. Charle's friends	14. John's pens
5. summer school	10. IAnn's classes	15. Carla's car

5. ORIGIN WITH *DE* PLUS NOUN

1. a teacher from Spain	6. some sandals from Italy
2. a student from Mexico	7. a perfume (perfume) from France
3. a woman from France	8. some plates from England
4. some students from Germany	9. a purse from Mexico
5. some children from Japan (Japón)	10. some cars from Germany

6. MATERIAL WITH *DE* PLUS NOUN

1. a leather purse (cuero)	6. rubber shoes (goma)
2. a silk dress (seda)	7. a nylon blouse (nilón)
3. a wool sweater (lana)	8. polyester pants (poliéster)
4. a plastic hat (plástico)	9. a silk tie (seda)
5. a cotton shirt (algodón)	10. wool socks (lana)

7. SPECIFYING ADJECTIVES

1. the first president	6. the last quiz	11. the worst day
2. the second week	7. both (the two) pens	12. both (the two) teachers
3. the third day	8. the same people	13. neither of the teachers
4. the next week	9. the other papers	14. Which class?
5. the only books	10. the best shirt	15. the third class

1. DESCRIPTIVE ADJECTIVES ENDING IN -O

1. el libro nuevo	6. un lápiz corto	11. la chica alta
2. la pluma roja	7. unas mesas largas	12. unos chicos bajos
3. las sillas blancas	8. unos cuadernos bonitos	13. los profesores nuevos
4. los papeles amarillos	9. una computadora pequeña	14. una persona buena
5. la tiza blanca	10. una regla buena	15. el chico guapo

2. DESCRIPTIVE ADJECTIVES ENDING IN -E OR IN A CONSONANT

1. el libro azul	6. un vestido elegante	11. unas tareas fáciles
2. la pluma verde	7. unos sombrero grandes	12. un estudiante excelente
3. las sillas grises	8. una clase interesante	13. los exámenes finales
4. los papeles azules	9. unas lecciónes difíciles	14. una presentación oral
5. las mesas cafés	10. una prueba importante	15. unos niños normales

3. ADJECTIVES OF NATIONALITY

1. un pintor español	6. la armada española	11. una invención alemana
2. una novela francésa	7. la moda francesa	12. un estudiante portugués
3. la comida alemana	8. una motocicleta alemana	13. una actriz inglesa
4. los coches japoneses	9. unas pinturas españolas	14. unos bailes españoles
5. el teatro inglés	10. una bicicleta francesa	15. la comida portuguesa

4. POSSESSION AND RELATION WITH *DE* PLUS NOUN

1. el profesor de español	6. la madre de María	11. el padre de Paco
2. la clase de ciencia	7. el libro de Pablo	12. los padres de Sara
3. el libro de matemáticas	8. la casa de Pedro	13. la novia de Oscar
4. el examen de historia	9. los amigos de Carlos	14. las plumas de Juan
5. la escuela de verano	10. las clases de Ana	15. el coche de Carla

5. ORIGIN WITH *DE* PLUS NOUN

1. un profesor de España	6. unas sandalias de Italia
2. un estudiante de México	7. un perfume de Francia
3. un mujer de Francia	8. unos platos de Inglaterra
4. unos estudiates de Alemania	9. una bolsa de México
5. unos niños de Japón	10. unos coches de Alemania

6. MATERIAL WITH *DE* PLUS NOUN

1. una bolsa de cuero	6. unos zapatos de goma
2. un vestido de seda	7. una blusa de nilón
3. un suéter de lana	8. unos pantalones de poliéster
4. una gorra de plástico	9. una corbata de seda
5. una camisa de algodón	10. unos calcetines de lana

7. SPECIFYING ADJECTIVES

1. el primer presidente	6. la última prueba	11. el peor día
2. la segunda semana	7. las dos plumas	12. los dos profesores
3. el tercer día	8. las mismas personas	13. ninguno de los profesores
4. la próxima semana	9. los otros papeles	14. ¿qué clase?
5. los únicos libros	10. la mejor camisa	15. la tercera clase

Práctica 3: Personal Pronouns

1. SUBJECT PRONOUNS AND PREPOSITIONAL OBJECT PRONOUNS

1. He works for me.	6. You (pl.) come with me.	11. You are with her.
2. I go with them.	7. You (fam.) are against him.	12. We go for him.
3. She talks with us.	8. He goes towards you (pl.)	13. I depend on you.
4. I leave without her.	9. You speak of us.	14. He learns from you (fam.).
5. They think of you (pl.)	10. They go with you (fam.)	15. She's afraid of me.

2. DIRECT OBJECT PRONOUNS IN AFFIRMATIVE *TÚ*-COMMANDS

1. Help me.	6. Introduce us.	11. Describe her.
2. Visit us.	7. Listen to her.	12. Copy them (fem.)
3. Invite them (masc.)	8. Prepare them (masc.)	13. Imitate us.
4. Look at it (masc.).	9. Wait for them (fem.)	14. Introduce me.
5. Call me.	10. Look for me.	15. Call him.

3. DIRECT OBJECT PRONOUNS AFTER VERB + INFINITIVE

1. You need to help me.	6. Can you introduce me?	11. I can't do it.
2. I want to see you.	7. Do you want to listen to her?	12. I dont want to help you.
3. You can visit us.	8. Do you need to use it?	13. You don't need to call us.
4. I have to invite her.	9. Are you going to wait for us?	14. I'm not going to invite her.
5. I'm going to call them.	10. Do you have to invite her?	15. You don't have to use it.

4. DIRECT OBJECT PRONOUNS AFTER ADJECTIVE OR PREPOSITION + INFINITIVE

1. It's good to listen to him.	6. in order to help you	11. instead of calling us
2. It's difficult to understand you.	7. without copying them	12. until finishing it
3. It's necessary to wait for her.	8. after seeing us	13. for helping me
4. It's easy to call us.	9. before visiting me	14. besides reading them
5. It's interesting to look at them.	10. upon meeting her	15. (by) confessing it

5. DIRECT OBJECT PRONOUNS BEFORE SINGLE-VERB STATEMENTS

1. You help me.	6. They introduce us.	11. I describe her.
2. He visits us.	7. He listens to her.	12. We copy them (f.)
3. I invite them (m.)	8. I prepare you.	13. They imitate us.
4. I look at you.	9. We wait for them (m.)	14. She loves me.
5. She calls me.	10. They look for me.	15. I admire him.

6. DIRECT OBJECT PRONOUNS BEFORE SINGLE-VERB QUESTIONS

1. Do you help me?	6. Do they introduce us?	11. Shall I describe her?
2. Does he visit us?	7. Does he listens to her?	12. Do we copy them (f.)?
3. Shall I invite them (m.)?	8. Shall I prepare you?	13. Do they imitate us?
4. Shall I look at you?	9. Do we wait for them (m.)?	14. Does she love me?
5. Is she calling me?	10. Are they looking for me?	15. Do I admire him?

7. DIRECT OBJECT PRONOUNS BEFORE AND AFTER THE VERB

1. He helps me.	7. Eat it!	13. before taking them (m.)
2. I want to help her.	8. Do you eat it?	14. Shall I take them?
3. in order to help them (m.)	9. I need to eat it.	15. Take them!
4. Help us!	10. Shall I eat it?	16. Do you take them?
5. Do you help me?	11. I eat it.	17. I take them.
6. Shall I help you?	12. without eating it	18. I can't take them.

1. SUBJECT PRONOUNS AND PREPOSITIONAL OBJECT PRONOUNS

1. El trabaja para **mí**.	6. Uds. vienen **conmigo**.	11. **Tú** estás con **ella**.
2. **Yo** voy con **ellos**.	7. **Tú** estás contra **él**.	12. **Nosotros** vamos por él.
3. **Ella** habla con **nosotros**.	8. **El** va hacia **Uds.**.	13. **Yo** dependo de **Ud.**.
4. **Yo** salgo sin **ella**.	9. **Ud.** habla de **nosotros**.	14. **El** aprende de **ti**.
5. **Ellos** piensan en **Uds**.	10. **Ellas** van **contigo**.	15. **Ella** tiene miedo de **mí**.

2. DIRECT OBJECT PRONOUNS IN AFFIRMATIVE *TÚ*-COMMANDS

1. Ayúda**me**.	6. Preséntа**nos**.	11. Descríbe**la**.
2. Visíta**nos**.	7. Escúcha**la**.	12. Cópia**las**.
3. Invíta**los**.	8. Prepára**los**.	13. Imíta**nos**.
4. Míra**lo**.	9. Espéra**las**.	14. Preséntа**me**.
5. Lláma**me**.	10. Búsca**me**.	15. Lláma**lo**.

3. DIRECT OBJECT PRONOUNS AFTER VERB + INFINITIVE

1. Necesitas ayudar**me**.	6. ¿Puedes presentar**me**?	11. No puedo hacer**lo**.
2. Quiero ver**te**.	7. ¿Quieres escuchar**la**?	12. No quiero ayudar**te**.
3. Puedes visitar**nos**.	8. ¿Necesitas usar**lo**?	13. No necesitas llamar**nos**.
4. Tengo que invitar**la**.	9. ¿Vas a esperar**nos**?	14. No voy a invitar**la**.
5. Voy a llamar**los**.	10. ¿Tienes que invitar**la**?	15. No tienes que usar**lo**.

4. DIRECT OBJECT PRONOUNS AFTER INFINITIVES

1. Es bueno escuchar**lo**.	6. para ayudar**te**	11. en vez de llamar**nos**
2. Es difícil comprender**te**.	7. sin copiar**los**	12. hasta terminar**lo**
3. Es necesario esperar**la**.	8. después de ver**nos**	13. por ayudar**me**
4. Es fácil llamar**nos**.	9. antes de visitar**me**	14. además de leer**los**
5. Es interesante mirar**los**.	10. al conocer**la**	15. con confesar**lo**

5. DIRECT OBJECT PRONOUNS BEFORE SINGLE VERB STATEMENT

1. **Me** ayudas.	6. **Nos** presentan.	11. **La** describo.
2. **Nos** visita.	7. **La** escucha.	12. **Las** copiamos.
3. **Los** invito.	8. **Te** preparo.	13. **Nos** imitan.
4. **Te** miro.	9. **Las** esperamos.	14. **Me** quiere.
5. **Me** llama.	10. **Me** buscan.	15. **Lo** admiro.

6. DIRECT OBJECT PRONOUNS BEFORE SINGLE VERB QUESTIONS

1. ¿**Me** ayudas?	6. ¿**Nos** presentan?	11. ¿**La** describo?
2. ¿**Nos** visita?	7. ¿**La** escucha?	12. ¿**Las** copiamos?
3. ¿**Los** invito?	8. ¿**Te** preparo?	13. ¿**Nos** imitan?
4. ¿**Te** miro?	9. ¿**Las** esperamos?	14. ¿**Me** quiere?
5. ¿**Me** llama?	10. ¿**Me** buscan?	15. ¿**Lo** admiro?

7. DIRECT OBJECT PRONOUNS BEFORE AND AFTER THE VERB

1. **Me** ayuda.	7. ¡Cóme**lo**!	13. antes de tomar**los**
2. Quiero ayudar**la**.	8. ¿**Lo** comes?	14. ¿**Los** tomo?
3. para ayudar**los**	9. Necesito comer**lo**.	15. ¡Tóma**los**!
4. ¡Ayúda**nos**!	10. ¿**Lo** como?	16. ¿**Los** tomas?
5. ¿**Me** ayudas?	11. **Lo** como.	17. **Los** tomo.
6. ¿**Te** ayudo?	12. sin comer**lo**	18. No puedo tomar**los**.

Práctica 4: Sentence Structure

1. SHALL I...? AND AFFIRMATIVE *TÚ*-COMMANDS

1. Shall I study the verbs?	6. Yes, study the verbs.
2. Shall I practice the pronunciation?	7. Yes, practice the pronunciation.
3. Shall I ask the teacher?	8. Yes, ask the teacher.
4. Shall I listen to the record?	9. Yes, listen to the record.
5. Shall I bring my book?	10. Yes, bring your book.

2. SHALL WE...? AND COMMANDS WITH *VAMOS A...* PLUS INFINITIVE

1. Shall we study the verbs?	6. Yes, let's study the verbs.
2. Shall we practice the pronunciation?	7. Yes, let's practice the pronunciation.
3. Shall we ask the teacher?	8. Yes, let's ask the teacher.
4. Shall we listen to the record?	9. Yes, let's listen to the record.
5. Shall we bring our books?	10. Yes, let's bring our books.

3. *QUERER* AND *PODER* IN REQUESTS

1. Will you open the door?	6. Can you write your name?
2. Will you close the window?	7. Can you look for me?
3. Will you help me?	8. Can you go to the party?
4. Will you wait for me?	9. Can you come with me?
5. Will you pass me a pen?	10. Can you talk with me?

4. COMBINING SENTENCES

1. I work **and** I go to school.	6. I study **if** I have time.
2. I study **or** I watch T. V..	7. I go to school, **so** I don't work.
3. I don't work **but** I go to school.	8. I read **while** I wait.
4. I learn **when** I study.	9. I work **where** I live.
5. I study **because** it's important.	10. I write **like** I talk.

5. PREFACING SENTENCES

1. **He says that** he studies.	6. **Do you know if** he is here?
2. **I know that** you work.	7. **Do you think that** it is hot?
3. **I see that** she is here.	8. **Do you know if** she's playing?
4. **It's true that** I am sick.	9. **Do you think that** you're coming?
5. **I think that** you are smart.	10. **Do you know if** I can eat?

6. PREFACING SENTENCES

1. **I don't know why** he smokes.	6. **Do you know where** he eats?
2. **He doesn't say when** he's coming.	7. **Do you know what** is happening?
3. **I ask how** she goes to school.	8. **Do you know who** has the book?
4. **I know which one** he wants.	9. **Do you know what time** it is?
5. **She doesn't say where** she's going.	10. **Do you know how many** he wants?

7. QUALIFYING SENTENCES WITH PREPOSITION PLUS INFINITIVE

1. He studies **in order to learn**.	6. She calls **on arriving**.
2. He talks **without thinking**.	7. She plays **instead of working**.
3. He eats **before leaving**.	8. She plays **in addition to working**.
4. He rests **after eating**.	9. She works **to earn money**.
5. He studies **until leaving**.	10. She goes to the gym **to practice**.

1. SHALL I...? AND AFFIRMATIVE *TU* COMMANDS

1. ¿**Estudio** los verbos?	6. Sí, **estudia** los verbos.
2. ¿**Practico** la pronunciación?	7. Sí, **practica** la pronunciación.
3. ¿**Pregunto** al profesor?	8. Sí, **pregunta** al profesor.
4. ¿**Escucho** el disco?	9. Sí, **escucha** el disco.
5. ¿**Traigo** mi libro?	10. Sí, **trae** tu libro.

2. SHALL WE AND COMMANDS WITH *VAMOS A*

1. ¿**Estudiamos** los verbos?	6. Sí, **vamos a estudiar** los verbos.
2. ¿**Practicamos** la pronunciación?	7. Sí, **vamos a practicar** la pronunciación.
3. ¿**Preguntamos** al profesor?	8. Sí, **vamos a preguntar** al profesor.
4. ¿**Escuchamos** el disco?	9. Sí, **vamos a escuchar** el disco.
5. ¿**Traemos** mi libro?	10. Sí, **vamos a traer** tu libro.

3. WILL YOU/CAN YOU...?

1. ¿**Quieres** abrir la puerta?	6. ¿**Puedes** escribir tu nombre?
2. ¿**Quieres** cerrar la ventana?	7. ¿**Puedes** buscarme?
3. ¿**Quieres** ayudarme?	8. ¿**Puedes** ir a la fiesta?
4. ¿**Quieres** espararme?	9. ¿**Puedes** venir conmigo?
5. ¿**Quieres** pasarme una pluma?	10. ¿**Puedes** hablar conmigo?

4. COMBINING SENTENCES

1. Trabajo **y** voy a la escuela.	6. Estudio **si** tengo tiempo.
2. Estudio **o** miro la tele.	7. Voy a la escuela, **así que** no trabajo.
3. No trabajo **pero** voy a la escuela.	8. Leo **mientras** espero.
4. Aprendo **cuando** estudio.	9. Trabajo **donde** vivo.
5. Estudio **porque** es importante.	10. Escribo **como** hablo.

5. PREFACING SENTENCES

1. **Dice que** estudia.	6. ¿**Sabes si** está aquí?
2. **Sé que** trabajas.	7. ¿**Crees que** hace calor?
3. **Veo que** está aquí.	8. ¿**Sabes si** juega?
4. **Es verdad que** estoy enfermo.	9. ¿**Crees que** vienes?
5. **Creo que** eres inteligente.	10. ¿**Sabes si si** puedo comer?

6. PREFACING SENTENCES

1. **No sé por qué** fuma.	6. ¿**Sabes dónde** come?
2. **No dice cuándo** viene.	7. ¿**Sabes qué** pasa?
3. **Pregunto cómo** va a la escuela.	8. ¿**Sabes quién** tiene el libro?
4. **Sé cuál** quiere.	9. ¿**Sabes qué** hora es?
5. **No dice adónde** va.	10. ¿**Sabes cuántos** quiere?

7. QUALIFYING SENTENCES (PREPOSITIO

1. Estudia **para aprender**.	6. Llama **al llegar**.
2. Habla **sin pensar**.	7. Juega **en vez de trabajar**.
3. Come **antes de comer**.	8. Juega **además de trabajar**.
4. Descansa **después de comer**.	9. Trabaja **para ganar** dinero.
5. Estudia **hasta salir**.	10. Va al gimnasio **a practicar**.

Práctica 5: Grammar Contrasts

1. SER (Identification/Origin) VS. ESTAR (Location/Feeling)

1. It's John.	6. He's here.	11. It's Mary.
2. He's fine.	7. He's Mexican.	12. She's absent.
3. He's a student.	8. He's from Sonora.	13. She's Spanish.
4. He's in L. A.	9. He's in California.	14. She's from Madrid.
5. He's from S. F.	10. He's sick.	15. She's at home.

2. SER (Identification/Ownership/Material) VS. ESTAR (Location/State)

1. It's a chair.	6. It's the school's.	11. It's broken (rota).
2. It's in the class.	7. It's dirty.	12. It's from the office.
3. It's plastic (de plástico)	8. It's John's.	13. It's in the office.
4. It's here.	9. It's there.	14. It's metal (de metal)
5. It's in good condition.	10. It's from Staples.	15. It's my chair.

3. SER (inherent qualities) VS. ESTAR (physical/mental state)

1. He's sick.	6. She's blond.	6. They are young.
2. He's tall.	7. She's happy.	7. They are old.
3. He's smart.	8. She's asleep (dormida).	8. They are dead (muertos)
4. He's fine.	9. She's short.	9. They are rich.
5. He's sad.	10. She's pretty.	10. They are poor.

4. SER (inherent qualities) VS. ESTAR (current condition/state)

1. It's broken (roto).	6. It's white.	6. It's of good quality.
2. It's long.	7. It's closed.	7. It's pretty.
3. It's round (redondo)	8. It's clean.	8. It's wet (mojado).
4. It's dirty (sucio)	9. It's solid (sólido)	9. It's elegant.
5. It's open.	10. It's hot.	10. It's covered (cubierto).

5. HABER VS. ESTAR

1. There's a book on the table.	6. There's a pen in my car.
2. There's the book!	7. There's no milk in the refrigerator.
3. There are many books on the table.	8. The milk is not in the refrigerator.
4. There are my books!	9. Where's the telephone?
5. The pen is in the car.	10. Where is there a telephone?

6. HABER VS. SER VS. ESTAR

1. There's a book in the class.	7. There aren't any books.	13. Is there a pen in the room?
2. It's on the table.	8. They aren't here.	14. Is it a ballpoint?
3. It's a dictionary.	8. They aren't dictionaries.	15. Is it in the desk?
4. There's an bug in the class.	10. There isn't any paper.	16. Is there a phone?
5. It's a mosquito.	11. It isn't paper.	17. Is it on the wall?
6. It's on the wall.	12. It isn't in the class.	18. Is it a public phone?

7. SABER VS. CONOCER

1. I know this city.	6. I know your frustration.	11. Do you know the film?
2. I know that it's in California.	7. Do you know my address?	12. I know why you're here.
3. Do you know my name?	8. Do you know this novel?	13. Do you know how to drive?
4. I don't know the teacher.	9. I know the title (el título).	14. I know your family.
5. I know where he lives.	10. I know how to ski.	15. ¿Do you know who it is?

1. *SER* (identification/origin) vs. *ESTAR* (present location/feeling)

1. **Es** Juan.	6. **Está** aquí.	11. **Es** María.
2. **Está** bien.	7. **Es** méxicano.	12. **Está** ausente.
3. **Es** estudiante.	8. **Es** de Sonora.	13. **Es** española.
4. **Está** en L. A.	9. **Está** en California.	14. **Es** de Madrid.
5. **Es** de S. F.	10. **Está** mal.	15. **Está** en casa.

2. *SER* (identification/origin/ownership/material) vs. *ESTAR* (location/condition)

1. **Es** una silla.	6. **Es** de la escuela.	11. **Está** rota.
2. **Está** en la clase.	7. **Está** sucia.	12. **Es** de la oficina.
3. **Es** de plástico.	8. **Es** de Juan.	13. **Está** en la oficina.
4. **Está** aquí.	9. **Está** allí.	14. **Es** de metal.
5. **Está** en buenas condiciones.	10. **Es** de Staples.	15. **Es** mi silla.

3. *SER* (inherent qualities) vs. *ESTAR* (physical/mental state)

1. **Está** enfermo.	6. **Es** rubia.	6. **Son** jóvenes.
2. **Es** alto.	7. **Está** contenta.	7. **Son** viejos.
3. **Es** inteligente.	8. **Está** dormida.	8. **Están** muertos.
4. **Está** bien.	9. **Es** baja.	9. **Son** ricos.
5. **Está** triste.	10. **Es** bonita.	10. **Son** pobres.

4. *SER* (inherent qualities) vs. *ESTAR* (current condition/state)

1. **Está** roto.	6. **Es** blanco.	6. **Es** de buena calidad.
2. **Es** largo.	7. **Está** cerrado.	7. **Es** bonito.
3. **Es** redondo.	8. **Está** limpio.	8. **Está** mojado.
4. **Está** sucio.	9. **Es** sólido.	9. **Es** elegante.
5. **Está** abierto.	10. **Está** caliente.	10. **Está** cubierto.

5. *HABER* vs. *ESTAR*

1. **Hay** un libro en la mesa.	6. **Hay** una pluma en el coche.
2. ¡Allí **está** mi libro!	7. No **hay** leche en el refrigerador.
3. **Hay** muchos libros en la mesa.	8. La leche no **está** en el refrigerador.
4. ¡Allí **están** mis libros!	9. ¿Dónde **está** el teléfono?
5. La pluma **está** en el coche.	10. ¿Dónde **hay** un teléfono?

6. *HABER* vs. *SER* vs. *ESTAR*

1. **Hay** un libro en la clase.	7. No **hay** libros.	13. ¿**Hay** una pluma en el cuarto?
2. **Está** en la mesa.	8. No **están** aquí.	14. ¿**Es** un bolígrafo?
3. **Es** un diccionario.	8. No **son** diccionarios.	15. ¿**Está** en el escritorio?
4. **Hay** un insecto en la clase.	10. No **hay** papel.	16. ¿**Hay** un teléfono?
5. **Es** un mosquito.	11. No **es** papel.	17. ¿**Está** en la pared?
6. **Está** en la pared.	12. No **está** en la clase.	10. ¿**Es** un teléfono público?

7. *SABER* vs. *CONOCER* (changed)

1. **Conozco** esta ciudad.	6. **Conozco** tu frustración.	11. ¿**Conoces** la película?
2. **Sé** que está en California.	7. ¿**Sabes** mi dirección?	12. **Sé** por qué estás aquí.
3. ¿**Sabes** mi nombre?	8. ¿**Conoces** esta novela?	13. ¿**Sabes** manejar?
4. No **conozco** al profesor.	9. **Sé** el título.	14. **Conozco** a tu familia.
5. **Sé** dónde vive.	10. **Sé** esquiar.	15. ¿**Sabes** quién es?

Práctica 6: Functional Vocabulary

1. DATES

1. Monday, June 6	6. Tuesday, February 28	11. Wednesday, November 5
2. Wednesday, January 23	7. Saturday, March 3	12. Thursday, May 5
3. Friday, July 20	8. Monday, October 31	13. Saturday, July 17
4. Sunday, September 12	9. Friday, April 1	14. Tuesday, January 30
5. Thursday, December 17	10. Sunday, August 15	15. Friday, March 18

2. WEATHER

1. It's cold.	6. It's nice weather.	11. It's cloudy.
2. It's hot.	7. It's bad weather.	12. It's humid.
3. It's cool.	8. It's raining.	13. There's a storm.
4. It's windy.	9. It's snowing.	14. There's fog
5. It's sunny.	10. It's clear.	15. There's smog.

3. TIME

1. 6:30	6. 1:15	11. 5:10
2. 7:45	7. 8:50	12. 10:35
3. 11:20	8. 2:30	13. 6:00
4. 3:05	9. 9:00	14. 9:40
5. 10:55	10. 4:45	15. 2:20

4. NUMBERS

1. 10	6. 60	11. 200	16. 700
2. 20	7. 70	12. 300	17. 800
3. 30	8. 80	13. 400	18. 900
4. 40	9. 90	14. 500	19. 1000
5. 50	10. 100	15. 600	20. 1,000,000

5. DATES

1. 1823	6. 1149
2. 1555	7. 1611
3. 1738	8. 1976
4. 1296	9. 1388
5. 1461	10. 2001

6. INTERROGATIVE WORDS

1. What?	6. When?	11. At what time?
2. Who?	7. How?	12. How often?
3. Where?	8. Which?	13. How long?
4. To where?	9. How many?	14. Whose?
5. From where?	10. Why?	15. What color?

7. COMPOUND INTERROGATIVE WORDS

1. On what?	6. To whom?	11. Until when?
2. With whom?	7. From where?	12. In whom?
3. To where?	8. With what?	13. To what?
4. For when?	9. From whom?	14. Since when?
5. About what?	10. For what (purpose)?	15. For whom?

1. DATES

1. lunes, 6 de junio	6. martes, 28 de febrero	11. miércoles, 5 de noviembre
2. miercoles, 23 de enero	7. sábado, 3 de marzo	12. jueves, 5 de mayo
3. viernes, 20 de julio	8. lunes, 31 de octubre	13. sábado, 17 de julio
4. domingo, 12 de septiembre	9. viernes, primero de abril	14. martes, 30 de enero
5. jueves, 17 de diciembre	10. domingo, 15 de agosto	15. viernes, 18 de marzo

2. WEATHER

1. Hace frío.	6. Hace buen tiempo.	11. Está nublado.
2. Hace calor.	7. Hace mal tiempo.	12. Está húmedo.
3. Hace fresco.	8. Está lloviendo.	13. Hay tormenta.
4. Hace viento.	9. Está nevando.	14. Hay niebla.
5. Hace sol.	10. Está claro/despejado.	15. Hay niebla tóxica/smog.

3. TIME

1. Son las seis y media.	6. Es la una y cuarto.
2. Son las ocho menos cuarto.	7. Son las nueve menos diez.
3. Son las once y veinte.	8. Son las dos menos veinticinco.
4. Son las tres y cinco.	9. Son las nueve en punto.
5. Son las once menos cinco.	10. Son las cinco y diez.

4. NUMBERS

1. diez	6. sesenta	11. dos cientos	16. setecientos
2. veinte	7. setenta	12. tres cientos	17. ochocientos
3. treinta	8. ochenta	13. cuatro cientos	18. novecientos
4. cuarenta	9. noventa	14. quinientos	19. mil
5. cincuenta	10. ciento	15. seis cientos	20. un millón

5. DATES (YEARS)

1. mil ochocientos veintitres	6. mil ciento cuarenta y nueve
2. mil quinientos cincuenta y cinco	7. mil seis cientos once
3. mil setecientos treinta y ocho	8. mil novecientos setenta y seis
4. mil dos cientos noventa y seis	9. mil tres cientos ochenta y ocho
5. mil cuatro cientos sesenta y uno	10. dos mil uno

6. INTERROGATIVE WORDS

1. ¿Qué?	6. ¿Cuándo?	11. ¿A qué hora?
2. ¿Quién?	7. ¿Cómo?	12. ¿Cuántas veces?
3. ¿Dónde?	8. ¿Cuál?	13. ¿Cuánto tiempo?
4. ¿Adónde?	9. ¿Cuántos?	14. ¿De quién?
5. ¿De dónde?	10. ¿Por qué?	15. ¿De qué color?

7. COMPOUND INTERROGATIVE WORDS

1. ¿En qué?	6. ¿A quién?	11 ¿Hasta cuándo?
2. ¿Con quién?	7. ¿De dónde?	12. ¿En quién?
3. ¿Adónde?	8. ¿Con qué?	13. ¿A qué?
4. ¿Para cuándo?	9. ¿De quién?	14. ¿Desde cuándo?
5. ¿De qué?	10. ¿Para qué?	15. ¿Para quién?

Aplicación 1: Tu vida al presente

A. Entrevista

1.	¿Cuántos años tienes actualmente (at the present time)?
2.	¿Desde cuándo asistes a (insert name of school)?
3.	¿En qué curso (year) estás? (Soy estudiante del primer/segundo/tercer/cuarto año.)
4.	¿Qué clases tomas este año? ¿Cuántas tienes por la mañana? ¿Por la tarde?
5.	¿Cuál es tu clase más difícil? ¿Tu clase más interesante? ¿Tu clase más importante?
6.	¿Cuánto tiempo pasas por día haciendo tarea? ¿Para qué clase tienes que estudiar más?
7.	¿En que actividades extracurriculares participas? ¿Cuál es tu actividad favorita?
8.	¿A qué hora sales de la escuela? ¿Qué te gusta hacer después de la escuela?
9.	¿Trabajas? ¿Dónde? ¿Cuántas horas por semana? ¿Te gusta?
10.	¿Qué haces los fines de semana? ¿Te diviertes mucho?
11.	¿Te gusta pasar tiempo con tus amigos, o prefieres estar solo/a?
12.	¿Cuál es tu pasatiempo favorito? ¿Cuánto tiempo dedicas a este pasatiempo?
13.	¿Qué habilidades (aptitudes) especiales tienes? ¿Sabes esquiar? ¿Montar a caballo? ¿Navegar?
14.	¿Sabes manejar? ¿Tienes coche? ¿Tienes motocicleta? ¿Prefieres andar en bicicleta?
15.	¿Qué haces los domingos? ¿Eres muy activo/a en tu iglesia? ¿Cuál es una de las cosas que más te importa en la vida?

B. Narración (oral o escrita)

Habla de tu vida en el presente. Incluye los cursos que sigues, las actividades extra académicas en las que participas y lo que haces después de la escuela y los fines de semana. Consulta la lista dada a continuación para ideas.

-Tengo...años I am...years old	**-Soy presidente/a de...** I'm president of
-Estoy en el primer/segundo/tercer/cuarto año de la secundaria I'm a freshman, etc.	**-Soy secretario/a de...** I'm secretary of
-Estudio... I'm studying	**-Soy tesorero/a de...** I'm treasure of
-Tengo...clases I'm taking...classes	**-Soy representante...** I'm a representative
-Mi clase favorita es... My favorite class is	**-Soy capitán de...** I'm captain of
-Soy activo/a en... I'm active in	**-Soy entrenedora de...** I'm a...coach
-Soy socio/a de... I'm a member of...	**-Tengo un empleo de tiempo parcial** I have a part-time job
-Participo en... I participate in	**-Trabajo para/como...** I work for/as
-Juego al + sport I play	**-Ayudo con...** I help with
-Soy bueno/a en + sport I'm good in	**-Sirvo en...** I serve in
-Sé + skill I know how to	**-Me ofrezco a...** I volunteer to
-Estoy interesado/a en... I'm interested in	**-Soy voluntario para...** I'm an volunteer for
-Mis pasatiempos favoritos son... My favorite hobbies are	**-Soy ayudante en...** I'm a helper in

✏ Apuntes

_____
_____
_____
_____
_____
_____
_____
_____
_____
_____
_____
_____
_____

Aplicación 2: ¿Cómo son tus padres?

A. Entrevista

1. ¿Cómo es tu padre? Es alto, bajo o de estatura mediana? ¿Cuánto mide exactamente?
2. ¿Qué color de pelo tiene? ¿Qué color de ojos tiene?
3. ¿Tiene el pelo liso (straight) u ondulado (wavy)? ¿Tiene barba? ¿Tiene bigotes?
4. ¿Cómo es tu madre? Es alta, baja o de estatura mediana? ¿Cuánto mide?
5. ¿Qué color de pelo tiene? ¿Qué color de ojos tiene?
6. ¿Tiene el pelo largo o corto? ¿Lleva el pelo agarrado (up) o suelto (down)?
7. ¿A cuál de tus padres te pareces (resemble) más?
8. ¿Quién es más sociable, tu madre o tu padre? ¿Quién es más reservado?
9. ¿Con cuál de tus padres pasas más tiempo?
10. ¿Son muy comprensivos (understanding) y compasivos tus padres?
11. ¿Son muy pacientes contigo? ¿Son justos cuando te disciplinan?
12. ¿Te ayudan tus padres mucho cuando tienes un problema? ¿Siempre te apoyan (support)?
13. ¿Son generosos cuando necesitas algo para la escuela?
14. ¿Qué cualidades admiras más en tu padre? ¿En tu madre?
15. ¿En qué aspectos son típicos tus padres? ¿En qué aspectos son únicos?

B. Narración (oral o escrita)

Describe a tus padres. Consulta la lista dada a continuación para ideas.

Tiene el pelo...
rizado, ondulado curly, wavy
liso straight
largo long
corto short
rubio blond
castaño brown
moreno dark
pelirojo red

Tiene los ojos...
cafés brown
azules blue
verdes green
oscuros dark
garzos hazel

Lleva el pelo...
agarrado up
suelto down
con un moño in a bun
en una cola de caballo pony tail
en trenza braids

Tiene la cara...
redonda round
ovulada ovular
cuadrada square

Tiene la piel...
blanca fair
morena dark

Tiene ...
bigotes moustache
barba beard
pecas freckles
arrugas wrinkles
un lunar a mole
una cicatriz a scar

Está...
bronceado/a tan
quemado/a burnt
pálido/a pale
bien arreglado/a well-groomed

Tiene...pies de alto to be...tall
Pesa...libras to weigh...lbs.

✏ Apuntes

Aplicación 3: ¿Cómo son tus hermanos?

A. Entrevista

1. ¿Tienes hermanos? ¿Cuántos? ¿Son menores o mayores?
2. ¿Cómo son tus hermanos? ¿Son como tú o son diferentes?
3. ¿Qué color de pelo tienen? ¿Qué color de ojos tienen?
4. ¿Tienen el pelo largo o corto? ¿Ondulado (wavy) o liso (straight)?
5. ¿Son muy altos para su edad, o son más bien bajos?
6. ¿En qué aspectos son típicos tus hermanos? ¿En qué aspectos son únicos?
7. ¿Son tus hermanos deportistas o más bien intelectuales? ¿Son sociables o más bien introvertidos?
8. ¿Son alegres o serios? ¿Son habladores o reservados?
9. ¿Son trabajadores o perezosos? ¿Son serios como estudiantes?
10. ¿A cuál de tus hermanos te pareces (resemble) más? ¿Con qué hermano/a pasas más tiempo?
11. ¿Qué cualidades admiras más en tus hermanos? ¿Qué cualidades te gustaría cambiar?
12. ¿Asisten tus hermanos a la misma escuela que tú? ¿En qué grados están?
13. ¿En qué están interesados tus hermanos? ¿Cuáles son sus pasatiempos favoritos?
14. ¿Les gustan mucho los deportes? ¿Qué deportes practican?
15. ¿Qué hacen los fines de semana? ¿Tienen un empleo? ¿Dónde? ¿Cuántas horas trabajan?

B. Narración (oral o escrita)

¿Cómo es tu hermano/a? Descríbe su personalidad y compáralo/la con otro miembro de tu familia. Consulta la lista dada a continutación para ideas.

Tiene...	Es (muy)...	Es...
un buen sentido de humor	desinteresado/a unselfish	antipático unpleasant
buena memoria	atento/a helpful	poco amistoso unfriendly
buen gusto	sincero/a sincere	descortés impolite
tacto	honrado/a honest	grosero/a rude/crude
una personalidad alegre	alegre cheerful	egoísta selfish
habilidad para + infinitive	sociable sociable	obstinado stubborn
aptitud para + noun	hablador/a talkative	tímido/a shy
	divertido/a fun	callado/a quiet
Es (muy)...	gracioso/a funny	aburrido/a boring
simpático/a nice	maduro/a mature	sensible sensitive
amistoso/a friendly	inteligente intelligent	inmaduro/a immature
compasivo/a compassionate	trabajador/a hard-working	poco serio/a irresponsible
cortés courteous	serio/a responsible	desorganizado/a disorganized
generoso/a generous	organizado/a organized	perezoso/a lazy

✏ Apuntes

Aplicación 4: ¿Cómo son tus abuelos?

A. Entrevista

1. ¿Viven todos tus abuelos? ¿Los ves a menudo (often)?
2. ¿Dónde viven tus abuelos maternos (los padres de tu madre)?
3. ¿Cómo son tus abuelos maternos? ¿Cuántos años tienen?
4. ¿Trabajan todavía o están jubilados (retired)? ¿En qué año se jubilaron?
5. ¿Cuáles son algunos de sus pasatiempos favoritos?
6. ¿Dónde viven tus abuelos paternos (los padres de tu padre)?
7. ¿Son altos, bajos o de estatura media?
8. ¿Qué color de pelo tienen?
9. ¿Trabajan todavía o están jubilados (retired)?
10. ¿Qué hacen cuando no están trabajando?
11. ¿Pasas más tiempo con tus abuelos maternos o con tus abuelos paternos?
12. ¿Cuántas veces por año los visitas? ¿Cuántas veces les escribes o telefoneas?
13. ¿Puedes hablar con ellos como hablas con tus padres?
14. ¿Qué cualidades admiras más en tus abuelos?
15. ¿Cómo te ayudan tus abuelos? ¿Cómo los ayudas tú?

B. Narración (oral o escrita)

Describe a tus abuelos. Consulta la lista dada a continuación para ideas.

Tiene el pelo...
- **rizado, ondulado** curly, wavy
- **liso** straight
- **largo/corto** long/short
- **rubio** blond
- **castaño** brown
- **moreno** dark
- **gris/canoso** grey/white haired

Tiene los ojos...
- **cafés** brown
- **azules** blue
- **verdes** green

Tiene ...
- **bigotes** moustache
- **barba** beard
- **arrugas** wrinkles
- **canas** grey/white hair

Es ...
- **alto/bajo** tall/short
- **de estatura media** middle
- **fuerte/débil** strong/weak
- **independiente** independant
- **calvo** bald
- **gracioso/chistoso** funny
- **inteligente** smart
- **simpático** nice
- **generoso** generous
- **olvidadizo** forgetful

Aparenta más/menos años de los que tiene.
He looks older/younger than he/she is.

Se parece a... He/She resembles...

Construcciones útiles
- **Nació el...de...de...en...** He/she was born the...of...of...in...
- **Vivió por...años en...** He/she lived for...years in
- **Asistió a..** He/she attended
- **Se graduó de...** He/she graduated from
- **Trabajó como...** He/She worked as...
- **Actualmente trabaja para...** He/she currently works for...
- **Actualmente vive en...** He presently resided in...
- **Se jubiló en...** He/She retired in...
- **Hace trabajo voluntario para...** He/she does volunteer work for...
- **Se murió en...** He/She died in...

✎ Apuntes

Apuntes

"La salvación de los hombres debería ser el principal deseo y meta de cada cristiano."

David Livingstone

Repaso B

I. **Gramática**
 1. Verb Forms
 2. Nouns and Adjectives
 3. Personal Pronouns
 4. Sentence Structure
 5. Grammar Contrasts
 6. Functional Vocabulary

II. **Aplicación**
 1. Tu vida de niño
 2. ¿Qué tipo de alumno/a eras?
 3. La historia de tus padres
 4. Lo que hiciste con tu familia el año pasado

Besalú, Cataluña

Práctica 1: Preterite and Imperfect Tenses

1. REGULAR - AR VERBS

1. (yo) hablar	6. (yo) escuchar	11. (yo) pensar	16. (yo) recordar
2. (tú) estudiar	7. (tú) mirar	12. (tú) encontrar	17. (tú) contar
3. (nosotros) practicar	8. (nosotros) tomar	13. (nosotros) almorzar	18. (nosotros) cerrar
4. (él) preparar	9. (ella) copiar	14. (él) jugar	19. (Ud.) mostrar
5. (ellas) contestar	10. (Uds.) buscar	15. (ellos) acostar	20. (ellas) sentar

2. REGULAR - ER/-IR VERBS

1. (yo) comer	6. (yo) cubrir	11. (yo) entender	16. (yo) devolver
2. (tú) beber	7. (tú) vender	12. (tú) mover	17. (tú) defender
3. (nosotros) recibir	8. (nosotros) responder	13. (nosotros) perder	18. (nosotros) resolver
4. (él) vivir	9. (ella) escribir	14. (él) volver	19. (Ud.) mover
5. (ellas) comprender	10. (Uds.) decidir	15. (ellos) envolver	20. (ellas) doler

3. *VER, DAR, IR* AND *SER*

1. (yo) ver	6. (yo) ir	11. (yo) ser	16. (yo) dar
2. (tú) dar	7. (tú) ver	12. (tú) ir	17. (tú) ser
3. (nosotros) ir	8. (nosotros) ser	13. (nosotros) dar	18. (nosotros) ver
4. (él) ser	9. (ella) dar	14. (él) ver	19. (Ud.) ir
5. (ellas) dar	10. (Uds.) ir	15. (ellos) ser	20. (ellas) ver

4. VERBS WITH -Y- IN THE THIRD PERSON

1. (yo) leer	6. (yo) construir	11. (yo) creer	16. (yo) huir
2. (tú) creer	7. (tú) oir	12. (tú) caer	17. (tú) distribuir
3. (nosotros) oir	8. (nosotros) incluir	13. (nosotros) leer	18. (nosotros) creer
4. (él) caer	9. (ella) leer	14. (él) destruir	19. (Ud.) concluir
5. (ellas) destruir	10. (Uds.) huir	15. (ellos) oír	20. (ellas) caer

5. VERBS WITH STEM CHANGES (-E- TO -I- AND -O- TO -U-) IN THE THIRD PERSON

1. (yo) seguir	6. (yo) vestir	11. (yo) conseguir	16. (yo) sentir
2. (tú) pedir	7. (tú) corregir	12. (tú) mentir	17. (tú) dormir
3. (nosotros) dormir	8. (nosotros) medir	13. (nosotros) sonreír	18. (nosotros) pedir
4. (él) repetir	9. (ella) dormir	14. (él) preferir	19. (Ud.) seguir
5. (ellas) morir	10. (Uds.) servir	15. (ellos) dormir	20. (ellas) preferir

6. VERBS WITH STEM CHANGES IN ALL PERSONS

1. (yo) hacer	6. (yo) estar	11. (yo) ir	16. (yo) venir
2. (tú) poder	7. (tú) querer	12. (tú) ser	17. (tú) andar
3. (nosotros) saber	8. (nosotros) tener	13. (nosotros) estar	18. (nosotros) ser
4. (él) ir	9. (ella) poner	14. (él) querer	19. (Ud.) saber
5. (ellos) decir	10. (ellos) traer	15. (ellas) ir	20. (Uds.) poder

7. IMPERFECT: REGULAR VERBS

1. (yo) hablar	6. (yo) poder	11. (yo) sentir	16. (yo) almorzar
2. (tú) comer	7. (tú) practicar	12. (tú) contar	17. (tú) preferir
3. (nosotros) volver	8. (nosotros) querer	13. (nosotros) venir	18. (nosotros) pensar
4. (él) comenzar	9. (ella) tener	14. (él) dar	19. (Ud.) hacer
5. (ellos) jugar	10. (ellos) mostrar	15. (ellas) estar	20. (Uds.) deber

8. IMPERFECT: DOUBLE-VOWEL AND AND IRREGULAR VERBS

1. (yo) ir	6. (yo) caer	11. (yo) oír	16. (yo) ser
2. (tú) leer	7. (tú) creer	12. (tú) ver	17. (tú) ir
3. (nosotros) ir	8. (nosotros) huir	13. (nosotros) ser	18. (nosotros) ver
4. (él) ver	9. (ella) ser	14. (él) ir	19. (Ud.) caer
5. (ellos) ser	10. (ellos) ir	15. (ellas) creer	20. (Uds.) traer

1. REGULAR - AR VERBS

1. hablé	6. escuché	11. pensé	16. recordé
2. estudiaste	7. miraste	12. encontraste	17. contaste
3. practicamos	8. tomamos	13. almorzamos	18. cerramos
4. preparó	9. copió	14. jugó	19. mostró
5. contestaron	10. buscaron	15. acostaron	20. sentaron

2. REGULAR - ER/-IR VERBS

1. comí	6. cubrí	11. entendí	16. devolví
2. bebiste	7. vendiste	12. moviste	17. defendiste
3. recibimos	8. respondimos	13. perdimos	18. resolvimos
4. vivió	9. escribió	14. volvió	19. movió
5. comprendieron	10. decidieron	15. envolvieron	20. dolieron

3. *VER, DAR, IR* AND *SER*

1. vi	6. fui	11. fui	16. di
2. diste	7. viste	12. fuiste	17. fuiste
3. fuimos	8. fuimos	13. dimos	18. vimos
4. fue	9. dio	14. vio	19. fue
5. dieron	10. fueron	15. fueron	20. vieron

4. VERBS WITH -Y- IN THE THIRD PERSON

1. leí	6. construí	11. creí	16. huí
2. creíste	7. oíste	12. caíste	17. distribuíste
3. oímos	8. incluímos	13. leímos	18. creímos
4. cayó	9. leyó	14. destruyó	19. concluyó
5. destruyeron	10. huyeron	15. oyeron	20. cayeron

5. VERBS WITH STEM CHANGES (-E- TO -I- AND -O- TO -U-) IN THE THIRD PERSON

1. seguí	6. vestí	11. conseguí	16. sentí
2. pediste	7. corregiste	12. mentiste	17. dormiste
3. dormimos	8. medimos	13. sonreíste	18. pedimos
4. repitió	9. durmió	14. prefirió	19. siguió
5. murieron	10. sirvieron	15. durmieron	20. prefirieron

6. PRETERITE: VERBS WITH STEM CHANGES IN ALL PERSONS

1. hice	6. estuve	11. fui	16. vine
2. pudiste	7. quisiste	12. fuiste	17. anduviste
3. supimos	8. tuvimos	13. estuvimos	18. fuimos
4. fue	9. puso	14. quiso	19. supo
5. dijeron	10. trajeron	15. fueron	20. pudieron

7. IMPERFECT: REGULAR VERBS

1. hablaba	6. podía	11. sentía	16. almorzaba
2. comías	7. practicabas	12. contabas	17. preferías
3. volvíamos	8. queríamos	13. veníamos	18. pensábamos
4. comenzaba	9. tenía	14. daba	19. hacía
5. jugaban	10. mostraban	15. estaban	20. debían

8. IMPERFECT: DOUBLE-VOWEL AND AND IRREGULAR VERBS

1. iba	6. caía	11. oía	16. era
2. leías	7. creías	12. veías	17. ibas
3. íbamos	8. huíamos	13. éramos	18. veíamos
4. veía	9. era	14. iba	19. caía
5. éramos	10. iban	15. creían	20. traían

Práctica 2: Nouns and Adjectives

1. ADJECTIVES OF QUANTITY

1. many shirts	6. no shirt	11. few caps
2. few ties	7. some hats	12. another hat
3. some shoes	8. much clothing	13. How many dresses?
4. no hat	9. every dress	14. no blouse
5. all the blouses	10. a pair of shoes	15. How much clothing?

2. DEMONSTRATIVE ADJECTIVES

1. these books (here)	6. this sweater (here)	11. that table (over there)
2. that pen (there)	7. those pants (there)	12. these boots (here)
3. those papers (over there)	8. those houses (over there)	13. that boy (there)
4. this chair (here)	9. that shirt (there)	14. those men (over there)
5. that car (over there)	10. these shoes (here)	15. this blouse (here)

3. POSSESSIVE ADJECTIVES

1. my friends	6. her parents	11. his sister
2. their mother	7. your (form.) teacher	12. my car
3. our father	8. its windows	13. our teachers
4. his brothers	9. their books	14. your (fam.) pens
5. your (fam.) house	10. our mother	15. her class

4. MULTIPLE ADJECTIVES

1. many other dresses	6. many blue hats	11. the only red shirt
2. no other blouse	7. no green tie	12. the best black shoes
3. few other pants	8. some white shirts	13. the last white blouse
4. the only other shirts	9. all the red shoes	14. the other brown boot
5. the two other dresses	10. few brown pants	15. the same blue dress

5. MULTIPLE ADJECTIVES

1. this blue hat	6. my new blouse	11. your best dress
2. that green tie (over there)	7. her expensive dress	12. my only pants
3. those white shirts	8. our pretty clothing	13. his other shoes
4. these red shoes	9. his big boots	14. her first hat
5. that long dress (over there)	10. their small shirts	15. our last shirt

6. MULTIPLE ADJECTIVES

1. a blue and green cap	6. some pretty Italian sandals
2. a black and white dress	7. a famous French novel (novela)
3. a tall, strong man	8. an elegant Japanese car
4. a pretty, intelligent child (fem.)	9. a famous English inventor
5. a long, difficult day	10. a popular French perfume (perfume)

7. NUMERICAL ADJECTIVES

1. 100 shirts	6. 400 girls	11. 900 pens
2. 101 dalmations (dálmatas)	7. 500 cars	12. 1500 persons
3. 200 pages	8. 600 horses (caballos)	13. 1200 books
4. 201 pages	9. 700 roses	14. 3000 dollars
5. 300 books	10. 800 houses	15. 1,000,000 pesos

1. ADJECTIVES OF QUANTITY

1. muchas camisas	6. ninguna camisa	11. unas pocas gorras
2. pocas corbatas	7. algunos sombreros	12. otro sombrero
3. unos zapatos	8. mucha ropa	13. ¿cuántos vestidos?
4. ningun sombrero	9. cada vestido	14. ninguna blusa
5. todas las blusas	10. un par de zapatos	15. ¿cuánta ropa?

2. DEMONSTRATIVE ADJECTIVES

1. estos libros	6. este suéter	11. aquella mesa
2. esa pluma	7. esos pantalones	12. estas botas
3. aquellos papeles	8. aquellas casas	13. ese chico
4. esta silla	9. esa camisa	14. aquellos hombres
5. aquel coche	10. estos zapatos	15. esta blusa

3. POSSESSIVE ADJECTIVES

1. mis amigos	6. sus padres	11. su hermana
2. su madre	7. su profesor	12. mi coche
3. nuestro padre	8. sus ventanas	13. nuestros profesores
4. sus hermanos	9. sus libros	14. tus plumas
5. tu casa	10. nuestra madre	15. su clase

4. MULTIPLE ADJECTIVES

1. muchos otros vestidos	6. muchos sombreros azules	11. la única camisa roja
2. ninguna otra blusa	7. ninguna corbata verde	12. los mejores zapatos negros
3. pocos otros pantalones	8. algunas camisas blancas	13. la última blusa blanca
4. las únicas otras camisas	9. todos los zapatos rojos	14. la otra bota café
5. los dos otros vestidos	10. pocos pantalones cafés	15. el mismo vestido azul

5. MULTIPLE ADJECTIVES

1. este sombrero azul	6. mi blusa nueva	11. tu mejor vestido
2. aquella corbata verde	7. su vestido caro	12. mis únicos pantalones
3. esas camisas blancas	8. nuestra ropa bonita	13. sus otros zapatos
4. estos zapatos rojos	9. sus botas grandes	14. su primer sombrero
5. aquel vestido largo	10. sus camisas pequeñas	15. nuestra última camisa

6. MULTIPLE ADJECTIVES

1. una gorra azul y verde	6. unas sandalias italianas bonitas
2. un vestido negro y blanco	7. una novela española famosa
3. un hombre alto y fuerte	8. un coche japonés elegante
4. una niña bonita e inteligente	9. un inventor inglés famoso
5. un día largo y difícil	10. un perfume francés popular

7. NUMERICAL ADJECTIVES

1. cien camisas	6. cuatro cientas chicas	11. novecientas plumas
2. ciento una dálmatas	7. quinientos dos coches	12. mil quinientas personas
3. dos cientas páginas	8. seis cientos caballos	13. mil dos cientos libros
4. dos cientas una páginas	9. setecientas una rosas	14. tres mil dólares
5. tres cientos libros	10. ocho cientas casas	15. un millón de pesos

Práctica 3: Personal Pronouns

1. INDIRECT OBJECT PRONOUNS AFTER COMMANDS AND INFINITIVES

1. Speak to me.	6. He wants to write to us.	11. before paying me
2. Write to him.	7. I can read to him.	12. after writing to you (fam.)
3. Sing to us.	8. You should pay me.	13. upon singing to them
4. Read to them.	9. I'm going to sing to her.	14. in order to speak to us
5. Pay her.	10. I need to talk to you (fam.)	15. without reading to me

2. INDIRECT OBJECT PRONOUNS BEFORE THE VERB

1. He asks me.	6. He doesn't talk to them.	11. Do you sing to me?
2. She answers you (fam.).	7. You don't answer me.	12. Shall I answer you?
3. He teaches us.	8. We don't pay him.	13. Shall we talk to her?
4. She write to them.	9. You don't sing to us.	14. Do you write to us?
5. He pays her.	10. I don't read to you.	15. Shall I pay them?

3. INDIRECT OBJECT PRONOUNS BEFORE AND AFTER THE VERB

1. He talks to me.	6. Answer us.	11. Do you write to me?
2. He wants to write to us.	7. You don't talk to me.	12. in order to read to them
3. Teach me.	8. I should ask them.	13. Speak to her.
4. after paying him	9. without anwering me	14. He serves us.
5. Shall I serve them?	10. I sing to you.	15. I'm going to write to you.

4. INDIRECT OBJECT PRONOUNS WITH *GUSTAR* AND SIMILAR VERBS

1. I like to read.	6. I like tomatos.	11. School matters to me.
2. He likes to sing.	7. We like bananas.	12. You hate homework.
3. We like to talk.	8. He likes tacos.	13. They love music.
4. They like to play.	9. You like tamales.	14. Tests bother her.
5. She likes to eat.	10. They like tortillas.	15. Books interest them.

5. STRESS PRONOUNS WITH *GUSTAR* AND SIMILAR VERBS

1. *I* like it.	6. *You* hate it.	11. It makes *us* mad.
2. To *them* it's important.	7. *You guys* love it.	12. It makes *him* envious.
3. To *us* it's interesting.	8. It worries *them* (fem.)	13. It makes *her* sad.
4. It bothers *her*.	9. It seems good to *you*.	14. It makes *me* laugh.
5. It surprises *him*.	10. It shocks *me*.	15. It scares *you* (fam.)

6. DOUBLE OBJECT PRONOUNS AFTER COMMANDS AND INFINITIVES

1. Pass it to me.	6. You need to pass it to me.	11. in order to describe it to me
2. Explain it to me.	7. You have to explain it to me.	12. without preparing it for me
3. Write it to me.	8. You should write it to me.	13. after reciting it to me
4. Open it for me.	9. You can open it for me.	14. before showing it to me
5. Buy it for me.	10. You're going to buy it for me.	15. instead of getting it for me

7. DOUBLE OBJECT PRONOUNS AFTER COMMANDS AND INFINITIVES

1. Give it to me.	6. You should give it to us.	11. before passing it to you
2. Explain it to her.	7. Can you explain it to him?	12. after giving it to us
3. Pass it to us.	8. I'm going to return it to you.	13. in order toexplain it to her
4. Read it to him.	9. I can't send it to her.	14. without showing it to me
5. Show it to them.	10. He wants to teach it to me.	15. on returning it to them

1. INDIRECT OBJECT PRONOUNS AFTER COMMANDS AND INFINITIVES

1. Háblame.	6. Quiere escribirnos.	11. antes de pagarme
2. Escríbele.	7. Puedo leerle.	12. después de escribirte
3. Cántanos.	8. Debes pagarme.	13. al cantarles
4. Léeles.	9. Voy a cantarle.	14. para hablarnos
5. Págale.	10. Necesito hablarte.	15. sin leerme

2. INDIRECT OBJECT PRONOUNS BEFORE THE VERB

1. Me pregunta.	6. No les habla.	11. ¿Me cantas?
2. Te contesta.	7. No me respondes.	12. ¿Te contesto?
3. Nos enseña.	8. No le pagamos.	13. ¿Le hablamos?
4. Les escribe.	9. No nos cantas.	14. ¿Nos escribes?
5. Le paga.	10. No te leo.	15. ¿Les pago?

3. INDIRECT OBJECT PRONOUNS BEFORE AND AFTER THE VERB

1. Me habla.	6. Contéstanos.	11. ¿Me escribes?
2. Quiere escribirnos.	7. No me hablas.	12. para leerles
3. Enséñame.	8. Debo preguntarles.	13. Háblale.
4. después de pagarle	9. sin responderme	14. Nos sirve.
5. ¿Les sirvo?	10. Te canto.	15. Voy a escribirte.

4. INDIRECT OBJECT PRONOUNS WITH *GUSTAR* AND SIMILAR VERBS

1. Me gusta leer.	6. Me gustan los tomates.	11. Me importa la escuela.
2. Le gusta cantar.	7. Nos gustan las bananas.	12. Te disgusta la tarea.
3. Nos gusta hablar.	8. Le gustan los tacos.	13. Les encanta la música.
4. Les gusta jugar.	9. Te gustan los tamales.	14. Le molestan las pruebas.
5. Le gusta correr.	10. Les gustan las tortillas.	15. Les interesan los libros.

5. STRESS PRONOUNS WITH *GUSTAR* TYPE VERBS

1. A mí me gusta.	6. A ti te disgusta.	11. A nosotros nos da rabia.
2. A ellos les importa.	7. A Uds. les encanta.	12. A él le da envidia.
3. A nosotros nos interesa.	8. A ellas les preocupa.	13. A ella de la pena.
4. A ella le molesta.	9. A Ud. le parece bueno.	14. A mí me da risa.
5. A él le sorprende.	10. A mí me choca.	15. A ti te da miedo.

6. DOUBLE OBJECT PRONOUNS AFTER COMMANDS AND INFINITIVES

1. Pásamelo.	6. Necesitas pasármelo.	11. para describírmelo
2. Explícamelo.	7. Tienes que explicármelo.	12. sin prepararmelo
3. Escríbemelo.	8. Debes escribírmelo.	13. después de recitármelo
4. Abremelo.	9. Puedes abrírmelo.	14. antes de mostarármelo
5. Cómpramelo.	10. Vas a comprármelo.	15. en vez de buscármelo

7. DOUBLE OBJECT PRONOUNS AFTER COMMANDS AND INFINITIVES

1. Dámelo.	6. Debes dárnoslo.	11. antes de pasártelo.
2. Explícaselo.	7. ¿Puedes explicárselo?	12. después de dárnoslo
3. Pásanoslo.	8. Voy a devolvértelo.	13. para explicárselo
4. Léeselo.	9. No puedo mandárselo.	14. sin mostrármelo
5. Muéstraselo.	10. Quiere enseñármelo.	15. al devolvérselo

Práctica 4: Sentence Structure

1. COMPARISON OF ADJECTIVES

1. He is **taller than** you.	6. The pencil is **longer than** the pen
2. He isn't **as fast as** his sister.	7. He is **better than** the others.
3. I am **more diligent than** you.	8. She is **worse** than the others.
4. They are **as good as** the others.	9. He is **older**.
5. French is **more difficult than** Spanish.	10. He is **younger**.

2. COMPARISION OF QUANTITY

1. He has **more books than** I.	6. He eats **more than** his sister.
2. She has **fewer friends than** you.	7. I work **less than** you.
3. You have **as many as** friends as I.	8. He studies **as much as** the others.
4. He doesn't have **as many shirts as** I.	9. He has **fewer than** five shirts.
5. I don't have **as much homework** as you.	10. She has **more than** three blouses.

3. SUPERLATIVE OF ADJECTIVES

1. He's the **tallest** student in the class.	6. She's the **best** actress in the world.
2. It's the **least expensive** blouse in the store.	7. He's the **worst** student in the class.
3. It's the **shortest** day of the year.	8. She's the **oldest** person in the world.
4. It's the **highest** mountain in the world.	9. He's the **youngest** member of the family.
5. It's the **longest** river in the world.	10. He's the **greatest** writer of the century.

4. SUPERLATIVE OF ADVERBS

1. He eats **the most** (of anybody).	6. He speaks **the most** (of anybody).
2. She works **the least** (of anybody).	7. She understands **the least** (of anybody).
3. You speak **the best** (of anybody).	8. I write **the best** (of anybody).
4. He sings **the worst** (of anybody).	9. You sleep **the least** (of anybody).
5. I participate **the least** (of anybody).	10. They practice **the most** (of anybody).

5. DOUBLE NEGATIVES

1. I don't have **anything**.	6. It's not **anywhere**.
2. I don't see **anyone**.	7. I'm not going **either**.
3. I **never** study.	8. I have **neither** a pencil **nor** a pen.
4. I don't see **any** books.	9. I **no longer** study French.
5. I don't know **any** of your friends.	10. He **doesn't even** speak English.

6. COMPOUND INTERROGATIVES

1. **Whom** are you talking **to**?	6. **Where** are you going **to**?
2. **What** are you working **on**?	7. **Where** you come **from**?
3. **Whom** are you studying **for**?	8. **Where** are you headed **for**?
4. **What** are you writing **with**?	9. **When** are you studying **till**?
5. **Whom** are you talking **about**?	10. **When** do you need it **by**?

7. COMPOUND INTERROGATIVES

1. Do you know **whom** you're speaking **with**?	6. Ask **where** he's going **to**.
2. Did he say **what** he's working **on**?	7. I don't remember **where** she comes **from**.
3. I want to know **whom** you're working **for**.	8. Can I ask **where** you're headed **for**?
4. I don't know **what** you're talking **about**.	9. ¿Sabes **hasta cuándo** estudias?
5. Tell me **whom** you're writing **to**.	10. He didn't say **when** he needs it **by**.

1. COMPARISON OF QUALITIES

1. Es **más alto que** Ud.	6. El lápiz es **más largo que** la pluma.
2. No es **tan rápido como** su hermana.	7. Es **mejor** que que los otros.
3. Soy **menos diligente que** Ud.	8. Es **peor que** los otros.
4. Son **tan buenos como** los otros.	9. Es **major** que los otros.
5. El francés es **más difícil que** el español.	10. Es **menor** que los otros.

2. COMPARISON OF QUANTITY

1. Tiene **más libros que** yo.	6. Come **más que** su hermana.
2. Tiene **menos amigas que** Ud.	7. Trabajo **menos que** Ud.
3. Ud. tiene **tantos amigos como** yo.	8. Estudia **tanto como** los otros.
4. No tiene **tantas camisas como** yo.	9. Tiene **menos de** cinco camisas.
5. No tengo **tanta tarea como** Ud..	10. Tiene **más de** tres blusas.

3. SUPERLATIVE CONSTRUCTIONS WITH ADJECTIVES

1. Es el estudiante **más alto de** la clase.	6. Es **la mejor** actriz del mundo.
2. Es la blusa **menos cara de** la tienda.	7. Es **el peor** estudiante de la clase.
3. Es el día **más corto del** año.	8. Es la persona **más vieja** del mundo.
4. Es la montaña **más alta del** mundo.	9. Es el miembro **más jóven** de la familia.
5. Es el río **más largo del** mundo.	10. Es **el mayor** escritor del siglo .

4. SUPERLATIVE CONSTRUCTIONS WITH ADVERBS

1. El come **más** (que nadie/que todos).	6. El habla **más** (que nadie/que todos).
2. Ella trabaja **menos** (que nadie/que todos).	7. Ella comprende **menos** (que nadie).
3. Tú hablas **mejor** (que nadie/que todos).	8. Yo escribo **mejor** (que nadie/que todos).
4. El canta **peor** (que nadie/que todos).	9. Tú duermes **menos** (que nadie).
5. Yo participo **menos** (que nadie.)	10. Ellas practican **más** (que nadie).

5. DOUBLE NEGATIVES

1. No tengo **nada**	6. No está **en ninguna parte**.
2. No veo a **nadie**.	7. No voy **tampoco**.
3. No estudio **nunca**.	8. No tengo **ni** lápiz **ni** pluma.
4. No veo **ningun** libro.	9. **Ya no** estudio francés.
5. No conozco a **ninguno** de tus amigos.	10. **Ni siquiera** habla inglés.

6. COMPOUND INTERROGATVES

1. ¿**A quién** hablas?	6. ¿**Adónde** vas?
2. ¿**En qué** trabajas?	7. ¿**De dónde** vienes?
3. ¿**Para quién** estudias?	8. ¿**Para dónde** vas?
4. ¿**Con qué** escribes?	9. ¿**Hasta cuándo** estudias?
5. ¿**De quién** hablas?	10. ¿**Para cuándo** lo necesitas?

7. COMPOUND INTERROGATVES

1. ¿Sabes **con quién** hablas?	6. Pregunta **adónde** va.
2. ¿Dijo **en qué** trabaja?	7. No recuerdo **de dónde** viene.
3. ¿Quiero saber **para quién** trabajas.	8. ¿Puedo preguntar **para dónde** vas?
4. No sé **de qué** hablas.	9. ¿Sabes **hasta cuándo** estudias?
5. Dime **a quién** escribes.	10. No dijo **para cuándo** lo necesita.

Práctica 5: Grammar Contrasts

1. *PREGUNTAR* VS. *PEDIR*

1. I ask the teacher.	6. He asks me the time.
2. I ask for a pencil.	7. I ask about the principal.
3. We ask where he lives.	8. He asks me for a favor.
4. They ask for my passport.	9. I ask if I can help.
5. I ask about your mother.	10. I ask for help.

2. *POR* VS. *PARA*

1. I studied *for* two hours.	9. I received 500 *for* my car.	17. This is for tomorrow.
2. I studied *for* the test.	10. The tire is for my car.	18. He died for his friends.
3. I have something *for* you.	11. It was written by Dickens.	19. He's big for a child.
4. I give 10.00 *for* the book.	12. He went through the door.	20. He went for gas.
5. I study *in order to* learn.	13. He goes 60 mph.	21. He left for San Diego.
6. I work for the government.	14. I leave for school.	22. I study in the morning.
7. His lawyer speaks for him.	15. I have letter paper.	23. We're about to leave.
8. I study in the morning.	16. For me, it's hard.	24. I'm for leaving.

3. *PERO* VS. *SINO*

1. I'm not rich, but I'm happy.	7. They're not French, but English.
2. I'm not rich, but poor.	8. They're not French, but they live in France.
3. He's not tall, but he's strong.	9. We're not children, but we go to school.
4. He's not tall, but short.	10. We're not children, but adults.
5. It's not pretty, but it's fast.	11. He's not at home, but at school.
6. It's not pretty, but ugly.	12. He's not at home, but he returns soon.

4. *TIEMPO/HORA/VEZ/MOMENTO*

1. I don't have time.	6. I return on time.
2. What time is it?	7. I eat three times a day.
3. It's time to eat.	8. I'm busy at this time.
4. How many times?	9. This is the time to ask.
5. I spend (pasar) a lot of time studying.	10. This time I pay, next time you pay.

5. *TOMAR/LLEVAR, SALIR/DEJAR, JUGAR/TOCAR*

1. I take the book.	6. I leave the class.	6. I play soccer.
2. I take the book to class.	7. I leave my book here.	7. I play the guitar.
3. I take John to school.	8. I leave at six.	8. I play video games.
4. I take the bus.	9. I leave my friends.	9. I play a record.
5. I take vitamins.	10. I leave for school.	10. I play with my friends.

6. USE OF THE INDEFINITE ARTICLE

1. I'm a student.	6. I don't have a pen.	11. I want half a cup of tea.
2. He's a good dentist.	7. Is there a test today?	12. She walks without a cane.
3. He's an American.	8. There isn't a test.	13. What a man!
4. You're a terrible actor.	9. I want another paper.	14. A certain person told me.
5. I need a pencil.	10. He's a bad teacher.	15. I have a thousand pens.

7. USE OF THE DEFINITE ARTICLE

1. It's Dr. Vargas.	6. School is important.	11. Today is the 25th.
2. I'm leaving on Saturday.	7. I have dirty hands.	12. He goes out once a month.
3. She reads Spanish.	8. I put on my shirt.	13. Do you like summer?
4. He speaks English well.	9. I like books.	14. It's one o'clock.
5. It costs a dollar a pound.	10. Life is short.	15. It's from Peru.

1. PREGUNTAR vs. PEDIR

1. **Pregunto** al profesor.	6. Me **pregunta** la hora.
2. **Pido** un lápiz.	7. **Pregunto** por el director.
3. **Preguntamos** dónde vive.	8. Me **pide** un favor.
4. **Piden** mi pasaporte.	9. **Pregunto** si puede ayudar.
5. **Pregunto** por su madre.	10. **Pido** ayuda.

2. POR vs. PARA

1. Estudié **por** dos horas.	9. Recibí 500 **por** mi coche.	17. Esto es **para** mañana.
2. Estudié **para** el examen.	10. La llanta es **para** mi coche.	18. Murió **por** sus amigos.
3. Tengo algo **para** Ud..	11. Fue escrito **por** Dickens.	19. Es grande **para** un niño.
4. Te doy 10.00 **por** el libro.	12. Pasó **por** la puerta.	20. Fue **por** gasolina.
5. Estudio **para** aprender.	13. Va a 60 millas **por** hora.	21. Salió **para** San Diego.
6. Trabajo **para** el gobierno.	14. Salgo **para** la escuela.	22. Estudio **por** la mañana.
7. Su abogado **habla** por él.	15. Tengo papel **para** cartas.	23. Estamos **para** salir.
8. Estudio **por** la mañana.	16. **Para** mí, es difícil.	24. Estoy **por** salir.

3. PERO VS. SINO

1. No soy rico, **pero** estoy contento.	7. No son franceses, **sino** ingleses.
2. No soy rico, **sino** pobre.	8. No son franceses, **pero** viven en Francia.
3. No es alto, **pero** es fuerte.	9. No somos niños, **pero** vamos a la escuela.
4. No es alto, **sino** bajo.	10. No somos niños, **sino** adultos.
5. No es bonito, **pero** es rápido.	11. No está en casa, **sino** en la escuela.
6. No es bonito, **sino** feo.	12. No está en casa, **pero** vuelve pronto.

4. TIEMPO/HORA/VEZ/MOMENTO

1. No tengo **tiempo**.	6. Vuelvo a **tiempo**.
2. ¿Que **hora** es?	7. Como tres **veces** por día.
3. Es **hora** de comer.	8. Estoy ocupado en este **momento**.
4. ¿Cuántas **veces**?	9. Este es el **momento** para preguntar.
5. Paso mucho **tiempo** estudiando.	10. Esta **vez** pago, la próxima **vez** pagas tú.

5. TOMAR/LLEVAR, SALIR/DEJAR, JUGAR/TOCAR

1. **Tomo** el libro.	6. **Salgo** de la clase.	6. **Juego** al fútbol
2. **Llevo** el libro a casa.	7. **Dejo** mi libro aquí.	7. **Toco** la guitarra.
3. **Llevo** a Juan a la escuela.	8. **Salgo** a las seis.	8. **Juego** al videojuegos.
4. **Tomo** el autobús.	9. **Dejo** a mis amigos.	9. **Toco** un disco.
5. **Tomo** vitaminas.	10. **Salgo** para la escuela.	10. **Juego** con mis amigos.

6. USE OF INDEFINITE ARTICLE

1. Soy estudiante.	6. No tengo pluma.	11. Quiero media taza de té.
2. Es **un** buen dentista.	7. ¿Hay **un** examen hoy?	12. Anda sin bastón.
3. Es norteamericano.	8. No hay examen.	13. ¡Qué hombre!
4. Eres **un** actor terrible.	9. Quiero otro papel.	14. Cierta persona me lo dijo.
5. Necesito un lápiz.	10. Es **un** profesor malo.	15. Tengo mil plumas.

7. USE OF DEFINITE ARTICLE

1. Es **el** doctor Vargas.	6. **La** escuela es importante.	11. Hoy es 25.
2. Salgo **el** sábado.	7. Tengo **las** manos sucias.	12. Sale una vez **al** mes.
3. Lee español.	8. Me pongo **la** camisa.	13. ¿Te gusta **el** verano?
4. Habla bien **el** inglés.	9. Me gustan **los** libros.	14. Es **la** una.
5. Cuesta un dólar **la** libra.	10. **La** vida es corta.	15. Es **del** Perú.

Práctica 6: Functional Vocabulary

1. SHORT PREPOSITIONS

1. **on** the table	6. **at** six	11. **at** the library
2. **to** the class	7. **at** home	12. **for** tomorrow
3. **with** the class	8. **of** the class	13. **against** the wall
4. **without** the class	9. **off** the table	14. **through** the door
5. **from** the class	10. **for** the class	15. **over** the window

2. PREPOSITIONS OF PLACE

1. in front of	7. in the middle of	13. through
2. behind	8. on the edge of	14. between
3. on top of	9. at the end of	15. near
4. underneath	10. on the other side of	16. far from
5. opposite	11. around	17. inside of
6. next to	12. in the center of	18. outside of

3. PREPOSITIONS OF TIME

1. before	6. for + time span	11. at about + hour
2. after	7. by + time limit	12. in + month/year
3. during	8. within	13. on + day
4. at the beginning of	9. since	14. at the beginning of + month
5. at the end of	10. until	15. at the end of + month

4. ABSTRACT PREPOSITIONS

1. according to	6. instead of	11. towards (movement)
2. because of	7. including	12. towards (attitude)
3. in spite of	8. except	13. before (presence)
4. besides	9. about	14. in favor of
5. apart from	10. with regard to	15. against

5. ADVERBS OF TIME

1. now	7. this morning	13. tomorrow morning	19. last week
2. soon	8. this afternoon	14. tomorrow afternoon	20. last month
3. later	9. tonight	15. tomorrow evening	21. last year
4. today	10. yesterday morning	16. this week	22. next week
5. yesterday	11. yesterday afternoon	17. this month	23. next month
6. tomorrow	12. last night	18. this year	24. next year

6. ADVERBS OF FREQUENCY AND ORDER

1. always	7. every day	19. the first time
2. often	8. every morning	20. the next time
3. sometimes	9. every night	21. the last time
4. rarely	10. every week	19. first of all
5. one time	11. every month	20. then/next
6. never	12. every year	21. last of all

7. ADVERBS OF MANNER AND DEGREE

1. well	7. carefully	13. very	19. more
2. poorly	8. from memory	14. quite/rather	20. less
3. fast	9. out loud	15. somewhat	21. as
4. slowly	10. softly/silently	16. a little	22. so
5. together	11. clearly	17. not very	23. too
6. alone	12. correctly	18. not at all	24. almost

1. SHORT PREPOSITIONS

1. **en** la mesa	6. **a** las seis	11. **en** la biblioteca
2. **a** la clase	7. **en** casa	12. **para** mañana
3. **con** la clase	8. **de** la clase	13. **contra** la pared
4. **sin** la clase	9. **de** la mesa	14. **por** la puerta
5. **de** la clase	10. **para** la clase	15. **sobre** la ventana

2. PREPOSITIONS OF PLACE

1. delante de	7. en medio de	13. por/a través de
2. detrás de	8. al borde de	14. entre
4. encima de	9. al final de	15. cerca de
4. debajo de	10. al otro lado de	16. lejos de
5. enfrente de	11. alrededor de	17. dentro de
6. junto a/al lado de	12. en el centro de	18. fuera de

3. PREPOSITIONS OF TIME

1. antes de	6. por + time span	11. a eso de + hour
2. después de	7. para + time limit	12. en + month/year
3. durante	8. dentro de	13. el + day
4. al principio de	9. desde	14. a principios de + month
5. al fin de	10. hasta	15. a fines de + month

4. ABSTRACT PREPOSITIONS

1. según	6. en vez de	11. hacia
2. a causa de	7. incluyendo	12. para con
3. a pesar de	8. excepto/con excepción de	13. ante
4. además de	9. acerca de/sobre	14. a favor de
5. aparte de	10. (con) respecto a	15. en contra de

5. ADVERBS OF TIME

1. ahora	7. esta mañana	13. mañana por la mañana	14. la semana pasada
2. pronto	8. esta tarde	14. mañana por la tarde	15. el mes pasado
3. más tarde	9. esta noche	15. mañana por la noche	15. el año pasado
4. hoy	10. ayer por la mañana	16. esta semana	16. la semana próxima
5. ayer	11. ayer por la tarde	17. este mes	17. el mes próximo
6. mañana	12. anoche	18. este año	18. el año próximo

6. ADVERBS OF FREQUENCY AND ORDER

1. siempre	7. cada día/todos los días	19. la primera vez
2. muchas veces	8. cada mañana/todas las mañanas	20. la próxima vez
3. a veces	9. cada noche/todas las noches	21. la última vez
4. raras veces	10. cada semana	22. primero
5. una sola vez	11. cada mes	23. luego
6. nunca	12. cada año	24. por último

7. ADVERBS OF MANNER AND DEGREE

1. bien	7. con cuidado	13. muy	19. más
2. mal	8. de memoria	14. bastante	20. menos
3. rápido	9. en voz alta	15. algo	21. tan
4. despacio	10. en voz baja	16. un poco	22. tan
5. juntos	11. claramente	17. no muy/poco	23. demasiado
6. solo	12. correctamente	18. nada	24. casi

Aplicación 1: Tu vida de niño/a

A. Entrevista

1. ¿Dónde y en qué año naciste? ¿Cuántas personas había en tu familia cuando naciste?
2. ¿Cuántos años tenías cuando comenzaste a hablar?
3. ¿Cuántos años tenías cuando comenzaste a ir a la escuela?
4. ¿A qué escuela(s) asististe cuando eras niño/a? ¿Qué tal te gustaba la escuela cuando eras niño/a?
5. ¿Cuál es el primer cumpleaños que recuerdas?
6. ¿Cuáles eran tus pasatiempos favoritos? ¿Cuál era tu juguete favorito?
7. ¿A qué juegos y deportes jugabas? ¿Te gustaba jugar a videojuegos?
8. ¿Qué te gustaba hacer después de la escuela? ¿Qué hacías los fines de semana?
9. ¿Tenías muchos amigos/amigas? ¿Cómo se llamaba tu mejor amigo/a?
10. ¿Te gustaba ver la televisión? ¿Cuál era tu programa favorito?
11. ¿Cómo ayudabas a tus padres en casa? ¿Ganabas dinero? ¿Cómo?
12. ¿En qué año te graduaste de la escuela primaria? ¿Cómo lo celebraste?
13. ¿Adónde ibas de vacaciones cuando eras niño/a? ¿Qué partes de los Estados Unidos visitaste?
14. ¿Cuándo fuiste por primera vez a la playa (beach)? ¿A las montañas?
15. ¿Visitaste otro estado (state)? ¿Otro país? ¿Cúando? ¿Qué hiciste allí?

B. Narración (oral o escrita)

Cuenta la historia de tu vida hasta el presente, incluyendo los eventos más importantes, tu educación, y tus pasatiempos favoritos cuando eras niño/a. Consulta la lista dada a continuación para ideas.

Construcciones útiles	Fechas/Eventos importantes
Nací el...de...de... + birthdate	**Caminar por primera vez** walk for the first time
Nací en... + birthplace	**Decir la primera palabra** say the first word
Viví por...años en... + residence	**Hablar con frases completas** talk with complete sentences
Asistí a... + school	**Perder el primer diente** lose your first tooth
Cuando tenía...años, fuimos a...	**Andar en triciclo** ride a tricycle
Cuando tenía...años, visité...	**Andar en bicicleta** ride a bike
Todos los años íbamos a...	**Montar a caballo** ride a horse
	Aprender a nadar learn to swim
Comencé a...cuando tenía...años	**Empezar a ir a la escuela** go to school
Mis pasatiempos favoritos eran...	**Graduarse de la primaria** graduate from elementary school

✏ Apuntes

_____
_____
_____
_____
_____
_____
_____
_____
_____
_____
_____
_____
_____
_____

Aplicación 2: ¿Qué tipo de alumno/a eras de niño/a?

A. Entrevista

1. ¿Siempre te levantabas temprano para ir a la escuela cuando eras niño/a?
2. ¿Era difícil despertarte a tiempo para prepararte para la escuela?
3. ¿Cómo ibas a le escuela, a pie, en coche o en el autobús escolar?
4. ¿Siempre llegabas a tiempo a la escuela? ¿A veces llegabas tarde?
5. ¿Asistías regularmente a clase? ¿Faltabas a clase con mucha frecuencia?
6. ¿Siempre entregabas (hand in) tu la tarea a tiempo? ¿A veces la entregaba tarde?
7. ¿Cómo te portabas en clase? ¿Prestabas atención y seguías instrucciones?
8. ¿Siempre venías bien preparado/a a clase? ¿A veces se te olvidaba traer los materiales necesarios?
9. ¿Estabas bien organizado/a? ¿Mantenías tu cuaderno muy ordenado?
10. ¿Siempre obedecías las reglas y tratabas de complacer a la maestra?
11. ¿Siempre esperabas tu turno y levantabas la mano antes de hacer una pregunta?
12. ¿Te llevabas bien con los otros alumnos? ¿Tenías muchos amigos?
13. ¿Empleabas (use) eficientemente el tiempo de clase? ¿A veces malgastaba (waste) tiempo?
14. ¿Trabajabas independientemente? ¿Eras líder o más bien seguidor/a (follower)?
15. ¿A veces te dejabas influenciar por otros? ¿Te disculpabas cuando te portabas mal?

B. Narración (oral o escrita)

¿Que tipo de estudiante eres tú? Evalúa tu actitud y tu comportamiento en la escuela. Consulta la lista dada a continuación para ideas.

Actitud -**Servicial** (helpful)-**no servicial** -**Cooperativo-no cooperativo** -**Responsable-irresponsable** -**Motivado/trabajador-perezoso** -**Maduro** (mature)-**impulsivo** -**Respetuoso-irrespetuoso** -**Aplicado-descuidado** (careless) -**Ordenado** (tidy)-**desordenado** **Comportamiento** -**Tener buenas destrezas** (skills) **de estudio** -**Prestar atención en clase**	-**Seguir instrucciones** -**Asistir regularmente a clase** -**Llegar a clase a tiempo** -**Trabajar al máximo de su habilidad** -**Cumplir con los deberes del curso** -**Entregar la tarea a tiempo** -**Estar bien organizado/a** -**Venir bien preparado/a a clase** -**Usar el tiempo eficientemente** -**Llevarse bien con otros** -**Trabajar bien en actividades de grupo** -**Contribuir a la discusión** -**Trabajar independientemente**

✎ **Apuntes**

Aplicación 3: La historia de tu padre/tu madre

A. Entrevista

1.	¿En qué año nació tu padre/tu madre? ¿Dónde vivió de niño/a? ¿Por cuántos años vivió allí?
2.	¿Qué le gustaba hacer de niño/a? ¿Tenía un pasatiempo favorito? ¿En qué deportes participaba?
3.	¿Era socio/a de un club? ¿Estaba interesado en la política? ¿Era miembro del consejo estudiantil?
4.	¿En qué año se graduó de la secundaria? ¿Asistió a la universidad? ¿En qué se especializó?
5.	¿En qué año terminó sus estudios? ¿Qué hizo cuando terminó sus estudios?
6.	¿En qué año comenzó a trabajar? ¿Para quién trabajo? ¿Ha cambiado de empleo?
7.	¿A qué se dedica tu padre/tu madre ahora? ¿Cuántas horas por semana trabaja?
8.	¿Qué le gusta hacer en su tiempo libre? ¿Tiene un pasatiempo favorito?
9.	¿Qué talentos especiales tiene tu padre/tu madre?
10.	¿A tu padre/tu madre le gusta cocinar? ¿Trabajar en el jardín?
11.	¿Es muy deportista tu padre/tu madre, o es más intelectual?
12.	¿Qué deportes practica? ¿Qué hace para mantenerse en forma?
13.	¿Qué hace tu padre/tu madre los fines de semana?
14.	¿A qué iglesia asiste? ¿Es miembro? ¿Es muy activo en la iglesia? ¿Qué hace?
15.	¿Qué planes tiene tu padre/tu madre para el futuro? ¿Cuando piensa jubilarse (retire)? ¿Qué quiere hacer después de jubilarse?

B. Narración (oral o escrita)

Relata la vida de tu padre o de tu madre, desde que nació hasta el presente. Consulta la lista dada a continuación para ideas.

Construcciones útiles

Nació el...de...de...en... He/she was born the...of...of...in...
Vivió por...años en... He/she lived for...years in
Asistió a... (+ escuela secundaria) He/she attended (high school)
Participó en... (+ actividades extra-académicas) He/She participated in
Jugó a... (+ deportes) He/She played
Se graduó en... He/she graduated in
Ingresó en... (+ universidad) en... He/She enrolled in (university) in...
Se especializó en... Heshe majored in
Recibió un título en... He/She got a degree in

Trabajó primero como... He/She first worked as
Actualmente trabaja para... He/she currently works for
Conoció a mi madre/padre en... He/She met my mother/father in
Se casó en... He/She got married in
Está interesado/a en... He/She is interested in
En su tiempo libre, le gusta... In his/her free time, he/she likes to
Quiere jubilarse en... He/She wants to retire in
Después de jubilarse, quiere... After retiring, he/she wants to...

✏ Apuntes

Aplicación 4: Lo que hiciste con tu familia el año pasado

A. Entrevista

1.	¿Qué hicieron Uds. como familia el año pasado?
2.	¿Fueron a ver algún partido de fútbol norteamericano? ¿De béisbol? ¿De básquetbol?
3.	¿Pasaron Uds. mucho tiempo juntos jugando afuera? ¿Trabajando en el jardín?
4.	¿Cómo pasaron las noches? ¿Jugaron juegos de mesa? ¿Vieron mucha televisión?
5.	¿Qué hicieron Uds. como familia los domingos? ¿Fueron todos juntos a la iglesia?
6.	¿Qué hicieron Uds. durante las vacaciones de verano?
7.	¿Hicieron algún viaje? ¿Adónde fueron? ¿Qué hicieron allí?
8.	¿Visitaron otro estado o otro país (country)? ¿Qué estado/país?
9.	¿Cuántas veces fueron de excursión al campo? ¿A las montañas? ¿Al río? ¿A la playa?
10.	¿Fueron a acampar? ¿Adónde?
11.	¿Visitaron un parque nacional? ¿Qué parque? ¿Cuánto tiempo pasaron allí?
12.	¿Fueron a un parque de diversiones (amusement park)? ¿Qué parque?
13.	¿Cómo celebraron Uds. el Día de Acción de Gracias? ¿La Navidad? ¿La Pascua?
14.	¿Se reunieron Uds. con sus parientes? ¿Dónde?
15.	¿Cuál fue lo más divertido que hicieron como familia el año pasado?

B. Narración (oral o escrita)

Cuenta lo que hiciste el año pasado con tu familia el año pasado. Incluye actividades de casa, actividades al aire libre (outdoor), espectáculos que viste y partidos a los que asististe. Di cuándo y con quién lo hiciste. Consulta la lista dada a continuación para ideas.

Expresiones de tiempo	Expresiones útiles
Un fin de semana One weekend	**Fuimos a (place) a + infinitive** We went to
Una vez Once	**Tuvimos la oportunidad de + infinitive** We had a chance to
Varias veces Several times	**Pudimos + infinitive** We were able to
El verano pasado Last summer	**Decidimos + infinitive** We decided to
El mes pasado Last month	**Pasamos el día + gerund (-ndo)** We spent the day ...ing
En + month In	**Nos divertimos + gerund (-ndo)** We had fun ...ing
El + date On	**Nos gustó mucho** We like it a lot
A principios de At the beginning of + month	**Lo pasamos muy bien** We had a great time
A mediados de In the middle of + month	
A fines de At the end of + month	
Durante las vacaciones de... During the...vacation	

✏ Apuntes

_____
_____
_____
_____
_____
_____
_____
_____
_____
_____
_____
_____
_____

Apuntes

"Cuando Cristo llama a un hombre, él le ordena a venir y morir."

Dietrich Bonhoeffer

Repaso C

I. Gramática
1. Verb Forms
2. Nouns and Adjectives
3. Personal Pronouns
4. Sentence Structure
5. Grammar Contrasts
6. Functional Vocabulary

II. Aplicación
1. Tus pasatiempos favoritos
2. Tus deportes favoritos
3. ¿Qué deportes practicas?
4. Tus planes para el futuro

El Alcázar de Segovia

Practica 1: Future, Conditional and Compound Tenses

1. FUTURE: REGULAR VERBS

1. I will talk	6. I will see	11. I will buy	16. I will remember
2. you will eat	7. you will take	12. you will find	17. you will give
3. we will write	8. we will sell	13. we will look for	18. we will close
4. he will live	9. she will be	14. he will drink	19. he will go
5. they will begin	10. they will lose	15. they will return	20. they will think

2. FUTURE: IRREGULAR VERBS

1. I will do/make	6. I will say	11. I will be able	16. I will want
2. you will be able	7. you will want	12. you will have	17. you will put
3. we will know	8. we will put	13. we will sell	18. we will do/make
4. he will have	9. there will be	14. he will say	19. it will be worth
5. they will come	10. they will have	15. they will do/make	20. they will know

3. CONDITIONAL: REGULAR VERBS

1. I would talk	6. I would see	11. I would buy	16. I would remember
2. you would eat	7. you would take	12. you would find	17. you would give
3. we would write	8. we would sell	13. we would look for	18. we would close
4. he would live	9. she would be	14. he would drink	19. he would go
5. they would begin	10. they would lose	15. they would return	20. they would think

4. CONDITIONAL: IRREGULAR VERBS

1. I would do/make	6. I would say	11. I would be able	16. I would want
2. you would be able	7. you would want	12. you would have	17. you would put
3. we would know	8. we would put	13. we would come	18. we would do/make
4. he would have	9. there would be	14. he would say	19. it would be worth
5. they would come	10. they would have	15. they would do	20. they would know

5. PRESENT PERFECT: REGULAR VERBS

1. I have spoken	6. I have heard	11. I have been (estar)	16. I have come
2. you have eaten	7. you have taken	12. you have found	17. you have had
3. we have read	8. we have sold	13. we have looked	18. we have slept
4. he has lived	9. he has been (ser)	14. she has left	19. she has gone
5. they have begun	10. they have lost	15. they have brought	20. they have given

6. PRESENT PERFECT: IRREGULAR VERBS

1. I have returned	6. I have covered	11. I have given back	16. I have written
2. you have said	7. you have put	12. you have seen	17. you have covered
3. we have seen	8. we have opened	13. we have done	18. we have put
4. she has done	9. he has written	14. he has died	19. she has broken
5. they have died	10. they have broken	15. they have said	20. they have opened

7. PRESENT PROGRESSIVE: REGULAR VERBS

1. I am speaking	6. I am seeing	11. I am doing	16. I am showing
2. you are eating	7. you are counting	12. you are thinking	17. you are drinking
3. we are living	8. we are drinking	13. we are closing	18. we are opening
4. he is writing	9. she is playing	14. he is being (ser)	19. she is writing
5. they are giving	10. they are losing	15. they are putting	20. they are covering

8. PRESENT PARTICIPLE: IRREGULAR FORMS

1. reading	6. serving	11. being	16. coming
2. saying	7. falling	12. going	17. feeling
3. hearing	8. asking for	13. lying	18. preferring
4. sleeping	9. following	14. being able	19. laughing
5. bringing	10. repeating	15. dying	20. believing

1. FUTURE: REGULAR VERBS

1. hablaré	6. veré	11. compraré	16. recordaré
2. comerás	7. tomarás	12. encontrarás	17. darás
3. escribiremos	8. venderemos	13. buscaremos	18. cerraremos
4. vivirá	9. será	14. beberá	19. irá
5. comenzarán	10. perderán	15. volverán	20. pensarán

2. FUTURE: IRREGULAR VERBS

1. haré	6. diré	11. podré	16. querré
2. podrás	7. querrás	12. tendrás	17. pondrás
3. sabremos	8. pondremos	13. vendremos	18. haremos
4. tendrá	9. habrá	14. dirá	19. valdrá
5. vendrán	10. tendrán	15. harán	20. sabrán

3. CONDITIONAL: REGULAR VERBS

1. hablaría	6. veré	11. comprenderé	16. recordaré
2. comerás	7. tomarás	12. encontrarás	17. darás
3. escribiremos	8. venderemos	13. buscaremos	18. cerraremos
4. vivirá	9. será	14. entenderá	19. irá
5. comenzarán	10. perderán	15. volverán	20. pensarán

4. CONDITIONAL: IRREGULAR VERBS

1. haría	6. diría	11. podría	16. querría
2. podrías	7. querrías	12. tendrías	17. pondrías
3. sabríamos	8. pondríamos	13. vendríamos	18. haríamos
4. tendría	9. habría	14. diría	19. valdría
5. vendrían	10. tendrían	15. harían	20. sabrían

5. PRESENT PERFECT: REGULAR VERBS

1. he hablado	6. he oído	11. he estado	16. he venido
2. has comido	7. has tomado	12. has encontrado	17. has tenido
3. hemos leído	8. hemos vendido	13. hemos mirado	18. hemos dormido
4. ha vivido	9. ha sido	14. ha salido	19. ha ido
5. han comenzado	10. han perdido	15. han traído	20. han dado

6. PRESENT PERFECT: IRREGULAR VERBS

1. he vuelto	6. he cubierto	11. he devuelto	16. he escrito
2. has dicho	7. has puesto	12. has visto	17. has cubierto
3. hemos visto	8. hemos abierto	13. hemos hecho	18. hemos puesto
4. ha hecho	9. ha escrito	14. ha muerto	19. ha roto
5. han muerto	10. han roto	15. han dicho	20. han abierto

7. PRESENT PROGRESSIVE: REGULAR VERBS

1. estoy hablando	6. estoy viendo	11. estoy haciendo	16. estoy mostrando
2. estás comiendo	7. estás contando	12. estás pensando	17. estás bebiendo
3. estamos viviendo	8. estamos bebiendo	13. estamos cerrando	18. estamos abriendo
4. está escribiendo	9. está jugando	14. está siendo	19. está escribiendo
5. están dando	10. están perdiendo	15. están poniendo	20. están cubriendo

8. PRESENT PARTICIPLE: IRREGULAR FORMS

1. leyendo	6. sirviendo	11. siendo	16. viniendo
2. diciendo	7. cayendo	12. yendo	17. sintiendo
3. oyendo	8. pidiendo	13. mintiendo	18. prefiriendo
4. durmiendo	9. siguiendo	14. pudiendo	19. riendo
5. trayendo	10. repitiendo	15. muriendo	20. creyendo

Práctica 2: Nouns and Adjectives

1. DEMONSTRATIVE PRONOUNS

1. these ones (sombreros)	6. this one (suéter)	11. that one over there (bata)
2. those ones (camisas)	7. those ones (pantalones)	12. these ones (sandalias)
3. those over there (abrigos)	8. those over there (botas)	13. that one (vestido)
4. this one (chaqueta)	9. that one (falda)	14. those over there (abrigos)
5. that one over there (traje)	10. these ones (zapatos)	15. this one (blusa)

2. POSSESSIVE PRONOUNS

1. mine (libros)	6. his (profesores)	11. his (madre)
2. yours (pluma)	7. theirs (coche)	12. mine (abuelo)
3. ours (profesor)	8. yours (formal) (amigas)	13. ours (hermanos)
4. hers (amigos)	9. hers (padres)	14. yours (familiar) (clases)
5. yours (familiar) (casa)	10. ours (profesora)	15. theirs (casa)

3. NOMINALIZATION (DROPPING THE NOUN BEFORE ADJECTIVES)

1. the blue one (sombrero)	6. the elegant one (traje)	11. the longest ones (batas)
2. the green one (camisa)	7. the big ones (suéteres)	12. the least expensive one (traje)
3. the grey ones (abrigos)	8. the new one (falda)	13. the cheapest ones (abrigos)
4. the blue ones (blusas)	9. the pretty ones (botas)	14. the least practical one (blusa)
5. the brown ones (trajes)	10. the ugly ones (zapatos)	15. the shortest ones (abrigos)

4. NOMINALIZATION (DROPPING THE NOUN BEFORE *DE*-PHRASES)

1. that of Spanish (examen)	6. Mary's (blusa)	11. the leather one (bota)
2. that of science (prueba)	7. Paul's (sombrero)	12. the silk one (vestido)
3. that of math (libro)	8. Peter's (camisa)	13. the wool ones (suéteres)
4. that of history (lectura)	9. Carlos' (zapatos)	14. the plastic one (gorra)
5. that of English (departamento)	10. Ann's (botas)	15. the cotton ones (blusas)

5. NOMINALIZATION (DROPPING THE NOUN BEFORE *QUE*-CLAUSES)

1. the one that sings (chico)	6. the ones that you see (libros)	11. the one that I like (falda)
2. the one that I want (pluma)	7. the one that you need (papel)	12. the one that fits (vestido)
3. the ones that study (chicos)	8. the ones that you visit (amigas)	13. the ones that I buy (botas)
4. the ones that I have (botas)	9. the one that you use (lápiz)	14. the one that I prefer (blusa)
5. the one that works (chica)	10. the one that you have (silla)	15. the one that I wear (traje)

6. NOMINALIZATION (DROPPING THE NOUN AFTER *UNO/UNA/UNOS/UNAS*)

1. some easy ones (pruebas)	6. a leather one (chaqueta)	11. one that I like (blusa)
2. an excellent one (libro)	7. a silk one (vestido)	12. one that fits (vestido)
3. some difficult ones (verbos)	8. a wool one (suéter)	13. ones that I buy (botas)
4. an oral one (presentación)	9. a plastic one (gorra)	14. una que I prefer (blusa)
5. some new ones (libros)	10. a cotton one (camisa)	15. one that I wear (traje)

7. NOMINALIZATION (THE NEUTER ARTICLE *LO*)

1. the good thing	6. the thing about the test	6. what I like
2. the bad thing	7. the thing about the class	7. what I love
3. the best thing	8. the thing about the teacher	8. what I hate
4. the most important thing	9. the thing about the party	9. what matters to me
5. the least interesting thing	10. the thing about the school	10. what bothers me

1. DEMONSTRATIVE PRONOUNS

1. éstos	6. éste	11. aquélla
2. ésas	7. ésos	12. éstas
3. aquéllos	8. aquéllas	13. ése
4. ésta	9. ésa	14. aquéllos
5. aquél	10. éstos	15. ésta

2. POSSESSIVE PRONOUNS

1. los míos	6. los suyos	11. la suya
2. la suya	7. el suyo	12. el mío
3. el nuestro	8. las suyas	13. los nuestros
4. los suyos	9. los suyos	14. las tuyas
5. la tuya	10. la nuestra	15. la suya

3. NOMINALIZATION (DROPPING THE NOUN BEFORE ADJECTIVES)

1. el azul	6. el elegante	11. las más largas
2. la verde	7. los grandes	12. el menos caro
3. los grises	8. la nueva	13. los más baratos
4. las azules	9. las bonitas	14. la menos práctica
5. los cafés	10. los feos	15. los más cortos

4. NOMINALIZATION (DROPPING THE NOUN BEFORE *DE*-PHRASES)

1. el de español	6. la de María	11. la de cuero
2. la de ciencia	7. el de Pablo	12. el de seda
3. el de matemáticas	8. la de Pedro	13. los de lana
4. la de historia	9. los de Carlos	14. la de plástico
5. el de inglés	10. las de Ana	15. las de algodón

5. NOMINALIZATION (DROPPING THE NOUN BEFORE RELATIVE CLAUSES)

1. el que canta	6. los que ves	11. la que me gusta
2. la que quiero	7. el que nesesitas	12. el que me queda bien
3. los que estudian	8. las que visitas	13. las que compro
4. las que tengo	9. el que usas	14. la que prefiero
5. la que trabaja	10. la que tienes	15. el que llevo

6. NOMINALIZATION (DROPPING THE NOUN AFTER UNO/UNA/UNOS/UNAS)

1. unas fáciles	6. una de cuero	11. una que me gusta
2. uno excelente	7. uno de seda	12. uno que queda bien
3. unos difíciles	8. uno de lana	13. unas que compro
4. una oral	9. una de plástico	14. una que prefiero
5. unos nuevos	10. una de algodón	15. uno que llevo

7. NOMINALIZATION (THE NEUTER ARTICLE *LO*)

1. lo bueno	6. lo del examen	6. lo que me gusta
2. lo malo	7. lo de la clase	7. lo que me encanta
3. lo mejor	8. lo del profesor	8. lo que me disgusta
4. lo más importante	9. lo de la fiesta	9. lo que importa
5. lo menos interesante	10. lo de la escuela	10. lo que me molesta

Práctica 3: Personal Pronouns

1. DOUBLE OBJECT PRONOUNS BEFORE THE VERB

1. I give it to you.	6. He doesn't return it to me.	11. Do you give it to him?
2. He reads it to me.	7. He doesn't explain it to us.	12. do you explain it to me?
3. He explains it to us.	8. We don't give it to her.	13. Do you send it to her?
4. I prepare it for her.	9. I don't pass it to you.	14. Do you prepare it for us?
5. We pass it to them.	10. I don't pay it to them	15. Do you read it to them?

2. DOUBLE OBJECT PRONOUNS BEFORE AND AFTER THE VERB

1. He gives it to me.	6. I don't pay it to you.	11. Do you give it to me?
2. I want to pass it to you.	7. He's going to tell it to me.	12. Read it to her.
3. Explain it to me.	8. He reads it to us.	13. in order to send it to you
4. without returning it to us	9. Pass it to him.	14. He wants to show it to us.
5. So you send it to them?	10. I can give it to them.	15. Shall I return it to them?

3. REFLEXIVE OBJECT PRONOUNS AFTER COMMANDS AND INFINITIVES

1. Look at yourself.	6. I want to sit down.	11. before washing our hands
2. Sit down.	7. We should get up.	12. after cutting your hair
3. Get up.	8. You have to bathe.	13. in order to dry her hands
4. Wash your hands.	9. He's going to wash his face.	14. without taking off my shoes
5. Cut your hair.	10. They can put on their cap.	15. on putting on his shirt

4. REFLEXIVE OBJECT PRONOUNS BEFORE THE VERB

1. I look at myself.	6. They don't bathe.	11. Shall we get up?
2. You sit down.	7. I don't shower.	12. Shall I sit down?
3. She gets up.	8. We don't get dressed.	13. Do they bathe?
4. We wash our hands.	9. He doesn't put on his shoes.	14. Do you cut your hair?
5. They cut their hair.	10. You don't take off your cap.	15. Do they wash their face?

5. REFLEXIVE OBJECT PRONOUNS BEFORE AND AFTER THE VERB

1. before washing my hair	6. Look at yourself.	11. in order to cut your hair
2. We sit down.	7. without taking off his shoes	12. Shall we get up?
3. Get up.	8. We bathe.	13. They should bathe.
4. He wants to put on his cap.	9. Do you want to sit down?	14. Wash your hands.
5. Do you cut your hair?	10. I don't shower.	15. I prefer to sit down.

6. REFLEXIVE VERBS OF BECOMING

1. I get bored.	6. I don't want to get tired.	11. without getting mad
2. You get tired.	7. You're going to get bored.	12. upon getting sick
3. We get better.	8. We shouldn't be quiet.	13. instead of being quiet
4. She gets sick.	9. He hopes to get better.	14. until getting bored
5. They become quiet.	10. They can get sick.	15. in order to get better

7. STRESS PRONOUNS WITH REFLEXIVE VERBS

1. They look at *themselves*.	6. They look at *one another*.
2. We seat *ourselves*.	7. We seat *one another*.
3. They teach *themselves*.	8. They teach *one another*.
4. We serve *ourselves*.	9. We serve *one another*.
5. They see *themselves*.	10. They see *one another*.

1. DOUBLE OBJECT PRONOUNS BEFORE THE VERB

1. **Te lo** doy.	6. **No me** lo devuelve.	11. ¿**Se lo** das?
2. **Me lo** lee.	7. **No nos** lo explica.	12. ¿**Me lo** explicas?
3. **Nos lo** explica.	8. **No se** lo damos.	13. ¿**Se lo** mandas?
4. **Se lo** preparo.	9. **No te** lo paso.	14. ¿**Nos lo** preparas?
5. **Se lo** pasamos.	10. **No se** lo pago.	15. ¿**Se lo** lees?

2. DOUBLE OBJECT PRONOUNS BEFORE AND AFTER THE VERB

1. **Me lo** da.	6. No te lo pago.	11. ¿**Me lo** das?
2. Quiero pasár**telo**.	7. Va a decír**melo**.	12. Lée**selo**.
3. Explíca**melo**.	8. **Nos lo** lee.	13. para mandár**telo**.
4. sin devolvér**noslo**	9. Pása**selo**.	14. Quiere mostrár**noslo**.
5. ¿**Se lo** mandas?	10. Puedo dár**selo**.	15. ¿**Se lo** devuelvo?

3. REFLEXIVE OBJECT PRONOUNS AFTER THE VERB

1. Mírate.	6. Quiero sentarme.	11. antes de lavarnos las manos
2. Siéntate.	7. Debemos levantarnos.	12. después de cortarte el pelo
3. Levántate.	8. Tienes que bañarte.	13. para secarse las manos
4. Lávate las manos.	9. Va a lavarse la cara.	14. sin quitarme los zapatos
5. Córtate el pelo.	10. Pueden ponerse la gorra.	15. al ponerse la camisa

4. REFLEXIVE OBJECT PRONOUNS BEFORE THE VERB

1. **Me** miro.	6. No **se** bañan.	11. ¿**Nos** levantamos?
2. **Te** sientas.	7. No **me** ducho.	12. ¿**Me** siento?
3. **Se** levanta.	8. No **nos** vestimos.	13. ¿**Se** bañan?
4. **Nos** lavamos las manos.	9. No **se** pone los zapatos.	14. ¿**Te** cortas el pelo?
5. **Se** cortan el pelo.	10. No **te** quitas la gorra.	15. ¿**Se** lavan la cara?

5. REFLEXIVE OBJECT PRONOUNS BEFORE AND AFTER THE VERB

1. antes de lavar**me** el pelo	6. Mírate.	11. para cortarte el pelo
2. **Nos** sentamos.	7. sin quitarse los zapatos	12. ¿**Nos** levantamos?
3. Levántate.	8. **Nos** bañamos.	13. Deben bañarse.
4. Quiere ponerse la gorra	9. ¿Quiere sentarse?	14. Lavate las manos.
5. ¿**Te** cortas el pelo?	10. No **me** ducho.	15. Prefiero sentarme.

6. REFLEXIVE VERBS OF "BECOMING"

1. **me** aburro	6. No quiero cansar**me**.	11. sin enojar**se**
2. **te** cansas	7. Vas a aburrir**te**.	12. al enfermar**se**
3. **nos** mejoramos	8. No debemos callar**nos**.	13. en vez de callar**se**
4. **se** enferma	9. Espera mejorar**se**.	14. hasta aburrir**se**
5. **se** callan	10. Pueden enfermar**se**.	15. para mejorar**se**

7. STRESS PRONOUNS WITH REFLEXIVE VERBS

1. Se miran **a sí mismos**.	6. Se miran **unos a otros**.
2. Nos sentamos **a nosotros mismos**.	7. Nos sentamos **unos a otros**.
3. Se enseñan **a sí mismos**.	8. Se enseñan **unos a otros**.
4. Nos servimos **a nosotros mismos**.	9. Nos servimos **unos a otros**.
5. Se ven **a sí mismos**.	10. Se peinan **unos a otros**.

Práctica 4: Sentence Structure

1. SIMPLE RELATIVE PRONOUNS

1. the boy **that sings**	6. the students **that you see**
2. the book **that I want**	7. the books **that you need**
3. the girl **that lives here**	8. the friends **that you visit**
4. the pen **that I have**	9. the courses **that you take**
5. the people **that work**	10. the language **that you speak**

2. RELATIVE PRONOUNS AFTER SHORT PREPOSITIONS

1. the man **that** I'm writing **to**	6. the table **that** I'm working **on**
2. the notebook **that** I'm working **in**	7. the teacher **that** I'm studying **for**
3. the man **that** I work **for**	8. the book **that** I'm talking **about**
4. the pen **that** I'm writing **with**	9. the friend **that** I'm going out **with**
5. the person **that** I'm talking **about**	10. the person **that** I'm thinking **about**

3. RELATIVE PRONOUNS AFTER LONG PREPOSITIONS, *SIN* AND *POR*

1. the boy **that** I'm seated **behind**	6. the car **that** I put my books **on top of**
2. the store **that** I work **next to**	7. the love **that** one cannot life **without**
3. the reason **that** I'm going **for**	8. the person **that** I'm writing **about**
4. the person **that** I live **near**	9. the houses **that** I park **in front of**
5. the man **that** I learned it **from**	10. the men **that** we live **among**

4. THE FREE RELATIVE *LO QUE*

1. This is **what** I like.	6. You don't receive **what** you deserve.
2. That is **what** I want.	7. You don't know **what** you're saying.
3. I don't understand **what** you mean.	8. Tell me **what** you want.
4. He never does **what** he says.	9. I know **what** you need.
5. She always says **what** she does.	10. That is **what** bothers me.

5. THE FREE RELATIVES *EL QUE* AND *LOS QUE*

1. **He who** doesn't study, doesn't learn.	6. **Those who** are rich should help others.
2. **Those who** work more, learn more.	7. **He who** has health is rich.
3. **He who** doesn't eat well, doesn't live well.	8. **Those who** talk a lot don't listen.
4. **Those who** ask, receive.	9. **He who** doesn't work shouldn't eat.
5. **He who** wants friend must be friendly.	10. **Those who** forgive will be forgiven.

6. TIME EXPRESSIONS WITH *HACE*

1. I've been waiting for two hours.	6. How long have you been waiting?
2. I've been a student for three years.	7. How long have you been a student?
3. I've had my car for five years.	8. How long have you had your car?
4. I've been living here for six years.	9. How long have you been living here?
5. I've been working for a long time.	10. How long have you been working?

7. TIME EXPRESSIONS WITH *HACE*

1. I haven't seen him for a long time.	6. How long since you've seen him?
2. I haven't worked for a year.	7. How long since you've worked?
3. I haven't spoken with him for three months.	8. How long since you've spoken with him?
4. I haven't drunk coffee for a week.	9. How long since you've drunk coffee?
5. I haven't slept for two days.	10. How long since you've slept?

1. SIMPLE RELATIVE PRONOUNS

1. el chico **que canta**	6. los estudiantes **que ves**
2. el libro **que quiero**	7. los libros **que nesesitas**
3. la chica **que vive aquí**	8. los amigos **que visitas**
4. la pluma **que tengo**	9. los cursos **que tomas**
5. la persona **que trabaja**	10. la lengua **que hablas**

2. RELATIVE PRONOUNS AFTER SHORT PREPOSITIONS

1. el hombre **a quien** escribo	6. la mesa **en que** trabajo
2. el cuaderno **en que** trabajo	7. el profesor **para quien** estudio
3. el hombre **para quien** trabajo	8. el libro **de que** hablo
4. la pluma **con que** escribo	9. el amigo **con quien** salgo
5. la persona **de quien hablo**	10. la persona **en quien** pienso

3. RELATIVE PRONOUNS AFTER LONG PREPOSITIONS, *SIN* AND *POR*

1. el chico **detrás del que*** estoy sentado	6. el coche **encima del que** puse mi libro
2. la tienda **al lado de la que** trabajo	7. el amor **sin el que** no puedo vivir
3. la razón **por la que** voy	8. la persona **acerca de la que** escribo
4. la persona **cerca de la que** vivo	9. las casas **enfrente de las que** estaciono
5. el hombre **por el que** lo supe	10. los hombres **entre los que** vivimos

* *Que* may be replaced by *cual* in all of the above: el chico **detrás del cual** estoy sentado

4. THE FREE RELATIVE *LO QUE*

1. Esto es **lo que** me gusta.	6. No recibes **lo que** mereces.
2. Eso es **lo que** quiero.	7. No sabes **lo que** dices.
3. Comprendo **lo que** quieres decir.	8. Dime **lo que** quieres.
4. Nunca hace **lo que** dice.	9. Sé **lo que** necesitas.
5. Siempre dice **lo que** hace.	10. Eso es **lo que** me molesta.

5. THE FREE RELATIVES *EL QUE/LOS QUE*

1. El que no estudia ,no aprende.	6. Los que son ricos deben auydar a otros.
2. Los que trabajan más, más aprenden.	7. El que tiene la salud es rico.
3. El que no come bien, no vive bien.	8. Los que hablan mucho no escuchan.
4. Los que piden, reciben.	9. El que no trabaja no debe comer.
5. El que quiere amigos deber ser amistoso.	10. Los que perdonan serán perdonados.

6. TIME EXPRESSIONS WITH *HACE*

1. Hace dos horas que espero.	6. ¿Cuánto tiempo hace que esperas?
2. Hace tres años que soy estudiante.	7. ¿Cuánto tiempo hace que es estudiante?
3. Hace cinco día que tengo mi coche.	8. ¿Cuánto tiempo hace que tienes tu coche?
4. Hace seis meses que vivo aquí	9. ¿Cuánto tiempo hace que vives aquí?
5. Hace mucho tiempo que trabajo.	10. ¿Cuánto tiempo hace que trabajas?

7. TIME EXPRESSIONS WITH *HACE*

1. Hace mucho tiempo que no lo veo.	6. ¿Cuánto tiempo hace que no lo ves?
2. Hace un año que no trabajo.	7. ¿Cuánto tiempo hace que no trabajas?
3. Hace tres meses que no hablo con él.	8. ¿Cuánto tiempo hace que no hablas con él?
4. Hace una semana que no tomo café.	9. ¿Cuánto tiempo hace que no tomas café?
5. Hace dos días que no duermo.	10. ¿Cuánto tiempo hace que no duermes?

Práctica 5: Grammar Contrasts

1. PERSONAL *A*

1. I see the book.	6. I use the pen.	11. I bring the notebook.
2. I need the teacher.	7. I visit my friend.	12. I wait for the teacher.
3. I understand the homework.	8. I listen to the record.	13. I know Mark.
4. I admire Mary.	9. I invite Carlos.	14. I have the homework.
5. I call John.	10. I ask Ann.	15. I look at the teacher.

2. DIRECT OBJECT VS. INDIRECT OBJECT

1. I pass him the book.	6. I visit him in class.	11. I leave her at home.
2. I understand him.	7. I write her a letter.	12. I leave her the car.
3. I see her in class.	8. I answer her in Spanish.	13. I send him to the office.
4. I ask her her age (edad).	9. I invite him to the party.	14. I send him a letter.
5. I tell him my name.	10. I read him the letter.	15. I sing to her in Spanish.

3. PRETERITE VS. IMPERFECT (Completed Action vs. Action in Progress)

1. I **was reading** a book when I **saw** her.	6. The phone **was ringing** when he **entered**.
2. You **called** while we **were eating**.	7. He **saw** a film while he **was going** to Europe.
3. He **did** his homework when he **got** home.	8. He **read** while she **worked**.
4. I **watched** T. V. as I **did** my homework.	9. She **called** when she **arrived**.
5. I **had** an accident while I **was going** to school.	10. He **was playing** football when he **got hurt**.

4. PRETERITE VS. IMPERFECT (Unique Event vs. Customary Activity)

When he was a child...

1. he **ate** well.	6. he **found** a hundred dollars.	11. He **lost** a friend.
2. he always **went** to church.	7. he **read** a lot.	12. he always **lost** his things.
3. he **broke** his arm.	8. he **played** an instrument.	13. he **worked** Saturdays.
4. he **got** good grades.	9. he **bought** a trumpet.	14. he **went** to Spain.
5. he **got** a prize.	10. he **looked** at T. V..	15. he **played** football.

5. PRETERITE VS. IMPERFECT (Occurence vs. State)

1. He **was** sick when I **saw** him.	6. She **had** a cold when she **had** the baby.
2. She **said** that she **wanted** to work.	7. He **explained** that he **needed** to study.
3. I **knew** that I **could** leave.	8. She **said** that she **understood**.
4. He **was** seventy when he **died**.	9. I **thought** that he **was** nice.
5. She **asked** why he **had to** leave.	10. I **saw** that they **were** tired.

6. PRETERITE VS. IMPERFECT (Occurence/Reaction vs. State)

1. I **understood** Spanish when I was little.	7. I **knew** him when he was little.
2. I **understood** it when he exlplained it.	8. I **met** him when he was little.
3. I didn't **believe** in anything before.	9. I **knew** her telephone number.
4. I **believed** it when I saw it.	10. I **found out** her telephone number.
5. I **was afraid** of insects when I was little.	11. I **liked** cake when I was little.
6. I **was frightened** when I saw the tarantula.	12. I **liked** the cake when I tasted it.

7. PRETERITE VS. IMPERFECT WITH *PODER, QUERER* AND *TENER QUE*

1. I said that he **could** leave at two.	7. He said that he **had to** leave soon.
2. He **was able** to leave at two.	8. He's not here. He **had to** leave.
3. He knew that he **had to** study more.	9. She thought that she **could** lift (levantar) it.
4. He **had to** study ten hours! He's tired!	10. When she tried it, she **couldn't** lift it.
5. She **wanted** to leave but she said nothing.	11. He said that he **wanted** to enter.
6. She **wanted** to leave but he said "no."	12. He **wanted** (tried) to enter, but couldn't.

1. PERSONAL *A*

1. Veo el libro.	6. Uso la pluma.	11. Traigo el cuaderno.
2. Necisito **al** profesor.	7. Visito **a** mi amigo.	12. Espero **al** profesor.
3. Comprendo la tarea.	8. Escucho el disco.	13. Conozco **a** Marcos.
4. Admiro **a** María.	9. Invito **a** Carlos.	14. Tengo la tarea.
5. Llamo **a** Juan.	10. Pregunto **a** Ana.	15. Miro **a** la profesora.

2. DIRECT VS. INDIRECT OBJECT

1. **Le** paso el libro.	6. **Lo** visito en casa.	11. **La** dejo en casa.
2. **Lo** comprendo.	7. **Le** escribo una carta.	12. **Le** dejo el coche.
3. **La** veo en clase.	8. **Le** contesto en español.	13. **Lo** mando a la oficina.
4. **Le** pregunto su edad.	9. **Lo** invito a la fiesta.	14. **Le** mando una carta.
5. **Le** digo mi nombre.	10. **Le** leo la carta.	15. **Le** canto en español.

3. PRETERITE VS. IMPERFECT (Completed Action vs. Action in Progress)

1. **Leía** un libro cuando la **vi**.	6. El teléfono **sonaba** cuando **entró**.
2. **Llamaste** mientras **comíamos**.	7. **Vio** una película mientras **iba** a Europa.
3. **Hizo** su tarea cuando **llegó** a casa.	8. Él **leía** mientras ella **trabajaba**.
4. **Miraba** la tele mientras **hacía** mi tarea.	9. **Llamó** cuando **llegó**.
5. **Tuve** un acciente mientras **iba** a la escuela.	10. **Jugaba** al fútbol cuando se **lastimó**.

4. PRETERITE VS. IMPERFECT (Unique Event vs. Customary Activity)

Cuando era niño....

1. **comía** bien.	6. **encontró** cien dólares.	11. **perdió** a un amigo.
2. siempre **iba** a la iglesia.	7. **leía** mucho.	12. siempre **perdía** sus cosas.
3. se **quebró** el brazo.	8. **tocaba** un instrumento.	13. **trabajaba** los sábados.
4. **recibía** buenas notas.	9. **compró** una trompeta.	14. **fue** a España.
5. **recibió** un premio.	10. **miraba** la tele.	15. **jugaba** al fútbol.

5. PRETERITE VS. IMPERFECT (Occurence vs. State)

1. **Estaba** enfermo cuando lo **vi**.	6. **Tenía** catarro cuando **tuvo** el bebé.
2. **Dijo** que **quería** trabajar.	7. **Explicó** que **necesitaba** estudiar.
3. **Sabía** que **podía** salir.	8. **Dijo** que **comprendía**.
4. **Tenía** setenta años cuando **murió**.	9. **Creía** que **era** simpático.
5. **Preguntó** por qué **tenía** que salir.	10. **Vi** que **estaban** cansados.

6. PRETERITE VS. IMPERFECT (Occurence/Reaction vs. State)

1. **Comprendía** español cuando era niño.	7. Lo **conocía** cuando era niño.
2. **Comprendí** cuando me lo explicó.	8. Lo **conocí** cuando era niño.
3. No **creía** en nada antes.	9. **Sabía** su número de teléfono.
4. Lo **creí** cuando lo vi.	10. **Supe** su número de teléfono.
5. **Tenía** miedo a insectos cuando era niño.	11. Me **gustaba** el pastel cuando era niño.
6. **Tuve** miedo cuando vi la tarántula.	12. Me **gustó** el pastel cuando lo probé.

7. PRETERITE VS. IMPERFECT WITH *PODER, QUERER* AND *TENER QUE*

1. Dije que **podía** salir a las dos.	7. Dijo que **tenía** que salir pronto.
2. **Pudo** salir a las dos.	8. No está. **Tuvo** que salir.
3. Sabía que **tenía** que estudiar más.	9. Creía que **podía** levantarlo.
4. ¡**Tuvo** que estudiar diez horas!	10. Cuando lo probó, no **pudo** levantarlo.
5. **Quería** salir pero no dijo nada.	11. Dijo que **quería** entrar.
6. **Quiso** salir, pero él dijo que no.	12. **Quiso** entrar, pero no pudo.

Práctica 6: Functional Vocabulary

1. JOINING WORDS

1. when	6. every time that	11. since (time)
2. while	7. now that	12. since (reason)
3. before	8. once	13. because
4. after	9. until	14. in order that
5. as soon as	10. as long as	15. so (therefore)

2. JOINING WORDS

1. if	6. granted that	11. without
2. whether	7. provided that	12. instead of
3. although	8. on the condition that	13. so that (n such a way that)
4. even though	9. in case	14. for fear that
5. in spite of the fact that	10. unless	15. lest

3. INDEFINITE AND NEGATIVE WORDS

1. something	7. also	13. still
2. nothing	8. neither	14. no longer
3. somebody	9. some	15. either...or...
4. nobody	10. none	16. neither...nor...
5. always	11. somewhere	17. even
6. never	12. nowhere	18. not even

4. VERBS THAT TAKE INFINITIVE COMPLEMENTS

1. to need to	6. to want to	11. to be going to	16. to come to
2. to wish to	7. to prefer to	13. to begin to	17. to do again
3. to hope to	8. to be able to	13. to start to	18. to manage to
4. to plan to	9. to be supposed to	14. to learn to	19. to aspire to
5. to refuse to	10. to know how to	15. to help to	20. to persuade to

5. VERBS THAT TAKE INFINITIVE COMPLEMENTS

1. to try to	6. to insist on	11. to begin by	16. to have to
2. to stop	7. to persist in	12. to end by	17. to have to
3. to cease	8. to consent to	13. to end up by	18. to dream of
4. to finish	9. to delay in	14. to fight to	19. to count on
5. to have just	10. to hesitate	15. to work to	20. to threaten with

6. EXPRESSIONS WITH *TENER* PLUS INFINITIVE COMPLEMENT

1. to be eager to	6. to be in a hurry to
2. to be kind enough to	7. to have difficulty in
3. to have time to	8. to have something to
4. to be afraid to	9. to have a chance to
5. to be ashamed to	10. to have the habit of

7. EXPRESSIONS WITH *ESTAR* PLUS INFINITIVE COMPLEMENT

1. to be ready to	6. to be interested in
2. to be willing to	7. to be anxious to
3. to be reluctant to	8. to be tired/sick of
4. to be happy to	9. to be about to
5. to be eager to	10. to be in favor of

1. JOINING WORDS

1. cuando	6. siempre que/cada vez que	11. desde que
2. mientras	7. ahora que	12. ya que
3. antes de que	8. una vez que	13. porque
4. después de que	9. hasta que	14. para que
5. tan pronto como/así que	10. mientras	15. así es que

2. JOINING WORDS

1. si	6. dado que	11. sin que
2. si (whether)	7. con tal que	12. en vez de que
3. aunque	8. a condicón que	13. de manera que
4. aun cuando	9. en caso de que	14. de miedo que
5. a pesar de que	10. a menos que	15. no sea que

3. INDEFINITE AND NEGATIVE WORDS

1. algo	7. tambíen	9. todavía
2. nada	8. tampoco	10. ya no
3. alguien	9. algunos/as	11. o...o...
4. nadie	10. ninguno/a	12. ni...ni...
5. siempre	11. en alguna parte	13. aún/incluso
6. nunca	12. en ninguna parte	14. ni siquiera

4. ATTITUDE VERBS

1. necesitar	6. querer	11. ir a	16. venir a
2. desear	7. preferir	13. comenzar a	17. volver a
3. esperar	8. poder	13. empezar a	18. llegar a
4. pensar	9. deber	14. aprender a	19. aspirar a
5. rehusar	10. saber	15. ayudar a	20. persuadir a

5. ATTITUDE VERBS

1. tratar de	6. insistir en	11. empezar por	16. tener que
2. dejar de	7. persistir en	12. terminar por	17. haber que
3. cesar de	8. consentir en	13. acabar por	18. soñar con
4. terminar de	9. tardar en	14. luchar por	19. contar con
5. acabar de	10. vacilar en	15. trabajar por	20. amenazar con

6. ATTITUDE EXPRESSIONS WITH TENER

1. Tener ganas de	6. Tener prisa para
2. Tener interés en	7. Tener dificultad en
3. Tener tiempo para	8. Tener algo para
4. Tener miedo de	9. Tener la oportunidad de
5. Tener vergüenza de	10. Tener la costumbre de

7. ATTITUDE EXPRESSIONS WITH *ESTAR*

1. estar listo para	6. estar interesado/a en
2. estar dispuesto a	7. estar ansioso/a por
3. estar poco dispuesto a	8. estar harto/a de
4. estar contento de	9. estar para
5. estar deseoso de	10. estar por

Aplicación 1: Tus pasatiempos favoritos

A. Entrevista

1. ¿Qué te gusta hacer en tu tiempo libre? ¿Prefieres las actividades físicas o artísticas?
2. ¿Qué haces después de la escuela? ¿Participas en muchas actividades extra académicas?
3. ¿Eres miembro de alguna organización estudiantil? ¿Tocas un instrumento? ¿Cantas en el coro?
4. ¿Haces deporte? ¿Prefieres practicar deporte en equipo (team) o por tu cuenta (on your own)?
5. ¿Te gusta correr? ¿Vas regularmente al polideportivo (sport's center) a hacer ejercicio?
6. ¿Qué haces los fines de semana? ¿Te gusta asistir a eventos deportivos? ¿Te gusta competir?
7. ¿Qué haces los sábados por la noche? ¿Prefieres estar con la familia o con tus amigos?
8. ¿Qué diversiones prefieres cuando está lloviendo? ¿Te gusta salir a caminar en el centro comercial?
9. Para relajarte, ¿prefieres leer o ver la tele? ¿Qué tipo de lectura prefieres?
10. ¿Cuánto tiempo pasas hablando por teléfono? ¿Mirando la tele? ¿Jugando videojuegos?
11. ¿Qué actividades al aire libre (outdoor) te gusta hacer en el verano?
12. ¿Te gusta montar en monopatín? ¿Andar en bicicleta? ¿Montar a caballo?
13. ¿Pasas mucho tiempo nadando? ¿Tomando el sol? ¿Esquiando en el agua? ¿Haciendo surf?
14. ¿Qué actividades prefieres hacer en el invierno? ¿Te gusta esquiar? ¿Patinar en el hielo?
15. ¿Qué haces los domingos? ¿Asistes regularmente a la iglesia? ¿Pasas tiempo con tu familia?

B. Narración (oral o escrita)

Habla de lo que te gusta hacer en tu tiempo libre, o de lo que te gustaba hacer cuando era niño/a. Incluye lo que haces después de la escuela, los fines de semana, y durante las vacaciones. Consulta la lista dada a continuación para ideas.

Expresiones de frecuencia	Expresiones útiles
-**Todos los días** Every day	-**Me gusta + infinitive** I enjoy
-**Todas las noches** Every night	-**Me encanta + infinitive** I love
-**Cada dos días** Every other day	-**Estoy interesado/a en...** I'm interested in
-**Cada semana/mes** Every week/month	-**Soy aficionado/a de...** I'm a fan of
-**Los días de semana** On weekdays	-**Participo en...** I participate in
-**Los fines de semana** On weekends	-**Juego al + sport** I play
-**Durante las vacaciones** During vacation	-**Paso mucho tiempo + gerund (-ndo)** I spend a lot of time...ing
-**Cada verano/invierno** Every summer/winter	-**Tengo la oportunidad de + infinitive** I have the chance to
-**A menudo** Often	
-**De vez en cuando** From time to time	-**Tengo tiempo para + infinitive** I have time to
-**Raras veces** Rarely	-**Tengo ganas de + infinitive** I'm eager to
-**Casi nunca** Almost never	

✏ Apuntes

_____
_____
_____
_____
_____
_____
_____
_____
_____
_____
_____
_____
_____

Aplicación 2: Tus deportes favoritos

A. Entrevista

1. ¿Te gusta el fútbol americano? ¿Prefieres el fútbol universitario o el profesional?
2. ¿Cuál es tu equipo favorito? ¿Alguna vez ha ganado el Superbowl?
3. ¿Quién es tu jugador favorito? ¿Por qué?
4. ¿Eres aficionado/a del fútbol (soccer)? ¿Cuál es tu equipo favorito?
5. ¿Quién es tu jugador favorito? ¿Cuántos goles anota (score) por juego?
6. ¿Alguna vez ha ganado tu equipo favorito el Campeonato Mundial de fútbol?
7. ¿Te gusta el beisbol? ¿Cuál es tu equipo favorito? ¿Eres fanático de los Yankees?
8. ¿Quién es tu jugador favorito? ¿Quién ha bateado más honrones? ¿Quién ha robado más bases?
9. ¿Te interesa la Serie Mundial? ¿Quién la ganó el año pasado?
10. ¿Eres aficionado del basquetbol (baloncesto)? ¿Cuál es tu equipo profesional favorito?
11. ¿En tu opinión, ¿quién es el mejor jugador del mundo?
12. ¿Eres fanático del tenis? ¿Conoces a algun/a jugador/a famoso/a de habla española?
13. En tu opinión, ¿quién es el primer tenista del mundo? ¿Quién es la primera tenista?
14. ¿Qué tenista ha ganado más torneos? ¿Quién ganó el torneo de Wimbledon el año pasado?
15. ¿Te gusta el golf? ¿Quién el primer golfista del mundo? ¿Quién ha ganado más torneos?

B. Narración (oral o escrita)

Habla de los deportes que más te gusta mirar o practicar. ¿Por qué eres aficionado/a de estos deportes y cuánto tiempo hace que estás interesado/a en ellos? ¿Qué aptitudes físicas se necesitan para practicarlos? Consulta la lista dada a continuación para ideas.

Expresiones útiles	
-**Me gusta mucho...** I like a lot	-**tener buen equilibrio** have good balance
-**Me encanta...** I love	-**entrenar cada día** train every day
-**Me interesa mucho...** I'm very interested in	-**correr muy rápido** run very fast
-**Soy aficionado/a de...** I'm a fan of	-**moverse con rapidez** move with speed
-**Para jugar al...** In order to play	-**saltar muy alto** jump high
-**Hay que...** One must	-**lanzar la pelota muy lejos** throw the ball far
-**Se necesita...** You need to	-**golpear la pelota** hit the ball
-**estar en forma** be in shape	-**coger la pelota** catch the ball
-**ser muy fuerte** be strong	-**correr con el balón** run with the ball
-**ser muy alto/grande** be tall/big	-**chutar el balón** shoot the ball
-**ser muy ágil y preciso** be agile/accurate	-**pasar el balón** pass the ball
-**ser muy atlético/a** be very athletic	-**marcar goles/puntos** score goals/points
	-**meter el balóna en el cesto** make a basket
	-**encestar** score a basket

✏ Apuntes

_____
_____
_____
_____
_____
_____
_____
_____
_____
_____
_____

Aplicación 3 : ¿Qué deportes practicas?

1. Entrevista

1. ¿Te gusta hacer deportes?
2. ¿Eres más deportista que los otros miembros de tu familia?
3. ¿Qué deportes practicas actualmente? ¿Desde cuándo practicas estos deportes?
4. ¿En qué deporte has tenido más éxito (success)?
5. ¿Juegas para el equipo escolar? ¿Perteneces (belong) a algún club deportivo?
6. ¿Cuántas horas por semana tienes que entrenarte? ¿Cómo son las prácticas?
7. ¿En cuántos eventos deportivos has participado este año?
8. ¿Normalmente vence (defeat) tu equipo a los equipos rivales de la liga (league)?
9. ¿En qué lugar quedó (placed) el año pasado?
10. ¿Alguna vez ha ganado tu escuela el campeonato?
11. ¿Alguna vez ha competido tu escuela a nivel (level) estatal?
12. ¿Alguna vez has ganado una medalla o recibido un trofeo?
13. ¿Seguirás haciendo deportes en el futuro? ¿Seguirás compitiendo?
14. ¿Algún día te gustaría formar parte del seleccionado olímpico norteamericano?
15. ¿Algún día te gustaría ser atleta profesional? ¿Para qué equipo te gustaría jugar?

2. Descripción-Narración (oral o escrita)

Habla de los deportes que practicas o que te gustaría practicar en el futuro. ¿Por qué te gustan estos deportes? Consulta la lista dada a continuación para ideas.

Deportes de equipo	
-el **fútbol** (soccer)	-el **patinaje sobre hielo** (ice skating)
-el **fútbol americano**	-el **esquí alpino** (downhill skiing)
-el **beisbol**	-el **esquí nórdico** (cross-country skiing)
-el **basquetbol**	-el **esquí acuático** (water skiing)
-el **voleibol**	-el **montañismo** (mountain climbing)
-el **atletismo** (track)	-la **vela** (sailing)
-el **tenis**	-el **surf**
-el **golf**	-la **equitación** (horseback riding)
-el **gimnasia**	
-el **lucha libre** (wrestling)	**Expresiones útiles**
-el **hockey sobre hielo**	-**ser deportista** to be interested in sports
-el **natación** (swimming)	-**jugar a** play
-el **polo acuático**	-**competir en** compete in
-el **ciclismo**	-**correr, participar en una carrera** to run/race
-el **motociclismo**	-**tomar parte en** to take part in
-el **monopatín** (skateboarding)	-**ganar/perder** to win/lose
-el **tabla de nieve** (snowboarding)	-**ganarle a alguien** to beat someone
-el **patinaje sobre ruedas** (roller skating)	-**vencer** to defeat
	-**llegar el primero/el último** come in first/last
	-**quedar en segundo lugar** come in second

✎ Apuntes

Aplicación 4: Tus planes para el futuro

A. Entrevista

1. ¿Cuáles son tus planes para el futuro, después de graduarte de la secundaria?
2. ¿Esperas asistir a una universidad? ¿A qué universidad?
3. ¿Prefieres asistir a una escuela vocacional? ¿A qué escuela?
4. ¿Vas a buscar un empleo de verano (summer job)? ¿Cuánto quieres ganar (earn) por hora?
5. ¿Qué quieres ser después de terminar tus estudios?
6. ¿Quieres trabajar para una compañía grande? ¿Qué compañía?
7. ¿Prefieres trabajar por cuenta propia (for yourself)? ¿Quieres tener tu propio negocio?
8. ¿Te gustaría casarte algún día? ¿Cuándo? ¿Sabes con quién?
9. ¿Quieres tener una familia? ¿Cuántos hijos quieres tener?
10. ¿Tienes planes para viajar? ¿Qué países quieres visitar?
11. ¿Dónde te gustaría vivir en el futuro? ¿Preferirías vivir en el campo o la ciudad?
12. ¿Quieres estar cerca de tu familia (tus padres y tus hermanos)?
13. ¿Te gustaría comprar una casa algún día? ¿Cuántos dormitorios vas a necesitar?
14. ¿Cómo piensas usar el español en el futuro? ¿Te gustaría vivir en un país de habla hispana?
15. ¿Cómo quieres usar tus talentos para mejorar (improve) el mundo? ¿Te importa más ganar dinero o ayudar a otros?

B. Narración (oral o escrita)

Habla de tus planes para el futuro. Incluye dónde quieres continuar tus estudios, qué quieres ser, dónde quieres vivir después de terminar tus estudios, etc. Consulta la lista dada a continuación para ideas.

- **Voy a graduarme en...** I'm going to graduate in
- **Quiero asistir a...** I want to attend
  - **la universidad de...** university
  - **una escuela vocacional** vocational school
- **Quiero especializarme en...** I want to major in
- **Quiero una segunda especialización en** I want to minor in
- **Quiero trabajar para/como...** I want to work for/as
- **Quiero casarme en...** I want to get married in
- **Quiero tener...hijos** I want to have...children
- **Quiero comprar mi primer casa en...años**

- **Quiero viajar a...** I want to travel to
- **Quiero visitar + places** I want to visit
- **Quiero vivir en + place** I want to live in
- **Espero + achievements** I hope to
- **Voy a dedicarme a...** I'm going to devote myself to
- **Quiero ofrecerme a...** I want to volunteer to
- **Quiero servir como...** I want to serve as
- **Quiero ser activo/a en...** I want to be active in
- **Quiero jubilarme en...** I want to retire in
- **Después de jubilarme, quiero...** After retiring, I want to

✏️ Apuntes

Antes de empezar...

Antes de empezar *Planeando un viaje*, revisa la lista de palabras familiares dada a continuación. Esta lista incluye palabras enseñadas en Español 1 y 2 y también cognados que son fáciles de reconocer.

Los destinos	Destinations	Los verbos	Verbs
el mar	sea	viajar	travel
el océano	ocean	visitar/ver	visit/see
el río	river	volar (ue)	fly
el lago	lake	manejar	drive
la bahía	bay	navegar	sail
la costa	coast	explorar	explore
la playa	beach	caminar	walk
la isla	island	salir/partir	leave/depart
la península	peninsula	ir por	go for
las montañas	mountains	recoger	pick up
el valle	valley	dejar	drop off
el desierto	desert	llevar	take
la selva	jungle	acompañar	accompany
el bosque	forest	llegar a	arrive
al norte	to the north	volver/regresar	return
al sur	to the south	pasar por	go through
al este	to the east	cruzar	cross
al oeste	to the west	embarcarse	embark
		desembarcarse	disembark
Lugares y personas	**Places and People**	subir a	get into
la agencia de viajes	travel agency	bajar de	get out of
el puerto	port		
el aeropuerto	airport	**Expresiones**	**Expressions**
el terminal	terminal	ir de vacaciones	go on vacation
la estación de tren	train station	ir de campamento	go camping
la parada de autobús	bus stop	ir a pie	go on foot
la parada de taxis	taxi stand	ir en avión	fly
el hotel	hotel	ir en coche	drive
el motel	motel	ir en barco	sail
la pensión	pension	ir en taxi	take the taxi
la recepción	reception	ir en autobús	take the bus
el restaurante	restaurant	tomar el metro	take the metro
el banco	bank	tomar el tren	take the train
la aduana	customs	perder el tren	miss the train
la frontera	border	hacer cola	stand in line
la atracción	attraction	hacer un viaje	take a trip
la oficina de turismo	tourist office	hacer un crucero	take a cruise
el sitio turístico	tourist site	hacer preparativos de viaje	prepare for a trip
la excursión	excursion/outing	comprar/sacar billetes	buy tickets
la expedición	expedition	dar un paseo en...	take a ride in...
el crucero	cruise		
la visita	visit	**Otras palabras**	**Other Words**
el viaje	trip	el pasaporte	passport
el safari	safari	los documentos	documents
el/la turista	tourist	el cheque de viajero	traveler's check
el/la taxista	taxi driver	la tarjeta de crédito	credit card
el chófer	chauffer	el mapa	map
el/la viajero/a	traveler	la ruta	route
el/la pasajero/a	passenger	el itinerario	intinerary
el/la hotelero/a	hotel keeper	la reservación	reservation
el/la agente	agent	la cancelación	cancelation

"La voluntad de Dios no te llevará donde su gracia no te puede sostener" — *Jim Elliot*

Unidad 1: Planeando un viaje

UNIT CONTENTS

Capítulo 1
1. Vocabulario: Los viajes
2. Gramática: The Subjunctive Mood in Commands
3. Versículo: I Juan 3:18
4. Lectura: Peregrinación
5. Exprésate: Planeando un viaje

Capítulo 2
1. Diálogo: En la agencia de viajes
2. Gramática: Object Pronoun Placement in Commands
3. Versículo: Hebreos 10:24
4. Lectura: Salida de sol en el cielo
5. Exprésate: Un viaje que hiciste

Capítulo 3
1. Historias bíblicas: Los sueños de José
2. Versículo: Mateo 16:24b
3. Lectura: Mantén el rumbo
4. Exprésate: Un viaje que me gustaría hacer
5. Intérprete: En la agencia de viajes

Oral Mastery Exercises: The Subjunctive Mood in Commands
Placement of Object Pronouns in Commands

Acueducto romano de Segovia

Versículo

My little children, let us not love in word, neither in tongue, but in deed and in truth. I John 3: 18	Hijitos míos, no amemos de palabra ni de lengua, sino de hecho y en verdad. I Juan 3:18

Capítulo 1

Saludos

¿Qué tal? ¿Qué hay de nuevo?
¿Cuál es la fecha de hoy? ¿Cuál será la fecha de mañana?
¿Que hora es? ¿Qué hora era cuando llegaste a la escuela?
¿Qué tiempo hace? Qué tiempo hará mañana?
¿Qué hiciste ayer después de la escuela?
¿Adónde fuiste anoche?
¿Qué vas a hacer esta noche?
¿A qué hora te levantaste esta mañana?
¿A qué hora vas a acostarte esta noche?

Lecciones

1. Vocabulario: Los viajes
2. Grámatica: Subjunctive Mood in Commands
3. Versículo: I Juan 3:18
4. Lectura: Peregrinación
5. Exprésate: Planeando un viaje

✏ Repaso rápido

Día 1: Commands: Regular Verbs	1. Open your books and read the explanation. 2. Let's write the words in order to learn them well. 3. Have them wait and and eat later.
Día 2: -G- Verbs	1. Come here and bring your book. 2. Let's do the homework before leaving. 3. Have her leave the class.
Día 3: Stem-Change Verbs	1. Think before speaking! And don't play in class! 2. Let's count from one to ten. Let's begin now. 3. Have them close their books begin the test.
Día 4: Stem-Change Verbs	1. Follow the instructions and repeat the words. 2. Let's not sleep in class! 3. Have her serve dinner at six.
Día 5: Short Irregular Verbs	1. Go to the office and see the principal. 2. Let's take a walk (dar un paseo) after eating. 3. Have them know all the forms by (para) tomorrow.

Vocabulario: Los viajes

A. Vocabulario básico

En la agencia de viajes	At the Travel Agency
hacer planes	to make plans
planear un viaje	to plan a trip
ir al extranjero	to go abroad
viajar (por), recorrer	to travel, tour (country)
visitar	to visit (place)
hacer...	to take...
un viaje por	a trip through (country)
un recorrido por	a tour around (a city)
una excursión (a pie/ en bicicleta)	a walking/bicycle tour
un crucero	a cruise
salir (para)	to leave/depart (for)
regresar/volver (de/a)	to return (from/to)
cruzar/atravesar	to cross
quedarse (en)	to stay (at)
pasar las vacaciones (en)	to spend one's holiday (at)
informarse sobre	to inquire about
reservar una habitación	to reserve/book a room
confirmar la reservación	to confirm the booking
cambiar la reservación	to change the booking
cancelar la reservación	to cancel the booking
alojarse/hospedarse (en)...	to stay/lodge (en)
un hotel	a hotel
una pensión	a bed and breakfast
un albergue para jóvenes	a youth hostel
un terreno de camping	a campground
la agencia de viajes	travel agency
los folletos	brochures
el mapa	map
la ruta	itinerary/route
el coche de alquiler	rental car

B. Vocabulario adicional

Los viajes	Travel
volar/ir en avión a	to fly to
tomar el tren	to take the train
tomar el autobús	to take the bus
ir en coche a	to drive to
viajar en barco a	to travel by boat to
ir en bicicleta	to bicycle
viajar en moto(cicleta)	to travel on motorcycle
ir en taxi	to take a taxi
tomar el metro	to take the subway
ir en autobus de turismo	to take a tour bus
ir a pie	to go by foot
hacer autostop	to hitch hike
alquilar un coche	to rent a car
tomar el transbordador	to take the ferry
ir en helicóptero	to take a helicopter
la parada de autobús	bus stop
la estación de trenes	train station
la estación de metro	subway station
el aeropuerto	airport
el muelle	dock
Información	Information
el despachador automático	ticket machine
la tarifa	fare
el billete/el boleto	ticket
el talón	stub
la guía (de turismo)	guidebook
el libro de frases	phrasebook
el cinturón para el dinero	moneybelt
el plano de la ciudad	city map
el plano del metro	subway map

Ejercicios de vocabulario

I. Escribe las expresiónes tres veces y memorízalas para una prueba.

II. Contesta las preguntas con una frase completa.

1. ¿Siempre **haces planes** antes de hacer un viaje?
2. ¿Cuánto tiempo pasas **planeando el viaje?**
3. ¿Te gustaría **hacer un viaje** a España?
4. ¿Se necesita un pasaporte para **ir al extranjero?**
5. ¿Algún día te gustaría **viajar por** los Estados Unidos?
6. ¿Alguna vez has **visitado** la Casa Blanca?
7. ¿Alguna vez **has hecho una excursión** con tu escuela? ¿Adónde fueron Uds.?
8. ¿Alguna vez **has hecho un crucero**? Has pasado por el Canal de Panamá?
9. ¿Alguna vez **has cruzado el mar** en barco?
10. ¿Te gustaría **atravezar** los Estados Unidos en bicicleta?

11. ¿A qué hora **sales para** la escuela?
12. ¿A qué hora **vuelves/regresas** a casa?
13. ¿Dónde **te quedas** cuando vas de vacaciones?
14. ¿Dónde prefieres **pasar las vacaciones**, en las montañas o en la playa?
15. ¿Te gustaría **pasar el verano** en España?
16. Antes de hacer un viaje, ¿**te informas sobre** las mejores tarifas (fares) en la Internet?
17. ¿Es más barato **reservar** un vuelo en la Internet?
18. ¿Siempre **confirmas** tu reserva/reservación 24 horas antes de salir?
19. ¿Es posible **cambiar** o **cancelar** la reservación sin perder todo tu dinero?
20. ¿Dónde prefieres **alojarte/hospedarte** cuando estás de viaje?

20. ¿Prefieres quedarte en un hotel o en **una pensión**?
22. Alguna vez has pasado la noche en **un albergue para jóvenes**?
23. Antes de reservar un cuarto, ¿siempre te informas sobre la categoría del **hotel**?
24. ¿Alguna vez has pasado las vacaciones en **una granja (farm)**?
25. ¿Te gusta acampar? ¿Conoces un buen **terreno de camping**?
26. Cuando planeas un viaje a otro país, vas a **una agencia de viajes**?
27. ¿Siempre lees **folletos** sobre los lugares que quieres visitar?
28. ¿Te compras un buen **mapa** para planear el itinerario?
29. ¿Cómo decides **la ruta** que vas a tomar? ¿Prefieres usar la autopista (freeway) o las carreteras secundarias?
30. Cuando viajas a otro estado, ¿siempre reservas **un coche de alquiler** antes de salir?

III. Escribe la palabra o expresión que complete correctamente cada frase.

1. Voy a una_____para informarme sobre las mejores tarifas.
2. Necesito un pasaporte para ir_____.
3. Antes de salir para el aeropuerto, siempre telefoneo a la aerolínea para_____la reservación.
4. Toma seis días_____el país en coche, pero sólo seis horas en avión.
5. Muchos jóvenes prefieren pasar la noche en un_____porque es muy barato.
6. Lindberg fue el primero en_____en avión.
7. Mucha gente prefiere quedarse en una_____porque sirven un buen desayuno.
8. Es posible conseguir folletos en cualquier (any)_____.
9. En el invierno, muchos norteamericanos hacen un_____en el Caribe.
10. Nuestra clase de historia irá_____a Washington, D. C. en la primavera.
11. Para_____la Casa Blanca, hay que hablar con un miembro del Congreso.
12. A muchos niños les gusta pasar las vacaciones en una_____porque hay muchos animales.
13. Cuando uno hace un_____en avión, es necesario llegar al aeropuerto dos horas antes de salir.
14. Para decidir la ruta, es necesario tener un buen_____.
15. Este verano vamos a pasar_____en la playa.
16. Si uno_____su reservación en el último momento, pierde su dinero.
17. Mucha gente prefiere pasar la noche en un_____porque es más barato que un motel.
18. Es más interesante ver el país en un coche_____que viajar en tren.
19. Salimos el ocho de junio y_____el ocho de julio.
20. Cuando uno viaja en tren, es una buena idea_____un asiento (seat).

☞Explicación: The Subjunctive Mood in Commands

1. In Spanish 2 you learned to use the *subjunctive mood* in making formal commands. In this chapter, we will review how to form the subjunctive in making commands of various types.

2. There are four types of commands in Spanish which use the subjunctive mood:

1. **Ud.** Commands	*Hable (Ud.).*	Speak.
2. **Uds.** Commands	*Hablen (Uds.).*	Speak.
3. **Nosotros** Commands	*Hablemos.*	Let's speak.
4. **El/ella/ellos/ellas** Commands	*Que hable(n).*	Have him/her/them speak.

3. Most all of the command forms may be derived from the *present indicative forms* by using the following formulas:

A. For regular verbs, simply replace -AR endings with -ER/-IR endings, and vice-versa:

INFINITIVE	UD./EL/ELLA	UDS./ELLOS/ELLAS	NOSOTROS
HABLAR	hable	hablen	hablemos
COMER	coma	coman	comamos
ABRIR	abra	abran	abramos

B. For verbs which have a -G-, -Z- or -Y- in the *yo* form, and also for -IR verbs whose stem changes from -E- to -I- (*pedir, servir, seguir,* etc.), use the *yo*-stem and add -*ar* endings:

INFINITIVE	YO FORM	UD./EL/ELLA	UDS./ELLOS	NOSOTROS
hacer do	hago	haga	hagan	hagamos
poner put	pongo	ponga	pongan	pongamos
traer bring	traigo	traiga	traigan	traigamos
caer fall	caigo	caiga	caigan	caigamos
salir leave	salgo	salga	salgan	salgamos
decir say	digo	diga	digan	digamos
oír hear	oigo	oiga	oigan	oigamos
conocer know	conozco	conozca	conozcan	conozcamos
parecer seem	parezco	parezca	parezcan	parezcamos
aparecer appear	aparezco	aparezca	aparezcan	aparezcamos
obedecer obey	obedezco	obedezca	obedezcan	obedezcamos
ofrecer offer	ofrezco	ofrezca	ofrezcan	ofrezcamos
merecer deserve	merezco	merezca	merezcan	merezcamos
crecer grow	crezco	crezca	crezcan	crezcamos
nacer be born	nazco	nazca	nazcan	nazcamos
producir produce	produzco	produzca	produzcan	produzcamos
conducir drive	conduzco	conduzca	conduzcan	conduzcamos
traducir translate	traduzco	traduzca	traduzcan	traduzcamos
reducir reduce	reduzco	reduzca	reduzcan	reduzcamos
introducir insert	introduzco	introduzca	introduzcan	introduzcamos
incluir include	incluyo	incluya	incluyan	incluyamos
influir influence	influyo	influya	influyan	influyamos
distribuir distribute	distribuyo	distribuya	distribuyan	distribuyamos
destruir destroy	destruyo	destruya	destruyan	destruyamos
concluir conclude	concluyo	concluya	concluyan	concluyamos
construir construct	construyo	construya	construyan	construyamos
contribuir contribute	contribuyo	contribuya	contribuyan	contribuyamos
huir flee	huyo	huya	huyan	huyamos

INFINITIVE	YO FORM	UD./EL/ELLA	UDS./ELLOS	NOSOTROS
pedir ask for	pido	pida	pidan	pidamos
servir serve	sirvo	sirva	sirvan	sirvamos
medir measure	mido	mida	midan	midamos
vestir dress	visto	vista	vistan	vistamos
seguir follow	sigo	siga	sigan	sigamos
repetir repeat	repito	repita	repitan	repitamos
corregir correct	corrijo	corrija	corrijan	corrijamos
conseguir get	consigo	consiga	consigan	consigamos

C. For -IE- and -UE- verbs ending in -AR and -ER, begin with the indicative form for any person and reverse the ending, using -AR endings for -ER verbs and -ER endings for -AR verbs. As in the indicative mood, *nosotros* undergoes no stem-change.

INFINITIVE	UD./EL/ELLA	UDS./ELLOS/ELLAS	NOSOTROS
cerrar close	cierre	cierren	cerremos
pensar think	piense	piensen	pensemos
nevar snow	nieve	-----------------	----------------
sentar seat	siente	sienten	sentemos
comenzar begin	comience	comiencen	comencemos
empezar begin	empiece	empiecen	empecemos
despertar wake	despierte	despierten	despertemos
confesar confess	confiese	confiesen	confesemos
recomendar recommend	recomiende	recomienden	recomendemos
querer want	quiera	quieran	queramos
perder lose	pierda	pierdan	perdamos
entender understand	entienda	entiendan	entendamos
encender light	encienda	enciendan	encendamos
defender defend	defienda	defiendan	defendamos
contar count	cuente	cuenten	contemos
costar cost	cueste	cuesten	costemos
mostrar show	muestre	muestren	mostremos
jugar play	juegue	jueguen	juguemos
probar try on	pruebe	prueben	probemos
acostar put to bed	acueste	acuesten	acostemos
recordar remember	recuerde	recuerden	recordemos
encontrar find	encuentre	encuentren	encontremos
almorzar eat lunch	almuerce	almuercen	almorcemos
poder be able	pueda	puedan	podamos
volver return	vuelva	vuelvan	volvamos
mover move	mueva	muevan	movamos
llover rain	llueva	-----------------	----------------
devolver give back	devuelva	devuelvan	devolvamos
resolver solve	resuelva	resuelvan	resolvamos

D. For -IE- and -UE- verbs ending in -IR, begin with the indicative form and reverse the ending for *Ud.* and *Uds.*. For *nosotros*, there is a unique stem change: -E- changes to -I-, and -O- changes to -U-.

INFINITIVE	UD./EL/ELLA	UDS./ELLOS/ELLAS	NOSOTROS
sentir feel	sienta	sientan	*sintamos*
mentir lie	mienta	mientan	*mintamos*
preferir prefer	prefiera	prefieran	*prefiramos*
consentir consent	consienta	consientan	*consintamos*
dormir sleep	duerma	duerman	*durmamos*
morir die	muera	mueran	*muramos*

E. For a small set of verbs with irregular yo-forms, it is best to memorize the subjunctive equivalents:

INFINITIVE	UD./EL/ELLA	UDS./ELLOS/ELLAS	NOSOTROS
ver see	vea	vean	veamos
ser be	sea	sean	seamos
saber know	sepa	sepan	sepamos
dar give	dé	den	demos
estar be	esté	estén	estemos
ir go	vaya	vayan	vayamos
haber there be	haya	hayan	hayamos

✍ Ejercicios

I. Escribe la forma apropiada del subjuntivo.

-AR VERBS		-ER/-IR VERBS	
1. (Ud.) hablar	6. (nosotros) estudiar	1. (Ud.) comer	6. (nosotros) recibir
2. (él) tomar	7. (Ud.) buscar*	2. (nosotros) vivir	7. (Ud.) comprender
3. (Uds.) escuchar	8. (ellas) pagar*	3. (ellos) vender	8. (él) creer
4. (nosotros) mirar	9. (él) copiar	4. (ella) escribir	9. (Uds.) leer
5. (ella) dejar	10. (Uds.) pronunciar	5. (Uds.) aprender	10. (ella) abrir

*The letters *c* and *g* change to *qu* and *gu* before *e*.

II. Escribe la forma apropiada del subjuntivo.

-G-	-Z-	-Y-	-I-
1. (Ud.) decir	1. (ella) conocer	1. (Ud.) huir	1. (Uds.) servir
2. (Uds.) hacer	2. (Ud.) merecer	2. (ellos) incluir	2. (él) pedir
3. (él) poner	3. (nosotros) producir	3. (nosotros destruir	3. (ellas) repetir
4. (nosotros) salir	4. (Uds.) obedecer	4. (él) sustituir	4. (nosotros) seguir
5. (ellas) traer	5. (él) conducir	5. (ella) influir	5. (Ud.) corregir
6. (Ud.) caer	6. (Ud.) parecer	6. (Uds.) concluir	6. (Uds.) conseguir
7. (él) valer	7. (ellos) traducir	7. (nosotros) construir	7. (ella) medir
8. (nosotros) venir	8. (nosotros) crecer	8. (ellas) contribuir	8. (nosotros) impedir
9. (ellos) tener	9. (ella) aparecer	9. (él) distribuir	9. (él) competir
10. (Ud.) oír	10. (Ud.) reconocer	10. (nosotros) excluir	10. (ellos) vestir

III. Traduce al español.

A. **Mandatos con *Ud.*:** Study. Estudie (Ud.).	B. **Mandatos con *Uds.*:** Study. Estudien (Uds.).
1. Answer the questions.	1. Open the windows.
2. Write the words.	2. Copy the vocabulary.
3. Learn the vocabulary.	3. Don't speak English.
4. Don't look at the board.	4. Don't run in the class.
5. Open the door.	5. Take out the homework.
C. **Mandatos con *nosotros*:** Let's study. Estudiemos.	D. **Mandatos con *él/ellos*:** Have them study. Que estudien.
1. Let's ask the teacher.	1. Have her enter.
2. Let's write the answers.	2. Have him open the door.
3. Let's wait for the students.	3. Let them eat cake!
4. Let's learn the vocabulary.	4. Let her wait!
5. Let's read the instructions.	5. Let him decide later.

IV. Traduce al español.

A. **Mandatos con *Ud.*:** Leave. Salga (Ud.).	B. **Mandatos con *Uds.*:** Leave. Salgan (Uds.).
1. Do the homework.	1. Drive (conducir) carefully.
2. Leave the class.	2. Say the word.
3. Obey the teacher.	3. Don't fall.
4. Bring your books.	4. Translate the words.
5. Distribute (distribuir) the papers.	5. Be (tener) careful!
C. **Mandatos con *nosotros*:** Let's leave. Salgamos.	D. **Mandatos con *él/ellos*:** Have them leave. Que salgan.
1. Let's say the words.	1. Have her come later.
2. Let's bring a friend.	2. Have them hear this.
3. Let's destroy the test.	3. Have him include the accents.
4. Let's not put our feet on the table.	4. Have them meet the teacher.
5. Let's not take (hacer) the test.	5. Let her leave!

✍ Ejercicios

I. Escribe la forma apropiada del subjuntivo.

-IE- VERBS		-UE- VERBS	
1. (Ud.) cerrar	6. (ella) confesar	11. (nosotros) mostrar	16. (Uds.) encontrar
2. (nosotros) perder	7. (nosotros) entender	12. (Ud.) volver	17. (él) jugar
3. (ellos) querer	8. (ellos) defender	13. (él) recordar	18. (nosotros) mover
4. (ella) pensar	9. (Ud.) comenzar	14. (ellas) devolver	19. (Uds.) contar
5. (Uds.) empezar	10. (nosotros) sentar	15. (nosotros) poder	20. (nosotros) probar

II. Escribe la forma apropiada del subjuntivo.

1. (Ud.) preferir	6. (nosotros) divertir	11. (Ud.) sentir	16. (nosotros) preferir
2. (ellos) dormir	7. (Ud.) consentir	12. (nosotros) dormir	17. (Ud.) dormir
3. (nosotros) morir	8. (ellos) morir	13. (Uds.) divertir	18. (ellos) divertir
4. (Uds.) sentir	9. (nosotros) mentir	14. (él) morir	19. (él) convertir
5. (ella) mentir	10. (Uds.) preferir	15. (ellas) consentir	20. (nosotros) mentir

III. Escribe la forma apropiada del subjuntivo.

1. (Ud.) ser	6. (Uds.) estar	11. (Uds.) saber	16. (Uds.) ser
2. (nosotros) ir	7. (él) haber	12. (ella) haber	17. (nosotros) saber
3. (ellos) ver	8. (Ud.) ir	13. (nosotros) estar	18. (Ud.) estar
4. (Ud.) saber	9. (nosotros) ser	14. (Ud.) dar	19. (nosotros) ver
5. (nosotros) dar	10. (ella) ver	15. (ellos) ir	20. (ellos) haber

IV. Traduce al español.

A. Mandatos con *Ud.*: Begin. Empiece (Ud.).	B. Mandatos con *Uds.*: Begin. Empiecen (Uds.).
1. Think before speaking.	1. Move (mover) the chair.
2. Don't play in the class.	2. Count the errors.
3. Come back tomorrow.	3. Begin (comenzar) to work now.
4. Close your books.	4. Remember the test.
5. Don't lose your pencil.	5. Don't eat lunch in the class.

C. Mandatos con *nosotros*: Let's begin. Empecemos.	D. Mandatos con *él/ellos*: Have them begin. Que empiecen.
1. Let's show this to the class.	1. Have them play.
2. Let's not play in the house.	2. Have her show her errors.
3. Let's return to the class.	3. Have them return to their seats.
4. Let's begin to work.	4. Have him begin.
5. Let's close the windows.	5. Have them close their books.

V. Traduce al español.

A. Mandatos con *Ud.*: Repeat. Repita (Ud.).	B. Mandatos con *Uds.*: Repeat. Repitan (Uds.).
1. See the teacher.	1. Be good students.
2. Don't be foolish (tonto)!	2. Be ready to begin.
3. Know the forms by (para) mañana.	3. Ask for a pen.
4. Go to the store.	4. Correct the test.
5. Give me the pen.	5. Follow that car!

C. Mandatos con *nosotros*: Let's repeat. Repitamos.	D. Mandatos con *él/ellos*: Have them repeat. Que repitan.
1. Let's not go to the party.	1. Have them know the forms.
2. Let's repeat the words.	2. Have him repeat the words.
3. Let's not lie (mentir).	3. Have her serve the meal.
4. Let's follow the intructions.	4. Have them take a walk (dar un paseo).
5. Let's serve the meal.	5. Have her correct the test.

☎ Conversaciones

1					
	¿Debo ¿Debemos*	abrir la puerta cerrar las ventanas aprender el vocabulario estudiar los verbos practicar la pronunciación terminar la tarea repasar las formas leer el diálogo escribir las palabras aprender el diálogo copiar la lección escuchar las respuestas cubrir el libro	?	Sí,	abra (Ud.) la puerta. abran (Uds.) la puerta. abramos la puerta.

Debemos (Should we...?) may be answered by either an *Uds.* command or a *nosotros* command, in which the speaker includes himself.

2					
	¿Debo ¿Debemos	hacer la tarea oír el diálogo traer los papeles poner la radio salir ahora decir las formas tener cuidado venir a la clase obedecer al profesor conducir con cuidado traducir las frases incluir las respuestas destruir los papeles	?	Sí,	haga (Ud.) la tarea. hagan (Uds.) la tarea. hagamos la tarea.

3					
	¿Debo ¿Debemos	cerrar la puerta pensar en la lección comenzar a estudiar empezar ahora encender la luz jugar con los niños encontrar la tarea contar los errores recordar el número mostrar las respuestas volver más tarde devolver los libros mover la mesa	?	Sí,	cierre (Ud.) la puerta. cierren (Uds.) la puerta. cerremos la puerta.

4	¿Debo ¿Debemos	repetir las palabras repetir las formas servir la comida servir el almuerzo corregir la tarea corregir el examen seguir las instrucciones seguir al profesor pedir otro lápiz pedir otro papel dormir en clase dormir en el sofá sonreír mucho	?	Sí,	repita (Ud.) las palabras. repitan (Uds.) las palabras. repitamos las palabras.

5	¿Debo ¿Debemos	ver el libro ver las instrucciones saber las formas saber las respuestas ser paciente(s) ser diligente(s) ir a clase ir a la oficina ir a la biblioteca estar presente(s) estar en la clase dar una presentación dar un paseo	?	Sí,	vea (Ud.) al profesor. vean (Uds.) al profesor. veamos al profesor.

6	¿Debe ¿Deben	(insert name) los estudiantes	hacer la tarea corregir el examen repasar los verbos ver el video escuchar el casete poner el disco usar la computadora ? entregar la tarea estudiar la lección repetir las formas escribir el vocabulario oír el diálogo leer la historia	Sí,	que haga la tarea. que hagan la tarea.

✉ Lectura: *Peregrinación*   pilgrimage

Bienaventurado el hombre que tiene en ti sus fuerzas, en cuyo corazón están tus caminos. --Salmo 84:5.

Los libros sobre viajes *se centran en* llegar a un *destino* y *disfrutar* el tiempo que se pase allí al llegar. Pero un libro nuevo titulado The Art Of Pilgrimage [El arte de la peregrinación] *va más allá de* esa perspectiva para considerar un *significado* más *profundo* de los viajes. «Un viaje sin *desafío* no tiene significado --escribe el autor--. Un viaje sin *propósito* no tiene *alma*.» En su libro, el viaje es tan importante como el destino.
    focus on, destination, enjoy
    goes beyond
    meaning, deeper
    challenge, purpose
    soul

¿Es así como vemos nuestras vidas *diarias*? ¿O *nos hemos vuelto* tan obsesivos con *superar* las *luchas* de la vida diaria que el viaje es poco más que un proceso que se ha de *soportar*?
    daily, have we become
    overcoming, battles
    tolerate

El Salmo 84 presenta a una persona *cuya fortaleza* está en Dios y «en cuyo corazón están [sus] caminos» (v.5). Los antiguos *judíos experimentaban* esto cuando viajaban a Jerusalén a celebrar las fiestas especiales. El salmo habla de encontrar *fuentes* en el valle de Baca y una fortaleza *cada vez mayor* hasta llegar a Sion (v.7). *Dibuja* un cuadro de gozo en la *peregrinación*, no sólo en llegar al *destino* final.
    whose, strength
    jews
    experienced
    fountains
    greater and greater, draws
    pilgrimage, destination

La Biblia, el libro de viajes de Dios, nos *apremia* a *saborear* el viaje de nuestras vidas. Cuando nos encontramos viajando por un camino difícil podemos resistirnos y *quejarnos*, o podemos poner nuestro corazón en Sus *caminos*. Donde caminamos hoy es tan importante como donde vamos a estar mañana. --DCM
    urge, savour
    complain
    ways

    La felicidad no sólo nos espera en los cielos,
    sino que hay gozo en la peregrinación.

Nuestro pan diario

A. Preguntas sobre la lectura
1. ¿En qué se centran los libros de viaje?
2. Según un libro nuevo, ¿cómo es un viaje sin desafío?
3. ¿Qué necesita tener un viaje para tener alma?
4. Según el autor, ¿cómo ven muchas personas sus vidas?
5. Para estas personas, ¿cuál es más importante, el viaje o el destino?
6. ¿Cómo es la persona presentada en el Salmo 84?
7. En este Salmo, ¿disfruta el viajero la peregrinación, o sólo el llegar al destino final?
8. ¿A qué nos apremia la Biblia?

B. Preguntas personales
1. ¿Te gusta viajar?
2. ¿Cuando viajas, ¿saboreas el viaje, o sólo piensas en el destino final?
3. Para ti, ¿cuál es más importante, el viaje o el destino?
4. ¿Alguna vez has visto tu vida como un viaje largo?
5. En el viaje de la vida, ¿tienes un propósito?
6. ¿A veces te preocupas tanto por llegar a tu destino que te olvidas de detenerte para "oler las rosas?"
7. Para ti, es importante saborear cada día como fuera el último?
8. ¿A veces sacrificas el presente para el futuro?

ᴄ⇨Exprésate: Planeando un viaje

I. Entrevista

1. ¿Te gusta ir de vacaciones? ¿Cuántas veces por año te tomas unas vacaciones?
2. ¿Dónde te gusta pasar las vacaciones? ¿A veces tienes dificultad en decidir adónde ir?
3. ¿Te gusta planear con cuidado tus vacaciones, o prefieres los viajes espontáneos?
4. ¿Cuáles son las ventajas y desventajas de tener un plan de viaje?
5. Antes de salir, ¿siempre haces una lista de las cosas que vas a necesitar?
6. Para planear tus vacaciones, ¿vas a una agencia de viajes? ¿Buscas información en la Internet?
7. Antes de salir, ¿lees folletos y prospectos sobre el lugar que quieres visitar?
8. ¿Te compras un buen mapa y una buena guía para turistas antes de salir?
9. ¿Te gustan los viajes organizados, o prefieres planear tu propio itinerario?
10. ¿Cómo te informas sobre las mejores tarifas? ¿Navegas la Internet para encontrar las mejores tarifas?
11. ¿Siempre reservas una habitación, o prefieres encontrar una después de llegar a tu destino?
12. ¿Con cuánta anticipación reservas los pasajes (tickets) y los hoteles?
13. ¿Cómo haces las reservaciones, por teléfono, en la Internet, o por medio de un agente?
14. ¿Cómo pagas los hoteles y los restaurantes, con cheques de viajero o con tarjeta de crédito?
15. ¿Prefieres usar una tarjeta de ATM y sacar dinero en efectivo para todas tus compras?

2. Narración (oral o escrita)

Cuenta lo que haces cuando planeas un viaje largo en avión a otro país. Incluye todos los preparativos, desde la compra de los boletos hasta las reservaciones de hoteles. Consulta la lista dada a continuación para ideas.

-Hacer investigaciones en la Internet	-Comprar una buena cámara y película (film)
-Buscar datos (data) en la biblioteca	...una guía del bolsillo para el viajero (phrasebook)
-Leer folletos (brochures) y guías (guides)	...un mapa
-Informarse (inquire) sobre las costumbres del país	...cheques de viajero
-Informarse sobre el clima del país	...una faltriquera (money belt)
-Informarse sobre las mejores tarifas (fares)	...un convertidor de voltaje (voltage)
-Ir a una agencia de viajes	...un adaptor para enchufe (plug adaptor)
-Comprar los boletos	...todos los medicamentos necesarios
-Reservar los asientos de avión	-Planear el itinerario
-Hacer las reservaciones de hotel	-Hacer una lista de cosas para traer
-Alquilar (rent) un coche	-Hacer las maletas
-Obtener los documentos necesarios (pasaporte)	-Traer el permiso de conducir (internacional)
-Hacer una copia de todos los documentos	-Traer la tarjeta de crédito y de débito

Nota Cultural
El turismo en España

España recibe a más de cuarenta y cinco millones de turistas cada año (más de sus cuarenta millones de habitantes), y se ha convertido en uno de los tres países más visitados del mundo. La mayoría de los turistas vienen a España a gozar del buen clima. Con más de tres cientos días de sol por año, las playas españolas atraen cada año a millones de personas de otras partes de Europa, sobre todo de Alemania, de Inglaterra y de los Países Bajos. Con tantos turistas, las playas están muy llenas en el verano y muchas veces es difícil encontrar un lugar donde sentarse y gozar del sol, sobre todo en los meses de julio y agosto.

Versículo

| And let us consider one another to provoke unto love and to good works...
Hebrews 10:24 | Y considerémonos unos a otros para estimularnos al amor y a las buenas obras...
Hebreos 10:24 |

Capítulo 2

Saludos

¿Qué tal? ¿Qué hay de nuevo?
¿Qué día es hoy? ¿Qué día es mañana?
¿Que hora es? ¿Qué hora será en media hora?
¿Qué tiempo hace? Qué tiempo hizo ayer?
¿En qué clases tuviste tarea ayer?
¿Cuántas horas estudiaste anoche?
¿Cuántas horas dormiste?
¿Cuáles son tus planes para mañana?
¿Adónde vas a ir mañana después de la escuela?

Lecciones

1. Diálogo: En la agencia de viajes
2. Grámatica: Object Pronouns in Commands
3. Versículo: Hebreos 10:24
4. Lectura: Salida del sol en el cielo
5. Exprésate: Un viaje que hiciste

Repaso rápido

Día 1: Ud. Commands	1. Take out (Sacar) your homework and pass it to me. 2. Sit down and read us a story. 3. Write the answer but don't say it.
Día 2: Uds. Commands	1. Get up and bring it (masc.) to us. 2. Don't tell them the answers. 3. Look at the words and read them to me.
Día 3: Nosotros Commands	1. Let's sit down and study them. 2. Let's not get up. Let's relax (relajarse). 3. Let's give them (fem.) to her.
Día 4: Nosotros Commands	1. Let's turn around (volverse) and look at each other. 2. Let's not tell him the answer. 3. Let's read them a story.
Día 5: El/Ella Commands	1. Have him bring them (fem.) to me tomorrow. 2. Have her give them (masc.) to you later. 3. Have them repeat it to us in class.

Repaso de vocabulario.

Traduce al español.

1. Before **taking a trip**, we need **to make plans**.
2. **Planning a trip** takes a lot of time.
3. Every year many students **go abroad**.
4. This summer we're going to **tour (travel through)** Spain.
5. If we have time, I want **to visit** the cathedral (la catedral).

6. Tomorrow morning **we're going on an outing**.
7. I would like **to take a cruise** in the Caribbean (el Mar Caribe).
8. Columbus (Colón) wasn't the first to (en) **cross the ocean**.
9. Next summer we're going **to cross the country** on bicycle (en bicicleta).
10. We **depart** for Spain on the 25th of June and **return** the 8th of July.

11. **We're** only **staying** two weeks.
12. We're **spending our vacation** on the coast (costa).
13. I would like to **spend the summer** in Europe.
14. I want to **inquire into** the lowest fares (las tarifas).
15. It's cheaper to **book** a flight (un vuelo) on the Internet (la Internet).

16. You need to **confirm** your reservation 24 hours before departing.
17. It's not possible **to cancel** this reservation.
18. I prefer **to stay** in a **bed and breakfast**, but it's cheaper to stay in a **youth hostel**.
19. Before reserving, it's good to know the ranking (la categoría) of a **hotel**.
20. Many children like to spend the summer on a **farm**.

21. There are **camping sites** all over (en todas partes de) Europe.
22. I always go to a **travel agency** to get (conseguir) **brochures** for the places (lugares) that I want to visit.
23. Before deciding the **itinerary**, one should buy a good **map**.
24. There are **rental cars** in all of the major (principal) airports (aeropuertos).

Diálogo: En la agencia de viajes

-Buenos días.	-Good morning.
-Buenos días. ¿En qué puedo servirle?	-Good morning. How can I help you?
-Mi amigo/a y yo estamos planeando unas vacaciones en Europa y quiero informarme sobre la mejor época para viajar, las tarifas más bajas, los mejores medios de transporte, todo. ¿Podría Ud. ayudarme?	-My friend and I are planning a vacation in Europe and I want to inquire into on the best time to travel, the lowest fares, the best types of transportation, everything. Could you help me?
-Con mucho gusto. Siéntese, por favor. Primero necesito saber cuándo quieren viajar.	-Gladly. Sit down, please. First I need to know when you want to travel.
-El verano que viene.	-This coming summer.
-¿Sabe Ud. en qué fechas quieren viajar?	-Do you know what dates you want to travel?
-Depende en parte del costo del viaje. Queremos salir a principios de junio y quedarnos todo el verano, pero sé que muchos Europeos van de vacaciones en agosto.	-It depends in part on the cost of the trip. We want to leave at the beginning of June and to stay all summer, but I know that a lot of Europeans go on vacation in August.
-Tiene razón. Agosto no es la mejor época para viajar en Europa.	-You're right. August isn't the best time to travel in Europe.
-Entonces, queremos salir a principios de junio y regresar a fines de julio.	-Then, we want to leave at the beginning of June and to return at the end of July.
-Más o menos dos meses, entonces. ¿Qué países desean visitar?	-About two months, then. What countries do you want to visit?
-Pues, casi todos. Es la primera vez que hacemos un viaje a Europa y queremos ver todo.	-Well, almost all of them. It's the first time that we're taking a trip to Europe and we want to see it all.
-¡Será difícil ver todo en dos meses! ¿Qué le parece un viaje organizado? Se puede ver mucho en muy poco tiempo. Aquí tengo algunos prospectos.	-It will be difficult to see it all in two months! What do you think about an organized tour? You can see a lot in a little time. I have some brochures here.
-No, gracias. No nos gustan los viajes organizados, y cuestan mucho más.	-No thanks. We don't like organized tours, and they cost a lot more.
-Bueno, puedo hacerle un itinerario y un presupuesto, si prefiere. ¿Le hago un itinerario con hoteles incluídos?	-O. K., I can make you an itinerary and an estimate, if you prefer. Shall I make you an itinerary with hotels included?
-No, preferimos quedarnos en albergues juveniles y acampar.	-No, we prefer to stay in youth hostels and to camp.
-Les saldrá más barato. ¿En que país desean aterrizar?	-It will cost you less. In what country do you want to land?
-En Inglaterra.....en Londres. Desde allí, pensamos ir a Francia, y desde Francia, queremos ir a Italia.	-In England....London. From there, we plan to go to France, and from France, we want to go to Italy.
-¿Y desde Italia volver a Inglaterra?	-And from Italy return to England?
-Oh, no. Queremos ver otros países: Alemania, Suiza, Dinamarca, Suecia y Noruega. Pensamos pasar las últimas dos semanas en España.	-Oh, no. We want to see other countries: Germany, Switzerland, Denmark, Sweden and Norway. We plan to spend the last two weeks in Spain.
-¿No vuelven a Londres?	-You're not returning to London?
-No, queremos salir de España para los Estados Unidos.	-No, we want to leave from Spain for the U. S..
-Les saldrá un poco más caro que un boleto de ida y vuelta, pero tendrán más tiempo para ver España. ¿Con qué aerolinea prefieren viajar?	-It'll cost you a little more than a round-trip ticket, but you'll have more time to see Spain. With which airline do prefer to travel?
-Con la más barata.	-With the cheapest.
-Todas las aerolíneas grandes tienen más o menos las mismas tarifas para esa época. (Consulta la computadora) Tengo un vuelo con *American Airlines* por $1399.	-All of the major airlines have about the same fares for this time of the year. (He/She consults the computer.) I have a flight with American Airlines for $1399.
-¡$1399! ¡Son casi mil quinientos dólares!	-$1399! That's almost a fifteen hundred dollars!
-Sí, es la época más popular para viajar. Si quieren volver dentro de treinta días, pueden ahorrar $150.	-Yes, it's the most popular time to travel. If you want to return within thirty days, you can save $150.
-No, queremos pasar por lo menos dos meses.	-No, we want to spend at least two months.
-Permítame un momento, por favor.....Creo que *Iberia* tiene una promoción.....¡Ah, sí, si compra dos vuelos de ida y vuelta, el segundo es la mitad del precio! ¡Ahorra 700 dólares!	-Allow me a moment, please.........I think that Iberia has a promotion......Ah, yes, if you buy two round-trip flights, the second is half the price! You save $700!
-¡Perfecto! Me quedo con el paquete de promoción!	-Perfect! I'll take the promotion package!
-Hay un vuelo que sale de San Francisco el 3 de junio a las nueve de la mañana y regresa el 30 de julio a las cinco y media de la tarde.	-There's a flight the departs from San Francisco on the 3rd of June at 9:00 in the morning and returns the 30th of July at 5:30 in the afternoon.
-¿Es un vuelo directo?	-Is it a direct flight?
-No. Hace escala en Chicago, pero las fechas son buenas y con esta promoción pronto estará completo. Hay que reservar temprano.	-No. It makes a stopover in Chicago, but the dates are good and with this promotion it will soon be full. You have to reserve early.

-Está bien. ¿Podemos tener dos asientos juntos, uno en la ventanilla?	-All right. Can we have two seats together, one on the window?
-Sí. ¿Clase turista, verdad?	**-Yes. Coach (Tourist class), right?**
-Sí. Clase turista.	-Yes, coach.
-¿Cómo quiere pagarlo?	**-How do want to pay for it?**
-Con una tarjeta de crédito. ¿Aceptan VISA?	-With a credit card. Do you accept VISA?
-Sí, quiere darme su tarjeta, por favor....gracias.....fecha de vencimiento.....abril de 2005. Muy bien.....	**-Yes, give me your card, please.....thank you....date of expiration......April of 2005. All right.......**
-¿Cree Ud. que debemos reservar una habitación para la primera noche en Londres?	-Do you think that we ought to reserve a room for the first night in London?
-Un momento...... Aquí está su tarjeta. Siempre es una buena idea reservar para la primera noche, aunque a principios de junio no es necesario. ¿Van a tener coche?	**-Just a moment.....Here's your card. It's always a good idea to reserve for the first night, although at the beginning of June it's not necessary. Are you going to have a car?**
-No, en Inglaterra , no.	-No, in England, no.
-Entonces, sería mejor reservar para la primera noche.	**-Then, it would be better to reserve for the first night.**
-Está bien. ¿Puede Ud. hacernos la reservación?	-O. K.. Can you make us a reservation?
-¿En que clase de hotel?	**-In what type of hotel?**
-En un hotel de segunda categoría.	-In a middle-priced hotel.
-¿Cerca o lejos del aerepuerto?	**-Near or far from the airport?**
-De preferencia cerca.	-Preferibly near.
-Está bien.....un momento...... (Consulta la computadora) Tengo una habitación doble con baño privado en un hotel de dos estrellas, a una milla del aeropuerto, por $60.00.	**-O. K.......just a moment.....(He/She consults the computer) I have a double room with a private bath in a two- star hotel, a mile from the airport, for $60.00.**
-Perfecto.	-Perfect.
-¿Dijo Ud. que van a alquilar un coche en Francia?	**-Did you say that you're going to rent a car in France?**
-Pues, no sé si sería más barato alquilar un coche o viajar en tren. ¿Qué me recomienda?	-Well, I don't know if it would be cheaper to rent a car or to travel by train. What do you recommend?
-Bueno, para dos o tres personas, normalmente es más barato alquilar un coche. Viajar en tren no es tan económico como antes.	**-Well, for two or three persons, normally it's cheaper to rent a car. Travelling by train isn't as economical as it used to be (before).**
-¿No es verdad que se puede ahorrar mucho dinero con un Eurailpass?	-Isn't it true that you can save a lot of money with a Eurail Pass?
-Depende de cuánto quiere viajar. Si viaja mucho, es más barato. Pero tampoco es tan barato como antes.	**-It depends on how much you want to travel. If you travel a lot, it's cheap. But it isn't as cheap as it used to be either.**
-¿Puede Ud. facilitarme un folleto?	-Can you provide me with a brochure?
-Aquí está. Hay varios planes, de dos semanas hasta tres meses. Puede comparar las tarifas.	**-Here it is. There are several plans, from two weeks up to three months. You can compare the fares.**
-Gracias......ah, sí.....no es tan barato como creía.....¿Y cuánto cuesta alquilar un coche?	-Thanks........ah, yes.......it isn't as cheap a I thought......And how much does it cost to rent a car?
-A ver.........se puede alquilar un coche compacto por $180.00 semanales.	**-Let's see.........you can rent a compact for $180.00 a week.**
-Hmmmm....no sé. ¿Qué medio de transporte nos recomienda Ud.?	-Hmmmmmm.....I don't know. What type of transportation do you recommend for us?
-En realidad, depende de lo que quieren. Si quieren viajar largas distancias y sólo ver las ciudades más importantes, entonces recomiendo el tren. Por otra parte, si quieren explorar muy bien una o dos regiones, recomiendo un coche. También sería más fácil encontrar alojamiento con un coche.	**-Actually, it depends on what you want. If you want to travel long distances and you only want to see the most important cities, then I recommend the train. On the other hand, if you want to explore one or two regions well, I recommend a car. It would also be easier to find lodging with a car.**
-Sí, pero creo que sería mejor viajar en tren, con las distancias que queremos cubrir.	-Yes, but I think that it would be better to travel by train, with the long distances that we want to cover.
-Siempre podrían quedarse en un lugar por dos o tres días y desde allí podrían viajar a otros puntos de interés. Hay muchos viajes organizados y los autobuses en Europa son muy cómodos.	**-You could always stay in one place for two or three days and from there you could travel to other points of interest. Thre are many organized tours and the buses in Europe are very comfortable.**
-¿Hay que reservar?	-Does one have to reserve?
-Normalmente, sí. Puede informarse sobre excursiones en la oficina de turismo de cada ciudad.	**-Normally, yes. You can inquire about excursions in the tourist office of each city.**
-Muchas gracias por su ayuda. Se lo agradezco mucho.	-Thanks a lot for your help. I really apprecite it.
-No hay de qué. Aquí están sus boletos. ¡Buen viaje!	**-You're welcome. Here are your tickets. Have a good trip!**

☞Explicación: Object Pronoun Placement in Commands

A. Affirmative Commands

1. In Spanish 2 you learned that object pronouns follow the verb in affirmative commands, just as they do in English:

Estúdie<u>los</u>.	Study <u>them</u>.
Visíte<u>nos</u>.	Visit <u>us</u>.
Páse<u>melos</u>.	Pass <u>me them</u>.

You will recall that the pronoun is attached to the verb, and that an accent is added to the stem to retain the original stress.

2. In *nosotros*-commands with reflexive verbs, the final *-s* of the verb is dropped before adding the reflexive pronoun *nos*:

Sentemo(s) + nos =	Sentémo<u>nos</u>.
Levantemo(s) + nos =	Levantémo<u>nos</u>.
Acostemo(s) + nos =	Acostémo<u>nos</u>.

The command form for *irse* is further shortened to *Vámonos*.

B. Negative Commands

In negative commands, object pronouns precede the verb. In this case, they are not attached, and no accent is needed:

No <u>los</u> estudie.	Don't study <u>them</u>.
No <u>me los</u> pase.	Don't pass <u>me them</u>.
No <u>nos</u> sentemos.	Let's not sit down.

C. Indirect Commands

In indirect commands involving *él, ella, ellos* and *ellas*, the object pronouns precede the verb, just as they do in statements:

Que <u>los</u> estudie.	Have him study <u>them</u>.
Que <u>nos</u> visite.	Have her visit <u>us</u>.
Que <u>me los</u> pase.	Have him pass <u>me them</u>.

✍ Ejercicios

I. Conteste las preguntas con un mandato afirmativo o negativo en *Ud*.

A. Modelo: ¿Te llamo? *Sí, llámeme. No, no me llame.*	B. Modelo: ¿Me siento? *Sí, siéntese. No, no se siente.*
1. ¿Te ayudo? Sí,...	1. ¿Me lavo? Sí,...
2. ¿Te oigo? Sí,...	2. ¿Me levanto? Sí,...
3. ¿Te miro? No,...	3. ¿Me visto? No,...
4. ¿Te escucho? Sí,...	4. ¿Me voy? Sí,...
5. ¿Te presento? No,...	5. ¿Me acuesto? No,...
6. ¿Te explico la tarea? Sí,...	6. ¿Me baño? No,...
7. ¿Te paso los libros? No,...	7. ¿Me presento? Sí,...
8. ¿Te digo la verdad? Sí,...	8. ¿Me preparo? No,...
9. ¿Te repito las preguntas? Sí,...	9. ¿Me despido? Sí,...
10. ¿Te devuelvo el bolígrafo? No,...	10. ¿Me desvisto? No,...

II. Conteste las preguntas con un mandato afirmativo o negativo en *Uds*.

A. Modelo: ¿Te llamamos? *Sí, llámenme. No, no me llamen.*	B. Modelo: ¿Nos sentamos? *Sí, siéntense. No, no se sienten.*
1. ¿Te examinamos? No,...	1. ¿Nos lavamos? Sí,...
2. ¿Te seguimos? Sí,...	2. ¿Nos levantamos? No,...
3. ¿Te buscamos? No,...	3. ¿Nos vestimos? No,...
4. ¿Te esperamos? No,...	4. ¿Nos vamos? Sí,...
5. ¿Te imitamos? Sí,...	5. ¿Nos acostamos? No,...
6. ¿Te explicamos la tarea? No,...	6. ¿Nos bañamos? No,...
7. ¿Te mandamos las cartas? Sí,...	7. ¿Nos presentamos? Sí,...
8. ¿Te contamos la historia? No,...	8. ¿Nos preparamos? Sí,...
9. ¿Te pasamos los libros? No,...	9. ¿Nos despedimos? No,...
10. ¿Te mostramos las fotos? Sí,...	10. ¿Nos desvestimos? Sí,...

III. Contesta las preguntas con un mandato afirmativo o negativo en *nosotros*.

A. Modelo: ¿Los visitamos? *Sí, visitémoslos. No, no los visitemos.*	B. Modelo: ¿Nos sentamos? *Sí, sentémonos. No, no nos sentemos.*
1. ¿Los ayudamos? Sí,...	1. ¿Nos lavamos? Sí,...
2. ¿La escribimos? Sí,...	2. ¿Nos vestimos? No,...
3. ¿Lo miramos? No,...	3. ¿Nos levantamos? No,...
4. ¿Las escuchamos? Sí,...	4. ¿Nos acostamos? Sí,...
5. ¿Los presentamos? No,...	5. ¿Nos vamos? Sí,...
6. ¿Le decimos la verdad? Sí,...	6. ¿Nos bañamos? No,...
7. ¿Le traemos los libros? No,...	7. ¿Nos presentamos? Sí,...
8. ¿Les devolvemos los libros? Sí,...	8. ¿Nos preparamos? No,...
9. ¿Le damos las flores? Sí,...	9. ¿Nos despedimos? No,...
10. ¿Les mostramos la casa? No,...	10. ¿Nos desvestimos? Sí,...

IV. Contesta las preguntas con un mandato afirmativo en *él/ella/ellos/ellas*.

A. Modelo: ¿Debe Juan hacer la tarea? *Sí, que la haga.*	B. Modelo: ¿Debe Juan prepararse? *Sí, que se prepare.*
1. ¿Debe Juan cubrir los libros?	1. ¿Debe Juan levantarse?
2. ¿Debe María abrir la puerta?	2. ¿Debe María irse?
3. ¿Debe Carlos servir la comida?	3. ¿Debe Carlos vestirse?
4. ¿Debe Ana sacar la tarea?	4. ¿Debe Ana sentarse?
5. ¿Debe Oscar leer el cuento?	5. ¿Debe Oscar acostarse?
6. ¿Deben los niños poner la mesa?	6. ¿Deben los niños lavarse la cara?
7. ¿Deben recoger la ropa?	7. ¿Deben quitarse los zapatos?
8. ¿Deben hacer las camas?	8. ¿Deben cepillarse los dientes?
9. ¿Deben barrer el patio?	9. ¿Deben ponerse los calcetines?
10. ¿Deben limpiar el baño?	10. ¿Deben secarse el pelo?

☎ Conversaciones

1

¿Debo ¿Debemos*	abrir la puerta cerrar las ventanas hacer la tarea corregir los ejercicios repetir el vocabulario traducir las frases repasar los verbos leer la historia devolver el examen aprender el diálogo copiar las palabras oír las respuestas ver el video	?	Sí, No,	ábrala (Ud.). ábranla (Uds.). abrámosla. no la abra (Ud.). no la abran (Uds.). no la abramos.

Debemos may be answered by either an *Uds.* command or a *nosotros* command, in which the speaker includes himself.

2

¿Debo ¿Debemos	sentar levantar volver mover quedar reclinar acostar despedir vestir bañar duchar preparar	me nos ?	Sí, No,	siéntese (Ud.). siéntense (Uds.). sentémonos. no se siente (Ud.). no se sienten (Uds.). no nos sentemos.

3

¿Debo	dar pasar mandar devolver prestar mostrar dejar leer decir repetir explicar describir	 le 	 (a Ud.)	el libro los papeles la carta el lápiz la pluma la tarea ? las noticias la historia las respuestas los ejercicios la lección los verbos	Sí, démelo. No, no me lo dé.

4

¿Debo	dar pasar mandar devolver prestar mostrar dejar leer decir repetir explicar describir	 les 	 (a Uds.)	el libro los papeles la carta el lápiz la pluma la tarea ? las noticias la historia las respuestas los ejercicios la lección los verbos	Sí, dénoslo. No, no nos lo dé.

5	¿Debo	lavar secar cortar pintar rizar peinar me cepillar afeitar maquillar perfumar poner quitar	las manos el pelo la cabeza la cara las piernas los dientes ? los labios la boca la barba las uñas los zapatos la camisa	Sí, láveselas. No, no se las lave.

6	¿Debe ¿Deben	(insert name) los estudiantes	hacer la tarea corregir el examen repasar los verbos ver el video escuchar el casete poner el disco usar la computadora ? entregar la tarea estudiar la lección repetir las formas escribir el vocabulario oír el diálogo leer la historia	Sí, que la haga. Sí, que la hagan.

7	¿Debe ¿Deben	(insert name) los estudiantes	sentarse levantarse volverse moverse irse quedarse reclinarse ? acostarse despedirse vestirse bañarse ducharse prepararse	Sí, que se siente. Sí, que se sienten.

8	¿Debe Deben	(insert name) los estudiantes	lavarse secarse cortarse pintarse rizarse peinarse cepillarse afeitarse maquillarse perfumarse ponerse quitarse cambiarse	las manos el pelo la cabeza la cara las piernas los dientes los labios ? la boca la barba las uñas los zapatos la camisa los pantalones	Sí, que se las lave. Sí, que se las laven.

✉ Lectura: *Salida de sol en el cielo*   sunrise

... He aquí ahora el tiempo aceptable; he aquí ahora el día de salvación. --2 Corintios 6:2.

«No se puede *hundir*.» Ese fue el *orgulloso alarde* que hicieron los que construyeron el Titanic, el magnífico *transatlántico* que el 14 de abril de 1912 *se hundió* en su viaje inaugural. La mayoría de los 2.100 pasajeros murió.	sink, proud, boast oceanliner sunk
En un artículo escrito para la revista *danesa* Evangelisten, Ingvald Andersen habló de uno de los pasajeros, John Harper, quien era un ferviente *testigo* de Cristo. Según un *sobreviviente*, la noche del desastre John *había llevado* a un joven inglés a la fe en el Salvador.	Danish witness, surviver lead
Poco después, John fue a caminar por la *cubierta* con su hija y una *sobrina*. Mientras admiraban la espectacular *puesta de sol*, Harper dijo: «La mañana va a ser hermosa.»	deck niece, sunset
Para él y *cualquier* otro cristiano que haya muerto aquella noche, la mañana siguiente fue hermosa. La suya fue la *salida de sol* del primer día que pasaron en el *cielo*. Andersen, cuando *contó* todo esto, *apremió* a sus lectores a que *se asegurasen* de su *propia* relación con Cristo.	any sunrise heaven, told urged, make sure, own
Por muy segura y serena *que sea* tu vida, puede terminar en un desastre en cualquier momento. *De modo que* si nunca lo has hecho, necesitas hacer lo que hizo ese inglés: aceptar a Cristo como Salvador ahora. Luego, *independientemente* de cuándo mueras o cómo, la tuya será una salida de sol en el cielo. --VCG	however, may be so regardless

La salvación que se pospone demasiado tiempo se convierte en una tragedia porque se hace demasiado tarde.

Nuestro pan diario

A. Preguntas sobre la lectura
1. ¿Cuál fue el orgulloso alarde que hicieron los que construyeron el *Titanic*?
2. ¿Cuándo se hundió el magnífico transatlántico?
3. ¿Quién era John Harper?
4. ¿A quién había testificado la noche del desastre?
5. ¿Qué hizo poco después?
6. ¿Qué dijo al admirar la espectacular puesta de sol?
7. ¿Fue hermosa la mañana siguiente? ¿Por qué?

B. Preguntas personales
1. ¿Has leído la historia o visto la película sobre el *Titanic*?
2. ¿Por qué se interesa tanta gente por esta historia trágica?
3. ¿Crees que los pasajeros del Titanic se sentían muy seguros?
4. ¿Es verdad que la vida no es es tan segura y serena como parece a veces?
5. ¿Crees que es importante que todos se aseguren de su propia relación con Cristo?

⇨ Exprésate: Un viaje que hiciste

1. Entrevista

1.	¿Has hecho un viaje en los últimos dos o tres años? ¿Adónde fuiste y cuánto tiempo te quedaste?
2.	¿Quién hizo los planes del viaje? ¿Fuiste a una agencia de viajes?
3.	¿Cómo planeaste el viaje? ¿Compraste un mapa? ¿Consultaste una guía (guide)?
4.	¿En qué mes viajaste? ¿Qué tiempo hizo?
5.	¿Cómo viajaste, en avión o en coche? ¿Alquilaste un coche?
6.	¿Qué medios de transporte público usaste al llegar a tu destino (destination)?
7.	¿Dónde te quedaste (hotel, motel, albergue juvenil, camping, etc.)? ¿Cuántas noches pasaste allí?
8.	¿Reservaste una habitación? ¿Con cuánta anticipación hiciste las reservaciones?
9.	¿Qué documentos llevaste (pasaporte, permiso de conducir, tarjeta de identificación, etc.)?
10.	¿Qué sitios de interés turístico visitaste (museos, galerías de arte, monunentos, ruinas, etc.)?
11.	¿Qué hiciste para divertirte? ¿Fuiste a la playa? ¿Tomaste el sol? ¿Fuiste de excursión?
12.	¿Dónde comiste, en restaurantes o en tu hotel? ¿A veces preparaste tu propia comida?
13.	¿Qué recuerdos (souvenirs) del viaje compraste? ¿Mandaste muchas tarjetas postales?
14.	¿Trajiste una cámara? ¿Sacaste muchas fotos? ¿Hiciste un video?
15.	¿Qué es lo que más te gustó del viaje?

2. Narración (oral o escrita)

Habla de un viaje que has hecho recientemente. ¿Adónde fuiste, cómo viajaste, y que hiciste allí? Consulta la lista dada a continuación para ideas.

Construcciones útiles
Primero First of all
Luego Then/Next
Por último Lastly

Acciones
Ir a go to
Irse de viaje/hacer un viaje a take a trip to
Ir en avión a fly to
Volar con fly with (airline)
Ir/Viajar en coche a drive to
Ir en barco a sail to
Ir en tren a go by train to
tomar/perder el tren catch/miss the train to

Tomar el autobús para take the bus to
Viajar por + place travel through/tour
Recorrer + place tour
Visitar visit
Cenar en eat dinner at
Quedarse en stay at
Pasar (time) en (place) spend
Comprar recuerdos de buy souvenirs of
Mandar tarjetas postales send postcards
Sacar fotos take pictures
Conocer a personas meet people
Ver monumentos see monuments
Visitar sitios turísticos Visit tourist sites
Visitar los museos visit the museums

Nota Cultural
El turismo: ¿Bueno o malo?

Aunque el turismo ha llegado a ser una de las principales industrias de España (10% del producto nacional bruto), no todos los españoles están contentos con los cambios que ha traído al país. Ha sido atacado por algunos por haber convertido a los espanõles en siervos del resto de Europa y de otros continentes, y también por haber corrompido los valores y costumbres tradicionales. Otras personas, sin embargo, ven el turismo como un factor unificador entre España y el resto del mundo. Sea lo que sea, el turismo continuará a ser una parte importante de la vida diaria española.

Tossa de Mar

Versículo

If any man man will come after me, let him deny himself, and take up his cross, and follow me. Matthew 16:24b	Si alguno quiere venir en pos de mí, niéguese a sí mismo, y tome su cruz, y sígame. Mateo 16:24b	*Capítulo 3*

Saludos

¿Qué tal? ¿Qué hay de nuevo?
¿Cuál es la fecha de hoy? ¿Cuál será la fecha de mañana?
¿Qué hora es? ¿Qué hora era cuando llegaste a la escuela?
¿Qué tiempo hace? Qué tiempo hará mañana?
¿Adónde fuiste ayer después de la escuela?
¿A qué hora cenaste ayer?
¿Qué hiciste ayer por la noche?
¿A qué hora saldrás para la escuela mañana?
¿Cuáles son tus planes para mañana?
¿Qué vas a ponerte mañana?

Lecciones

1. Historias bíblicas: Los sueños de José
2. Versículo: Mateo 16:24b
3. Lectura: Mantén el rumbo
4. Exprésate: Un viaje que me gustaría hacer
5. Intérprete: En la agencia de viajes
6. Oral Mastery Exercises

Repaso rápido

Día 3: Commands plus New Vocabulary	1. Let's depart on Thursday and return on Monday.
	2. Don't take the trip during the winter.
	3. Cancel your flight and book another.
Día 4: Commands plus New Vocabulary	1. Let's sit down and make plans for our trip.
	2. If you go to Spain, don't spend the summer in Madrid.
	3. Let's not stay in a hotel. Let's stay in a bed and breakfast.
Día 5: Commands plus New Vocabulary	1. Call the travel agency and reserve a room.
	2. Let's go on an outing after breakfast.
	3. Have them take a tour of Barcelona.
Día 4: Commands plus New Vocabulary	1. If you want to learn to speak, go abroad.
	2. Inquire into organized tours (viajes organizados).
	3. If you have the chance (oportunidad), visit the cathedral.
Día 5: Commands plus New Vocabulary	1. If you want to relax (relajarse), go on a cruise.
	2. Before departing, read brochures on the places you want to visit.
	3. If you want to get to know (conocer) Spain, cross the country in a car.

✝La historia de José: Los sueños de José

    En los tiempos antiguos, Dios a veces les hablaba a los hombres *por medio de sueños*. En el libro de Génesis del Viejo Testamento se cuenta la historia de un jóven de diecisiete años que tuvo un *sueño* muy especial que *se realizó tal como* lo había *soñado*. Este jóven se llamaba José. ¡José tenía diez hermanos mayores! No es fácil vivir con *tantos* hermanos, sobre todo cuando eres más pequeño y tus hermanos *se comportan* mal. José veía las cosas malas que hacían sus hermanos e informaba a su padre de lo que veía. Por eso no les gustaba su hermano menor. Pero a su padre Jacob le gustaba mucho. La verdad es que José era el favorito de su padre, y los hermanos lo sabían y le *tenían envidia*.

    by means of dreams

    dream
    came true, just as, dreamed

    so many
    behave

    envied

    Un día Jacob hizo una *túnica* especial de muchos colores para José. Cuando los hermanos vieron que su padre amaba más a José que a ellos, comenzaron a *odiarlo* y *ni siquiera* querían hablar con él. Parecía que José no podía hacer nada para *complacerles*.

    robe

    hate
    not even
    please

    Luego, un día ocurrió algo que les hizo odiarlo aun más. José tuvo un sueño. *Soñó* que él y sus hermanos estaban en el campo *atando manojos*. *De pronto*, el manojo de José se levantó y estaba *derecho*, mientras que los de sus hermanos estaban alrededor y *se inclinaban* al suyo. Cuando los hermanos oyeron este sueño, se enojaron porque su hermano menor les decía que iba a *reinar* sobre ellos. Más tarde tuvo otro sueño. En este sueño, el sol, la luna y once estrellas se inclinaban a José. Cuando se lo contó a su padre y a sus hermanos, su padre lo *reprendió* y le dijo: "¿Qué sueño es éste que soñaste? ¿Acaso vendremos yo y tu madre y tus hermanos a inclinarnos en tierra ante ti?" ¡Pobre José! Ni siquiera su padre comprendía los sueños extraños que tuvo, y sus hermanos lo odiaban *más todavía*.

    dreamed
    tying sheaves, suddenly
    erect
    bowed down

    rule

    rebuked

    still more

I. Preguntas sobre la historia
1. ¿Cuál fue una de las formas en que Dios hablaba a los hombres en los tiempos antiguos?
2. ¿Cuántos años tenía José cuando tuvo el sueño?
3. ¿Cuántos hermanos tenía José?
4. ¿Cómo eran sus hermanos?
5. ¿Por qué no les gustaba José?
6. ¿Por qué le tenían los hermanos envidia a José?
7. ¿Qué hizo Jacob para José?
8. ¿Cómo reaccionaron los hermanos cuando vieron la túnica de muchos colores?
9. ¿Por qué se enojaron los hermanos cuando oyeron el sueño de José?
10. ¿Cómo reaccionó Jacob cuando José le contó su segundo sueño?

Intérprete

Hello, boys and girls. Today I want to tell you the story of a seventeen year-old who had a dream that came true just as he had dreamed it. Have you ever had a dream that came true? In ancient times, God sometimes spoke to men through dreams. The young man in our story was named Joseph. Joseph had eleven brothers and ten of them were older! How would you like to have ten older brothers? It's not easy to live with so many brothers, especially when you want to be good and your brothers behave badly. Joseph saw the bad things that his brothers did and informed his father of what he saw. Therefore they didn't like their little brother. But his father Jacob loved him a lot. The truth is that Joseph was his father's favorite, and his brothers knew it and were envious of him. On day Jacob gave Joseph a special coat. When the brothers saw how their father loved Joseph more than them, they began to hate him and they wouldn't even talk to him. It seemed like Joseph couldn't do anything to please his brothers. Then, one day something happened that made them hate him even more. Joseph had a dream. He dreamed that he and his brothers were in the field tying sheaves Suddenly, Joseph's sheaf arose and stood up straight, while those of his brothers stood round about and bowed down to his. When the brothers heard this dream, they became angry because there little brother was telling them that he was going to reign over them. Later Joseph had another dream. In this dream, the sun, the moon and the stars bowed down to Joseph. When he told it to his father and his brothers, his father rebuked him and said: "What dream is this that you have dreamed? Shall I and your mother and your brothers come to bow ourselves down to the ground before you?" Poor Joseph! Not even his father understood the strange dreams that he had, and his brothers hated him even more.	Buenos días, niños. Hoy quiero contarles la historia de un jóven de diecisiete años que tuvo un sueño que se realizó tal como lo había soñado. ¿Alguna vez has tenido un sueño que se realizó? En los tiempos antiguos, Dios a veces les hablaba a los hombres por medio de sueños. El jóven de nuestra historia se llamaba José. ¡José tenía once hermanos y diez de ellos eran mayores! ¿Qué tal te gustaría tener diez hermanos mayores? No es fácil vivir con tantos hermanos, sobre todo cuando quieres ser bueno y tus hermanos se comportan mal. José veía las cosas malas que hacían sus hermanos e informaba a su padre de lo que veía. Por eso no les gustaba su hermano menor. Pero su padre Jacob lo quería mucho. La verdad es que José era el favorito de su padre, y sus hermanos lo sabían y le tenían envidia. Un día Jacob le dio a José una túnica especial. Cuando los hermanos vieron cómo su padre amaba más a José que a ellos, comenzaron a odiarlo y ni siquiera querían hablar con él. Parecía que José no podía hacer nada para complacer a sus hermanos. Luego, un día ocurrió algo que les hizo odiarlo aun más. José tuvo un sueño. Soñó que él y sus hermanos estaban en el campo atando manojos. De pronto, el manojo de José se levantó y estaba derecho, mientras que los de sus hermanos estaban alrededor y se inclinaban al suyo. Cuando los hermanos oyeron este sueño, se enojaron porque su hermano menor les decía que iba a reinar sobre ellos. Más tarde tuvo José otro sueño. En este sueño, el sol, la luna y once estrellas se inclinaban a José. Cuando se lo contó a su padre y a sus hermanos, su padre lo reprendió y le dijo: "¿Qué sueño es éste que soñaste? ¿Acaso vendremos yo y tu madre y tus hermanos a inclinarnos en tierra ante ti?" ¡Pobre José! Ni siquiera su padre comprendía los sueños extraños que tuvo, y sus hermanos lo odiaban más todavía.

✉ Lectura: *¡Mantén el rumbo!*   stay on course

Pues el propósito de este mandamiento es el amor nacido de corazón
limpio, y de buena conciencia, y de fe *no fingida*. --1 Timoteo1:5.   unfeigned

    Cuando *te haces a la vela* en alta mar necesitas saber tres cosas   set sail, high sea
importantes: tu *ubicación*, tu destino y el *rumbo*. Usando un mapa y   location, direction (course)
una *brújula* puedes llegar adonde quieres ir.   compass

    La parte difícil es determinar dónde estás en un momento
específico. El mal tiempo, los vientos fuertes, las *olas* altas y una   waves
visibilidad limitada crea condiciones que a veces pueden *confundir* a   confuse
los *marineros*. Oí hablar de alguien que *se dispuso a* cruzar el lago   sailors, set out to
Michigan de Milwaukee a Grand Haven. Después de navegar durante
dos horas, confiando en su propio *sentido* de dirección, *alcanzó a ver*   sense, managed to spot
una gran ciudad en el horizonte: ¡Milwaukee! De alguna manera,
pensando que iba en dirección este, había navegado en un gran
círculo.

    ¿Cómo mantiene el rumbo un seguidor de Cristo y evita el *naufragio*   shipwreck
espiritual? Pablo escribió acerca de la importancia de *aferrarse* a «la fe   keep hold of
y a una buena conciencia» (1 Ti. 1:19). Nosotros podemos hacer eso
leyendo *detenidamente* las instrucciones en la Palabra de Dios y   carefully
siguiéndolas, dependiendo de la *guía* del Espíritu Santo y de su ayuda   guidance
a cada momento, y escuchando el sabio *consejo* de amigos cristianos   counsel
que se interesan en nosotros.

    ¿Cómo estás? ¿Vas en el rumbo correcto o estás en peligro de
naufragio? Determina ahora mismo vivir en fe y *santidad* manteniendo el   holiness
rumbo hasta que llegues a casa con seguridad. --DCE

Si quieres mantener el rumbo confía en la brújula de la Palabra de Dios.

Nuestro pan diario

A. Preguntas sobre la lectura
1. ¿Qué cosas necesitas saber al hacerte a la vela en alta mar?
2. ¿Cuál es la parte difícil?
3. ¿Qué cosas pueden confundir a los marineros?
4. ¿Qué le pasó a una persona que trató de cruzar el lago Michigan?
5. ¿De qué escribió el apóstol Pablo?
6. ¿Cómo podemos hacer esto?

B. Preguntas personales
1. ¿Alguna vez has navegado en alta mar?
2. ¿Qué cosas traerías contigo si quisieras hacerlo?
3. ¿Recomendarías cruzar el océano sin brújula?
4. ¿Usas la Palabras de Dios como brújula en el camino de la vida?

⮕Exprésate: Un viaje que me gustaría hacer

1. Entrevista

1. ¿Qué países te gustaría visitar más? ¿Por qué?
2. ¿Qué país te gustaría visitar primero? ¿Cuánto tiempo te gustaría quedarte allí?
3. ¿Qué documentos necesitarías para ir a este país?
4. ¿Cuánto dinero traerías? ¿Traerías cheques de viajero? ¿Traerías tu tarjeta de ATM?
5. ¿Cómo irías a este país, en coche, en avión o en barco?
6. Una vez en el país, ¿cómo irías de un lugar a otro? ¿Usarías el transporte público?
7. ¿Para cubrir distancias largas, preferirías alquilar un coche, viajar en tren, o volar?
8. ¿Qué ciudades te gustaría visitar? ¿Cuánto tiempo te quedarías en cada lugar?
9. ¿Dónde te quedarías, en un hotel, en una pensión (bed and breakfast) o en un albergue juvenil?
10. ¿Dónde comerías? ¿Irías a restaurantes o comprarías tu comida en una charcutería (deli)?
11. ¿Cómo pagarías el hotel y la comida (con cheques de viajero, dinero en efectivo, tarjeta de crédito)?
12. ¿Qué sitios de interés turístico te gustaría visitar (museos, monumentos, palacios, etc.)?
13. ¿Qué harías para divertirte? ¿Irías a la playa? ¿Pasarías la tarde en la terraza de un café?
14. ¿Qué recuerdos de tu viaje comprarías? ¿Comprarías ropa? ¿Comprarías regalos?
15. ¿Sacarías muchas fotos? ¿Traerías una cámara de video?

2. Narración (oral o escrita)

Imagínate que has ganado un viaje alrededor del mundo. ¿Qué países te gustaría visitar y qué harías en cada país? Incluye los medios de transporte que utilizarías, los sitios turísticos que visitarías, dónde te alojarías, etc. Consulta la lista dada a continuación para ideas.

Expresiones útiles
Primero First
Luego Then/Next
Por último Last of all
Si tuviera tiempo... If I had time
Si pudiera... If I could
Si tuviera ganas... If I felt like it
Me gustaría... I would like to
Trataría de... I would try to

Acciones
- **Dar la vuelta al mundo** to travel round the world
- **Viajar a** travel to
- **Alquilar un coche** rent a car
- **Ir en avión a** fly to
- **Ir en coche a** drive to
- **Ir en barco a** sail to
- **Ir en bus/tren a** go by bus/train to
- **Tomar el bus/el tren (hasta)** take the bus/train (up to)
- **Viajar por + country** travel through
- **Cruzar la frontera** cross the border
- **Recorrer + place** tour
- **Visitar** visit
- **Pasar una semana en** Spend a week in
- **Alojarse/Quedarse en** Stay at

Nota Cultural
¿Cuándo se va de vacaciones en España?

En España, como en otras partes de Europa, los meses tradicionales de vacaciones son julio y agosto. La mayoría de los adultos tienen un mes de vacaciones, mientras los estudiantes tienen tres meses, como en los Estados Unidos. Durante el mes de agosto, muchos españoles salen de las ciudades y van a las playas a gozar del sol y de deportes náuticos como la pesca deportiva, el windsurf y el submarinismo. Otros van a sus casas en el campo o en las montañas para escaparse de los miles de turistas que invaden cada verano el país.

Intérprete: Planeando un viaje

Before taking a trip,	Antes de hacer un viaje,
I always make a travel plan.	siempre hago un plan de viaje.
To plan the trip, I need a map	**Para planear el viaje, necesito un mapa**
and a good travel guide.	**y una buena guía del viajero.**
First I go to the bookstore or the library	Primero voy a la librería o a la biblioteca
to look for the guide and the map.	a buscar la guía y el mapa.
I also go by a travel agency	**También paso por una agencia de viajes**
and ask for advice and brochures.	**y pido consejos y folletos.**
I read the guide and the brochures	Leo la guía y los folletos
to find out about the best time to travel,	para informarme sobre la mejor época para viajar,
the climate, and the clothes I will need.	el clima, y la ropa que voy a necesitar.
I also inquire into the prices of hotels	**También me informo sobre los precios de hoteles**
and the best way to pay.	**y la mejor forma de pagar.**
Of course, I want to know something	Por supuesto, quiero saber algo
about the points of touristic interest	acerca de los puntos de interés turístico
and the best organized tours and excursions.	y los mejores viajes y excursiones organizados.
Therefore, I need to know	**Por eso, tengo que conocer bien**
the best means of transportation.	**los mejores medios de transporte.**
With the help of the map,	Con la ayuda del mapa,
I write down the cities that I want to visit	apunto las ciudades que quiero visitar
and how much time I want to spend there.	y cuánto tiempo quiero pasar allí.
After making an intinerary, I consult the Internet	**Después de hacer el itinerario, consulto la Internet**
to find out which airline has the best fares.	**para saber qué aerolínea tiene las mejores tarifas.**
When I have the tickets,	Cuando tengo los boletos,
I consult the guide again to decide	consulto la guía otra vez para decidir
where I want to stay in each city.	dónde quiero quedarme en cada ciudad.
Since the guide has the number	**Como la guía tiene el número de teléfono**
of many hotels and youth hostels,	**de muchos hoteles y albergues juveniles,**
I can call them directly	**puedo llamarlos directamente**
in order to make the reservation.	**para hacer la reservación.**
I can also look for hotels on the Internet	También puedo buscar hoteles en la Internet
and communicate with them by E-mail.	y comunicar con ellos por correo electrónico.
However, the most inexpensive hotels	**Sin embargo, los hoteles más baratos**
often are not on the Internet	**muchas veces no están en la Internet**
and therefore I prefer to phone them.	**y por eso prefiero llamarlos por teléfono.**
I just have to give them	Sólo tengo que darles
the number of my credit card	el número de mi tarjeta de crédito
and send them a fax to confirm the reservation.	y enviarles un fax para confirmar la reservación.
If I don't want to make the reservations,	**Si no quiero hacer las reservaciones,**
I can always go to the travel agency	**siempre puedo ir a la agencia de viajes**
and speak with the agent.	**y hablar con el/la agente.**
Upon learning the dates that I want to travel,	Al saber las fechas en que quiero viajar,
he/she takes care of making all the reservations.	se encarga de hacer todas las reservaciones.
After having an itinerary,	**Después de tener un itinerario,**
I have to decide how I want to travel	**tengo que decidir cómo quiero viajar**
from one place to another.	**de un lugar a otro.**
If it's my first trip, I prefer to travel by train	Si es mi primer viaje, prefiero viajar en tren
because it allows me to see the scenery	porque me permite ver el paisaje
without having to worry about the traffic.	sin tener que preocuparme por el tráfico.
To save money and time,	**Para ahorrar dinero y tiempo,**
I buy a rail pass	**compro un billete de favor**
which permits me to travel everywhere	**que me permite viajar por todas partes**
without having to stand in line to buy tickets.	**sin tener que hacer cola para comprar boletos.**
After having all of the reservations,	Después de tener todas las reservaciones,
I say good-bye to the agent	me despido de la agente
and I go home to pack.	y vuelvo a casa a hacer las maletas.

ORAL MASTERY

1

The Subjunctive Mood in Commands

Speak Spanish.	Let's speak Spanish.	Have them speak Spanish.
Open the door.	Let's open the door.	Have them open the door.
Write the words.	Let's write the words.	Have them write the words.
Look at the board.	Let's look at the board.	Have them look at the board.
Learn the verbs.	Let's learn the verbs.	Have them learn the verbs.
Do the homework.	Let's do the homework.	Have them do the homework.
Say the forms.	Let's say the forms.	Have them say the forms.
Bring the books.	Let's bring the books.	Have them bring the books.
Leave the class.	Let's leave the class.	Have them leave the class.
Hear the instructions.	Let's hear the instructions.	Have them hear the instructions.
Turn on the light.	Let's turn on the light.	Have them turn on the light.
Obey the teacher.	Let's obey the teacher.	Have them obey the teacher.
Translate the sentences.	Let's translate the sentences.	Have them translate the sentences.
Destroy the tests.	Let's destroy the tests.	Have them destroy the tests.
Distribute the papers.	Let's distribute the papers.	Have them distribute the papers.
Include the questions.	Let's include the questions.	Have them include the questions.
Close the books.	Let's close the books.	Have them close the books.
Begin to work.	Let's begin to work.	Have them begin to work.
Count the errors.	Let's count the errors.	Have them count the errors.
Show the photos.	Let's show the photos.	Have them show the photos.
Remember the words.	Let' remember the words.	Have them remember the words.
Come back soon.	Let's come back soon.	Have them come back soon.
Return the books.	Let's return the books.	Have them return the books.
Move the table.	Let's move the table.	Have them move the table.
Ask for the test.	Let's ask for the test.	Have them ask for the test.
Serve the meal.	Let's serve the meal.	Have them serve the meal.
Follow the instructions.	Let's follow the instructions.	Have them follow the instructions.
Repeat the vocabulary.	Let's repeat the vocabulary.	Have them repeat the vocabulary.
Correct the test.	Let's correct the test.	Have them correct the test.
See the instructions.	Let's see the instructions.	Have them see the instructions.
Know the answers.	Let's know the answers.	Have them know the answers.
Give the presentation.	Let's give the presentation.	Have them give the presentation.
Be here tomorrow.	Let's be here tomorrow.	Have them be here tomorrow.
Go to the library.	Let's go to the library.	Have them go to the library.

Hable español.	Hablemos español.	Que hablen español.
Abra la puerta.	Abramos la puerta.	Que abran la puerta.
Escriba las palabras.	Escribamos las palabras.	Que escriban las palabras.
Mire la pizarra.	Miremos la pizarra.	Que miren la pizarra.
Aprenda las palabras.	Aprendamos las palabras.	Que aprendan las palabras.
Haga la tarea.	Hagamos la tarea.	Que hagan la tarea.
Diga las formas.	Digamos las formas.	Que digan las formas.
Traiga los libros.	Traigamos los libros.	Que traigan los libros.
Salga de la clase.	Salgamos de la clase.	Que salgan de la clase.
Oiga las instrucciones.	Oigamos las instrucciones.	Que sigan las instrucciones.
Ponga la luz.	Pongamos la luz.	Que pongan la luz.
Obedezca al profesor.	Obedezcamos al profesor.	Que obedezcan al profesor.
Traduzca las frases.	Traduzcamos las frases.	Que traduzcan las frases.
Destruya los exámenes.	Destruyamos los exámenes.	Que destruyan los exámenes.
Distribuya los papeles.	Distribuyamos los papeles.	Que distribuyan los papeles.
Incluya las preguntas.	Incluyamos las preguntas.	Que incluyan las preguntas.
Cierre los libros.	Cerremos los libros.	Que cierren los libros.
Comience a trabajar.	Comencemos a trabajar.	Que comiencen a trabajar.
Cuente los errores.	Contemos los errores.	Que cuenten los errores.
Muestre las fotos.	Mostremos las fotos.	Que muestren las fotos.
Recuerde las palabras.	Recordemos las palabras.	Que recuerden las palabras.
Vuelva pronto.	Volvamos pronto.	Que vuelvan pronto.
Devuelva los libros.	Devolvamos los libros.	Que devuelvan los libros.
Mueva la mesa.	Movamos la mesa.	Que muevan la mesa.
Pida el examen.	Pidamos el examen.	Que pidan el examen.
Sirva la comida.	Sirvamos la comida.	Que sirvan la comida.
Siga las instrucciones.	Sigamos las instrucciones.	Que sigan las instrucciones.
Repita el vocabulario.	Repitamos el vocabulario.	Que repitan el vocabulario.
Corrija el examen.	Corrijamos el examen.	Que corrijan el examen.
Vea las instrucciones.	Veamos las instrucciones.	Que vean las instrucciones.
Sepa las respuestas.	Sepamos las respuestas.	que sepan las respuestas.
Dé la presentación.	Demos la presentación.	Que den la presentación.
Esté aquí mañana.	Estemos aquí mañana.	Que estén aquí mañana.
Vaya a la biblioteca.	Vamos a la biblioteca.	Que vayan a la biblioteca.

Placement of Object Pronouns in Commands

Study it.	Let's study it.	Have them study it.	Don't study it.
Open it.	Let's open it.	Have them open it.	Don't open it.
Close it.	Let's close it.	Have them close it.	Don't close it.
Bring it.	Let's bring it.	Have them bring it.	Don't bring it.
Say it.	Let's say it.	Have them say it.	Don't say it.
Hear it.	Let's hear it.	Have them hear it.	Don't hear it.
Show it.	Let's show it.	Have them show it.	Don't show it.
Repeat it.	Let's repeat it.	Have them repeat it.	Don't repeat it.
Serve it.	Let's serve it.	Have them serve it.	Don't serve it.
Ask for it.	Let's ask for it.	Have them ask for it.	Don't ask for it.
Sit down.	Let's sit down.	Have them sit down.	Don't sit down.
Stand up.	Let's stand up.	Have them stand up.	Don't stand up.
Lie down.	Let's lie down.	Have them lie down.	Don't lie down.
Turn around.	Let's turn around.	Have them turn aroundl.	Don't turn around.
Get dressed.	Let's get dressed.	Have them get dressed.	Don't get dressed.
Wash you hands.	Let's wash our hands.	Have them wash their hands.	Don't wash your hands.
Get ready.	Let's get ready.	Have them get ready.	Don't get ready.
Take a bath.	Let's take a bath.	Have them take a bath.	Don't take a bath.
Cut your hair.	Let's cut our hair.	Have them cut their hair.	Don't cut your hair
Go to sleep.	Let's go to sleep.	Have them go to sleep.	Don't go to sleep.
Pass it to him.	Let's pass it to him.	Have them pass it to him.	Don't pass it to him.
Explain it to her.	Let's explain it to her.	Have them explain it to her.	Don't explain it to her.
Give it to him.	Let's give it to him.	Have them give it to him.	Don't give it to him.
Say it to her.	Let's say it to her.	Have them say it to her.	Don't say it to her.
Repeat it to him.	Let's repeat it to him.	Have them repeat it to him.	Don't repeat it to him.
Send it to her.	Let's sent it to her.	Have them send it to her.	Don't send it to her.
Bring it to him.	Let's bring it to him.	Have them bring it to him.	Don't bring it to him.
Write it to her.	Let's write it to her.	Have them write it to her.	Don't write it to her.
Read it to him.	Let's read it to him.	Have them read it to him.	Don't read it to him.
Show it to her.	Let's show it to her.	Have them show it to her.	Don't show it to her.

Estúdielo.	Estudiémoslo.	Que lo estudien.	No lo estudie.
Ábralo.	Abrámoslo.	Que lo abran.	No lo abra.
Ciérrelo.	Cerrémoslo.	Que lo cierren.	No lo cierre.
Tráigalo.	Traigámoslo.	Que lo traigan.	No lo traiga.
Dígalo.	Digámoslo.	Que lo digan.	No lo diga.
Óigalo.	Oigámoslo.	Que lo oigan.	No lo oiga.
Muéstrelo.	Mostrémoslo.	Que lo muestren.	No lo muestre.
Repítalo.	Repitámoslo.	Que lo repitan.	No lo repita.
Sírvalo.	Sirvámoslo.	Que lo sirvan.	No lo sirva.
Pídalo.	Pidámoslo.	Que lo pidan.	No lo pida.
Siéntese.	Sentémonos.	Que se sienten.	No se siente.
Levántese.	Levantémonos.	Que se levanten.	No se levante.
Acuéstese.	Acostémonos.	Que se acuesten.	No se acueste.
Vuélvase.	Volvámonos.	Que se vuelvan.	No se vuelva.
Vístase.	Vistámonos.	Que se vistan.	No se vista.
Lávese las manos.	Lavémonos las manos.	Que se laven las manos.	No se lave las manos.
Prepárese.	Preparémonos.	Que se preparen.	No se prepare.
Báñese.	Bañémonos.	Que se bañen.	No se bañe.
Córtese el pelo.	Cortémonos el pelo.	Que se corten el pelo.	No se corte el pelo.
Duérmase.	Durmámonos.	Que se duerman.	No se duerma.
Páseselo.	Pasémoselo.	Que se lo pasen.	No se lo pase.
Explíqueselo.	Expliquémoselo.	Que se lo expliquen.	No se lo explique.
Déselo.	Démoselo.	Que se lo den.	No se lo dé.
Dígaselo.	Digámoselo.	Que se lo digan.	No se lo diga.
Repítaselo.	Repitámoselo.	Que se lo repitan.	No se lo repita.
Mándeselo.	Mandémoselo.	Que se lo manden.	No se lo mande.
Tráigaselo.	Traigámoselo.	Que se lo traigan.	No se lo traiga.
Escríbaselo.	Escribámoselo.	Que se lo escriban.	No se lo escriba.
Léaselo.	Leámoselo.	Que se lo lean.	No se lo lea.
Muéstreselo.	Mostrémoselo.	Que se lo muestren.	No se lo muestre.

Antes de empezar...

Antes de empezar "Viajando en avión," revisa la lista de palabras familiares dada a continuación. Esta lista incluye palabras presentadas en Español 1 y 2 y también cognados que son fáciles de reconocer.

En el aeropuerto	At the Airport	Verbos	Verbs
el /la terminal	terminal	volar	fly
la aerolínea	airline	salir/partir	leave/depart
las llegadas	arrivals	llegar	arrive
las salidas	departures	ir por	go for
la fila/cola	line (of people)	recoger	pick up
el mostrador (para registrarse)	(check-in) counter	dejar	drop off
		llevar	take (someone)
la aduana	customs	acompañar	accompany
el control de pasaportes	passport control	pasar por	go through
(el control de) seguridad	security (check)	cruzar	cross
la tarjeta de identificación	ID	embarcar/abordar	embark
la sala de salidas	departure lounge	desembarcar	disembark
la puerta	gate	declarar	declare
el destino	destination	presentarse	check in
el café	cafe		
los baños	bathrooms	**Expresiones**	**Expressions**
Información	Information	ir en avión	fly
las tiendas	stores	hacer cola	wait in line
el agente	agent	hacer un viaje	take a trip
el equipaje	luggage	hacer conexión con	to connect with
		comprar/sacar el billete	buy tickets
En el avión	**On the Airplane**	facturar el equipaje	check luggage
la cabina	cabin	reclamar/recoger el equipaje	claim/pick up luggage
la cabina del piloto	cockpit	confirmar el vuelo	confirm the flight
el piloto	pilot	cancelar el vuelo	cancel the flight
los pasajeros	passengers	cambiar el vuelo	change the flight
la primera clase	first class	perder el vuelo	miss the flight
la clase económica	economy class	pasar por seguridad	go through security
el/la asistente/a de vuelo	flight attendant	abordar el avión	board the plane
la turbulencia	turbulence	buscar el asiento	find one's seat
la salida de emergencia	emergency exit		
el compartimiento	compartment	**Adjectivos**	**Adjectives**
el equipo de mano	carry-on	válido	valid
el pasillo	aisle	nacional/doméstico	domestic
el retrete	toilet	internacional	international
la máscara de oxígeno	oxygen mask	de primera clase	first class
		de clase turista	tourist class
Otras palabras	**Other expressions**	temprano	early
a bordo	on board	retrasado	delayed
a tiempo	on time	cancelado	canceled
de ida	one way	directo	direct
de ida y vuelta	round trip	completo	booked up
de regreso	return	ocupado	occupied
por avión	by air	libre	free
en tránsito	in transit	próximo	next
de stand-by	stand-by	último	last

> "La primera calidad de un misionero no es el amor a las almas, del que tanto se habla, sino amor a Cristo."
> *Vance Havner*

Unidad 2: Viajando en avión

UNIT CONTENTS

Capítulo 4
1. Vocabulario: Viajando en avión
2. Gramática: The Subjunctive Mood in Indirect Commands
3. Versículo: Juan 3:14
4. Lectura: Sentimiento de seguridad
5. Exprésate: En el aeropuerto

Capítulo 5
1. Diálogo: En el aeropuerto
2. Gramática: The Subjunctive after Expressions of Desire and Request
3. Versículo: Filipenses 1:9
4. Lectura: Despierto en el cielo
5. Exprésate: Un viaje que hiciste en avión

Capítulo 6
1. Historias bíblicas: Traicionado
2. Versículo: I Timoteo 2:8
3. Lectura: Reservación garantizada
4. Exprésate: Los medios modernos de transporte
5. Intérprete: Viajando en avión

Oral Mastery Exercises: The Subjunctive after Expressions of Desire and Request
The Subjunctive in Spanish vs. the Infinitive in English

Zaragoza: La Basílica de Nuestra Señora del Pilar

Versículo

And as Moses lifted up the serpent in the wilderness, even so must the Son of man be lifted up...
John 3:14

Y como Moisés levantó la serpiente en el desierto, así es necesario que el Hijo del Hombre sea levantado...
Juan 3:14

Capítulo 4

Saludos

¿Qué tal? ¿Qué hay de nuevo?
¿Cuál es la fecha de hoy? ¿Cuál será la fecha de mañana?
¿Qué hora es? ¿Qué hora era cuando llegaste a la escuela?
¿Qué tiempo hace? Qué tiempo hará mañana?
¿Adónde fuiste ayer después de la escuela?
¿A qué hora cenaste ayer?
¿Qué hiciste ayer por la noche?
¿A qué hora saldrás para la escuela mañana?
¿Cuáles son tus planes para mañana?
¿Qué vas a ponerte mañana?

Lecciones

1. Vocabulario: Viajando en avión
2. Grámatica: Subjunctive in Indirect Commands
3. Versículo: Juan 3:14
4. Lectura: Sentimiento de seguridad
5. Exprésate: En el aeropuerto

Repaso rápido

Día 1: Commands	1. Everybody turn around (volverse) and look at me. 2. Let's get up and get ready (prepararse). 3. Have them sit down and take off (quitarse) their shoes.
Día 2: Commands	1. Take out (sacar) your homework and pass it to me. 2. Let's not tell them the answers. 3. Have her explain it to us.
Día 3: Indirect Commands	1. I prefer that you not speak English. 2. I hope that we have time to (para) see a video. 3. I'm asking that everyone sit down and that nobody talk.
Día 4: Indirect Commands	1. The teacher insists that (insistir en que) we listen well. 2. They recommend that we put our books on the floor. 3. He suggests (sugerir) that the students study more.
Día 5: Indirect Commands	1. It's important that we always tell the truth. 2. It isn't necessary that you take the test (hacer el examen) today. 3. It's good that you know the forms (las formas).

Vocabulario: Viajando en avión

A. Vocabulario activo

En el aeropuerto	At the Airport
la aerolínea	airline
el mostrador	check-in counter
la puerta (de embarque)	(boarding) gate
la zona de abordaje	boarding area
la zona de reclamación de equipaje	baggage claim area
el control de seguridad	security control
el control de pasaportes	passport control
el vuelo directo	direct flight
el vuelo con escala	indirect flight
el horario de vuelos	flight schedule
el asiento...	seat
al lado del pasillo	aisle
al lado de la ventanilla	window
el/la auxiliar de vuelo	flight attendant
el pasajero	passenger
el boleto* de primera clase	first class ticket
el boleto de clase turista	tourist class ticket
el boleto de ida	one-way ticket
el boleto de ida y vuelta	round-trip ticket
la tarjeta de embarque	boarding pass
comprar un boleto	to buy a ticket
facturar el equipaje	to check in one's luggage
dirigirse a la puerta	to go to the gate
abordar/embarcarse	to board the plane
llevar a bordo	to carry on board
hacer escala	to make a stopover
transbordar	to transfer planes
desembarcar	to disembark
reclamar el equipaje	to claim one's luggage
pasar por la aduana	to go through customs

Also, *billete*

B. Vocabulario adicional

En el avión	On the plane
el pasillo	aisle
la ventanilla	window
la puerta de salida	wing
la cabina delantera	forward cabin
la cabina trasera	rear cabin
la puerta de salida	exit door
la salida de emergencia	emergency exit
la rampa de escape	escape ramp
la máscara de oxígeno	oxygen mask
el cinturón de seguridad	seatbelt
los audífonos	earphones
el canal	channel
la película	film
la manta	blanket
la almohada	pillow
el equipaje de mano	carry-on luggage
el compartimiento de equipaje	luggage compartment
el respaldo del asiento	seat back
la mesa plegable	folding tray
el baño	bathroom
abrochar el cinturón	fasten the seatbelt
mantenerse sentado/a	remain seated
reclinar el asiento	recline the seat
poner el asiento en posición vertical	put the seat up
tomar una siesta	take a nap
despegar (ie)	take off
aterrizar	land
volar a una altura de...	fly at an altitude of...
haber turbulencia	have turbulence
estar mareado/a	feel sick

Ejercicios de vocabulario

I. Escribe las expresiónes tres veces y memorízalas para una prueba.

II. Contesta las preguntas con una frase completa.

1. ¿Siempre escoges la **aerolínea** con las tarifas más bajas?
2. Al entrar en la terminal, ¿vas directamente al **mostrador** de la aerolínea con la que vuelas?
3. ¿Siempre le preguntas al agente de qué **puerta** sale el avión?
4. ¿Siempre hay mucha gente esperando en **la zona de abordaje**?
5. Al llegar a tu destino, ¿vas directamente a **la zona de reclamación de equipaje**?
6. ¿Cuántas veces hay que pasar por **el control de seguridad**?
7. ¿Quiénes tienen que pasar por **el control de pasaportes**?
8. ¿Prefieres **los vuelos directos** cuando viajas dentro de los Estados Unidos?
9. ¿Prefieres **los vuelos con escala** cuando viajas a Europa?
10. ¿Siempre verificas **el horario de vuelos** antes de ir al aeropuerto?

11. ¿Por qué prefieren muchos pasajeros **un asiento al lado del pasillo**?
12. ¿Por qué prefieren otros **un asiento al lado de la ventanilla**?
13. ¿Cómo ayudan **los auxiliares de vuelo** a los **pasajeros**?
14. ¿Alguna vez has comprado **un boleto/billete de primera clase**?
15. ¿Por qué compran la mayoría de los pasajeros **boletos de clase turista**?
16. ¿Es más barato comprar dos **boletos de ida** o un solo **boleto de ida y vuelta**?
17. ¿Es posible abordar el avión sin **la tarjeta de embarque**?
18. Para **comprar un boleto/billete**, ¿vas a una agencia de viajes o lo compras en la Internet?
19. ¿Siempre **facturas el equipaje** o prefieres **llevarlo a bordo**?
20. ¿**Te diriges a la puerta de embarque** después de facturar el equipaje?

21. ¿Cuánto tiempo tienes que esperar para **abordar** el avión?
22. ¿Siempre **llevas** tu cámera y tu teléfono **a bordo**?
23. Cuando el avión **hace escala**, ¿es necesario pasar otra vez por el control de seguridad?
24. ¿Siempre hay que **transbordar** cuando el avión hace escala?
25. ¿Qué haces después de **desembarcar** del avión?
26. ¿Adónde hay que ir para **reclamar el equipaje**?
27. ¿Siempre es necesario **pasar por la aduana** al volver a los Estados Unidos?

III. Escribe la palabra o expresión que complete correctamente cada frase.
1. Debo llegar al_____dos o tres horas antes del_____.
2. Después de entrar en la terminal, voy al_____de la aerolínea con la que voy a volar.
3. Necesito mostrarle mi_____al agente.
4. Si es un vuelo internacional, también necesito mostrarle mi_____.
5. Después de revisar mi boleto y mi pasaporte, el agente me da una tarjeta de_____.

6. En la tarjeta está el número de mi_____.
7. El agente me pregunta cuántas maletas quiero_____.
8. Las maletas grandes no se pueden llevar a_____.
9. Después de facturar mi equipaje, me dirijo a la_____indicada.
10. Todos los pasajeros necesitan pasar por el_____.

11. Espero el avión en la_____.
12. Después de una hora, oigo el anuncio para_____el avión.
13. Al abordar el avión, busco mi_____.
14. Prefiero un asiento al_____porque me gusta la vista.
15. Antes del vuelo, la_____explica dónde están las salidas de emergencia.

16. Como no es un vuelo directo, tengo que_____en Chicago.
17. Prefiero los vuelos directos a los vuelos_____.
18. Al llegar a mi destino, _____del avión y me dirijo a la sala de_____.
19. Si es un vuelo internacional, tengo que pasar por la_____.
20. Después de_____mi equipaje, salgo del aeropuerto.

☞Explicación: The Subjunctive in Indirect Commands

1. In chapters 1 and 2, you learned to use subjunctive forms in giving commands:

Haga la tarea.	Do the homework.
Salgamos.	Let's leave.
Que salgan.	Have them leave.

2. When we give a command, we are expressing how we *feel* about someone else doing something. We either *want* them to do it, or we *don't want* them to do it, and we tell them so directly with a command. If we wish to be less direct, we may preface the command with an expression of desire such as *Espero que* (I hope that), *Prefiero que* (I prefer that), or *Es mejor que* (It's better that):

PREFACE	COMMAND
Espero que I hope that	
Prefiero que I prefer that	haga la tarea. you do the H. W.
Es mejor que It's better that	

In such cases, the subjunctive forms continue to be used. In fact, the subjunctive mood is used whenever one person states how he *feels* about another person doing something, that is, after any *subjective* expression (I hope that, I prefer that, I insist that) designed to persuade someone to do something or to discourage them from doing it.

3. Following is a list of some common expressions which are followed by the subjunctive mood.

DESIRE & NEED		PERMISSION/REQUEST/DENIAL	
Deseo que	I wish	Permito que	I permit
Quiero que	I want	Prohibo que	I forbid
Espero que	I hope	Insisto en que	I insist
Prefiero que	I prefer	Consiento en que	I consent
Necesito que	I need	Está bien que	It's O. K.
Es bueno que	It's good	Le pido que	I'm asking you
Es malo que	It's bad	Le digo que	I'm telling you
Es mejor que	It's better	Le ruego que	I'm begging you
Es preferible que	It's preferible	Sugiero que	I suggest
Es necesario que	It's necessary	Recomiendo que	I recommend

4. Unlike direct requests (Hable español), which tell what *I* want *others* to do, indirect requests may tell how *anyone* (yo, tú, nosotros, etc.) feels about *anyone else* doing something. Note that the subjunctive form for *yo* is the same as that of *él, ella, Ud.* and that the *tú* form adds an *-s*:

ANY SUBJECT + FEELING + QUE...			
yo	hable	responda	escriba
tú	hables	respondas	escribas
nosotros	hablemos	respondamos	escribamos
él/ella/Ud.	hable	responda	escriba
ellos/ellas/Uds.	hablen	respondan	escriban

5. It's important to remember that two conditions must be met in order to use the subjunctive mood:

   a) There must be a prefacing expression of *feeling* (desire, preference, persuasion).
   b) There must be a *second subject* toward whom the feeling is directed.

One Person	Feeling	Second Person	Action
Juan	prefiere	que María	estudie.
John	prefers	that Mary	study.

If there is no second subject, then an *infinitive* is used, not the subjunctive:

One Person	Feeling	Action
Juan	prefiere	estudiar.
John	prefers	study.

If the verb does not express a *subjective feeling*, but rather a *firm conviction*, an *objective perception*, or straight *reporting of the facts*, then the indicative mood is used:

Sé que I know that	
Veo que I see that	haces la tarea. you do the H. W.
Dicen que They say that	

6. Note that indirect requests may relate to the general present or the to the future, and that in both cases the form is the same. There is no future tense for the subjunctive mood in modern Spanish.

   Prefiere que *estemos presentes* todos los días.
   He prefers that *we be present* every day.

   Prefiere que *estemos presentes* mañana.
   He prefers that *we be present* tomorrow.

Madrid: Corrida de toros

✍ Ejercicios

I. Expresa cómo te sientes acerca de cada una de las siguientes frases comenzándolas con *Espero que...* (I hope that) o *Espero que no..*

Modelo: Ganamos el partido.
          Espero que *ganemos* el partido.

1. Mis padres me compran un Corvette.
2. Tenemos tarea esta noche.
3. Hay un examen el viernes.
4. Llueve este fin de semana.
5. Mis amigos me dicen la verdad.
6. Mi madre hace una torta de chocolate.
7. Nosotros morimos en un accidente de avión.
8. El profesor me da una A en español.
9. El examen final es muy difícil.
10. Hace mucho frío este invierno.

II. Contesta las preguntas con una frase completa en español.

Modelo: ¿Es necesario que aprendamos una lengua extranjera?
          Sí, es necesario que aprendamos una lengua extranjera.

1. ¿Recomiendas que todos los estudiantes aprendan una lengua extranjera?
2. ¿Prefieres que todos los estudiantes estudien español?
3. ¿Esperas que tus padres te compren un coche?

4. ¿Permite el profesor que los estudiantes coman en clase?
5. ¿Prohibe el profesor que los estudiantes tengan chicle en clase?
6. ¿Insiste el profesor en que los estudiantes hablen español?

7. ¿Es necesario que el profesor asigne tarea todas las noches?
8. ¿Es importante que los estudiantes salgan bien en los exámenes?
9. ¿Es bueno que el profesor use mucho español en clase?
10. ¿Es malo que algunos estudiantes no hagan la tarea?

III. Traduce al español, usando el infinitivo (con un sujeto) o el subjuntivo (con dos sujetos).

Modelo: I prefer *to practice*. Prefiero *practicar*.
          I prefer *that you practice*. Prefiero *que practiques*.

1. I prefer to leave.
2. I prefer that *you* leave.
3. We hope to win.
4. We hope that *you* win.
5. They ask (pedir permiso para) to leave.
6. They ask (pedir) that *we* leave.
7. He wishes to go to the party.
8. He wishes that *we* go to the party.
9. It's important to be here on time (a tiempo).
10. It's important that *we* be here on time.
11. She insists on speaking Spanish.
12. She insists that *we* speak Spanish.
13. They don't permit riding bikes (andar en bicicleta).
14. They don't permit that *we* ride bikes.

☎ Conversaciones:

1

| ¿Es | bueno
necesario
importante | que | nosotros | asistamos a la escuela
lleguemos a tiempo
tengamos tarea
vayamos a la biblioteca
estemos en clase
seamos puntuales
estudiemos mucho
participemos en deportes
hagamos ejercicios físicos
aprendamos vocabulario
durmamos ocho horas
veamos televisión
comamos bien | todos los días | ? |

2

| ¿Esperas | que | tu madre
tu padre
tu hermano
tu hermana
tu amigo
tu amiga
tu novio
tu novia | te | lleve a la escuela
ayude con tu tarea
prepare la comida
permita usar el coche
enseñe a manejar
compre un coche
preste dinero
hable con respeto
trate como adulto
escuche cuando hablas
diga la verdad
traiga flores
espere después de la escuela | ? |

3

| ¿Prefieres | que yo | te | lleve a la escuela
ayude con tu tarea
invite a cenar
permita usar el coche
enseñe a manejar
compre un coche
preste dinero
hable con respeto
trate como adulto
escuche cuando hablas
diga la verdad
traiga flores
espere después de la escuela | ? | Sí, prefiero que tú me....... |

4

¿Prefieren / ¿Recomiendan / ¿Sugieren tus padres que (tú)
- tengas amigos honrados (respectable)
- te comportes (behave) bien
- digas la verdad
- participes en actividades sanas (healthy)
- vuelvas temprano a casa
- vayas a la iglesia
- veas mucha televisión
- asistas a tus clases
- seas responsable
- estés contento/a
- ayudes en casa
- lleves ropa decente
- tengas buenos modales (manners)
?

5

¿Insisten tus padres en que (tú)
- siempre digas la verdad
- hagas tu tarea
- manejes con cuidado
- seas cortés (polite)
- ayudes en casa
- mantengas limpio tu dormitorio

- no faltes a tus clases
- no hagas trampas (cheat)
- no pongas los pies en los muebles
- no veas mucha televisión
- no hables con desconocidos (strangers)
- no vuelvas tarde a casa
?

6

¿Les sugieres a tus padres que te
- den muchas cosas
- permitan usar el coche
- lleven a la escuela
- ayuden con tu tarea
- permitan ver mucha televisión
- presten dinero
- compren mucha ropa
- escuchen cuando hablas
- traten como adulto
- perdonen cuando haces algo malo
- esperen después de la escuela
- apoyen (support) en tus decisiones
- digan siempre la verdad
?

✉Lectura: *Sentimiento de seguridad*

Perecen del mismo modo que el insensato y el necio, y dejan a otros sus riquezas. Salmo 49:10

safety (security)

be astonished

Hace unos cuantos años, el 18 *por ciento* de americanos decían que le *tenían* mucho *temor* a volar. Sólo un 9 por ciento decían que conducir un automóvil o *ir en él* era su *mayor* temor. *Sin embargo*, la investigación *demuestra* que viajar en un avión es en realidad más *seguro* que ir la misma distancia con las *ruedas tocando* el suelo.

a few years ago, per cent
were afraid
ride in it, greatest, however
proves
safe, wheels, touching

Un grupo de investigación de la Universidad de Michigan *calculaba* que si una persona viaja de Detroit a Chicago, volar sería siete veces más seguro que ir en automóvil. Aunque la mayoría de nosotros nos sentimos más seguros sobre el *suelo* que en el aire, estos *sentimientos* son *engañosos*.

calculated

ground
feelings, deceiving

Otros sentimientos pueden *engañarnos*. El Salmo 49 dice que los ricos a menudo *confían* en sus riquezas y *se jactan* de ellas (v. 6). Creen que sus casas *permanecerán* para siempre (v. 11). *Se felicitan a sí mismos* por lo que tienen (v. 18). El dinero les hace sentir seguros, *poderosos* y casi inmortales. ¡Pero *se engañan*!

deceive
trust, boast
will last, they congratulate
themselves
powerful, fooling themselves

El salmista observa que el honor y las riquezas no son *duraderos* (vv. 10-20). *A pesar de* todo su dinero, los ricos no pueden *redimir* un *alma* de la muerte (v. 7). Sólo Dios tiene *poder* para *rescatarnos* del *sepulcro* (v. 15).

lasting
in spite of, redeem
soul, power, rescue us
grave

Padre, sabemos que los sentimientos pueden ser engañosos. Ayúdanos a confiar en ti cuando todo en nosotros quiere algo sólido bajos nuestros pies.

La mayor *seguridad* del cristiano
son sus *medios* invisibles de *sustento*.

security
means, support

Nuestro pan diario

A. Preguntas sobre la lectura
1. ¿Qué porcentaje de americanos decían que tenían mucho temor al volar?
2. ¿Qué porcentaje decía que conducir un automóvil era su mayor temor?
3. ¿Qué demuestra la investigación?
4. ¿Cuántas veces más seguro es viajar de Detroit a Chicago en avión que en coche?
5. ¿Son engañosos a veces los sentimientos?
6. Según el Salmo 49, ¿qué otros sentimientos pueden engañarnos?
7. ¿Cómo se sienten mucho ricos? ¿Por qué?
8. ¿Son duraderos el honor y las riquezas?
9. ¿Quién es el único que tiene poder para redimir un alma de la muerte?

B. Preguntas personales
1. ¿Te sientes más seguro sobre el suelo que en el aire?
2. ¿Te engañan a veces los sentimientos?
3. ¿Conoces a personas que confíen en sus riquezas en vez de confiar en Dios?
4. ¿Te sentirías más seguro y poderoso si tuvieras mucho dinero?
5. ¿Crees que para el rico es más difícil confiar en Dios?

⌲Exprésate: En el aeropuerto

1. Entrevista

1. ¿Cuántas veces al año vas al aeropuerto? ¿Vas en autobús, o te lleva un amigo?
2. ¿Con cuánta anticipación (advance) llegas al aeropuerto?
3. ¿Qué es lo primero que haces al llegar al aeropuerto? ¿Dónde estacionas el coche?
4. ¿Con qué aerolínea prefieres volar? ¿Por qué?
5. ¿Al entrar en la terminal, ¿adónde te diriges (head) primero? ¿Siempre tienes que hacer cola?
6. ¿Siempre compras tu boleto antes de ir al aeropuerto?
7. ¿Cuántas maletas llevas normalmente cuando viajas en avión?
8. ¿Cuántas maletas facturas? ¿Qué llevas a bordo?
9. ¿Adónde vas después de salir del mostrador de la aerolínea?
10. ¿Qué haces con tu cámara cuando pasas por el control de seguridad?
11. ¿Adónde vas al salir del control de seguridad? ¿Te diriges inmediatamente a la puerta?
12. ¿Qué haces mientras esperas el anuncio de abordar el avión?
13. ¿Te gusta ser el primero/la primera en abordar el avión, o el último/la última?
14. ¿Qué haces con tu tarjeta de embarque al abordar el avión?
15. ¿Qué haces con tu equipaje de mano al abordar el avión? ¿Cabe debajo del asiento?

2. Narración (oral o escrita)

Cuenta lo que haces cuando vas al aeropuerto, desde el momento en que llegas hasta el momento en que abordas el avión. Consulta la lista dada a continuación para ideas.

CONSTRUCIONES ÚTILES	ACCIONES
Primero First of all	**Estacionar el coche**
Luego Then	**Dirigirse a la terminal**
Por último Lastly	**Hacer cola**
Antes de + infinitive Before...ing	**Ir/dirigirse al mostrador**
Al + infinitive Upon...ing	**Mostrale el boleto a la agente**
Después de + infinitive After...ing	**Facturar el equipaje**
	Pasar por el control de seguridad
Si tengo tiempo If I have time	**Ir/Dirigirse a la puerta**
Si puedo If I can	**Verificar la hora de salida**
Si necesito If I need to	**Esperar el anuncio de abordar el avión**
Voy a...y + verb phrase I go to...and...	**Hacer cola para abordar el avión**
Voy a...a + infinitive I go to...to...	**Entregar la tarjeta de embarque**
Voy a..., donde... I go to..., where I...	**Embarcarse**

Nota Cultural
Los aeropuertos españoles

Cada año, más de cincuenta millones de pasajeros llegan o parten de los aeropuertos españoles. La estratégica situación de la Península Ibérica en el extremo suroeste de Europa explica en parte la importancia del tráfico internacional de viajeros. Casi un tercio de estos viajeros usan la vía aérea para entrar en España, de los cuales un 75 por ciento vienen de otros países europeos. Buena parte de los pasajeros llegan a los aeropuertos internacionales de Madrid y Barcelona, y desde allí se enlaza facilmente con vuelos a otras partes del país. En total, hay casi cuarenta aeropuertos dedicados al transporte nacional.

El Prat, Barcelona

Versículo

And this I pray, that your love may abound yet more and more in knowledge and in all judgment...
Phillipians 1:9

Y esto pido en oración, que vuestro amor abunde aun más y más en ciencia y en todo conocimiento...
Filipenses 1:9

Capítulo 5

Saludos

¿Qué tal? ¿Qué hay de nuevo?
¿Qué fecha es hoy? ¿Qué fecha fue ayer?
¿Que hora es? ¿A qué hora empezó la clase?
¿Qué temperatura hace hoy? ¿Hizo más calor ayer?
¿A qué hora viniste a la escuela hoy?
¿En qué clases tuviste tarea ayer?
¿Qué te pusiste (wear) ayer?
¿Qué vas a ponerte mañana?
¿Adónde vas a ir hoy después de la escuela?

Lecciones

1. Diálogo: En el aeropuerto
2. Grámatica: The Subjunctive After Expressions of Desire and Request
3. Versículo: Filipenses 1:9
4. Lectura: Despierto en el cielo
5. Exprésate: Un viaje que hiciste en avión

Repaso rápido

Día 1: Indirect Commands	1. I hope to go to the party and I hope that you come with me. 2. It's important to listen. I prefer that you not talk. 3. She recommends that we bring our books tomorrow.
Día 2: Indirect Commands	1. Why does he insist that they speak Spanish? 2. I prefer that she do her homework at home. 3. It's best to wait. I suggest that you come back tomorrow.
Día 3: Desire/Request	1. I expect you to understand. 2. I don't like you to write in your book. 3. It isn't necessary for them to be here.
Día 4: Desire/Request	1. Do you want us to close our books? 2. Do you permit them to speak English? 3. Do you need us to help you?
Día 5: Desire/Request	1. Tell her to come back later. 2. Ask them to be quiet (callarse). 3. I beg you to listen to me.

✏ Repaso de vocabulario

Traduce al español.

1. I always choose (escoger) the **airline** with the cheapest fares (tarifas).
2. On entering the terminal (la terminal), I go to the **counter** of the **airline**.
3. I always ask which **gate** the plane leaves from (from which gate leaves the plane).
4. There are always a lot of people in the **boarding area**.
5. On arriving, I go directly (directamente) to the **baggage claim**.

6. Everyone has to pass through (pasar por) **security control**.
7. On returning to the U. S., you have go through **passport control**.
8. I prefer **direct flights** because they're faster than **indirect flights**.
9. It's a good idea to verify (verificar) the **flight schedule** before going to the airport.
10. Many passengers (pasajeros) prefer an **aisle seat** because there's more room (espacio).

11. Others prefer a **window seat** because there's a view (vista).
12. The **flight attendant** helps the passengers with small children.
13. The **passengers** in first class (primera clase) have more room (espacio) and better food.
14. A **first class ticket** costs much more than a **tourist class ticket**.
15. Normally (normalmente) it is cheaper to buy one **round-trip ticket** than two **one-way tickets**.

16. Every passenger must have a **boarding pass** in order to **board** the plane.
17. Most (la mayoría de) passengers **buy their ticket** before going to the airport.
18. You have to show your ticket to the agent on **checking your luggage**.
19. After **checking your luggage**, you may go to the **gate**.
20. On **boarding**, I look for my seat and I sit down.

21. I always **carry** my camera and all my documents **on board**.
22. For **indirect flights**, the plane **makes a stopover** and I have to **transfer planes**.
23. After **disembarking**, I go to the **luggage claim** to **claim my luggage**.
24. All passengers need to **pass through customs** on returning to the U. S..

🎧 Diálogo: En el aeropuerto

-Buenos días.	-Good morning.
-Buenos días. Quiero comprar dos boletos para Mérida.	-Good morning. I'd like to buy two tickets for Merida.
-¿Para cuándo, señor/señora?	-For when, sir/m'am?
-Para hoy. Puede Ud. decirme cuándo sale el próximo avión?	-For today. Can you tell me when the next plane is leaving?
-Sale a las once. ¿Quiere Ud. boletos sencillos o de ida y vuelta?	-It's leaving at eleven. Do you want one way tickets or round trip?
-Depende de la tarifa. ¿Es más barato comprar dos boletos sencillos o uno de ida y vuelta?	-It depends on the price. Is it cheaper to buy two one way tickets or one round trip ticket?
-Es mucho más barato comprar uno de ida y vuelta. ¿Va a volver pronto?	-It's much cheaper to buy one round-trip ticket. Are you going to be returning soon?
-Sí, en tres semanas.	-Yes, in three weeks.
-Entonces, quiere Ud. dos pasajes de ida y vuelta. ¿Para el vuelo de las once, dice?	-Then, you want two round-trip tickets. For the eleven o'clock flight, you say?
- Sí, para el vuelo de las once. ¿Cuánto dura el vuelo?	-Yes, for the eleven o'clock flight. How long is the flight?
-Cuatro horas.	-Five hours.
-¡Cuatro horas? ¿No es un vuelo directo?	-Five hours? Isn't it a direct flight?
-No, el avión hace escala en Veracruz.	-No, the plane has a stopover in Veracruz.
-¿Necesito cambiar de avión?	-Do I need to change planes?
-Sí, necesita transbordar en Veracruz.	-Yes, you need to transfer in Veracruz.

-¿Y cuánto tiempo hay entre vuelos?	-And how much time is there between flights?
-Una hora y media. Tiene tiempo para almorzar.	-An hour and a half. You'll have time to have lunch.
-Prefiero un vuelo directo. ¿No hay vuelos directos?	-I prefer a direct flight. Aren't there any direct flights?
-Sí, pero tiene que esperar hasta las tres de la tarde. ¿Quiere comprar un boleto para el vuelo de las tres?	-Yes, but you'll have to wait until three in the afternoon. Do you want to buy a ticket for the three o'clock flight?
-Hmmmm. ¿A qué hora llega el avión en Mérida?	-Hmmmmm. What time does the plane arrive in Merida?
-A las cuatro y media.	-At four thirty.
-¿Y el vuelo de las once llega a la una?	-And the eleven o'clock flight arrives at one?
-Sí, a la una y diez.	-Yes, at one ten.
-Bueno, déme dos boletos para el vuelo de las once.	-O. K., give me two tickets for the eleven o'clock flight.
-Primera clase o clase turista?	-First class or economy?
-Clase turista. ¿Hay un descuento para niños?	-Economy. Is there a reduction for children?
-Sólo para niños de menos de dos años. ¿Cuántos años tiene?	-Only for children under two years. How old is he?
-Seis.	-Six.
-Entonces, la tarifa es igual. ¿Quiere Ud. asientos en el pasillo o al lado de la ventanilla?	-Then the fare is the same. Do you want seats on the aisle or next to the window.
-Al lado de la ventanilla. ¿Tiene Ud. dos asientos juntos, uno al lado de la ventanilla?	-Next to the window. Do you have two seats together, one next to the window?
-A ver... (Mira la computadora) Lo siento, señor/señora. El vuelo está casi completo. No tengo dos asientos juntos, pero tengo dos en la misma fila: asientos A y C en la fila 20.	-Let's see... (He looks at the computer) I'm sorry, sir/m'am. The flight is almost full. I don't have two seats together, but I have two in the same row: seats A and C in row 20.
-Está bien. Siempre podemos cambiar de asiento con otro pasajero después de abordar el avión.	-Fine. We can always change seats with another passenger after boarding the plane.
-Sí, siempre puede cambiar.	-Yes, you can always change.
-Oh, ¿puede Ud. decirme si los asientos están cerca del baño?	-Oh, can you tell me if the seats are near the bathroom?
-A ver...No, no están cerca. ¿Necesita Ud. asientos cerca del baño?	-Let's see....No, they aren't. Do you need seats near the bathroom?
-Si es posible.	-If it's possible.
-Bueno, en este caso, tengo dos asientos juntos, pero no están cerca de la ventanilla, sino en el pasillo: asientos E y F en la fila 15.	-All right, in that case I have two seats together, but not near the window, but on the aisle: seats E and F in row 15.
-Mejor así, porque necesito estar cerca del baño.	-Better that way, because I need to be near the bathroom.
-Está bien. Aquí tiene Ud. sus tarjetas de embarque. ¿Cuántas maletas tiene Ud.?	-Fine. Here are your boarding passes. How many suitcases do you have?
-Tres. Aquí están. ¿Tengo que pagar exceso de equipaje?	-Three. Here they are. Do I have to pay for excess baggage?
-No. Voy a poner los comprobantes para sus maletas en el sobre de los boletos. ¿Tiene Ud. equipaje de mano?	-No. I'm going to put the vouchers/baggae claim tags in the ticket envelope. Do you have any carry on?
-Sí, este maletín y mi computadora portátil. ¿Es posible llevarlos a bordo?	-Yes, this briefcase and my laptop. Is it possible to carry them on board?
-Sí, pero no debe usar la computadora durante el despegue y el aterrizaje. El maletín tiene que caber debajo del asiento o en el compartimiento sobre la cabeza. Aquí está una etiqueta para el maletín.	-Yes, but you can't use the computer during the take-off nor the landing. The briefcase has to fit under the seat or in the overhead compartment. Here's a tag for the briefcase.
-Gracias. Dígame, ¿tenemos que recoger nuestras maletas en Los Angeles?	-Thanks. Tell me, do we have to pick up our luggage in Los Angeles?
-No, pueden recogerlas al llegar a su destino.	-No, you can pick them up at your desitination.
-Perfecto. ¿De qué puerta sale el avión?	-Perfect. What gate does the plane leave from?
-De la puerta número 12B.	-From gate number 12B.
-¿12B? ¿Está en esta terminal?	-12B? Is it in this terminal?
-Sí, después de pasar por el control de seguridad, siga derecho hasta llegar a la puerta.	-Yes, after going through the security check, keep going straight until you arrive at the gate.
-¿Hay baños cerca de la puerta?	-Are there bathrooms near the gate?
-Hay baños y restaurantes de comida rápida.	-There are bathrooms and fast-food restaurants.
-La comida rápida es el problema. ¡Sólo necesito el baño! Gracias por todo.	-Fast food is the problem. I only need the bathroom! Thanks for everything.
-De nada. Buen viaje.	-Your welcome. Have a good trip.

☞ Explicación: The Subjunctive after Desire/Request

1. In English, expressions of *desire, request, permission* and *denial* are generally followed by an *infinitive phrase*:

He prefers (for)	you *to listen.*
He expects	us *to be here.*
He asks	them *to work.*

Sometimes, however, they may be followed by a clause introduced by *that*:

He prefers	*that you listen.*
He expects	*that we be here.*
He asks	*that they work.*

2. In Spanish, expressions of desire and need are almost always followed by a clause introduced by "*que*," like the second set of English examples. The verb is in the subjunctive mood:

Prefiere	*que escuches.*
Espera	*que estemos aquí.*
Pide	*que trabajen.*

The use *que* plus a clause seems quite natural after *preferir*, since it may also be followed by *that* plus a clause in English. However, after *querer* (want), *necesitar* (need) and *esperar* (expect), the use of a *que-clause* does not seem natural, and it may be necessary to rephrase the sentence in ones mind in translating from English to Spanish:

I want	John to come.
= I want	that John come.
= Quiero	que Juan venga.

3. Following is a list of verbs which are followed by *infinitive phrases* in English and which must be converted to *that* + a clause in Spanish.

INFINITIVE PHRASE	CONVERSION TO *THAT* + CLAUSE	
I want you to...	I want that you...	Quiero que...
I need you to...	I need that you...	Necesito que...
I expect you to...	I expect that you...	Espero que...
I forbid you to...	I forbid that you...	Prohibo que...
I permit you to...	I permit that you...	Permito que...
I like you to...	I like that you...	Me gusta que...
I hate you to...	I hate that you...	Me disgusta que...
I'm asking you to...	I'm asking you that you...	Le pido que...
I'm telling you to...	I'm telling you that you...	Le digo que...
I'm begging you to...	I'm begging you that you...	Le ruego que...
It's good for you to...	It's good that you...	Es bueno que...
It's bad for you to...	It's bad that you...	Es malo que...
It's important for you to...	It's important that you...	Es importante que...
It's necessary for you to...	It's necessary that you...	Es necesario que...
It's better for you to...	It's better that you...	Es mejor que...

4. Note that verbs of asking and telling (*pedir, decir* and *rogar*) take an indirect object pronoun of the person spoken to before the *que-clause*.

Te pido	*que escuches.*
I'm asking you	that you listen.
Te ruego	*que vengas.*
I'm begging you	that you come.
Dígale	*que se siente.*
Tell her	that she sit down.

✎ Ejercicios

I. Expresa cómo te sientes acerca de cada una de las siguientes oraciones (sentences) comenzándolas con una expresión de necesidad o deseo: *(No) quiero que, (No) necesito que, (No) me gusta que, (No) espero que.*

Modelo: Mi hermano me ayuda a lavar los platos.
    Espero que mi hermano me *ayude* a lavar los platos.

1. Mis padres me permiten usar el coche.
2. Mis profesores me dan mucha tarea.
3. Mi madre me lleva a la escuela.
4. Mis amigos me escuchan cuando les hablo.
5. Los otros me tratan con respeto.
6. Mis hermanos me ayudan a limpiar la casa.
7. Mi madre me sirve la comida.
8. Mi padre me presta dinero.
9. Mi perro viene cuando lo llamo.
10. Mi amigo me invita a su casa.

II. Contesta las preguntas con una frase completa en español.

Modelo: Les pides a tus padres que te presten el coche?
    Sí, les pido que me presten el coche.

1. ¿Quieres que tu amigo/a te lleve a un restaurante elegante?
2. ¿Necesitas que tus padres te presten el coche?
3. ¿Esperas que tus profesores te asignen menos tarea durante los fines de semana?

4. ¿Les dices a tus amigos que te esperen después de la escuela?
5. ¿Les pides a tus padres que te ayuden con tu tarea?
6. ¿Les ruegas a tus profesores que te den menos tarea?

7. ¿Le dices a tu hermano que te ayude a limpiar tu dormitorio?
8. ¿Le pides a tu madre que te haga una torta de chocolate?
9. ¿Le ruegas a tu padre que te permita usar el coche?

III. Traduce al español.

A. Statements
1. I need my brother to help me. (I need that my brother help me.)
2. She wants her friend to return.
3. We expect our parents to help.
4. He tells his students to listen.
5. They ask their friends to come.

B. Questions
1. Do you want me to listen? (Do you want that I listen?)
2. Do you need us to help?
3. Do you expect him to understand?
4. Are you asking her to come back?
5. Are you telling them to wait?

C. Commands
1. Tell her to come back. (Tell her that she come back.)
2. Ask him to leave.
3. Tell them to wait.
4. Ask her to help.
5. Tell him to come in (entrar).

☎ Conversaciones

1

| ¿Quieres
¿Puedes
¿Necesitas | | hablar con el profesor
cerrar la puerta
abrir la ventana
salir de la clase
ir a la oficina
hacer la tarea
contestar las preguntas | ? |

| ¿Quieres
¿Prefieres
¿Nesecitas | que yo | hable con el profesor
cierre la puerta
abra la ventana
salga de la clase
vaya a la oficina
haga la tarea
conteste las preguntas | ? |

2

| ¿Quieres
¿Necesitas
¿Esperas
¿Permites
¿Prohibes
¿Insistes en
¿Consientes en | que | tu madre
tu padre
tu hermano
tu hermana
tu amigo
tu amiga
tu novio
tu novia | te | lleve a la escuela
ayude con tu tarea
prepare la comida
permita usar el coche
enseñe a manejar
compre un coche
preste dinero
hable con respeto
trate como adulto
escuche cuando hablas
diga la verdad
traiga flores
espere después de la escuela | ? |

3

| ¿Quieres
¿Necesitas
¿Esperas
¿Permites
¿Prohibes
¿Insistes en
¿Consientes en | que yo | te | lleve a la escuela
ayude con tu tarea
invite a cenar
permita usar el coche
enseñe a manejar
compre un coche nuevo
preste dinero
hable con respeto
trate como adulto
escuche cuando hablas
diga la verdad
traiga flores
espere después de la escuela | ? | Sí, | quiero
necesito
espero | que tú me....... |

4					
¿Quieren ¿Prefieren ¿Esperan ¿Permiten ¿Prohiben	tus padres	que	tú	tengas amigos honrados (respectable) te comportes (behave) bien digas la verdad participes en actividades sanas (healthy) vuelvas temprano a casa vayas a la iglesia veas mucha televisión asistas a tus clases seas responsable estés contento/a ayudes en casa lleves ropa decente tengas buenos modales (manners)	?

5						
¿Te	dicen piden ruegan sugieren recomiendan aconsejan	tus padres	que	siempre nunca	digas la verdad hagas tu tarea manejes con cuidado vayas rápido faltes a tus clases hagas trampas (cheat) seas cortés (polite) ayudes en casa mantengas limpio tu dormitorio pongas los pies en los muebles veas televisión hables con desconocidos (strangers) vuelvas tarde a casa	?

6						
¿Les	dices pides ruegas	a tus padres	que	te	den muchas cosas permitan usar el coche lleven a la escuela ayuden con tu tarea permitan ver mucha televisión presten dinero compren mucha ropa escuchen cuando hablas traten como adulto perdonen cuando haces algo malo esperen después de la escuela apoyen (support) en tus decisiones digan siempre la verdad	?

✉ Lectura: *Despierto en el cielo*   awake

No [...] se dormirá el que te guarda. --Salmo 121:3

Uno de los aspectos más peligrosos de volar es el *aterrizaje*. A   landing
medida que el avión se acerca a la tierra, el tráfico aéreo está más   as
congestionado, el clima sobre la tierra puede ser mucho peor que a
9.000 metros (30.000 pies) de *altura*, y las *pistas* quizá estén ocupadas   altitude, runways
por otros aviones. Por eso, los pilotos dependen de los controladores
de tráfico aéreo para que coordinen todos los detalles, *de modo que*   so that
todas las *aeronaves* pueden llegar sin problemas. Sin esos   airliners
controladores, el caos sería inevitable.

Así que, imagina el pánico que *se produjo* cuando el piloto de un   so, occurred
avión lleno de pasajeros *quiso* comunicarse por radio con la *torre* de   tried, tower
control y no hubo respuesta. Al final, se descubrió que el controlador
de tráfico estaba allí, pero que se había dormido, *con lo cual* había   thereby
puesto en un terrible peligro al piloto, a los pasajeros y la aeronave. La
buena noticia es que el avión aterrizó sin problemas.

Una noticia mejor *aún* es que Dios, el supremo controlador de   yet/still
tránsito, nunca *se adormece* ni duerme. Desde su estratégica   slumbers
perspectiva celestial, sabe todo lo que *sucede* en y alrededor de tu   is happening
vida. Como *señala* el salmista: "Mi *socorro* viene del Señor, que hizo   notes, help
los cielos y la tierra. No *dará tu pie al resbaladero*, ni se dormirá el que te   allow your foot to slip
guarda" (121:3).

Puedes *darlo por descontado*: Dios conoce los peligros *latentes* e   count on it, impending
incansablemente dirigirá el tráfico de tu vida para tu beneficio y para su   tirelessly
gloria (Romanos 8:28).

Nuestro pan diario

A. Preguntas sobre la lectura
1. ¿Cuál es uno de los aspectos más peligrosos de volar?
2. ¿Por qué es tan peligroso el aterrizaje?
3. ¿De quién depende el piloto?
4. ¿Cómo sería el aterrizaje sin controladores?
5. ¿Qué pasó una vez cuando el piloto quiso comunicarse con la torre de control?
6. ¿Qué se descubrió al final?
7. ¿Qué aplicación hace el autor?

B. Preguntas personales
1. ¿Alguna vez has tenido miedo al viajar en avión?
2. ¿Te ayuda pensar que Dios nunca duerme y que siempre vela por ti (watches over you)?
3. ¿Confías en Él para que dirija "el tráfico de tu vida" para tu beneficio?

ᜃ Exprésate: Un viaje que hiciste en avión

1. Entrevista

1.	¿Te gusta volar? ¿Has viajado mucho en avión?
2.	¿Alguna vez has hecho un vuelo internacional?
3.	¿Cuándo fue la útima vez que hiciste un viaje en avión?
4.	¿Adónde fuiste? ¿De qué aeropuerto saliste?
5.	¿Quién te llevó al aeropuerto? ¿Con cuánta anticipación llegaste?
6.	¿Cuántas maletas facturaste? ¿Cuántas llevaste a bordo?
7.	¿Salió el avión a tiempo o hubo un retraso? ¿Cuánto tiempo tuviste que esperar?
8.	¿Cuántas millas recorriste en total? ¿Cuánto tiempo duró el vuelo?
9.	¿Fue un vuelo directo o hizo escala? ¿Tuviste que transbordar?
10.	¿Atravesaste (cruzaste) el océano? ¿Sobrevolaste (fly over) el Polo Norte?
11.	¿Dónde te sentaste, en el pasillo o en la ventanilla? ¿Quién fue tu compañero de vuelo?
12.	¿Cómo fue el vuelo? ¿Hubo turbulencia? ¿Tuviste miedo?
13.	¿Qué hiciste durante el vuelo? Escuchaste música? ¿Leíste? ¿Dieron una película?
14.	¿Cuántas comidas te sirvieron? ¿Te sirvieron un bocadillo (snack) antes de aterrizar (land)?
15.	¿A qué hora llegaste al aeropuerto de (insert airport)? ¿Quién te recogió?

2. Narración (oral o escrita)

Habla de un viaje que hiciste en avión. Cuenta lo que hiciste desde el momento en que abordaste el avión hasta el momento en que llegaste a tu destino y recogiste tu equipaje. Consulta la lista dada a continuación para ideas.

CONSTRUCIONES ÚTILES	ACCIONES
Primero First of all	**Abordar el avión**
Luego then	**Buscar el asiento**
Por último Lastly	**Poner el equipaje de mano en el compartimiento superior**
Antes de + infinitive Before...ing	**Abrocharse el cinturón de seguridad**
Al + infinitive Upon...ing	**Ver una película**
Después de + infinitive After...ing	**Leer una revista**
	Escuchar música
Cuando + preterito When I...	**Tomar una siesta**
Mientras +imperfecto While I...	**Desayunar/Almorzar/Cenar**
Como + preterito/imperfecto Since I...	**Despegar/Aterrizar** (take off/land)
	Desembarcar
	Reclamar el equipaje

Nota Cultural

Los aeropuertos de Madrid (Barajas) y Barcelona (El Prat) son dos de los destinos más habituales del visitante. El puente aéreo entre Madrid y Barcelona transporta unos 2.500.000 pasajeros al año. Hay vuelos cada15 minutos durante las horas de mayor demanda y se puede comprar billetes hasta 15 minutos antes del vuelo.

Como en todos los grandes aeropuertos internacionales, hay cabinas de información en varias lenguas que informan al viajero sobre los medios de transporte desde el aeropuerto hasta su lugar de destino. Se puede alquilar un coche o tomar un taxi o un autobus de enlace que facilita el transporte entre el aeropuerto y el centro.

El aeropuerto de Barcelona: El Prat

Versículo

I will, therefore, that men pray everywhere, lifting up holy hands, without wrath and doubting. I Timothy 2:8	Quiero, pues, que los hombres oren en todo lugar, levantando manos santas, sin ira ni contienda. I Timoteo 2:8	*Capítulo 6*

Saludos

¿Qué hay (de nuevo)?
¿Qué fecha tenemos?
¿Que hora tienes? ¿A qué hora llegaste a la escuela?
¿A cuánto está la temperatura? (Está a...grados.)
¿En qué clases tuviste tarea ayer?
¿A qué hora te acostaste ayer?
¿Cuántas horas dormiste anoche?
¿A qué hora te levantarás mañana?
¿Qué tiempo hará mañana?
¿Habrá sol mañana?

Lecciones

1. Historias bíblicas: Traicionado
2. Versículo: I Timoteo 2:8
3. Lectura: Reservación garantizada
4. Exprésate: Medios modernos de transporte
5. Intérprete: Viajando en avión
6. Oral Mastery Exercises

Repaso rápido

Día 1: Subjunctive plus New Vocabulary	1. It's necessary for you to transfer planes in Atlanta. 2. I want you to buy a first class ticket. 3. It's important that you consult the flight schedule.
Día 2: Subjunctive plus New Vocabulary	1. They're asking us to board the plane. 2. It's not necessary for us to go through customs. 3. Will you permit me to carry this on board?
Día 3: Subjunctive plus New Vocabulary	1. They want us to check our luggage. 2. They ask everyone to pass through security. 3. The pilot (piloto) asks everyone to stay (quedarse) seated (sentado).
Día 4: Subjunctive plus New Vocabulary	1. I need the flight attendant to help me. 2. I want you to give me an aisle seat. 3. Tell them to wait in the boarding area.
Día 5: Subjunctive plus New Vocabulary	1. I need you to give me your boarding pass. 2. It's necessary for you to make a stopover in San Francisco. 3. Do you want me to claim the luggage?

✝La historia de José: Traicionado — betrayed

En cierta ocasión, los hermanos de José fueron a Siquem a *apacentar* las ovejas de su padre Jacob. Jacob quería saber cómo estaban sus hijos y las ovejas, y por eso decidió enviar a su hijo José a Siquem a verlos y a traerle *noticias*. Como José era un hijo obediente, hizo *tal como* su padre lo había pedido. Sin embargo, no fue fácil encontrarlos, *ya que* los hermanos iban de un lugar a otro para apacentar las ovejas. Buscó y buscó, y por fin los encontró en un lugar que se llamaba Dotán.

— graze

— news
— just as
— since

Cuando los hermanos vieron a José de lejos, antes de que llegara cerca de ellos, *conspiraron* contra él para matarlo. Es difícil imaginarse cómo podrían hacer *tal cosa*, pero le tenían mucha envidia. Al ver acercarse a su hermano, se dijeron unos a otros: "Ahí viene ese *soñador*. Ahora, pues, vamos a matarlo y echarlo en una cisterna, y diremos: Algun animal salvaje lo *devoró*. Y veremos que *será* de sus sueños."

— conspired
— such a thing

— dreamer

— devoured
— will become of

Cuando Rubén, el hermano mayor, oyó que sus hermanos querían matar a José, trató de hacer algo para *salvarlo*. En vez de matarlo, les dijo que debían *echarlo* en una *cisterna* en el desierto. Rubén tenía compasión de su hermano y de su padre, y pensaba volver más tarde y *rescatarlo* y devolverlo a su padre. *Desgraciadamente*, no estuvo presente cuando sus hermanos pensaron en otro *malvaldo* plan para *deshacerse* de su hermano.

— save, throw
— cistern

— rescue, unfortunately

— evil, get rid of

Cuando José llegó por fin adonde estaban sus hermanos, le quitaron la túnica especial de muchos colores y lo *echaron* en una *cisterna seca*. Luego se sentaron a comer. Mientras comían, *levantaron la vista* y vieron una caravana de *ismaelitas* que iba a Egipto con perfumes y *especias*. Entonces, uno de los hermanos tuvo una idea: En vez de matar a José, podían venderlo a los ismaelitas. Así es que sacaron a José de la cisterna y se lo vendieron a los ismaelitas por veinte *monedas* de *plata*. ¡Pobre José! ¡Lo iban a llevar a Egipto donde nunca podría volver a ver a su familia!

— threw, cistern, dry
— they looked up
— Ishmaelites
— spices

— coins, silver

Preguntas sobre la historia
1. ¿Adónde fueron los hermanos de José?
2. ¿Qué hicieron allí?
3. ¿Por qué envió Jacob a José a ver a sus hermanos?
4. ¿Estuvieron los hermanos contentos de ver a su hermano? ¿Por qué?
5. ¿Qué decidieron hacer los hermanos? ¿Por qué?
6. ¿Por qué no quería Rubén matar a José?
7. ¿Qué hicieron los hermanos cuando llegó José?
8. ¿Qué decidieron hacer los hermanos en vez de matar a José?
9. ¿Por cuánto lo vendieron?
10. ¿Adónde iban a llevar a José?

Intérprete

On a certain occasion, Joseph's brothers were far from home pasturing the sheep. Jacob wanted to know how they were doing and decided to send his son Joseph to see them and bring him news. Since Joseph was an obedient son, he did as his father asked him. However, it wasn't easy to find them., since the brothers went from one place to another. He looked and looked and finally he found them in a place that was called Dothan. Do you think that Joseph's brothers were happy to see him? No, they weren't happy because they hated him. When they saw him from afar, before he came close to them., they plotted against him to kill him. Kill him! How could they do such a thing? Out of envy! Envy is a terrible thing! On seeing their brother draw near, they said to one another: "Here comes the dreamer. Now, then, come and let us kill him and throw him into a cistern, and we will say: Some wild beast devoured him. And we shall see what will become of his dreams."	En cierta ocasión, los hermanos de José estaban lejos de casa apacentando las ovejas. Jacob quería saber cómo estaban y decidió enviar a su hijo José a verlos y a traerle noticias. Como José era un hijo obediente, hizo tal como su padre lo había pedido. Sin embargo, no fue fácil encontrarlos, ya que los hermanos iban de un lugar a otro. Buscó y buscó, y por fin los encontró en un lugar que se llamaba Dotán. ¿Creen Uds. que los hermanos de José estuvieron muy contentos de verlo? No, no estuvieron contentos, porque lo odiaban. Cuando lo vieron de lejos, antes de que llegara cerca de ellos, conspiraron contra él para matarlo. ¡Matarlo! ¿Cómo podrían hacer tal cosa! ¡Por envidia! ¡La envidia es una cosa terrible! Al ver acercarse a su hermano, se dijeron unos a otros: "Ahí viene ese soñador. Ahora, pues, vengan y matémoslo y echechémoslo en una cisterna, y diremos: Algun animal salvaje lo devoró. Y veremos que será de sus sueños."
When Reuben, the eldest brother, heard that his brothers wanted to kill Joseph, he tried to do something to save him. Instead of killing him, he told them that they should throw him into a pit. Reuben had compassion on his brother and his father, and he planned to return later and save him and return him to his father. Unfortunately, he wasn't present when the brothers thought of another evil plan to get rid of their brother.	Cuando Rubén, el hermano mayor, oyó que sus hermanos querían matar a José, trató de hacer algo para salvarlo. En vez de matarlo, les dijo que debían echarlo en una cisterna. Rubén tenía compasión de su hermano y de su padre, y pensaba volver más tarde y rescatarlo y devolverlo a su padre. Desgraciadamente, no estuvo presente cuando sus hermanos pensaron en otro malvaldo plan para deshacerse de su hermano.
When Joseph arrived to where his brothers were, they took away his robe of many colors and cast him into a dry cistern. Then they sat down to eat. How could they eat after having treated him so cruelly? While they were eating, they raised their eyes and saw a caravan of Ishmaelites that was going to Egypt with perfumes and spices. Then, one of the brothers had an idea: Instead of killing Joseph, they could sell him. Imagine! Selling your own brother as a slave! So they took him from the cistern and sold him to the Ishmaelites for twenty pieces of silver. Poor Joseph! They were going to take him to Egypt where he would never see his family again!	Cuando José llegó adonde estaban sus hermanos, le quitaron la túnica de muchos colores y lo echaron en una cisterna seca. Luego se sentaron a comer. ¿Cómo podían comer después de haberlo tratado tan cruelmente? Mientras comían, levantaron la vista y vieron una caravana de ismaelitas que iba a Egipto con perfumes y especias. Entonces, uno de los hermanos tuvo una idea: En vez de matar a José, podían venderlo. ¡Imagínense! ¡Vender como esclavo a su propio hermano! Así es que sacaron a José de la cisterna y se lo vendieron a los ismaelitas por veinte monedas de plata. ¡Pobre José! ¡Lo iban a llevar a Egipto donde nunca podría volver a ver a su familia!

✉ Lectura: *Reservación garantizada*   guaranteed

... voy, pues, a preparar lugar para vosotros. --Juan 14:2.

Como mi hija es *asistente de vuelo*, yo tengo la *bendición* de tener	flight attendant, blessing
un *pase* que las líneas aéreas dan a los padres para uso personal. Por	pass
un *módico cargo* por el servicio, puedo volar a *cualquier* lugar adonde	modest charge, any
vaya esa aerolínea. Pero debo estar en «*lista de espera*». Eso significa	standby
que se me permite abordar solamente si hay espacio *disponible*. Hasta	available
entonces, *colocan* mi equipaje *aparte* con una *etiqueta* que dice	place, aside, label
«*Pendiente*». Mientras los pasajeros que pagan sus billetes abordan,	pending
yo debo esperar, preguntándome si me van a llamar. Nunca puedo	
estar segura de tener un asiento porque el espacio disponible no está	
garantizado.	

En nuestro viaje al cielo, la cosa es totalmente *distinta*. Ese viaje   different
empieza cuando confiamos en Cristo para salvación. *Debido a* su   due to
muerte y resurrección, nuestro *pasaje* al cielo está absolutamente   ticket
garantizado. Nuestra condición no está pendiente; hay espacio
disponible; nos llamarán. Estos *inapreciables* privilegios han sido   inestimable
pagados totalmente por la muerte *sacrificatoria* de Cristo.   sacrificial

Si, *al igual que* Tomás en Juan 14:5, a veces *te preguntas* si Jesús te   like, wonder
va a llevar al cielo y cómo, *confía* en su promesa: «Voy, pues, a preparar   trust
lugar para vosotros. Y si me *fuere* y os preparare lugar, vendré otra vez,   go
y os tomaré a mí mismo, para que donde yo estoy, vosotros también
estéis» (vv.2,3). Esa es su palabra infalible. ¡Puedes *contar con* ella! --   count on
JEY

La fe en Cristo es el único boleto al cielo.

Nuestro pan diario

A. Preguntas sobre la lectura
1. ¿A qué se dedica la hija de la autora?
2. ¿Qué tipo de pase tiene la autora?
3. ¿Adónde puede volar? ¿Con qué condición?
4. ¿Qué pasa si no hay espacio disponible en el avión?
5. ¿Dónde ponen su equipaje?
6. ¿Por qué no puede estar segura de tener un asiento?
7. Según la autora, ¿es nuestro viaje al cielo como el de una persona en la lista de espera?
8. ¿Cuándo empieza este viaje?
9. ¿Eatá garantizada nuestro pasaje al cielo?
10. ¿Por quién ha sido pagado?

B. Preguntas personales
1. ¿Tienes un pariente que sea asistente de vuelo?
2. ¿Te gustaría tener un pase que le permita volar a cualquier lugar adonde va la aerolínea?
3. ¿Te molestaría tener que estar en la lista de espera? ¿Por qué?
4. ¿Te alegras de que Dios no nos ponga en una lista de espera?
5. ¿A veces te preguntas si Jesús te va a llevar al cielo?
6. ¿Conoces un versículo que nos diga que nuestro pasaje al cielo está garantizado?

✎Exprésate: Los medios modernos de transporte

1. Entrevista

1. ¿Cómo ha cambiado la vida en los últimos cien años desde la invención del coche y del avión?
2. ¿Crees que los medios modernos de transporte han mejorado mucho la calidad de vida?
3. ¿Crees que han fortalecido (strengthened) o debilitado (weakened) los vínculos (ties) familiares?
4. ¿Crees que la vida es más o menos tranquila que la vida de hace cien años?
5. ¿Vivimos más cerca o más lejos unos de otros desde la invención del coche?
6. Muchas personas viven en el campo (o en las afueras) y trabajan en la ciudad. ¿Crees que esto es una ventaja o una desventaja?
7. ¿Te gustaría vivir en el campo y viajar cada día (commute) al trabajo? ¿Por qué?
8. A tu parecer, ¿cuál es la mayor ventaja de poder volar de un lugar a otro?
9. ¿Cuáles son algunas de las desventajas de viajar en avión? ¿Te molesta mucho el desfase horario (jet-lag)?
10. ¿Alguna vez has atravezado los Estados Unidos en coche? ¿Te gustó? ¿Cuántos días te tomó?
11. ¿Te habría gustado atravezar los Estados Unidos en carreta entoldada (covered wagon)?
12. ¿Te habría gustado cruzar el océano en barco de vela (sailing ship)?
13. ¿Cuáles son algunos de los problemas que han traído los medios modernos de transporte?
14. ¿Crees que los coches y los aviones son la causa principal de la contaminación del aire?
15. Se dice que se han muerto más personas en accidentes de coche que en todas nuestras guerras. ¿Lo crees?

2. Comentario (oral o escrito)

Es evidente que la invención del coche y del avión han revolucionado la forma en que vive el hombre en los últimos cien años. Habla de los cambios que han traído estas invenciones. Compara la vida antes de los medios modernos de transporte con la vida de hoy. ¿Cómo han afectado la forma en que ganamos la vida y en que nos relacionamos unos con otros? Consulta la lista dada a continuación para ideas.

-Mobildad en el trabajo	-Deportes
-Distancia entre hogar (home) y trabajo	-Comercio
-Distancia entre miembros de la familia	-Negocio internacional
-Calidad y ritmo (pace) de vida	-Industria del automóvil
-Lugar donde vivimos	-Educación
-Tiempo para ir de un lugar a otro	-Comunicación
-Variedad de alimentos frescos (fresh foods)	-Comercio hotelero
-Número de accidentes fatales	-Correo
-Contaminación del aire y del agua	-Tansporte de mercancías (goods)
-Nivel de ruido (noise level)	-Industria manufacturera
-Turismo	-Industria petrolera

Nota Cultural
Las aerolíneas españoles

Iberia y su aerolínea afiliada *Aviaco* han operado tradicionalmente la mayoría de los vuelos nacionales de España, pero en años recientes se ha roto esta monopolía por *Spanair* y Air *Europa*, cuyas tarifas normalmente son un poco más bajas.

Iberia ofrece vuelos directos y diarios desde New York, Miami y Los Angeles con destino a Madrid. Desde allí se enlaza facilmente con vuelos a otras partes del país. También hay vuelos diarios a Madrid y a Barcelona desde todas las ciudades principales de Europa Occidental.

Como los vuelos dentro del país cuestan bastante y las distancias no son muy largas, muchos españoles prefieren viajar en tren o en autobús.

Intérprete: Viajando en avión

When I travel by plane to another country,	Cuando viajo en avión a otro país,
I need arrive at the airport three hours before the flight.	necesito llegar al aeropuerto tres horas antes del vuelo.
After parking my car,	Después de estacionar mi coche,
I take the shuttle bus to the international terminal.	tomo el autobús a la terminal internacional.
On entering the terminal,	Al entrar en la terminal,
I go to the counter of the airline	me dirijo al mostrador de la aerolínea
with which I'm going to fly,	con la que voy a volar,
where I stand in line to check in my luggage.	donde hago cola para facturar el equipaje.
Since I already have my ticket,	Como ya tengo mi boleto,
I only need to show it to the agent.	sólo necesito mostrárselo al agente.
After checking the ticket,	Después de revisar el boleto,
he asks for my passport.	me pide el pasaporte.
When he sees that everything is in order,	Cuando ve que todo está en regla,
he asks me how many suitcases I want to check.	me pregunta cuántas maletas quiero facturar.
I tell him that I have two,	Le digo que tengo dos,
and I put them on the scale.	y las pongo sobre la balanza.
After weighing them, he puts tags on each suitcase	Después de pesarlas, pone etiquetas en cada maleta
and puts the stubs in the envelope with the ticket.	y pone los talones en el sobre con el boleto.
Then he asks me	Luego me pregunta
if I have anything to carry on board.	si tengo algo para llevar a bordo.
On seeing my backpack and my laptop	Al ver mi mochila y mi laptop,
he gives me another tag.	me da otra etiqueta.
I already have a reserved seat,	Ya tengo un asiento reservado,
so he doesn't need to assign me one,	así que no necesita asignarme uno,
only to verify it on the computer.	sólo verificarlo en el ordenador.
While he's verifying it,	Mientras lo verifica,
I ask him if the flight is full.	le pregunto si el vuelo está completo.
He says yes and gives me a boarding pass	Me dice que sí y me da una tarjeta de embarque
with the number of my seat.	con el número de mi asiento.
Finally, he tells me the number of the gate	Por último, me dice el número de la puerta
from which the plane is departing.	de donde sale el avión.
On leaving the counter, I go to the gate indicated,	Al salir del mostrador, me dirijo a la puerta indicada
but not without first going through security control.	pero no sin pasar primero por el control de seguridad.
After going through security control,	Después de pasar por el control de seguridad,
I go to the waiting room of the gate indicated,	me dirijo a la sala de espera de la puerta indicada,
where I wait until hearing the announcement	donde espero hasta oír el anuncio
to board the plane.	para abordar el avión.
On boarding the plane,	Al abordar el avión,
I give my boarding pass to the agent.	le doy mi tarjeta de embarque al agente.
When I find my seat,	Cuando encuentro mi asiento,
I put my backpack in the overhead compartment.	pongo mi mochila en el compartimiento superior.
After sitting down,	Después de sentarme,
I fasten my seatbelt	me abrocho el cinturón de seguridad
and wait for the takeoff.	y espero el despegue del avión.
If I'm cold or I want to take a nap	Si tengo frío o quiero tomar una siesta,
I ask the stewardess for a blanket.	le pido una manta a la azafata.
Before the flight, a flight attendant	Antes del vuelo, un asistente de vuelo
explains where the emergency exits are	explica dónde están las salidas de emergencia
and how to use the oxygen mask.	y cómo usar la máscara de oxígeno.
During the flight they serve drinks and a meal	Durante el vuelo sirven bebidas y una comida
and sometimes show a film.	y a veces presentan una película.
When the plane lands,	Cuando el avión aterriza,
I say good-bye to my flight partner	me despido de mi compañero de vuelo
and exit the plane.	y desembarco del avión.
On entering the terminal,	Al entrar en la terminal,
I go to the luggage claim	voy a la sala de reclamación de equipaje
to pick up my suitcases.	a recoger mis maletas.

ORAL MASTERY 2

The Subjunctive after Expressions of Desire and Request

I prefer that you study the book.	Prefiero que estudies el libro.
I hope that you understand the lesson.	Espero que comprendas la lección.
I suggest that you wait for the bus.	Sugiero que esperes el autobús.
I recommend that you listen to the teacher.	Recomiendo que escuches al profesor.
I insist that you do the homework.	Insisto en que hagas la tarea.
It's good that you bring your books.	Es bueno que traigas tus libros.
It's bad that you copy the answers.	Es malo que copies las respuestas.
It's better that you tell the truth.	Es mejor que digas la verdad.
It's necessary that you open the windows.	Es necesario que abras las ventanas.
It's preferible that you not see the test.	Es preferible que no veas el examen.
Do you prefer that I study the book?	¿Prefieres que estudie el libro?
Do you hope that I understand the lesson.	¿Esperas que comprenda la lección?
Do you suggest that I wait for the bus?	¿Sugieres que espere el autobús?
Do you recommend that I listen to the teacher?	¿Recomiendas que escuche al profesor?
Do you insist that I do the homework?	¿Insistes en que haga la tarea?
Is it good that I bring my books?	¿Es bueno que traiga mis libros?
Is it bad that I copy the answers?	¿Es malo que copie las respuestas?
Is it better that you tell the truth?	¿Es mejor que diga la verdad?
Is it necessary that I open the windows?	¿Es necesario que abra las ventanas?
Is it preferible that I not see the test?	¿Es preferible que no vea el examen?
I prefer that you study it (masc.)	Prefiero que lo estudies.
I hope that you understand it (fem.).	Espero que la comprendas.
I suggest that you wait for it (masc.)	Sugiero que lo esperes.
I recommend that you listen to him.	Recomiendo que lo escuches.
I insist that you do it (fem.).	Insisto en que la hagas.
It's good that you bring them (masc.).	Es bueno que los traigas.
It's bad that you copy them (fem.).	Es malo que las copies.
It's better that you tell it (fem.).	Es mejor que la digas.
It's necessary that you open them (fem).	Es necesario que las abras.
It's preferible that you not see it (masc.).	Es preferible que no lo veas.

The Subjunctive in Spanish vs. the Infinitive in English

I want you to open the door.	Quiero que abra la puerta.
I want you to close the window.	Quiero que cierre la ventana.
I want you to set the table.	Quiero que ponga la mesa.
I want you to hear the cassette.	Quiero que oigas el casete.
I want you to know the answer.	Quiero que sepas la respuesta.
I want you to go to the store.	Quiero que vayas a la tienda.
I want you make the bed.	Quiero que haga la cama.
I want you to tell the truth.	Quiero que diga la verdad.
Do you want me to open the door?	¿Quiere Ud. que abra la puerta?
Do you want me to close the window?	¿Quiere Ud. que cierre la ventana?
Do you want me to set the table?	¿Quiere Ud. que ponga la mesa?
Do you want me to hear the cassette?	¿Quiere Ud. que oiga el casete?
Do you want me to know the answer?	¿Quiere Ud. que sepa la respuesta?
Do you want me to go to the store?	¿Quiere Ud. que vaya a la tienda?
Do you want me to make the bed?	¿Quiere Ud. que haga la cama?
Do you want me to tell the truth?	¿Quiere Ud. que diga la verdad?
I need you to open the door.	Necesito que abra la puerta.
I like you to close the window.	Me gusta que cierre la ventana.
I prefer for you to set the table.	Prefiero que ponga la mesa.
I permit you to hear the cassette.	Permito que oiga el casete.
I expect you to know the answer.	Espero que sepa la respuesta.
I forbid you to go to the store.	Prohibo que vaya a la tienda.
I'm telling you to make the bed.	Le digo que haga la cama.
I'm asking you to tell the truth.	Le pido que diga la verdad.
Do you need me to open the door?	¿Necesita Ud. que abra la puerta?
Do you like me to close the window?	¿Le gusta que cierre la ventana?
Do you prefer (for) me to set the table?	¿Prefiere Ud. que ponga la mesa?
Are you permitting me to hear the cassette?	¿Permite Ud. que oiga el casete?
Do you expect me to know the answer?	¿Espera Ud. que sepa la respuesta?
Do you forbid me to go to the store?	¿Prohibe Ud. que vaya a la tienda?
Are you telling me to make the bed?	¿Me dice Ud. que haga la cama?
Are you asking me to tell the truth?	¿Me pide Ud. que diga la verdad?

Repaso de unidades 1-2

I. The Subjunctive in Commands

A. Ud./Uds. Commands

1. Do the homework but don't do it in class.
2. Take out the homework and put it on the table.
3. Be here for the test and be punctual (puntual).
4. Finish the test and give it to the teacher.
5. Remember that there's a test tomorrow. And don't forget it!
6. Sit down and get ready (prepare yourself) to take a test.
7. Go to the board and write the answers.
8. Turn around (volverse) and greet (saludar) your partner.
9. Lie down and go to sleep.
10. Get up and get dressed now.

B. Nosotros Comands

1. Let's lock (cerrar con llave) the door before leaving.
2. Let's go out and play soccer.
3. Let's take out our homework and show it to the teacher.
4. Let's sit down and talk.
5. Let's get up and go to the door.
6. Let's not go to sleep (dormirse) in class.
7. Let's not put our feet on the table.
8. Let's not lie. Let's tell the truth!
9. Let's follow the instructions. Let's not cheat (hacer trampas).
10. Let's open our books and begin to study.

C. El/Ella/Ellos/Ellas Commands

1. Have them open their books.
2. Have her come in and sit down.
3. Have him practice the vocabulary.
4. Have them repeat the words five times.
5. Have her turn around (volverse) and do her work.
6. Have them wash their hands before eating.
7. Have him brush his teeth after eating.
8. Have them get ready (prepararse) for school.
9. Have her get up and get dressed.
10. Have him sit down and eat breakfast.

II. The Subjunctive after Expressions of Desire and Request

1. He wants us to bring our books to class.
2. He expects us to do the homework at home.
3. She needs me to read to her every day.
4. They don't like us to come to class late.
5. He hates (disgustarle) us to sleep in class.

6. It's important for you to sit down.
7. It's hard for them to get up on time.
8. It's important for him to bathe daily.
9. Is it possible for me to see my test?
10. It isn't necessary for you to know all the forms.

11. I want to study and I want you to study too.
12. I need to be there and I need you to come with me.
13. He expects to win and he expects us to lose.
14. I like to get good grades and I like you to get good grades too.
15. I hate to lose and I hate you to lose too.

Antes de empezar...

Antes de empezar "Viajando en tren," revisa la lista de palabras familiares dada a continuación. Esta lista incluye palabras presentadas en Español 1 y 2 y también cognados que son fáciles de reconocer.

En la estación de tren	At the Train Station	Verbos	Verbs
la fila/cola	line (of people)	ir en tren	take the train
el agente	agent	esperar	wait for
la sala de espera	waiting room	informarse	get information
la oficina de billetes	ticket office	salir/partir	leave/depart
el café	cafe	ir por	go for
los baños/servicios	bathrooms	recoger	pick up
las tiendas	stores	dejar	drop off
Información	Information	llevar	take (someone)
el horario	schedule	acompañar	accompany
las llegadas	arrivals	llegar	arrive
las salidas	departures	pasar por	go through
		cruzar	cross
En el tren	**On the Train**	transbordar	change trains
el viajero	travelor		
el/la pasajero/a	passenger	**Expresiones**	**Expressions**
el equipaje	luggage	reservar un asiento	to reserves a seat
el compartimiento	compartment	hacer cola	wait in line
el coche	car	hacer un viaje	take a trip
el coche cama	sleeping car	hacer conexión con	connect with
el coche comedor	dining car	tomar el tren	take the train
		perder el tren	miss the train
Otras palabras	**Other Words**	subir al tren	get on the train
el destino	destination	bajar del tren	get off the train
el túnel	tunnel	cambiar de tren	change trains
la frontera	border	comprar/sacar un billete	buy a ticket
la conexión	connection	consignar el equipaje	deposit luggage
el intinerario	itinerary	reclamar el equipaje	claim luggage
la reservación (de asiento)	(seat) reservation	¿Es éste el tren para...?	Is this the train to...?
la tarifa	fare	¿A qué hora sale/llega...?	At what time does it leave/arrive?
el billete/el boleto	ticket		
el suplemento	supplement	**Adjectivos**	**Adjectives**
la tarjeta de identificación	ID	válido	valid
		reservado	reserved
Expresiones	**Expressions**	temprano/adelantado	early/ahead of schedule
a bordo	on board	tarde/retrasado	delayed/behind schedule
a tiempo	on time	a tiempo/ a su hora	on time
con retraso	late	directo	direct
con destino a	destined for	rápido/expreso	express
procedente de	coming from	local	local
de primera clase	first class	puntual	on time
de segunda clase	second class	sencillo	one way
de ida	one way	ocupado	occupied
de ida y vuelta	round trip	libre	free
de regreso	return	próximo/último	next/last

> *"Ve al límite de tu ser, ese punto donde no puedes hacer nada más, porque es allí donde Dios lo hace todo."*
> *Oswald Chambers*

Unidad 3: Viajando en tren

UNIT CONTENTS

Capítulo 7
1. Vocabulario: Viajando en tren
2. Gramática: The Subjunctive after Expressions of Emotion
3. Versículo: Juan 6:4a
4. Lectura: Túneles y puentes
5. Exprésate: Viajando en tren

Capítulo 8
1. Diálogo: En la estación de ferrocarril
2. Gramática: The Subjunctive after Expressions of Doubt and Denial
3. Versículo: I Juan 3:23a
4. Lectura: Nunca abandonado
5. Exprésate: ¿Cómo prefieres viajar?

Capítulo 9
1. Historias bíblicas: En la casa de Potifar
2. Versículo: I Juan 5:1
3. Lectura: Vanidoso
4. Exprésate: Reglas de seguridad para el viajero
5. Intérprete: Viajando en tren

Oral Mastery Exercises: The Subjunctive after Expressions of Emotion
Expressions of Affirmation vs. Doubt and Denial

Estación de trenes en Cataluña

Versículo

| And this is the will of him that sent me, that everyone who seeth the Son, and believeth on him, may have everlasting life...
John 6:40a | Y esta es la voluntad del que me ha enviado: Que todo aquel que ve al Hijo, y cree en él, tenga vida eterna...
Juan 6:40a | *Capítulo 7* |

Saludos

¿Qué hay (de nuevo)?
¿Qué fecha tenemos?
¿Que hora tienes? ¿A qué hora llegaste a la escuela?
¿A cuánto está la temperatura? (Está a...grados.)
¿En qué clases tuviste tarea ayer?
¿A qué hora te acostaste ayer?
¿Cuántas horas dormiste anoche?
¿A qué hora te levantarás mañana?
¿Qué tiempo hará mañana?
¿Habrá sol mañana?

Lecciones

1. Vocabulario: Viajando en tren
2. Grámatica: The Subjunctive after Expressions of Emotion
3. Versículo: Juan 6:40a
4. Lectura: Túneles y puentes
5. Exprésate: Viajando en tren

✎ Repaso rápido

Día 1: Subjunctive with Desire/Request	1. Do you want to talk or do you preferfor *me* to talk? 2. I want to go to the party and I want you to come with me. 3. I need you to be here because I need to leave.
Día 2: Subjunctive with Desire/Request	1. Do you expect your mother to do all the work? 2. He doesn't permit his friends to use his things. 3. I don't like you to put your feet on the table.
Día 3: Subjunctive after Emotion	1. I'm sorry that you have to leave. 2. I hope to win and I hope that you win too. 3. I fear that they aren't coming.
Día 4: Subjunctive after Emotion	1. Does it bother you that he never studies? 2. It surprises me that she doesn't want to eat. 3. Does it matter to you that we tell the truth?
Día 5: Subjunctive after Emotion	1. It's a pity that he doesn't know how to read. 2. I'm glad that you are my friend. 3. Are you happy that I am here?

Vocabulario: Viajando en tren

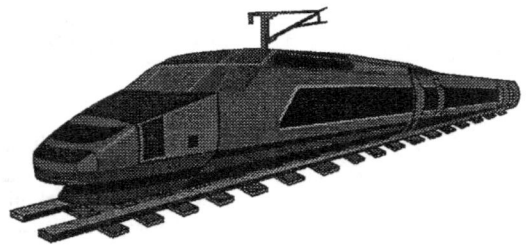

A. Vocabulario activo

En la estación de trenes	At the Train Station
la ventanilla/taquilla	ticket window
la oficina de información	information booth
el tablón de información	information board
la sala de espera	waiting room
el andén	platform
el horario de trenes	train schedule
la hora de llegada	arrival time
la hora de salida	departure time
la demora/el retraso	delay
la oficina de cambio	money exchange
la consigna de equipaje	luggage checkroom
la consigna automática	lockers
el kiosko de periódicos	newsstand
el bar de la estación	snack-bar
el carrito portaequipajes	luggage cart
el mozo	porter
el jefe de estación	station master
el vendedor de boletos*	ticket seller
los viajeros/pasajeros	travelers/passengers
el revisor de boletos*	conductor
llevar el equipaje	to carry one's luggage
depositar el equipaje	to deposit one's luggage
comprar un boleto*	to buy a ticket
reservar un asiento	to reserve a seat
recoger el equipaje	to pick up one's luggage
coger/tomar el tren	to catch the train
perder el tren	to miss the train
informarse sobre	to inquire about
cambiar un boleto*	to change a ticket
anular un boleto*	to cancel a ticket

B. Vocabulario adicional

En el tren	On the Train
el pasaje de primera clase	first class ticket
el pasaje de segunda clase	second class ticket
un tren directo	direct train
un tren local	local train
el rápido/expreso	express train
el coche	train car
el coche comedor	dining car
el coche cama	sleeping car
el compartimiento	compartment
la litera	sleeping berth
la ventanilla	window
la portezuela	door
el pasillo	corridor
la reja de equipaje	luggage rack
el baño/retrete	bathroom/toilet
ir al andén	to go to the platform
subir al tren	to board the train
bajar del tren	to get off the train
cambiar de tren	to change trains
hacer correpondencia con	to make a connection
ocupar un asiento	to ocuppy a seat
revisar los boletos	to check the tickets
pagar un suplemento	to pay a supplement
formalizar un boleto	to validate a ticket
picar un boleto	to punch a ticket
salir/llegar...	to leave/arrive....
a tiempo	on time
adelantado	ahead of time
con retraso	behind schedule
parar en...	to stop in...

*Also *billetes* (Spain)

Ejercicios de vocabulario

I. **Escribe las expresiónes tres veces y memorízalas para una prueba.**

II. **Contesta las preguntas con una frase completa.**
1. Cuando viajas en tren, ¿**compras un boleto** en **la ventanilla** o lo compras antes ir a la estación de trenes?
2. ¿Por qué motivos vas a **la oficina de información**?
3. ¿Al llegar a tu destino, consultas **el tablón de información** para encontrar un hotel?
4. ¿Prefieres esperar el tren en **la sala de espera** o en **el andén**?
5. ¿Siempre consultas **el horario de trenes** para confirmar **la hora de llegada** de tu tren?
6. Si hay **un retraso**, ¿consultas **el horario de trenes** otra vez para confirmar la nueva **hora de salida**?
7. Para cambiar dólares en Euros, ¿prefieres ir al banco o a **la oficina de cambio**? ¿Por qué?
8. Si tienes que esperar mucho, ¿**depositas tu equipaje** en **la consigna de equipaje**?
9. Si no tienes mucho equipaje, ¿prefieres usar **la consigna automática**?
10. Mientras esperas el tren, ¿vas al **kiosko de periódicos** a buscar algo para leer?

11. Si hace mucho calor, ¿vas al **bar de la estación** a comprarte un refresco?
12. Cuando tienes mucho equipaje, ¿usas **un carrito portaequipajes** o llamas al **mozo**?
13. ¿Subes al tren cuando **el jefe de estación** anuncia que el tren está a punto de salir?
14. ¿Hablas con **el vendedor de boletos** cuando necesitas **cambiar un boleto**?
15. ¿Necesitan todos **los viajeros** mostrarle sus boletos al **revisor**?
16. ¿Normalmente es posible **llevar todo el equipaje** a bordo?
17. Si uno tiene bicicletas, ¿es necesario **depositarlas** en el furgón (car) de equipajes?
18. ¿Siempre **reservas un asiento** cuando **compras el boleto**?
19. Antes de subir al tren, ¿te acuerdas de **recoger tu equipaje** de la consigna de eqipaje?
20. Cuando **tomas el tren**, ¿siempre llegas a la estación con media hora de anticipación (ahead of time)?
21. ¿Alguna vez **has perdido el tren** por llegar tarde a la estación?
22. ¿Adónde vas para **informarte sobre** itinerarios?
23. ¿Sabes cuánto se necesita pagar por **cambiar** o **anular un boleto**?

III. **Escribe la palabra o expresión que complete correctamente cada frase.**

1. Los viajeros esperan el tren en la_____.
2. Si uno llega tarde a la estación de trenes, se puede_____el tren.
3. Hay que pagar una comisión para cambiar dinero en la_____.
4. El_____me vende un boleto de ida y vuelta.
5. Si tengo preguntas, me dirijo a la_____.
6. Si se necesita salir de la estación de trenes, se puede depositar el equipaje en la_____.
7. Necesito consultar el_____para saber las horas de llegada y salida.
8. El_____me ayuda a llevar el equipaje.
9. El tren llega tarde. Hay una_____de media hora.
10. Tengo que mostrarle mi boleto al_____.

11. Cuando se compra el boleto, es una buena idea_____un asiento.
12. Se puede tomar refrescos en el_____.
13. Hay información sobre habitaciones en el_____.
14. Se venden periódicos, revistas, libros y mapas en el_____.
15. Si tengo mucho equipaje, busco un_____.
16. Muchos viajeros esperan el tren en el_____.
17. El_____anuncia que el tren está para salir.
18. Para comprar un boleto, me dirijo a la_____.
19. Necesito_____de la consigna de equipaje antes de dirigirme al andén.
20. Tengo un cambio de planes. Necesito_____mi boleto.

☞Explicación: The Subjunctive after Expressions of Emotion

1. In the previous chapter you learned to use the subjunctive mood after expressions of *desire* and *request*:

Prefiero I prefer	que *escuches.* that you listen.
Espero I hope	que *esperes.* that you wait.
Insisto en I insist	que *estudies.* that you study.

2. Expressions of *desire* are related closely to those of *emotion*. *I hope* (*Espero*), for example, denotes both a desire and an emotion. Since emotions, like desires, are highly subjective, they are always followed by the subjunctive mood. An emotion may be expressed either personally (I'm sorry that...) or impersonally (It's too bad that...).

EXPRESSION OF EMOTION		+ SUBJUNCTIVE
Siento	I'm sorry	
Lamento	I regret	
Temo	I fear	
Espero	I hope	
Me alegro de	I'm glad	
Tengo miedo de	I'm afraid	
Me gusta	It pleases me	
Me disgusta	It disgusts me	
Me molesta	It bothers me	
Me preocupa	It worries me	
Me importa	It matters to me	
Me choca	It shocks me	
Me sorprende	It surprises me	que no hable. that he doesn't talk.
Me da rabia	It makes me mad	
Me da pena	It makes me sad	
Me da risa	It makes me laugh	
Me da vergüenza	It makes me ashamed	
Me da lo mismo	It's all the same to me	
Estoy contento de	I'm happy	
Estoy triste	I'm sad	
Estoy agradecido de	I'm thankful	
Estoy avergonzado de	I'm embarrassed	
Estoy sorprendido de	I'm surprised	
Es triste	It's sad	
Es una lástima	It's a pity	
Es horrible	It's horrible	
Es de esperar	It's to be expected	
Es maravilloso	It's wonderful	
Es ridículo	It's ridiculous	

3. While expressions of desire involve what we want others to do, those of emotion involve our reaction to what they do or have done. It is important to remember, however, that both types of expressions are followed by the subjunctive only when there is *second subject*. If there is no second subject, the infinitive is used:

A. ONE SUBJECT

I hope	that *I* win.
= I hope	*to* win.
= Espero	*ganar.*

B. TWO SUBJECTS

I want	*you* to win
= I want	*that you win.*
= Quiero	*que ganes.*

✍ Ejercicios

I. Reacciona a cada una de las oraciones con una expresión de emoción: *Me alegro de que, siento que, temo que, me sorprende que, me preocupa que, me molesta que, (no) me importa que, etc.*

Modelo: Hay muchos pobres en el mundo.
Siento que haya muchos pobres en el mundo.

1. Tenemos que pagar impuestos (taxes).
2. Hay mucho desempleo (unemployment) en el mundo.
3. No se permite fumar en lugares públicos.
4. Los hombres ganan más que las mujeres.
5. Un día tendremos que ir a la escuela durante el verano.
6. Mucha gente en el mundo no tiene suficiente para comer.
7. Estados Unidos es el país más rico del mundo.
8. Hay mucha persecución de cristianos en el mundo.
9. Destruyen (Destroy) la selva tropical (rain forest).
10. Los ricos no ayudan mucho a los pobres.
11. Muchas personas están sin hogar (homeless).
12. Hay tantos desastres naturales en el mundo.
13. La Seguridad Social no tiene suficiente dinero para el futuro.
14. Muchas personas mueren en accidentes de coche.
15. El alcohol y las drogas ilegales destruyen nuestra sociedad.

II. Contesta las preguntas con una frase completa en español.

Modelo: Te importa que *haya* mucho crímen en las ciudades?
Sí, me importa mucho que *haya* mucho crímen en las ciudades.

1. ¿Te sorprende que los perros sean más inteligentes que los gatos?
2. ¿Te preocupa que haya guerras (wars) en muchas partes del mundo?
3. ¿Te importa que muchos niños sufran de desnutrición (malnutrition)?
4. ¿Te molesta que los políticos no hagan siempre lo que dicen?
5. ¿Te da pena que mucha gente no respete la vida humana?
6. ¿Te alegras de que haya libertad religiosa en Estados Unidos?
7. ¿Te da vergüenza que nosotros perdamos tanto tiempo viendo la televisión?
8. ¿Tienes miedo de que en el futuro no tengamos suficiente para comer?
9. ¿Te disgusta que muchas personas no digan la verdad?
10. ¿Te parece estúpido que gastemos tanto para la exploración del espacio?

III. Traduce al español, distinguiendo entre el uso del infinitivo vs. el subjuntivo.

1. It bothers me to have to wait.
2. It bothers me that *you* have to wait.
3. I'm glad to be here.
4. I'm glad that *you* are here.
5. I don't like to loose.
6. I don't like *you* to loose.

7. It's sad to leave.
8. It's sad that *you* are leaving.
9. I'm sorry not to be able to go to the party.
10. I'm sorry that *you're* not able to go to the party.
11. I'm afraid of getting a C in Spanish.
12. I'm afraid that *you* will get a C in Spanish.

☎ Conversaciones

1

¿Te gusta	ir a la escuela
¿Te molesta	estar en la clase
¿Te importa	sacar buenas notas
	tener muchos amigos ?
	aprender otra lengua
	participar en deportes

¿Te gusta		vaya a la escuela
¿Te molesta	que yo	esté en la clase
¿Te importa		saque buenas notas
		tenga muchos amigos ?
		aprenda otra lengua
		participe en deportes

2

¿Es bueno					pierdan su tiempo
¿Es malo					presten atención
¿Es triste	que	algunos			hablen en clase
¿Es ridículo		muchos	estudiantes	(no)	hagan trampas
¿Es terrible		todos los			digan la verdad
¿Es lástima					asistan a clase
					falten a clase ?
					sean perezosos
					manejen rápido
					respeten a sus profesores
					lleguen tarde a clase
					saquen buenas notas
					salgan mal en los exámenes

3

¿Te preocupa		muchos niños no tengan padres
¿Te sorprende		muchos niños sufran de hambre
¿Te importa		haya muchos pobres en el mundo
¿Te da rabia	que	haya guerras (wars) en muchas partes del mundo
¿Te da pena		haya tanta (so much) violencia en la televisión
¿Te molesta		muchos jóvenes se mueran en accidentes
¿Te choca		haya persecución de cristianos en muchas partes del mundo ?
		muchas personas sean deshonradas
		algunos estudiantes hagan trampas
		haya mucho crímen en nuestras ciudades
		haya mucha contaminación del aire
		muchos políticos no digan la verdad
		mucha gente no vaya a la iglesia

4					
¿Sientes ¿Te alegras de ¿Estás contento/a de		que	nosotros	(no)	hablemos mucho en clase veamos muchos videos tengamos tarea todos los días hagamos muchos exámenes podamos comer en clase vayamos a la escuela en el verano estemos en clase todo el día seamos buenos estudiantes sepamos más que otros perdamos tiempo en clase salgamos de la escuela a las tres demos presentaciones orales saquemos buenas notas ?

5					
¿Le	gusta disgusta molesta preocupa sorprende importa da rabia	al profesor a tu padre a tu madre	que tú	(no) (siempre) (nunca)	hagas la tarea digas las verdad pongas los pies en la mesa salgas tarde para la escuela vayas a la escuela saques buenas notas seas responsable vuelvas tarde a casa tengas interés en la escuela estudies para los exámenes duermas en clase quieras aprender pierdas tus libros ?

6				
¿Temen	tus padres	que tú	saques malas notas no vayas a la escuela faltes a tus clases no digas la verdad hagas trampas en tus clases manejes rápido no te comportes bien en tus clases llegues tarde a la escuela salgas mal en el SAT pierdas tus cosas te rompas la pierna mueras en un accidente no comas bien	?

✉Lectura: *Túneles y puentes*

Pues *en cuanto* él mismo *padeció* siendo *tentado*, es poderoso para *socorrer* a los que son tentados. --Hebreos 2:18.

tunnels, bridges
inasmuch as, suffered, tempted, come to the aid

Una niña viajaba en tren por primera vez. Con los ojos bien abiertos por la fascinación, miraba cómo los postes de teléfono, los autos y las *granjas* pasaban *a toda prisa* por su lado. Cuando el tren *se acercó a* un río, la niña *se asustó* y gritó: «¡Mamá! ¡El tren se va a caer en un río!» Pero un puente lo llevó hasta el otro lado.

farms, very quickly, approached, became frightened

Más tarde, cuando el tren avanzaba en dirección a una montaña, la niña llamó *de nuevo* a su mamá *atemorizada*: «¡Mamá! ¡Vamos a *estrellarnos* con esa montaña!» Pero un túnel que había *en la falda de* la montaña dejó que el tren pasara *velozmente*. «¡Oh! --dijo la niña-- alguien debe haber pasado antes que nosotros y preparado el camino.»

again, fearful
crash, at the foot of
speedily

Eso fue lo que hizo Jesús por todos los que confían en Él como Salvador y Señor. El autor de Hebreos lo describió como el «autor» de la salvación (2:10). Jesús no sólo *ha enfrentado* los *peligros* de la *fuerza* destructora del *pecado*, sino que también *atravesó* la *misma muerte* y salió victorioso. *Derrotó* a Satanás, nos *libró del poder condenador* del pecado, y nos acompañará por los terrores de la muerte.

has faced, dangers
force, sin, passed through
death itself, defeated, freed
condemning power

Cuando *se asomen* los temores y nos sintamos *amenazados* por el *poder* del pecado y de Satanás, recordemos al autor de nuestra salvación. Él es el único que nos conforta en los *senderos* de la vida, pues ha ido primero y preparado el *camino* para nosotros. --DJD

appear, threatened
power
paths
way

Podemos pasar por *cualquier* cosa porque Cristo va delante de nosotros.

any

Nuestro pan diario

A. Preguntas sobre la lectura
1. ¿Quién viajaba por tren por primera vez?
2. ¿Por qué se asustó?
3. ¿Qué pasó cuando el tren llegó al río?
4. ¿Por qué se asustó cuando el tren avanzaba en dirección a una montaña?
5. ¿Qué pasó cuando el tren llegó a la montaña?
6. ¿Qué concluyó la niña?
7. ¿Qué hizo Jesús por todos los que confían en Él como Salvador y Señor?
8. ¿Cómo lo describe el autor de Hebreos?
9. ¿Por qué es el autor de la salvación?
10. ¿A quién derrotó cuando atravesó la muerte y salió victorioso?

B. Preguntas personales
1. ¿Alguna vez has viajado en tren?
2. ¿Pasaste por un túnel o un puente?
3. ¿Alguna vez has pensado de Jesús como un puente entre el hombre y Dios?
4. ¿Conoces un versículo que describe a Jesús como el camino a Dios (Juan 14:6)?
5. ¿Te alegras de que Jesús haya ido delante de nosotros y nos haya preparado el camimo?

↪Exprésate: Viajando en tren

1. Entrevista

1. ¿Te gusta viajar en tren? ¿Alguna vez has hecho un viaje en tren? ¿Adónde?
2. ¿Qué clase de boleto compras, de primera o de segunda clase? ¿De ida o de ida y vuelta?
3. ¿Compras los boletos directamente por teléfono o prefieres ir a una agencia de viajes?
4. ¿Sabes por cuánto tiempo son válidos los boletos?
5. ¿Siempre reservas un asiento cuando viajas en tren?
6. ¿Con cuánta anticipación llegas a la estación de trenes?
7. ¿Dónde prefieres esperar, en la sala de espera o en el andén?
8. ¿Qué haces con tu equipaje mientras esperas el tren? ¿Lo facturas (check) en la consigna?
9. ¿Dónde comes cuando tomas el tren? ¿Traes tu propia comida, o comes en el coche-comedor?
10. ¿Dónde duermes cuando viajas en tren? ¿Reservas literas o prefieres dormir en tu asiento?
11. ¿Cuáles son las ventajas y desventajas de reservar literas? ¿Cuánto cuesta por persona por noche?
12. ¿Qué haces para pasar el rato (time)/divertirte cuando viajas en tren? ¿Te gusta ver el paisaje (landscape) o prefieres leer un buen libro?
13. ¿Qué piensas del servicio de trenes en los Estados Unidos?
14. ¿Alguna vez has viajado por tren en otro país? ¿Qué piensas del sistema de trenes en México? ¿En el Canadá?
15. ¿Crees que el sistema de trenes en Europa es mejor que el de los Estados Unidos? ¿Por qué?

2. Narración (oral o escrita)

Cuenta lo que hace uno cuando viaja en tren, desde el momento en que llega a la estación de trenes hasta llegar a su destino. Consulta la lista dada a continuación para ideas.

SEQUENCE/FREQUENCY	USEFUL EXPRESSIONS
Primero First **Luego/Próximo** Then/Next **Por último** Last of all **Siempre** Always **Muchas veces** Often **A veces** sometimes **Antes de + infinitive** Before...ing **Al + infinitive** Upon...ing **Después de + infinitive** After...ing	**Ir a la ventanilla** (ticket window) **Comprar un boleto** **Reservar un asiento** **Sentarse en la sala de espera** **Depositar el equipaje en la consigna** **Reclamar** (claim) **el equipaje** **Dirigirse al andén** (platform) **Subir al tren** **Buscar el asiento reservado** **Mostrarle el boleto al revisor** **Bajar del tren**

Nota Cultural
Los trenes en España

España tiene muchos tipos de trenes, algunos muy lentos como los de *cercanías* (suburban) y los regionales que paran en cada estación, otros muy rápidos y cómodos como el TALGO y el AVE. El AVE (Tren de Alta Velocidad Español) va desde Madrid a Sevilla en dos horas y quince minutos y ofrece a los pasajeros toda comodidad, incluyendo videos, teléfonos y juegos para los niños. El Talgo 200, otro tren rápido, cubre el trayecto Madrid-Málaga en menos de cinco horas. Aunque estos trenes cuestan más, son muy puntuales, y se puede pedir el reembolso completo del billete si se llega a su destino más de cinco minutos tarde.

Girona: la estación de trenes

Versículo

And this is his commandment, that we should believe on the name of his Son, Jesus Christ, and love one another...
I John 3:23a

Y este es su mandamiento: Que creamos en el nombre de su Hijo Jesucristo, y nos amemos unos a otros...
I Juan 3: 23a

Capítulo 8

Saludos

¿Cómo te va? Y tus padres, ¿cómo les va?
¿Cuál es la fecha de hoy? ¿Qué fecha es mañana?
¿Que hora es? ¿A qué hora te levantaste esta mañana?
¿A cuánto está la temperatura? ¿Hizo más frío ayer?
¿Con quién viniste a la escuela hoy?
¿Cómo te fue en tus clases hoy?
¿A qué hora vas a cenar esta noche?
¿Hasta cuándo vas a estudiar esta noche?
¿A qué hora vas a levantarte mañana?

Lecciones

1. Diálogo: En la estación de ferrocarril
2. Grámatica: The Subjunctive After Expressions of Doubt and Denial
3. Versículo: I Juan 3:23a
4. Lectura: Nunca abandonado
5. Exprésate: ¿Cómo prefieres viajar?

Repaso rápido

Día 1: Subjunctive after Emotion	1. I'm glad to be here but I'm sorry that you are sick. 2. It is important to my parents that I get good grades. 3. My parents are afraid that I'll have an accident.
Día 2: Subjunctive after Emotion	1. It makes me mad that nobody listens to me. 2. I regret not being able to play, but I'm happy that you are playing. 3. It's bothers me that he doesn't have any friends.
Día 3: Subjunctive after Doubt/Denial	1. It's not true that he plays better than you. 2. I doubt that they will understand. 3. It's probable that she will come later.
Día 4: Subjunctive after Doubt/Denial	1. It's not possible for us to know everything. 2. I don't think that you will need your book. 3. It's not certain that they are going to the party.
Día 5: Subjunctive after Doubt/Denial	1. It's unlikely that it will rain tomorrow. 2. Is it possible that there are other planets? 3. I'm not saying that school is easy.

Repaso de vocabulario

Traduce al español.

1. One needs to go to the **ticket window** to buy a ticket (boleto).
2. If you have questions, go to the **information office.**
3. One can wait for the train in the **waiting room** or on the **platform.**
4. If you have to wait long (mucho tiempo), you can deposit (depositar) your **luggage** in the **luggage checkroom**.
5. To (para) change (cambiar) dollars into (en) Euros, one can use the ATM (cajero automático) or go to the **money exhange office.**

6. One should consult the **train schedule** to see the **arrival times** and **departure times.**
7. One should always consult the **schedule** to see if there is a **delay.**
8. If one wants to leave the station (estación), one can put his **luggage** in the **lockers.**
9. It's often possible to buy maps and guides (guías) in the **newsstands.**
10. If one is thirsty, one can buy a soft-drink in the **snack-bar.**

11. One can consult the **information board** for rooms.
12. If you have a lot of luggage, it's best to use a **luggage cart.**
13. The **porter** can help you get your luggage down (bajar el equipaje) from the train.
14. The **station master** announces (anunciar) that the train is about (estar para) leave.
15. One **buys his ticket** from (a) the **ticket seller.**

16. The **travelers** need to show their ticket to the **conductor.**
17. One normally **carries his luggage** on board (a bordo).
18. If the luggage is very big or heavy (pesado), one has to **deposit** it.
19. It's a good idea to **reserve a seat** when one buy's his ticket.
20. Before **boarding the train**, one needs to **pick up his luggage** from the **luggage checkroom.**

21. One should arrive at the station a half-hour early (con media hora de anticipación) to **catch the train.**
22. If one **misses** the train, he has to wait for the next train, which may be much slower.
23. To **inquire about** itineraries, go to the **information booth.**
24. One has to pay to **change** or **cancel a ticket.**

Diálogo: En la estación de ferrocarril

-Buenos días. ¿En qué puedo servirle?	-Good morning. How can I help you?
-Buenos días. Quiero comprar un billete para Barcelona. ¿Puedo comprar billetes en esta ventanilla?	-Good-morning. I want to buy a ticket to Barcelona. Can I buy tickets at this window?
-Sí, señor/señora. ¿Cuántos quiere?	-Yes, sir/m'am. How many do you want?
-Uno. Puede decirme cuándo sale el próximo tren?	**-One. Can you tell me when the next train departs?**
-Sale a las tres, pero no es directo. Si quiere un tren directo, tiene que esperar hasta las cinco. El Talgo sale todos los días a las cinco.	-It departs at three, but it's not direct. If you want a direct train, you have to wait till five. The fast train departs every day at five o'clock.
-¿El Talgo? ¿Quiere decir el tren expreso?	**-The Talgo? You mean the express train?**
-Sí, es mucho más rápido que los trenes de largo recorrido, pero es necesario pagar un suplemento.	-Yes, it's much faster than the long-distance trains, but you have to pay a supplement.
-Hmmm. No quiero pagar suplemento. ¿Si tomo el tren de largo recorrido, tengo que transbordar?	**-Hmmm. I don't want to pay a supplement. If I take the long-distance train, do I have to transfer?**
-Sí, cambia de tren en Zaragosa. ¿Quiere Ud. un billete para el tren de las tres?	-Yes, you change trains in Zaragosa. Do you want a ticket for the three o'clock train?
-¿A qué hora llega a su destino?	**-What time does it arrive (at its destination)?**
-A las siete de la tarde.	-At seven in the evening.
-¿Y el expreso, ¿a qué hora llega?	**-And the fast train, what time does it arrive?**
-A las ocho. Gana una hora porque no tiene que transbordar en Zaragosa.	-At eight. You gain an hour because you don't have to transfer in Zaragosa.
-Sí, pero tengo que esperar dos horas más antes de salir. Déme un billete para el tren de las tres.	**-Yes, but I have to wait two more hours before leaving. Give me a ticket for the three o'clock train.**
-Sencillo o de ida y vuelta?	-One-way or round trip?
-Sencillo.	**-One way.**

-¿Primera o segunda clase?	-First or second class?
-Segunda. Puede decirme si hay coche-comedor?	-Second. Can you tell me if there's a dining car?
-Sí, hay.	-Yes, there is.
-Perfecto. Puedo cenar en el tren. ¿De qué andén sale el tren?	-Perfect. I can have dinner on the train. What platform does the train leave from?
-Del andén número 5.	-From platform number 5.
-¿Y sale a tiempo, ¿verdad?	-And it's leaving on time, right?
-Un momento....No.....hay una demora de diez minutos. Puede depositar su equipaje en la consigna y esperar en la sala de espera si quiere.	-Just a moment......No.....there's a ten-minute delay. You can check your luggage in the baggage checkroom and wait in the waiting room if you like.
-No quiero facturarlo si tengo que reclamarlo en una hora. ¿Hay una consigna automática?	-I don't want to check it if I have to reclaim it in an hour. Are there coin-operated lockers?
-Sí, hay casillas en la sala de espera.	-Yes, there are lockers in the waiting room.
-¿Y en el andén?	-And on the platform?
-No, pero puede usar un portaequipajes.	-No, but you can use a luggage carrier.
-Gracias. ¿Cómo llego al andén?	-Thank you. How do I get to the platform?
-Tiene que bajar la escalera y doblar a la derecha. Siga derecho hasta llegar al andén número 5.	-You have to go down the stairs and turn to the right. Go straight until you arrive at platform (number) 5.
-Tengo tres maletas. ¿Puedo llevarlas todas a bordo?	-I have three suitcases. Can I carry them all on board?
-Sí, puede meterlas en la rejilla por encima del asiento.	-Yes, you can put them on the luggage rack above the seat.
-Ésta aquí es muy grande. ¿Va a caber en la rejilla?	-This one is very big. Is it going to fit on the rack?
-Tiene razón. Mejor déjela en el pasillo. El mozo puede ayudarlo/la.	-You're right. Better leave it in the corridor. The porter can help you.
-Gracias. Otra cosa: ¿Tengo un asiento reservado?	-Thank you. Another thing. Do I have a reserved seat?
-No, ¿quiere Ud. reservar un asiento?	-No, do you want to reserve a seat?
-¿Es necesario?	-Is it necessary?
-Se recomienda si quiere estar seguro de tener un asiento.	-It's recommended if you want to be sure to have a seat.
-En este caso, quiero reservar uno.	-In that case, I want to reserve one.
-Tiene el asiento 5 en el compartimiento 4 del coche número 10B. Treinta Euros, por favor.	-You have seat 5 in compartment 4 of car number 10B. Thirty Euros, please.
-¿Treinta Euros? ¿Por un billete sencillo?	-Thirty Euros? For a one-way ticket?
-Sí, se paga un poco más por un billete sencillo. ¿Tiene Ud. una tarjeta de estudiante o un Carné Jóven?	-Yes, you pay a little more for a one-way ticket. Do you have a student card or a Euro<26 card?
-No. ¿Hay descuentos para estudiantes?	-No. Are there discounts for students?
-Sí, pero hay que tener la tarjeta. También se puede ahorrar dinero comprando una Tarjeta Turística, que le permite viajar desde tres hasta diez días en un plazo de dos meses.	-Yes, but you have to have the card. You can also save money by buying a Tourist Card, which permits you to travel from three to ten days in a two month period.
-No quiero viajar tanto. ¿Cuál es la tarifa por un billete de ida y vuelta?	-I don't want to travel that much. What's the fare for a round-trip ticket?
-Cincuenta Euros. Se ahorra el 20 por ciento cuando se compra un billete de vuelta.	-Fifty Euros. You save 20 percent when you buy a return ticket.
-¿Por cuánto tiempo vale?	-How long is it good for?
-Por medio año.	-For half a year.
-Bueno. Déme un billete de ida y vuelta. Voy a volver dentro de seis meses.	-O. K.. Give me a round trip ticket. I'm going to come back within six months.
-Está bien. Cincuenta Euros, por favor.	-Fine. Fifty Euros, please.
-¿Aceptan cheques de viajero?	-Do you accept traveler's checks?
-¿En dólares o en Euros?	-In dollars or in Euros?
-En dólares.	-In dollars.
-No, primero tiene que cambiarlos en Euros. La oficina de cambio está en la ventanilla 22.	-No, first you have to change them into Euros. The money exchange is at window 22.
-No tengo mucho tiempo. Aquí tiene Ud. sesenta Euros.	-I don't have a lot of time. Here's sixty Euros.
-Gracias. Aquí tiene Ud. el billete y su vuelto. No lo pierda, porque el cobrador va a revisarlo.	-Thank you. Here's your ticket and your change. Don't lose it, because the conductor will inspect it.
- Lo pongo en la chaqueta. Gracias por todo.	-I'll put it in my jacket. Thanks for everything.
- Buen viaje.	-Have a good trip.

☞Explicación: The Subjunctive after Expressions of Doubt and Denial

1. In the previous chapters you learned to use the subjunctive mood after expressions of *desire* and *emotion*.

Prefiero	que *diga* la verdad.
I prefer	that you tell the truth.
Espero	que *venga*.
I hope	that she comes.
Siento	que no *comprenda*.
I'm sorry	that he doesn't understand.

2. A third set of expressions requiring the subjunctive mood involves verbs of *doubt, disbelief* and *denial*. You already know that when one affirms something to be true or certain, one uses the indicative mood. Conversely, when one expresses *uncertainty, doubt* or *denial* about something being true, one uses the subjunctive mood:

Creo		No creo	
I think/believe		I don't think	
Estoy seguro	de que *viene*.	Dudo	que *venga*.
I'm sure	that she's coming.	I doubt	that she's coming.
Es cierto		No es cierto	
It's certain		It's not certain	

3. It is important to remember that this category covers everything from slight uncertainty to absolute denial. On a scale of truth, one starts at the top with total assurance that something is true. One then procedes down the scale to mere probability/possibility, then doubt, and finally total denial.

TOTAL ASSURANCE	Es verdad Es cierto Es evidente Sé Estoy seguro de Creo Pienso Digo Estoy de acuerdo en No dudo	It's true It's certain It's obvious I know I'm sure I believe I think I say I agree I don't doubt	que *comprende*.
PROBABILITY **POSSIBILITY** **DOUBT**	Es probable Es posible Es poco probable No es cierto No sé Dudo Es dudoso	It's probable It's possible It's unlikely It's not certain I don't know I doubt It's doubtful	que *comprenda*.
TOTAL DENIAL	No es verdad Es falso Es ridículo No es posible No creo No digo No acepto Niego	It's not true It's false It's ridiculous It's not possible I don't believe I'm not saying I don't accept I deny	

4. Of the three types of expressions requiring the subjunctive mood--*desire-request, emotional reaction*, and *doubt-denial*--only the latter may be affected by the addition or subtraction of "no." "No" changes belief to disbelief, and doubt or denial to assurance:

Creo que **está** aquí.	No creo que **esté** aquí.
Dudo que **esté** aquí.	No dudo que **está** aquí.

✍ Ejercicios

I. Reacciona a cada una de las siguientes oraciones con una expresión de creencia (belief) más (plus) el *indicativo* o una expresión de no creencia (disbelief)/duda más el *subjuntivo*.

Modelo: Los hombres son más inteligentes que las mujeres.
No creo que los hombres *sean* más inteligentes que las mujeres.

1. Norteamérica es el continente más grande del mundo.
2. Llueve mucho en el desierto.
3. Las vitaminas son esenciales para la buena salud (health).
4. El hombre vivirá algún día en la luna.
5. Hay otras formas de vida en el universo.

6. El hombre es el producto de la evolución.
7. Los scientíficos siempre tienen razón.
8. El hombre puede existir sin agua.
9. Los Yankees son el mejor equipo de beisbol del mundo.
10. Las mujeres son más sensibles (sensitive) que los hombres.

11. El fútbol (soccer) es más interesante que el fútbol americano.
12. Todos los jóvenes manejan rápido.
13. Los políticos (politicians) dicen siempre la verdad.
14. Todos deben aprender a hablar otra lengua.
15. El perro es el mejor amigo del hombre.

II. Contesta las preguntas con una frase completa en español.
Modelo: ¿Crees que los gatos son más afectuosos que los perros?
No, *no creo* que los gatos *sean* más afectuosos que los perros.

1. ¿Crees que hay vida después de la muerte?
2. ¿Crees que los chicos son mejores en matemáticas que las chicas?
3. ¿Crees que todo el mundo debe ir a la universidad?
4. ¿Crees que los científicos descubrirán un remedio (cure) contra el cáncer?
5. ¿Crees que el hombre irá algún día al planeta Marte?

6. ¿Crees que hay demasiada violencia en la televisión?
7. ¿Crees que el español es más difícil que el ruso?
8. ¿Crees que las mujeres ganan tanto como los hombres?
9. ¿Crees que el dinero puede traer la felicidad (happiness)?
10. ¿Crees que existe vida inteligente en otros planetas?

11. ¿Crees que todos los hombres nacen iguales (equal)?
12. ¿Crees que los automóviles norteamericanos son superiores a los japoneses?
13. ¿Crees que los profesores ganan más que los médicos?
14. ¿Crees que los niños saben más que sus padres?
15. ¿Crees que los gatos tienen nueve vidas?

III. Traduce al español

1. I don't think that it's possible to live without water.
2. It's not true that Texas is the biggest state (estado).
3. It's unlikely that man will live on the moon.
4. It's possible that we will only work four days a week in the future.
5. It's probable that there will be many more natural disasters (desastres naturales).
6. I'm not saying that life is easy.
7. I'm not sure that children always understand their parents.
8. I doubt that there is life in space.
9. It doesn't seem possible that all men are good.
10. It's incredible that children can learn to speak in two years.

La Catedral de Salamanca

Ejercicios: Subjunctive vs. Indicative (Repaso)

I. Verbs of Emotion vs. Verbs of Knowledge/Belief/Observation/Reporting

1. Siento que tú no me (comprender)_____.
2. Creo que Uds. (necesitar)_____estudiar más.
3. Es una lástima que nosotros no (poder)_____ir a la fiesta.
4. Me alegro de que Ud. (estar)_____aquí.
5. Dicen que los estudiates (hacer)_____mucha tarea en su clase.
6. Sé que nosotros (deber)_____practicar más.
7. Temo que el examen (ser)_____difícil.
8. Me molesta que mis amigos no me (visitar)_____.
9. Me parece ridículo que Uds. nunca (ir)_____de vacaciones.
10. Es verdad que yo no (entender)_____todo lo que oigo.
11. ¡Qué pena que María (estar)_____enferma!
12. Recuerdo que tu coche (necesitar)_____gasolina.
13. Es maravilloso que los niños (aprender)_____a hablar español.
14. Me parece que tus padres (ser)_____muy simpáticos.
15. No me sorprende que muchas personas no (decir)_____siempre la verdad.

II. Verbs of Suasion (Desire/influence/Request) vs. Verbs of Knowledge/Belief/Observation/Reporting

1. Quiero que nosotros (llegar)_____temprano a la escuela.
2. Es importante que tú (estar)_____en clase todos los días.
3. Comprendo que no (ser)_____posible estudiar todo el tiempo.
4. Insisto en que Ud. no (poner)_____los pies en la mesa.
5. Prefiero que nosotros (oír)_____música clásica.
6. Te pido que me (decir)_____la verdad.
7. Es obvio que muchos estudiantes no (dormir)_____suficiente.
8. Sugiero que Uds. (volver)_____antes de las once.
9. No consiento en que tú (venir)_____tarde a clase.
10. Repito que yo no (querer)_____ir a la fiesta.
11. ¡Dígales que (sentarse)_____!
12. Todos saben que tú (tener)_____razón.
13. Es bueno que nosotros (hacer)_____mucha tarea.
14. No permito que los niños (jugar)_____en la calle.
15. Veo que Uds. (querer)_____salir.

III. Verbs of Doubt and Denial vs. Verbs of Belief and Affirmation

1. Creo que Ud. (tener)_____frío.
2. No digo que nosotros (ser)_____perfectos.
3. Dudo que Uds. (tener)_____tiempo para comer.
4. No es verdad que yo (saber)_____más que tú.
5. Estoy seguro de que nosotros (ganar)_____.
6. No niego que la vida (poder)_____ser difícil.
7. No creo que ellos me (recordar)_____.
8. Es posible que tú (tener)_____la gripe.
9. Es poco probable que Uds. (conocer)_____a mis padres.
10. Es evidente que (haber)_____mucha nieve en los Alpes.
11. No dudo que mi amigo me (decir)_____siempre la verdad.
12. Estoy de acuerdo en que muchos estudiantes (deber)_____estudiar más.
13. No estoy seguro de que tú (ver)_____la diferencia.
14. Sé que todos los hombres (morir)_____algún día.
15. No es cierto que los perros (ver)_____mejor que los gatos.

☎ Conversaciones

1

¿Es verdad				pierden su tiempo en clase	
¿Es cierto	que	todos los	estudiantes	prestan atención en clase	
¿Es evidente				hablan en clase	?

¿Es verdad / ¿Es cierto / ¿Es evidente que todos los estudiantes:
- pierden su tiempo en clase
- prestan atención en clase
- hablan en clase
- hacen trampas
- dicen la verdad
- asisten a clase
- faltan a clase
- llegan a tiempo a clase
- son perezosos
- manejan rápido
- respetan a sus profesores
- sacan buenas notas
- salen bien en los exámenes

?

2

¿Crees / ¿Piensas / ¿Te parece que todos los hombres:
- creen en algo
- creen en Dios
- aman a Dios
- aman a su prójimo (neighbor)
- hacen bien
- van al cielo
- viven para siempre
- dicen la verdad
- son buenos
- son malos
- son mentirosos (liars)
- son tramposos (cheats)
- son egoístas

?

3

¿Crees / ¿Piensas / ¿Aceptas / ¿Es verdad / ¿Es cierto / ¿Es evidente que:
- hay otras formas de vida en el universo
- el mundo terminará en dos años
- los gatos tienen nueve vidas
- la luna está hecha de queso verde
- los elefantes nunca olvidan
- los animales saben hablar
- los hombres y las mujeres son iguales
- los políticos siempre dicen la verdad
- el perro es el mejor amigo del hombre
- los gatos pueden ver en la oscuridad
- el hombre es fundamentalmente bueno
- todos los hombres nacen iguales
- hay vida después de la muerte

?

4

¿Es posible
¿Es probable   que   en el futuro
¿Es imposible

- descubramos otras formas de energía
- todos los hombres vivan en paz (peace)
- encontremos una cura para el cáncer
- una mujer sea presidenta de los Estados Unidos
- encontremos vida en otras galaxias
- vivamos en la luna
- viajemos a otros planetas
- sólo trabajemos tres días por semana
- no tengamos que ir a la escuela
- utilicemos la computadora para ir de compras
- el hombre viva hasta cien años
- todos conduzcamos coches eléctricos
- no se use dinero

?

5

¿Creen   tus padres
¿Piensan tus profesores   que tú (no)
¿Dicen   tus amigos

- eres una persona responsable
- haces mucha tarea
- estás interesado/a en la escuela
- pierdes (waste) tu tiempo
- eres trabajador/a
- siempre dices la verdad
- sabes más que ellos
- estás un poco distraído/a (absent-minded)
- manejas (drive) bien
- duermes demasiado (too much)
- eres honrado/a
- tienes buena memoria
- aprendes rápidamente

?

6

¿Dudan   tus padres   que   tú

- seas una persona responsable
- seas honrado/a (honest)
- estudies suficiente
- uses bien tu tiempo
- aprendas mucho en la escuela
- estés interesado/a en la escuela
- estés listo/a para la universidad
- digas la verdad
- asistas a tus clases
- manejes (drive) bien
- vuelvas a tiempo a casa
- duermas suficiente
- comas bien

?

✉Lectura: Nunca abandonado

"Nunca te dejaré; jamás te abandonaré."
—Hebreos 13: 5-8

Charles Spurgeon, el famos *predicador*, hablaba con frecuencia del *cuidado* y *fidelidad* de Dios *para con* los suyos. Una vez cuando predicaba en el campo, tuvo una buena oportunidad de *probar* su *propia* fe. Durante [un] viaje [en tren], *de repente* descubrió con *angustia* que había perdido su billete. El único otro pasajero en el compartimiento notó que estaba buscando en los *bolsillos* y le dijo: "Espero que no haya perdido nada." Spurgeon le *contó* que su billete había desaparecido. Más aún, una increíble coincidencia de malas circunstancias fueron responsables de que no llevara *consigo* ni su reloj, ni dinero, ni *cosa alguna* de *valor*. "Pero esto no me preocupa," —dijo Spurgeon, "pues trabajo para mi Señor, y he *experimentado tantas* intervenciones de Divina Providencia, *tanto en asuntos* pequeños *como* en otros muy grandes. Estoy seguro de que todo estará bien." Poco después entró el *revisor* en el compartimiento. Saludó al acompañante del predicador, el cual le dijo algo en voz baja. El revisor inmediatamente salió del compartimiento. "Me sorprende," —dijo Spurgeon, "que el revisor no ha querido ver mi billete." "No," —dijo el señor, "simplemente es una *prueba* de lo que me ha dicho sobre la provisión de Dios, que también en los *detalles* pequeños *vela por* Ud.. Yo soy el gerente del *ferrocarril*. Sin duda ha dispuesto Dios que yo viajara con Ud. cuando podía *brindarle* ayuda." Otra vez había *recompensado* Dios la fe de Spurgeon.

preacher
care, faithfulness, toward
test
own, suddenly
distress
pockets
told

with him
anything, value

experienced
so many, both in matters
and
ticket collector

proof
details
watches over, railroad
offer you
rewarded

Se ha dicho, con referencia a nuestro texto bíblico, que no es posible traducir la *susesión* de palabras como se ha expresado en el texto *griego*. La oración contiene cinco negaciones. Literalmente traducido, significa algo como, "No voy a abandonarte. ¡Nunca! ¡No! ¡Jamás y de ninguna manera te abondonaré!" Dios no va a dejarnos por nada del mundo. ¡No, cinco veces no! ¡Cree en Su *fidelidad* y *anímate*! —HGB

sequence
Greek

faithfulness
be encouraged
Nuestro pan diario

A. Preguntas sobre la lectura
1. ¿Quién fue Charles Spurgeon?
2. ¿De qué hablaba con frecuencia?
3. ¿Qué descubrió una vez cuando estaba viajando por tren?
4. ¿Cuántos otros pasajeros estaban con él en el compartimiento?
5. ¿Qué le dijo el señor cuando notó que Spurgeon estaba buscando en los bolsillos?
6. ¿Estaba preocupado Spurgeon por la pérdida de su billete?
7. ¿Qué le dijo al señor?
8. ¿Quién entró luego en el compartimiento?
9. ¿Revisó el billete de Spurgeon? ¿Por qué?
10. ¿Cómo explicó el señor su presencia en el compartimiento?
11. ¿Cuántas negaciones contiene el texto bíblico de Hebreos 13:5-8?
12. ¿Qué nos ha prometido Dios?

B. Preguntas personales
1. ¿Alguna vez has perdido algo importante?
2. ¿Le pediste a Dios que te ayudara a encontrarlo?
3. ¿Te ayudó?
4. ¿Crees que Dios recompensa a los que confían en Él?

⌒Exprésate: ¿Cómo prefieres viajar?

1. Entrevista

1. ¿Cuál es la mejor forma de transporte para hacer un viaje dentro del estado en que vives?
2. ¿Vale la pena ir al aeropuerto o es más práctico ir en coche o en tren?
3. ¿Qué forma de transporte es más rápida? ¿Más segura (safe)? ¿Más económica? ¿Más cómoda?
4. Para ir al aeropuerto, ¿prefieres utilizar tu propio coche o el servicio de enlace (shuttle)?
5. ¿Cuál es la mejor forma de transporte en ciudades grandes como Nueva York y París?
6. ¿Qué tipo de transporte público prefieres utilizar en la cuidad, el metro, un taxi, o el autobús?
7. ¿Qué clase de transporte recomiendas para ir de un estado a otro? ¿Para atravezar (cross) el país?
8. ¿Te gusta volar, o prefieres tomar el tren? ¿Por qué? ¿Cuáles son las ventajas de cada uno?
9. ¿Qué tipo de transporte recomiendas para ir a Eurpoa, el avión o un tranatlántico (ocean liner)?
10. Una vez en Europa, ¿cuál es la forma más práctica de ir de un lugar a otro?
11. Para una familia, ¿es mejor alquilar un coche o viajar en tren? ¿Cuáles son las ventajas de cada uno?
12. ¿Qué medio de transporte es mejor para relajarse y disfrutar elpaisaje (landscape)?
13. Si uno quiere visitar las islas del Caribe, ¿qué tipo de transporte recomiendas?
14. ¿Algunas vez has hecho un crucero? ¿Te gustaría hacer uno en el futuro? ¿Por qué?
15. ¿Qué es lo mejor de hacer un crucero, la comida, los espectáculos o la visita de puntos de interés?

2. Comentario (oral o escrito)

Comenta sobre los medios de transportación que prefieres utilizar: coche, tren, avión, etc. ¿Cuáles son las ventajas y desventajas de cada forma de transportación? Consulta la lista dada a continuación para ideas.

PARA...	MEDIOS DE TRANSPORTE
ir a la escuela go to school	**manejar/ir en coche** drive
ir al trabajo go to work	**volar/ir en avión** fly
ir de compras go shopping	**tomar el autobús/ir en autobús** take the bus
ir de vacaciones go on vacation	**tomar un taxi/ir en taxi** take a taxi
ir al extranjero go abroad	**tomar el metro/ir en metro** take the subway
visitar una isla tropical visit a tropical island	**tomar el tren/ir en tren** take the train
ir de una ciudad a otra go from one city to another	**tomar el ferry** take the ferry
viajar en la ciudad travel in the city	**ir en bicicleta** bike
visitar sitios de interés turístico visit tourist sites	**ir en barco** go by boat
	hacer un crucero take a cruise

Nota Cultural

RENFE (la Red Nacional de Ferrocarriles Españoles) cubre una distancia de casi 15.000 kilómetros y tiene su centro en Madrid. Aunque viajar por tren es una de las formas más baratas y agradables de desplazarse por España, tradicionalmente los trenes españoles no han sido tan rápidos y eficientes como en otros países europeos. Para viajes entre las ciudades principales es a veces más rápido (y más barato) tomar el autobús. Sin embargo, en años recientes el servicio ferroviario entre ciudades grandes ha mejorado mucho gracias a los trenes de alta velocidad.

Como los recorridos de larga distancia en los trenes más lentos se hacen a menudo por la noche, se recomienda reservar una *litera* (couchette) o una *cochecama* (un compartimiento con dos camas), por los cuales hay que pagar un suplemento.

Sevilla: la Torre de Oro

Versículo

| For this is the love of God, that we keep his commandments: and his commandments are not burdemsome.
I John 5:1 | Pues este es el amor a Dios, que guardemos sus mandamientos; y sus sus manamientos no son gravosos.
I Juan 5:1 | *Capítulo 9* |

Saludos

¿Qué hay (de nuevo)?
¿Qué fecha tenemos?
¿Que hora tienes? ¿A qué hora llegaste a la escuela?
¿A cuánto está la temperatura? (Está a...grados.)
¿En qué clases tuviste tarea ayer?
¿A qué hora te acostaste ayer?
¿Cuántas horas dormiste anoche?
¿A qué hora te levantarás mañana?
¿Qué tiempo hará mañana?
¿Habrá sol mañana?

Lecciones

1. Historias bíblicas: En la casa de Potifar
2. Versículo: I Juan 5:1
3. Lectura: Vanidoso
4. Exprésate: Reglas de seguridad para el viajero
5. Intérprete: Viajando en tren
6. Oral Mastery Exercises

Repaso rápido

Día 1: Subjunctive plus New Vocabulary	1. I'm glad that you are reserving a seat. 2. I'm afraid that we will miss the train. 3. It's ridiculous that I can't change my ticket.	
Día 2: Subjunctive plus New Vocabulary	1. I hope that you inquire about delays. 2. It doesn't matter to me that the train is arriving late. 3. It's a pity that we can't catch the train in Barcelona.	
Día 3: Subjunctive plus New Vocabulary	1. I don't believe that there is a dining car (coche cama). 2. I doubt that you can cancel the ticket. 3. It's not true that we have to deposit the luggage.	
Día 4: Subjunctive plus New Vocabulary	1. I'm not sure that this train is leaving on time. 2. It isn't possible that we carry all this luggage. 3. It's unlikely that they're changing trains (cambiar de tren) in Madrid.	
Día 5: Subjunctive plus New Vocabulary	1. It's not possible for you to get off (bajar del) train here. 2. I don't think that he will check (revisar) our tickets. 3. It's probable that you will have to pay a supplement (suplemento).	

✝La historia de José: En la casa de Potifar

    Cuando Rubén, que estuvo ausente, volvió más tarde a la cisterna y no encontró a su hermano, *se rasgó* las vestiduras en *señal* de *duelo*. No sabía qué hacer, ni qué decirle a su padre. Luego los hermanos tomaron la túnica especial de José y la *empaparon* con la *sangre* de un *cabrito* para *engañar* a su padre, haciéndole creer que un animal salvaje lo había devorado. Cuando Jacob vio la túnica *se rasgó* las vestiduras y por mucho tiempo *hizo duelo* por su hijo. Nadie pudo consolarlo, *tan* triste estaba. Nunca más podría estar contento, porque había perdido al hijo a quien tanto amaba.
    — tore
    sign, grief
    soaked, blood
    goat, deceive
    tore
    mourned, so

    Cuando los ismaelitas llegaron a Egipto, vendieron a José a Potifar, un egipto que era *funcionario* del Faraón y capitán de la guardia. El pobre José estaba muy lejos de su casa y de su familia pero no estaba solo. La Biblia nos dice que Dios estaba con él y *por eso* tuvo éxito en todo lo que hacía. Cuando su *patrón* Potifar vio que Dios estaba con José, y que lo hacía prosperar en todo lo que hacía, lo *nombró mayordomo* de toda su casa y lo *puso a cargo* de todos sus bienes. Y *a partir de* ese momento Dios *bendijo* la casa de Potifar por causa de José.
    officer
    therefore
    master
    appointed, overseer, put in charge, from, blessed

    No sólo era José muy bueno y *sabio*, sino que también era muy guapo. Después de algún tiempo, la esposa de Potifar comenzó a mirarlo y desearlo. Ya no quería ser *fiel* a su esposo Potifar. Quería tratar a José como esposo. José sabía que eso sería muy mal y no quería pecar contra Dios, así que *se negó a* estar con ella.
    wise
    faithful
    refused

    Un día, en un momento en que todos los *siervos* estaban ausentes, José entró en la casa para *cumplir con* sus responsabilidades. Entonces la mujer de Potifar lo *agarró* del *manto*, pero él dejó su ropa en manos de ella y salió corriendo de la casa. Al ver que José había dejado el manto en sus manos, llamó a los siervos de la casa y les dijo que él había tratado de deshonrarla. ¡Luego esperó a que regresara su esposo para contarle la misma historia!
    servants
    fulfill
    grabbed, robe

Preguntas sobre la historia
1. ¿Cómo reaccionó Rubén cuando no encontró a José en la cisterna?
2. ¿Qué hicieron los hermanos con la túnica de José? ¿Por qué?
3. ¿Qué le dijeron a su padre?
4. ¿Cómo reaccionó Jacob cuando vio la túnica y la sangre?
5. ¿Qué hicieron los ismaelitas con José al llegar a Egipto?
6. ¿Por qué tuvo José éxito en todo lo que hacía?
7. ¿Cómo honró Potifar a José?
8. ¿Por qué se negó José a estar con la esposa de Potifar?
9. ¿Cómo reaccionó José cuando la mujer de Potifar lo agarró del manto?
10. ¿De qué lo acusó la mujer de Potifar?

Intérprete

When Reuben came to the cistern later and didn't find his brother, he tore his clothes. He didn't know what to do nor what to tell his father. Then the brothers took Joseph's special robe and dipped it in the blood of a goat. They had done a terrible thing in selling their brother as a slave, and now they were planning to deceive their father, making him believe that a wild beast had devoured him! When Jacob saw the robe, he tore his clothes and mourned for his son many days. No one could console him, so sad was he. He could never be happy again for he had lost the son he loved so much. When the Ishmaelites arrived in Egypt, they sold Joseph to Potiphar, an Egyptian officer of Pharaoh and captain of the guard. Poor Joseph! He was so far from his home and his family! And yet, Joseph wasn't alone. The Bible tells us that God was with him, and since God was with him, he was successful in all that he did. When his master Potiphar saw that God was with Joseph, and that He made him prosper in all that he did, he made him overseer of all his house and put him in charge of his goods. And from that moment on, God blessed the house of Potiphar because of Joseph. Not only was Joseph very good and wise, but he was also very handsome. After some time, Potiphar's wife began to look at Joseph and desire to be with him. Joseph knew that this was very bad, since she was not his wife. He didn't want to sin against God, so he refused to be with her. Although she insisted day after day, Joseph remained firm in his convictions. One day Joseph entered the house to do his work. On seeing that he was alone, Potiphar's wife grabbed him by his garment but Joseph, wishing to honor God and his master, left his garment in her hand and ran out of the house. Seeing that Joseph had left his robe in her hands, Potiphar's wife called the servants of the house and accused Joseph of having tried to dishonor her. Then she waited for her husband to return to tell him the same story!	Cuando Rubén volvió más tarde a la cisterna y no encontró a su hermano, se rasgó las vestiduras. No sabía qué hacer, ni qué decirle a su padre. Luego los hermanos tomaron la túnica especial de José y la empaparon con la sangre de un cabrito. ¡Ya habían hecho una cosa terrible al vender como esclavo a su hermano, y ahora pensaban engañar a su padre, haciéndole creer que un animal salvaje lo había devorado. Cuando Jacob vio la túnica, se rasgó las vestiduras y por muchos días hizo duelo por su hijo. Nadie pudo consolarlo, tan triste estaba. Nunca más podría estar contento, porque había perdido al hijo a quien tanto amaba. Cuando los ismaelitas llegaron a Egipto, vendieron a José a Potifar, un egipto que era funcionario de Faraón y capitán de la guardia. ¡Pobre José! ¡Estaba tan lejos de su casa y de su familia! Y sin embargo, José no estaba solo. La Biblia nos dice que Dios estaba con él, y como Dios estaba con él, tuvo éxito en todo lo que hacía. Cuando su patrón Potifar vio que Dios estaba con José, y que lo hacía prosperar en todo lo que hacía, lo nombró mayordomo de toda su casa y lo puso a cargo de todos sus bienes. Y a partir de ese momento Dios bendijo la casa de Potifar por causa de José. No sólo era José muy bueno y sabio, sino que también era muy guapo. Después de algún tiempo, la esposa de Potifar comenzó a mirarlo y desear estar con él. José sabía que eso era muy mal, pues no era su esposa. No quería pecar contra Dios, así que se negó a estar con ella. Aunque ella insisitó día tras día, José se mantuvo firme en sus convicciones. Un día José entró en la casa para hacer su trabajo. Al ver que estaba solo, la mujer de Potifar lo agarró del manto, pero José, deseando honrar a Dios y a su patrón, dejó su ropa en manos de ella y salió corriendo de la casa. Al ver que José había dejado el manto en sus manos, la esposa de Potifar llamó a los siervos de la casa y les dijo que José había tratado de deshonrarla. ¡Luego esperó a que regresara su esposo para contarle la misma historia!

✉Lectura: *Vanidoso*   vain

Digo, pues, . . . a cada cual que está entre vosotros, que no tenga más alto concepto de sí que el que debe tener. . . . --Romanos 12:3.

    La *vanidad* es pecado. Es tener una muy *inflada* opinión de *uno mismo*. Algunas personas son tan vanidosas que esperan que todo el mundo se impresione y *salte* a *cumplir* sus *exigencias*.
        vanity, inflated
        oneself
        jump, fulfill, demands

    Un hombre bastante grande y arrogante, a quien llamaremos Juan, *perdió* un tren. El próximo tren no hacía *paradas* en su pequeña ciudad a menos que tuviera que *recoger* seis pasajeros o más. El hombre envió un mensaje al conductor: «*Detenga* el tren en esta estación porque hay un grupo grande.»
        missed, stops
        pick up
        stop

    Cuando el tren *se detuvo* en la estación, Juan *se subió*. El conductor *se bajó*, miró *de arriba a abajo* la plataforma, y luego *exigió* que le dijeran dónde estaban los otros pasajeros. Juan contestó *contundentemente*: «Yo soy el grupo grande.»
        stopped, boarded
        got out, up and down,
        demanded, forcefully

    Algunas personas son grandes a sus *propios* ojos y creen que todo el mundo debe servirlas. La mejor cura para una opinión tan hiperinflada de uno mismo es un buen examen en el espejo de la Palabra de Dios. Si tienes un concepto de ti más alto del que debes tener (Ro. 12:3), entonces lee el Salmo 14 y Romanos 3:9-18. Estas son las fotografías instantáneas que ha sacado Dios del corazón humano.
        own

    El *orgullo* no debe tener *cabida* en el corazón de un *seguidor* de Jesucristo. --MRD
        pride, place, follower

        El que tiene un concepto demasiado alto de sí mismo
        no tiene un concepto suficientemente alto de Cristo.

Nuestro pan diario

A. Preguntas sobre la lectura
1. ¿Qué es la vanidad?
2. ¿Qué esperan algunas personas vanidosas?
3. ¿Cómo era Juan?
4. ¿Qué le pasó una vez?
5. ¿Cuántos pasajeros tenían que estar esperando el tren para que el tren se detuviera?
6. ¿Qué mensaje envió Juan al conductor?
7. Cuando no vio ningún grupo grande, ¿qué le preguntó el conductor a Juan?
8. ¿Qué le respondió Juan?
9. Según el autor, ¿cuál es la mejor cura para una opinión hiperinflada de uno mismo?
10. ¿Qué es lo que no debe tener cabida en el corazón de un seguidor de Cristo?

B. Preguntas personales
1. ¿Conoces a personas que tengan una opinión hiperinflada de sí mismas?
2. ¿Crees que los creyentes son menos susceptibles a la vanidad que otros?
3. ¿Por qué crees que la vanidad es un pecado?
4. A tu parecer, ¿cuál es la mejor cura para la vanidad?
5. ¿Crees que los creyentes maduros tienen menos problemas con la vanidad? ¿Por qué?

⸙Exprésate: Reglas de seguridad para el viajero

1. Entrevista

1. ¿Llevas cheques de viajero cuando viajas, o prefieres sacar dinero del cajero automático?
2. ¿Siempre tienes mucho cuidado de no mostrar tu dinero cuando haces compras?
3. ¿Llevas tu dinero en un lugar seguro de tu ropa? ¿Llevas una faltriquera (money belt)?
4. ¿Tienes listo (ready) un rollo de dinero para darle a alguien que te robe?
5. Cuando estás en lugares públicos, ¿estás atento de tu cámara y otros objetos de valor?
6. ¿Cuidas muy bien tu bolsa cuando viajas en autobús o en metro?
7. ¿A veces te dejas distraer (distract) por personas que quieren llamarle la atención?
8. ¿Evitas ir a lugares solitarios y a barrios (neighborhoods) que no conozcas?
9. ¿Evitas estacionar el coche en lugares oscuros o solitarios?
10. ¿Siempre sabes cómo llegar a tu destino antes de salir? ¿Tienes un teléfono celular en el coche?
11. ¿Siempre mantienes cerradas (locked) las puertas cuando estás en un lugar que no conozcas?
12. ¿Rehusas (refuse) detenerte para hablar con desconocidos (strangers) que solicitan información?
13. ¿Rehusas recoger (pick up) a personas que hacen autostop (hitch-hike)?
14. ¿Tratas de no dejar cosas en el coche a la vista de los peatones (passers-by)?
15. ¿Alguna vez has dejado las llaves en el coche? ¿Qué pasó?

2. Consejo (oral o escrito)

¿Qué puede hacer uno para protegerse (protect himself) de robos y de otros peligros (dangers) cuando se viaja? Selecciona y discute cinco o seis de las normas de seguridad más importantes.

1. No llevar grandes cantidades de dinero ni joyas (jewelry) preciosas.
2. Nunca mostrar su dinero cuando hace compras.
3. Guardar la cartera en un lugar seguro, no en el bolsillo trasero (back pocket).
4. Llevar el dinero en una faltriquera (money belt).
5. No usar el cajero automático cuando está oscuro.
6. Llevar cheques de viajero y anotar los números.
7. Dividir el dinero entre varios miembros del grupo.
8. Llevar una fotocopia de todos los documentos.
9. Cuidar muy bien la bolsa y el equipaje (luggage) en lugares públicos.
10. No ser distraído por personas que tratan de llamarle la atención.
11. Nunca dejar cosas en el coche a la vista de los peatones (passers-by).
12. Nunca dejar las llaves en el coche.
13. No estacionarse en lugares oscuros o solitarios.
14. No ir a barrios (neighborhoods) que no conozca.
15. No bajar inmediatamente del coche si alguien le choca (hits) por detrás.
16. Mantener arriba las ventanas cuando está en un lugar que no conozca.
17. Siempre saber cómo llegar a su destino antes de partir.
18. Nunca recoger a personas que hacen autostop.
19. No detenerse para hablar con desconocidos que soliciten información (la hora) o dinero.

Nota Cultural

En las estaciones más grandes, hay máquinas automáticas que venden billetes para viajes locales y regionales.

RENFE también ofrece varios abonos (passes) que permiten al viajero la libre circulación por todas sus líneas. Con una tarjeta de ExploreRail, se puede viajar en trenes de segunda clase por toda España. El abono es válido para 7, 15 o 30 días y puede ahorrarle al viajero mucho dinero. Se ofrece también una Tarjeta Turística, reservada a los no residentes, que es válida para 3 hasta 10 días. Se puede obtener otros descuentos si uno tiene una tarjeta de estudiante o un Carnet Jóven (para personas menores de 26 años). Los menores de 11 años reciben un descuento de 40% y los niños menores de cuatro años viajan gratis.

Intérprete: Viajando en tren

When I travel by train,	Cuando viajo en tren,
I like to arrive at the train station	me gusta llegar a la estación de tren
an hour before the train departure.	una hora antes de la salida del tren.
On entering the station, I go to the ticket window	Al entrar en la estación, me dirijo a la ventanilla
where I stand in line to buy a ticket.	donde hago cola para comprar mi boleto.
When it's my turn,	Cuando me toca a mí,
I buy a round-trip ticket	compro un boleto de ida y vuelta
in second class on the express.	en segunda clase en el expreso.
On giving me the ticket, the agent asks me	Al darme el boleto, el agente me pregunta
if I want to reserve a seat.	si quiero reservar un asiento.
Since there are a lot of people travelling,	Como hay mucha gente que viaja,
I decide to reserve a seat.	decido reservar un asiento.
While he makes me the reservation,	Mientras me hace la reservación,
I ask him if the train is going to leave on time.	le pregunto si el tren va a salir a tiempo.
After consulting the computer,	Después de consultar la computadora,
the agent tells me	el agente me dice
that there is an hour delay.	que hay una demora de una hora.
Since the train is leaving behind schedule,	Como el tren sale con retraso,
I decide to have a coffee in the waiting room	decido tomar un café en la sala de espera
instead of going directly to the platform.	en vez de dirigirme directamente al andén.
I have a lot of luggage,	Tengo mucho equipaje,
so I decide to check it in the checkroom.	así que decido facturarlo en la consigna.
Since I can't find a cart, I call a porter	Como no puedo encontrar un carrito, llamo a un mozo
who helps me transport it to the checkroom.	que me ayuda a transportarlo a la consigna.
After giving him a tip,	Después de darle una propina,
I check my luggage and leave,	facturo el equipaje y salgo,
but not without first getting a luggage receipt.	pero no sin recibir primero un talón.
Then I go to a café in the waiting room,	Luego voy a un café en la sala de espera,
where I sit down and have an espresso.	donde me siento y tomo un espresso.
Half an hour before the train departure,	Media hora antes de la salida del tren,
I consult the schedule	consulto el horario
to see if there is another delay.	para ver si hay otro retraso.
On seeing that there isn't,	Al ver que no lo hay,
I return to the luggage check to claim my luggage.	vuelvo a la consigna a reclamar mi equipaje.
When I get to the luggage check,	Cuando llego a la consigna,
I can't find my receipt.	no puedo encontrar mi talón.
Since they can't give me the luggage	Como no pueden darme el equipaje
without first verifying the receipt,	sin verificar primero el talón,
I have to return to the café to look for my receipt.	tengo que volver al café a buscar mi talón.
After claiming my luggage, I go to the platform.	Después de reclamar el equipaje, me dirijo al andén.
In order not to lose more time,	Para no perder más tiempo,
I rent a cart instead of calling a porter.	alquilo un carrito en vez de llamar a un mozo.
On seeing my train on the platform,	Al ver mi tren en el andén,
I look for car number 20C.	busco el coche número 20C.
When I find it, I board the train with my suitcases	Cuando lo encuentro, subo al tren con mis maletas
and I go to the compartment indicated.	y voy al compartimiento indicado.
Before sitting down,	Antes de sentarme,
I put my suitcases on the rack	pongo mis maletas en la rejilla
that is above the seats.	que está por encima del asiento.
One of them doesn't fit on the rack,	Una de ellas no cabe en la rejilla,
so I have to leave it in the aisle.	así que tengo que dejarla en el pasillo.
Since I am a little tired	Como estoy un poco cansado/a
I decide to take a nap	decido tomar una siesta
while I wait for the train departure.	mientas espero la salida del tren.
Half an hour later I wake up	Media hora más tarde me despierto
when the ticket inspector comes by.	cuando pasa el revisor de boletos.
After checking my ticket, he leaves,	Después de revisar mi boleto, se va,
but not without first wishing me a good trip.	pero no sin desearme primero un buen viaje.

ORAL MASTERY

3

Subjunctive after Expressions of Emotion

It's sad that you're sick.	Es triste que estés enfermo.
It's a pity that you don't understand.	Es una lástima que no comprendas.
It's ridiculous that you have homework.	Es ridículo que tengas tarea.
It's wonderful that you help others.	Es maravilloso que ayudes a otros.
It's interesting that you speak Spanish.	Es interesante que hables español.
I'm glad that you are here.	Me alegro de que estés aquí.
I'm sad that you are sick.	Estoy triste que estés enfermo.
I hope that you feel better.	Espero que te sientas mejor.
I'm afraid that you have a fever.	Temo que tengas fiebre.
I regret that you are leaving.	Lamento que salgas.
I like you to participate.	Me gusta que participes.
I love you to be here.	Me encanta que estés aquí.
I hate you to leave.	Me disgusta que salgas.
I don't like you to cry.	No me gusta que llores.
I hate you to work.	Me disgusta que trabajes.
It bothers me that you can't come.	Me molesta que no puedas venir.
It hurts me that you don't want to come.	Me da pena que no quieras venir.
It disgusts me that you have to work.	Me disgusta que tengas que trabajar.
It surprises me that you need to be here.	Me sorprende que necesites estar aquí.
It worries me that you can't work.	Me preocupa que no puedas trabajar.
Are you glad that I am here?	¿Te alegras de que (yo) esté aquí?
Are you sad that I am sick?	¿Estás triste de que (yo) esté enfermo?
Do you hope that I feel better?	¿Esperas que (yo) me sienta mejor?
Are you afraid that I have a fever?	¿Temes que (yo) tenga fiebre?
Do you regret that I am leaving?	¿Lamentas que (yo) salga?
Does it bother you that I can't come?	¿Te molesta que (yo) no pueda venir?
Does it hurt you that I don't want to come?	¿Te da pena que (yo) no quiera venir?
Does it disgust you that I have to work?	¿Te disgusta que (yo) tenga que trabajar?
Dose it surprise you that I need to be here?	¿Te sorprende que (yo) necesite estar aquí?
Does it worry you that I can't work?	¿Te preocupa que (yo) no pueda trabajar?

Expressions of Affirmation vs. Doubt/Denial

1. It's not true that he understands.	1. No es verdad que **comprenda**.
2. It's obvio that he understands.	2. Es obvio que **comprende**.
3. I believe that he understands.	3. Creo que **comprende**.
4. I don't think that he understands.	4. No creo que **comprenda**.
5. It's possible that he understands.	5. Es posible que **comprenda**.
6. It's true that she understands.	6. Es verdad que **comprende**.
7. I'm not sure that she understands.	7. No estoy seguro de que **comprenda**.
8. I doubt that she understands.	8. Dudo que **comprenda**.
9. I don't deny that she understands.	9. No niego que **comprenda**.
10. I know that she understands.	10. Sé que **comprende**.
11. I don't believe that they're telling the truth.	11. No creo que **digan** la verdad.
12. It's clear that they're telling the truth.	12. Está claro que **dicen** la verdad.
13. I don't doubt that they're telling the truth.	13. No dudo que **dicen** la verdad.
14. It's obvious that they're telling the truth.	14. Es obvio que **dicen** la verdad.
15. It's not certain that they're telling the truth.	15. No es cierto que **digan** la verdad..
16. It's not clear that they're telling the truth.	16. No está claro que **digan** la verdad.
17. It's not true that they're telling the truth.	17. No es verdad que **digan** la verdad.
18. I'm sure that they're telling the truth.	18. Estoy seguro de que **dicen** la verdad.
19. I deny that they're teling the truth.	19. Niego que **digan** la verdad.
20. It's probable that they're telling the truth	20. Es probable que **digan** la verdad.
21. It's not possible that he's coming.	21. No es posible que **venga**.
22. I see that he's coming.	22. Veo que **viene**.
23. They say that he's coming.	23. Dicen que **viene**.
24. I don't think that he's coming.	24. No creo que **venga**.
24. I hear that he's coming.	25. Oigo que **viene**.
26. It's very probable that he's coming.	26. Es muy probable que **venga**.
27. I'm sure that he's coming.	27. Estoy seguro de que **viene**.
28. I doubt that he's coming..	28. Dudo que **venga**.
29. I don't doubt that he's coming.	29. No dudo que **viene**.
30. I don't believe that he's coming.	30. No creo que **venga**.
31. I can't believe that she is sick.	31. No puedo creer que **esté** enferma.
32. It's not true that she's sick.	32. No es verdad que **esté** enferma.
33. It's unlikely that she's sick.	33. Es poco probable que **esté** enferma.
34. It seems that she's sick.	34. Parece que **está** enferma.
35. It doesn't seem to me that she's sick.	35. No me parece que **esté** enferma.
36. I don't accept that she's sick.	36. No acepto que **esté** enferma.
37. It's not possible that she's sick.	37. No es posible que **esté** enferma.
38. I deny that she's sick.	38. Niego que **esté** enferma.
39. I don't deny that she's sick.	39. No niego que **está** enferma.
40. It's incredible that she's sick.	40. Es increíble que **esté** enferma.
41. They say that he's rich.	41. Dicen que **es** rico.
42. I think that he's rich.	42. Creo que **es** rico.
43. It's not likely that he's rich.	43. No es probable que **sea** rico.
44. I hear that he's rich.	44. Oigo que **es** rico.
45. It's ridiculous that he's rich.	45. Es ridículo que **sea** rico.
46. It's not possible that he's rich.	46. No es posible que **sea** rico.
47. I'm sure that he's rich.	47. Estoy seguro de que **es** rico.
48. I'm not sure that he's rich.	48. No estoy seguro de que **sea** rico.
49. It's obvious that he's rich.	49. Es obvio que **es** rico.
50. It's not obvious that he's rich.	50. No es obvio que **sea** rico.

Antes de empezar...

Antes de empezar "Viajando en coche," revisa la lista de palabras familiares dada a continuación. Esta lista incluye palabras presentadas en Español 1 y 2 y también cognados que son fáciles de reconocer.

Alquilando un coche	**Alquilando un coche**	**Verbos**	**Verbs**
el mostrador	counter	ir en coche/manejar	drive
el agente	agent	salir/partir	leave
el coche/carro/automóvil	car	llegar	arrive
la miniván	minivan	volver/regresar	return (go back)
el cámper	camper	devolver	return (take back)
el coche deportivo	sportcar	llevar	take
la documentación	papers	acompañar	accompany
el permiso de conducir	driver's license	cruzar	cross
el manual	manual	aparcar	park
el depósito	deposit	costar	cost
la reservación	reservation	cobrar	charge
el contrato	contract	llenar	fill/fill out
el suplemento	supplement	firmar	sign
la tarjeta de crédito	credit card	pagar	pay
la firma	signature	cargar	load
		parar/pasar	stop/go

En la carretera	**En la carretera**	**Expresiones**	**Expressions**
el/la viajero/a	travelor	¿Cuánto cuesta?	How much does it cost?
el/la conductor/a	driver	por día/semana	per day/week
el/la pasajero/a	passenger	con seguro incluído	with insurance included
la gasolinera	gas station	recoger el coche	pick up the car
la estación de servicio	service station	sacar del garaje	take out of the garage
la gasolina	gasoline	devolver el coche	return the car
el tanque/depósito	tank	¿Cómo se llega a...?	How do you get to...?
el mapa	map	¿A cuántos kilómetros está?	How many kilometers is it?
el GPS	GPS	¿Está lejos/cerca?	Is it far/nearby?
las direcciones	directions	¿Cómo funciona el/la...?	How does the...work?
las señales de tráfico	traffic signs	Doble a la derecha.	Turn right.
la velocidad máxima	maximun speed limit	Doble a la izquierda.	Turn left.
la luz verde	green light	Siga derecho.	Go straight.
la luz roja	red light	Vuelva.	Turn around/Go back.
el tráfico	traffic	Vaya alrededor de...	Go around...

Adjetivos	**Adjectives**	**Otras palabras**	**Other Words**
válido	valid	el destino	destination
rápido	fast	el túnel	tunnel
despacio	slow	la curva	curve
automático	automatic	el puente	bridge
manual	manual	la frontera	border
diesel	diesel	la carretera	highway/road
lleno	full	la autopista	freeway
pequeño/grande	small/full-size	la calle	street
económico	economy	el camino	road
subcompacto	subcompact	la intersección/bocacalle	intersection
compacto	compact	la esquina	corner
intermedio/mediano	mid-sized	la cuadra	block
estándar	standard	la plaza	square
de lujo	luxury	el cruce de calles	crossroads
deportivo	sport		

Si Dios es Dios y murió por mí, entonces ningún sacrificio que hago por Él es demasiado.
C. T. Studd

Unidad 4: Viajando en coche

UNIT CONTENTS

Capítulo 10
1. Vocabulario: Viajando en coche
2. Gramática: The Subjunctive in Adjective Clauses
3. Versículo: Romanos 3:10-11
4. Lectura: Sigue la señal
5. Exprésate: ¿Cómo es tu coche?

Capítulo 11
1. Diálogo: Alquilando un coche
2. Gramática: The Subjunctive in Adverb Clauses
3. Versículo: I Juan 3:2b
4. Lectura: Me equivoqué
5. Exprésate: ¿Cómo manejas?

Capítulo 12
1. Historias bíblicas: En la cárcel
2. Versículo: Juan 11:25
3. Lectura: En el asiento del conductor
4. Exprésate: Comprando un coche
5. Intérprete: Alquilando un coche

Oral Mastery Exercises: The Subjunctive vs. the Indicative in Adjective Clauses
The Subjunctive in Adverb Clauses

Versículo

| As it is written, There is none righteous, no, not one: There is none that understandeth, there is none that seeketh after God. Romans 3:10-11 | Como esta escrito: No hay justo, ni aun uno; No hay quien entienda, no hay quien busque a Dios. Romanos 3:10-11 | *Capítulo 10* |

Saludos

Hola, ¿qué tal?
¿Qué fecha es hoy?
¿Qué hora es? ¿Qué hora era cuando comenzamos?
¿Qué tiempo hacía cuando llegaste a la escuela?
¿Qué tiempo hará mañana?
¿Qué hiciste ayer por la tarde?
¿Qué cenaste anoche?
¿A qué hora vendrás a la escuela mañana?
¿Cuál será la temperatura de mañana?
¿Habrá nubes mañana?

Lecciones

1. Vocabulario: Viajando en coche
2. Grámatica: The Subjunctive in Adjective Clauses
3. Versículo: Romanos 3: 10-11
4. Lectura: Sigue la señal
5. Exprésate: ¿Cómo es tu coche?

Repaso rápido

Día 1: Subjunctive (Doubt)	1. It's possible that he's not coming. 2. I doubt that she will be here tomorrow. 3. It's not possible that we be perfect.
Día 2: Subjunctive (Doubt)	1. It's unlikely that we will have time. 2. He denies that smoking (fumar) is addictive (crear adicción). 3. I don't agree (aceptar) that dogs are smarter than cats.
Día 3: Subjunctive (Doubt)	1. She doesn't admit (admitir) that we run faster. 2. I'm not sure (estar seguro de que) that they need us. 3. I don't think that you understand me.
Día 4: Adjective Clauses	1. I need a book that explains (explicar) the subjunctive. 2. I don't know anyone who speaks Russian (ruso). 3. Do you have a telephone that works (funcionar)?
Día 5: Adjective Clauses	1. There is nothing that you can do. 2. I'm looking for a car that costs (costar) less than $3000. 3. There isn't any pen that writes under water.

Vocabulario: Viajando en coche

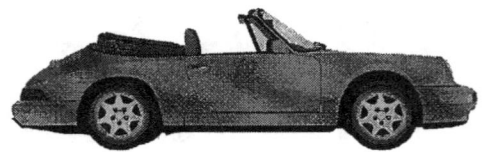

A. Vocabulario activo

Alquilando un coche	Renting a Car
el conductor	driver
el permiso de conducir	driver's licence
la tarjeta de seguro	insurance card
la documentación de coche	car documentation
la placa	licence plate
las llaves	keys
el mapa de carreteras	map
el coche grande	full-size car
el coche mediano	mid-size car
el coche compacto	compact
el coche deportivo	sports car
la camioneta	van/station wagon
de cambio mecánico	standard shift
de cambio automático	automatic
de tracción a 4 ruedas	four wheel drive
alquilar un coche	to rent a car
pagar un depósito	to pay a deposit
llenar el formulario	to fill out the form
firmar el contrato	to sign the contract
pagar con tarjeta de crédito	to pay with a credit card
recoger el coche	to pick up the car
devolver el coche	to drop off the car
pagar la gasolina	to pay for the gas
llenar el tanque	to fill the tank
dejar las llaves	to drop off the keys
¿Cuánto cobran...	How much do you charge...?
por día/semana	per day/week
con kilometraje ilimitado	with unlimited mileage
con seguro incluído	with insurance included
¿Cómo hago funcionar el...?	How do I work the...?

B. Vocabulario adicional

Manejando un coche	Driving a car
manejar/conducir	to drive
avanzar	to go forward
retrodecer	to back up
arrancar	to start
parar/detenerse	to stop
reducir la velocidad	to reduce speed
frenar/poner los frenos	to brake
acelerar	to accelerate
pasar /adelantar	to pass
seguir	to follow
doblar a la derecha	to turn right
doblar a la izquierda	to turn left
seguir derecho	to go straight
dar la vuelta	to turn around
dar marcha atrás	to back up
entrar en	to enter
salir de	to exit
cambiar de carril	to change lanes
dar/hacer señal	to signal
ceder la vía/el paso	to yield
encender las luces	to turn on the lights
tocar la bocina	to honk the horn
cambiar de velocidad	to shift gears
dar los intermitentes	to signal (blinkers)
dar las luces	to flash (headlights)
exceder la velocicad permitida	to exceed the speed limit
saltarse un semáforo en rojo/ámbar	to run a red/yellow light
perder el control	to lose control
chocar con/dar contra	to crash (into)
atropellar	to run over

Ejercicios de vocabulario

I. Escribe las expresiónes tres veces y memorízalas para una prueba.

II. Contesta las preguntas con una frase completa.

1. ¿Eres un buen **conductor**? ¿Siempre conduces/manejas con cuidado?
2. ¿Desde cuándo tienes tu **permiso de conducir**?
3. ¿Llevas **la tarjeta de seguro** en la cartera/la bolsa o en el coche?
4. ¿Está toda **la documentación de coche** en la guantera (glove compartment)?
5. ¿Recuerdas el número de tu **placa**? ¿Cuál es?
6. ¿Alguna vez has dejado **las llaves** en el coche?
7. ¿Tienes un buen **mapa de carreteras** para tu estado?
8. ¿Tiene tu familia **un coche grande**?
9. ¿Prefieres **los coches medianos** a los coches grandes? ¿Son más fáciles de manejar?
10. ¿Por qué crees que muchas personas prefieren **los coches compactos** a los grandes?

11. ¿Te gustaría tener **un coche deportivo**? ¿Cuál es tu favorito?
12. ¿Por qué son muy populares **las camionetas**?
13. ¿Sabes manejar un coche **de cambio mecánico**? ¿Es divertido?
14. ¿Qué piensas de los coches **de cambio automático**? ¿Son más fáciles de manejar?
15. ¿Tiene tu familia un coche **de tracción a cuatro ruedas**? ¿Por qué son necesarias en las montañas?
16. ¿Cuántos años hay que tener para **alquilar un coche**?
17. ¿Es necesario **pagar un depósito** cuando se alquila un coche? ¿Se puede usar VISA?
18. ¿También es necesario **llenar un formulario**? ¿Qué información hay que incluir?
19. ¿Es necesario incluir la fecha cuando **se firma el contrato**?
20. ¿Por qué prefiere mucha gente **pagar con tarjeta de crédito**?

21. ¿Se puede **recoger el coche** después de firmar el contrato?
22. ¿Siempre **se devuelve el coche** donde se recoge?
23. ¿Quién **paga la gasolina** cuando se alquila un coche?
24. ¿Hay que **llenar el tanque** antes de devolver el coche? Qué pasa si no se llena?
25. Al devolver el coche, ¿dónde hay que **dejar las llaves**?
26. ¿Sabes **cuánto cobran por semana** por un coche compacto?
27. ¿Es más económico alquilar un coche **con kilometraje ilimitado**?
28. ¿Crees que es una buena idea alquilar un coche **con seguro incluído**?
29. Antes de manejar el coche, ¿preguntas **cómo hacer funcionar** el control de viaje (cruise control)?

III. Escribe la palabra o expresión que complete correctamente cada frase.

1. Los coches_____usan menos gasolina que los_____.
2. Es ilegal manejar sin_____.
3. El número en la_____identifica el coche.
4. A veces es necesario pagar un_____cuando se alquila un coche.
5. Después de llenar el formulario, hay que_____el contrato.
6. Se necesitan las_____para abrir la puerta.
7. Cuando nieva, es bueno tener un coche de_____.
8. La_____de coche está en la guantera (glove compartment).
9. Necesito llenar_____antes de devolver el coche.
10. No tengo que pagar el kilometraje porque tengo un coche con_____.
11. Los coches de cambio_____son más fáciles de manejar que los de cambio_____.
12. Es posible comprar un mapa de_____en la estación de servicio.
13. Al devolver el coche, se debe dejar_____en el mostrador.
14. Todos los_____tienen que tener seguro.
15. Si no quiero pagar con cheque, siempre puedo pagar con_____.
16. Antes de manejar el coche, se debe preguntar cómo_____el control de viajes.
17. Las_____son buenas para familias grandes.
18. El Corvette es un coche_____.
19. Antes de alquilar un coche, es una buena idea preguntar cuánto_____por día.
20. Después de llenar el formulario y firmar el contrato, se puede_____el coche.

☞Explicación: The Subjunctive in Adjective Clauses

1. In Spanish 1 and 2 you learned how to form relative clauses. A relative clause relates back to an earlier mentioned noun (antecedant) in the sentence. Because it describes that noun, it may also be called an *adjective clause*.

Noun	Adjective Clause
the man	who lives here
the house	that Jack built

2. Most of the time, the adjective clause refers back to a definite person or thing that we know to exist. However, sometimes it refers to a noun whose existence is questioned, uncertain or denied, and in such cases the subjunctive is used in the adjective clause.

		Noun Antecedant	Adjective Clause
Existence Affirmed:	Hay	un hombre	que *tiene* 120 años.
Existence Questioned:	¿Hay	un hombre	que *tenga* 120 años?
Existence Denied:	No hay	ningún hombre	que *tenga* 120 años.

You have already learned to use the subjunctive after verbs denoting uncertaintly and denial. It's use after nouns whose existence is questioned or denied is an extension of this principle.

3. There are a number of factors earlier in the sentence which may either establish or question/deny the existence of the noun antecedant.

A. Choice of Verb: Verbs of *having* and *knowing* establish the existence of the noun, whereas verbs of *needing* and *wanting* may leave its existence in question.

Existence Established:	Conozco / Tengo	un libro	que *tiene* las respuestas.
Existence in Question:	Necesito / Busco	un libro	que *tenga* las respuestas.

B. Choice of Article: After a verb of needing or wanting, the choice of the article (definite vs. indefinite) may reveal whether or not we know the noun to exist. The definite article implies that we know the item exists, while the indefinite article leaves its existence in question.

Existence Known:	Necesito / Busco	**el** libro	que *tiene* las respuestas.
Existence in Question:	Necesito / Busco	**un** libro	que *tenga* las respuestas.

C. Choice of Statement or Question: When the antecedent is indefinite (un libro), its existence may be established or left uncertain by the use of a statement or a question.

Existence Known:	Tengo / Hay	un libro	que *tiene* las respuestas.
Existence in Question:	¿Tienes / ¿Hay	un libro	que *tenga* las respuestas?

D. Choice of an Affirmative or Negative Verb: Again, when the antecedent is indefinite, its existence may be established or denied by the use of a positive or negative verb:

Existence Known:	Conozco / Tengo	un libro	que *tiene* las respuestas.
Existence Denied:	*No* conozco / *No* tengo		que *tenga* las respuestas.

✍ Ejercicios

I. Cambia la oración a una pregunta y haz (make) cualquier (any) cambio necesario.
Modelo: *Hay alguien* aquí que *puede* ayudarme.
¿*Hay alguien* aquí que *pueda* ayudarme?

1. Conoces a una profesora que enseña italiano.
2. Hay algo que quieres comprar.
3. Tienes un libro que explica el subjuntivo.
4. Has visto un pájaro que habla español.
5. Hay una mujer que tiene quince hijos.

II. Cambia la oración a la forma negativa y haz cualquier cambio necesario.
Modelo: *Hay alguien* aquí que *puede* ayudarme.
No hay nadie aquí que *pueda* ayudarme.

1. Conozco a alguien que trabaja en Washington D. C..
2. Hay algo que puedes hacer.
3. Veo un libro que quiero comprar.
4. Tengo un amigo que sabe leer chino.
5. Sé de una persona que puede predecir (predict) el futuro.

III. Reemplaza (replace) *tengo* con *quiero* y haz cualquier cambio necesario.
Modelo: *Tengo* una pluma que *escribe* bien.
Quiero una pluma que *escriba* bien.

1. Tengo un coche que no usa gasolina.
2. Tengo un diccionario que da la pronunciación.
3. Tengo un lápiz que me gusta.
4. Tengo un perro que obedece bien.
5. Tengo una camisa que no necesito planchar.

IV. Reemplaza *el/la* con *un/una* y haz cualquier cambio necesario.
Modelo: Busco *el* libro que *tiene* las respuestas.
Busco *un* libro que *tenga* las respuestas.

1. Quiero comprar el coche que está en buenas condiciones.
2. Necesito encontrar la pluma que escribe en cuatro colores.
3. Quiero hablar con la secretaria que habla francés y español.
4. Busco al médico que vive cerca de aquí.
5. Voy a comprar la casa que tiene una vista de las montañas.

V. Contesta las preguntas con una frase completa.
Modelo: ¿Tienes un amigo que sepa hablar ruso?
No, no tengo ningún amigo que sepa hablar ruso.

1. ¿Conoces un profesor que no dé exámenes?
2. ¿Conoces a alguien que siempre diga la verdad?
3. ¿Tienes un coche que quieras vender?
4. ¿Sabes de una persona que pueda vivir sin agua?
5. ¿Vives en una casa que tenga muchas ventanas?

VI. Traduce al español.
1. I want to meet (conocer) somebody *who speaks Spanish*.
2. I don't know know anyone *who lives in San Diego*.
3. I need to find a dress *that I can wear to school*.
4. Is there something *that you want to tell me*?
5. There is nothing *that you can say*.

Girona

✍ Ejercicios suplementarios

I. Llena los espacios en blanco con la forma apropiada del verbo entre paréntesis.

1. Quiero comprar un coche que (funcionar)_____con gasolina.
2. Hay muchos estudiantes que (saber)_____hablar español.
3. ¿Conoces a alguien que nunca (ver)_____la televisión?
4. No hay nada que tú (poder)_____hacer.
5. Todos conocemos a personas que nunca (hacer)_____lo que dicen.
6. Busco una secretaria que (entender)_____japonés.
7. No veo ningún libro que (estar)_____en buenas condiciones.
8. Hay algo que yo (querer)_____decirte.
9. ¿Has visto la película en que un hombre (ir)_____al planeta Martes?
10. Necesito un libro que (dar)_____todas las respuestas.
11. ¿Tienes la llave que (abrir)_____esta puerta?
12. No admiro a los que siempre (repetir)_____lo que (oír)_____.
13. No conozco a nadie que (dormir)_____menos de cuatro horas por noche.
14. Veo un coche que nos (seguir)_____.
15. Los que (vivir)_____en casas de vidrio (glass) no deben echar piedras.
16. Ayer compré una camisa que (hacer juego)_____con mis pantalones.
17. Es difícil encontrar un comentarista de tele que no (ser)_____parcial.
18. Busco el lápiz que yo (perder)_____el otro día.
19. Quiero casarme con alguien que (querer)_____a los niños.
20. ¿Recuerdas la tarea que nosotros (tener)_____la semana pasada?

II. Contesta las preguntas con una frase completa. Usa el indicativo o el subjuntivo en su respuesta.
1. ¿Tienes un amigo con quien puedas hablar español todos los días?
2. ¿Hay algo que no te guste comer?
3. ¿Conoces a alguien que siempre sea honrado y nunca mienta?
4. ¿Tienes un perro valiente que defienda tu casa?
5. ¿Has visto alguna vez un pájaro que sepa hablar?
6. ¿Tienes un programa que traduzca el texto del inglés al español?
7. ¿Algún día quieres comprar un coche que funcione con electricidad?
8. ¿Conoces a alguien que siempre te diga lo que está pensando?
9. ¿Hay una gasolinera cerca de tu casa que nunca se cierre?
10. ¿Puedes recomendarme un restaurante que sirva comida mexicana?

III. Traduce al español.
1. I want to find a blouse that I don't need to iron (planchar).
2. She prefers that we bring something that everyone can eat.
3. Our parents insist that we watch programs that don't have indecent language (lenguaje indecente).
4. I want to live on a street (calle) in which there is a lot of shade (sombra).
5. I never talk to anybody that I don't recognize (reconocer).
6. I know a lot of people who never think before speaking.
7. Do you know anybody who will never die?
8. I need to talk with someone who is returning before six.
9. Do you have a dog that always obeys? Yes, I have one that obeys.
10. I want you to give me something practical (práctico) that I can use.

☎ Conversaciones

1.

¿Conoces a alguien que

- siempre diga la verdad
- nunca haga nada malo
- sepa hablar tres lenguas
- trabaje en la Casa Blanca
- tenga más de noventa años
- quiera vivir en España
- sea más rico que la reina de Inglaterra
- juegue al fútbol profesional
- saque una A en todas sus clases
- nunca pierda la paciencia
- sepa leer chino
- quiera ir a la luna
- vaya a MIT

?

2.

¿Conoces a alguien que (no)

tenga miedo a
- serpientes
- arañas (spiders)
- abejas
- altitudes grandes
- la oscuridad
- los exámenes

tenga miedo de
- volar
- estar solo/a
- morir en un accidente
- trabajar duro
- hacer exámenes
- hablar en público

?

3.

¿Tienes

- un amigo
- una amiga
- un pariente
- un tío
- una tía
- un abuelo
- una abuela
- un colega
- un compañero/a
- un profesor
- una profesora

que

- viva en Hawaii
- trabaje para el gobierno
- viaje a Europa en el verano
- conozca al presidente
- tenga una casa en otro país
- tenga un avión privado
- tenga un barco de vela (sail)
- sepa pilotear un avión
- tenga más de noventa años
- sufra de artritis
- sufra de asma
- sea bilingüe
- sepa hablar español

?

4

| ¿Hay alguien aquí | que pueda | explicarme la lección
prestarme un lápiz
llevarme a la escuela
darme diez dólares
ayudarme con la tarea
decirme la hora
decirme la fecha
traerme un vaso de agua
mostrarme la tarea
servirme un café
cortarme el pelo
leerme las noticias
venderme un periódico | Sí, hay alguien que puede....

No, no hay nadie que pueda... |

5

| ¿Conoces | al profesor
a la profesora
al hombre
a la mujer
al estudiante
a la estudiante | que | vive cerca de la escuela
trabaja en la cafetería
juega al fútbol
enseña cálculo
da clases de música
canta en el coro | ? |
| | un profesor
una profesora
un hombre
una mujer
un estudiante
una estudiante | | viva cerca de la escuela
trabaje en la cafetería
juegue al fútbol
enseñe cálculo
dé clases de música
cante en el coro | |

6

| ¿Tienes | el libro
el papel
la tarea
la explicación
el lápiz
la pluma | que | explica la gramática
tiene las respuestas
ayuda con la gramática
es fácil de comprender
tiene borrador
escribe en cuatro colores | ? |
| | un libro
un papel
una tarea
una explicación
un lápiz
una pluma | | explique la gramática
tenga las respuestas
ayude con la gramática
sea fácil de comprender
tenga borrador
escriba en cuatro colores | |

✉ Lectura: *Sigue la señal*   sign/signal

¡Ojalá fuesen ordenados mis caminos para *guardar* tus estatutos!   keep
—Salmo 119:5.

Un *conductor* que ignora las *señales de tránsito* es «un accidente a punto de suceder». Todo el que *se pasa en rojo* o *se detiene* sin pensarlo cuando la luz está verde es un *peligro para sí* y para los *demás*. Aunque puede ser problemático encontrar muchos *semáforos* en rojo cuando uno tiene prisa por llegar a su destino, un accidente puede causar mucho más dolor.   driver, traffic signals / runs a red light, stops / danger, for himself / others, traffic lights

Hace varios años, me alegré mucho cuando vi que finalmente *colocaron una señal de tránsito* en una *esquina* que había sido particularmente frustrante para mí. Eso convirtió un problema *diario* en una manera *ordenada* y *predecible* de entrar en una calle muy transitada. Esperar de vez en cuando porque el semáforo está en rojo es ahora un placer, *al menos* en esa intersección que me trae tan malos recuerdos.   traffic signal / daily / orderly, predictable / at least

Las Escrituras también tienen algunos «semáforos rojos» que deben controlar nuestras vidas como cristianos. Son las prohibiciones contra la *envidia*, el *orgullo*, el *odio*, la irreverencia, la lascivia y el *egoísmo*. Cuando el Espíritu Santo nos alerta porque están presentes, debemos *frenar* inmediatamente. De la misma forma, *a medida que* entramos en el *pesado* tráfico del diario vivir, debemos responder rápidamente obedeciendo las señales «verdes» de *amabilidad*, humildad, amor, adoración y *pureza*.   envy, pride, hate, selfishness / brake, as / heavy / friendliness / purity

Las *paradas* y las luces verdes de Dios están *diseñadas* para ayudarnos. Debemos tener el mismo temor de ignorar un *mandato* de las Escrituras que el que tenemos de *cruzar* un semáforo en rojo.   stops, designed / command / go through

Las señales de las Escrituras están allí para protegernos, corregirnos y dirigirnos.

Nuestro pan diario

A. Preguntas sobre la lectura
1. ¿Cómo describe el autor al conductor que ignora las señales de tránsito?
2. Según el autor, ¿quién es un peligro para todos?
3. ¿Por qué se alegró el autor cuando colocaron una señal de tránsito en cierta esquina?
4. ¿Cómo resolvió la señal de tránsito un problema diario?
5. ¿Por qué es un placer tener que esperar cuando es semáforo está en rojo?
6. ¿Cuáles son algunos de los "semáforos rojos" que encontramos en las Escrituras?
7. ¿Qué debemos hacer cuando vemos uno de estos semáforos rojos en nuestra vida?
8. ¿Qué señales "verdes" debemos obedecer?
9. ¿Para qué están diseñadas las paradas y las luces verdes de Dios?

B. Preguntas personales
1. ¿Estás contento de que haya señales de tráfico que tenemos que obedecer?
2. ¿A veces preferirías que no hubiera señales de tráfico?
3. ¿Te frustras cuando tienes prisa y encuentras muchos semáforos en rojo?
4. ¿Estás contento de que haya "semáforos rojos" en las Escrituras que controlan nuestras vidas?
5. Como creyente, ¿crees que es necesario obedecer estos "semáforos rojos"?
6. ¿Qué ocurre cuando ignoramos los mandatos de las Escrituras?

⌘ Exprésate: ¿Cómo es tu coche?

1. Entrevista

1. ¿Tienes tu propio coche, o usas el de tus padres? ¿Desde cuándo lo tienes?
2. ¿Es un coche nuevo o lo compraste usado? ¿Cuántas millas le has puesto?
3. ¿Dónde lo compraste? ¿Cuánto pagaste?
4. ¿De qué tipo es (sedán, coupé, camioneta, coche deportivo, van, minivan, pick-up, SUV/4 x 4)?
5. ¿Qué año es? ¿Qué marca? ¿Qué modelo? ¿Tiene línea moderna?
6. ¿De que tamaño es (subcompacto, compacto, mediano, grande)? ¿Cuántos cilindros tiene?
7. ¿Es automático o estándar (manual)? ¿Cuántas velocidades (speeds) tiene?
8. ¿Cómo es el coche? ¿Es potente? ¿Rápido? ¿Cómodo? ¿Seguro? ¿Económico?
9. ¿Cuántas millas por galón hace? ¿Usa normal (regular), super o extra? ¿Cuánto pagas por galón?
10. ¿Anda (run) bien? ¿Es caro mantenerlo? ¿Cada cuánto (How often) le haces una revisión/servicio?
11. ¿Tiene aire acondicionado? ¿Control de clima? ¿Control de viaje (cruise control)?
12. ¿Tiene asientos eléctricos? ¿Ventanas y cerraduras eléctricas? ¿Volante (steering wheel) ajustable?
13. ¿Tiene radio AM/FM estereo? ¿Toca-cassettes y CD? ¿Sistema anti-robo? ¿Control remoto para abrir las puertas?
14. ¿Tiene "sun-roof"? ¿"Moon-roof"? ¿Cristales coloreados (tinted windows)?
15. ¿Tiene frenos (brakes) de disco? ¿Tracción de cuatro ruedas (4x4)? ¿Duales bolsas de aire?

2. Descripción (oral o escrita)

Describe tu coche: el tipo, la marca, el modelo, el año, el color, etc. Incluye una descripción del exterior y del interior. ¿Qué adelantos modernos tiene? ¿Está dotado (equipped) de muchos adelantos modernos? Consulta la lista dada a continuación para ideas.

Es un/una...
sedán/camioneta (station wagon)/van/minivan
coche deportivo/SUV 4x4/convertible
coche subcompacto/compacto/mediano/grande

Tiene...
transmisión manual/automática
tracción de cuatro ruedas (4 x 4)
transmisión de cinco velocidades (5-speed)
sobremarcha (overdrive)
motor con turbo
frenos (brakes) de disco
cerraduras (locks) y ventanas eléctricas
apertura (opening) a control remoto
control de viaje (cruise control)
aire acondicionado/control de clima

doble bolsa (bag) de aire
radiocasete AM-FM
lector de CD
sistema anti-robo
asientos (seats) eléctricos
volante (steering) ajustable
"sun-roof"
guía (guide) de viaje

Es...
atractivo
potente (powerful)
rápido
sólido
cómodo
espacioso

económico
seguro (safe)
aerodinámico
silencioso
suave (smooth)
fácil de manejar

Nota Cultural
Los scooters y ciclomotores

Aunque muchos jóvenes españoles no pueden permitirse el lujo (luxury) de un coche, les encanta conducir scooters y ciclomotores, algunos de los cuales pueden alcanzar una velocidad de 95 kilómetros por hora. En España, hay que tener 18 años para conducir un coche, pero se permite conducir los ciclomotores a partir de los 16 años de edad. Además de ser más baratos que los coches, consumen menos gasolina y se puede transportarlos en tren.

Versículo

| But we know that, when he shall appear, we shall be like him; for we shall see him as he is.
I John 3:2b | Pero sabemos que cuando él se manifieste, seremos semejantes a él, porque le veremos tal como él es.
I Juan 3:2b | *Capítulo 11* |

Saludos

¿Qué hay? ¿Cómo te va?
¿Cuál es la fecha de hoy? ¿Qué fecha es mañana?
¿Sabes la hora? ¿Qué hora será en veinte minutos?
¿A qué hora desayunaste hoy? ¿Qué desayunasate?
¿Dónde vas a almorzar hoy? ¿Dónde almorzaste ayer?
¿Qué piensas hacer hoy después de la escuela?
¿Cuáles son tus planes para mañana?
¿Qué vas a ponerte mañana?
¿Adónde vas a ir mañana después de la escuela?

Lecciones

1. Diálogo: Alquilando un coche
2. Grámatica: The Subjunctive in Adverb Clauses
3. Versículo: I Juan 3:2b
4. Lectura: Me equivoqué
5. Exprésate: ¿Cómo manejas?

Repaso rápido

Día 1: Adjective Clauses	1. I want to buy a house that has lots of windows. 2. Do you know anyone who teaches Chinese (chino)? 3. There isn't anybody that never sins (pecar).
Día 2: Adjective Clauses	1. Is there anyone here who can help me? 2. I'm looking for something that I can use to correct my homework. 3. There's nothing that makes me angrier. (enojar más)
Día 3: Adverb Clauses	1. We'll go to the beach **provided** it's good weather. 2. Bring an umbrella **in case** it rains. 3. **Unless** you need to leave, you shouldn't get up.
Día 4: Adverb Clauses	1. He talks slowly **in order that** we understand him. 2. I will tell you **on the condition that** you don't repeat it. 3. You can't leave **without** my seeing you (without that I see you).
Día 5: Adverb Clauses	1. **Although** he may be rich, he isn't happy. 2. **In spite of the fact that** she may be sick, she should be here. 3. **Granted that** you may be smarter than me, you don't know everything.

Repaso de vocabulario

Traduce al español.

1. European (europeo) **drivers** go faster than those in the U. S..
2. One has to be eighteen (tener 18 años) to get his **license** in France.
3. You should always carry your **insurance card** when you drive.
4. The **car documentation** is in the glove compartment (guantera).
5. All cars must have a **licence plate**.

6. It's not a good idea to leave the **car keys** in the car.
7. One needs a good **map** when one drives in Spain.
8. Some people prefer a **full-size car** to a **mid-size car**.
9. A **mid-size car** or a **compact car** is easier (más fácil de) to drive (conducir) in Europe.
10. **Sports cars** are more fun (divertidos) than **full-size cars**.

11. A **station wagon is** more practical (práctico) for big families.
12. In Europe, it costs less to rent (alquilar) a **standard shift** car than an **automatic**.
13. **Four wheel drive** vehicles (vehículos) are best in the mountains.
14. To (para) **rent** a car, it is necessary to **pay a deposit** on **filling out the form**.
15. One can **pay** the deposit **with a credit card**.

16. Before **picking up the car**, one must **sign a contract**.
17. One has to **pay for the gas**, and it's a good idea to **fill the tank** before **returning the car**.
18. One **drops off the keys** at the counter (mostrador) on **returning the car**.
19. One needs to ask **how much they charge** per day and by week.
20. It's best to **rent** a car **with unlimited mileage**.
21. If one doesn't have a VISA, it's best to **rent with insurance included**.
22. Sometimes I need to ask **how to work** the radio.

Diálogo: Alquilando un coche

-(Insert name of car rental), ¿En qué puedo servirle?	-(Insert name of car rental), How can I help you?
-**Buenos días, quiero información sobre alquilar coches en Europa. Uds. alquilan coches en Europa, ¿no es cierto?**	-**Good morning, I would like some information on renting cars in Europe. You rent cars in Europe, don't you?**
-Sí, señor/señora, alquilamos coches en casi todas partes del mundo. ¿Cuándo piensa Ud. viajar?	-Yes, sir/m'am, we rent cars in almost every part of the world. When do you plan to travel?
-**A principios de junio. ¿Puedo reservar el coche por teléfono?**	-**At the beginning of June. Can I reserve a car by phone?**
-Claro. Sólo necesito hacerle algunas preguntas. ¿Sabe Ud. la fecha exacta?	-Of course. I just need to ask you a few questions. Do you know the exact date?
-**Sí, salimos el 6 de junio y llegamos el 7, a las nueve y media de la mañana.**	-**Yes, we're leaving on the 6th of June and we arrive the 7th, at nine-thirty in the morning.**
-Y por cuánto tiempo quiere Ud. el coche?	-And for how long do you want the car?
-**Por dos semanas. ¿Cuánto cobran por semana?**	-**For two weeks. How much do you charge per week?**
-Depende del coche y de su destino.	It depends on the car and on you destination.
-**¿Del destino?**	-**On the destination?**
-Sí, resulta más barato alquilar un coche en ciertos países que en otros. ¿Dónde aterriza?	-Yes, it turns out to be more economical to rent a car in certain countries than in others. Where are you landing?
-**En Paris.**	-**In Paris.**
-De Gaulle u Orly?	-De Gaulle or Orly?
-**De Gaulle.**	-**De Gaulle.**
-¿Será Ud. el único conductor?	-Will you be the only driver?
-**No, mi esposa tambíen va a manejar.**	-**No, my wife also is going to drive.**
-¿Qué clase de coche quiere Ud.?	-What type of car do you want?
-**¿Qué clase?**	-**What type?**
-Sí, compacto, de tamaño mediano o grande?	-Yes, compact, medium-size or large?
-**Oh, de tamaño mediano.**	-**Oh, medium.**
-Tenemos un Citroen o un Fiat.	-We have a Citroen or a Fiat.
-**No me importa la marca. ¿Cobran lo mismo por los dos?**	-**I don't care about the make. Do you charge the same for both?**
-No, cobramos 250 semanales por el Citroen, y 200 por el Fiat.	-No, we charge 250 weekly for the Citroen and 200 for the Fiat.
-**¿Está incluído el kilometraje?**	-**Is mileage included?**

-Ah sí, tiene kilometraje ilimitado.	-Oh, yes, it has unlimited mileage.
-Pero yo pago la gasolina.	**-But I pay for the gas?**
-Eso es. Recibe el coche con el tanque lleno, y si lo devuelve con el tanque lleno no tiene que pagar nada más.	-That's right. You receive the car with a full tank, and if you return it with the tank full you don't have to pay anything more.
-¿Cuál es el precio de gasolina en Europa?	**-What's the price of gas in Europe?**
-Bastante. Más del doble del precio en los Estados Unidos. Se puede ahorrar un poco con un diesel. El gasóleo cuesta menos que la gasolina y se puede comprarlo en todas partes.	-Quite a bit. More than double the price in the U. S.. You can save a bit with a diesel. Diesel (fuel) costs less than gas and you can buy it everywhere.
-¿Tienen un diesel?	**-Do you have a diesel?**
-El Fiat es un diesel. ¿Lo quiere Ud.?	-The Fiat is a diesel. Do you want it?
-Sí. ¿Tengo que pagar un depósito?	**-Yes. Do I have to pay a deposit?**
-No, sólo necesito el número de su tarjeta de crédito. Pero primero necesito saber si quiere comprar seguro.	-No, I only need the number of your credit card. But first I need to know if you want to buy insurance.
-¿Seguro? Ya tengo seguro.	**-Insurance? I already have insurance.**
-Sí, pero su seguro no cubre daños al coche. Recomendamos una póliza para cubrir daños al coche.	-Yes, but your insurance doesn't cover damages to the car. We recommend a policy to cover damages to the car.
-Tengo VISA. Mi tarjeta cubre daños al coche, ¿no es verdad?	**-I have VISA. My card covers damages to the car, doesn't it?**
-Sí, pero tiene que esperar para cobrar.	-Yes, but you have to wait to collect.
-No me importa. No necesito seguro adicional.	**-I don't mind. I don't need additional insurance.**
-En este caso, tendrá que pagar un depósito de 500 dólares contra daños al coche al recogerlo en Paris. Puede usar su tarjeta de crédito, y no le cobramos nada si devuelve el coche en buenas condiciones.	-In that case, you'll have to pay a deposit of $500 against damages to the car on picking it up in Paris. You can use you credit card, and we don't charge you anything if you return the car in good condition.
-Está bien. ¿Quiere Ud. el número de mi VISA?	**-Fine. Do you want my VISA number?**
-Sí, quiere darmelo con la fecha de vencimiento, por favor?	-Yes, will you give it to me with the expiration date, please?
-Sí, es el 233-452-668-4573.	**-Yes, it's 233-452-668-4573.**
-Gracias. ¿Es el 233-452-668-4573?	-Thank you. That's 233-452-668-4573?
-Correcto. ¿Qué documentos necesito para manejar en Europa?	**-Corrrect. What documents do I need to drive in Europe?**
-Sólo necesita su permiso de conducir y su tarjeta de seguro, y por supuesto, su pasaporte. Toda la documentación del coche está en la guantera .	-You only need your driver's license and your insurance card, and of course your passport. All of the cars papers are in the glove compartment.
-¿Van a enviarme un contrato para firmar?	**-Are you going to send me a contract to sign?**
-Sí, ¿tiene Ud. un número de fax?	-Yes. Do you have a fax number?
-No, no tengo fax.	**-No, I don't have a fax.**
-Entonces le inviaremos el contrato por correo. Debe recibirlo dentro de cinco días.	-then we'll send you the contract by mail. You should receive it within five days.
-Y al llegar en el aeropuerto, ¿dónde recojo el coche?	**-And on arriving at the airport, where do I pick up the car?**
-Nuestro mostrador se encuentra directamente enfrente de la sala de reclamación de equipaje. Sólo necesita dirigirse al mostrador y llenar algunos formularios. Le darán las llaves del coche y le dirán dónde podrá recogerlo.	-Our counter is located directly in front of the baggage claim. You just need to go to the counter and fill out some forms. They'll give you the keys to the car and they'll tell you where you can pick it up.
-¿No necesito tomar el autobús del aeropuerto?	**-I don't need to take the airport shuttle?**
-No, señor, el coche está en el estacionamiento del aeropuerto, en el tercer piso. Puede tomar el ascensor.	-No, sir/m'am, the car is in the airport parking, on the third floor. You can take the elevator.
-Ah, casi se me olvidó, ¿hay un mapa de carreteras en el coche?	**-Oh, I almost forgot, is there a roadmap in the car?**
-No, señor, pero puede comprar un buen mapa en cualquiera de las librerías que están en el aeropuerto.	-No, sir/m'am, but you can buy a good map in any of the bookstores that are in the airport.
-Y al fin del viaje, ¿dónde devuelvo el coche?	**-And at the end of the trip, where do I return the car?**
-Donde lo recogió, en el tercer piso del aeropuerto.	-Where you picked it up, on the third floor of the airport.
-¿Se puede recoger el coche en una ciudad y dejarlo en otra?	**-Can one pick up the car in one city and drop it off in another?**
-Sí, por un cobro adicional. ¿Quiere Ud. dejarlo en otra ciudad?	-Yes, for an additional charge. Do you want to drop it off in another city?
-No, no, gracias. ¿Dejo las llaves en el coche?	**-No, no, thank you. Do I leave the keys in the car?**
-No, las devuelve al mostrador. Y no olvide de llenar el tanque antes de dejar el coche.	-No, you return them to the counter. And don't forget to fill the tank before dropping car off.
-Si lo dejo con el tanque lleno, ¿no tengo que pagar nada más?	**-If I leave it with a full tank, I don't have to pay anything more?**
-Correcto. Si llega antes de las nueve y media de la mañana y el coche está en buenas condiciones, no tendrá que pagar nada más, con la excepción de los impuestos del aeropuerto.	-Correct. If you arrive before nine-thirty in the morning and the car is in good condition, you won't have to pay anything more, except for the airport taxes.
-¿Impuestos del aeropuerto?	**-Airport taxes?**
-Sí, son cinco por ciento, más o menos veinte dólares.	-Yes, they're 5%, more or less twenty dollars.
-Gracias. Espero el contrato en el correo.	**-Thanks. I'll wait for the contract in the mail.**

☞Explicación: The Subjunctive in Adverb Clauses

1. In the previous chapter you learned to use the subjunctive mood in *adjective clauses* which relate to *nouns* whose existence is *uncertain, questioned* or *denied*.

Quiero comprar un libro <u>que *tenga* las respuestas.</u>

In this lesson you will learn a similar use of the subjunctive in *adverb clauses*. An adverb clause is one which modifies an *action*, giving the time or the condition under which it occurs.

I'll eat <u>*when/provided that* I have time.</u>

2. All adverb clauses are introduced by a *joining word*, or *conjunction*. These generally denote *time*, *purpose*, or some type of *condition* or *exception*. In this lesson we will look just at conjunctions that denote *purpose, condition* and *exception*:

para que	in order that
con tal que	provided that
en caso de que	in case
a condición de que	on the condition that
a menos que	unless
sin que	without
por miedo de que	for fear that
no sea que	lest

3. Conjunctions denoting *purpose, condition* or *exception* are always followed by the subjunctive, since their very meaning implies that what follows is viewed as either uncertain, pending or unfulfilled:

Iré a la fiesta, <u>*con tal que* me inviten.</u>
I'll go to the party, <u>*provided that* they invite me.</u>

4. The adverbial clause often appears at the end of the verb phrase, but it may also begin the sentence:

<u>A menos que tenga que trabajar,</u> estaremos allí.
<u>Unless I have to work,</u> we'll be there.

5. One conjunction, *sin que* (without) causes special translation problems, since it must be rephrased in Spanish to form a *que*-clause:

He talks	without	my knowing it.
= He talks	without that	I know it.
= Habla	sin que	yo lo sepa.

6. A few conjunctions denote *concession*: *aunque* (although), *dado que* (granted that) and *a pesar de que* (in spite of the fact that). These may be followed by either the indicative or the subjunctive, depending on whether what follows is viewed as a *fact* or merely a *possibility*:

Viewed as a fact: *Aunque el perro <u>es</u> más inteligente que el gato, no es más rápido.*
                     Although the dog <u>is</u> smarter than the cat, it isn't faster.

Viewed as possible: *Aunque el perro <u>sea</u> más inteligente que el gato, no es más rápido.*
                     Although the dog <u>may be</u> smarter than the cat, it isn't faster.

7. *Para* (in order to) and *sin* (without) and *por miedo de* (for fear of) are followed by *que* plus the subjunctive only when there is a *second subject*. If there is no second subject, the infinitive is used:

One Subject:

He talks	without	knowing it.
Habla	sin	saberlo.

He talks	in order	to learn.
Habla	para	aprender.

Two Subjects:

He talks	without	my knowing it.
Habla	sin que	yo lo sepa.

He talks	in order	for me to learn.
Habla	para que	yo aprenda.

✍ Ejercicios

I. Contesta las preguntas con una frase completa.

1. ¿Hablas claramente para que otros te comprendan?
2. ¿Ayudas en casa para que tus padres no tengan que hacer todo el trabajo?
3. En el invierno, ¿siempre llevas un paraguas en caso de que llueva?
4. ¿Estudias para aprender, o de miedo que el profesor te dé una F?
5. ¿Vas a ir a al partido este viernes con tal que tus amigos vayan contigo?
6. ¿A veces limpias tu dormitorio sin que tus padres te lo digan?
7. ¿Puedes salir de la clase sin que el profesor lo sepa?
8. ¿A veces haces cosas buenas sin que otros te aprecien?
9. A menos que estés enfermo, ¿siempre asistes a clase?
10. ¿Tienes seguro (insurance) en caso de que tengas un accidente?

II. Traduce al español.

1. I'll go to the party *on the condition that* you go with me.
2. We'll eat at 6:00, *provided that* they arrive on time.
3. You can't leave *without* my knowing it (without that I know it).
4. *Unless* you have more questions, we're going to begin.
5. We're bringing food *in case* we're hungry.
6. I'm speaking slowly *in order that* you understand.
7. He repeats it, for fear that we'll forget.
8. Be good, lest they punish you (castigar).
9. He works *so that* we have enough (suficiente) to (para) eat.
10. I want to do it *without* anyone seeing me (without that anyone see me).

III. Traduce al español.

1. Even though I *may not speak* a lot, I understand a lot.
2. Even though I *do not speak* a lot, I understand a lot.

3. Although it *may be raining* on the coast (la costa), we're going to the beach.
4. Although it *is raining* on the coast, we're going to the beach.

5. In spite of the fact that *he may not understand,* he needs to know the truth.
6. In spite of the fact that *he will not understand,* he needs to know the truth.

7. Granted that *he may be handsome*, why isn't he nice?
8. Granted that *he is handsome*, why isn't he nice?

9. Although *they may be lazy* (peresozo), they're learning a lot.
10. Although *they are lazy*, they are learning a lot.

11. In spite of the fact that *they may be tired*, they need to practice.
12. In spite of the fact that *they are tired*, they need to practice.

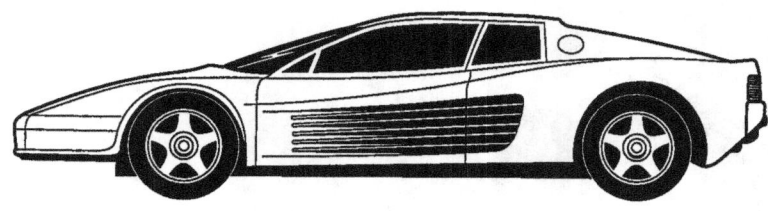

☎ Conversaciones

1

| ¿Vas a | ir a la playa
ir al centro
ir al lago
ir al río
ir al partido
salir con un amigo
jugar al tenis
jugar al béisbol
jugar al básquetbol
visitar a tus abuelos
montar a caballo
andar en bicicleta
patinar sobre ruedas | el lunes
el martes
el miércoles
el jueves
el viernes
el sábado
el domingo | con tal que
a condición de que
a menos que | (no) | tenga tiempo
tenga la oportunidad
esté enfermo/a
esté aquí
llueva
haga buen tiempo
haga mal tiempo
haga frío
haga calor
haga viento
esté nublado | ? |

2

| ¿Hablas mucho
¿Estudias mucho
¿Repasas la materia
¿Escuchas bien
¿Repites muchas veces
¿Haces muchas preguntas | para | aprender la lengua
salir bien en los exámenes
sacar una A
entender al profesor
memorizar el vocabulario
comprender la lección | ? |

| ¿Hablas mucho
¿Estudias mucho
¿Repasas la materia
¿Escuchas bien
¿Repites muchas veces
¿Haces muchas preguntas | para que otros | te vean
te oigan
te noten
te feliciten
te entiendan
te escuchen | ? |

3

| ¿Lavas los platos
¿Limpias tu dormitorio
¿Pones la mesa
¿Arreglas la casa
¿Cortas el césped
¿Sacas la basura | sin | protestar
quejarte (complaining)
murmurar (grumbling)
discutir (arguing)
tardar
esperar | ? |

| ¿Lavas los platos
¿Limpias tu dormitorio
¿Pones la mesa
¿Arreglas la casa
¿Cortas el césped
¿Sacas la basura | sin que tus padres | te ayuden
te paguen
te observen
te lo pidan (ask you to)
te lo digan (tell you to)
lo sepan | ? |

✉Lectura: *Me equivoqué*   I was wrong

... Hipócrita, saca primero la viga de tu propio ojo. ... --Lucas 6:42.

    Algunos de nosotros somos *prontos* para encontrar *falta* en otros creyentes. En el nombre del «*aliento*» o la «exhortación», *señalamos* los pecados y las faltas de nuestros hermanos en Cristo sin ver nuestras *propias* faltas ni *culpa* (Lc. 6:37-42).
   quick, fault
encouragement, point out
own, blame

    Me acordé de eso cuando escuché lo que le *sucedió* a una mujer. Estaba *conduciendo* por las calles tarde una noche cuando un auto que venía en dirección *contraria* dobló a la izquierda frente a ella. La mujer *tocó la bocina* para que la otra persona *supiera lo cerca* que estuvo de causar un accidente por su *descuido*.
   happened
driving
opposite
honked, know, how close
carelessness

    Cuando *estacionó* su auto minutos después, el mismo auto *se detuvo* junto a ella y el conductor salió. «La próxima vez que le toque la bocina a alguien --le dijo--tal vez debería *asegurarse* de que tiene las luces *encendidas*.» En su *prisa*, la mujer había olvidado *encender* las luces. Estaba tan *convencida* de que él estaba *equivocado* que nunca vio su *propio* error. Ella era la que *por poco había causado* un accidente.
   parked
stopped
be sure
turned on, hurry, turn on
convinced, mistaken
own, almost, has caused

    Muchas veces *actuamos* de manera similar. Somos prontos para *juzgar* la conducta de otros y *señalar* su error. Jesús prefiere que examinemos nuestras vidas y seamos prontos para decir: «Me equivoqué. Por favor, perdóname.» --DCE
   act
judge, point out

> *Sé* pronto para juzgarte a ti mismo
> y lento para juzgar a *los demás*.
   Be
others

Nuestro pan diario

A. Preguntas sobre la lectura
1. ¿Qué crítica tiene el autor de algunos creyentes?
2. Según el autor, ¿qué es lo que no vemos muchas veces?
3. ¿Qué le ocurrió a una mujer tarde una noche?
4. ¿Cómo reaccionó la mujer? ¿Por qué?
5. ¿Qué ocurrió cuando estacionó su auto?
6. ¿Qué le dijo el conductor del otro auto?
7. ¿Qué había olvidado la mujer en su prisa?
8. ¿Cómo ilustra esta historia el defecto del que sufren algunos creyentes?
9. ¿Qué prefiere Jesús que hagamos en vez de juzgar a otros?

B. Preguntas personales
1. ¿A veces eres rápido/a para encontrar faltas en otros?
2. ¿Alguna vez te has equivocado cuando juzgaste a otro?
3. ¿Cómo te sientes cuando otros son rápidos para juzgarte a ti?
4. ¿Cómo reaccionas cuando otros te juzgan? ¿Te defiendes? ¿Atacas a la otra persona?
5. ¿Crees que hay ocasiones en que debamos juzgar a otros?
6. Según Galatas 6:1a, ¿cómo debemos restaurar (restore) a un hermano que ha caído en alguna falta?

⇨Exprésate: ¿Cómo manejas?

1. Entrevista

1.	¿Eres un(a) buen(a) conductor(a)? ¿Siempre manejas con cuidado?
2.	¿Siempre respetas las señales de tráfico cuando manejas?
3.	¿Paras (stop) completamente por las señales de parada (stop signs)?
4.	¿Reduces la velocidad cuando pasas por delante de una escuela?
5.	¿Siempre señalas tus intenciones antes de cambiar de dirección?
6.	¿Das la señal de doblar durante los útlimos 100 pies? ¿Haces señales antes de cambiar de carril (lane)?
7.	¿Haces una señal cuando pasas a otros vehículos? ¿Pasas en curvas o en intersecciones?
8.	¿Sólo tocas el claxón (horn) cuando es necesario para evitar (avoid) un accidente?
9.	¿Siempre guardas una distancia razonable entre tu vehículo y el de adelante?
10.	¿A veces sigues demasiado cerca a otros vehículos?
11.	¿Siempre usas tu cinturón de seguridad? ¿Enciendes las luces cuando manejas?
12.	¿A veces excedes la velocidad permitida? ¿Cuándo conduces a más de 55 millas por hora?
13.	¿Reduces la velocidad cuando las condiciones no son buenas?
14.	¿Frenas (Brake) cuando ves un a niños o animales en la calle?
15.	¿Siempre cedes el derecho de vía (right of way) al vehículo a la derecha ?

2. Narración (oral o escrita)

Muchas veces se critica a los jóvenes por no ser buenos conductores. ¿Eres tú un/a conductor/a bueno/a? Cuenta cómo manejas, utilizando la lista dada a continuación para ideas.

Siempre **Muchas veces** **A veces** **Raras veces** **Casi nunca** **Nunca** Manejar defensivamente Mirar hacia adelante Respetar los derechos (rights) de otros conductores Obedecer las señales de tráfico Respetar el límite de velocidad	Compartir (share) el camino con otros vehículos Parar completamente por las señales de parada Reducir la velocidad enfrente de una escuela Pararse para autobuses escolares Hacer señales (signal) antes de dar la vuelta Hacer señales antes de cambiar de carril (lane) Observar las señales de otros conductores Guardar una distancia segura adelante Hacer señales antes de pasar a otros vehículos Mirar hacia atrás antes de cambiar de carril (lane) Usar el cinturón de seguridad Ceder el derecho de paso (yield the right of way)

Nota Cultural
Las autopistas y autovías en España

España cuenta con una extensa red de carreteras con unos 7.000 kilómetros de autopistas y autovías que unen las principales ciudades. Gran parte de esta red es gratuita para el usuario, pero existen también unos 2000 kilómetros de autopistas de peaje (toll), la mayoría de ellas en el norte. Aunque pueden costar hasta un dólar por cada diez kilómetros, estas autopistas modernas con sus frecuentes áreas de descanso y grandes estaciones de servicio permiten al viajero desplazarse con comodidad y rápidez por todo el país, ahorrandole muchas horas en las carreteras congestionadas. El límite de velocidad en las autopistas es de 120 km/h (75 mph), pero muchos van más rápido.

Alhambra: el Patio de la Acequia

Versículo

I am the resurrection, and the life; he that believeth in me, though he were dead, yet shall he live.   John 11: 25

Yo soy la resurección y la vida; él que cree en mí, aunque esté muerto, vivirá.   Juan 11: 25

Capítulo 12

Saludos

¿Qué hay (de nuevo)?
¿Qué fecha tenemos?
¿Que hora tienes? ¿A qué hora llegaste a la escuela?
¿A cuánto está la temperatura? (Está a...grados.)
¿En qué clases tuviste tarea ayer?
¿A qué hora te acostaste ayer?
¿Cuántas horas dormiste anoche?
¿A qué hora te levantarás mañana?
¿Qué tiempo hará mañana?
¿Habrá sol mañana?

Lecciones

1. Historias bíblicas: En la cárcel

2. Versículo: Juan 11:25

3. Lectura: En el asiento del conductor

4. Exprésate: Comprando un coche

5. Intérprete: Alquilando un coche

6. Oral Mastery Exercises

✎ Repaso rápido

Día 1: Grammar plus New Vocabulary	1.	I want to buy a sports car that goes fast.
	2.	Do you know anyone who rents vans?
	3.	There isn't any agency (agencia) that pays the gas.
Día 2: Grammar plus New Vocabulary	1.	I need to find someone who can pick up the car.
	2.	They don't rent to anyone who is less than twenty-five years old.
	3.	I prefer a car that has **four wheel drive**.
Día 3: Grammar plus New Vocabulary	1.	I will return the keys **when** I drop off the car.
	2.	Can you loan (prestar) me a pen **so that** I can fill out the form?
	3.	You don't need to buy insurance **provided that** you pay with a credit card.
Día 4: Grammar plus New Vocabulary	1.	They will give me the car **after** I sign the contract.
	2.	You shouldn't drive **until** we fill the tank.
	3.	You can pay the deposit **when** you rent the car.
Día 5: Grammar plus New Vocabulary	1.	Can you give me a receipt (recibo) **when** I pay for the gas?
	2.	You need to have insurance **in case** you have an accident.
	3.	We will show you how to work the the shift (el cambio) **in case** you don't know.

✝La historia de José: En la cárcel

Cuando Potifar volvió a casa, su esposa le mostró el manto de José y le dijo que José había tratado de deshonrarla. Al escuchar cómo el *esclavo* hebreo había tratado de *aprovecharse de* su mujer, Potifar tomó a José y lo *echó* en la *cárcel* donde estaban los *presos* del rey. Pero no se sentía abandonado porque Dios estaba con él y no *dejó de* mostrarle su amor. Le dio *gracia* en los ojos del guardia de la cárcel, el cual puso a José *a cargo de* todos los prisioneros.

slave
take advantage of
cast, jail, prisoners
cease to, favor
in charge of

Después de estas cosas, el *copero* y el *panadero* del rey ofendieron a su señor y *fueron echados* en la misma cárcel donde estaba *preso* José. Como José estaba *a cargo de* todos los prisioneros, también *atendía* a estos dos funcionarios. Una noche el copero y el panadero tuvieron sueños. A la mañana siguiente, cuando José fue a verlos, los encontró muy preocupados porque no sabían el *significado* de sus sueños y nadie podía interpretarlos. Cuando José les dijo que Dios podía darles la interpretación, le contaron a José sus sueños. Primero habló el copero. En su sueño había una *vid* con tres *ramas* que *florecieron* y *produjeron* uvas. El copero tomó las uvas, las *exprimió* en la copa del fararón y se la dio. Cuando había terminado de hablar, José le dio la interpretación: en tres días el fararón lo *restituiría* a su *puesto* y volvería a servirle *tal como* lo hacía antes. *Como* José quería salir de la carcel, le rogó al copero que *se acordara de* él y que hablara de él al fararón.

cup bearer, baker
they were thrown
prisoner, in charge of
attended to
officials

meaning

vine, branches
budded, produced
squeezed

restore
position, just as
since
remember

Luego habló el panadero. En su sueño, llevaba tres *canastas* de pan sobre la cabeza. En la canasta *de arriba* había muchos tipos de *pastelería* para el fararón, y las aves venían a comer de la canasta que llevaba sobre la cabeza. Cuando había terminado de hablar, José le interpretó su sueño: Dentro de tres días el fararón lo *decapitaría* y lo *colgaría* de un árbol y las aves devorarían su cuerpo. En efecto, al tercer día el fararón restituyó al jefe de los coperos a su puesto y mandó *ahorcar* al jefe de los panaderos. Sin embargo, el jefe de los coperos no *se acordó de* José, sino que se olvidó de él por completo. Pero Dios no lo había olvidado, y tenía un plan para él.

baskets, top
baked food

behead, hang

hang

remember

Preguntas sobre la historia
1. ¿Qué le dijo la mujer a su esposo Potifar?
2. ¿Cómo reaccionó Potifar a esta noticia? ¿Qué hizo con José?
3. ¿Cómo trató el guardia de la cárcel a José? ¿Por qué?
4. ¿Qué hizo el rey con el copero y el panadero? ¿Por qué?
5. ¿Por qué estuvieron muy preocupados el copero y el panadero?
6. ¿Qué significó el sueño del copero?
7. ¿Cuál fue la interpretación del sueño del panadero?
8. ¿Se realizaron sus sueños?
9. ¿Se acordó el copero de José?
10. ¿Quién no lo había olvidado?

Intérprete

When Potiphar returned home, his wife showed him Joseph's garment and told him that Joseph had tried to dishonor her. On hearing how the Hebrew slave had tried to take advantage of his wife, Potiphar took Joseph and threw him into jail. Poor Joseph! Every time that he tried to do good and honor God, something bad happened to him. And yet, he wasn't alone. God was with him and didn't stop showing him his love. He gave him favor in the eyes of the chief jailer, who put Joseph in charge of all the prisoners. After these things, two of the kings servants, the chief cup bearer and the chief baker, offended their lord the king of Egypt and Pharaoh threw them into the same jail where Joseph was imprisoned. Since Joseph was in charge of all the prisoners, he also took care of these two officials. One night both men had dreams. The following morning, when Joseph went to see them, he found them very worried because they didn't know the meaning of their dreams. When Joseph told them that God could give them the interpretation, they told Joseph their dreams. First the cup bearer spoke. In his dream there was a vine with three branches that blossomed and produced grapes. The cup bearer took the grapes, squeezed them into Pharaoh's cup and gave it to him. Then Joseph gave him the interpretation: In three days Pharaoh would restore him to his office and he would serve the king as he had before. Joseph asked the cup bearer to remember him and speak of him to Pharaoh. Then the baker spoke. In his dream, he was carrying three baskets of bread on his head. In the top basket were many types of baked foods for Pharaoh but the birds were eating them out of the basket. When he had finished speaking, Joseph interpreted his dream: Within three days Pharaoh would cut off his head and hang him from a tree and the birds would devour his body. In fact, on the third day Pharaoh restored the chief cup bearer to his office and ordered that the chief baker be hung. However, the cup bearer didn't remember Joseph but totally forgot him. Poor Joseph! Once again he had helped others, only to be forgotten completely by them. However, God had not forgotten him, and had a plan for him.	Cuando Potifar volvió a casa, su esposa le mostró el manto de José y le dijo que José había tratado de deshonrarla. Al escuchar cómo el esclavo hebreo había tratado de aprovecharse de su mujer, Potifar tomó a José y lo echó en la cárcel. ¡Pobre José! Cada vez que trataba de hacer bien y honrar a Dios, le ocurría algo malo. Y sin embargo, no estaba solo. Dios estaba con él y no dejó de mostrarle su amor. Le dio gracia en los ojos del guardia de la cárcel, el cual puso a José a cargo de todos los prisioneros. Después de estas cosas, dos de los siervos del rey, el jefe de los coperos y el jefe de los panaderos, ofendieron a su señor el rey de Egypto y Fararón los echó en la misma cárcel donde estaba preso José. Como José estaba a cargo de todos los prisioneros, también atendía a estos dos funcionarios. Una noche los dos hombres tuvieron sueños. A la mañana siguiente, cuando José fue a verlos, los encontró muy preocupados porque no sabían el significado de sus sueños. Cuando José les dijo que Dios podía darles la interpretación, le contaron a José sus sueños. Primero habló el copero. En su sueño había una vid con tres ramas que florecieron y produjeron uvas. El copero tomó las uvas, las exprimió en la copa del fararón y se la dio. Luego José le dio la interpretación: en tres días el fararón lo restituiría a su puesto y volvería a servir al rey tal como lo hacía antes. José le rogó al copero que se acordara de él y que hablara de él al fararón. Luego habló el panadero. En su sueño, llevaba tres canastas de pan sobre la cabeza. En la canasta de arriba había muchos tipos de pastelería para el fararón, pero las aves las comía de la canasta. Cuando había terminado de hablar, José le interpretó su sueño: Dentro de tres días el fararón lo decapitaría y lo colgaría de un árbol y las aves devorarían su cuerpo. En efecto, al tercer día el fararón restituyó al jefe de los coperos a su puesto y mandó ahorcar al jefe de los panaderos. Sin embargo, el copero no se acordó de José, sino que se olvidó de él por completo. Otra vez había ayudado a otros, sólo por ser olvidado por completo por ellos. Sin embargo, Dios no lo había olvidado, y tenía un plan para él.

✉ Lectura: En el asiento del conductor

Así *alumbre* vuestra luz delante de los hombres, para que vean vuestras buenas obras, y glorifiquen a vuestro Padre que está en los cielos. —Mateo 5:16

shine

Me encanta la historia de la mujer *estresada* que estaba *conduciendo pegada* al vehículo *de adelante*, mientras iban por un *bulevar* de mucho tráfico. Cuando el hombre que iba conduciendo adelante *aminoró la marcha* ante una luz amarilla para después *detenerse*, la mujer tocó la *bocina*, *despotricando* y gritando con frustración *al tiempo que gesticulaba* con *ira*. Mientras estaba *echando peste*, escuchó un *golpecito* en su ventana y al levantar la vista *se topó con el rostro* de un oficial de policía, quien le ordenó salir del automóvil con las manos arriba. La llevó a la estación de policía y la *colocó* en una *celda* temporal.

stressed, driving
glued, in front of her,
 boulevard
slowed down, stop
horn, ranting, as
gestured, anger, fuming
little knock, met the face

placed, cell

Una hora después, el oficial regresó y dijo: "Lo siento señora. Éste ha sido un gran error. Cuando *me detuve* detrás de usted, noté el *porta-placas de su matrícula* que decía '¿Qué haría Jesús?' y la *pegatina* en su *parachoques* que decía: 'Sígame a la escuela dominical'. ¡Asumí que el automóvil había sido robado!"

stopped

license plate holder

bumper sticker, bumper

A Satanás no le importa demasiado si eres cristiano *mientras que* no *actúes* como uno. Si él puede hacer que vivas siguiendo sus *señales*, puede hacerte daño y *desarmarte* todo el tiempo y deshomrar el nombre de Cristo en el proceso.

as long as
act, signs

disarm

En vez de *ello*, Jesús llama a los creyentes a ser "sal" y "Así *alumbre* vuestra luz delante de los hombres, para que vean vuestras buenas obras, y glorifiquen a vuestro Padre que está en los cielos. (Mateo 5:16).

that, shine

Con Jesús en el asiento del conductor de nuestras vidas, podemos hacer *resaltar* el amor y la gloria de Dios. --JMS

stand out

No dejes que Satanás
maneje los detalls de tu vida.

Nuestro pan diario

A. Preguntas sobre la lectura
1. ¿Cómo estaba la mujer que estaba conduciendo?
2. ¿Cómo reaccionó cuando el hombre que estaba conduciendo adelante aminoró la marcha y se detuvo?
3. ¿Qué escuchó mientras estaba echando peste? ¿Quién fue?
4. ¿Adónde la llevó el oficial de policía?
5. ¿Qué error había cometido el policía? ¿Por qué?
6. ¿Cómo quiere Satanás que nos comportemos?
7. ¿Por qué quiere Satanás que acutemos así?
8. ¿Qué palabra usó Jesús para describir a los creyentes?
9. ¿Por qué debemos comportarnos como hijos de Dios?

B. Preguntas personales
1. ¿Alguna vez te has enojado mientras estabas manejando?
2. ¿Actuaste como la mujer en esta historia?

⌲Exprésate: Comprando un coche

1. Entrevista

1. ¿Hay muchos concesionarios de coches en tu pueblo? ¿Cuál es el mejor concesionador del área?
2. Cuando compras un coche, te importa más la línea (la apariencia), la seguridad o la economía?
3. ¿Te importa mucho la potencia del motor o te preocupas más por el consumo de combustible (fuel)?
4. ¿Cuál te importa más, la rápidez y la facilidad de manejar, o la amplitud (space) y la comodidad?
5. Para ti, ¿es más importante el año del velhículo o el kilometraje (mileage)?
6. ¿Siempre consultas "el libro azul" sobre automóviles antes de comprar un coche usado?
7. ¿Lees revistas automovilísticas e *Informaciones para el consumidor* (*Consumers Report*)?
8. Antes de comprar un coche usado, ¿visitas a muchos concesionarios para comparar precios?
9. ¿Revisas con cuidado el record de mantenimiento del coche? ¿Verificas el kilometraje (mileage)?
10. ¿Llevas el coche a un buen mecánico para una inspección completa?
11. ¿Tratas de verificar quién ha tenido el coche antes y por qué lo vendieron?
12. ¿Inspeccionas muy bien el coche por dentro y fuera y lo manejas durante media hora?
13. Cuando compras un coche, siempre pagas lo que piden, o tratas de negociar el precio?
14. ¿Prefieres pagar al contado (cash) o a plazos (installments)?
15. ¿Comprarías un coche que no ofrezca una garantía de 30-90 días?

2. Comentario/Consejo (oral o escrito)

Comenta sobre lo que más te importa al seleccionar un coche y da consejos (advice) para la compra de un coche usado. Consulta la lista dada a continuación para ideas.

Factores importantes	Consejos para comprar un coche
el precio	Leer revistas automovilísticas
el año	Leer *Informaciones para el consumidor* (Consumer Report)
la marca y el modelo	
la línea	Visitar muchos concesionarios/lotes de exhibición
el tamaño y la comodidad (comfort)	Buscar en la sección clasificada del periódico
el kilometraje	Comparar precios, marcas y modelos
la condición y la seguridad	Inspeccionar muy bien el coche adentro y afuera
el costo del mantenimiento	Llevar el coche a un buen mecánico
la potencia del motor (la rapidez)	Revisar el record de mantenamiento
el consumo de combustible	Verificar el kilometraje
la facilidad de manejar	Manejar el coche por media hora
la utilidad y la versitilidad	Verificar si el coche ha tenido un accidente
el espacio para pasajeros	Preguntar quién ha tenido el coche antes

Nota Cultural
Alquilando un coche

La mejor forma de moverse por España es en coche de alquiler. Todas las grandes compañias internacionales se representan allí. Para alquilar un coche, hay que tener 25 años y poseer un permiso de conducir válido desde hace dos años. Normalmente resulta más económico reservar el coche dos o tres meses antes de partir para España. Se puede prepagarlo o pagarlo al devolver el coche, y hay que añadir 16% IVA al importe de la tarifa.

En Europa, los coches de cambio manual son más fáciles de encontrar y mucho más baratos que los automáticos. También se puede ahorrar dinero alquilando un coche diesel, siendo el gasóleo 20% más barato que la gasolina.

Intérprete: Alquilando un coche

When I fly to another country,	Cuando viajo en avión a otro país,
I often need to rent a car.	a menudo necesito alquilar un coche.
Two or three weeks before departing,	Dos o tres semanas antes de salir,
I call several car rental agencies	llamo a varias agencias de alquiler de coches
to ask for information and to compare rates.	para pedir información y comparar tarifas.
On finding the agency with the best rates,	Al encontrar la agencia con las mejores tarifas,
I tell the agent my destination	le digo al agente mi destino
and the date that I'm going to arrive.	y la fecha en la que voy a llegar.
The employee asks me	El agente me pregunta
for how many days I want to rent the car	por cuántos días quiero alquilar el coche
and what type of car I prefer.	y qué tipo de coche prefiero.
I tell him that I want a compact for a week	Le digo que quiero un coche compacto por una semana
and I ask him the price with unlimited mileage.	y le pregrunto la tarifa con kilometraje ilimitado.
The agent offers me two models	El agente me ofrece dos modelos
with the rates that they charge per week.	con las tarifas que cobran por semana.
I tell him the model that I prefer,	Le digo el modelo que prefiero,
and then the agent asks me	y luego el agente me pregunta
if I'm going to be the only driver.	si voy a ser el único conductor.
I tell him yes,	Le digo que sí,
and I ask him if the insurance is included.	y le pregunto si el seguro está incluído.
He tells me that the price includes a base insurance,	Me dice que la tarifa incluye un seguro base,
but he recommends a personal liability policy	pero recomienda una póliza de accidente personal
that covers damages to the car.	que cubre daños al coche.
Since I have a VISA card	Como tengo una tarjeta de VISA
that covers damages to the car,	que ya cubre daños al coche,
I tell him that I don't need additional insurance.	le digo que no necesito seguro adicional.
On learning that I don't want to take	Al saber que no quiero tomar
a personal liability insurance,	un seguro de accidente personal,
the agent informs me that I have to pay	el agente me informa que tengo que pagar
a deposit of 500 dollars toward damages to the car.	un depósito de 500 dólares contra daños al coche.
I can use my credit card, if I prefer,	Puedo usar mi tarjeta de crédito, si prefiero,
and they don't charge anything	y no me cobran nada
if I return the car in good condition.	si devuelvo el coche en buenas condiciones.
After deciding the total amountt,	Después de decirme el monto total,
he asks me the number of my VISA card	me pregunta el número de mi tarjeta de VISA
with the expiration date.	con la fecha de vencimiento.
After taking my number,	Después de tomar mi número,
he asks me if I have a fax number	me pregunta si tengo un número de fax
where he can send me a copy of the contract.	adonde puede enviarme una copia del contrato.
Before hanging up, I ask the agent	Antes de colgar, le pregunto al agente
what documents I'm going to need	qué documentos voy a necesitar
in order to drive abroad.	para manejar en el extranjero.
He tells me that I'm going to need my driver's license,	Me dice que voy a necesitar mi permiso de manejar,
my insurance card and my passport.	mi tarjeta de seguro y mi pasaporte.
I also want to know where to pick up the car	También quiero saber dónde recoger el coche
on arriving at my desitination.	al llegar a mi destino.
He tells me that I should go	Me dice que debo dirigirme
to the counter of the car rental agency.	al mostrador de la agencia de alquiler de coches.
After showing them the contract and my passport,	Después de mostrarles el contrato y mi pasaporte,
they will give me the car keys	me darán las llaves del coche
and will tell me where I can pick it up.	y me dirán dónde puedo recogerlo.
Finally, I want to know where to drop off the car	Por último, quiero saber dónde dejar el coche
on returning to the airport.	al volver al aeropuerto.
He tells me that I should leave it in the parking lot	Me dice que debo dejarlo en el estacionamiento
that is reserved for rental cars.	que está reservado para coches de alquiler.
Then I should return to the counter in the terminal,	Luego debo volver al mostrador en la terminal,
where I can hand over the keys	dónde puedo entregar las llaves
and pay the balance of the debt.	y pagar el balance de la deuda.

ORAL MASTERY

4

The Subjunctive vs. the Indicative in Adjective Clauses

Do you have a pen that writes well?	¿Tiene una pluma que escriba bien?
I don't have any pen that writes well.	No tengo ninguna pluma que escriba bien.
Here's a pen that writes well.	Aquí está una pluma que escribe bien.
I bought a pen that writes well.	Compré una pluma que escribe bien.
There isn't any pen that writes well.	No hay pluma que escriba bien.
Do you have the book that has the answers?	¿Tiene el libro que tiene las respuestas?
Where's a book that has the answers?	¿Dónde está el libro que tiene las respuestas?
I need a book that has the answers.	Necesito un libro que tenga las respuestas.
I want the book that has the answers.	Quiero el libro que tiene las respuestas.
Is there a book that has the answers?	¿Hay un libro que tenga las respuestas?
I know a teacher who doesn't give tests.	Conozco a un profesor que no da exámenes.
Is there a teacher who doesn't give tests?	¿Hay un profesor que no dé exámenes?
I don't know any teacher who doesn't give tests.	No conozco ningún profesor que no dé exámenes.
He's a teacher who doesn't give tests.	Es un profesor que no da exámenes.
Where's the teacher who doesn't give tests?	¿Dónde está el profesor que no da exámenes?
I know a man who understands animals.	Conozco a un hombre que comprende los animales.
There isn't anybody who understands animals.	No hay nadie que comprenda los animales.
Do you know the man who understands animals?	¿Conoces al hombre que comprende los animales?
I want to meet someone who understands animals.	Quiero conocer a alguien que comprenda los animales.
I have a friend who understands animals.	Tengo un amigo que comprende los animales.
I live in a house that costs very little.	Vivo en una casa que cuesta muy poco.
I want to buy a house that costs very little.	Quiero comprar una casa que cueste muy poco.
Is there a house that costs very little?	¿Hay una casa que cueste muy poco?
I see a house that costs very little.	Veo una casa que cuesta muy poco.
There isn't any house that costs very little.	No hay casa que cueste muy poco.
Do you have a bird that talks?	¿Tiene un pájaro que hable?
I don't have a bird that talks.	No tengo ningún pájaro que hable.
I want a bird that talks.	Quiero un pájaro que hable.
Do you see the bird that talks?	¿Ve el pájaro que habla?
I'm looking for the bird that talks.	Busco el pájaro que habla.
I want the car that goes fast.	Quiero el coche que va rápido.
Do you sell a car that goes fast?	¿Venden un coche que vaya rápido?
I can't find a car that goes fast.	No puedo encontrar un coche que vaya rápido.
Where is the car that goes fast?	¿Dónde está el coche que va rápido?
I have a car that goes fast.	Tengo un coche que va rápido.

The Subjunctive in Adverb Clauses

I'll play **so that** (in order that) we may win.	Jugaré **para que** ganemos.
I'll speak **so that** you will understand.	Hablaré **para que** comprendas.
I'll work **so that** we may eat.	Trabajaré **para que** comamos.
I'll go to the party **provided that** you go too.	Iré a la fiesta **con tal que** tú vayas también.
I'll play **provided that** you play too.	Jugaré **con tal que** tú juegues también.
I'll listen **provided that** you listen too.	Escucharé **con tal que** tú escuches también.
Let's eat **in case** they come.	Vamos a comer **en caso de que** vengan.
Let's study **in case** there's a test.	Vamos a estudiar **en caso de que** haya un examen.
Let's wait **in case** it rains.	Vamos a esperar **en caso de que** llueva.
We'll go **unless** you are sick	Vamos a ir **a menos que** tu estés enfermo.
We'll practice **unless** it rains.	Vamos a practicar **a menos que** llueva.
We'll practice **unless** they're not here.	Vamos a practicar **a menos que** no estén aquí.
We'll eat **on the condition that** they are here.	Vamos a comer **a condición de que** estén aquí.
We'll leave **on the contion that** you are ready.	Vamos a salir **a condición de que** estés listo.
We'll practice **on the condition that** there's a game.	Vamos a practicar **a condición de que** haya un partido.
We'll leave **without** their knowing it.	Vamos a salir **sin que** ellos lo sepan.
We'll eat **without** him seeing us.	Vamos a comer **sin que** él nos vea.
We'll prepare **without** her helping us.	Vamos a preparar **sin que** ella nos ayuden.
He does it **without** my helping him.	Lo hace **sin que** yo lo ayude.
She eats it **without** us seeing her.	Lo come **sin que** nosotros la veamos.
You say it **without** anybody hearing you.	Lo dices **sin que** nadie te oiga.
He speaks softly **for fear that** they hear him.	Habla en voz baja **de miedo que** lo oigan.
He studies **for fear that** there might be a test.	Estudia **de miedo que** haya un examen.
He repeats **for fear that** we forget.	Repite **de miedo que** olvidemos.
Let's be ready **lest** he gives a test.	Vamos a estar listos **no sea que** dé un examen.
Let's practice **lest** we forget it.	Vamos a practicar **no sea que** lo olvidemos.
Let's talk quietly **lest** they hear us.	Vamos a hablar en voz baja **no sea que** nos oigan.
Although it may rain, we'll play.	**Aunque** llueva, vamos a jugar.
Although you may be sick, we're going to school.	**Aunque** estés enfermo, vamos a la escuela.
Although he may be rich, he is not happy.	**Aunque** esté rico, no está contento.
In spite of the fact you may be tired, we're going to play.	**A pesar de que** estés cansado, vamos a jugar.
In spite of the fact you may not want it, we're going to practice.	**A pesar de que** no lo quieras, vamos a practicar.
In spite of the fact it may snow, we're going to school.	**A pesar de que** nieve, vamos a la escuela.

Antes de empezar...

Antes de empezar "En la estación de servicio," revisa la lista de palabras familiares dada a continuación. Esta lista incluye palabras presentadas en Español 1 y 2 y cognados que son fáciles de reconocer

Revisando el coche	Revisando el coche	Verbos	Verbs
el mantenimiento	maintenance	cobrar	charge
la revisión	service/check-up	costar (ue)	cost
el agua	water	funcionar	work
el aire	air	vibrar	vibrate
el aceite	oil	chequear/revisar	check
el refrigerante	coolant	reparar	repair
el accidente	accident	arreglar	fix
la colisión/el choque	collision/crash	ajustar	adjust
la emergencia	emergency	cambiar	change/replace
la reparación	repair	cargar	inflate
el ajuste	adjustment	inflar	charge
el taller	repair shop	llenar	fill
la estacuón de servicio	service station	chocar	crash
la gasolinera	gas station	dar gas	give gas
el mecánico	mechanic	lavar	wash
la tarjeta de crédito	credit card	limpiar	clean
		lubricar	lubricate
Las partes del coche	**Parts of the Car**	añadir líquido	add liquid
la batería	battery	poner (agua/aceite/aire)	add (water/oil/air)
el radiador	radiator		
el carburador	carburator	**Expresiones**	**Expressions**
el acelerador	accelerator	tener un accidente	have an accident
el calentador	heater	¿Cuánto va a costar?	How much will it cost?
el ventilador	fan	¿Cuándo estará listo?	When will it be ready?
el generador	generator	¿Cuánto tardará?	How long will it take?
el silenciador	muffler	¿Cuál es el precio por hora?	What's the hourly rate?
el motor (diesel)	(diesel) motor	Ponga Ud. diez litros.	Give me ten liters.
el tanque/depósito	tank		
la transmisión	transmission	**Adjetivos**	**Adjectives**
el sistema eléctrico	electrical system	manual	manual
la ignición	ignition	automático	automatic
los controles	controls	sucio	dirty
el aire acondicionado	air conditioning	limpio	clean
las luces	lights	lleno	full
la direcional/el indicador	turn signal	vacío	empty
el cilindro	cylinder	nuevo	new
el pistón	piston	viejo	old
el cable	wire/cable	caro	expensive
el radio	radio	barato	cheap
el asiento	seat	económico	economical
la puerta	door	usado/de segunda mano	used/second-hand
el pedal	pedal	roto	broken
el tanque/depósito	tank	descompuesto	broken down
el filtro	filter	en buenas condiciones	in good condition
el termostato	thermostat	en malas condiciones	in bad condition

> "Prefiero traer un pecador a Jesucristo, que descubrir todos los misterios de las Escrituras, porque la salvación es la única razón por la que estamos vivos."
> *Charles H. Spurgeon*

Unidad 5: En la estación de servicio

UNIT CONTENTS

Capítulo 13
1. Vocabulario: Mantenimiento del coche
2. Gramática: The Subjunctive in Adverb Clauses
3. Versículo: Efesios 6:2-3
4. Lectura: En busca de lo obvio
5. Exprésate: Un viaje en coche

Capítulo 14
1. Diálogo: En la estación de servicio
2. Gramática: The Subjunctive after Relative Pronouns and Adverbs
3. Versículo: Hebreos 13:6b
4. Lectura: Chequear el aceite
5. Exprésate: En la estación de servicio

Capítulo 15
1. Historias bíblicas: los sueños de Faraón
2. Versículo: Juan 3:17
3. Lectura: ¿Estás haciendo tu parte?
4. Exprésate: Una descompostura o accidente que tuviste
5. Intérprete: En la estación de servicio

Oral Mastery Exercises: The Subjunctive after Time Conjunctions
The Subjunctive after Relative Pronouns and Adverbs

Toledo

Capítulo 13

Versículo

Honor thy father and mother, (which is the first commandment with promise), that it may be well with thee, and thou mayest live long on the earth.
Ephesians 6:2-3

Honra a tu padre y a tu madre, que es el primer mandamiento con promesa; para que te vaya bien, y seas de larga vida sobre la tierra.
Efesios 6: 2-3

Saludos

Buenos días./Buenas tardes. ¿Qué tal tus clases hoy?
¿A cuántos estamos hoy? (Estamos a...de...)
¿Qué hora es? ¿Qué hora era cuando llegaste a la escuela?
¿Qué temperatura hacía cuando llegaste a la escuela?
¿Hacía sol cuando llegaste a la escuela esta mañana?
¿En qué clases tuviste tarea ayer?
¿A qué hora te acostaste ayer?
¿Cuántas horas dormiste en total?
¿En qué clases tendrás tarea esta noche?
¿A qué hora saldrás para la escuela mañana?

Lecciones

1. Vocabulario: Mantenimiento del coche
2. Grámatica: The Subjunctive in Adverb Clauses
3. Versículo: Efesios 6: 2-3
4. Lectura: En busca de lo obvio
5. Exprésate: Un viaje en coche

Repaso rápido

Día 1: Adverb Clauses	1. Speak more slowly **so that** we can understand.
	2. I can't do anything **without** her knowing it.
	3. **Unless** you are dying, you need to be here.
Día 2: Adverb Clauses	1. He hides (esconder) his pencils **for feat that** someone take them.
	2. You should call them **lest** they forget.
	3. We will play on Friday **provided that** it's sunny (hacer sol).
Día 3: Adverb Clauses after Time Conjunctions	1. You can do your homework **while** I prepare dinner.
	2. I'm going to eat **as soon as** we get (llegar) home.
	3. Tell me **when** you find your book.
Día 4: Adverb Clauses after Time Conjunctions	1. I'm going to study **after** we eat.
	2. You can watch television **until** we go to bed.
	3. **Whenever** you have a question, ask me.
Día 5: Adverb Clauses after Time Conjunctions	1. We should clean your room **before** they get here.
	2. I will tell you ask **as soon as** I know.
	3. You can begin **when** we finish eating.

Vocabulario: Mantenimiento del coche

A. Vocabulario activo

En la estación de servicio	At the gas station
Llénelo, por favor.	Fill it up, please.
Déme ...litros de...	Give me...liters of...
normal/super/extra	regular/super/extra
diesel/aceite	diesel/oil
¿De qué grado?	What grade?
Por favor, revise ...	Please check...
el agua en la batería	the water in the battery
el nivel del aceite	the oil level
el nivel del radiador	the radiator level
la presión de las llantas	the tire pressure
Por favor, échele(s)...	Please add...
agua a la batería	water to the battery
aceite al motor	oil to the engine
anticongelante al radiador	coolant to the radiator
aire a las llantas	air to the tires
¿Podría Ud....	Could you...
limpiar el parabrisas?	clean the windshield?
arreglar el pinchazo?	repair the flat?
hacer servicio al coche?	service the car?
afinar el motor?	tune the engine?
cambiar un fusible/foco	replace a fuse/bulb?
cambiar el aceite/filtro	change the oil/filter?
engrasar el coche	lube the car?
ajustar los frenos	adjust the brakes?
alinear las ruedas	align the wheels?
¿Podría Ud. prestarme...	Could you loan me...
cables de arranque	jumper cables
una lata para gasolina	a gas can
un gato	a jack
una llave inglesa	a wrench

B. Vocabulario adicional

Averías y reparaciones	Breakdowns and Repairs
Tengo una avería.	I have a breakdown.
Tengo un pinchazo.	I have a flat.
Estoy fuera sin llave.	I'm locked out.
Se acabó la gasolina.	I'm out of gas.
He tenido un accidente.	I've had an accident.
Está descompuesto.	It's broken down.
No funciona.	It doesn't work.
No arranca.	It won't start.
Tiene un escape./Gotea.	It's leaking.
Hace un ruído extraño.	It makes a strange noise.
El motor se recalienta.	The motor overheats.
La correa está suelta.	The belt is loose.
El foco esta quemado.	The bulb is burnt out.
La batería está descargada.	The battery is dead.
La manguera está rota.	The hose is broken.
¿Podría Ud....	Can you...
llamar a la policía?	call the police?
mandar una ambulancia?	send an ambulance?
mandar una grúa?	send a tow truck?
remolcarlo (a)	tow it (to)?
empujarme?	give me a push?
llevarme en coche (a)?	give me a lift (to)?
cambiar la llanta?	change the tire?
hacerlo arrancar?	make it start?
recargar la batería?	recharge the battery?
¿Qué le pasa?	What's wrong with it?
¿Puede Ud. arreglarlo?	Can you fix it?
Tiene Ud. el repuesto?	Do you have the part?
¿Cuánto tardará?	How long will it take?
¿Cuánto me va a costar?	How much will it cost me?

Ejercicios de vocabulario

I. Escribe las expresiónes tres veces y memorízalas para una prueba.

II. Contesta las preguntas con una frase completa.

1. ¿Siempre **llenas el tanque** cuando vas a la estación de servicio?
2. ¿Cuántos **litros** (o galones) de gasolina compras normalmente?
3. ¿Qué grado de gasolina prefieres para tu coche, **normal, super** o **extra**?
4. ¿Tienes un coche **diesel**? ¿Cuál es más barato, el **diesel** (gasóleo) o la gasolina?
5. ¿Cuántos litros de **aceite** toma tu coche? ¿**De qué grado** es?
6. ¿Cada cuánto (How often) **revisas el agua en la batería**?
7. ¿Siempre **revisas el nivel del aceite** cuando compras combustible (fuel)?
8. ¿Cada cuánto **revisas el nivel del radiador**?
9. ¿Cada cuánto **revisas la presión de las llantas**?
10. ¿Cuántas veces por año tienes que **echarle agua a la batería**?

11. ¿Tienes que **echarle aceite al motor** de vez en cuando?
12. ¿**Le echas más anticongelante al radiador** en el invierno?
13. ¿**Les echas aire a las llantas** antes de hacer un viaje?
14. ¿Siempre **limpias el parabrisas** cuando llenas el tanque?
15. ¿Adónde vas para **arreglar un pinchazo**? ¿Cuánto cobran?
16. ¿Adónde vas para **hacer servicio al coche**? ¿Conoces un mecáncio bueno?
17. ¿Siempre **afinas el motor** cuando haces servicio al coche?
18. ¿Alguna vez **has cambiado un fusible**? ¿**Un foco**?
19. ¿Cuántas veces por año **cambias el aceite**?
20. ¿Siempre **cambias el filtro** y **engrasas el coche** cuando cambias el aceite?

21. ¿Necesitas **ajustar los frenos** de vez en cuando, o tienes frenos de disco?
22. ¿Siempre **alineas las ruedas** cuando compras llantas?
23. ¿**Te prestan tus amigos** herramientas (tools) de vez en cuando?
24. ¿Tienes **cables de arranque**? ¿Alguna vez los has usado?
25. ¿Llevas **una lata para gasolina** en el portamaletas/la cajuela (trunk)?
27. ¿Llevas **un gato** en el portamaletas? ¿Alguna vez lo has usado para cambiar una llanta?
26. ¿Tienes **una llave inglesa** en tu coche? ¿Para qué la usas?

III. Escribe la palabra o expresión que complete correctamente cada frase.

1. No puedo ver bien. Necesito limpiar el_____.
2. Siempre se debe cambiar el_____cuando se cambia el aceite.
3. El coche no arranca (won't start). ¿Podría Ud. prestarme_____de arranque?
4. Le falta agua a la batería. Necesito_____agua.
5. Antes de hacer un viaje, siempre reviso la_____de las llantas.
6. Normalmente_____el coche cuando cambian el aceite.
7. Las luces del freno no funcionan. Necesito cambiar el_____.
8. Los grandes camiones (trucks) no usan gasolina, sino_____.
9. Se necesita un_____para cambiar una llanta.
10. Si uno tiene frenos de disco, no es necesario_____los frenos.
11. Para_____un pinchazo, se debe ir a una estación de servicio.
12. El coche no va derecho. Necesito_____las ruedas.
13. Tengo que ir por gasolina. ¿Podría prestarme una_____?
14. Cuando hacen servicio al coche, _____el motor.
15. En el invierno, es una buena idea echarle_____al radiador.
16. La presión de las llantas está un poco baja. Necesito_____aire.
17. Normalmente los coches compactos no usan extra. Usan_____.
18. En Europa, se vende combustible (fuel) por_____, no por galón.
19. Todos los mecánicos tienen una_____inglesa.
20. Cuando compro gasolina, siempre reviso el nivel del_____.

☞Explicación: The Subjunctive in Adverb Clauses

1. In the previous lesson you learned to use the subjunctive in adverb clauses introduced by conjunctions denoting *purpose, condition* and *exception*:

Comeremos	*con tal que*	vengan.
We will eat	*provided that*	they come.

You will recall that the subjunctive is always used after these conjunctions because what follows is viewed as uncertain, pending or unfulfilled.

2. In this lesson, you will learn to use the subjunctive after conjunctions denoting *time*. Following is a list of the most common temporal conjunctions:

cuando	when
mientras	while, so long as
antes de que	before
después de que	after
hasta que	until
desde que	since
siempre que	whenever
ahora que	now that
una vez que	once that
tan pronto como	as soon as

3. Conjunctions denoting *time* are sometimes followed by the indicative, other times by the subjunctive, depending on whether what follows is viewed as an *accomplished event* or something *yet to to fulfilled*.

Accomplished Event:

Comimos	*cuando*	vinieron.
We ate	*when*	they came.

Pending Event:

Comeremos	*cuando*	vengan.
We will eat	*when*	they come.

In the top example, their coming and our eating are viewed as completed events. In the second example, they are viewed as pending, one hinging on the other. Therefore the subjunctive is used after the time conjunction to show that the action is not an accomplished fact, and therefore to some degree uncertain.

4. When making a general statement about a regularly occuring event, rather than a future pending event, the indicative is used, either present or imperfect:

Siempre comemos	*cuando*	vienen.
We always eat	*when*	they come.

Siempre comíamos	*cuando*	venían.
We always ate	*when*	they came.

The only exception to this rule is *antes de que* (before), which is always followed by the subjunctive, regardless of whether what follows is viewed as pending or accomplished.

Siempre comemos	*antes de que*	vengan.
We always eat	*before*	they come.

5. *Antes de* (before), *después de* (after), and *hasta* (until) are followed by *que* plus the subjunctive only when there is a *second subject*. If there is no second subject, the infinitive is used:

Trabajo	*antes de* *después de* *hasta*	salir.

Trabajo	*antes de que* *después de que* *hasta que*	salgan.

✍ Ejercicios

I. Contesta las preguntas con una frase completa.

1. ¿Qué vas a hacer cuando te gradúes de la secundaria?
2. ¿Vas a trabajar tan pronto como puedas encontrar un empleo?
3. ¿Vas a casarte tan pronto como encuentres a la persona perfecta?
4. ¿Siempre comes antes de que tus padres vuelvan a casa?
5. ¿Estarás contento/a una vez que sepas tu nota en esta clase?
6. ¿Vas a dormir mañana hasta que suene el despertador (alarm clock)?
7. ¿Vas a levantarte tan pronto como suene, o vas a dormir hasta que suene la segunda vez?
8. ¿Qué vas a hacer mañana mientras el profesor presente la lección?
9. ¿Terminarás tu tarea mañana antes de que tu madre sirva la cena?
10. ¿Vas a mirar la televisión esta noche mientras hagas tu tarea?

II. Traduce al español.
1. She always listens when I speak.
2. She listened when I spoke.
3. She'll listen when I speak.

4. I always read while we wait for the bus.
5. I read while we waited for the bus.
6. I'll read while we wait for the bus.

7. We always eat as soon as they leave.
8. We ate as soon as they left.
9. We'll eat as soon as they leave.

10. I always wash the dishes after we eat.
11. I washed the dishes after we ate.
12. I'll wash the dishes after we eat.

13. They always study until we arrive.
14. They studied until we arrived.
15. They'll study until we arrive.

16. I always feel better once I'm at home.
17. I always felt better once I was at home.
18. I'll feel better once I'm at home.

III. Traduce al español.
1. I work in order to eat.
2. I work so that you can eat.

3. She talks without knowing it.
4. She talks without my knowing it (without that I know it).

5. They leave before eating.
6. They leave before we eat.

7. We'll rest after eating.
8. We'll rest after they eat.

9. You'll eat on arriving.
10. You'll eat when you arrive.

11. I'll read until falling asleep.
12. I'll read until they fall asleep.

13. He goes fast for fear of arriving late.
14. He goes fast for fear that they may arrive late.

✍ Ejercicios (Repaso)

I. Llena los espacios en blanco con la forma apropiada del verbo entre paréntesis.

1. Hablo despacio para que mis estudiantes me (entender)_____.
2. Vamos a comer tan pronto como mamá (servir)_____ la comida.
3. ¿Qué vas a hacer cuando (graduarte)_____ de la escuela?
4. Siempre hago mi tarea cuando (volver)_____ a casa.
5. Habrá un partido el viernes a menos que (llover)_____.
6. Puedes mirar la televisión mientras yo (hacer)_____ la comida.
7. Voy a darles el examen después de que Uds. (corregir)_____ la tarea.
8. No puedes hacer nada sin que ellos te (ver)_____.
9. Juan lavó los platos después de que nosotros (comer)_____.
10. Iré a la fiesta con tal que tú (venir)_____ conmigo.
11. ¿Quieres darme tu examen cuando lo (terminar)_____?
12. Vamos a traer ropa caliente en caso de que (nevar)_____.
13. Antes de que se me (olvidar)_____, tengo que decirte algo.
14. Apaga la luz cuando (salir)_____!
15. Siempre apago la luz cuando (salir)_____.
16. Voy a trabajar hasta que (estar)_____ oscuro.
17. Aunque nadie (ser)_____ perfecto, todos podemos ser simpáticos.
18. A pesar de que (haber)_____ muchos problemas en el mundo, no soy pesimista.
19. Anoche me dormí tan pronto como (acostarme)_____.
20. ¿Vas a correr antes o después de que nosotros (volver)_____?

II. Contesta las preguntas con una frase completa.
1. ¿Ayudas en casa para que tus padres no tengan que hacerlo todo?
2. ¿Te pagan tus padres con tal que ayudes con los quehaceres domésticos?
3. ¿Limpias tu dormitorio una vez por semana, aunque no sea necesario?
4. ¿A veces, haces cosas para ayudar sin que nadie lo sepa?
5. ¿A veces, arreglas la casa antes de que tus padres vuelvan a casa?
6. ¿Qué vas a hacer cuando te gradúes de la secundaria?
7. ¿Te ayudarán tus padres con tal que tengas buenas notas?
8. ¿Podrás asistir a la universidad sin que tus padres te ayuden?
9. ¿Vas a buscar un empleo de verano en caso de que no recibas una beca (scholarship)?
10. ¿Qué quieres hacer cuando termines tus estudios universitarios?

III. Traduce al español.
1. I can't do anything without you knowing it (without that you know it).
2. We're bringing an umbrella in case it rains.
3. Unless you object (tener inconveniente), I want to leave at six.
4. I'm going to use this car until it dies (no ir más)!
5. You guys can read the paper while I prepare the meal.
6. She always interrupts (interrumpir) me before I can answer.
7. I'm speaking slowly so that everyone understands.
8. After you finish (terminar), I need to talk with you.
9. I'll help you, provided that you listen to me when I talk.
10. You can't begin without us being there (without that we are there).
11. I'm going to work as long as I live.
12. As long as you (=provided you) have the time, you can wash the dishes.

☎ Conversaciones

1

| ¿Siempre | ves la televisión
pones un disco
escuchas música
oyes las noticias | mientras | haces tu tarea
arreglas la casa
lavas los platos
haces tus ejercicios
vas a la escuela
vuelves a casa | ? |

| ¿Vas a | ver la televisión
poner un disco
escuchar música
oír las noticias | mientras | hagas tu tarea
arregles la casa
laves los platos
hagas tus ejercicios
vayas a la escuela
vuelvas a casa | ? |

2

| ¿Siempre | tomas un café
descansas
ves un video
haces ejercicios
pones un disco
te relajas | cuando | llegas a la escuela
sales de la escuela
vuelves a casa
haces tu tarea
terminas tu tarea
te levantas | ? |

| ¿Vas a | tomar un café
descansar
ver un video
hacer ejercicios
poner un disco
relajarte | cuando | llegues a la escuela
salgas de la escuela
vuelvas a casa
hagas tu tarea
termines tu tarea
te levantes | ? |

3

| ¿Vas a | lavar los platos
limpiar tu dormitorio
arreglar la casa
poner la mesa
quitar la mesa
sacar la basura
barrer el piso
pasar la aspiradora
sacudir los muebles
lavar la ropa sucia
guardar la ropa
cortar el césped
lavar el coche | cuando
donde
como | tus padres te lo digan? |

4				
	¿Haces tu tarea ¿Preparas la comida ¿Limpias tu dormitorio ¿Terminas tu trabajo ¿Estudias para tus clases ¿Lavas los platos	antes de	ver la televisión salir de la casa descansar en el sofá visitar con tus amigos acostarte relajarte	?
	¿Haces tu tarea ¿Preparas la comida ¿Limpias tu dormitorio ¿Terminas tu trabajo ¿Estudias para tus clases ¿Lavas los platos	antes de que tus padres	vuelvan a casa lo sepan te lo digan (tell you to) te lo pidan (ask you to) te disciplinen te paguen	?

5				
	¿Vas a	ver la televisión poner un disco escuchar música oír las noticias	al	hacer tu tarea arreglar la casa lavar los platos hacer tus ejercicios ir a la escuela volver a casa	?
	¿Vas a	ver la televisión poner un disco escuchar música oír las noticias	mientras	hagas tu tarea arregles la casa laves los platos hagas tus ejercicios vayas a la escuela vuelvas a casa	?

6				
	¿Vas a	tomar un café descansar ver un video hacer ejercicios poner un disco relajarte	después de	llegar a la escuela salir de la escuela volver a casa hacer tu tarea terminar tu tarea levantarte	?
	¿Vas a	tomar un café descansar ver un video hacer ejercicios poner un disco relajarte	cuando	llegues a la escuela salgas de la escuela vuelvas a casa hagas tu tarea termines tu tarea te levantes	?

✉Lectura: En *busca* de lo obv*io*   search

. . . porque vosotros mismos habéis aprendido de Dios que os améis unos a otros.
—I Tesalonicenses 4:9

Una estación de servicio debería *brindar* lo que su nombre *implica*. Sin embargo, las estaciones de gasolina que ofrecen servicios gratis parecen ser cosa del pasado.   offer, implies

En un artículo en el periódico *Detroit Free Press*, Ellen Warren preguntaba: "¿Podemos obtener servicio en una estación de servicio?" Ella no se refería únicamente a la nostalgia, sino a servicios básicos como aire gratis, baños limpios y accesibles y mapas de carreteras (*aunque sea sólo para* mirarlos allí mismo).   even if it's only to

No obstante, Warren *localizó* una estación que sí *estaba a la altura de* su nombre. En el frente había un *letrero* que decía: "La última y única estación de gasolina en todas las autopistas principales que ofrece aire y agua GRATIS, agua de beber fría, baños limpios, toallas y *refrescantes* para las manos, *guantes* para *combustible* e información de viajes. Siempre abierta."   Nevertheless, found, lived up to, sign
refreshers, gloves, fuel

Esperar amor de los cristianos debería ser tan *razonable* como esperar servicio de una estación de servicio. Los tesalonicenses habían "aprendido de Dios [a amarse] unos a otros" (I Tesalonicenses 4:9), *por lo que* Pablo dijo que no tenía que escribirles acerca del amor fraternal. Y Jesús dijo a sus discípulos que el amor los identificaría como *seguidores* Suyos (Juan 13:35).   expect, reasonable
so that
followers

Una estación de servicio sin servicio es una contradicción. ¡Lo mismo es un cristiano sin amor! Habiendo recibido el amor de Dios (Romanos 5:5) y teniendo la seguridad del mismo, mostremos Su amor a los demás. --MRDII

Los que no demuestran su amor no aman realmente.--Shakespeare

Nuestro pan diario

A. Preguntas sobre la lectura
1. ¿Qué deben ofrecer las estaciones de servicio?
2. ¿Ofrecen la mayoría de estaciones de servicio lo que su nombre implica?
3. ¿Qué servicios debemos recibir?
4. ¿Qué encontró Ellen Warren?
5. ¿Qué servicios gratis ofrecía esta estación de servicio?
6. ¿Qué debemos esperar de los cristianos?
7. ¿Qué es una estación de servicio sin servicio?
8. ¿Qué es un cristiano sin amor?

B. Preguntas personales
1. ¿Conoces a cristianos que demuestren diariamente el amor de Dios?
2. ¿Crees que un cristiano sin amor es como una estación de servicio sin servicio?
3. ¿Cómo podemos demostrar nuestro amor por los hermanos?
4. ¿Cómo podemos demostrar nuestro amor por los perdidos?

⇨Exprésate: En la estación de servicio

1. Entrevista

1.	¿Qué es lo primero que haces cuando vas a una estación de servicio?
2.	¿Siempre llenas el tanque cuando compras gasolina, o prefieres comprar sólo cinco galones?
3.	¿Siempre bombeas (pump) la gasolina, o prefieres que otro lo haga?
4.	¿Qué grado de gasolina usas, normal, super o extra? ¿Cuánto cuesta por galón?
5.	¿Cómo pagas? ¿Prefieres pagar en efectivo (cash) o usar tu tarjeta de crédito?
6.	¿Prefieres pagar adentro, o en el surtidor de gasolina con tu tarjeta?
7.	¿Qué haces mientras bombeas la gasolina? ¿Limpias el parabrisas? ¿Revisas el aceite y el agua?
8.	¿Siempre revisas la presión de las llantas cuando estás en la estación de servicio?
9.	¿Cada cuánto (how often) verificas el nivel de aceite de la transmisión? ¿El líquido de la batería?
10.	¿Qué haces cuando el nivel de aceite o de líquido está bajo? ¿Llevas aceite en el coche?
11.	¿A veces cambias el aceite en la estación de servicio? ¿Cada cuánto (how often) lo cambias?
12.	¿Hay una lavadora de coches en la estación de servicio a la que vas?
13.	¿Siempre lavas el coche cuando compras gasolina? ¿Cada cuánto (how often) lo lavas?
14.	¿Limpias el coche por dentro? ¿Aspiras los tapetes (rugs)? ¿Limpias los espejos?
15.	¿A veces compras comida o bebida en la tienda de la estación de servicio?

2. Narración (oral o escrita)

Cuenta lo que haces cuando vas a una estación de servicio, desde el momento en que estacionas el coche hasta el momento en que sales de la estación. Consulta la lista dada a continuación para ideas.

Siempre **Muchas veces** **A veces/De vez en cuando** **Raras veces** **Casi nunca** **Nunca** -**Estacionar el coche** -**Apagar el motor** -**Bajar del coche** -**Entrar en la tienda de la estación** -**Pagar** -**Salir de la tienda** -**Ir al surtidor de gasolina (gas pump)**	-**Insertar la tarjeta en la ranura (slot)** -**Seleccionar el tipo de combustible** -**Llenar el tanque** -**Bombear (pump) la gasolina** -**Ponerle el tapón (gas cap) al tanque** -**Limpiar el parabrisas (windshield)** -**Abrir el capó/el cofre** -**Verificar (check) el nivel de agua y aceite** -**Agregarle (add) agua/aceite al motor** -**Tomar el recibo** -**Echarles aire a las llantas** -**Aspirar el coche** -**Lavar el coche** -**Subir al coche**

Nota Cultural

Las estaciones de servicio en España

Muchas de las estaciones de servicio en España son del tipo autoservicio y son muy parecidas a las de los Estados Unidos. Las más grandes, como Repsol y Cepsa, aceptan tarjetas de crédito. Se introduce la tarjeta de crédito en la ranura del surtidor y se selecciona el tipo de combustible. A diferencia de aquí, sin embargo, la gasolina se vende por litro y cuesta casi el doble. La gasolina sin plomo y el diesel (gasóleo) se venden en todas partes. Como el gasóleo es 20% más barato que la gasolina, hay muchas personas que lo prefieren y se recomienda que se pida un coche diesel cuando se alquila un coche.

Una gasolinera Repsol en Cataluña

Versículo

| The Lord is my helper, and I will not fear what man shall do unto me. Hebreos 13:6b | El Señor es mi ayudador; no temeré lo que me pueda hacer el hombre. Hebreos 13:6b |

Capítulo 14

Saludos

Hola. ¿Cómo estás?
¿Qué fecha es hoy? ¿Cuál será la fecha de mañana?
¿Que hora es? ¿Qué hora será cuando vuelvas a casa?
¿Qué temperatura hace hoy? ¿Qué temperatura hizo ayer?
¿Qué viste en la televisión anoche?
¿Con quién cenaste anoche?
¿Qué vas a hacer hoy después de la escuela?
¿A qué hora vas a levantarte mañana?
¿Qué vas a desayunar mañana?

Lecciones

1. Diálogo: En la estación de servicio
2. Grámatica: The Subjunctive after Relative Pronouns and Adverbs
3. Versículo: Hebreos 13:6b
4. Lectura: Chequear el aceite
5. Exprésate: En la estación de servicio

Repaso rápido

Día 1: Adverb Clauses after Time Conjunctions	1. **Once** we have the answers, we can leave. 2. **Before** you say anything, talk with the teacher. 3. I'm going to wait **until** they come back.
Día 2: Adverb Clauses after Time Conjunctions	1. You can study **while** we work. 2. I will talk with her **when** I see her. 3. Tell me **as soon as** he calls.
Día 3: Relative Pronouns and Adverbs	1. **Those who** have questions should raise their hand. 2. I will put it **wherever** you want. 3. **However** you say it, say it with love.
Día 4: Relative Pronouns and Adverbs	1. **Whoever** says that he is perfect is a liar (mentiroso). 2. You may take **whichever** one you like. 3. **Whenever** you need us, we'll be there.
Día 5: Relative Pronouns and Adverbs	1. **However** much he studies, he doesn't understand. 2. **However** smart you may be, you can't know it all. 3. **Whatever** day you arrive, we will be here.

📝 Repaso de vocabulario

Traduce al español.

1. **Fill it up**, please.
2. Do you want **regular, super** or **extra**?
3. I want **diesel**. Do you have diesel?
4. I also need **oil**. **What grade?**
5. Please **check the water in the battery**.

6. Also **check the oil level and the radiator level.**
7. How's the **tire pressure**?
8. Please **add water to the battery and oil to the engine.**
9. Also **add coolant to the radiator and air to the tires.**
10. Could you **clean the windshield**?

11. How much does it cost to **repair a flat**?
12. Do you **tune the engine** when you **service the car**?
13. I think that I need to **replace a fuse**.
14. Do you **change the filter** and **lube the car** when you **change the oil**?
15. I think that you need to **adjust the brakes** and **align the wheels**.

16. **Could you loan me** a **road map**?
17. I need **jumper cables**. My battery is dead (descargada).
18. Could you loan me a **gas can**?
19. I have a flat (un pinchazo). Do you have a **jack**?

🔧 Diálogo: En la estación de servicio

-Buenos días.	-Good morning.
-Buenos días. ¿Lo lleno?	-Good morning. Shall I fill it up?
-Sí, por favor. Llénelo con extra (= 98 octane).	Yes, please. Fill it with extra.
-Lo siento. Sólo tenemos normal (= 90) y super (= 96).	-I'm sorry. We only have regular and super.
-Bueno. Déme ochenta litros de super, por favor.	-O.K. Give me eighty liters of super, please.
-¿Con o sin plomo?	-With or without lead?
-Sin plomo. ¿Puede echarle un vistazo al motor? Creo que el aceite está un poco bajo.	-Without lead. Can you take a look at the motor? I think the oil is a bit low.
-Claro. ¿Quiere Ud. abrir el cofre/el capó?	-Sure. Do you want to open the hood?
(Un minuto más tarde)	(A minute later)
-Ah, sí, necesita aceite. ¿Qué grado usa Ud.?	-Ahh, yes, you need oil. What grade do you use?
-10-30. ¿Tiene Ud. 10-30 en Penzoil?	-10-30. Do you have 10-30 in Penzoil?
-No, pero lo tengo en Pemex. ¿Está bien Pemex?	-No, but I have it in Pemex. Is Pemex O.K?
-Creo que sí. ¿Es la única marca disponible?	-I guess so. Is it the only brand available?
-Sí. ¿No le gusta Pemex?	-Yes. Don't you like Pemex?
-Sí, sí, Pemex está bien. ¿Y puede Ud. limpiar el parabrisas? Está muy sucio.	-Oh yes, Pemex is fine. And can you clean the windshield? It's really dirty.
-Claro. ¿Quiere que revise el agua del radiador?	-Sure. Do you want me to check the water in the radiator?
-Por favor. ¿Y podría inspeccionar la batería también?	-Please. And could you inspect the battery too?
(Un momento más tarde)	(A moment later)
-El nivel de agua del radiador está bien, pero necesita agregarle agua a la batería. ¿Le agrego agua?	-The water level in the radiator is fine, but you need to add water to the battery. Shall I add water to it?
-Sí, por favor. ¿Y puede Ud. verificar la presión de las llantas? Parece que la llanta delantera a la derecha está un poco baja.	-Yes, please. And can you check the tire pressure? It seems like the front right tire is a bit low.
(Unos minutos más tarde.)	(Several minutes later)
-Tiene razón. Hay un clavo en la llanta delantera.	-You're right. There's a nail in the front tire.
-¡No me diga! ¡Un clavo! ¿Cuánto cuesta cambiarla?	-You don't say! A nail! How much does it cost to change it?
-Cincuenta pesos. ¿Tiene Ud. una llanta de repuesto?	-Fifty pesos. Do you have a spare?

-Sí, en el maletero. ¿Puede Ud. cambiarla ahora?	-Yes, in the trunk. Can you change it now?
-Puedo cambiarla o repararla. ¿Qué prefiere Ud.?	**-I can change it or repair it. Which do you prefer?**
-Mejor repárela. La llanta de repuesto no está en buenas condiones. ¿Cuánto tardará?	-Better repair it. The spare isn't in good condition. How long will it take?
-¿Para cuándo la necesita?	**-When do you need it by?**
-Tan pronto como sea posible.	-As soon as possible.
-No toma mucho tiempo. Media hora.	**-It doesn't take much time. Half an hour.**
-Media hora está bien. ¿Puede Ud. decirme dónde está el baño?	-Half an hour is fine. Can you tell me where the bathroom is?
-Hay uno al fondo. Aquí tiene Ud. la llave.	**-There's one in the back. Here's the key.**
-Gracias. ¿Pago ahora?	-Thanks. Do I pay now?
-Sí. ¿Quiere pagar en efectivo o con tarjeta de crédito?	**-Yes. Do you want to pay cash or with a credit card?**
-¿Aceptan Uds. American Express?	-Do you accept American Express?
-No, sólo aceptamos Pemex y VISA.	**-No, we only accept Pemex and VISA.**
-Entonces, pago en efectivo. ¿Cuánto es en total?	-Then I'll pay cash. How much is it in all?
-Son cuatro cientos pesos por la gasolina, veinte por el aceite, y cincuenta por la reparación de la llanta, total, cuatro cientos setenta pesos. (Le da un billete de quinientos pesos.)	**-It's four hundred pesos for the gas, twenty for the oil, and fifty for the tire repair, in all, four hundred and seventy pesos.** (He gives him a five-hundred peso bill.)
-Aquí tiene Ud.	-Here you go.
-Gracias, y aquí tiene Ud. el vuelto.	**-Thanks. Here's your change.**
(Media hora más tarde)	(Half an hour later)
-Señor/Señorita (insert name), todo está arreglado. ¿Sabía Ud. que los frenos de adelante están gastados?	**-Mr./Miss (insert name), everthing is fixed. Did you know that the front brakes are worn?**
-No. ¿Es grave?	-No. Is it serious?
-No es un problema serio, pero debe cambiar las pastillas pronto.	**-It's not a serious problem, but you should change the pads soon.**
-¿Puedo manejar con los frenos así?	-Can I drive with the brakes that way?
-Sí, pero si oye un ruído cuando frena, no debe manejar.	**-Yes, but if you hear a noise when you brake, you shouldn't drive.**
-En ese caso debo cambiármelas ahora. Ya hace un ruido extraño cuando freno.	-In that case I should change them now. It already makes a strange noise when I brake.
-¿Entonces quiere que se las cambie?	**-Then you want me to change them for you?**
-¿Cuánto me va a costar?	-How much is it going to cost me?
-Para unas pastillas nuevas será unos mil dos cientos pesos.	**-For new pads it will be one thousand two hundred pesos.**
-¿Podría hacer la reparación ahora?	-Could you do the repair now?
-Ahora no, pero si quiere dejar el coche puedo hacerlo mañana por la mañana.	**-Not now, but if you leave the car I can do it tomorrow morning.**
-No puedo dejarlo.	-I can't leave it.
-¿Entonces puede traermelo mañana a las ocho?	**-Then can you bring it to me tomorrow at eight o'clock?**
-Creo que sí. ¿Cuándo podría tenerlo listo?	-I think so. When can you have it ready?
-Estará listo en una hora.	**-It will be ready in an hour.**
-Está bien. Nos vemos mañana a las ocho.	-Fine. I'll see you at eight.
- Hasta luego.	**-See you then.**
-Adios. Hasta luego.	-Good-bye. See you then.

☞Explicación: The Subjunctive After Relative Pronouns and Adverbs

1. In chapter 10 you learned to use the subjunctive in *adjective clauses* referring back to indefinite nouns whose existence or availability is *uncertain, questioned or denied*:

Busco	a alguien	que *pueda* ayudarme.
I'm looking for	someone	who *might be able* to help me.

2. A similar use of the subjunctive is found after the indefinite expressions *Lo que* (What) and *Los que* (Those who) when the existence of the thing or person is left open and is therefore uncertain:

Debes hacer	lo que	te *diga*.
You should do	whatever	*he tells you.*

Quiero hablar con	los que	*tengan* una pregunta.
I want to talk with	those who	*might have* a question.

In the above examples, the speaker doesn't know what one might be told to do, nor who (if anyone) might have a question, so he uses the subjunctive to express this uncertainty.

3. Likewise, the subjunctive is required after the relative adverbs *donde* and *como* when the place or manner in which something might be done is left open and is therefore viewed as uncertain:

Comeremos	donde	Ud. *quiera*.
We'll eat	where(ever)	*you wish.*

Puede hacerlo	como	Ud. *quiera*.
You may do it	however	*you (may) like.*

4. It is possible to form a number of indefinite expressions by joining *-quiera* to relative pronouns and adverbs:

Whoever	*Quienquiera que*	Wherever	*Dondequiera que*
Whatever	*Cualquier cosa que*	Whenever	*Cuandoquiera que*
Whichever	*Cualquiera que*	However	*Comoquiera que*

When the time, place, manner, etc. is left open after these expressions, the subjunctive must be used in the following adjective clause:

Comoquiera	que lo *hagas*,	me gustará.
However	you *(might) do* it,	I'll like it.

Dondequiera	que *vivas*,	tendrás problemas.
Wherever	you *(might) live*,	you will have problems.

Cuandoquiera	que me *necesites*,	puedes llamarme.
Whenever	you *(might) need* me,	you can call me.

5. To translate *however + adjective*, Spanish uses *por + adjective* followed by the subjunctive:

Por rico	que *sea*	no está contento.
However rich	he may be	he isn't happy.

Por mucho	que *estudie*	no aprende.
However much	he may study	he doesn't learn.

✍ Ejercicios

Tradusca al español

A. *Lo que* (Whatever)

1. I will give you whatever you may need.
2. You can think whatever you want.
3. I don't care (importarme) what they may say.

B. *Los que* (Those who, Whoever)

1. Those who finish early may leave.
2. I want to speak with those who (might) need help.
3. Those who do not understand need to see me.

C. *Quienquiera* or *Cualquiera que* (Whoever)

1. Whoever says that he's perfect isn't telling the truth.
2. Whoever gets here (llegar) first can eat first.
3. Whoever doesn't work, shouldn't eat.

D. *Cualquier* + noun +*que* (Whatever)

1. Whatever day you come, I will be here.
2. Whatever excuse (disculpa) she may offer (ofrecer), we should accept it.
3. Whatever (thing) you find in the kitchen, you may eat it.

E. *Cualquiera que* (Whichever one)

1. Whichever one you buy, you need to have money.
2. Whichever one you prefer, take it.
3. Whichever one you take, you'll like it.

F. *Cuandoquiera que* (Whenever)

1. Whenever he returns, we should be ready (listos).
2. Whenever we hear the alarm (el timbre de alarma), we will leave the class.
3. Whenever you get tired (cansarse), you may go to bed.

G *Dondequiera que* (Wherever)

1. Wherever you live, you will find friends.
2. Wherever you work, there will be problems.
3. Wherever you look, there are trees.

H. *Comoquiera que* (However)

1. However you do it, you need to read the intructions (las instrucciones) first.
2. However you dress, it should be modest (modesto).
3. However he acts (comportarse), don't say anything.

I. *Por* + adjective + *que* (However + adjective)

1. However rich he may be, he never has enough.
2. However strong she may appear, she's always tired.
3. However smart they may be, they can't read.

☎ Conversaciones (Repaso)

1

| ¿Siempre | ves la televisión
pones un disco
escuchas música
oyes las noticias | mientras | haces tu tarea
arreglas la casa
lavas los platos
haces tus ejercicios
vas a la escuela
vuelves a casa | ? |

| ¿Vas a | ver la televisión
poner un disco
escuchar música
oír las noticias | mientras | hagas tu tarea
arregles la casa
laves los platos
hagas tus ejercicios
vayas a la escuela
vuelvas a casa | ? |

2

| ¿Siempre | tomas un café
descansas
ves un video
haces ejercicios
pones un disco
te relajas | cuando | llegas a la escuela
sales de la escuela
vuelves a casa
haces tu tarea
terminas tu tarea
te levantas | ? |

| ¿Vas a | tomar un café
descansar
ver un video
hacer ejercicios
poner un disco
relajarte | cuando | llegues a la escuela
salgas de la escuela
vuelvas a casa
hagas tu tarea
termines tu tarea
te levantes | ? |

3

| ¿Vas a | lavar los platos
limpiar tu dormitorio
arreglar la casa
poner la mesa
quitar la mesa
sacar la basura
barrer el piso
pasar la aspiradora
sacudir los muebles
lavar la ropa sucia
guardar la ropa
cortar el césped
lavar el coche | cuando
donde
como | tus padres te lo digan? |

4	¿Puedes	comer dormir almorzar leer una novela salir con tus amigos ver la televisión hablar por teléfono usar la computadora jugar a videojuegos usar el coche ir al centro salir de la clase salir de la escuela	cuandoquiera que	te convenga (suits you) te parezca bien tengas ganas tengas la oportunidad tengas tiempo decidas hacerlo	?

5	¿Vas a	estar contento/a tener amigos tener problemas tener tarea tener exámenes tener éxito estudiar mucho aprender mucho trabajar duro practicar deportes divertirte mucho quejarte (complain) salir adelante (move ahead)	dondequiera que	vivas trabajes estudies asistas a la escuela encuentres empleo	?

6	¿Vas a	sacar buenas notas aprender mucho salir bien en los exámenes recordar la materia poder hablar bien tener éxito salir adelante (move ahead)	comoquiera que	hagas la tarea estudies la materia repases la materia estudies para los exámenes uses tu tiempo practiques participes en la clase te comportes en clase	?

✉ Lectura: Chequear el aceite

Oh, Señor, de mañana oirás mi voz; de mañana me presentaré delante
de ti, y esperaré. --Salmo 5:3

Cuando les enseñé a mis hijas a conducir, incluí algunas instrucciones
sobre el mantenimiento básico del automóvil. Visitamos una gasolinera
donde aprendieron a *revisar* el nivel del aceite cada vez que ponían — check
gasolina al coche. Hoy, después de muchos años, *suelen* recordarme — they customarily
mi repetida frase: "El aceite es barato; los motores son caros". Agregar
un litro de aceite no es nada comparado con cambiar un motor.

El mantenimiento también es importante en nuestra vida espiritual.
Dedicar un tiempo todos los días para leer la Biblia, orar y escuchar a
Dios es un elemento *clave* para evitar un mal funcionamiento. En el
Salmo 5, David escribió: "Oh, Señor, de mañana oirás mi voz; de — key (essential)
mañana me presentaré delante de ti, y esperaré (v. 3). En el versículo
siguiente, *derramó* su corazón en alabanza, gratitud y peticiones a
Dios. — poured out

Muchos consideran esencial empezar cada día con el Señor. Antes
de revisar los e-mails, escuchar las noticias o desayunar, dedican *a
solas* unos momentos de quietud para leer una porción de la Palabra de
Dios, alabarlo por su grandeza, darle gracias por su amor y buscar su — alone
dirección. Otros pasan tiempo leyendo y orando en *horarios* diferentes
del día. — times

No es algo mágico...*se trata de* un mantenimiento, en el cual le
pedimos al Señor todos los días que llene nuestro corazón con su — it's a question of
presencia por el camino de la vida. --DCM

> Señor, dame un intenso deseo de leer tu Palabra
> cada día y de alimentarme de ti.

Nuestro pan diario

A. Preguntas sobre la lectura
1. ¿Qué instrucciones incluyó el autor al enseñarles a sus hijas a conducir?
2. ¿Qué aprendieron a hacer en la gasolinera?
3. ¿Qué frase suelen recordarle sus hijas?
4. ¿Por qué es una buena idea agregar un litro de aceite al motor de vez en cuando?
5. ¿Qué aplicación hace el autor?
6. ¿Qué consideran esencial muchos creyentes?
7. ¿Cómo podemos mantener nuestra vida espiritual? ¿Es algo mágico?

B. Preguntas personales
1. ¿Crees que es importante revisar el nivel del aceite cuando pones gasolina al coche?
2. ¿Cada cuánto (how often) lo revisas?
2. ¿También crees que es importante mantener nuestra vida espiritual leyendo la Biblia y orando?
4. ¿Crees que es esencial empezar cada día con el Señor?

↪ Exprésate: Un viaje en coche

1. Entrevista

1. Antes de hacer un viaje en coche, ¿revisas el coche para saber si está en buenas condiciones?
2. ¿Verificas el nivel (level) de agua y aciete? ¿Revisas el líquido de frenos (brakes)?
3. ¿Siempre llenas el tanque de gasolina antes de salir? ¿Revisas la presión de las llantas (tires)?
4. ¿Limpias el parabrisas? ¿Lavas el coche? ¿Limpias el coche por dentro (inside)?
5. ¿Revisas la llanta de repuesto (spare) antes de salir? ¿Llevas herramientas (tools)?
6. ¿Te compras un buen mapa de carreteras? ¿Estudias bien el mapa antes de salir?
7. ¿Siempre planeas el itinerario? ¿Seleccionas la ruta más rápida o prefieres la ruta turística?
8. ¿Siempre escuchas el pronóstico meteorológico antes de salir?
9. ¿Llevas un teléfono celular en caso de emergencias? ¿Llevas agua y comida en el coche?
10. ¿Llevas una linterna y señales luminosos (flares) en caso de accidente?
11. ¿Qué haces para pasar el tiempo cuando viajas? ¿Cada cuánto (How often) te paras? ¿Para qué?
12. ¿Dónde comes cuando estás de viaje? ¿Te gustan los restaurantes de comida rápida?
13. ¿Qué haces cuando tienes mucho sueño y no puedes manejar más? ¿Te paras para dormir?
14. ¿Qué haces cuando te pierdes o no sabes el camino? ¿Te paras en una estación de servicio?
15. ¿A qué velocidad viajas cuando tomas la autopista? ¿Siempre respetas las señales de velocidad?

2. Narración (oral or escrita)

Cuenta lo que haces cuando haces un viaje largo en coche. Incluye todos los preparativos y lo que haces en el camino. Consulta la lista dada a continuación para ideas.

-Comprar un buen mapa de carreteras	-Revisar el motor
-Escuchar el pronóstico meteorológico	-Echarles aire a las llantas
-Planear el itinerario	-Revisar la llanta de repuesto
-Seleccionar la mejor ruta	-Revisar todos los líquidos
-Hacer una lista de las cosas para traer	-Llenar el tanque
-Hacer las maletas	-Llevar herramientas (tools)
-Comprar comida	-Llevar señales luminosas (flares)
-Llevar agua	-Lavar el coche
-Cargar el coche	-Limpiar el parabrisas y los espejos
-Hacer reservaciones de hotel	-Limpiar el coche por dentro

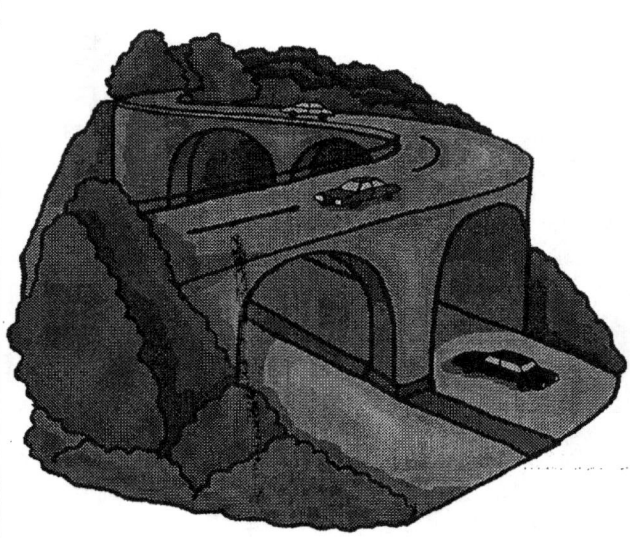

Nota Cultural

Las carreteras nacionales en España

La mayoría de las carreteras nacionales en España son de sólo dos carriles y pueden resultar congestionadas en horas punta. Algunas han sido reemplazadas en años recientes por *autovías*, autopistas en las que no hay que pagar peaje. A pesar de ser más lentas, las carreteras nacionales ofrecen rutas mucho más pintorescas que las autopistas. Si uno no tiene que ir muy lejos o si dispone de mucho tiempo y quiere disfrutar del paisaje y explorar los pueblos pequeños, vale la pena tomar la carretera nacional. Hay que tener mucho cuidado, sin embargo, de los vehículos lentos y de las personas que los rebasan. El límite de velocidad en las carreteras nacionales es de 90-100 km/h.

Sevilla: la Giralda

Versículo

For God sent not his Son into the world to condemn the world, but that the world through him might be saved.
John 3:17

Porque no envió Dios a su Hijo a mundo para condenar el mundo, sino para que el mundo sea salvo por él.
Juan 3:17

Capítulo 15

Saludos

¿Qué hay (de nuevo)?
¿Qué fecha tenemos?
¿Que hora tienes? ¿A qué hora llegaste a la escuela?
¿A cuánto está la temperatura? (Está a...grados.)
¿En qué clases tuviste tarea ayer?
¿A qué hora te acostaste ayer?
¿Cuántas horas dormiste anoche?
¿A qué hora te levantarás mañana?
¿Qué tiempo hará mañana?
¿Habrá sol mañana?

Lecciones

1. Historias bíblicas: Los sueños de Faraón
2. Versículo: Juan 3:17
3. Lectura: ¿Estás haciendo tu parte?
4. Exprésate: Una descompostura o accidente que tuviste
5. Intérprete: En la estación de servicio
6. Oral Mastery Exercises

✎ Repaso rápido

Día 1: Grammar plus Vocabulary	1. I will clean the windshield **when** I fill the tank (el tanque). 2. I will buy the car **provided that** ir runs on (funciona con) regular. 3. Could you loan us a gas can **so that** I can go for gas?	
Día 2: Grammar plus Vocabulary	1. The car will run (marchar) better **after** they tune the engine. 2. You shouldn't drive **until** we adjust the brakes. 3. Please check the water in the battery **when** you check the oil level.	
Día 3: Grammar plus Vocabulary	1. Will you change the filter **when** you change the oil? 2. Check the tire pressure **in case** I have a flat. 3. Should I check the radiator level **after** you add coolant?	
Día 4: Grammar plus Vocabulary	1. Can you loan me a jack **so that** I can fix this flat? 2. They will add air to the tires **when** they service the car. 3. They should lube the car **while** they change the oil.	
Día 5: Grammar plus Vocabulary	1. **Wherever** you buy gas, super will cost more than regular. 2. You should do **whatever** your mechanic (mecánico) tells you. 3. **Whoever** services the car should check the brakes.	

✝La historia de José: Los sueños de Faraón

    Dos años más tarde, el rey *mismo* tuvo un sueño. En su sueño estaba *de pie* junto al río Nilo cuando, *de pronto*, del río salieron siete vacas hermosas y gordas que *pacían* en el *prado*. Detrás de ellas salieron otras siete vacas, feas y flacas, que *se pararon* cerca de las vacas hermosas. Y las siete vacas feas y flacas devoraron a las vacas hermosas y gordas. En ese momento el fararón se despertó. Cuando *volvió a dormirse*, tuvo otro sueño. En este sueño, siete *espigas de trigo,* grandes y hermosas, *crecían* de una sola *caña*. Después de ellas, *brotaban* otras siete espigas, delgadas y *quemadas* por el *viento solano*. Y las siete espigas delgadas devoraban a las siete espigas grandes y hermosas.

    A la mañana siguiente se levantó el rey muy preocupado. Mandó llamar a todos los *magos* y *sabios* de Egipto, y les contó los dos sueños pero nadie pudo interpretárselos. Entonces el jefe de los coperos *se acordó del* jóven hebreo que había conocido en la cárcel. Hasta este momento lo había olvidado *por completo*, pero ahora, al ver que podría causarle buena impresión al rey, se acordó de él. Al oír que había un hombre que podía interpretarle su sueño, el faraón mandó llamar a José, y *en seguida* lo sacaron de la cárcel. ¡Por fin, después de más de dos años, estaba *libre* otra vez, y un *paso* más cerca de la *realización* de sus sueños!

    Después de afeitarse y cambiarse de ropa, José se presentó ante Faraón. José le hizo saber que era Dios, no él, quien le daría la interpretación de sus sueños. Después de oirlos, le dijo a Faraón que los dos sueños en realidad eran uno solo. Dios le había mostrado al fararón lo que iba a hacer. Las siete vacas gordas y las siete espigas grandes y hermosas significaban siete años de gran abundancia en todo Egipto. Las siete vacas flacas y las siete espigas delgadas eran siete años de *hambre* que seguirían los siete años de abundancia. Tan terrible sería el hambre que todos olvidarían la abundancia de antes. El rey tuvo el mismo sueño dos veces porque Dios había *resuelto* firmemente hacerlo y lo haría muy pronto.

himself
standing, suddenly
grazed
meadow
stood
bank

fell back asleep
ears of grain
grew, stalk
sprouted up, scorched
east wind

the next morning
magicians, wise men

remembered
completely

at once
free, step
fulfillment

famine

resolved

Preguntas sobre la historia
1. ¿Quién tuvo un sueño dos años más tarde?
2. ¿Qué pasó en el sueño del rey?
3. ¿Qué pasó en el segundo sueño?
4. ¿Qué hizo el rey al levantarse?
5. ¿Por qué mandó llamar a José?
6. ¿Qué le hizo saber José?
7. ¿Qué significaban las siete vacas gordas y las siete espigas grandes y hermosas?
8. ¿Qué significaban las siete vacas flacas y las siete espigas delgadas?
9. ¿Por qué tuvo el rey el sueño dos veces?

Intérprete

Two years later, Pharaoh himself had a dream.	Dos años más tarde, el faraón mismo tuvo un sueño.
In his dream he was standing by the river Nile	En su sueño estaba de pie junto al río Nilo
when, suddenly, there came up out of the river	cuando, de pronto, del río salieron
seven beautiful, fat cows,	siete vacas hermosas y gordas
and they grazed in a meadow on the bank of the river.	y pacían en un prado a la orilla del río.
After them there came out seven other cows,	Detrás de ellas salieron otras siete vacas,
ugly and thin, and stood by the first.	feas y flacas, que se pararon cerca de las primeras.
And the seven ugly, thin cows	Y las siete vacas feas y flacas
ate up the seven beautiful, fat cows.	devoraron a las vacas hermosas y gordas.
At that moment the Pharaoh awoke.	En ese momento el fararón se despertó.
When he fell asleep again, he had another dream.	Cuando volvió a dormirse, tuvo otro sueño.
In this dream, seven ears of grain,	En este sueño, siete espigas de trigo,
big and beautiful, grew from a single stalk.	grandes y hermosas, crecían de una sola caña.
After them, there spouted up seven other ears,	Después de ellas, brotaban otras siete espigas,
thin and scorched by the east wind.	delgadas y quemadas por el viento solano.
And the seven thin ears ate up	Y las siete espigas delgadas devoraban
the seven big, beautiful ears.	a las siete espigas grandes y hermosas.
The next morning he awoke very troubled.	A la mañana siguiente se levantó muy preocupado.
He sent for all the magicians and wisemen of Egypt	Mandó llamar a todos los magos y sabios de Egipto,
and told them his two dreams	y les contó los dos sueños
but nobody could interpret them.	pero nadie pudo interpretárselos.
Then the chief cup bearer remembered Joseph.	Entonces el jefe de los coperos se acordó de José.
Until this moment he had forgotten him completely,	Hasta este momento lo había olvidado por completo,
but now, seeing he could please Pharaoh,	pero ahora, al ver que podría complacer al faraón,
he remembered him.	se acordó de él.
On hearing that there was a man	Al oír que había un hombre
who could interpret his dreams,	que podía interpretarle sus sueños,
Pharaoh sent for Joseph	el faraón mandó llamar a José
and they took him at once from the jail.	y lo sacaron en seguida de la cárcel.
Finally, after more than two years,	¡Por fin, después de más de dos años,
he was free again,	estaba libre otra vez,
and one step closer to the fulfillment of his dreams!	y un paso más cerca de la realización de sus sueños!
After shaving and changing his clothes,	Después de afeitarse y cambiarse de ropa,
Joseph came before Pharaoh.	José se presentó ante Faraón.
Joseph let him know that it was God, not himself,	José le hizo saber que era Dios, no él,
who would give the interpretation of his dreams.	quien le daría la interpretación de sus sueños.
After hearing them, he told Pharaoh	Después de oírlos, le dijo a Faraón
that the two dreams were really just one.	que los dos sueños en realidad eran uno solo.
God had shown Pharaoh what He was going to do.	Dios le había mostrado al fararón lo que iba a hacer.
The seven fat cows and seven large ears	Las siete vacas gordas y las siete espigas grandes
meant seven years of great abundance in Egypt.	significaban siete años de gran abundancia en Egipto.
The seven skinny cows and seven thin ears	Las siete vacas flacas y las siete espigas delgadas
were seven years of great famine	eran siete años de hambre
that would follow the seven years of abundance.	que seguirían los siete años de abundancia.
So terrible would the famine be	Tan terrible sería el hambre
that everyone would forget the former abundance.	que todos olvidarían la abundancia de antes.
The king had the same dream twice	El rey tuvo el mismo sueño dos veces
because God had firmly resolved to do it	porque Dios había resuelto firmemente hacerlo
and would do it very soon.	y lo haría muy pronto.

✉ Lectura: *¿Estás haciendo tu parte?*

... el cuerpo ... según la actividad propia de cada miembro, recibe su crecimiento.... --Efesios 4:16.

Iba *conduciendo* por una *carretera* no muy *transitada* cuando de repente, mi auto *disminuyó* la velocidad, *falló* un momento, y finalmente *se apagó*. Allí estaba yo, solamente con un *destornillador* y un *alicate*, a kilómetros de distancia de un mecánico. Y lo que yo sé sobre motores es muy mínimo.	driving, highway, travelled reduced, missed died, screwdriver, pliers
Levanté el *capó* del auto y miré, pero todo parecía estar en orden. Entonces llegó un amigo. Movió un poco el carburador y dijo: «Tiene mucha gasolina.» Colocó el destornillador encima de unas conexiones eléctricas y exclamó: «¡Ajá! No hay *chispa*.» *Al poco tiempo* encontró un *cable suelto*. Se había *flojado* un pequeño *tornillo*, lo cual hizo que el motor se *detuviera*.	hood spark, soon wire, loose, loosened, screw stopped
De la misma forma en que las *piezas* pequeñas de un motor son vitales para *mantenerlo* funcionando, todos los *miembros* del cuerpo de Cristo, la Iglesia, son importantes. El que dejes de hacer tu parte puede *obstaculizar* el funcionamiento *adecuado* del cuerpo completo. La *falta* de oración puede *dar como resultado* la *pérdida* de *poder*. El no *testificar* puede ser *la razón por la que* alguien no escuche el evangelio. El que dejes de *apoyar* a tu iglesia económicamente podría reducir el trabajo de evangelización y de las misiones. El que *descuides* tu pequeña parte puede dar como resultado graves problemas.	in the same way, pieces keep, members hamper, adequate lack, cause, loss, power witness, the reason why support neglect
Se necesita el trabajo de todos los miembros del cuerpo, *por pequeños que sean*. ¿Estás haciendo tu parte? --MRD	as small as they may be
La *fidelidad* en las cosas pequeñas es una gran cosa.	faithfulness

Nuestro pan diario

A. Preguntas sobre la lectura
1. ¿Qué le pasó al autor mientras iba conduciendo por la carretera?
2. ¿Qué herramientas tenía? ¿Había un mecánico cerca?
3. ¿Sabía el autor mucho sobre motores?
4. ¿Qué hizo el autor cuando su coche se apagó?
5. ¿Quién llegó en ese momento? ¿Sabía mucho sobre motores?
6. ¿Qué encontró el amigo? ¿Por qué se había detenido el motor?
7. ¿A qué compara el autor las piezas pequeñas de un motor?
8. ¿Qué ocurre cuando un miembro de la iglesia deja de hacer su parte?
9. ¿Qué se necesita para que funcione bien la iglesia?

B. Preguntas personales
1. ¿Eres miembro de una iglesia? ¿Asistes regularmente a tu iglesia?
2. ¿Te consideras una parte importante de la iglesia?
3. ¿Crees que todos los miembros de la iglesia son vitales para mantenerla funcionando?
4. ¿Qué haces para ayudar en tu iglesia? ¿Te gustaría hacer más?
5. ¿Qué piensas de los que asisten a la iglesia durante años pero nunca hacen nada para ayudar?
6. ¿Crees que el no hacer su parte puede dar como resultado graves problemas?

↪ Exprésate: Una descompostura o accidente que tuviste

1. Entrevista

1. ¿Alguna vez has tenido una descompostura/avería? ¿Cuándo y dónde ocurrió?
2. ¿Por qué se descompuso (broke down) el coche? ¿Cuál fue la causa del problema?
3. ¿Alguna vez has tenido un pinchazo (flat)? ¿Lo cambiaste tú o llamaste una grúa (tow truck)?
4. ¿Alguna vez se te ha acabado* (did you run out of) la gasolina? ¿Tuviste que ir por gasolina?
5. ¿Alguna vez se te ha descargado* (discharged) la batería? ¿Tuvo que empujarte (push) alguien?
6. ¿Alguna vez se te ha calentado* (overheated) el motor? ¿Tuviste un escape (leak) en el radiador?
7. ¿Qué hiciste cuando descubriste el problema? ¿Llamaste a una estación de grúas (towtruck)?
8. ¿Qué hizo la persona que vino en la grúa? ¿Pudo repararlo? ¿Cuánto te costó?
9. ¿Tuvo que remolcar (tow) el coche a un taller (repair shop)? ¿Cuánto tiempo tardaron en repararlo?
10. ¿Alguna vez has tenido un accidente? ¿Cuándo y dónde ocurrió?
11. ¿Chocaste con otro coche? ¿Qué le pasó a tu coche? ¿Qué le pasó al otro coche?
12. ¿Quién manejaba? ¿Cómo ocurrió el accidente? ¿Quién tuvo la culpa (fault), tú o el otro conductor?
13. ¿Hubo heridos (wounded persons)? ¿Llamaste a la policía? ¿Llamaste al 911?
14. ¿Vino una ambulancia? ¿Vinieron los bomberos (firemen)? ¿Vino una grúa (towtruck)?
15. ¿Reportaste el accidente al DMV? ¿Te pusiste en contacto con tu agente de seguros?

*Answer with: *Se me ha* + past participle.

2. Narración (oral o escrita)

Habla de una avería/descompostura o de un accidente que has tenido. ¿Cuándo y dónde ocurrió? ¿Qué hiciste? ¿Cuánto te costó? Consulta la lista dada a continuación para ideas.

Problemas
- **Tener un pinchazo** have a flat
- **Acabarse* la gasolina** run out of gas
- **Descargarse la batería** battery discharged
- **Calentarse el motor** motor overheated
- **Romperse una manguera** hose broken
- **No funcionar** not work
- **No arrancar el coche** car not start
- **Estar fuera sin llave** be locked out
- **Tener un escape** have a leak

Qué hacer
- **Parar** stop
- **Llamar una grúa** call a tow truck
- **Reparar el coche** repair the car
- **Cambiar la llanta** change the tire

- **Echarle agua a** add water to
- **Echarle aceite a** add oil to
- **Echarle aire a** add air to
- **Empujar** push
- **Usar cables de arranque** use jumper cables
- **Recargar la batería** recharge the battery
- **Remolcar el coche** tow the car
- **Llamar a la policía** call the police
- **Identificarse** identify yourself
- **Mostrar su licencia de conducir** show your license
- **Llamar al agente de seguro** call the insurance agent
- **Reportarlo al DMV** report it to the DMV
- **Llenar un reporte de accidente** fill out an accident report

*Se me acabó la gasolina, Se me descargó la batería, Se me calentó el motor.

Nota Cultural
Reglas de seguridad al viajar en Europa

Nunca se debe dejar nada de valor en el coche cuando se viaja en Europa. Lo mejor es llevar consigo los objetos de valor y dejar las maletas en el hotel cuando se va de excursión. Si tiene que estacionar, busca un estacionamiento donde se paga, los cuales son más seguros. Nunca se debe estacionar en un lugar solitario o en un barrio que no conozca. Los robos son más frecuentes en el sur de España, sobre todo en Sevilla. Para evitar que se le rompa la ventanilla, es aconsejable no tener nada adentro a la vista de los que pasan.

Intérprete: En la estación de servicio

When I go to a gas station	**Cuando voy a una estación de servicio**
to fill the car's tank,	**a llenar el tanque del coche,**
I always park the car	**siempre estaciono el coche**
with the tank facing the gas pump.	**con el tanque del lado del surtidor de gasolina.**
After turning off the engine	Después de apagar el motor
and getting out of the car	y bajar del coche,
I go inside the gas station store	voy adentro de la tienda de la gasolinera
and tell the employee the number of the pump	y le digo al empleado el número del surtidor
and how much I want to fill.	y cuánto quiero cargar.
After paying and taking the receipt,	**Después de pagar y tomar el recibo,**
I leave the store	**salgo de la tienda**
and go to fill the tank.	**y voy a cargar el tanque.**
If I prefer to pay with a credit card	Si prefiero pagar con tarjeta de crédito
instead of paying inside,	en vez de pagar adentro,
I go directly to the gas pump	voy directamente al surtidor de gasolina
and insert the card into the slot.	e introduzco la tarjeta en la ranura.
On returning my card,	**Al devolverme la tarjeta,**
the machine asks me	**la máquina me pregunta**
if I want a receipt.	**si quiero un recibo.**
I press the button	Presiono el botón
that indicates that I want a receipt	que indica que quiero un recibo
and I wait a moment.	y espero un momento.
While I wait, I open the gas cap.	**Mientras espero, abro el tapón del tanque.**
Then I select the type of fuel that I want,	**Luego selecciono el tipo de combustible que quiero,**
regular, super, extra, or diesel,	**normal, super, extra, o gasóleo,**
and insert the nozzle into the tank.	**e introduzco el cargador en el tanque.**
While I pump the gas,	Mientras bombeo la gasolina,
I clean the windshield and the windows.	limpio el parabrisas y las ventanillas.
After cleaning them, I open the hood	**Después de limpiarlas, abro el capó/el cofre**
to check the water and oil levels.	**para verificar el nivel de agua y aceite.**
If I need oil,	Si me falta aceite,
I go to the gas station store	voy a la tienda de la gasolinera
where I buy a liter of oil.	donde compro un litro de aceite.
After adding oil to the motor,	**Después de agregarle aceite al motor,**
I close the hood	**cierro el capó/el cofre**
and I return to the gas pump.	**y vuelvo al surtidor de gasolina.**
Since the tank is already full,	Como el tanque ya está lleno,
I remove the nozzle from the tank	saco el cargador de tanque
and I put it in its place.	y lo coloco en su lugar.
After putting the cap back on,	**Después de poner el tapón,**
I take the receipt from the machine	**tomo el recibo de la máquina,**
get into my car and start it.	**subo a mi coche lo arranco.**
If I need to add water to the radiator	Si necesito agregarle agua al radiador
or if I want to add air to the tires,	o si quiero echarles aire a las llantas,
I go to a place to the side	voy a un lugar apartado
where there's a water hose and an air pump.	donde hay una manguera y una bomba de aire.
There's also a vacuum,	**También hay una aspiradora,**
so I can vacuum the rugs and the seats	**así que puedo aspirar los tapetes**
when they need it.	**cuando lo necesitan.**
If there's a carwash	Si hay una lavadora de coches
and if my car is very dirty,	y si mi coche está muy sucio,
I wash it before vacuuming the rugs.	lo lavo antes de aspirar los tapetes.
I always I receive a discount	**Siempre recibo un descuento**
to use the car wash	**para usar la lavadora**
when I fill the tank up.	**cuando lleno el tanque.**
When I finish with everything,	Cuando termino con todo
I get into my car again, start the motor,	subo otra vez a mi coche, arranco el motor,
and exit the gas station.	y salgo de la gasolinera.

ORAL MASTERY

5

The Subjunctive after Time Conjunctions

We'll talk **when** they arrive.	Vamos a hablar **cuando** lleguen.
We'll talk **until** they come back.	Vamos a hablar **hasta que** vuelvan.
We'll talk **before** they leave.	Vamos a hablar **antes de que** salgan.
We'll talk **while** they read.	Vamos a hablar **mientras** lean.
We'll talk **as soon as** they call.	Vamos a hablar **tan pronto como** llamen.
We'll eat **when** they come.	Vamos a comer **cuando** vengan.
We'll eat **after** they leave.	Vamos a comer **después de que** salgan.
We'll eat **as soon as** they arrive.	Vamos a comer **tan pronto como** lleguen.
We'll eat **once** they're seated.	Vamos a comer **una vez que** estén sentados.
We'll eat **before** they come back.	Vamos a comer **antes de que** vuelvan.
We'll practice **as soon as** they arrive.	Vamos a practicar **tan pronto como** lleguen.
We'll practice **once** they finish.	Vamos a practicar **una vez que** terminen.
We'll practice **while** they rest.	Vamos a practicar **mientras** descansen.
We'll practice **after** they return.	Vamos a practicar **después de que** vuelvan.
We'l practice **when** they are here.	Vamos a practicar **cuando** estén aquí.
We'll study **before** there's a test.	Vamos a estudiar **antes de que** haya un examen.
We'll study **once** they arrive.	Vamos a estudiar **una vez que** lleguen.
We'll study **as soon as** we have time.	Vamos a estudiar **tan pronto como** tengamos tiempo.
We'll study **while** they practice.	Vamos a estudiar **mientras** practiquen.
We'll study **until** they come back.	Vamos a estudiar **hasta que** vuelvan.
We'll leave **when** it rains.	Vamos a salir **cuando** llueva.
We'll leave **after** they eat.	Vamos a salir **después de que** coman.
We'll leave **once** they are here.	Vamos a salir **una vez que** estén aquí.
We'll leave **before** they arrive.	Vamos a salir **antes de que** lleguen.
We'll leave **as soon as** they call.	Vamos a salir **tan pronto como** llamen.
We'll watch T. V. **while** they eat.	Vamos a mirar la televisión **mientras** coman.
We'll watch T. V. **before** they come.	Vamos a mirar la televisión **antes de que** vengan.
We'll watch T. V. **after** they return.	Vamos a mirar la televisión **después de que** vuelvan.
We'll watch T. V. **until** they arrive.	Vamos a mirar la televisión **hasta que** lleguen.
We'll watch T. V. **after** they leave.	Vamos a mirar la televisión **después de que** salgan.

The Subjunctive after Relative Pronouns and Adverbs

You can bring whatever you want.	Puedes traer lo que quieras.
You can eat whatever you like.	Puedes comer lo que te guste.
You can say whatever you think.	Puedes decir lo que pienses.
You should do whatever you can.	Debes hacer lo que puedas.
You should help those who may need help.	Debes ayudar a los que necesiten ayuda.
You should visit those who may be sick.	Debes visitar a los que estén enfermos.
You should answer those who may have a question.	Debes contestar a los que tengan una pregunta.
You should listen to those who may not understand.	Debes escuchar a los que no comprendan.
Whoever does the homework will get an A.	El que (Cualquiera que) haga la tarea sacará una A.
Whoever passes the test will get an A.	El que (Cualquiera que) pase el examen sacará una A.
Whoever reads the book will get an A.	El que (Cualquiera que) lea el libro sacará una A.
Whoever knows the answer will get an A.	El que (Cualquiera que) sepa la respuesta sacará una A.
Whichever day you come, it's fine.	Cualquier día que vengas, está bien.
Whichever book you read, it's fine.	Cualquier libro que leas, está bien.
Whichever test you take, it's fine.	Cualquier examen que hagas, está bien.
Whichever homework you do, it's fine.	Cualquier tarea que hagas, está bien.
Whichever one you read, you will like it.	Cualquiera que leas, te gustará.
Whichever one you listen to, you will like it.	Cualquiera que escuches, te gustará.
Whichever one you eat, you will like it.	Cualquiera que comas, te gustará.
Whichever one you see, you will like it.	Cualquiera que veas, te gustará.
Whenever you come, I'll be here.	Cuandoquiera que vengas, estaré aquí.
Whenever you return, I'll be here.	Cuandoquiera que vuelvas, estaré aquí.
Whenever you arrive, I'll be here.	Cuandoquiera que llegues, estaré aquí.
Whenever you leave, I'll be here.	Cuandoquiera que salgas, estaré aquí.
Wherever you work, there will be problems.	Dondequiera que trabajes, habrá problemas.
Wherever you live, there will be problems.	Dondequiera que vivas, habrá problemas.
Wherever you practice, there will be problems.	Dondequiera que practiques, habrá problemas.
Wherever you study, there will be problems.	Dondequiera que estudies, habrá problemas.
However you do the homework, it isn't easy.	Comoquiera que hagas la tarea, no es fácil.
However you review the lesson, it isn't easy.	Comoquiera que repases la lección, no es fácil.
However you write the composition, it isn't easy.	Comoquiera que escribas la composición, no es fácil.
However you study for the test, it isn't easy.	Comoquiera que estudies para el examen, no es fácil.
However smart you may be, you need to study.	Por inteligente que seas, necesitas estudiar.
However rich you may be, you need to work.	Por rico que seas, necesitas trabajar.
However tired you may be, you need to practice.	Por cansado que estés, necesitas practicar.
However sick you may be, you need to be there.	Por enfermo que estés, necesitas estar allí.

Repaso de unidades 3-5

I. Subjunctive, Indicative or Infinitive

1. ¿Crees que él_____(mentir)? No, no creo que_____(ser) tramposo.
2. Es muy probable que_____(llover) mañana pero no creo que_____(hacer) mucho frío.
3. Espero que Uds._____(venir) a clase mañana porque es importante que_____ (oír) al profesor.
4. Me gusta que_____(darme) rosas, pero prefiero que_____(traerme) chocolates.
5. No dudo que ellos_____(ser) inteligentes, pero me preocupa que nunca_____(estudiar).
6. Me alegro de_____(estar) aquí y siento que tú no_____(estar) conmigo.
7. Veo que tú_____(tener) mi cartera e insisto en que_____(devolvérmela).
8. Es verdad que Juan_____(saber) mucho, pero dudo que_____(saberlo) todo.
9. ¡Qué lastima que María no_____(sentirse) bien! Recomiendo que_____(ver) al médico.
10. Es cierto que ellos_____(ir) a la fiesta, pero no es posible que_____(llegar) a tiempo.
11. Es importante_____(dormir) bien y es una lástima que tú no_____(dormir) más.
12. Lamento no_____(poder) jugar, pero me alegro de que Uds._____ (jugar).
13. Es evidente que Uds._____(saber) hablar español y me da pena que no_____(usarlo) más.
14. Te pido que_____(sentarse) porque me parece que_____(estar) cansado.
15. Ellos dicen que_____(conocer) al profesor pero dudo que_____(conocerlo) bien.

II. The Subjunctive in Adjective Clauses

1. I have a pen that writes well but I need one that I can erase.
2. I want to buy a car that doesn't use gas. Have you seen the car that runs on (funcionar con) electricity?
3. There are people who know a lot but I don't know anyone who knows everything.
4. Is there something that we can do? No, there's nothing that you can do.
5. Do you know a teacher who doesn't give tests? No, but I know one who doesn't give much homework.
6. My parents want me to marry (casarse con) someone who loves children.
7. I'm asking you to bring something that we can all eat.
8. I don't expect you to do anything that you can't do.
9. He doesn't want us to speak with anyone that we don't know.
10. Tell her to buy a dress that she can wear at school.

III. The Subjunctive in Adverb Clauses

1. I'm bringing my books in case there's a test.
2. We will eat as soon as they arrive.
3. You can't leave without his seeing you.
4. I want you to wash your hands before we eat.
5. Speak slowly so that we understand.
6. You can watch T. V. on the condition that you finish your homework first.
7. I can do my homework while we're going to school!
8. I'm going to read to them until they fall asleep.
9. Once you know the forms, you will get better grades.
10. Unless you are very rich, you will need to work all your life.

IV. The Subjunctive after Relative Pronouns and Adverbs

1. You can't always have whatever you want.
2. Wherever you go, there will be problems.
3. Those who do well (salir bien) on the test will have no homework.
4. Whichever day you come, I will be here.
5. Whoever says that Spanish is easy is wrong.
6. However you come to school, you must arrive on time.
7. Whenever you get hungry, eat something.
8. However smart you may be, you can't know everything.
9. Whichever one you choose (escoger), you will be happy.
10. You can buy whatever you like.

Antes de empezar...

Antes de empezar "En la ciudad," revisa la lista de palabras familiares dada a continuación. Esta lista incluye palabras presentadas en Español 1 y 2 y también cognados que son fáciles de reconocer.

Los comercios	Businesses	Verbos	Verbs
la barbería	barber shop	ver/visitar	see/visit
la farmacia	pharmacy	aparcar	park
la florería	florist's shop	pasar por	go along/through
la joyería	jewelry store	pasar delante de	go by
la zapatería	shoe store	llegar	arrive
la lavandería automática	laundromat	volver/regresar	return
la tintorería	dry cleaner's	salir a	go out to
la panadería	bakery	cruzar	cross
la pastrería	pastry shop	ir hasta	go up to/as far as
la heladería	ice cream parlor	perderse	to get lost
la carnicería	butcher's		
la papelería	stationery store	**Expresiones**	**Expressions**
la librería	book store	ir a pie	go on foot
la tienda de comestibles	grocery store	ir en taxi	take a taxi
el supermercado	supermarket	tomar el metro	take the subway
el puesto de periódicos	newspaper stand	tomar el autobús	take the bus
el café	cafe	cambiar de autobús	change buses
el restaurante	restaurant	perder el autobús	miss the bus
		¿Dónde está ...más cercana?	Where is the nearest...?
Los edificios	**Buildings**	la estación de metro	metro station
el banco	bank	la parada de autobús	bus stop
el ayuntamiento	city hall	la parada de taxis	taxi stand
la oficina de correos	post office	¿Cuánto es el billete para...?	How much is a ticket to...?
el hotel	hotel	¿Cuándo se abre?	When does it open?
la biblioteca	library	¿Cuándo se cierra?	When does it close?
el almacén	department store	¿Por dónde se va a...?	How do you get to...?
el teatro	theater	Doble a la derecha.	Turn right.
el cine	cinema	Doble a la izquierda.	Turn left.
el hospital/la clínica	hospital/clinic	Siga derecho.	Go straight.
la oficina de turismo	tourist office	Vuelva.	Go back.
la agencia de viajes	travel agency	Vaya alrededor de...	Go around...
la catedral	cathedral	¿A qué distancia está...?	How far is it to...?
el museo	museum	Está a...metros de aquí.	It's...meters from here.
la galería de arte	art gallery	Está cerca/lejos de aquí.	It's near/far from here.
la iglesia	church		
el palacio	palace	**Otras palabras**	**Other Words**
la escuela	school	el centro	downtown (center)
la universidad	university	el centro comercial/la galería	mall
		la calle	street
Adjetivos	**Adjectives**	el parque	park
interesante	interesting	el puente	bridge
extraño	strange	la cuadra	block
hermoso/bello	beautiful	la esquina	corner
elegante	elegant	la señal de tráfico	traffic sign
feo	ugly	el monumento	monument
inmenso	immense	el cementerio/la tumba	cemetery/tomb
magnífico	magnificent	el buzón	mailbox
peligroso	dangerous	los jardines	gardens
seguro	safe	la estatua	statue
cerca (adv)	near	la plaza	square
lejos (adv)	far	el zoo	zoo

"Más aún que nuestro servicio, Dios desea nuestro amor."
Hudson Taylor

Unidad 6: En la ciudad

UNIT CONTENTS

Capítulo 16
1. Vocabulario: En la ciudad
2. Gramática: The Past Perfect (Pluperfect)
3. Versículo: Lucas 19:10
4. Lectura: La larga caminata
5. Exprésate: Tu ciudad

Capítulo 17
1. Diálogo: En la oficina de turismo
2. Gramática: The Conditional Perfect
3. Versículo: Juan 14:2
4. Lectura: Direcciones de lo alto
5. Exprésate: Lo que haces en la ciudad

Capítulo 18
1. Historias bíblicas: Gobernador de Egipto
2. Versículo: Juan 2:19a
3. Lectura: Una linterna encendida por Cristo
4. Exprésate: Los problemas que confronta tu ciudad
5. Intérprete: En la oficina de turismo

Oral Mastery Exercises: The Past Perfect (Pluperfect)
                                 The Conditional Perfect

Toledo

Versículo

For the Son of man is come to seek and to save that which was lost.
Luke 19:10

Porque el Hijo del hombre vino a buscar y salvar lo que se había perdido.
Lucas 19:10

Capítulo 16

Saludos

¿Qué tal? ¿Qué hay de nuevo?
¿Cuál es la fecha de hoy? ¿Cuál será la fecha de mañana?
¿Qué hora es? ¿Qué hora era cuando llegaste a la escuela?
¿Qué tiempo hace? Qué tiempo hará mañana?
¿Qué hiciste ayer después de la escuela?
¿Adónde fuiste anoche?
¿Qué vas a hacer esta noche?
¿A qué hora te levantaste esta mañana?
¿A qué hora vas a acostarte esta noche?

Lecciones

1. Vocabulario: En la ciudad
2. Grámatica: The Past Perfect (Pluperfect)
3. Versículo: Lucas 19:10
4. Lectura: La larga caminata
5. Exprésate: Tu ciudad

Repaso rápido

Día 1: Relative Adjectives and Adverbs	1. You can do a sport **wherever** you go to school. 2. **Whenever** you have time, you should wash the dishes. 3. **Whoever** says that doesn't know anything.
Día 2: Relative Adjectives and Adverbs	1. **However** late it is, we need to finish. 2. Come **whichever** day that you like. 3. **However** you do it, do it quickly.
Día 3: Past Perfect	1. Yesterday I found the pen that I had lost. 2. I bought a car that had belonged (pertenecer) to my grandfather. 3. Had you already learned to talk when you turned (cumplir) two?
Día 4: Past Perfect	1. I had already learned the alphabet before attending school. 2. Did the teacher say that he had studied in Spain? 3. Had you ever gone to Mexico before last year?
Día 5: Past Perfect	1. Never before had I seen so many people. 2. I spoke with him after he had finished the work. 3. I knew that they hadn't studied for the test.

Vocabulario: En la ciudad

A. Vocabulario activo

Pidiendo direcciones	Asking Directions
¿Cómo se va a...?	How do I get to...?
Doble a la derecha.	Turn right.
Doble a la izquierda.	Turn left.
Siga derecho.	Go straight.
Dé la vuelta.	Turn around/go back.
Tome (la primera calle).	Take (the first street).
Cruce (el puente).	Cross (the bridge).
Quédese (a la derecha).	Stay (to the right).
Pare en...	Stop at...
Salga de...	Exit from...
Dé la vuelta a...	Go around...
Pase (por delante de)...	Go past...
Suba/Baje (por la calle)	Go up/go down (street)
Vaya hacia/en dirección a	Go towards...
Vaya hasta (llegar a)...	Go until (arriving at)...
¿Cuánto hay de aquí a...?	How far is it to...?
Está a (dos) cuadras de...	It's (two) blocks from...
Está a (diez) minutos de...	It's (ten) minutes from...
Está cerca de aquí.	It's near here.
(No) está lejos de aquí.	It's (not) far from here.
¿Dónde está situado/a?	Where is it located?
Queda al norte/sur de...	It's to the north/south of
al este/oeste de...	to the east/west of...
a la derecha/izquierda de	to the right/left of...
más arriba/abajo	further up/down (block)
en sentido contrario	in the opposite direction
justo antes/después de...	just before/after
en el segundo semáforo	at the second light
en la esquina que sigue	at the next corner
a la vuelta de la esquina	around the corner

B. Vocabulario adicional

Los transportes públicos	Public Transport
tomar/coger...	to take/catch...
el metro	the metro
un taxi	a taxi
el autobús	the bus
la línea número...	line number...
la estación de metro	metro station
la estación de autobus	bus station
la terminal	terminal
la línea/ruta	line/route
la parada de autobus/taxi	bus/taxi stop
la ficha	token
el cambio (exacto)	(exact) change
la transferencia	transfer
el chófer/conductor	driver
el cobrador	ticket inspector
¿Con qué frequencia sale/pasa?	How frequently does it leave/come by?
¿A qué hora es el próximo autobus?	When's the next bus?
¿Qué línea debo tomar?	What line should I take?
¿Dónde se coge?	Where do you catch it?
¿Dónde para?	Where does it stop?
¿Va este autobús a...?	Does this bus go to...?
¿Tengo que hacer transbordo?	Do I have to transfer?
¿Dónde cambio?	Where do I change?
¿Dónde debo bajarme?	Where should I get off?
¿Dónde me deja?	Where does it let me off?
¿Cuánto es la tarifa para...?	How does it cost to...?
¿Cuánto dura el viaje?	How long does it take?
¿Cuántas paradas hay?	How many stops are there?
Pare en la próxima parada.	Stop at the next stop.
Lléveme a la calle...	Take me to...street.

✏️ Ejercicios de vocabulario

I. **Escribe las expresiónes tres veces y memorízalas para una prueba.**

II. **Contesta las preguntas con una frase completa.**

1. ¿Sabes **cómo se va** al centro comercial?
2. Cuando sales de la escuela, **doblas a la derecha** o **a la izquierda**?
3. Al entrar en el estacionamiento de la escuela, **sigues derecho** o doblas a la derecha (o a la izquierda)?
4. Siempre **das la vuelta** cuando te equivocas de calle (miss a street)?
5. ¿Qué calle **tomas** para ir a la escuela?
6. ¿Tienes que **cruzar un puente** para llegar a la escuela?
7. Cuando vas más despacio que los otros conductore, **te quedas a la derecha**?
8. ¿Siempre **paras** completamente por las señales de parada? ¿**Para** el autobús enfrente de la escuela?
9. ¿Siempre **reduces la velocidad** cuando sales de la autopista (freeway)?
10. ¿**Das la vuelta a** la manzana (block) cuando no puedes encontrar un sitio para estacionar (park)?

11. ¿Tienes que **pasar delante de** la escuela para llegar al estacionamiento?
12. ¿A veces tienes que **subir y bajar por la calle** para encontrar un sitio para estacionar?
13. ¿**Vas hacia** el centro (downtown) para ir a la escuela?
14. ¿**Cuánto hay de** tu casa a la escuela?
15. ¿Te gustaría vivir **a dos cuadras** de la escuela?
16. ¿**Está** tu escuela **a diez minutos del** centro (downtown)?
17. ¿Está tu escuela **cerca de** una ciudad grande?
18. ¿Está tu escuela cerca o **lejos de** la capital?
19. ¿Dónde **está situada** tu escuela?
20. ¿**Queda** tu escuela **al norte** o **al sur de** la autopista (freeway)?

21. ¿**Queda** tu escuela **al este** o **al oeste del** centro?
22. ¿Tiene tu escuela un campo atlético? ¿Está **a la derecha** o **a la izquierda de** la escuela?
23. ¿Tiene tu escuela un estacionamiento para los estudiantes? ¿Hay otro estacionamiento **más arriba/más abajo** para los profesores ?
24. Para ir a la escuela, ¿vas hacia el centro o **en sentido contrario**?
25. ¿Hay un semáforo (traffic light) **justo antes de** la escuela?
26. ¿Hay otro semáforo **justo después de** la escuela?
27. Para entrar en el estacionamiento de la escuela, ¿doblas a la derecha **al segundo semáforo**?
28. ¿Hay otro semáforo **en la esquina que sigue**?
29. ¿Hay otro estacionamiento **a la vuelta de la esquina**?

III. **Escribe la palabra o expresión que complete correctamente cada frase.**

1. Tienes que dar la vuelta. La escuela está en sentido_____.
2. Hay un buen restaurante a la vuelta de la_____y hay otro un poco más_____.
3. Oregón queda al_____de California.
4. Primero tienes que_____a la derecha, luego a la_____.
5. Si vas más despacio que los otros vehículos, debes_____a la derecha.
6. Para llegar a San Francisco, hay que_____el puente.
7. No está en esta esquina, sino en la esquina que_____.
8. No está lejos de aquí. Está a dos_____de aquí.
9. Se debe_____completamente por todas las señales de parada.
10. No puedo encontrar un sitio para estacionar. Voy a dar_____a la manzana.
11. Vaya hasta_____al primer semáforo. Está justo_____del semáforo.
12. Para ir de San Francisco a San Diego, hay que ir en_____a Los Angeles.
13. Tome la primera_____y siga_____por tres_____.
14. Perdón. ¿Puede Ud. ayudarme? ¿Cómo_____a San José?
15. San Francisco queda_____de la capital.
16. ¿Cuánto_____de aquí a Sacramento?
17. Sé dónde está_____, pero no sé qué camino tomar.
18. Todos los autobuses pasan_____de la escuela.
19. Quédese a la derecha y_____de la autopista en la primera salida.
20. Está más arriba._____por la calle hasta llegar al cruce (intersection).

☞Explicación: The Past Perfect (Pluperfect) Tense

1. In Spanish 2 you learned the *present perfect* tense, formed by combining the *present tense* forms of *haber* with the *past participle*:

HABER + PAST PARTICIPLE		
He		I have
Has		You have
Hemos		We have
	hablado.	spoken.
Ha		He has
Ha		She has
Han		They have

2. The *past perfect* tense is formed by combining the *past tense* forms of *haber* with the *past participle*:

HABER + PAST PARTICIPLE		
Había		I had
Habías		You had
Habíamos		We had
	hablado.	spoken.
Había		He had
Había		She had
Habían		They had

3. The *past perfect* corresponds to English *had spoken, had eaten*, etc., and is used to state that one event *had already occurred* before another took place in the past.

PRIOR PAST EVENT		PAST EVENT
Ya habíamos comido	cuando	llegaron.
We had already eaten	when	they arrived.

Without the *past perfect* tense, it would be difficult to place one event before another in the past. One would have to say, "*We ate* when they arrived," which implies that we ate *after* their arrival, not before.

4. The *past perfect* tense is commonly used in the following constructions:

   a) Relative clauses:
      Ayer encontré la pluma *que había perdido.*
      Yesterday I found the pen *that I had lost.*

   b) Subordinate clauses after "He said/asked/knew that..."
      Dijo que *no había comprendido.*
      He said that *he hadn't understood.*

   c) "Never before" statements:
      Nunca antes *había visto* tal cosa.
      Never before *had he seen* such a thing.

   d) "Already" statements
      Cuando llegamos, *ya habían comido.*
      When we got there, *they had already eaten.*

   e) Adverbial clauses beginning with "after":
      Comimos *después de que habían salido.*
      We ate *after they had left.*

5. Remember the following irregular past participles:

poner put	*puesto*	**morir** die	*muerto*
ver see	*visto*	**romper** break	*roto*
hacer do, make	*hecho*	**volver** return	*vuelto*
decir say, tell	*dicho*	**abrir** open	*abierto*
escribir write	*escrito*	**cubrir** cover	*cubierto*

Ejercicios

I. Escribe la forma apropiada del pluscuamperfecto.

1. (yo) aprender
2. (él) recibir
3. (nos.) comenzar
4. (ellas) producir
5. (tú) oír
6. (Uds.) poner
7. (Ud.) decir
8. (nos.) querer
9. (tú) dar
10. (yo) ver
11. (ella) morir
12. (nos.) dormir
13. (tú) encontrar
14. (yo) volver
15. (Uds.) cubrir
16. (nos.) contar
17. (tú) escribir
18. (Ud.) abrir
19. (ellos) hacer
20. (yo) romper

II. Contesta las preguntas con una frase completa.

1. ¿Cuándo comenzaste a estudiar español? ¿Habías estudiado otra lengua antes?
2. ¿Cuándo comenzaste a asistir a esta escuela? ¿Habías asistido a otra escuela antes?
3. ¿Cuándo manejaste solo/a por primera vez? ¿Habías manejado con un adulto antes?
4. ¿Cuándo anduviste en bicicleta por primera vez? ¿Habías andado en triciclo antes?
5. ¿Cuándo patinaste sobre hielo por primera vez? ¿Habías patinado sobre ruedas antes?
6. ¿Cuándo tuviste la gripe por primera vez? ¿Habías estado enfermo antes?
7. ¿Cuándo viajaste en avión por primera vez? ¿Habías viajado mucho antes?
8. ¿Cuándo leíste una novela por primera vez? ¿Habías leído muchos libros para niños antes?
9. ¿Cuándo trabajaste por primera vez? ¿Habías trabajado para tus padres antes?
10. ¿Cuándo comiste con una cuchara por primera vez? ¿Habías comido con las manos antes?

III. Traduce al español.

1. Last night I met a man who had known my father.
2. Yesterday I found a pen that I had lost when I was little.
3. When I arrived, he had already died.
4. When we left, they still hadn't eaten.
5. They hadn't gone far (lejos) when they saw a little house.
6. She hadn't finished (terminar de) speaking when she saw a little man.
7. He confessed that he had not studied.
8. She explained to me that she had never swum before.
9. You didn't say that you had not eaten.

10. I didn't know that you had called earlier (antes).
11. I thought that you had already left.
12. Never before had I seen so many (tantos) students.
13. When he had finished his work, he left.
14. As soon as they had finished eating, they left.
15. He had promised (prometer) me that he wouldn't say anything.
16. It had already (ya) begun to rain when we got there (llegar).
17. She still hadn't finished her homework when I saw her.
18. It was obvious that they hadn't studied for the test.
19. She arrived after the train had already left.
20. Had you ever flown (viajar en avión) before?

Puente romano de Salamanca, visto de arriba

☎ Conversaciones

1

Ya	habías aprendido a	hablar caminar leer escribir andar en bicicleta montar a caballo tocar un instrumento nadar esquiar (en el agua) patinar sobre ruedas patinar sobre hielo hacer surf manejar un coche	cuando cumpliste	un dos tres cuatro cinco seis siete ocho nueve diez once doce trece	años ?

2

¿Ya habías	estudiado otra lengua visitado otro país hecho un viaje a México hablado español nadado en el Pacífico esquiado en el agua montado a caballo andado en motocicleta aprendido a leer jugado al golf manejado un coche tenido un accidente de coche estado en el hospital	antes de	cumplir diez años asistir a la escuela graduarte de la primaria venir a esta escuela	?

3

Cuando llegaste a la escuela ayer,	¿ya habías	hecho toda tu tarea estudiado para todas tus clases preparado tu almuerzo desayunado visto a tus amigos hablado con tus amigos hecho ejercicios físicos corrido en el parque leído el periódico tomado un café planeado tu día escuchado la radio oído las noticias	?

✉ Lectura: La larga caminata

Guíame por la *senda* de tus mandamientos, porque en ella tengo mi *voluntad*. —Salmo 119:35

walk
path
will

    Miré el mapa de la ciudad de Nueva York y supe que podía hacerlo. Mi hotel estaba en la parte alta del *lado oeste* de Manhattan, y tenía que ir a la parte baja del lado este, unos 11 kilómetros, calculé. Una buena caminata para un sábado. *Claro que* podía tomar un taxi, el autobús o el metro. Pero si realmente quería ver la *Gran Manzana*, sabía que caminar era la mejor *forma*.

west side
of course
Big Apple
way

    Así que lo hice. *Bajé por* la calle Broadway hasta el Parque Central. Pasé por cientos de *escaparates* de tiendas y por el *barrio chino*. *Percibí* los *olores*, estudié la gente, miré el tráfico. Visité las tiendas. De verdad me sentí parte de Nueva York. Me tomó tiempo y *esfuerzo*, pero *valió la pena*.

so, went down
shop windows, Chinatown
took in, smells
effort
it was worth it

    Al hacer esta *peregrinación* que llamamos vida cristiana *nos enfrentamos* a una decisión similar. Podemos tomar la ruta fácil: depender de otros para que nos *instruyan*, tomando *atajos* sin cultivar una buena vida de oración, o leyendo rápidamente un *pasaje* de las Escrituras y llamarlo "tiempo devocional." O podemos hacer el esfuerzo y tomar el tiempo para *acercarnos a* Dios.

pilgrimage
face
instruct, shortcuts
passage

draw near to

    ¿Por qué no tomar hoy una larga *caminata* con Dios? Cuando hagas el mapa para la ruta, escoge "buscando con todo el corazón" (Salmo 119:2), estudiar su Palabra y obedecer lo que dice. ¡Esa caminata será una *delicia*! --JDB

walk

delight

Si quieres *disfrutar* tu andar con Dios,
lleva el paso con su Palabra.

enjoy
keep in step

Nuestro pan diario

A. Preguntas sobre la lectura
1. ¿Dónde estaba el hotel del hombre?
2. ¿Adónde quería ir?
3. ¿Cuántos kilómetros tenía que recorrer (cover)?
4. ¿Por qué no tomó un taxi or el autobús?
5. ¿Qué descubrió durante su larga caminata?
6. ¿Valió la pena?
7. ¿Qué aplicación hace el autor con relación a la vida cristiana?

B. Preguntas personales
1. ¿Alguna vez has recorrido una ciudad a pie para llegar a conocerla mejor?
2. ¿Crees que sea posible llegar a conocer bien la Palabra de Dios sin pasar tiempo leyéndola?
3. ¿Te importa dedicar tiempo a la lectura y a la oración?

⇨ Exprésate: Tu ciudad

1. Entrevista

1. ¿Cómo es tu ciudad? ¿Es muy grande? ¿Cuántos habitantes hay?
2. ¿Vive la mayoría de la gente en el centro (downtown) o en las afueras (outskirts) de la ciudad?
3. ¿Cómo es el centro? ¿Es moderno? ¿Hay un programa de renovación urbana?
4. ¿Hay muchas tiendas departamentales en el centro? ¿Hay un centro comercial (mall)?
5. ¿Hay grandes tiendas de descuento (discount) en tu ciudad? ¿Eres miembro?
6. ¿Hay "factory outlets" cerca de tu ciudad? ¿Por qué motivos vas a las "factory outlets."
7. ¿Tiene tu ciudad un buen sistema de transporte público? ¿Tiene un metro?
8. ¿Cuál es la forma más rápida de ir de un lugar a otro? ¿Qué medio de transporte utilizas tú?
9. ¿Cómo es el tráfico? ¿Hay embotellamientos de tráfico en las horas de punta (rush hours)?
10. ¿Hay una autopista (freeway) que pase por la ciudad? ¿Qué número es?
11. ¿Es tu ciudad un lugar turístico? ¿Qué puntos de interés turístico hay (museos, galerías, teatros)?
12. ¿Tiene tu ciudad muchos parques bonitos? ¿Hay un zoológico? ¿Un acuarium? ¿Un planetario?
13. ¿Tiene tu ciudad una universidad? ¿Un colegio comunitario? ¿Cómo se llama? ¿Dónde está?
14. ¿Hay un estadio en tu ciudad? ¿Qué deportes se juegan allí? ¿Tiene la ciudad un equipo profesional?
15. ¿Hay muchas iglesias en tu ciudad? ¿Hay una catedral? ¿Una sinagoga? ¿Una mezquita (mosque)?

2. Descripción (oral o escrita)

¿Cómo es tu ciudad? ¿Cuáles son los negocios y las industrias más importantes y dónde se encuentran? Si quieres, puedes dibujar un plan de la ciudad. Consulta la lista dada a continuación para ideas.

Industrias importantes	Negocios y edificios
-Industria manufacturera (manufacturing) -Industria de construcción -Industria del automóvil -Industria alimenticia (food) -Electrónica -Agricultura -Turisimo -Comercio hotelero	-Tiendas de ropa -Centros comerciales -Supermercados -Hoteles -Bancos -Grandes tiendas de descuento (discount) -Edificios públicos -Fábricas y refinerías

Nota Cultural
El transporte público

Como en Nueva York, el transporte público es la mejor opción en las grandes ciudades de España. En Madrid el metro es la forma más rápida, fácil y barata de llegar a su destino. Abierto desde las seis de la mañana hasta la una y media de la madrugada, el metro consiste en 11 líneas y en más de 125 estaciones, algunas de las cuales tienen tiendas y bares. Las líneas del metro están enlazadas con las principales estaciones de trenes y se está construyendo una nueva línea que unirá el centro con el aeropuerto de Barajas. Para utilizar el metro, se puede comprar un billete a precio fijo o uno de *bonobús* que es bueno para diez viajes en el metro o en el autobús.

Versículo

In my father's house are many mansions; if it were not so, I would have told you. I go to prepare a place for you.
— John 14:2

En la casa de mi padre muchas moradas hay; si así no fuera, yo se lo habría dicho; voy, pues, a preparar lugar para Uds..
— Juan 14: 2

Capítulo 17

Saludos

¿Qué tal? ¿Qué hay de nuevo?
¿Qué día es hoy? ¿Qué día es mañana?
¿Que hora es? ¿Qué hora será en media hora?
¿Qué tiempo hace? Qué tiempo hizo ayer?
¿En qué clases tuviste tarea ayer?
¿Cuántas horas estudiaste anoche?
¿Cuántas horas dormiste?
¿Cuáles son tus planes para mañana?
¿Adónde vas a ir mañana después de la escuela?

Lecciones

1. Diálogo: En la oficina de turismo
2. Grámatica: The Conditional Perfect
3. Versículo: Juan 14:2
4. Lectura: Direcciones de lo alto
5. Exprésate: Lo que haces en la ciudad

✎ Repaso rápido

Día 1: Past Perfect	1. They had never won before.
	2. She hadn't gone very far (lejos) when she saw a house.
	3. Yesterday I met a man who had never gone to school.
Día 2: Past Perfect	1. He said that he hadn't seen the test.
	2. When I left, they still hadn't eaten.
	3. Last night I watched a program that I had watched when I was a child.
Día 3: Conditional Perfect	1. I would have learned more in another class.
	2. Would you have preferred to speak more?
	3. I would have liked to live in Hawaii when I was young.
Día 4: Conditional Perfect	1. I would have studied, but I didn't have time.
	2. Would you have been able to study for the test without your book?
	3. How would you have come to school without your car?
Día 5: Conditional Perfect	1. We wouldn't have won without you.
	2. What would you have done in order to help?
	3. He said that he wouldn't have come, but he wanted to see you.

Repaso de vocabulario

Traduce al español.

1. **How do I get to** the Hotel Europa?
2. **Turn right** at the first street and **go straight** for two blocks (cuadras).
3. **Turn left** at the light (el semáforo) and **continue straight** for three blocks.
4. **Turn around** and **turn right** at the light.
5. **Take the first street** after **crossing the bridge.**

6. **Stay to** the right. **Turn right** after **stopping at** the stop sign (señal de parada).
7. **Exit from** the freeway (la autopista) and **turn left** at the light.
8. **Go around** the block (la manzana/la cuadra)) and turn right into the parking lot (estacionamiento).
9. After **going by** the hospital, **turn right** and **go up the street.**
10. **Go as far as** the end (el final) of the street, **until arriving at** San Carlos Avenue (la avenida San Carlos).

11. **How far is it from here to** the cathedral (catedral)?
12. **It's four blocks**, about **ten minutes,** from here.
13. **It's near here. It's not far from here.**
14. **Where's it located**? It's **to the north of** the city.
15. Is it **to the west** or **to the east** of Girona? It's **to the south.**

16. Is it **to the right** or **to the left** of the park? To the right.
17. Is it **further up**? No, it's **further down.**
18. Go **toward** Madrid.
19. You need to go **in the opposite direction.**
20. It's **just before** the exit (salida).

21. It's **just after** the bridge (puente).
22. Turn right **at the second light.**
23. It's at **the next corner.**

Diálogo: En la oficina de turismo

-Buenos días.	-Good morning.
-Buenos días. ¿En qué puedo servirle?	-Good morning. How can I help you?
-Acabo de llegar en (insert name of city) y quiero informarme sobre los puntos principales de interés. ¿Que recomienda Ud. que vea?	-I just arrived in (insert city) and I want to enquire about the main points of interest. What do you recommend that I see?
-Pues, depende de sus intereses. ¿Le gusta el arte?	-Well, it depends on your interests. Do you like art?
-Sí, mucho, sobre todo el arte moderno.	Yes, a lot, especially modern art.
-Entonces, le recomiendo que visite el Museo de Bellas Artes.	-Then I recommend that you visit the Museum of Fine Arts.
-¿Está lejos de aquí?	-Is it far from here?
-No, queda a tres cientos metros de aquí.	-No, it's three hundred meters from here.
-¿Cuantas cuadras?	-How many blocks?
-Hmmmm. Cinco o seis. Puede ir a pie.	-Hmmmmm. Five or six. You can walk.
-¿Podría indicarme cómo llegar allí?	-Could you show me how to get there?
-Claro. Al salir del edificio, suba por la Avenida San José en dirección norte hasta llegar al primer semáforo. Doble a la derecha en el semáforo y siga derecho hasta llegar al segundo cruce. El museo está en la esquina de la Sexta Avenida y San Carlos.	-Of course. On leaving the building, go up San José Avenue heading north until you arrive at the first light. Turn right at the light and go straight until you arrive at the second intersection. The museum is on the corner of Sixth Avenue and San Carlos.
-Gracias. También me gustaría visitar la catedral. ¿La recomienda Ud. ?	-Thanks. I also would like to visit the cathedral. Do you recommend it?
-Sí, es de un gran valor artístico.	-Yes, it's of great artistic value.
-¿Queda cerca del museo?	-Is it close to the museum?
-No, la catedral está a dos kilómetros del museo. Aquí tiene Ud. un mapa de la ciudad. Está aquí (Señala con el dedo).	-No, the cathedral is two kilometers from the museum. Here's a map of the city. It's here (He points it out).
-¿Qué medio de transporte recomienda Ud. para ir allí ?	-What type of transportation do you recommend to go there?
-¿Ud. no tiene coche?	-You don't have a car?
-No, viajo por tren.	-No, I'm travelling by train.

-Bueno, si no tiene mucho tiempo recomiendo un taxi. Puede coger uno enfrente del museo.	-Well, if you don't have a lot of time, I recommend a taxi. You can catch one in front of the museum.
-Sí, pero la tarifa es muy alta y los taxistas manejan como locos.	-Yes, but the fare is very high and taxi drivers drive like maniacs.
-Siempre se puede compartir la tarifa si viajan juntos.	-You can always share the fare if you travel together.
-Viajo solo.	-I'm travelling alone.
-Entonces, recomiendo el metro. Hay una estación de metro a dos cuadras del museo y lo/la deja cerca de la catedral.	-Then, I recommend the subway. There's a subway station two blocks from the museum and it drops you off near the cathedral.
-Pero si viajo en metro, no puedo ver la ciudad. ¿Hay una parada de autobuses cerca del museo?	-But if I take the underground, I can't see the city. Is there a bus stop near the museum?
-Sí, se coge enfrente del museo, pero no lo recomiendo. Es menos rápido que el metro y hay atascos. Si quiere ver la ciudad, le recomiendo el tranvía.	-Yes, you catch it in front of the museum, but I don't recommnend it. It's not as fast as the underground and there are traffic jams. If you want to see the city, I recommend the street car.
-¿Pasa por el museo?	-Does it go by the museum?
-Sí, hay una parada enfrente del museo.	-Yes, there's a stop in front of the museum.
-¿Y con qué frecuencia pasa?	-And how often does it go by?
-Cada veinte minutos.	-Every twenty minutes.
-Qué tranvía tengo que tomar?	-What streetcar do I need to take?
-El número 37, pero no es directo. Tiene que cambiar en la Calle Buenavista.	-Number 37, but it's not direct. You have to transfer on Buenavista Street.
-¿Tengo que tener el cambio exacto?	-Do I have to have the exact change?
-No, no aceptan monedas. Tiene que comprar un boleto en el vendedor automático cerca de la parada.	-No, they don't accept coins. You have to buy a ticket at the ticket machine near the stop.
-¿Cuánto vale el trayecto?	-How much is the trip?
-Un Euro. Aquí tiene Ud. un horario.	-One Euro. Here's a schedule.
-Me deja enfrente de la catedral?	-Does it drop me off in front of the cathedral?
-No, pero lo/la deja muy cerca. Tiene que bajarse en la Plaza Mayor.	-No, but it drops you off very near. You have to get off in the Plaza Mayor.
-Gracias. Si me queda tiempo, también quiero visitar el palacio. Se puede tomar el autobús para llegar allí?	-Thanks. If I have time left, I also want to visit the palace. Can one take the bus to get there?
-No, está a unos seis kilómetros de la catedral y tomaría por lo menos media hora en autobús.	-No, it's six kilometers from the cathedral and it would take at least half an hour.
-¿Entonces el tranvía?	-Then the streetcar?
-No hay tranvía. Podría tomar un tren local, pero el metro es la forma más rápida y sale cada diez minutos.	-There isn't any streetcar. You could take a local train, but the underground is the fastest way and it leaves every ten minutes.
-¿Dónde compro un boleto?	-Where do I buy a ticket?
-En la estación de metro. Hay vendedores automáticos de boletos, y si tiene problemas, siempre puede preguntar en la ventanilla.	-In the subway station. There are ticket machines, and if you have any problems, you can always ask at the window.
-¿Y cómo se llega a la estación de metro desde la catedral?	-And how do I get to the metro from the cathedral?
-Está en la próxima cuadra. Al salir del museo, cruce la calle y baje por la Avenida de las Américas hasta llegar al parque. Está a la entrada del parque.	-It's in the next block. When you leave the museum, cross the street and go down the Avenue of the Americas until you arrive at the park. It's at the entrance of the park.
-¿Qué rumbo tengo que tomar para llegar al palacio?	-What direction do I take to get to the palace?
-Rumbo norte.	-North.
-¿Y cuánto dura el viaje?	-And how long does the trip last?
-Diez minutos. Se baja en la estación Palacio. Es la última estación de la línea.	-Ten minutes. You get off at the Palace station. It's the last station on the line.
-Gracias. Voy a estar aquí tres días. ¿Qué otros puntos de interés turístico hay?	-Thanks. I'm going to be here three days. What other points of tourist interest are there?
-Hay muchos. Hay varios monumentos de especial interés turístico, el zoológico, y también hay otros museos excelentes, como el Museo de Bellas Artes y el Museo de Ciencias Naturales.	-There are many. There are several monuments of special tourist interest, the zoo, and there are also other excellent museums, like the Museum of Fine Arts and the Museum of Natural History.
-Me quedo en el Hotel Granada. ¿Qué distancia hay entre el hotel y el Museo de Ciencias Naturales?	-I'm staying at the Hotel Granada. How far is it between the hotel and the Museum of Natural Sciences?
-El museo está a diez minutos del hotel, al otro lado del río.	-The museum is ten minutes from the hotel, across the river.
-¿Tomo el tranvía?	-Do I take the streetcar?
-No, el tranvía no para enfrente del hotel. Puede tomar el autobús de la ruta 3 y pedir transferencia para la ruta 10. Lo deja enfrente del museo.	-No, the streetcar doesn't stop in front of the hotel. You can take the route 3 bus and ask for a transfer for route 10. It drops you off in front of the museum.
-¿Dónde hago la tranferencia?	-Where do I make the transfer?
-En la esquina de la Avenida San Mateo y Lope de Vega.	-On the corner of San Mateo Avenue and Lope de Vega.
-Gracias por todo. Creo que voy a divirterme mucho.	-Thanks for everything. I think I'm going to have a great time.
-No hay de que. Vuelve a vernos si tiene más preguntas.	-You're welcome. Come see us again if you have any more questions.

☞Explicación: The Conditional Perfect Tense

1. In Spanish the previous chapter you learned the Past Perfect (Pluperfect) tense, formed by combining the past tense forms of *haber* with the *past participle*:

HABER + PAST PARTICIPLE		
Había		I had
Habías		You had
Habíamos		We had
	hablado.		spoken.
Había		He had
Había		She had
Habían		They had

2. The *Conditional Perfect* is formed by combining the conditional forms of *haber* with the *past participle*:

HABER + PAST PARTICIPLE		
Habría		I would have
Habrías		You would have
Habríamos		We would have
	hablado.		spoken.
Habría		He would have
Habría		She would have
Habrían		They would have

3. The Conditional Perfect corresponds to English *would have spoken, would have eaten*, etc., and is used to state what *would have occurred* at some point in the past, if the circumstances had permitted it.

WHAT WOULD HAVE HAPPENED	UNDER PAST CONDITIONS
Habría estado más contento I would have been happier	**en otra clase.** in another class.
Habríamos perdido We would have lost	**sin tu ayuda.** without your help.
¿Lo habrías hecho Would you have done it	**por un millón de dólares?** for a million dollars?

4. The conditional perfect is most commonly used in conjunction with hypothetical If-clauses, introduced in chapter twenty-five.

CONDITIONAL PERFECT	HYPOTHETICAL IF-CLAUSE
Te habrías muerto You would have died	**si lo hubieras comido.** if you had eaten it.

5. Remember the following irregular past participles:

poner put	*puesto*	**morir** die	*muerto*
ver see	*visto*	**romper** break	*roto*
hacer do, make	*hecho*	**volver** return	*vuelto*
decir say, tell	*dicho*	**abrir** open	*abierto*
escribir write	*escrito*	**cubrir** cover	*cubierto*

6. Many verbs which are irregular in the present and preterite have regular past participles:

dar give	*dado*	**oír** hear	*oído*
estar be	*estado*	**poder** be able	*podido*
ser be	*sido*	**traer** bring	*traído*
saber know	*sabido*	**venir** come	*venido*
ir go	*ido*	**tener** have	*tenido*

✍ Ejercicios

I. Escribe la forma apropiada del condicional perfecto.

1. (yo) tener
2. (él) pensar
3. (nos.) perder
4. (ellas) contar
5. (tú) ir
6. (Uds.) poder
7. (Ud.) hacer
8. (nos.) pedir
9. (tú) morir
10. (yo) traer
11. (ella) salir
12. (nos.) ver
13. (tú) abrir
14. (yo) ir
15. (Uds.) cubrir
16. (nos.) volver
17. (tú) romper
18. (Ud.) escribir
19. (ellos) poner
20. (yo) decir

II. Contesta las preguntas con una frase completa.

1. ¿Estudiaste mucho el año pasado? ¿Habrías estudiado más en otra escuela?
2. ¿Hablaste mucho español el año pasado? ¿Habrías hablado más en otra clase?
3. ¿Estuviste contento/a con tu nota en español el año pasado? ¿Habrías estado más contento/a con una A+?
4. ¿Trabajaste mucho el año pasado? ¿Habrías preferido trabajar menos?
5. ¿Aprendiste mucho el año pasado? ¿Habrías podido aprender más?

III. Contesta las preguntas según el modelo.
Modelo: ¿Fuiste al partido ayer? *No, habría ido, pero no tuve tiempo.*

1. ¿Estudiaste para el examen?
2. ¿Desayunaste esta mañana?
3. ¿Terminaste tu tarea?
4. ¿Llamaste a tu amigo?
5. ¿Trabajaste anoche?
6. ¿Corriste ayer?
7. ¿Fuiste a la fiesta?
8. ¿Jugaste al fútbol?
9. ¿Te bañaste ayer?
10. ¿Hiciste ejercicios ayer?

IV. Traduce al español.

1. I would have eaten more, but I wasn't hungry.
2. We would have called you, but we couldn't find a phone.
3. What would you have done in this situation (situación)?
4. I would have learned more in another class.
5. Without you, I wouldn't have had fun (divertirse).

6. I never would have paid 50.00 for that hat.
7. Would you have been happier without us?
8. How would you have gone to school today without the bus?
9. I wouldn't have gone to school sick, but there was a test.
10. He told me that he would have come, but he didn't have a tie.

11. I wouldn't have been able to come anyway (en todo caso).
12. You would have had to sell your car in order to buy it.
13. Would you have liked to be here on the 4 of July?
14. We would have preferred to stay (quedarse), but we had to leave.
15. They would have had to leave by six if they hoped to arrive by nine.

Una plaza típica de Girona, una ciudad importante de Cataluña

☎ Conversaciones

1

¿Aprendiste					
¿Trabajaste			aprendido		
¿Estudiaste			trabajado		
¿Repasaste			estudiado		
¿Leíste			repasado		
¿Escribiste			leído		
¿Conversaste	mucho en clase ayer?	¿Habrías	escrito	más	en otra clase?
¿Practicaste			conversado	menos	
¿Repetiste			practicado	tanto	
¿Respondiste			repetido		
¿Hiciste			respondido		
¿Dijiste			hecho		
¿Dormiste			dicho		
			dormido		

2

¿Aprendiste						
¿Trabajaste				aprender		
¿Estudiaste				trabajar		
¿Repasaste				estudiar		
¿Leíste				repasar		
¿Escribiste			podido	leer		más
¿Conversaste	mucho el año pasado?	¿Habrías	querido	escribir	(un poco)	menos?
¿Practicaste			preferido	conversar		
¿Repetiste				practicar		
¿Hablaste				repetir		
¿Hiciste				hablar		
¿Lograste				hacer		
¿Jugaste				lograr		
				jugar		

3

	tener mil dólares				
	vivir en Hawaii			cinco	
	ser famoso/a			seis	
	ir a Europa			siete	
	tener un Corvette			ocho	
	conocer al presidente			nueve	
¿Te habría gustado	visitar la Casa Blanca	cuando	tenías	diez	años?
	visitar Disney World			once	
	aprender otra lengua			doce	
	viajar a la luna			trece	
	ser actor/actriz			catorce	
	poder volar (fly)			quince	
	manejar un coche				

✉Lectura: *Direcciones de lo alto*   above

Fíate de Jehová. . . . *Reconócelo* en todos tus caminos, y él   trust, acknowledgd
enderezará tus *veredas*. --Proverbios 3:5-6.   make straight, paths

    Una vez que fui a Chicago *me hospedé* en el piso 25 de un hotel del   I stayed
centro de la ciudad. Al mirar por la ventana, me fascinó el *laberinto* de   laberynth
autos que iban por cuatro *carriles* en direcciones *opuestas*.   lanes, opposite

    A un *conductor* se le presentó una emergencia. Tuvo problemas con   driver
el motor y el auto se le *detuvo* en medio del tráfico. Desde mi *ventajosa*   stopped, advantageous
posición, yo veía *cuadras enteras*. Vi a varios conductores cambiar para   blocks, entire
el carril donde estaba el auto *parado*, sin saber lo que les esperaba.   stalled
Pensando que estaban ganando tiempo, estos conductores en
realidad se estaban pasando a un carril que les iba a *ocasionar* un   cause
retraso mayor.   delay

    Al andar por el camino de la vida hacemos cosas muy *parecidas* a las   similar
que hicieron esos conductores mal orientados. Con nuestra limitada
visión seleccionamos la ruta que parece mejor. . . y *nos encontramos
con que* el *avance* temporal nos ha llevado a un camino *lleno* de   we find that, advance, full
retrasos y dolores de cabeza. ¡Pero qué *tranquilizador* es que   reassuring
podemos mirar a Aquel que está por encima de todo, que lo sabe todo
de principio a fin! Es por eso que el autor de Proverbios pudo decir: from beginning to end
«*Reconócelo* en todos tus caminos, y él *enderezará* tus *veredas*»   acknowledge, make straight,
(Proverbios 3:6). Cuando el Señor *señala* un «*Pare*», un «cambio de   paths, signals, stop
carril» o un «espera», debemos obedecer *con gusto*.   lane, gladly

    Sí, busca la *guía* que *proviene* de lo alto. --RWD   guide, comes

    La mejor manera de conocer la voluntad de Dios
es diciendo "sí" a Dios.

Nuestro pan diario

A. Preguntas sobre la lectura
1. ¿Dónde se hospedó el autor cuando fue a Chicago?
2. ¿Qué vio al mirar por la ventana?
3. ¿Qué le pasó a uno de los conductores?
4. ¿Qué hicieron varios conductores, sin saber lo que les esperaba?
5. ¿Qué hacemos nosotros muchas veces al andar por el camino de la vida?
6. ¿Qué pasa muchas veces cuando creemos que hemos seleccionado la mejor ruta?
7. ¿Quién está por encima de todo y puede verlo todo de principio a fin?
8. ¿Cómo debemos reaccionar cuando el Señor señala un "Pare" o un "cambio de carrril"?

B. Preguntas personales
1. ¿Alguna vez has mirado el tráfico desde un edificio muy alto?
2. ¿Pudiste ver cuadras enteras?
3. ¿Te fascinó lo que viste?
4. ¿Te gustaría poder ver la vida desde lo alto y saber lo que va a pasar?
5. ¿Te tranquiliza conocer a Aquel que está por encima de todo y que lo sabe todo de principio a fin?

⌘Exprésate: Lo que haces en la ciudad

1. Entrevista

1. ¿Cuántas veces por semana vas a la ciudad? ¿Por qué motivo?
2. ¿Vas a menudo a la biblioteca pública? ¿Tiene la biblioteca computadoras con acceso a la Internet?
3. ¿Adónde vas cuando necesitas cobrar (cash) un cheque? ¿Vas al banco para hacer todas tus transacciones, o prefieres usar el cajero automático?
4. Cuando quieres mandar cartas, ¿buscas un buzón (mailbox) o prefieres ir a la oficina de correos?
5. ¿Adónde vas cuando necesitas mandar un paquete? ¿Dónde compras estampillas?
6. ¿Para comprar pan, vas al supermercado o a una panadería? ¿Tienes una panadería favorita?
7. ¿Prefieres los supermercados a los mercados pequeños? ¿Por qué?
8. ¿Dónde compras tu ropa, en las grandes tiendas departamentales o en las boutiques?
9. ¿Adónde vas para comprar zapatos? ¿Tienes una zapatería favorita?
10. ¿Adónde vas para comprar papel y cosas para la escuela? ¿Hay una papelería cerca de tu casa?
11. ¿Adónde vas para sacar fotocopias? ¿Hay un servicio de fotocopias cerca de tu casa?
12. Para revelar fotos y comprar película, ¿prefieres ir a una farmacia o a una tienda fotográfica?
13. ¿Cuántas veces por semana vas a la gasolinera (estación de servicio) a comprar gasolina?
14. ¿Tienes una gasolinera preferida? ¿Cuál es? ¿Por qué te gusta?
15. ¿Adónde vas cuando tienes problemas con tu coche? ¿Conoces a un buen mecánico?

2. Narración (oral o escrita)

Cuenta lo que haces cuando vas a la ciudad. ¿Adónde vas y qué haces en cada lugar? Consulta la lista dada a continuación para ideas.

Construcciones útiles	Actividades
Primero voy a......a + infinitive	-Ir de compras para ropa
Luego voy a....., donde + action	-Depositar/sacar dinero
Por último, voy a.......y + action	-Comprar estampillas/mandar una carta
	-Comprar comestibles
Cuando estoy en el...., yo + action	-Hacer investigaciones (research)
Si tengo tiempo, yo + action	-Cortarse el pelo
Mientras espero, yo + action	-Recoger una receta (prescription)
	-Comprar gasolina
Después de salir del....., voy a	-Comprar cosas para la escuela
Al entrar en el..., yo...	-Sacar fotocopias
Para + infinitive, voy a....	-Limpiar la ropa
	-Revelar (develop) fotos

Nota Cultural

Barcelona

Capital de Cataluña, puerto marítimo y sede Olímpica en 1992, Barcelona es una ciudad elegante y cosmopolita que ofrece barrios de gran belleza. Situada cerca de la frontera francesa entre el Mediterráneo y los Pirineos, la ciudad ha sido abierta durante siglos a influjos culturales del norte y se parece más a una grand ciudad industrial europea que a una ciudad española. Uno de los sitios más hermosos e históricos de la ciudad es el barrio gótico, cuyos edificios antiguos y calles estrechas datan del período medieval. En este barrio se encuentra la catedral, comenzada en 1298. También hay muchas plazas pintorescas, tiendas de antigüedades, cafés, y restaurantes excelentes.

Sevilla: Barrio de Santa Cruz

Versículo

They went out from us, but they were not of us; for if they had been of us, they would have continued with us. I John 2:19a	Salieron de nosotros, pero no eran de nosotros; porque si hubieran sido de nosotros, habrían permanecido con nosotros. I Juan 2:19a	*Capítulo 18*

Saludos

¿Qué hay (de nuevo)?
¿Qué fecha tenemos?
¿Que hora tienes? ¿A qué hora llegaste a la escuela?
¿A cuánto está la temperatura? (Está a...grados.)
¿En qué clases tuviste tarea ayer?
¿A qué hora te acostaste ayer?
¿Cuántas horas dormiste anoche?
¿A qué hora te levantarás mañana?
¿Qué tiempo hará mañana?
¿Habrá sol mañana?

Lecciones

1. Historias bíblicas: Gobernador de Egipto
2. Versículo: I Juan 2:19a
3. Lectura: Una linterna encendida por Cristo
4. Exprésate: Los problemas que confronta tu ciudad
5. Intérprete: En la oficina de turismo
6. Oral Mastery Exercises

Repaso rápido

Día 1: Grammar plus New Vocabulary	1. I would have turned left but I had to stay to the right. 2. After we had crossed the bridge, they closed it. 3. He had already stopped when I saw him.
Día 2: Grammar plus New Vocabulary	1. We would have turned around before crossing the bridge. 2. I would have taken the first street, but I couldn't turn left. 3. Had he already passed the library when he had the accident?
Día 3: Grammar plus New Vocabulary	1. I would have gone straight, but were coming in the opposite direction. 2. I thought that he had exited the freeway, so I exited. 3. She had gone up and down the street without finding a parking place.
Día 4: Grammar plus New Vocabulary	1. I would have stayed to the right, but the cars were going very slow. 2. Just after he had crossed the street, a car ran over him (atropellar). 3. We would have gone by the school, but the street was closed.
Día 5: Grammar plus New Vocabulary	1. I had stopped at the light when I saw the other car behind me (por detrás). 2. I would have gone straight until arriving at the bank around the corner. 3. I would have asked where it was located.

✝La historia de José: Gobernador de Egipto

    Después de darle a Faraón la interpretación de los sueños, José le dijo que debía buscar un hombre competente y sabio y ponerlo sobre la tierra de Egipto. También debía *nombrar* gobernadores en todo Egipto. Estos gobernadores debían *recoger* el *grano* de los siete años buenos y *almacenarlo* en las ciudades. Esta reserva de alimento le serviría a Egipto durante los siete años de hambre. Y *así* la gente del país no moriría de hambre. *Como* no había nadie más competente y sabio que José, el rey lo puso sobre toda la tierra de Egipto. Nadie en todo Egipto podría hacer nada sin el permiso de José. Sólo el rey *mismo* tenía más *autoridad* que él. ¡A la edad de treinta años, sólo trece años después de tener sus sueños, José era una de las personas más *poderosas* del mundo!

    Los sueños del rey *se realizaron tal como* José los había interpretado. Durante siete años la tierra produjo grandes *cocechas*. José *recorrió* todo el territorio de Egipto y recogió todo el alimento y lo *almacenó* en las ciudades. Recogió tanto *trigo* que no pudo contarlo todo. Cuando los siete años de abundancia llegaron a su *fin*, había suficiente alimento en los *graneros* para *alimentar* a todo el país durante siete años de hambre.

    Luego comenzaron los siete años de hambre, no sólo en Egipto, sino también en todos los países. Cuando el pueblo comenzó a tener hambre, *clamó* al rey por comida. Entonces el rey los envió a todos a ver a José, y José abrió los graneros y vendió alimento a los egipcios. Además, venía gente de todos los países para comprarle alimento a José porque había hambre en todo el mundo, incluyendo en la tierra de Canaán donde vivía Jacob y sus once hijos. Cuando Jacob oyó que había alimento en Egipto, envió a los diez hermanos mayores de José a Egipto a comprarlo. *Sin embargo*, no envió a Benjamín, el hermano menor de José, porque pensaba que podría *ocurrirle* algo malo. Cuando los hermanos llegaron a Egipto, tuvieron que presentarse ante José, el gobernador del país y el que vendía trigo a todo el mundo. Cuando llegaron ante él, *se inclinaron rostro en tierra*. ¡El sueño de José se había realizado!

appoint
gather, grain
store it

thus
since

himself, authority

powerful

came true, just as

harvests, went through
stored
grain (wheat)
end
graineries, feed

cried out

However

happen

bowed down, faces to the ground

Preguntas sobre la historia
1. ¿Según José, ¿qué debía hacer el rey para prepararse para los años malos?
2. ¿A quién escogió Faraón para gobernar todo Egipto?
3. ¿Cuántos años tenía José cuando el rey lo puso sobre toda la tierra de Egipto?
4. ¿Se realizaron los sueños del rey?
5. ¿Qué hizo José durante los siete años buenos?
6. ¿Qué hizo el pueblo cuando comenzó a tener hambre?
7. ¿Quién les vendió alimento a los egipcios?
8. ¿Vino también gente de otros países a comprar alimento?
9. ¿Qué hizo Jacob cuando oyó que había alimento en Egipto?
10. ¿Qué hicieron los hermanos de José cuando llegaron ante él?

Intérprete

After interpreting Pharaoh's dreams,	Después de interpretar los sueños del faraón,
Joseph told the king	José le dijo al rey
that he should look for a wise, discerning man	que debía buscar un hombre prudente y sabio
and place him over the land of Egypt.	y ponerlo sobre la tierra de Egipto.
He should also appoint overseers in all of Egypt.	También debía nombrar gobernadores en todo Egipto.
These overseers should collect the grain	Estos gobernadores debían recoger el grano
of the seven good years and store it in the cities.	de los siete años buenos y almacenarlo en las ciudades.
This food reserve would serve Egypt	Esta reserva de alimento le serviría a Egipto
during the seven years of famine.	durante los siete años de hambre.
And so the people would not die of hunger.	Y así la gente del país no moriría de hambre.
Since there was no one wiser than Joseph,	Como no había nadie más sabio que José,
the king placed him over all the land of Egypt.	el rey lo puso sobre toda la tierra de Egipto.
No one in all of Egypt could do anything	Nadie en todo Egipto podía hacer nada
without Joseph's permission.	sin el permiso de José.
Only the king himself had more authority than him.	Sólo el rey mismo tenía más autoridad que él.
At the age of thirty,	¡A los treinta años,
only thirteen years after having his dreams,	sólo trece años después de tener sus sueños,
Joseph was one of the most powerful persons in the world!	José era una de las personas más poderosas del mundo!
Pharaoh's dreams came true	Los sueños del rey se realizaron
just as Joseph had interpreted them.	tal como José los había interpretado.
For seven years the earth produced great harvests.	Durante siete años la tierra produjo grandes cocechas.
Joseph went through all the land of Egypt	José recorrió todo el territorio de Egipto
and collected all the food and stored it.	y recogió todo el alimento y lo almacenó.
He collected so much grain that no one could count it.	Recogió tanto trigo que no pudo contarlo todo.
When the seven good years came to their end,	Cuando los siete años de abundancia llegaron a su fin,
there was enough food in the storehouses	había suficiente alimento en los graneros
to feed the whole country	para alimentar a todo el país
during the seven years of famine.	durante siete años de hambre.
Then began the seven years of famine,	Luego comenzaron los siete años de hambre,
not only in Egypt, but also in every country.	no sólo en Egipto, sino también en todos los países.
When the people began to hunger,	Cuando el pueblo comenzó a tener hambre,
they cried out to the king for food.	clamó al rey por comida.
Then the king sent them all to Joseph,	Entonces el rey los envió a todos a ver a José,
and Joseph opened the storehouses	y José abrió los graneros
and sold them food.	y les vendió alimento.
People came from every country	La gente venía de todos los países
to buy food from Joseph.	para comprarle alimento a José.
Also in the land of Canaan	También en la tierra de Canaán
where Jacob and his eleven sons lived	donde vivía Jacob y sus once hijos
there was a great famine.	había gran hambre.
When Joseph heard that there was food in Egypt,	Cuando Jacob oyó que había alimento en Egipto,
he sent his ten sons there to buy it.	envió a sus diez hijos allí a comprarlo.
But he didn't send Benjamin,	Pero no envió a Benjamín,
Joseph's younger brother,	el hermano menor de José, porque pensaba que podría ocurrirle algo malo.
because he thought something bad could happen to him.	
When the brothers arrived in Egypt,	Cuando los hermanos llegaron a Egipto,
they had to come before Joseph,	tuvieron que presentarse ante José,
the ruler of the country,	el gobernador del país
and the one who sold to all the people of the land.	y el que le vendía a todo el pueblo de la tierra.
When they came before him,	Cuando llegaron ante él,
they bowed down to him with their faces to the ground.	se inclinaron a él rostro en tierra.
Joseph's dream had come true!	¡El sueño de José se había realizado!

✉ Lectura: *Una linterna encendida por Cristo*   lantern

... Yo soy la luz del mundo; el que me sigue, no andará en *tinieblas*. . .   darkness
—Juan 8:12.

En los días de Benjamín Franklin, las calles de Filadelfia eran *oscuras* después de la *puesta de sol*. Los *peatones* que *transitaban* por la noche tenían que andar con cuidado para *esquivar* las *piedras* y los *hoyos*.   dark / sunset, pedestrians, walked / avoid, stones / holes

Franklin decidió dar un buen *ejemplo* a sus *conciudadanos colocando* una *linterna* al frente de su casa. Cuando la gente *tropezaba* en su calle por la noche, *se dirigía a* aquel oasis de luz y *se daba cuenta* qué bueno era. *Al poco tiempo*, otros *habitantes* de Filadelfia comenzaron a hacer lo mismo. Después de la puesta de sol, la villa *entera se convertía en* un lugar *seguro* porque estaba *iluminada*.   example, fellow citizens / placing, lantern, stumbled / headed for, realized / in a short while, inhabitants / entire, became, safe, lit

El mundo que nos *rodea* está en *tinieblas* por causa de la ignorancia espiritual. Para multitudes de personas, la falta de *propósito* en su existencia los *conduce* a una *callada* desesperación.   surrounds, darkness / purpose / leads, silent

No podemos, nosotros solos, *acabar con* la oscuridad en todas partes, pero sí podemos hacer algo *significativo*. Podemos *dejar que* nuestras vidas, *redimidas* e iluminadas por Cristo, sirvan de linternas. Nuestro Salvador nos ordena: «Así *alumbre vuestra* luz delante de los hombres, para que vean vuestras buenas *obras*, y *glorifiquen* a vuestro Padre que está en los cielos» (Mt. 5:16).   do away with / meaningful, allow / redeemed / shine, your / works, glorify

En vez de *lamentarnos* por la oscuridad, podemos mostrar el camino a los que nos *rodean*. *A medida que* Cristo *brille* por medio de nosotros, las *almas* perdidas que *tropiezan* en la oscuridad espiritual serán *atraídas* a Él, que es la Luz del mundo. --VCG   lament / surround, as, shines / souls, stumble / attracted

Aun la luz más pequeña *brilla* en la noche más oscura.   shines

Nuestro pan diario

A. Preguntas sobre la lectura
1. ¿Cómo eran las calles de Filadelfia después de la puesta del sol en los días de Benjamín Franklin?
2. ¿Qué decidió hacer Franklin?
3. ¿Cómo reaccionó la gente a aquel oásis de luz?
4. ¿Qué ocurrió al poco tiempo?
5. ¿Por qué se convirtió la ciudad en un lugar seguro?
6. ¿Qué relación hay entre el mundo que nos rodea y la ciudad de Filadelfia?
7. ¿A qué conduce la falta de propósito en la vida de muchas personas?
8. ¿Podemos, nosotros solos, acabar con la oscuridad espiritual en todas partes?
9. ¿Qué es lo que podemos hacer para ayudar?
10. ¿Cuál debe ser la reacción de la gente cuando vea nuestra luz?

B. Preguntas personales
1. ¿Conoces a alguien cuya vida sirva de linterna para atraer a almas perdidas a Cristo?
2. ¿Eres tal persona? ¿Te gustaría ser tal persona?
3. ¿Qué puede hacer uno para atraer a otros a Cristo?
4. ¿Son todos los que vean la luz atraídos por ella?
5. ¿Detestan muchas personas la luz? ¿Por qué?

⮕Exprésate: Los problemas que confronta tu ciudad

1. Entrevista

1. ¿Cuáles son algunos de los problemas que confronta tu ciudad? ¿Hay mucha violencia y crímen?
2. ¿Tienes miedo de estar en la calle después de las nueve de la noche?
3. ¿Tiene tu ciudad muchos barrios (neighborhoods) pobres con viejos edificios de apartamentos?
4. ¿Tiene tu ciudad muchos problemas con drogas? ¿Hay problemas con drogas en las escuelas?
5. ¿Qué ha hecho el gobierno para luchar (fight) contra el problema de drogas?
6. ¿Vives en una región muy industrializada? ¿Hay mucha contaminación del aire y del agua?
7. ¿Qué medidas (measures) ha tomado el gobierno para eliminar la contaminación?
8. ¿Tiene tu ciudad problemas con basura en las calles?
9. ¿Qué ha hecho el gobierno para remediar (remedy) la situación? ¿Hay centros de riciclaje?
10. ¿Sufre tu ciudad de exceso de tráfico? ¿Qué ha hecho el gobierno para reducir el tráfico?
11. ¿Hay problemas de vivienda (housing) en tu ciudad? ¿Hay mucha gente sin hogar (homeless)?
12. ¿Ha construido el gobierno muchas viviendas de renta limitada (low-income housing)?
13. ¿Hay mucho desempleo (unemployment) en tu ciudad?
14. ¿Hay mucha gente que dependan de la asistencia social (welfare)? ¿Hay mucho abuso del sistema?
15. ¿Hay discriminación racial en tu ciudad? ¿Qué medidas ha tomado el gobierno para combatirla?

2. Comentario (oral o escrito)

¿Cuáles son los mayores problemas que confronta tu ciudad? ¿Por qué es mejor o peor que otras ciudades? ¿Qué te gustaría cambiar? ¿Qué haces tu para ayudar? Consulta la lista para ideas.

Problemas
- Violencia y crimen (robos, asesinatos)
- Drogas
- Barrios (neighborhoods) pobres
- Desempleo (unemployment)
- Problemas de vivienda (housing)
- Viejos edificios
- Basura en las calles
- Calles y carreteras en malas condiciones
- Exceso de tráfico
- Gente sin hogar (homeless)
- Abuso de asistencia social (welfare)
- Delincuencia juvenil
- Discriminación racial
- Contaminación atmosférica

- Corrupción política
- Escuelas en malas condiciones
- Falta (lack) de actividades para jóvenes
- Mal sistema de transportes públicos
- Falta de espacios abiertos (parques)

Soluciones
- Utilizar el transporte público
- Reciclar
- Construir más viviendas de renta limitada
- Contratar (hire) a más policía
- Reformar al gobierno
- Educar a la gente
- Ser más activo en la iglesia y en servicio comunitario

Nota Cultural
Sevilla

Situada estratégicamente junto al río Guadalquivir, Sevilla es la capital de Andalucía y un núcleo turístico famoso por sus atractivos monumentales y sus muchas fiestas religiosas y profanas. La prosperidad de la ciudad, confluencia de culturas cristiana, judía y árabe, se debe en parte a su rica y diversa historia y al encanto de sus hermosos barrios medievales de origen moro y judío. La inmensa y espectacular catedral gótica, la más grande de Europa, junta con su torre almohade, la Giralda, es el sitio turístico más visitado de la ciudad. Situada en el sitio de una antigua mesquita almohade, la catedral fue comenzada en 1401 y terminada un siglo más tarde.

Intérprete: En la oficina de turismo

On arriving at my destination,	Al llegar a mi destino,
I go to the tourist office	voy a la oficina de turismo
to find a place to spend the night.	a encontrar un lugar donde pasar la noche.
If I am travelling by train,	Si viajo por tren,
I leave my luggage in the luggage check	dejo mi equipaje en la consigna
before leaving the station.	antes de salir de la estación.
In the tourist office,	**En la oficina de turismo,**
an employee gives me a list of hotels and pensions	**una empleada me da una lista de hoteles y pensiones**
with available rooms and prices.	**con cuartos disponibles y precios.**
Normally, I choose a hotel	Normalmente, escojo un hotel
that isn't very far from the train station.	que no está muy lejos de la estación de trenes.
Then I wait while the employee calls	**Luego espero mientras la empleada llama**
to make the reservation.	**para hacer la reservación.**
Once I have a room reserved,	Una vez que tengo un cuarto reservado,
I ask about the points of touristic interest.	me informo sobre los puntos de interés turístico.
The employee gives me several brochures,	**La empleada me da varios folletos,**
a map of the city and the metro,	**un plan de la ciudad y del metro,**
and a bus schedule.	**y un horario de autobuses.**
On opening the map of the city,	Al abrir el plan de la ciudad,
she shows me where I am	me muestra dónde estoy
and how to get to the main points of interest.	y cómo llegar a los puntos principales de interés.
Since I want to see all of the city in little time,	**Como quiero ver toda la ciudad en poco tiempo,**
she recommends an organized tour.	**me recomienda un recorrido organizado.**
Before leaving the tourist office,	Antes de salir de la oficina de turismo,
I ask her what bus I should take to go to my hotel.	le pregunto qué autobús debo tomar para ir a mi hotel.
If the hotel isn't far from the station,	**Si el hotel no está lejos de la estación,**
I prefer to go on foot instead of taking the bus.	**prefiero ir a pie en vez de tomar el autobús.**
After thanking her for her help,	Después de agradecerle su ayuda,
I say good-bye to the employee and leave.	me despido de la empleada y salgo.
Once in the street, I head for the hotel,	**Una vez en la calle, me dirijo al hotel,**
but not without first passing by the station	**pero no sin pasar primero por la estación**
to pick up my luggage.	**para recoger mi equipaje.**
On arriving at my hotel, I register at the reception desk	Al llegar al hotel, me inscribo en la recepción
and take my luggage up to my room.	y subo mi equipaje a mi cuarto.
After making myself comfortable,	**Después de acomodarme,**
I leave the hotel to see the points of interest.	**salgo del hotel a ver los puntos de interés.**
Since the cathedral is on the other side of town,	Como la catedral está al otro lado de la ciudad,
I look for the nearest metro station.	busco la estación de metro más cercana.
On finding it, I go down the stairs and follow the signs	**Al encontrarla, bajo la escalera y sigo las señales**
until finding the platform that I want.	**hasta encontrar el andén que deseo.**
When the train arrives,	Cuando llega el tren,
I board and look for a seat.	subo y busco un asiento.
On arriving at my destination,	**Al llegar a mi destino,**
I get out of the train and follow the signs to the exit.	**bajo del tren y sigo las señales hacia la salida.**
On exiting into the street, I see the cathedral	Al salir a la calle, veo la catedral
directly opposite the metro entrance.	directamente enfrente de la boca del metro.
I wait for the signal that permits me to pass,	**Espero la señal que me permite pasar,**
and then I cross the street and head for the cathedral.	**y luego cruzo la calle y me dirijo a la catedral.**
After several hours of exploring,	Después de varias horas de explorar,
it's time to return to my hotel to eat.	es hora de volver a mi hotel a cenar.
Instead of taking the metro,	**En vez de tomar el metro,**
I decide to take the bus	**decido tomar el autobus**
in order to be able to see the city better.	**para poder ver mejor la ciudad.**
Since I have to transfer twice,	Como tengo que pedir transferencia dos veces,
it takes me an hour to arrive at the hotel.	tardo una hora en llegar al hotel.
After eating dinner I'm very tired,	**Después de cenar estoy muy cansado/a,**
so I decide to return to my room,	**así que decido volver a mi cuarto,**
where I read or watch T. V. until falling asleep.	**donde leo o miro la tele hasta dormirme.**

ORAL MASTERY

6

The Past Perfect (Pluperfect)

Had he sung before?	¿Había cantado antes?
Had he played before?	¿Había jugado antes?
Had he flown before?	¿Había volado antes?
Had he driven before?	¿Había manejado antes?
Had he swum before?	¿Había nadado antes?
Had he spoken Spanish before?	¿Había hablado español antes?
Had he drunk coffee before?	¿Había tomado café antes?
Had he already eaten?	¿Ya había comido?
Had he already left?	¿Ya había salido?
Had he already finished?	¿Ya había terminado?
Had he already called?	¿Ya había llamado?
Had he already returned?	¿Ya había vuelto?
Had he already gone to sleep?	¿Ya se había dormido?
He hadn't eaten yet.	Todavía no había comido.
He hadn't left yet.	Todavía no había salido.
He hadn't finished yet.	Todavía no había terminado.
He hadn't called yet.	Todavía no había llamado.
He hadn't returned yet.	Todavía no había vuelto.
He hadn't gone to sleep yet.	Todavía no se había dormido.
We left after he had finished.	Salimos después de que había terminado.
We left as soon as he had finished.	Salimos tan pronto como había terminado.
We left when he had finished.	Salimos cuando había terminado.
We left although he had not finished.	Salimos aunque no había terminado.
We left because he hadn't finished.	Salimos porque había terminado.
After he had finished, we left.	Después de que había terminado, salimos.
As soon as he had finished, we left.	Tan pronto como había terminado, salimos.
When he had finished, we left.	Cuando había terminado, salimos.
Although he hadn't finished, we left.	Aunque no había terminado, salimos.
Since he hadn't finished, we left.	Como había terminado, salimos.
Did he say that he had eaten?	¿Dijo que había comido?
Did he say that he had finished?	¿Dijo que había terminado?
Did he say that he had studied?	¿Dijo que había estudiado?
Did he say that he had practiced?	¿Dijo que había practicado?
Did he say that he had worked?	¿Dijo que había trabajado?

The Conditional Perfect

I would have eaten it.	Lo habría comido.
I would have seen it.	Lo habría visto.
I would have taken it.	Lo habría tomado.
I would have done it.	Lo habría hecho.
I would have said it.	Lo habría dicho.
I would have opened it.	Lo habría abierto.
I would have learned it.	Lo habría aprendido.
I would have remembered it.	Lo habría recordado.
I would have broken it.	Lo habría roto.
I wouldn't have eaten it.	No lo habría comido.
I wouldn't have seen it.	No lo habría visto.
I wouldn't have taken it.	No lo habría tomado.
I wouldn't have done it.	No lo habría hecho.
I wouldn't have said it.	No lo habría dicho.
I wouldn't have opened it.	No lo habría abierto.
I wouldn't have learned it.	No lo habría aprendido.
I wouldn't have remembered it.	No lo habría recordado.
I wouldn't have broken it.	No lo habría roto.
Would you have eaten it?	¿Lo habrías comido?
Would you have seen it?	¿Lo habrías visto?
Would you have taken it?	¿Lo habrías tomado?
Would you have done it?	¿Lo habrías hecho?
Would you have said it?	¿Lo habrías dicho?
Would you have opened it?	¿Lo habrías abierto?
Would you have learned it?	¿Lo habrías aprendido?
Would you have remembered it?	¿Lo habrías recordado?
Would you have broken it?	¿Lo habrías roto?
How would you have eaten it?	¿Cómo lo habrías comido?
Where would you have seen it?	¿Dónde lo habrías visto?
Why would you have taken it?	¿Por qué lo habrías tomado?
When would you have done it?	¿Cuándo lo habrías hecho?
Why would you have said it?	¿Por qué lo habrías dicho?
How would you have opened it?	¿Cómo lo habrías abierto?
Where would you have learned it?	¿Dónde lo habrías aprendido?
How would you have remembered it?	¿Cómo lo habrías recordado?
Why would you have broken it?	¿Por qué lo habrías roto?

Antes de empezar...

Antes de empezar "En el hotel," revisa la lista de palabras familiares dada a continuación. Esta lista incluye palabras presentadas en Español 1 y 2 y también cognados que son fáciles de reconocer.

En el hotel	In the Hotel	Verbos	Verbs
la recepción	reception	llegar	arrive
el vestíbulo	lobby	aparcar	park
el piso	floor	quedarse	stay
el cuarto/la habitación	room	salir	leave
el comedor	dining room	reservar	reserve
el restaurante del hotel	restaurant	confirmar	confirm
el cuarto de baño	bathroom	cancelar	cancel
la ducha	shower	cobrar	charge
la bañera	bathtub	llenar	fill out
el lavabo	sink	firmar	sign
el excusado/retrete	toilet	ver/inspeccionar	see/inspect
la toalla	towel	llamar	call
el jabón	soap	despertar (ie)	wake up
el agua caliente	hot water	funcionar	work (function)
la calefacción	heater	limpiar	clean
el aire acondicionado	air conditioner	arreglar	straighten up
la cama	bed	faltar	be missing
las sábanas	sheets	abrir (con llave)	open (unlock)
la cobija/manta	blankets	cerrar (con llave)	close (lock)
la almohada	pillow	poner/encender (ie)	turn on
la lámpara	lamp	apagar	turn off
la ventana	window		
las cortinas	curtains	**Expresiones**	**Expressions**
el espejo	mirror	¿Cuánto cobran...?	How much do you charge...?
el televisor	television	por día/semana	per day/week
la silla	chair	para...noches	for...nights
la mesa	table	¿Cuánto es en total?	How much is it in all?
la puerta	door	preparar la cuenta	prepare the bill
el armario	closet	pagar la cuenta	pay the bill
el patio	patio/courtyard	pedir un taxi	call for a taxi
la piscina	pool		
el ascensor	elevator	**Otras palabras**	**Other Words**
la escalera	stairway	el/la director(a)/gerente	manager
		la camarera	maid
Adjetivos	**Adjectives**	el pasaporte	passport
grande/pequeño	large/small	el permiso de conducir	driver's license
tranquilo	calm/quiet	la reservación	reservation
individual	individual	la confirmación	confirmation
sencillo	single	el equipaje	luggage
doble	double	el número	number
incluído	included	la llave	key
agradable	pleasant	el teléfono	telephone
caro	expensive	la cuenta	bill
barato/económico	economical	la llegada	arrival
con balcón	with a balcony	la salida	departure
con terraza	with a terrace	la entrada	entry
con vista	with a view	la salida	exit
con ducha	with a shower	la planta baja	ground floor
con desayuno	with breakfast	el primer piso	first (=second) floor

"La obra de Dios, hecha a Su manera, siempre tendrá Su provisión."
Hudson Taylor

Unidad 7: En el hotel

UNIT CONTENTS

Capítulo 19
1. Vocabulario: En el hotel
2. Gramática: The Future Perfect
3. Versículo: I Tesalonicenses 4:15b
4. Lectura: Listo para ir a casa
5. Exprésate: ¿Dónde prefieres hospedarte?

Capítulo 20
1. Diálogo: En el hotel
2. Gramática: The Perfect Infinitive
3. Versículo: Hebreos 10:26
4. Lectura: Deja la luz encendida
5. Exprésate: Un hotel en que te quedaste

Capítulo 21
1. Historias bíblicas: Los hermanos en Egipto
2. Versículo: Hebreos 1:3b
3. Lectura: Lugar para Jesús
4. Exprésate: ¿Qué haces cuando te quedas en un hotel?
5. Intérprete: En el hotel

Oral Mastery Exercises: Review of the Perfect Tenses
　　　　　　　　　　　　The Past Infinitive

Girona: el Hotel Carlemany

Versículo

...we who are living and remain unto the coming of the Lord shall not precede them who are asleep.
  I Thessalonians 4:15b

...nosotros que vivimos, que habremos quedado hasta la venida del Señor, no precederemos a los que durmieron.
  I Tesalonicenses 4:15b

Capítulo 19

Saludos

¿Qué tal? ¿Qué hay de nuevo?
¿Cuál es la fecha de hoy? ¿Cuál será la fecha de mañana?
¿Que hora es? ¿Qué hora era cuando llegaste a la escuela?
¿Qué tiempo hace? Qué tiempo hará mañana?
¿Adónde fuiste ayer después de la escuela?
¿A qué hora cenaste ayer?
¿Qué hiciste ayer por la noche?
¿A qué hora saldrás para la escuela mañana?
¿Cuáles son tus planes para mañana?
¿Qué vas a ponerte mañana?

Lecciones

1. Vocabulario: En el hotel
2. Grámatica: The The Future Perfect
3. Versículo: I Tesalonicenses 4:15b
4. Lectura: Listo para ir a casa
5. Exprésate: ¿Dónde prefieres hospedarte?

Repaso rápido

Día 1: Conditional Perfect	1. I wouldn't have said anything. 2. You wouldn't have been able to enter. 3. I would have opened the door, but I didn't see you.
Día 2: Conditional Perfect	1. Where would you have liked to attend school? 2. He would have died, but they found him. 3. I would have written earlier, but I didn't have a pen.
Día 3: Future Perfect	1. Will you have bought a home by the year 2020? 2. We will have eaten by 6:30. 3. He says that he will have left for school by 7:00.
Día 4: Future Perfect	1. Won't you have done the homework before going to bed? 2. I will have graduated (graduarse) by the year 2016. 3. Do you think that they will have arrived by then (para entonces)?
Día 5: Future Perfect	1. She will have finished by now (ya). 2. We won't have found a cure (una cura) before the year 2025. 3. In two days you will have waited for a week!

Vocabulario: En el hotel

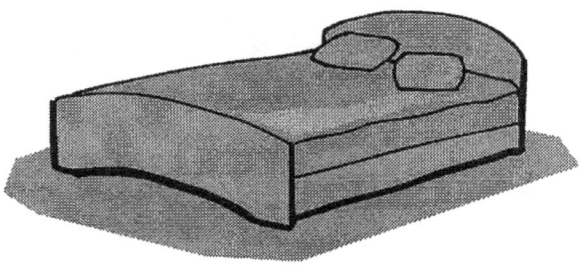

A. Vocabulario activo

Reservando un cuarto	Booking a Room
hacer una reservación	to make a reservation
confirmar/cancelar	to confirm/cancel
registrarse	to register
llenar la ficha	to fill out the form
pagar la cuenta	to pay the bill
¿Hay una habitación libre?	Are there any vacancies?
El hotel está completo.	We have no vacancies.
Tengo un cuarto reservado.	I have a room reserved.
Aquí está la confirmación.	Here's the confirmation.
¿Cuánto cuesta en total?	How much is it in all?
Quiero un cuarto...	I want a room...
sencillo/doble	single/double
con dos camas	with twin beds
con cama de matrimonio	with a double bed
con aire acondicionado	with air conditioning
con baño privado	with a private bath
con ducha	with a shower
con balcón	with a balcony
con vista (al mar)	with a view (of the sea)
con ventana a la piscina	facing the pool
¿Cuánto cobran por...?	How much do you charge for...?
pensión completa	full-board
media-pensión	half-board
por noche/persona	per night/person
una cama adicional	an extra bed
¿Está(n) incluído/a(s)...?	Is/Are...included?
el servicio de cuartos	room service
el servicio de lavado	laundry service
las llamadas telefónicas	telephone calls
los impuestos	taxes

B. Vocabulario adicional

Necesidades/Pagando y marchándose	Needs/Checking Out
la recepción	reception desk
el cuarto/la habitación	room
el ascensor	elevator
la escalera	staircase
la salida (de incendios)	(fire) exit
el/la huésped	guest
el/la recepcionista	receptionist
el botones	bell boy
la camarera	maid
el/la gerente	manager
subir/bajar....	to bring up/down...
quedarse una semana	to stay a week
abandonar el cuarto	to vacate the room
dejar la llave en....	to leave the key on...
marcharse/irse	to leave the hotel
¿Cómo funciona...?	How does the....work?
el ventilador	fan
el aire acondicionadao	air conditioner
la calefacción	heater
el interruptor	light switch
¿Puede Ud. traernos...?	Can you bring us....?
otra cubija	another blanket
otra almohada	another pillow
más perchas	more hangars
más toallas	more towels
¿Puedo pagar...?	Can I pay...?
con cheque	with a check
con cheque de viajero	with traveler's check
con tarjeta de crédito	with a credit card
al contado	in cash

Ejercicios de vocabulario

I. Escribe las expresiónes tres veces y memorízalas para una prueba.

II. Contesta las preguntas con una frase completa.

1. Cuando te quedas en un hotel, ¿**haces la reservación** por teléfono o en la Internet?
2. ¿Siempre **confirmas** la reservación enviando un fax?
3. ¿Pierdes tu dinero si **cancelas** la reservación en el último momento?
4. ¿Qué hay que hacer para **registrarse**?
5. ¿Usas pluma o lápiz para **llenar la ficha**?
6. ¿Prefieres **pagar la cuenta** al registrarse o cuando sales del hotel?
7. ¿Qué haces si no has hecho una reservación? ¿Preguntas si **hay una habitación libre**?
8. ¿Qué haces si **el hotel está completo**? ¿Te informas sobre otros hoteles?
9. Si **tienes un cuarto reservado**, ¿necesitas mostrarle a la recepcionista **la confirmación**?
10. Siempre le preguntas **cuánto cuesta en total** antes de pagar la cuenta?
11. Cuando viajas solo/a, ¿prefieres **un cuarto sencillo** o **doble**?
12. Prefieres **un cuarto con dos camas** o con **cama de matrimonio (cama doble)**?
13. En el verano, ¿siempre pides un cuarto **con aire acondicionado**?
14. Cuando te quedas en una pensión (bed and breakfast), prefieres un cuarto **con baño privado**?
15. ¿Es más barato quedarse en un cuarto **con ducha** que en uno con baño completo?
16. Cuando vas a la playa, ¿siempre reservas **un cuarto con balcón**?
17. ¿Cuestan mucho más los cuartos **con vista al mar**?
18. ¿Te gustan los cuartos **con ventana a la piscina**? ¿Por qué?
19. ¿Alguna vez te has quedado en un hotel que ofrezca **pensión completa**? ¿Sabes **cuánto cobran por pensión completa** en un buen hotel en España?
20. ¿Sabes **cuánto cobran por media pensión** en un hotel de segunda categoría?
21. ¿Alguna vez te has quedado en un albergue para jóvenes (youth hostel)? ¿Sabes cuánto cobran **por persona por noche**?
22. ¿Alguna vez has pedido **una cama adicional**? ¿Cobran mucho por **una cama adicional**?
23. ¿Siempre **está incluído el servcio del hotel** en los hoteles norteamericanos?
24. ¿También está incluído **el servicio de lavado**?
25. En la mayoría de los hoteles norteamericanos, ¿hay que pagar un suplemento por **llamadas telefónicas**?
26. ¿Siempre están incluídos **los impuestos** en el precio del cuarto en el estado en que vives?

III. Escribe la palabra o expresión que complete correctamente cada frase.

1. Hace mucho calor. Necesitamos un cuarto con_____.
2. Tenemos que buscar otro hotel. Este está_____.
3. En el verano, es una buena idea hacer_____ para estar seguro de tener un cuarto.
4. Somos cuatro en total. Necesitamos un cuarto_____.
5. Mi esposa y yo preferimos un cuarto con cama_____.
6. Necesitamos una cama_____ para el bebé.
7. En muchos hoteles, hay que pagar por llamadas_____.
8. Los cuartos con ventana a la_____ son más ruidosos (noisy).
9. En la mayoría de los estados, los_____ no están incluídos en el precio del cuarto.
10. El hotel está completo. No importa. Tengo un cuarto_____.
11. Antes de ocupar el cuarto, es necesario ir a la recepción y_____.
12. En Europa, cuesta un poco más quedarse en un cuarto con baño_____.
13. Si no hemos reservado, preguntamos si hay una habitación_____.
14. La pensión completa cuesta más que la_____ pensión.
15. Normalmente, el servicio de_____ está incluído en el precio del cuarto.
16. Antes de abandonar el cuarto, es necesario_____.
17. Tengo un cambio de planes. Necesito_____ mi reservación.
18. Cuando se reserva un cuarto en otro país, es una buena idea_____ la reservación por fax.
19. Este cuarto cuesta un poco más porque tiene un balcón con_____ al mar.
20. Un cuarto con_____ cuesta menos que uno con baño completo.

☞Explicación: The Future Perfect Tense

1. In the previous chapter you learned the Conditional Perfect tense, formed by combining the conditional forms of *haber* with the *past participle*:

HABER + PAST PARTICIPLE		
Habría		I would have	
Habrías		You would have	
Habríamos		We would have	
	hablado.		spoken.
Habría		He would have	
Habría		She would have	
Habrían		They would have	

2. The *Future Perfect* is formed by combining the future tense forms of *haber* with the *past participle*:

HABER + PAST PARTICIPLE		
Habré		I will have	
Habrás		You will have	
Habremos		We will have	
	hablado.		spoken.
Habrá		He will have	
Habrá		She will have	
Habrán		They will have	

3. The *Future Perfect* corresponds to English *will have spoken, will have eaten*, etc., and is used to state that some action *will have been completed* prior to some time or event in the future.

PRIOR EVENT	FUTURE EVENT/POINT IN TIME
Ya habremos comido We will have already eaten	antes de salir. before leaving.
Ya habrá salido He will have already left	para las seis. by six.
No habrán terminado They won't have finished	cuando lleguemos. when we arrive.

4. Remember the following irregular past participles:

poner put	*puesto*	morir die	*muerto*
ver see	*visto*	romper break	*roto*
hacer do, make	*hecho*	volver return	*vuelto*
decir say, tell	*dicho*	abrir open	*abierto*
escribir write	*escrito*	cubrir cover	*cubierto*

> *"Ante Dios somos todos igualmente sabios, igualmente tontos."*
>
> *Albert Einstein*

✍ Ejercicios

I. Escribe la forma apropiada del futuro perfecto.

1. (yo) comer
2. (él) vivir
3. (nos.) terminar
4. (ellas) decidir
5. (tú) volver
6. (Uds.) estar
7. (Ud.) poder
8. (nos.) poner
9. (yo) escribir
10. (ellos) dar
11. (tú) romper
12. (nos.) tener
13. (ella) ver
14. (yo) abrir
15. (Uds.) ir
16. (nos.) hacer
17. (tú) decir
18. (él) cerrar
19. (ellos) morir
20. (yo) cubrir

II. Para cada verbo, forma una oración en el futuro perfecto y di (tell) aproximadamente la fecha (date) en la que la realizarás (accomplish).

Modelo: graduarse: Creo que *me habré graduado* para el año 2016.

1. graduarse de la secundaria
2. obtener un título universitario
3. encontrar un empleo de tiempo completo
4. comprar un coche nuevo
5. casarse
6. tener el primer hijo
7. comprar una casa
8. ir a Europa
9. tener nietos
10. jubilarse (retire)

III. Contesta las preguntas con una frase completa.

A. Hablando de hoy
1. ¿Habrás comenzado a cenar para las seis de la tarde?
2. ¿Habás terminado de cenar antes de las siete?
3. ¿Habrás terminado toda tu tarea antes de las diez?
4. ¿Te habrás acostado para las once?
5. ¿Te habrás dormido para las once y media?

B. Hablando de mañana
1. ¿Te habrás despertado para las seis?
2. ¿Te habrás levantado para las seis y media?
3. ¿Habrás desayunado para las siete?
4. ¿Habrás salido para la escuela para las siete y media?
5. ¿Habrás terminado tu primera clase para las nueve?

C. Hablando del futuro
1. ¿Crees que te habrás graduado de la secundaria para el año 2002?
2. ¿Crees que habrás terminado tus estudios universitarios para el año 2006?
3. ¿Crees que habrás comenzado a trabajar para el año 2008?
4. ¿Crees que habrás hecho un viaje a Europa para el año 2010?
5. ¿Crees que habrás comprado una casa para el año 2015?
6. ¿Crees que habremos descubierto una cura para el cáncer para el año 2020?
7. ¿Crees que habremos enviado hombres a Marte (Mars) para el año 2030?
8. ¿Crees que habremos explorado otros planetas para el año 2050?
9. ¿Crees que habremos comenzado una colonia en la luna para el año 2070?
10. ¿Crees que habremos encontrado el Arca de Noé (Noah's Ark) para el año 2080?

IV. TRADUZCA AL ESPAÑOL

1. I will have finished this homework by 4:00.
2. They will have already left by the 6 of June.
3. Will you have eaten by 7:00?
4. He will have died if he hasn't had water for a week.
5. You will not have learned much at the end (al fin) of the year if you don't study.

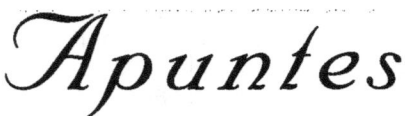

☎ Conversaciones

1.

¿Crees que				
	habrás	terminado tus estudios		2000
		obtenido un título universitario		2005
		conseguido un empleo		2010
		comprado una casa		2015
		tenido hijos		2020
		tenido nietos (grandchildren)	para el año	2025
				2030 ?
	te habrás	graduado		2035
		enamorado		2040
		casado		2045
		jubilado (retired)		2050
		muerto		2055
				2060

2.

¿Crees que					
	habrás	salido para la escuela		las cinco	
		almorzado		las seis	
		vuelto a casa		las siete	
		cenado		las ocho	
		terminado tu tarea		las nueve	
		ido a tu dormitorio	mañana para	las diez	de la mañana
				las once	de la tarde ?
	te habrás	despertado		las doce	de la noche
		levantado		la una	
		desayunado		las dos	
		vestido		las tres	
		acostado		las cuatro	
		dormido		las cinco	

3.

¿Crees que	habremos			
		encontrado una cura para el cáncer		2000
		encontrado una cura para SIDA		2005
		encontrado una cura para Alzheimers		2010
		encontrado el Arca de Noé		2015
		encontrado otras formas de energía		2020
		colonizado la luna		2025
		enviado un hombre a Marte (Mars)	para el año	2030 ?
		encontrado vida en el espacio		2035
		destruído la selva tropical (rain forest)		2040
		acabado con (ended) la pobreza		2045
		acabado con las guerras (wars)		2050
		agotado (eshausted) todo el petróleo		2055
		agotado todo el carbón (coal)		2060

✉Lectura: *Listo para ir a casa*   ready

Porque yo ya estoy para ser sacrificado, y el tiempo de mi *partida* está   departure
cercano. --2 Timoteo 4:6.

    Puesto que viajo mucho en mi ministerio, he tenido que pasar mucho   since
tiempo lejos de casa. Aunque algunos hoteles *prometen* hacerme   promise
«sentir en casa», pocos lo *consiguen*. *De hecho*, algunos me hacen   achieve, in fact
desear fervientemente estar en casa.

    En sus últimos días en la tierra, el apóstol Pablo tenía un *anhelo*   desire
profundo de estar en su *hogar* celestial. Pensaba en la *cálida*   home, warm
bienvenida que le daría el Señor, «el juez justo» (2 Timoteo 4:8).   welcome
Aunque estaba *frente a* la muerte, pensar en el cielo lo *mantenía* con   facing, kept
esperanza.

    Esto me *recuerda* a un *anciano* y su *nieto* que estaban sentados en   reminds, old man, grandson
el *muelle* una tarde. Parecía que conversaban sobre todas las cosas: wharf
por qué el agua es *mojada*, por qué cambian las *estaciones*, por qué a   wet, seasons
las niñas no les gustan los *gusanos*, cómo es la vida, etc. Finalmente, el   worms
muchacho miró *hacia arriba* y preguntó: «Abuelo, ¿alguna vez alguien   upwards
ve a Dios?» «Hijo --dijo el anciano mirando las tranquilas aguas del lago--
estoy llegando a un *punto* en que prácticamente no veo nada más.»   point

    Envejecer debe ser así. Orar debe ser más fácil. La comunión con el   growing old
Padre celestial debe ser tan natural como respirar. Nuestras mentes
deberían estar cada vez más *centradas* en que vamos a ver a Jesús. *Así*   focused
es como sabremos si estamos listos para ir a casa. --HWR   that's how

    A medida que las *sombras* de la vida *se alarguen*,   as, shadows, lenghten
    los pensabmientos sobre Dios deben *profundizarse*.   grow deeper
                                                                                          Nuestro pan diario

A. Preguntas sobre la lectura
1. ¿Por qué ha pasado el autor mucho tiempo lejos de casa?
2. ¿Qué prometen algunos hoteles? ¿Lo consiguen?
3. ¿Cómo le hacen sentir algunos hoteles?
4. ¿Qué deseaba el apóstol Pablo en sus últimos días en la tierra?
5. ¿Qué es lo que lo mantenía con esperanza frente a la muerte?
6. ¿Quiénes estaban sentados una tarde en el muelle ?
7. ¿Sobre qué conversaban?
8. ¿Qué pregunta le hizo el muchacho al anciano?
9. ¿Cuál fue la respuesta del anciano?
10. ¿Según el autor, ¿cómo debe ser la comunicación con Dios a medida que nos envejecemos?
11. ¿Cómo sabremos que estamos listos para ir a casa?

B. Preguntas personales
1. ¿Has pasado mucho tiempo lejos de casa? ¿Cuándo?
2. ¿Te sientes en casa cuando te quedas en un hotel?
3. ¿Alguna vez has sentido nostalgia al estar lejos de casa?
4. ¿Alguna vez has pensado en tu hogar celestial?
5. ¿Crees que sólo los viejos deben pensar en el cielo?
6. ¿Es más fácil orar cuando estás pensando en tu hogar celestial?

⌒Exprésate: ¿Dónde prefieres hospedarte?

1. Entrevista

1. ¿Dónde prefieres hospedarte cuando vas de vacaciones? ¿Tienes un lugar favorito?
2. ¿Te gustan los grandes hoteles como el Hilton, o prefieres quedarte en un motel pequeño?
3. ¿Te quedas por lo general en hoteles de primera categoría o de segunda categoría?
4. ¿Tienes un hotel/un motel favorito? ¿Cuánto cobran por día? ¿Por qué te gusta?
5. ¿Cuáles son las ventajas y las desventajas de quedarse en un hotel elegante como el Hilton?
6. ¿Qué piensas de las pensiones (bed and breakfast)? ¿Las prefieres a los moteles? ¿Por qué?
7. ¿Cuando te quedas dos o tres semanas, ¿prefieres un apartamento a un hotel?
8. ¿Cuáles son las ventajas de alquilar un apartamento? ¿Es más barato que un motel?
9. ¿Alguna vez te has quedado en un cuarto amueblado (furnished) en una casa particular?
10. ¿Te gusta ir de campamento (acampar)? ¿Conoces un buen terreno de camping?
11. ¿Qué servicios ofrece (baños, duchas, agua potable, tiendas, etc.)? ¿Cuánto cobran por día?
12. ¿Alguna vez has pasado la noche en la playa? ¿Te gustó? ¿Dormiste en un saco de dormir?
13. Cuando acampas, ¿prefieres dormir en una carpa (tent) o en un remolque de recreo (trailor)?
14. ¿Cuáles son algunas de las desventajas de dormir en una carpa? ¿Te gusta armar (ser up) la carpa?
15. ¿Tienes un vehículo de recreo (RV)? ¿Te gustaría tener uno? ¿Cuáles son las ventajas de tener un vehículo de recreo?

2. Comentario (oral o escrito)

Cuenta dónde prefieres quedarte cuando vas de vacaciones. Habla de las ventajas y desventajas de los varios tipos de alojamiento. Consulta la lista dada a continuación para ideas.

-un hotel...
  de lujo luxury
  de primera categoría first class
  de segunda categoría second class
  de baja categoría low class
-un motel (albergue de carretera) motel
-una pensión bead and breakfast
-una casa de huéspedes boarding house
-una casa de campo country house, cottage
-un cuarto amueblado en una casa particular furnished room in a private house
-una cabaña cabin
-un albergue juvenil youth hostel
	-un apartamento amueblado furnished apartment
	-un apartamento en multipropiedad time-share
	-un condominio condominium
	-un rancho farm/ranch
	-un parque nacional national park
	-un terreno de camping campground
	-una tienda de campaña tent
	-un remolque de recreo trailer
	-un vehículo de recreo RV
	-una casa flotante houseboat
	-la casa de parientes relative's home

Nota Cultural
Dónde alojarse en España

Con más de 10.000 establecimientos y 1.000.000 de camas, España cuenta con alojamientos para todos los gustos, desde los modestos albergues juveniles hasta los elegantes paradores de turismo, hoteles con encanto situados en antinguas mansiones, castillos y palacios. Los hoteles en España están clasificados en relación a las comodidades que ofrecen, comenzando con los de sólo una estrella hasta los más lujosos de cinco estrellas. El precio varía según la clasificación del hotel, la temporada, la región y la calidad de la habitación. Entre las cadenas hoteleras más grandes se cuentan Grupo Sol-Meliá, NH, TRYP y Grupo Riu.

Versículo

For if we sin willfully after we have received the knowledge of the truth, there remaineth no more sacrifice for sins. Hebrews 10:26	Porque si pecáremos voluntariamente después de haber recibido el conocimiento de la verdad, ya no queda más sacrificio por los pecados. Hebreos 10:26	*Capítulo 20*

Saludos

¿Qué tal? ¿Qué hay de nuevo?
¿Qué fecha es hoy? ¿Qué fecha fue ayer?
¿Que hora es? ¿A qué hora empezó la clase?
¿Qué temperatura hace hoy? ¿Hizo más calor ayer?
¿A qué hora viniste a la escuela hoy?
¿En qué clases tuviste tarea ayer?
¿Qué te pusiste (wear) ayer?
¿Qué vas a ponerte mañana?
¿Adónde vas a ir hoy después de la escuela?

Lecciones

1. Diálogo: En el hotel
2. Grámatica: The Perfect Infinitive
3. Versículo: Hebreos 10:26
4. Lectura: Deja la luz encendida
5. Exprésate: Un hotel en que te quedaste

✏ Repaso rápido

Día 1: Future Perfect	1. We will have eaten dinner before that. 2. Won't you have gone to bed by 10:00? 3. They will have returned by then (para entonces).
Día 2: Future Perfect	1. I think that I will have gotten married (casarse) before turning (cumplir) thirty. 2. Will you have repaired it before this afternoon? 3. I won't have woken up before seven.
Día 3: Perfect Infintive	1. He claims (decir) to have seen the president. 2. I regret not having studied more for this test. 3. Do you remember having read *Tom Sawyer*?
Día 4: Perfect Infintive	1. After having seen it, I believe it. 2. I always feel better after having run. 3. I got a scholarship (una beca) for having gotten (sacar) good grades.
Día 5: Perfect Infintive	1. You should have watched less T. V. when you were a child. 2. Could you have received an A without having studied? 3. Had you practiced more, you would have learned it.

✏️ Repaso de vocabulario

Traduce al español.

1. I often **make a reservation** when I stay in a hotel.
2. I always send a fax (un fax) to (para) **confirm** the reservation.
3. I **register** at the hotel by (al) **filling out a form.**
4. I never **pay the bill** before the last day.
5. If I haven't reserved (reservar), I ask, "**Are there any vacancies?**"

6. If **the hotel is full**, I inquire about (informarse sobre) other hotels.
7. If **I have a room reserved**, I say, "**Here is the confirmation.**"
8. On paying the bill, I ask, "**How much is it in all?**"
9. When I travel alone, **I want a single room.**
10. When I travel with my family, I ask for **a double room.**

11. I prefer a room **with a double bed** to one **with twin beds.**
12. In the summertime, I ask for a room **with air conditioning.**
13. I always want a room **with a private bath.**
14. A room **with a shower** costs less that one with a full (completo) bath.
15. When I go to the coast (la costa), I reserve a room **with a balcony** and **with a view of the sea.**

16. I don't like rooms **facing the pool.**
17. When I find a hotel, I ask **how much they charge per person per night.**
18. **Full-board** includes (incluir) all meals, while (mientras que) **half-board** includes only breakfast and lunch.
19. One always has to pay more for **an additonal bed.**
20. **The room service** is normally (normalmente) **included,** but one pays more for **laundry service.**
21. Often it's necessary to pay for **telephone calls** that one makes from (desde) the hotel room.
22. **The taxes** often (muchas veces) are not included in the price (precio) of the room.

🔊 Diálogo: En el hotel

-Buenos días.	-Good morning.
-Buenos días. ¿En qué puedo servirle?	-Good morning. How can I help you?
-Tengo reservada una habitación para dos días a nombre de............	-I have a room reserved for two days for.....(Insert your name)
(Busca el nombre en la computadora)	(He looks for the name in the computer)
-¿Para esta noche?	-For this evening?
-Sí, una habitación doble.	-Yes, a double room.
-No veo su nombre en la pantalla. ¿Cómo se escribe?	-I don't see your name on the screen. How's it spelled?
-(Deletrea tu nombre.)	-(Spell you name)
-Lo siento, pero no veo su nombre. ¿Cuándo hizo la reservación?	I'm sorry, but I don't see your name. When did you make the reservation?
-El mes pasado. Hablé con una señora. Reservé una habitación con baño privado y con vista al mar.	-Last month. I spoke with a woman. I reserved a room with a private bath and with a view of the ocean.
-¿Aseguró su reservación con su tarjeta de crédito?	-Did you ensure the reservation with you credit card?
-Sí, usé mi VISA, válida hasta 2003. Aquí está la confirmación.	-Yes, I used my VISA, valid until 2003. Here's the confirmation.
-¡Ah, esta reservación es para el 16! Pero no hay problema. Tenemos otras habitaciones disponibles. ¿Dijo Ud. que quería una habitacion con una cama matrimonial?	-Ah, this reservation is for the 16th! But there's no problem. We have other rooms available. Did you say that you wanted a room with a double bed?
-No, con camas gemelas, y con vista al mar.	-No, with twin beds, and with a view of the ocean.
-Tenemos una en el tercer piso, pero tiene dos camas matrimoniales.	-We have one on the third floor, but it has two double beds.
-¿Cuánto cobran por la habitación?	-How much do you charge for the room?
-Normalmente, quinientos pesos, pero puede tenerla por el mismo precio que una habitación con camas gemelas.	-Normally, five hundred pesos, but you can have it for the same price as a room with twin beds.
-¿Tiene baño privado?	-Does it have a private bath?
-O, sí, todas nuestras habitaciones tienen baño privado. ¿Quiere verla?	-Oh, yes, all our rooms have private baths. Do you want to see it?
-Sí, por favor.	-Yes, please.
-Aquí tiene Ud. la llave. Puede tomar el ascensor. Está al fondo del pasillo, a la derecha.	-Here's the key. You can take the elevator. It's at the end of the hallway, on the right.

(Unos minutos más tarde)	(Several minutes later)
-Me gusta la habitación, pero preferiría tener algo más al fondo, más lejos de la calle.	-I like the room, but I prefer to have something more toward the back, further from the street.
-Lo siento, pero sólo nos queda una habitación doble con vista al mar. Si quiere algo más tranquilo, tenemos una habitación doble en el segundo piso, más al fondo, que da a la piscina.	**-I'm sorry, but we only have one double room left with a view of the ocean. If you want something quieter, we have a double room on the second floor, more toward back, that faces the pool.**
-Voy a tomarla. ¿Puedo registrarme?	-I'll take it. Can I register?
-Está bien. ¿Puedo ver su pasaporte, por favor?	**-Fine. Can I see your passport, please?**
-Aquí está.	-Here it is.
-Gracias. ¿Por cuánto tiempo va a quedarse? ¿Dos días?	**-Thanks. How long are you going to stay? Two days?**
-Sí, dos días.	-Yes, two days.
-¿Quieren Uds. pensión completa?	**-Do you want full board?**
-¿Cuánto nos costará?	-How much will it cost us?
-Con pensión completa les cuesta seiscientos pesos.	**-With full board, it costs you 600 pesos.**
-No, sólo con desayuno.	-No, just with breakfast.
-El desayuno continental se sirve desde las siete hasta las diez. Con desayuno por dos días le sale a cuatro cientos pesos.	**-The continental breakfast is served from seven to ten. With breakfast for two days it comes to 400 pesos.**
-¿Está todo incluído?	-Is everything included?
-No, el 15% del servicio y los impuestos no están incluidos. En total son quinientos pesos.	**-No, the 15% service charge and the taxes aren't included. In all it's five hundred pesos.**
-¿Hay un descuento para estudiantes?	-Is there a discount for students?
-Sí, hay un descuento de 5%. ¿Tiene Ud. su tarjeta de estudiante?	**-Yes, there's a 5% discount. Do you have your student card?**
-Aquí está. ¿Puedo pagar por adelantado?	-Here it is. Can I pay in advance?
-Está bien. ¿Quiere Ud. llenar este formulario de registro y firmar aquí?	**-O. K.. Will you (please) fill out this registration form and sign it here?**
-Aquí tiene Ud..	-Here you are.
-Gracias. Si hace llamadas telefónicas, por favor, avísenos antes de partir.	**-Thanks. If you make any telephone calls, please let us know (notify us) before departing.**
-¿Cobran por llamadas hechas con una tarjeta telefónica?	-Do you charge for telephone calls made with a telephone card?
-No, sólo por llamadas locales. Tres pesos por llamada.	**-No, only for local calls. Three pesos per call.**
-Muy bien. ¿A qué hora tenemos que abandonar la habitación?	-Fine. What time do we need to leave the room?
-A las once.	**-At eleven.**
-¿Y dónde dejamos las llaves, aquí en la recepción?	-And where do we leave the keys, at the reception desk?
-Puede dejarlas en la habitación.	**-You can leave them in the room.**
-Ah, otra cosa. ¿Puede Ud. despertarnos a las seis y conseguirnos un taxi para las ocho?	-Ah, another thing. Can you wake us at six and get us a taxi for eight?
-Sí, señor.	**-Yes, sir.**
-Gracias por su ayuda. ¿Puedo depositar esto en su caja fuerte?	-Thanks for your help. Can I deposit this in your safe?
-Está bien. Aquí tiene Ud. un recibo.	**-Fine. Here's your receipt.**
-Gracias. ¿Puedo dejar nuestro equipaje aquí?	-Thanks. Can I leave our luggage here?
-Sí, el botones lo subirá en seguida.	**-Yes. the bellboy will take it up at once.**
(Unos minutos más tarde)	(Minutes later)
-Hola, ¿recepción?	-Hello, reception?
-Sí señor, ¿en que puedo servirle?	**-Yes, sir, how can I help you?**
-Debe haber un error. Quería una habitación con baño privado. Sólo tiene lavamanos y una ducha.	-There must be an error. I wanted a room with a private bath. It only has a sink and a shower.
-Lo siento. Se me olvidó decírselo. El excusado está al fondo del pasillo. Hay otras habitaciones disponibles con baño completo, pero no tienen vista al mar.	**-I'm sorry. I forgot to tell you. The toilet is at the end of the hallway. There are other rooms available with a complete bath, but they don't have a view of the ocean.**
-Está bien. Me quedo con ésta, pero nos faltan toallas. ¿Puede traernos más toallas?	-O. K.. I'll keep this one, but we need towels. Can you bring us more towels?
-Sí, señor. En seguida se las traemos.	**-Yes, sir. We'll bring them to you at once.**
-Otra cosa. El aire acondicionado no funciona, y no puedo encontrar el enchufe para la máquina eléctrica.	-Another thing. The air conditioning doesn't work, and I can't find the outlet for the electric shaver.
-El enchufe está encima del espejo, y el aire acondicionado sólo funciona cuando la temperatura está a 78 grados o más.	**-The outlet is above the mirror, and the air conditioning only works when the temperature is 78 degrees or more.**
-Gracias. Le agradezco mucho su ayuda.	-Thanks. I appreciate your help.
-No hay de qué. Si necesita algo más, sólo tiene que llamar a recepción.	**-You're welcome. If you need anything else, you need only call reception.**
-Creo que por ahora todo está bien, pero voy a necesitar ayuda con nuestras maletas mañana a las siete y media.	-I think that for now this is fine, but I'm going to need help with our suitcases tomorrow morning at seven-thirty.
-Puedo bajarlas por Ud. Hasta mañana a las siete.	**-I can take them down for you at seven.**
-Hasta luego.	-See you then.

☞ Explicación: The Perfect Infinitive

1. The Perfect Infinitive corresponds to English "to have spoken" and "having spoken." It is formed by combining the infinitive of *haber* with the past partiticple:

HABER + PAST PARTICIPLE			
haber	estudiado comido vivido	to have/having	studied eaten lived

2. The Perfect Infinitive never appears alone, but always in combination with a prefacing verb or preposition:

Siento I regret	no *haber comido.* not *having eaten.*
Dice He claims	*haber visto* al presidente. *to have seen* the president.
Después de After	*haber estudiado,* descanso. *having studied,* I rest.

3. If there is an object pronoun, it is attached to the helping verb *haber*:

No recuerdo I don't remember	*haberlo visto.* *having seen it.*
Después de After	*haberlo estudiado* *having studied it*

4. In the present, *Deber* and *Poder* + the perfect infinitive express "must have" and "may have."

Debe He must	*haber perdido el tren.* *have missed the train.*
Puede He may	*haber tomado el autobús.* *have taken the bus.*

5. In the preterite, *Deber* and *Poder* + the perfect infinitive express "should have" and "could have."

Debiste You should	*haber estudiado* más. *have studied* more.
Pudiste You could	*haber sacado* una A. *have gotten* an A.

6. The perfect infinitive may be used after the preposition "De" to make hypothetical suppositions:

De haber estudiado más, *Had you studied* more,	habrías sacado una A. you would have gotten an A.
De haberlo sabido, *Had I known it,*	habría estudiado más. I would have studied more.

6. Remember the following irregular past participles:

poner	puesto	**morir**	muerto	**abrir**	abierto
ver	visto	**escribir**	escrito	**cubrir**	cubierto
hacer	hecho	**romper**	roto	**devolver**	devuelto
decir	dicho	**volver**	vuelto	**envolver**	envuelto

✍ Ejercicios

I. Contesta las preguntas con una frase completa.
Modelo: ¿Recuerdas haber jugado Monopolio cuando eras niño/a?
         Sí, recuerdo haber jugado muchas veces Monopolio.

1. ¿Recuerdas haber estudiado otra lengua antes de estudiar español?
2. ¿Lamentas no haber comenzado a estudiar español antes?
3. Después de haber estudiado español, ¿comprendes mejor la gramática inglesa?
4. ¿Es posible graduarse de la secundaria sin haber estudiado una lengua extranjera?
5. De no haber estudiado español, ¿qué lengua habrías estudiado?
6. ¿Te gustaría haber pasado un año en un país de habla española?
7. ¿Es posible aprender bien una lengua sin haber vivido en otro país?
8. ¿Debiste haber estudiado francés en vez de estudiar español?
9. ¿Alguna vez has recibido una multa (ticket) por haber ido rápido?
10. ¿Pudiste haber recibido buenas notas el año pasado sin haber estudiado?

II. Traduce al español

A. Verb + Past Infinitive
1. It is better (Más vale) to have loved and lost than never to have loved (at all).
2. It is better to have studied a language and to have forgotten it than never to have studied it.
3. I don't remember having seen her before.
4. I regret (lamentar) not having studied more in high school.
5. He seems to have forgotten my name.
6. She appears to have eaten something bad.
7. He claims (decir) to have seen a UFO.
8. It's not necessary to have studied Spanish before.
9. I'm glad to have had met your parents last night.
10. He denies (negar) having said anything.

B. Preposition + Past Infinitive
1. Without having eaten it, I can't say if I like it.
2. After having reviewed (revisar) the evidence (la evidencia), they voted (votar).
3. He got a D for having failed (salir mal en) the test.
4. It's not possible to know a culture (una cultura) without having lived in the country.
5. I apoligize (disculparse) for not having done the homework.
6. In order to have passed the final, you had to have studied at least (por lo menos) two hours.
7. You couldn't have graduated with a 4.0 average without having received an A in all your classes.
8. He failed (suspender) the test for not having done his homework.
9. She bought it without having seen it before.
10. I feel much better after having slept eight hours.

C. Modal verb (deber, poder) + Past Infinitive
1. He must have forgotten our appointment (cita).
2. He could have lost the address.
3. They may have gone to the wrong house.
4. You should have studied more.
5. He couldn't have done more to help.

D. De + Past Infinitive
1. If I hadn't seen it, I wouldn't believe it.
2. If you hadn't studied, you wouldn't have received an A.
3. If we hadn't been busy (ocupado), we would have been there.
4. If I had known it, I wouldn't have come.
5. If they hadn't done it, they wouldn't have understood.

☎ Conversaciones

1.

¿Pudiste / ¿Debiste	haber	comido mejor sacado mejores notas participado en más deportes ayudado más en casa sido más responsable sido más cortés visto menos televisión leído más libros estudiado más asistido más a clase prestado mejor atención sido más generoso/a hablado más claramente	cuando tenías	cinco seis siete ocho nueve diez once doce trece catorce quince	años?

2.

¿Te lamentas no haber	comido mejor sacado mejores notas participado en más deportes ayudado más en casa sido más responsable sido más cortés visto menos televisión leído más libros estudiado más asistido más a clase prestado mejor atención sido más generoso/a hablado más claramente cuando eras niño/a?

3.

¿Recuerdas	haber	estudiado otra lengua leído una novela de Dickens jugado al golf visto un eclipse de la luna perdido diez dólares encontrado diez dólares ido a un partido de fútbol ido a un concierto ido al zoológico ido a un restaurante chino visitado Washington D. C. dicho una mentira desobedecido a tus padres	cuando	eras niño/a estabas en la primaria (elementary)? tenías diez años

4

| ¿Sería | posible
fácil
difícil
imposible | sacar una A
aprender una lengua
comprar una casa
manejar un coche
ganar mucho partidos
ganar dinero
asistir a la universidad
hablar con fluidez (fluency)
comprender otra cultura
obtener un título (degree)
ser médico
ser profesor
tocar un instrumento | sin haber | estudiado
practicado
ahorrado (saved) dinero
pasado el examen
practicado
trabajado
asistido a la secundaria?
vivido en el país
viajado a otro país
asistido a la univerdidad
trabajado en un hospital
leído muchos libros
hecho muchos ejercicios |

5

| ¿Siempre | te sientes | bien/mal
mejor/peor
cansado
descansado
relajado/a
contento/a
descontento/a
satisfecho/a
fabuloso/a
tranquilo/a
nervioso/a
enfermo/a
triste | después de haber | desayunado
almorzado
cenado
descansado
dormido
dormido la siesta
hecho ejercicios
corrido
nadado
hecho un examen
terminado tu tarea
leído el periódico
mirado las noticias | ? |

6

| ¿Aguna vez has recibido | un premio (prize)
una medalla (medal)
un trofeo
una multa (fine)
una recompensa (reward)
una beca (scholarship) | por haber | salvado a alguien
ganado una carrera (race)
ganado la lotería
violado la ley (law)
ido rápido
salido bien en el SAT
sacado buenas notas
jugado al fútbol
sobresalido (excelled) en algo | ? |

✉ Lectura: Deja la luz encendida

Este Juan vino como testigo, para testificar de la luz, *a fin de que* todos creyeran por medio de él. --Juan 1:7   so that

    Una *cadena* de moteles tenía una vez una serie de comerciales en la radio que terminaban con estas *tranquilizadoras* palabras: "Le vamos a dejar la luz encendida." Mi mamá *solía* decirme lo mismo.   reassuring / used to

    A veces yo trabajaba por la noche en la fábrica, o regresaba de la universidad tarde. *Independientemente* de la razón o la hora, la luz del *pórtico* estaba *prendida*. Sus *calurosos* rayos parecían decir: "Este es tu sitio. Alguien aquí te ama. Estás en casa."   No matter what / porch, on, warm

    Jesús dijo que nosotros los que le conocemos como Salvador y Señor somos luces en este mundo *oscurecido* por el pecado (Mateo 5:14-16). Somos *reflejos* de Cristo, el cual es "la luz verdadera" (Juan 1:9)   darkened / reflections

    Así como Juan el Bautista fue "testigo de la luz" y *condujo* personas a Cristo (v. 7), nosotros podemos serlo también. Nuestro andar *fiel* de obediencia a Él es un *rayo* del amor y la verdad de Dios. Nuestras vidas y palabras son rayos de calurosa luz que penetran la fría oscuridad de este mundo. Somos como una luz encendida en el pórtico tarde en la noche, *atrayendo* incrédulos a Cristo, *asegurándoles* que Alguien los ama y espera *darles la bienvenida* a casa.   just as, led / faithful / ray / attracting, assuring / welcome

    Tal vez un miembro de tu familia esté todavía en la oscuridad. Quizás estés preocupado por un amigo o compañero de trabajo. No dejes de orar por esa persona. *Sigue* buscando *formas* de llevar su atención al Señor. *Asegúrate* de dejar la luz encendida. --DE   keep, ways / be sure to / *Nuestro pan diario*

A. Preguntas sobre la lectura
1. ¿Cómo terminaba la serie de comerciales en la radio?
2. ¿Quién solía decirle lo mismo al autor cuando era jóven?
3. ¿Qué parecían decirle los calurosos rayos de la luz del pórtico?
4. ¿Qué somos nosotros los que conocemos al Señor?
5. ¿Quién fue "testigo de la luz" en los tiempos de Jesús?
6. ¿A qué nos compara el autor?
7. ¿Qué nos exhorta hacer?

B. Preguntas personales
1. ¿Tienes amigos que todavía estén en la oscuridad?
2. ¿Tratas de ser un rayo del amor y la verdad de Dios?
3. ¿Es posible atraer a otros a Cristo si nuestro andar no refleja a Cristo?

⮞Exprésate: Un hotel en el que te quedaste

1. Entrevista

1.	¿Recuerdas un hotel, un motel o una pensión (B & B) donde te quedaste? ¿Cómo era?
2.	¿Era un hotel grande o pequeño? ¿Cuántos cuartos tenía?
3.	¿Dónde estaba, en el campo, en la playa o en el centro de la ciudad?
4.	¿Cuánto costó por día? ¿Cuánto tiempo te quedaste?
5.	¿Estaba incluído el desayuno en el precio? ¿Estaban incluídos el servicio y los impuestos?
6.	¿Cómo pagaste, en efectivo, con cheque o con tarjeta de crédito?
7.	¿Tenía estacionamiento (parking) privado? ¿Piscina? ¿Jaccuzi? ¿Sauna?
8.	¿Qué te gustó del hotel? ¿Qué no te gustó? ¿Tuviste que quejarte (complain)?
9.	¿Cómo era el cuarto en el que te quedaste? ¿Era tranquilo o ruidoso (noisy)? ¿Claro u oscuro?
10.	¿Era un cuarto sencillo o doble? ¿Tenía camas gemelas o una cama matrimonial (doble)?
11.	¿En qué piso estaba? ¿Estaba en la parte delantera (front) del edificio o atrás?
12.	¿Qué comodidades tenía? ¿Tenía televisión por cable? ¿Radio? ¿Aire acondicionado?
13.	¿Tenía balcón? ¿Tenía terraza? ¿Tenía una bonita vista? ¿De qué?
14.	¿Dónde desayunaste, en tu cuarto o en el comedor del hotel? ¿Dónde almorzaste?
15.	¿Dónde cenaste, en el restaurante del hotel o afuera?

2. Descripción (oral o escrita)

Describe un hotel/motel en el que te quedaste. ¿Cómo era el hotel/motel? ¿Por qué te gustó o no te gustó? Consulta la lista dada a continuación para ideas.

-**Categoría de hotel** (Primera/segunda/baja)
-**Precio por día**
-**Tipo de cuarto** (sencillo/doble)

Comodidades
-**Aire acondicionado**
-**Televisor color**
-**Radio**
-**Balcón/Patio/Terraza**
-**Vista**
-**Dos camas**
-**Cama doble/matrimonial**
-**Refrigerador**
-**Restaurante**
-**Desayuno**

-**Cocina**
-**Piscina climatizada** (heated pool)
-**Jacuzzi**
-**Sauna**

Descripción
grande-pequeño big-small
de tamaño mediano medium-sized
tranquilo-ruidoso calm-noisy
claro-oscuro light-dark
frío-caliente cold-hot
cómodo comfortable
limpio-sucio clean-dirty
económico-caro inexpensive-expensive
medianamente caro moderately expensive

Nota Cultural

Para los que no quieren quedarse en un hotel, España ofrece una variedad de otras posibilidades. Si uno piensa quedarse varias semanas, se puede alquilar un apartamento o una casa de campo, los que ofrecen un espacio más amplio. En los pueblos y zonas rurales, se puede quedarse en un alojamiento familiar (una casa rural o una pensión) en el que el proprietario se ocupa de la comida y el mantenimiento de las habitaciones. Si uno quiere ahorrar dinero, siempre puede hospedarse en un albergue juvenil o en uno de los 12.000 campings sembrados por el país. Por último, si se busca tranquilidad, se puede pasar la noche en un refugio de montaña con vista magnífica o aún en un convento o monasterio.

Hotel María Rosa, Tossa de Mar

Versículo		
...when he had by himself purged our sins, (he) sat down on the right hand of the Majesty on high... Hebrews 1:3b	...habiendo efectuado la purificación de nuestros pecados por medio de sí mismo, se sentó a la diestra de la Majestad en las alturas... Hebreos 1:3b	*Capítulo 21*

Saludos

¿Qué hay (de nuevo)?
¿Qué fecha tenemos?
¿Que hora tienes? ¿A qué hora llegaste a la escuela?
¿A cuánto está la temperatura? (Está a...grados.)
¿En qué clases tuviste tarea ayer?
¿A qué hora te acostaste ayer?
¿Cuántas horas dormiste anoche?
¿A qué hora te levantarás mañana?
¿Qué tiempo hará mañana?
¿Habrá sol mañana?

Lecciones

1. Historias bíblicas: Los hermanos en Egipto
2. Versículo: Hebreos 1:3b
3. Lectura: Lugar para Jesús
4. Exprésate: ¿Qué haces cuando te quedas en un hotel?
5. Intérprete: En el hotel
6. Oral Mastery Exercises

Repaso rápido

Día 1: Grammar plus New Vocabulary	1. After having made the reservation, you should call to confirm it. 2. I will have made the reservation by tomorrow. 3. I fear (temer) I've lost (having lost) my confirmation.
Día 2: Grammar plus New Vocabulary	1. Will you have payed the bill by tomorrow at six? 2. I remember having asked for a room with a private bath. 3. I don't remember having filled out the form.
Día 3: Grammar plus New Vocabulary	1. Won't you have vacated (abandonar) the room by Saturday? 2. You should have cancelled the reservation. 3. I regret not having asked for an additional bed.
Día 4: Grammar plus New Vocabulary	1. You could have had a room with air conditioning. 2. They must have lost our reservation. 3. I would not have registered without having seen the room.
Día 5: Grammar plus New Vocabulary	1. If you hadn't made a reservation, you wouldn't have a room. 2. If I had known it, I would have asked for a room facing the pool. 3. He claims to have reserved (reservar) a room with twin beds.

✝La historia de José: Los hermanos en Egipto

¡Se habían realizado los sueños de José! *Por supuesto*, los hermanos no lo reconocieron y nunca *sospechaban* que este hombre de treinta y nueve años era su hermano. ¡Imagínense su *angustia* si hubieran sabido que el jóven que habían vendido como esclavo era ahora gobernador de todo Egipto! Pero no sospechaban nada, y José todavía no quería revelarse.

of course
suspected

anguish

José reconoció a sus hermanos, pero *fingió* no conocerlos y les habló *con dureza*: ¿De dónde vienen Uds?", preguntó. "De la tierra de Canaán, para comprar alimentos.", contestaron. En ese momento se acordó José de los sueños que había tenido acerca de sus hermanos, y les dijo: "¡Uds. son *espías*, y han venido para investigar las zonas *desprotegidas* del país!" "¡No, señor nuestro!" respondieron. "Sus siervos hemos venido a comprar alimentos." Luego le explicaron que eran doce hermanos, todos hijos de un mismo padre, y que el menor estaba todavía con su padre. Pero José insistió en que eran espías, y para *probarlos*, les dijo que tenían que traer a su hermano menor a Egipto. Con eso los puso juntos en la *cárcel* durante tres días.

pretended
harshly

spies
undefended

test

jail

Al tercer día, les dijo que podían volver a Canaán con alimento para sus familias, pero uno de ellos tendría que quedarse *preso* hasta que le trajeran a su hermano menor. Los hermanos obedecieron, pero estaban muy *angustiados* y se decían unos a otros que estaban sufriendo ahora porque habían *pecado* contra su hermano José. *Como* José les hablaba por medio de un intérprete, no sabían que él entendía todo lo que estaban diciendo. Aunque sus hermanos habían pecado contra él, todavía los amaba y sentía compasión por ellos. Al oírlos hablar de él, no pudo controlarse y tuvo que *apartarse* de ellos por un momento y llorar.

prisoner
anguished

sinned, since

depart

Luego, cuando pudo hablarles otra vez, tomó a Simeón y lo *ató* en presencia de ellos. Con su hermano Simeón *bajo custodia*, los hermanos se prepararon para volver a Canaán. ¡Qué tristes debieron haber estado al saber que volvían a casa sin su hermano!

bound
under custody

Preguntas sobre la historia
1. ¿Reconocieron los hermanos a José?
2. ¿Cómo les habló José?
3. ¿De qué los acusó?
4. ¿Qué le explicaron sus hermanos?
5. ¿A quién debían traer a Egipto para demostrar que no eran espías?
6. ¿Hasta cuándo tendría que quedarse preso uno de ellos?
7. ¿Por qué no sabían que José entendía todo lo que decían?
8. ¿Sentía José compasión por sus hermanos?
9. ¿Por qué tuvo que apartarse de sus hermanos por un momento?
10. ¿Quién tuvo que quedarse preso?

Intérprete

Joseph's dream had come true!	¡Se habían realizado los sueños de José!
Of course, his brothers didn't recognize him	Por supuesto, sus hermanos no lo reconocieron
and they never suspected that he was their brother.	y nunca sospechaban que fuera su hermano.
Imagine their distress if they had known	¡Imagínense su angustia si hubieran sabido
that the youth that they had sold as a slave	que el jóven que habían vendido como esclavo
was now ruler of all Egypt!	era ahora gobernador de todo Egipto!
But they didn't suspect anything,	Pero no sospechaban nada,
and Joseph didn't yet want to reveal himself.	y José todavía no quería revelarse.
Although he recognized them,	Aunque reconoció a sus hermanos,
he pretended not to know them	fingió no conocerlos
and spoke to them harshly.	y les habló con rudeza:
"Where have you come from?" he asked.	"¿De dónde vienen Uds?" les preguntó.
"From the land of Canaan, to buy food."	"De la tierra de Canaán, para comprar alimentos."
At that moment Joseph remembered the dreams	En ese momento se acordó José de los sueños
he had had about his brothers	que había tenido acerca de sus hermanos
and he said to them: "You are spies;	y les dijo: "¡Uds. son espías.
You have come to see the nakedness of the land!"	Han venido para ver llo descubierto del país!"
"No, our lord," they responded,	"¡No, señor nuestro," respondieron,
but your servants have come to buy food."	"sino que Sus siervos hemos venido a comprar alimentos."
Then they explained that they were twelve brothers,	Luego le explicaron que eran doce hermanos,
all sons of the same father,	todos hijos de un mismo padre,
and that the youngest was still with their father.	y que el menor estaba todavía con su padre.
But Joseph insisted that they were spies,	Pero José insistió en que eran espías,
and to test them,	y para probarlos,
he told them to bring their younger brother to Egypt!	¡les dijo que trajeran a su hermano menor a Egipto.!
With that he put them all in jail for three days.	Con eso los puso juntos en la cárcel durante tres días.
On the third day, he told them	Al tercer día, les dijo
that they could return to Canaan	que podían volver a Canaán
with food for their families,	con alimento para sus familias,
but one of them would have to remain imprisoned	pero uno de ellos tendría que quedarse preso
until they brought their younger brother.	hasta que le trajeran a su hermano menor.
The brothers obeyed,	Los hermanos obedecieron,
but they were very distressed	pero estaban muy angustiados
and they said to one another	y se decían unos a otros
that they were suffering now	que estaban sufriendo ahora
because they had sinned against their brother Joseph.	porque habían pecado contra su hermano José.
Since Joseph spoke to them through an interpreter,	Como José les hablaba por medio de un intérprete,
they didn't know that he understood	no sabían que él entendía
all that they were saying.	todo lo que estaban diciendo.
Even though his brothers had sinned against him,	Aunque sus hermanos habían pecado contra él,
he still loved them and felt compassion for them.	todavía los amaba y sentía compasión por ellos.
On hearing them speak, he couldn't contain himself	Al oírlos hablar de él, no pudo controlarse
and had to turn away from them and weep.	y tuvo que apartarse de ellos y llorar.
Then, when he could speak to them again,	Luego, cuando pudo hablarles otra vez,
he took Simeon and tied him in their presence.	tomó a Simeón y lo ató en presencia de ellos.
With their brother Simeon under guard,	Con su hermano Simeón bajo custodia,
the brothers prepared to leave for Canaan.	los hermanos se prepararon para volver a Canaán.
How sad they must have been	¡Qué tristes debieron haber estado
knowing that they were returning without their brother!	al saber que volvían a casa sin su hermano!

✉ Lectura: *Lugar para Jesús*

... no había lugar para ellos en el *mesón*. Lucas 2:7   inn

    Las palabras "no había lugar para ellos en el mesón" me recordaron un viaje que hice con mi familia hace muchos años. Habíamos estado viajando todo el día y trataba de encontrar un motel donde pudiéramos pasar la noche. Mientras viajábamos por la carretera, nuestras esperanzas *se desvanecían una y otra vez* cuando veíamos los *letreros* que decían: No hay habitación *disponible*. Como padre, responsable para el *bienestar* de mi familia, estaba frustrado y *desalentado*.
    vanished, again and again, signs, available
welfare, discouraged

    Entonces pensé en María y José. ¡Cuánto peor debe haber sido para ellos cuando llegaron a Belén y no encontraron lugar! Me imagino a José *suplicando* al dueño del mesón y explicándole la condición de María y su *desesperada* necesidad de encontrar un lugar donde pudiera *dar a luz* a su hijo. Pero "no había lugar para ellos en el mesón." *Por tanto*, cuando nació Jesús, su madre "lo envolvió en *pañales*, y lo acostó en un *pesebre*."
    imploring
desperate
give birth
therefore, cloths
manger

    Hoy, 2,000 años más tarde, millones de personas no tienen lugar para Jesús. Aunque participan con entusiasmo en las festividades de Navidad, lo *mantienen* fuera de sus vidas. *Ahí aparece* el letrero que dice: No hay habitación disponible.
    keep, there appears

    ¿Y tú? Hay lugar en tu vida para Cristo? ¿Qué mejor *época* que esta *temporada* para *rededicar* tu vida a Él o recibirlo como Salvador? --RWD
    time
season, rededicate

    Si a Cristo se le mantiene afuera es porque algo *anda mal* adentro.
    is wrong
Nuestro pan diario

A. Preguntas sobre la lectura
1. ¿Qué le recordaron al autor las palabras "no había lugar para ellos en el mesón?"
2. ¿Por cuánto tiempo habían estado viajando?
3. ¿Qué trataba de encontrar?
4. ¿Qué decían todos los letreros que veían?
5. ¿Cómo se sentía el autor al ver estos letreros?
6. ¿En quién pensó entonces?
7. ¿Cómo se imaginó el autor a José?
8. ¿Dónde tuvo que dar a luz María?

B. Preguntas personales
1. ¿Alguna vez te has sentido como el autor al no encontrar ninguna habitación disponible?
2. ¿Por qué crees que mucha gente no tiene lugar para Jesés?
3. ¿Alguna vez le has hablado a alguien acerca de tu fé en Jesús?

⌘Exprésate: ¿Qué haces cuando te quedas en un hotel?

1. Entrevista:

1. Cuando te quedas en un hotel, ¿siempre reservas un cuarto?
2. ¿Con cuánta anticipación haces la reservación? ¿Cómo la haces (por teléfono, por correo electrónico, por fax, por un agente de viajes)?
3. ¿Siempre mandas un fax o una carta para confirmar la reservación?
4. ¿Qué tipo de cuarto prefieres, un cuarto sencillo, doble o para tres personas?
5. ¿Qué haces cuando llegas al hotel? ¿Llenas una ficha de registro?
6. ¿Siempre pides ver el cuarto antes de tomarlo? ¿Qué haces si no te gusta?
7. ¿Qué haces con tu equipaje? Te lo llevas al cuarto o prefieres que el botonés lo haga?
8. ¿Qué haces con tus objetos de valor? ¿Los guardas en la caja (safe) del hotel?
9. ¿Qué haces primero cuando entras en el cuarto? ¿Deshaces tus maletas?
10. ¿Dónde guardas tu ropa? ¿Qué haces si no hay suficientes perchas (hangars)?
11. ¿A veces haces llamadas telefónicas desde el cuarto? ¿Cuánto cobran por llamada?
12. ¿Haces la cama todos los días o prefieres que la camarera lo haga? ¿Cuánto le das de propina (tip)?
13. ¿Qué haces cuando los huéspedes en el cuarto contiguo (next) hacen mucho ruido?
14. ¿Te quejas al gerente (manager) cuando hay algo que no funciona o cuando te falta algo?
15. ¿A qué hora abandonas el cuarto? ¿Dónde dejas las llaves cuando sales?

2. Narración (oral o escrita)

Cuenta lo que haces cuando te quedas en un hotel, desde el momento en que llamas al hotel para hacer la reservación hasta el momento en que abandonas el cuarto. Consulta la lista dada a continuación para ideas.

Siempre always
Muchas veces often
A veces sometimes
Raras veces rarely
Casi nunca almost never
Nunca never

- **Telefonear al hotel** telephone the hotel
- **Hacer una reservación** make a reservation
- **Ir a la recepción** go to the reception desk
- **Registrarse** register
- **Llenar la ficha** fill out a form

- **Recoger la llave** pick up the key
- **Tomar el ascensor** take the elevator
- **Inspeccionar el cuarto** inspect the room
- **Subir las maletas** bring up the suitcases
- **Deshacer las maletas** unpack the suitcases
- **Acomodarse** get comfortable
- **Quedarse...días** stay...days
- **Hacer las maletas** pack the suitcases
- **Bajar las maletas** take down the suitcases
- **Llamar un taxi** call a taxi
- **Abandonar el cuarto** leave the room
- **Entregar la llave** hand in the key
- **Pagar la cuenta** pay the bill

Nota Cultural
Los paradores de turismo

Iniciados en 1928 por el gobierno español, los paradores de turismo son hoteles de tres hasta cinco estrellas situados en edificios históricos de gran belleza: antiguas mansiones, monasterios, castillos y palacios. En total hay casi 90 paradores sembrados por todo el país. Todos ofrecen al visitante una cocina regional de alta calidad y las comodidades y servicios de los mejores hoteles. Algunos paradores son más modernos y han sido construídos en pueblos históricos o en lugares de belleza natural. El Parador de Granada, construido en el siglo 15, está situado en un convento en los hermosos jardines de la Alhambra. Se recomienda reservar con mucha antelación.

Intérprete: En el hotel

When I want to stay in a hotel,	Cuando quiero quedarme en un hotel,
normally I call the week before	normalmente llamo la semana anterior
to make the reservation	para hacer la reservación
because often it's difficult to find a room	porque muchas veces es difícil encontrar un cuarto
without reserving in advance.	sin reservar por adelantado.
On arriving at the hotel,	Al llegar al hotel,
I park the car near the office.	estaciono el coche cerca de la oficina.
I get out of the car and, after locking it,	Bajo del coche y, después de cerrarlo con llave,
I enter the hotel.	entro en el hotel.
If there is no one in the reception,	Si no hay nadie en la recepción,
I ring the bell and wait.	toco el timbre y espero.
While I wait, I read the brochures on the counter.	Mientras espero, leo los folletos en el mostrador.
When the hotel manager comes,	Cuando llega el hotelero,
I tell him that I have a room reserved	le digo que tengo un cuarto reservado
and I give him my first and last name.	y le doy mi nombre y apellido.
On verifying it in the computer,	Al verificarlo en la computadora,
he gives me a form to fill out.	me da un formulario para llenar.
After registering, I return the form to him.	Después de registrarme, le devuelvo el formulario.
The the hotel manager asks me	Luego el hotelero me pregunta
if I want to pay now or later.	si quiero pagar ahora o más tarde.
Since I don't want to pay in advance,	Como no quiero pagar por adelantado,
he asks for my credit card.	me pide la tarjeta de crédito.
After putting it through the machine,	Después de pasarla por la máquina,
he gives it back to me with the key of the room.	me la devuelve con la llave del cuarto.
Before leaving the reception desk,	Antes de salir de la recepción,
I ask him how to get to my room.	le pregunto cómo llegar al cuarto.
Then I get into the car again	Luego subo al coche otra vez
and I park it in front of the room.	y lo estaciono enfrente al cuarto.
After inspecting the room,	Después de inspeccionar el cuarto,
I take the suitcases out of the car	saco las maletas del coche
and carry them to the room.	y las llevo al cuarto.
If I'm only going to stay one night,	Si sólo voy a quedarme una noche,
I don't unpack my suitcases,	no deshago las maletas,
but when I spend two or three nights,	pero cuando paso dos o tres noches,
I put my clothes away in the dresser.	guardo mi ropa en la cómoda.
If I don't know how something works	Si no sé cómo funciona algo
of if I'm missing something,	o si me falta algo,
I call reception and speak with the hotel manager.	llamo a recepción y hablo con el hotelero.
After making myself comfortable,	Después de acomodarme,
I decide that I want to eat something,	decido que quiero comer algo,
so I read the brochures	así es que leo los folletos
in order to find a good restaurant.	para encontrar un buen restaurante.
When I find one, I call and make the reservation.	Cuando encuentro uno, llamo y hago la rervación.
After eating dinner, I return to my room	Después de cenar, vuelvo a mi cuarto
where I watch television or read a book	dondo miro televisión o leo un libro
until falling asleep.	hasta dormirme.
The following day, I get up early and get dressed.	Al día siguiente, me levanto temprano y me visto.
Then I go to the reception of the hotel	Luego voy a la recepción del hotel
where I have breakfast.	donde desayuno.
On finishing, I go to the counter and pay the bill.	Al terminar, voy al mostrador y pago la cuenta.
I don't have to vacate the room	No tengo que abandonar el cuarto
before eleven in the morning,	antes de las once de la mañana,
but I prefer to pay after having breakfast.	pero prefiero pagar después de desayunar.
On returning to my room, I pack my suitcases.	Al volver a mi cuarto, me arreglo y hago las maletas.
Then, after checking	Luego, después de verificar
that I haven't left anything in the room,	que no he dejado nada en el cuarto,
I put my suitcases in the car and I leave.	pongo las maletas en el coche y me voy.

ORAL MASTERY

7

Review of the Perfect Tenses

Have you eaten already?	¿Ya has comido?
Have you prepared the meal already?	¿Ya has preparado la comida?
Have you done your homework already?	¿Ya has hecho tu tarea?
Have you washed the dishes already?	¿Ya has lavado los platos?
Have you cleaned the house already?	¿Ya has arreglado la casa?
Have you set the table already?	¿Ya has puesto la mesa?
Have you studied the lesson already?	¿Ya has estudiado la lección?
Have you learned the words already?	¿Ya has aprendido las palabras?
Have you written the letter already?	¿Ya has escrito la carta?
Had you eaten before?	¿Habías comido antes?
Had you prepared the meal before?	¿Habías praparado la comida antes?
Had you done you homework before?	¿Habías hecho tu tarea antes?
Had you washed the dishes before?	¿Habías lavado los platos antes?
Had you cleaned the house before?	¿Habías arreglado la casa antes?
Had you set the table before?	¿Habías puesto la mesa antes?
Had you studied the lesson before?	¿Habías estudiado la lección antes?
Had you learned the words before?	¿Habías aprendido las palabras antes?
Had you written the letter before?	¿Habías escrito la carta antes?
Will you have eaten by six?	¿Habrás comido para las seis?
Will you have prepared the meal by six?	¿Habrás preparado la comida para las seis?
Will you have done you homework by six?	¿Habrás hecho tu tarea para las seis?
Will you have washed the dishes by six?	¿Habrás lavado los platos para las seis?
Will you have cleaned the house by six?	¿Habrás arreglado la casa para las seis?
Will you have set the table by six?	¿Habrás puesto la mesa para las seis?
Will you have studied the lesson by six?	¿Habrás estudiado la lección para las seis?
Will you have learned the words by six?	¿Habrás aprendido las palabras para las seis?
Will you have written the letter by six?	¿Habrás escrito la carta para las seis?
When would you have eaten?	¿Cuándo habrías comido?
When would you have prepared?	¿Cuándo habrías praparado la comida?
When would you have done your homework?	¿Cuándo habrías hecho tu tarea?
When would you have washed the dishes?	¿Cuándo habrías lavado los platos?
When would you have cleaned the house?	¿Cuándo habrías arreglado la casa?
When would you have set the table?	¿Cuándo habrías puesto la mesa?
When would you have studied the lesson?	¿Cuándo habrías estudiado la lección?
When would you have learned the words?	¿Cuándo habrías aprendido las palabras?
When would you have written the letter?	¿Cuándo habrías escrito la carta?

The Past Infinitive

Does he remember having been here before?	¿Recuerda haber estado aquí antes?
Does he regret having played earlier?	¿Siente haber jugado antes?
Does he appear to have seen the test before?	¿Parece haber visto el examen antes?
Does he admit to having taken the test before?	¿Admite haber tomado el examen antes?
Does he need to have studied Spanish before?	¿Necesita haber estudiado español antes?
Is he happy to have lived in Mexico before?	¿Está contento de haber vivido en México antes?
Does he deny having worked before?	¿Niega haber trabajado antes?
Does he claim to have been a student earlier?	¿Pretende haber sido estudiante antes?
Did he criticize you for having gone to the concert?	¿Te criticó por haber ido al concierto?
Did he compliment you for having remembered?	¿Te felicitó por haber recordado?
Did he blame you for having lost your book?	¿Te culpó por haber perdido tu libro?
Did he apologize to you for having forgotten?	¿Se disculpó por haber olvidado?
Did he forgive you for having lied?	¿Te perdonó por haber mentido?
Did he punish you for having cheated?	¿Te castigó por haber hecho trampas?
Did he praise you for having told the truth?	¿Te alabó por haber dicho la verdad?
Did he reward you for having found the money?	¿Te recompensó por haber encontrado el dinero?
Could he have forgotten the test?	¿Pudo haber olvidado el examen?
Could he have lost the book?	¿Pudo haber perdido el libro?
Could he have died?	¿Pudo haber muerto?
Could he have left earlier?	¿Pudo haber salido antes?
Could he have lied?	¿Pudo haber mentido?
Could he have been at home?	¿Pudo haber estado en casa?
Could he have worked today?	¿Pudo haber trabajado hoy?
Could he have studied before?	¿Pudo haber estudiado antes?
Without having seen it, I can't decide.	Sin haberlo visto, no puedo decidir.
After having studied it, I can answer.	Después de haberlo estudiado, puedo contestar.
In spite of having eaten, I am hungry.	A pesar de haberlo comido, tengo hambre.
For not having studied, I know nothing.	Por no haberlo estudiado, no sé nada.
After having practiced, I can play.	Después de haberlo practicado, puedo jugar.
Without having review, I can't pass the test.	Sih haberlo repasado, no puedo pasar el examen.

Antes de empezar...

Antes de empezar "Buscando un apartamento," revisa la lista de palabras familiares dada a continuación. Esta lista incluye palabras presentadas en Español 1 y 2 y cognados que son fáciles de reconocer.

El bloque de apartamentos	The Apartment Building	Verbos	Verbs
el cuarto/la habitación	room	buscar	look for
el dormitorio/la alcoba	bedroom	encontrar (ue)	find
le cuarto de baño	bathroom	inspeccionar	inspect
el comedor	dining room	pagar	pay
la sala de estar	living room	arreglar	straighten up
el pasillo	hallway	limpiar	clean
el vestíbulo	vestibule	pintar	paint
la escalera	stairway		
el balcón	balcony	**Expresiones**	**Expressions**
la puerta	door	pasar la aspiradora	vacuum
la ventana	window	barrer el piso	sweep the floor
la pared	wall	sacudir los muebles	dust the furniture
el techo	ceiling/roof	sacar la basura	take out the garbage
la chimenea	chimney/fireplace	lavar los platos	wash the dishes
el suelo	floor	lavar la ropa	wash the clothes
las luces	lights	abrir el agua	turn on the water
la ducha	shower	cerrar el agua	turn off the water
la bañera	bathtub	poner la luz	turn on the light
el lavamanos	sink	apagar la luz	turn off the light
el excusado	toilet		
el fregadero	kitchen sink	**Otras palabras**	**Other Words**
la alacena	cupboard	el teléfono	telephone
el armario	closet	el reloj	clock
el garaje	garage	el gas	gas
la piscina	pool	la electricidad	electricity
el patio	patio	la luz	light
la terraza	terrace	la basura	garbage
el jardín	garden/yard	el agua	water
el piso de abajo	downstairs	la escoba	broom
el piso de arriba	upstairs	la aspiradora	vacuum cleaner
		la lavadora/máquina de lavar	washing maching
		la secadora	dryer
Los muebles	**Los muebles**	el refrigerador	refrigerator
el sofá	couch	la estufa	stove
la silla	chair	el horno	oven
el sillón	arm chair	la microonda	microwave
la mesa	table	el lavaplatos	dishwasher
la cama	bed	el interruptor	light switch
la cómoda	dresser		
el espejo	mirror	**Adjetivos**	**Adjectives**
el estante	shelf	tranquilo	calm
la lámpara	lamp	céntrico	central
la alfombra	rug	incluído	included
las cortinas	curtains	moderno	modern
el calentador	heater	cómodo	comfortable
el aire acondicionado	air conditioning	con balcón	with balcony
el ventilador (de techo)	(ceiling) fan	con vista	with a view

"Todo lo que soy lo debo a Jesucristo, que se me ha revelado en su libro divino."
David Livingstone

Unidad 8: Buscando un apartamento

UNIT CONTENTS

Capítulo 22
1. Vocabulario: El alojamiento
2. Gramática: The Present Perfect Subjunctive
3. Versículo: Juan 4:10a
4. Lectura: Incompleta
5. Exprésate: Tu casa

Capítulo 23
1. Diálogo: Buscando un apartamento
2. Gramática: The Present Perfect Subjunctive in Adjective and Adverb Clauses
3. Versículo: Santiago 1:12a
4. Lectura: La casa soñada de mamá
5. Exprésate: ¿Dónde se vive mejor?

Capítulo 24
1. Historias bíblicas: El dinero en los sacos
2. Versículo: Mateo 5:18
3. Lectura: Mi corazón, hogar de Dios
4. Exprésate: Los quehaceres domésticos
5. Intérprete: Buscando un apartamento

Oral Mastery Exercises: The Present Perfect Subjunctive
Review of the Subjunctive Tenses

La Mezquita de Córdoba, modelo del arte árabe

Capítulo 22

Versículo

Herein is love, not that we loved God, but that He loved us, (and sent his Son to be the propitiation for our sins).
— 1 John 4:10a

En esto consiste el amor: no en que nosotros hayamos amado a Dios, sino en que él nos amó a nosotros....
— 1 Juan 4:10a

Saludos

¿Qué hay (de nuevo)?
¿Qué fecha tenemos?
¿Que hora tienes? ¿A qué hora llegaste a la escuela?
¿A cuánto está la temperatura? (Está a...grados.)
¿En qué clases tuviste tarea ayer?
¿A qué hora te acostaste ayer?
¿Cuántas horas dormiste anoche?
¿A qué hora te levantarás mañana?
¿Qué tiempo hará mañana? ¿Habrá sol mañana?

Lecciones

1. Vocabulario: El alojamiento
2. Grámatica: The Present Perfect Subjunctive
3. Versículo: 1 Juan 4:10a
4. Lectura: Incompleta
5. Exprésate: Tu casa

Repaso rápido

Día 1: Perfect Infinitive	1. You should have washed your hands before eating. 2. I regret not having studied before taking the test. 3. He must have left his homework on the bus.
Día 2: Perfect Infinitive	1. You'll feel better after having eaten. 2. Had you won, you could have bought a car. 3. She doesn't have my book. She may have lost it.
Día 3: Present Perfect Subjunctive	1. I'm sorry that we didn't sing in class yesterday. 2. I doubt that you have lost your book. 3. It's good that we arrived early.
Día 4: Present Perfect Subjunctive	1. It's not true that Ford invented the car. 2. I'm glad that your parents were able to come. 3. I don't think that they had been there before.
Día 5: Present Perfect Subjunctive	1. I doubt that she will have finished by 6:00. 2. It's a pity that he hasn't learned anything. 3. I'm afraid that you lost it.

Vocabulario: El alojamiento

A. Vocabulario activo

Alquilando un apartamento	Renting an Apartment
las utilidades/los servicios	utilities
el gas	gas
la electricidad	electricity
el agua	water
la basura	garbage
el estacionamiento	parking
el ascensor	elevator
la unidad	unit
el piso	floor
el cuarto de lavar	laundry room
el agente	agent
el/la propietario/a	owner/landlord
el/la gerente	manager
el/la inquilino/a	tenant
el/la compañero/a de cuarto	roommate
buscar en los anuncios	to look in the ads
llamar por	to call about
pedir información sobre	to ask for information
alquilar a/de alguien	to rent to/from someone
compartir un piso	to share an apartment
pedir....por adelantado	to ask for.... in advance
dar un depósito (de...)	leave a deposit
pagar una comisión (de)	to pay a commission
pagar el alquiler	to pay the rent
firmar un contrato	to sign a contract/lease
instalarse	to move in
mudarse, irse	to move out
devolver el depósito	to return the deposit
perder el depósito	to lose the deposit
avisar con un mes de anticipación	to give 30 days notice

B. Vocabulario adicional

El edificio de apartamentos	The Apartment Building
alquilado	rented
desocupado	vacant
disponible	available
amueblado	furnished
desamueblado	unfirnished
remodelado	remodeled
tranquilo	quiet
atractivo	atractive
moderno	modern
limpio	clean
amplio	large
seguro	safe
cómodo	comfortable
luminoso	light (well-lit)
climatizado	air-conditioned
T.V. cable incluído	cabe T.V. included
completamente equipado	fully equipped
en la planta baja	on the ground floor
en el primer/segundo piso	on the first/second floor
céntrico	centrally located
en una buena área	in a good area
cerca de negocios	near shops
a diez minutos del centro	ten minutes from town
con aparcamiento propio	with private parking
con servicios pagados	with utilities paid
con jardín privado	with a private garden
con piscina (común)	with a pool
con vista	with a view
con balcón/terraza	with a balcony/deck
con jacuzzi	with a hot tub

 Ejercicios de vocabulario

I. Escribe las expresiónes tres veces y memorízalas para una prueba.

II. Contesta las preguntas con una frase completa.

1. ¿Cómo pagan tus padres **las utilidades,** con cheque o al contado?
2. ¿Tienen que pagar por **gas**? ¿Pagan más en el verano o en el invierno?
3. ¿Cuánto pagan mensualmente por **electricidad**? ¿Pagan más en el verano o en el invierno?
4. ¿Cuánto pagan mensualmente por **agua**? ¿Tienen Uds. un pozo (well)?
5. ¿Cuántas veces por mes pasa el camión de **basura** a recoger la **basura**?
6. ¿Hay un **estacionamiento** (un aparcamiento) donde vives?
7. ¿Hay un **ascensor** donde vives?
8. ¿Hay edificios de apartamentos con muchas **unidades** en el pueblo donde vives?
9. ¿Cuánto **pisos** tiene el edificio más grande? ¿En qué **piso** preferirías vivir tú?
10. ¿Tienen todos los edificios de apartamentos **cuartos de lavar**?

11. ¿Crees que es una buena idea hablar con un **agente** cuando se busca un apartamento?
12. ¿A veces es posible hablar directamente con el **propietario**?
13. Para ver un apartamento, ¿es necesario hablar primero con el **gerente** del edificio de apartamentos?
14. ¿Conoces a alguien que sea **inquilino** de un edificio de apartamentos?
15. ¿Quieres tener **un compañero de cuarto** cuando asistas a la universidad?
16. ¿Crees que es útil **buscar en los anuncios** para encontrar un apartamento?
17. ¿Es necesario **llamar por** el apartamento antes de ir a verlo?
18. ¿Crees que es una buena idea **pedir información sobre** el apartamento antes de ir a verlo?
19. ¿Te gustaría **alquilar un apartamento de** alguien que conozcas?
20. ¿Te gustaría **compartir un piso** con uno de tus amigos/amigas?

21. ¿Sabes cuánto **piden por adelantado** cuando el alquiler mensual (monthly) es de $700?
22. ¿Siempre es necesario **dar un depósito** cuando uno alquila un apartamento?
23. ¿Es necesario **pagar una comisión** cuando uno pasa por un agente de bienes raíces (real estate)?
24. Cuando asistas a la univerdidad, ¿quién va a **pagar el alquiler,** tú o tus padres?
25. ¿Sabes si es necesario **firmar un contrato** cuando se alquila un apartamento?
26. ¿Es posible **instalarse** antes de firmar el contrato?
27. ¿Es necesario limpiar bien el apartamento antes de **mudarse/irse**?
28. ¿Siempre **devuelven el depósito** cuando uno deja el apartamento en buenas condiciones?
29. ¿**Se pierde el depósito** o parte del depósito si no se limpia bien el apartamento?
30. ¿**Con cuantos días de anticipación hay que avisar** al propietario antes de mudarse?

III. Escribe la palabra o expresión que complete correctamente cada frase.

1. Lavamos la ropa en el_____.
2. Cuando quiero encontrar un apartamento, busco en los_____.
3. Normalmente, el propietario paga agua y basura pero no_____ y _____.
4. Comparto el piso con un_____.
5. Este edificio no tiene ascensor porque sólo hay dos_____.
6. Las personas que alquilan un apartamento son los_____.
7. Antes de_____, hay que avisar con un mes de anticipación.
8. Este edificio de apartamentos es muy grande. Tiene dos cientas_____.
9. Antes de instalarse, hay que_____ el contrato.
10. Si tengo un problema, puedo hablar con el_____.
11. Si no dejo el apartamento en buenas condiciones, puedo perder el_____.
12. Siempre pido_____sobre el apartamento antes de ir a verlo.
13. Si uso los servicios de un agente de bienes raíces (real estate), tengo que pagar una_____.
14. Normalmente los propietarios piden el alquiler del primer y del último mes_____.
15. Los edificios de apartamentos en Hong Kong son de muchos_____.
16. Todos los edicios de apartamentos tienen_____para los coches.
17. Tengo que pagar mensualmente todas las_____.

☞Explicación: The Present Perfect Subjunctive

1. In Spanish 2, you learned to combine the personal forms of *haber* with the past participle to form the *present perfect* tense:

HABER + PAST PARTICIPLE			
he		I have	
has		you have	
hemos		we have	
	hablado		spoken
ha		he has	
ha		she has	
han		they have	

2. The *present perfect subjunctive* is formed by combining the *subjunctive* forms of *haber* with the past participle:

HABER + PAST PARTICIPLE			
haya		I have	
hayas		you have	
hayamos		we have	
	hablado		spoken
haya		he has	
haya		she has	
hayan		they have	

3. Like the present subjunctive, the present perfect subjunctive is used after expressions of *emotion*, *doubt* and *denial*, but instead of referring to present and future actions, it refers to all *past and completed* actions. It replaces not only the present perfect of the indicative mood, but also the preterite, the past perfect and the future perfect.

BELIEF	+ INDICATIVE	DOUBT	+ SUBJUNCTIVE
	habló. spoke.		haya hablado. spoke.
Creo que él I believe that he	ha hablado. has spoken.	**Dudo que él** I doubt that he	haya hablado. has spoken.
	había hablado. had spoken.		haya hablado. had spoken.
	habrá hablado. will have spoken.		haya hablado. will have spoken.

One past tense in the subjunctive, then, corresponds to four in the indicative mood. This doesn't cause confusion because when we use the subjunctive we are usually reacting to what someone has already stated in the indicative, so the time frame has already been established.

4. As in the case of the present subjunctive, in order for the present perfect subjunctive to be used there must not only be an expression of feeling, but also a *second subject* toward whom that feeling is directed. If there is no second subject, then the *past infinitive* is used:

I'm sorry	I bothered you.
= I'm sorry	to have bothered you.
= Siento	haberte molestado.

✏️ Ejercicios

I. Escribe la forma apropiada del presente perfecto del subjuntivo.

Modelo: (yo) mirar *haya mirado*

1. (yo) estudiar
2. (él) decir
3. (nos.) recordar
4. (ellas) hacer
5. (tú) poder
6. (Ud.) romper
7. (yo) estar
8. (Uds.) servir
9. (tú) ver
10. (nos.) dar
11. (yo) volver
12. (ellos) abrir
13. (ella) pensar
14. (nos.) cubrir
15. (tú) oír
16. (Uds.) morir
17. (yo) dormir
18. (tú) escribir
19. (Ud.) poner
20. (nos.) cerrar

II. Reacciona a cada una de las siguientes oraciones (sentences) con una expresión de emoción: *Me alegro de que, Siento que, Me sorprende que, Me molesta que, (No) me importa que,* **etc.**

Modelo: Un norteamericano *ganó* el "Tour de France."
 Me alegro de que un norteamericano *haya ganado* el "Tour de France."

1. Los Yankees *ganaron* el campeonato nacional de béisbol.
2. Francia *ganó* la Copa Mundial en 1998.
3. Los norteamericanos fueron los primeros en enviar a un hombre a la luna.
4. Se murieron muchas personas en las carreteras el año pasado.
5. Hemos destruído buena parte de la selva tropical.

III. Reacciona a cada una de las siguientes frases con una expresión de *creencia* (belief) mas (plus) el *indicativo* o de *incredulidad* (disbelief) mas el subjuntivo.

Modelo: Ford inventó el coche.
 Creo que Ford *inventó* el coche. *No creo que* Ford *haya inventado* el coche.

1. Los médicos han descubierto una cura para el cáncer.
2. Irak ganó la Guerra del Golfo.
3. Lee Harvey Oswald asesinó a Kennedy.
4. Colón descubrió América.
5. Edison inventó el teléfono.

IV. Contesta las preguntas con una frase completa.

1. ¿Te alegras de que tú y tu familia siempre hayan tenido suficiente para comer?
2. ¿Te da vergüenza que muchos niños no hayan tenido nada para comer hoy?
3. ¿Sientes que muchas personas en el mundo no hayan tenido empleo el año pasado?
4. ¿Te importa que muchas personas se hayan muerto de hambre el año pasado?
5. ¿Te molesta que el gobierno haya malgastado (wasted) mucho dinero el año pasado?
6. ¿Te parece bueno que el gobierno haya usado tu dinero para cosas que no apruebas (approve of)?
7. ¿Te sorprende que muchas personas no hayan votado el año pasado?
8. ¿Te preocupa que muchos padres hayan abandonado a su familia?
9. ¿Te disgusta que la televisión haya permitido tanta (so much) violencia e inmoralidad?
10. ¿Te parece estúpido que algunos jóvenes hayan abandonado la escuela?

V. Traduce al español

1. I don't think that you understood me.
2. I'm afraid that he has had an accident.
3. I'm glad that you could come to the party.
4. It's good that you didn't say anything.
5. It's too bad (Es lástima) that she lost.
6. I doubt that they have eaten.
7. It's not true that we missed (faltar a) class.
8. It bothers me that she lied (mentir).
9. I'm surprised that you didn't study.
10. I'm sorry that he was sick.

✍ Ejercicios

I. Emotion vs. Knowledge/Belief/Observation/Reporting
Choose the proper form of the *preterite* or *present perfect subjunctive*.

1. ¿Es verdad que el profesor no (dar)_____un examen final el semestre pasado?
2. Me alegro de que tú no (tener)_____un accidente.
3. ¡Qué lástima que nosotros no (poder)_____ir a la fiesta.
4. Sé que Uds. (tratar de)_____venir.
5. Me molesta que los otros no (ayudar)_____más.
6. Es bueno que yo (estar)_____aquí.
7. No me importa que nosotros (perder)_____.
8. ¿Te sorprende que el profesor (dar)_____un examen ayer?
9. Dicen que muchos estudiantes no (salir)_____bien en el examen.
10. He oído que nadie (sacar)_____una A.

11. Siento que tú (olvidar)_____nuestra cita.
12. Recuerdo que ellos (estar)_____aquí.
13. Espero que nosotros no te (ofender)_____.
14. Te repito que yo no (decir)_____nada.
15. Pienso que Uds. me (mentir)_____.
16. Se sabe que él (morir)_____el año pasado.
17. Es ridículo que nosotros no (aprender)_____nada.
18. Todos saben que tú (tener que)_____salir temprano.
19. Se sabe que ella nunca (venir)_____a clase ayer.
20. Temo que ellos (ver)_____el examen.

II. Doubt and Denial vs. Knowledge and Affirmation
Choose the proper form of the *preterite* or *present perfect subjunctive*.

1. No creo que los Yankees (ganar)_____el campeonato en 1987.
2. Es posible que Juan (olvidar)_____nuestra cita.
3. Estoy seguro de que tú (estudiar)_____para este examen.
4. No digo que nosotros nunca (hacer)_____nada malo.
5. Dudo que los otros (volver)_____antes de las seis.
6. Sé que Uds. (tener que)_____trabajar.
7. Es probable que (nevar)_____en las montañas.
8. Es cierto que (llover)_____ayer.
9. Es imposible que el gato (escaparse)_____.
10. No dudo que Uds. (divertirse)_____anoche.

11. Es poco probable que ellos (creer)_____la historia.
12. No hay ninguna posibilidad de que él (dormir)_____con tanto ruído.
13. Es indudable que Uds. (hacer)_____mucho para ayudar.
14. Estoy convencido de que ella no (morirse)_____.
15. No me parece que ellos (decir)_____la verdad.
16. No hay duda de que Paco (estar)_____aquí ayer.
17. Creo que los estudiantes (comprender)_____la lección.
18. Confieso que nosotros no (entender)_____nada.
19. No niego que mi hermano (romper)_____la ventana.
20. Es falso que ellas (perder)_____el partido.

☎ Conversaciones

1.

¿Sientes				cantado	
¿Te alegras de	que	nosotros	no hayamos	jugado	
¿Estás contento/a				trabajado más	
				hablado más	
				aprendido más	
				tenido tarea	
				hecho un examen	en clase ayer?
				tenido una fiesta	
				leído una novela	
				perdido tiempo	
				visto un video	
				escrito una composición	
				hecho una presentación oral	

2.

¿Estás contento/a				disciplinado de niño/a
¿Estás triste				enseñado buenas modales
¿Te alegras de				llevado a la escuela
				llevado a la iglesia
¿Te molesta				hecho comer bien
¿Te importa				comprado muchas cosas
¿Te sorprende	que	tus padres	(no) te hayan	permitido ver mucha televisión ?
¿Te preocupa				obligado (forced) a hacer tu tarea
				dicho siempre la verdad
¿Es bueno				enseñado a tocar un instrumento
¿Es malo				enseñado a manejar un coche
¿Es lástima				permitido usar su coche
¿Es ridículo				ayudado a hacer tu tarea

3.

¿Estás contento/a			gastado mucho dinero para la exploración del espacio
¿Estás triste			encontrado una cura para el cáncer
¿Te alegras de			acabado (ended) con la pobreza (poverty)
			destruído la selva tropical (rain forest)
¿Te molesta			protegido (protected) el medio ambiente (enviornment)
¿Te importa			contaminado el aire y los océanos
¿Te sorprende	que	(no) hayamos	protegido la vida inocente ?
¿Te preocupa			permitido mucha violencia en la televisión
			prohibido el fumar en lugares públicos
¿Es bueno			encontrado nuevas formas de energía
¿Es malo			experimentado con animales
¿Es lástima			prohibido la oración (prayer) en las escuelas públicas
¿Es ridículo			inventadao el Internet

4

¿Crees		Henry Ford		el automóvil
¿Piensas		Cristóbal Colón		América
¿Aceptas		Marconi		el radio
		Bell		el teléfono
		Edison		la lámpara eléctrica
	que	Franklin	inventó*	la electricidad
¿Es verdad		Morse	descubrió	el telégrafo ?
¿Es cierto		Marie Curie	diseñó	el uranio
¿Es evidente		Einstein		la bomba atómica
		Galileo		el telescopio
		Louis Pasteur		la vacunación (vacination)
		Leonado da Vinci		la Mona Lisa
		Wilbur Wright		el avión

*Use the subjunctive (*haya inventado*) if you answer negatively: *No creo que Ford haya inventado el automóvil.*

5

¿Crees		Leoardo da Vinci		la Mona Lisa
¿Piensas		Rembrandt		el Samaritano
¿Aceptas		Shakespeare		Hamlet
		Jefferson		la Declaración de Independencia
		Mark Twain		Tom Sawyer
	que	Charles Wesley	pintó	Amazing Grace ?
¿Es verdad		Miguel Angel	escribió	La Ultima Cena
¿Es cierto		Francis Scott Key	compuso	La Bandera Estrellada
¿Es evidente		Rudyard Kipling		Jungle Book
		Herman Melville		Moby Dick
		Victor Hugo		Les Misérables
		Cervantes		Don Quijote
		Handel		El Mesías

6

¿Crees		Colón		El Nuevo Mundo
¿Piensas		Lief Erickson		Norteamérica
¿Aceptas		Cortés		México
		Pizarro		El Perú
		Ponce de León	descubrió	la Florida
	que	David Livingston	exploró	Africa
¿Es verdad		Balboa	conquistó	el Océano Pacífico ?
¿Es cierto		Champlain	evangelizó	el lago Champlain
¿Es evidente		Marco Polo		China
		San Patricio		Irlanda
		William Carey		India
		San Pablo		Asia
		Robert Peary		el Polo Norte

✉Lectura: *Incompleta*

El que comenzó en vosotros la buena obra, la perfeccionará hasta el
día de Jesucristo. Filipenses 1:6

    Cuando yo era una niñita, mis padres compraron su primera casa.
Una tarde, toda la familia *nos metimos* de repente en el automóvil y   got into
fuimos a ver dónde estaríamos viviendo pronto.

    No lo podía creer. La casa no tenía ventanas ni puertas y tenía un
olor extraño. Se podía ver el sótano claramente *a través de* grandes   odor, through
brechas en el suelo y tuvimos que *encaramarnos* a una *escalera* para   openings, climb onto, ladder
bajar allí.

    Esa noche, cuando le pregunté a mi madre por qué ella y papá
querían vivir en una casa como ésa, ella me explicó que el constructor
todavía no la había terminado. "Sólo espera y verás--dijo--. Creo que te
va a gustar cuando *quede lista.*"   it's ready

    Pronto comenzamos a ver cambios. A la casa le pusieron ventanas,
luego puertas. El olor extraño de la madera nueva se fue. Pintaron las
paredes. Mamá puso cortinas en las ventanas y cuadros en las
paredes. La casa incompleta se había transformado. *Había llevado*   had taken
algo de tiempo pero finalmente había quedado terminada.

    Como cristianos, nosotros también necesitamos un "acabado".   finishing
Aunque los *cimientos se echan* en el momento de nuestra conversión,   foundations are laid
el proceso de *crecimiento* continúa *a lo largo de* nuestra vida. Al seguir   growth, throughout
obedientemente a Jesús, "el autor y consumador de nuestra fé"
(Hebreos 12:2), un día nosotros también quedaremos completos.
--CHK

Ten paciencia, por favor. ¡Dios todavía no ha terminado conmigo!

Nuestro pan diario

A. Preguntas sobre la lectura
1. ¿Qué pasó cuando la autora era niña?
2. ¿Qué hizo un día toda la familia?
3. ¿Cómo era la casa cuando la autora la vio por primera vez?
4. ¿Cómo reaccionó ella?
5. ¿Qué le preguntó a su madre esa noche?
6. ¿Qué le explicó su madre?
7. ¿Qué comenzaron a ver muy pronto?
8. ¿Cómo se había transformado la casa?
9. ¿Cómo representa esta casa la vida de los creyentes?
10. ¿Cuánto dura el proceso de crecimiento?

B. Preguntas personales
1. ¿Alguna vez has visto una casa como la casa en esta historia?
2. ¿Te gustaría vivir en una casa incompleta?
3. ¿Crees que nosotros somos como esa casa incompleta en el momento de nuestra conversión?
4. ¿Cómo seremos un día si seguimos obedientemente a Jesús?

⁌ Exprésate: Tu casa

1. Entrevista

1. ¿En qué tipo de vivienda (dwelling) resides (casa, apartamento, condominio, etc.)?
2. ¿Dónde está situada tu casa, en la ciudad, en las afueras (suburbs) o en el campo?
3. ¿Cómo es tu casa? ¿Es grande, pequeña o de tamaño mediano?
4. ¿Tiene garaje? ¿Es para uno, dos o tres coches? ¿Tiene el garaje puerta automática?
5. ¿Tiene patio? ¿Tiene terraza (deck)? ¿Tiene jardín? ¿Está bien cuidado (well-kept)?
6. ¿Es moderna o antigua tu casa? ¿En qué año fue construida?
7. ¿De qué material es tu casa (de madera, de ladrillo, de piedra, de estuco)?
8. ¿De qué material son los pisos (de madera dura, de baldosas [tiles], de linoleo)? ¿Tiene alfombras?
9. ¿De qué color es tu casa? ¿Fue pintada recientemente?
10. ¿De cuántos pisos (stories) es tu casa? ¿Tiene sótano? ¿Tiene desván (ático)?
11. ¿Cuántos dormitorios y baños tiene? ¿Tienes tu propio cuarto de baño?
12. ¿Cómo es la cocina? ¿Fue remodelada recientemente? ¿Qué electrodomésticos hay en la cocina?
13. ¿Cómo es la sala? ¿Qué muebles hay en la sala?
14. ¿Cómo es tu dormitorio? ¿Está ordenado o desordenado? ¿Qué muebles hay en tu dormitorio?
15. ¿Qué comodidades tiene tu casa? (calefacción central, aire acondicionado, comedor formal, piscina, jacuzzi, etc.) ¿Qué te gusta más de tu casa?

2. Descripción (oral o escrita)

Da una breve descripción de tu casa o de la casa en que vivías cuando eras niño/a. Incluye el número de dormitorios y baños, el número de pisos y el color de la casa, las comodidades, etc.. Consulta la lista dada a continuación para ideas.

Es/Era... It is/was + inherent qualities
Está/Estaba... It is/was + present condition

...**poco/no muy** not very
...**un poco** a little/rather
...**muy/demasiado** very/too
...**más/menos...que** more/less...than
...**tan...como** as...as

Hay/Había... There is/was
Tiene/Tenía... It has/had

...**pocos** few
...**varios/as** several
...**muchos/as** many
...**demasiados/as** too many
...**más/menos...que** more/less...than
...**tantos/as...como** as many... as

Nota Cultural
Las casas españolas

Las casas españolas son muy diferentes de las de los Estados Unidos. Las más grandes son de dos o tres pisos con paredes muy gruesas, ventanas altas, y una puerta inmensa de entrada. Normalmente el exterior de la casa es muy sencillo y no hay jardín enfrente ni detrás de la casa. Por otra parte, el exterior está muchas veces adornada de flores bonitas y muchas casas tienen un jardín interior con bellas plantas y a veces una fuente. Este patio, de estilo árabe, está rodeado de balcones en cada piso y sirve como lugar de reunión cuando hace buen tiempo. Muchas de las casas españolas están construídas de adobe, una tradición árabe adoptada también en el Nuevo Mundo, incluyendo partes de Arizona y Nuevo México.

Girona: Edificios de apartamentos

Versículo		
Blessed is the man that endureth tempation; for when he is tried, he shall receive the crown of life... James 1:12a	Bienaventurado el varón que soporta la tentación; porque cuando haya resistido la prueba, recibirá la corona de vida... Santiago 1: 12a	*Capítulo 23*

Saludos

¿Qué hay (de nuevo)?
¿Qué fecha tenemos?
¿Que hora tienes? ¿A qué hora llegaste a la escuela?
¿A cuánto está la temperatura? (Está a...grados.)
¿En qué clases tuviste tarea ayer?
¿A qué hora te acostaste ayer?
¿Cuántas horas dormiste anoche?
¿A qué hora te levantarás mañana?
¿Qué tiempo hará mañana? ¿Habrá sol mañana?

Lecciones

1. Diálogo: Buscando un apartamento
2. Grámatica: The Present Perfect Subjunctive in Adjective and Adverb Clauses
3. Versículo: Santiago 1: 12a
4. Lectura: La casa soñada de mamá
5. Exprésate: ¿Dónde se vive mejor?

Repaso rápido

Día 1: Present Perfect Subjunctive	1. It's possible that I didn't understand the question. 2. I'm glad that my parents took me to church when I was a chold. 3. It's a pity that we have contaminated the air.
Día 2: Present Perfect Subjunctive	1. It doesn't seem to me that she has learned much. 2. It's not true that Melville wrote *Les Miserables*. 3. Is it possible that Columbus didn't discover America?
Día 3: Adjective Clauses	1. Do you know anyone who has never studied for a test? 2. I don't know anyone who has lived in Spain. 3. I want to marry (casarme con) someone who has gone to college.
Día 4: Adverb Clauses	1. What will you do when you have finished your studies? 2. You may watch T. V., provided everyone has finished eating. 3. I'm going to prepare dinner in case they haven't eaten.
Día 5: Relative Adverbs	1. Wherever you may have gone to school, you should know how to write. 2. However you might have done it, you need to show it to me. 3. Whenever you might have bought it, you need the receipt (el recibo).

Repaso de vocabulario

Traduce al español.

1. Some of the **utilities** are included in the rent (el alquiler).
2. Normally (normalmente) the **tenant** pays **gas** and **electricity**, while the **landlord** pays **water** and **garbage**.
3. Normally there is a **parking place** for all of the tenants.
4. In apartment buildings (edificios de apartamentos) with many **units** and more than two **floors**, there is usually an **elevator**.
5. Most apartment buildings have a **laundry room**.
6. One can find an apartment in the paper or through (por medio de) an **agent**.
7. The **owner** of this apartment building has many **tenants**.
8. Most apartments allow (permitir) **roommates**, but many do not allow pets (mascotas).
9. After **looking in the ads**, one **calls about** the apartment and **asks for information** on the rent.
10. When one **rents a room** from someone, one can live alone (solo) or **share a room**.
11. Normally, one has to **leave a deposit** of one month's rent.
12. If one goes through (comunicar con) an agent to find an apartment, one normally **pays a commission**.
13. Normally one **pays the rent** on the first of the month.
14. One can pay monthly (mensualmente) or **sign a lease** for a year.
15. Normally (normalmente) one has to **sign a contract** before **moving in**.
16. Often, the owner **asks for** the first and last month's rent **in advance**.
17. The owner **returns the deposit** if the tenant leaves the apartment in good condition (en buenas condiciones).
18. One can **lose the deposit** if one leaves the apartment in bad condition (en malas condiciones).
19. When one wants to **move out**, one should **give 30 days notice**.

Diálogo: Buscando un apartamento

-Buenas tardes, señor/señorita. ¿En qué puedo servirle?	-Good afternoon, sir/miss. How can I help you?
-Soy estudiante nuevo de la universidad y necesito un apartamento.	-I'm a new student of the university and I need an apartment.
-¿Para cuántas personas?	-For how many people?
-Somos tres: dos amigos/amigas y yo.	-For three: me and two friends.
-Bueno. ¿Quieren Uds. un apartamento con tres dormitorios, o van a compartir un dormitorio?	-Fine. Do you want an apartment with three bedrooms, or are you going to share a bedroom?
-Preferimos uno con tres dormitorios, pero depende en parte del alquiler, y también de dónde está situado el apartamento, por supuesto.	-We prefer one with three bedrooms, but it depends in part on the rent, and also on where the apartment is located, of course.
-Sí, la proximidad a la universidad es importante y afecta el alquiler. En este momento tenemos varios apartamentos disponibles y todos están cerca de la universidad. ¿Para cuándo lo necesita?	-Yes, closeness to the university is important and it affects the rent. At the moment we have several apartments available and all are near the university. When do you need it by?
-Para el 15 de septiembre, si es posible.	-By September 15, if possible.
-Es decir, en un mes.	-You mean, in a month.
-Sí, las clases comienzan el 20 y necesitamos tiempo para instalarnos.	-Yes, classes begin the 20th and we need time to move in.
-Comprendo, pero si esperan hasta el 15, será más difícil encontrar un buen apartamento. Sería mejor alquilar a principios del mes, mientras haya una buena selección.	-I understand, but if you wait until the 15th, it will be more difficult to find a good apartment. It would be better to rent it at the beginning of the month, while there is a good selection.
-Bueno, ¿qué tiene Ud. en este momento?	-O. K., what do you have at the moment?
(Le muestra una foto.) Aquí está uno muy limpio...y económico. Sólo 4000 pesos mensuales.	-(He shows him a picture.) Here's a very clean one...and inexpensive. Only 4000 pesos a month.
-¿Dónde está situado?	-Where is it located?
-En la calle Buenaventura, a sólo cinco cuadras de la universidad.	-On Buenaventura Street, just five blocks from the university.
-¿Está amueblado?	-Is it furnished?
-No, sólo tiene refrigerador y estufa de gas.	-No, it only has a refrigerator and a gas stove.

-No tenemos muebles. ¿Tiene Ud. algo amueblado?	-We don't have any furniture. Do you have anything furnished?
-Por esta renta, no. Un momento....tenemos un apartamento amueblado disponible en dos semanas en la calle Castro.	-For that rent, no. Just a moment....we have a furnished apartment available in two weeks on Castro street.
-¿Cuántos dormitorios y baños tiene?	-How many bedrooms and bathrooms does it have?
-Tiene dos dormitorios y un baño.	-It has two bedrooms and one bath.
-Preferimos tener algo con dos baños.	-We prefer to have something with two baths.
-Un momento......¿Qué les parece éste? Tiene dos dormitorios y dos baños. Es muy amplio y tiene pintura y alfombras nuevas.	-Just a moment........What do you think of this one? It has two bedrooms and two baths. It's quite spacious and has new paint and carpets.
-¿Está cerca de la universidad?	-Is it near the university?
-Está a ocho cuadras de la universidad, pero está cerca de transportes públicos y comercios. En realidad, es muy céntrico.	-It's eight blocks from the university, but it's near public transportation and businesses. Actually, it's very central.
-¿Cuánto es el alquiler?	-How much is the rent?
-4500 mensuales.	-4500 a month.
-¿Están incluídos los servicios?	-Are utilities included?
-Incluye agua y basura, pero tiene que pagar las otras utilidades, gas y luz.	-It includes water and garbage, but you have to pay the other utilities, gas and electricity (light).
-¿Tiene lavandería?	-Does it have a laundry?
-Hay un cuarto de lavar en cada piso.	-There's a washroom on every floor.
-¿Cuántos pisos hay?	-How many floors are there?
-Nueve. Es un edificio de sesenta unidades. Su apartamento está en el tercer piso.	-Nine. It's a sixty unit building. Your apartment is on the third floor.
-¿No tienen nada en la planta baja? Tenemos bicicletas y no queremos dejarlas afuera.	-Don't you have anything on the ground floor? We have bikes and we don't want to leave them outside.
-Hay estacionamiento seguro, y hay dos ascensores, uno a cada extremo del edificio.	-There's secured parking, and there are two elevators, one at either end of the building.
-¡Menos mal! ¿Tiene el apartamento un balcón?	-Good thing! Does the apartment have a balcony?
-Sí, hay un pequeño balcón donde pueden estacionar las bicicletas. Estarán seguras allí.	-Yes, there is a small balcony where you can park the bicycles. They'll be safe there.
-¿Cuánto hay que dejar de depósito?	-How much does one have to leave as a deposit?
-Tiene que pagar el primer y el último mes, o dejar un depósito de 5000 pesos para limpiar el apartamento.	-You have to pay the first and last month's rent, or leave a 5000 peso cleaning deposit.
-¿Primer y último mes? Entonces, es un contrato de doce meses?	-First and last month's rent? Then it's a twelve month lease?
-Sí.	-Yes.
-Pero todos volvemos a casa durante el verano. No queremos pagar por doce meses.	-But we all return home during the summer. We don't want to pay for twelve months.
-Si no piensan estar aquí durante el verano, pueden realquilar el apartamento por tres meses.	If you don't plan to be here in the summer, you can sublet the apartment for three months.
-No sé. Queremos mirar el apartamento antes de tomar una decisión.	- I don't know. We want to look at the apartment before making a decision.
-Está bien. Aquí tiene Ud. la dirección. Creo que les va a gustar. El apartamento está todo remodelado y tiene piscina y aire acondicionado.	-Fine. Here's the address. I think that you're going to like it. The apartment is all remodelled and it has a pool and air conditioning.
-Gracias. Vamos a ver el apartamento y luego decidimos.	-Thanks. Let's look at the apartment and then we'll decide.
-Muy bien. Pero no esperen mucho.	-Fine. But don't wait too long.
-Le avisamos hoy si nos gusta.	-We'll notify you today if we like it.
-Está bien. Hasta luego, entonces.	-Fine. See you then.
-Hasta pronto.	-See you soon.

☞Explicación: *Haya* in Adjective and Adverb Clauses

A. ADJECTIVE CLAUSES

1. In chapter 10 you learned to use the subjunctive in a relative clauses (adjective clauses) when they refer back to a noun whose existence is either uncertain, questioned or denied.

A. Uncertain:	Quiero conocer	a alguien	
B. Questioned:	¿Conoces	a alguien	que *viva* en la luna (?)
C. Denied:	No hay	a nadie	

You will recall that the existence of the noun is affected by a number of interacting factors: the meaning of the verb (having vs. seeking), the nature of the antecedant (definite vs. indefinite), and the type of sentence (statement vs. question and affirmative vs. negative).

2. In the above sentences, the action described in the adjective clause is *present*, so it is expressed in Spanish by the *present subjunctive*. When the action is past or completed, it is expressed in Spanish by the *present perfect subjunctive*:

Quiero conocer	a alguien	
¿Conoces	a alguien	que *haya vivido* en la luna (?)
No hay	nadie	

B. ADVERB CLAUSES

1. In chapters 11 and 13 you learned to use the subjunctive in a adverb clauses introduced by conjunctions denoting *pending acts, purpose, condition, concession* and *exception*:

A. Pending Act:	**Comeremos** We will eat	cuando *termines*. when *you finish*.
B. Condition:	**Voy a celebrar** I'm going to celebrate	con tal que *ganemos*. provided *we win*.
C. Concession:	**Vamos a jugar** We're going to play	aunque *perdamos*. although *we may lose*.

2. In the above sentences, the pending or provisional action in the adverb clause is in the *present tense* (when you *finish*). It is also possible to express pending and provisional actions in the *present perfect tense* (provided you *have finished*), and in this case the *present perfect subjunctive* is used:

Comeremos We will eat	cuando *hayas terminado*. when *you have finished*.
Puedes jugar You may play	con tal que *hayas practicado*. provided *you have practiced*.
Juegas bien You play well	aunque *hayas perdido*. even though *you may have lost*.

✍ Ejercicios

I. Adjective Clauses

A. Contesta las preguntas con una frase completa.
1. ¿Conoces a alguien que nunca haya dicho una mentira?
2. ¿Hay una clase de español que no hayas tomado?
3. ¿Quieres comprar un coche que no haya tenido un accidente?
4. ¿Tienes un libro en casa que nunca hayas leído?
5. ¿Hay alguien que hayas ofendido últimamente (recently)?
6. ¿Hay alguna fruta o legumbre que nunca hayas comido?
7. ¿Hay algo que quieras hacer que nunca hayas hecho?
8. ¿Hay un lugar (place) que quieras visitar que nunca hayas visitado?
9. ¿Recuerdas alguna película buena que hayas visto últimamente?
10. ¿Hay algo que hayas hecho últimamente para ayudar a otra persona?

B. Traduce al español
1. I want a book that has never been used.
2. I want to buy a house that people have lived in (in which have lived people).
3. I'm looking for a person who has worked abroad.
4. Is there a book that you haven't read?

5. There is nothing that he hasn't done.
6. I want to wear something that I haven't worn before.
7. Do you know anyone who has taught Chinese?
8. There is nobody who has never sinned.

9. What you (may) have said is less important than what you (may) have done.
10. No matter (no importa) what you (might) have done, I forgive you.
11. Those who have finished the test may hand it in (entregar) now.
12. Whoever (El que) might have said that lied.

II. Adverb Clauses

A. Contesta las preguntas con una frase completa.
1. ¿Estarán tus padres contentos cuando te hayas graduado?
2. ¿Qué quieres hacer cuando hayas terminado tus estudios secundarios?
3. ¿Te ayudarán tus padres hasta que hayas terminado tus estudios universitarios?
4. ¿Estarás contento/a cuando hayas encontrado un apartamento?
5. ¿Qué vas a hacer cuando hayas terminado los estudios universitarios?
6. ¿Estarás contento/a cuando hayas encontrado un buen empleo?
7. ¿Dónde querrás vivir cuando hayas encontrado un empleo?
8. ¿Estarás más contento/a cuando hayas encontrado una casa?
9. ¿Vas a casarte algún día cuando hayas encontrado a la persona perfecta?
10. ¿Estarás más contento cuando te hayas casado?

B. Traduce al español.
1. You can use it after I have used it.
2. When we have finished eating, you may get up.
3. You may watch T.V. as soon as you have finished your homework.
4. Unless you have lost your book, you need to bring it to class.
5. In case you have forgotten, there's a test tomorrow.
6. You may have dessert, provided you have eaten your dinner.
7. You can't have dessert until you have finished eating.
8. Even though you may not have studied, you need to take the test.
9. In spite of the fact that they may not have understood, they are responsible.
10. Let's wait here in case they have gotten lost (perderse).

☎ Conversaciones

1.

¿Conoces a alguien que nunca haya:
- mentido
- dicho nada malo
- hecho nada malo
- sacado una mala nota
- faltado a clase
- estado enfermo
- asistido a la escuela
- aprendido a leer y escribir
- estudiado una lengua extranjera
- visitado otro estado
- volado en avión
- usado una computadora
- visto la televisión

?

2.

¿Conoces a alguien que haya:
- vivido en otro país
- visto un OMNI (UFO)
- nacido antes de 1900
- muerto y resucitado
- viajado alrededor del mundo
- escrito un libro
- ganado la lotería
- piloteado un avión
- jugado al fútbol profesional
- sido misionero/a en China
- visto al presidente
- visitado la Casa Blanca
- luchado (fought) en Vietnam

?

3.

¿Hay ... que hayas ... recientemente?

una película buena	visto
un libro interesante	leído
una canción bonita	oído
un conjunto musical	escuchado
un programa interesante	mirado
una receta deliciosa	preparado
algunas noticias buenas	tenido
algunas noticias tristes	recibido
una persona importante	conocido
una persona pobre	ayudado
una tarea difícil	hecho
una clase interesante	tomado
un partido emocionante	visto

4

| ¿Qué | quieres
puedes
piensas
esperas
vas a | hacer | cuando | hayas

te hayas | terminado tus estudios
obtenido un título universitario
aprendido a hablar español con fluidez
conseguido un empleo
cumplido 21 años
tenido tu primer hijo

graduado
casado
comprado una casa
envejecido (grown old)
jubilado (retired) | ? |

5

| ¿Te permiten tus padres | usar el coche
mirar la televisión
salir con tus amigos
dar una fiesta
ir al partido
tomar postre
dormir en el sofá
jugar a videojuegos | con tal que | hayas | pedido permiso
hecho tu tarea
terminado de comer
arreglado la casa
limpiado tu dormitorio
terminado de comer
lavado los platos | ? |

6

| ¿Vas a | ver la televisión
comer algo
tomar algo
descansar en el sofá
jugar con tus amigos
visitar a un/a amigo/a
telefonear a un/a amigo/a
hablar por teléfono
salir para la escuela
poner un disco
ver las noticias
leer el periódico
relajarte | tan pronto como | hayas

te hayas | vuelto a casa
terminado tu tarea
terminado de comer
limpiado tu dormitorio
lavado los platos
arreglado la casa

despertado
levantado
bañado
preparado
vestido | ? |

✉Lectura: *La casa soñada de mamá*   dream house

El hijo sabio alegra al padre; mas el hombre necio menosprecia a su madre. --Proverbios 15:20.

¿Cuál es la idea de mamá de una casa *soñada*? Una casa de un *piso* con mucho *terreno* y un patio *cercado* para los niños, tres dormitorios, dos baños grandes, una sala de estar grande, una cocina moderna y un garaje para dos autos? O tal vez su casa soñada tenga un hermoso jardín con vista a un lago tranquilo.   dream, floor
land, fenced

Por muy buenas que sean estas comodidades, la mayoría de las madres sabe que se necesita más que eso para que una casa sea un *hogar*. Las características más importantes de un hogar son las cualidades espirituales y el amor entre padre, madre e hijos.   as nice as these may be
home

En Proverbios 15, Salomón dijo que es mejor vivir en la pobreza con temor del Señor que *poseer* grandes *tesoros* y tener problemas por ellos (v.16). Es mejor comer *hierbas* donde hay amor que sentarse a comer *ternera* o *filete* donde hay riña (v.17). Y una casa soñada es un lugar donde los niños obedecen a su padre y honran a su madre (v.20). Una atmósfera *amorosa* y espiritual es la característica más *deseada* en un hogar, y eso se puede encontrar en una casa de una sola *habitación* o en una mansión *espaciosa*.   possess, treasures
grass
veal, steak

loving, desired
room
spacious

Sí, creo que todos *estaríamos de acuerdo* en que el amor a nuestra familia y el temor del Señor pueden convertir cualquier casa en una casa soñada. Es un lugar donde mamá --y el resto de la familia-- encontrarán el verdadero *gozo*. --MRD II   would agree

joy

  Una casa se construye con manos humanas,
  pero un hogar se construye con corazones humanos.

Nuestro pan diario

A. Preguntas sobre la lectura
1. ¿Cómo es la casa soñada descrita por el autor?
2. Según el autor, ¿son suficientes todas estas comodidades para que una casa sea un hogar?
3. Según el autor, ¿cuáles son las características más importantes de un hogar?
4. ¿Qué nos dice Proverbios 15:16?
5. Según el autor, ¿qué es una casa soñada?
6. ¿Cuál es la característica más deseada de un hogar?
7. ¿Se necesita una casa grande para encontrar esto?

B. Preguntas personales
1. ¿Te gusta tu casa? ¿Por qué?
2. ¿Cuál te importa más, vivir en una casa grande con todas las comodidades, o en una casa donde hay una atmosfera amorosa y espiritual?
3. ¿Vives en una casa soñada?
4. ¿Cuál es la característica más importante de la casa en que vives?
5. Para ti, ¿cuáles son las características más deseadas en un hogar?

⌐Exprésate: ¿Dónde se vive mejor?

1. Entrevista

1. ¿Dónde preferirías vivir al asistir a la universidad?
2. ¿Te gustaría vivir en casa, en una residencia estudiantil o en un apartamento?
3. ¿Cuáles son las ventajas y las desventajas de vivir en casa? ¿En una residencia estudiantil?
4. ¿Te gustaría alquilar un cuarto en una casa? ¿Sería más económico que un apartamento?
5. ¿Dónde te gustaría vivir después de terminar tus estudios?
6. ¿Preferirías vivir en la ciudad, en las afueras (suburbs), o en el campo?
7. ¿Cuáles son las ventajas y desventajas de cada uno?
8. ¿Cuál te importa más, la tranquilidad o las actividades culturales?
9. ¿Qué te molesta más, el ruido (noise) y el tráfico o la falta de cosas para hacer?
10. ¿Dónde hay más para hacer, en la ciudad o en el campo? ¿Depende de la persona?
11. ¿En qué tipo de vivienda (dwelling) preferirías vivir después de terminar tus estudios?
12. ¿Cuáles son algunas de las ventajas de tener su propia casa? ¿De vivir en un apartamento?
13. ¿Preferías tener tu propia casa o estar libre de obligaciones y viajar por el mundo?
14. ¿Qué tal te gustaría vivir en un vehículo de recreo (RV) o en una casa flotante (houseboat)?
15. ¿Para las vacaciones, preferirías quedarte en una cabaña en las montañas o en un hotel en la playa?

3. Comentario (oral o escrito)

Discute las ventajas y desventajas de vivir en una casa, un apartamento, un condominio, una casa de remolque (mobile home), etc. Consulta la lista dada a continuación para ideas.

Construcciones útiles	
A mí me parece que It seems to me that	**-el alquiler** rent
Por un lado On the one hand	**-la hipoteca** mortgage
Por otro lado On the other hand	**-la entrada** down payment
En primer lugar In the first place	**-el préstamo** loan
En segundo lugar In the second place	**-los intereses** interest
No sólo Not only	**-los pagos mensuales** monthly payments
sino que también but also	**-el mantenimiento** maintenance
	-las mascotas pets
Factores importantes	**-la calidad de vida** quality of life
-el espacio space	**-los impuestos sobre la propiedad** property taxes
-la tranquilidad quietness	**-la protección fiscal** tax shelter
-la soledad/vida privada privacy	**-el valor** value

Nota Cultural

En México (y en casi toda Latinoamérica), donde el contraste entre ricos y pobres es mucho más marcado que en Estados Unidos, todavía se ve a gente que vive en casas construidas de cajones o de palos y adobe. Para los que van a México a pasar las vacaciones en hoteles lujosos, es chocante ver a gente que todavía vive en tales condiciones. En los pueblos pequeños del norte de México, muchas personas viven en casas de estuco de dos o tres cuartos, muchas veces sin agua potable. Para estas personas, preparar la comida, lavar la ropa y aún bañarse es mucho más difícil que en los pueblos al otro lado de la frontera. Debido a los salarios bajos, los recién casados muchas veces tienen que vivir con los padres antes de poder comprar su propia casa.

Capítulo 24

Versículo

For verily I say unto you, till heaven and earth pass, one jot or one tittle shall in no way pass from the law, till all be fulfilled.
Matthew 5:18

Porque de cierto os digo que hasta que pasen el cielo y la tierra, ni una jota ni una tilde pasará de la ley, hasta que todo se haya cumplido. Mateo 5:18

Saludos

¿Qué hay (de nuevo)?
¿Qué fecha tenemos?
¿Que hora tienes? ¿A qué hora llegaste a la escuela?
¿A cuánto está la temperatura? (Está a...grados.)
¿En qué clases tuviste tarea ayer?
¿A qué hora te acostaste ayer?
¿Cuántas horas dormiste anoche?
¿A qué hora te levantarás mañana?
¿Qué tiempo hará mañana? ¿Habrá sol mañana?

Lecciones

1. Historias bíblicas: El dinero en los sacos
2. Versículo: Mateo 5:18
3. Lectura: Mi corazón, hogar de Dios
4. Exprésate: Los quehaceres domésticos
5. Intérprete: Buscando un apartamento
6. Oral Mastery Exercises

Repaso rápido

Día 1: Grammar plus New Vocabulary	1. It's good that you asked for information on the apartment. 2. I'm glad that they gave us a discount. 3. I'm sorry that you lost the deposit.	
Día 2: Grammar plus New Vocabulary	1. We're not leaving until they have returned the deposit. 2. You shouldn't rent an apartment before we have looked in the ads. 3. We can move in (instalarse) provided we have left a deposit.	
Día 3: Grammar plus New Vocabulary	1. It's good that you gave thirty days notice. 2. It's not true that they asked for 500 dollars in advance. 3. I doubt that he payed the rent on time.	
Día 4: Grammar plus New Vocabulary	1. I'm looking for someone who has shared an apartment before. 2. Is there anyone who has called about the apartment? 3. I don't know anyone who has given a discount.	
Día 5: Grammar plus New Vocabulary	1. They will help us after we have payed a commission. 2. They will return the deposit as soon as we have cleaned the apartment. 3. They won't rent us the apartment without our having signed the contract.	

✝La historia de José: El dinero en los sacos

Antes de que los hermanos partieran de Egipto, José mandó que llenaran sus sacos de trigo y que pusieran en cada uno de sus sacos el dinero que habían pagado. También les dio provisiones para el viaje. Cuando los hermanos llegaron al lugar donde *acamparían* esa noche, uno de ellos abrió su saco para darle de comer al su asno. ¡Cuál fue su sorpresa cuando descubrió su dinero en el saco! "Me devolvieron el dinero! Miren, ¡aquí está en mi saco!" Al oír esto, tuvieron mucho miedo, y se decían unos a otros: "¿Qué es esto que Dios nos ha hecho?" — camp

Al llegar a Canaán, donde estaba su padre Jacob, le contaron todo lo que les había ocurrido en Egipto. Le explicaron cómo el gobernador de Egipto los había tratado *con apereza*, acusándolos de ser espías, y le dijeron que ahora tenían que traer a su hermano menor para *demostrar* que en verdad eran gente honrada, y no espías. Luego comenzaron a *vaciar* sus sacos y descubrieron que la bolsa de dinero de cada uno estaba allí. Al ver las bolsas de dinero, todos tuvieron mucho miedo, y Jacob les dijo: "Uds. me han *privado* de mis hijos: José *ya no* está, y Simeón no está, y llevarían a Benjamín; contra mí son todas estas cosas." — harshly / prove / empty / deprived, no longer

Rubén, el mayor, trató de persuadir a su padre, prometiéndole que *se haría cargo de* su hermano menor y que se lo devolvería. Sin embargo, Jacob no quería permitir que Benjamin se fuera con ellos. Era el único hijo de Raquel que le quedaba y no quería perderlo como había perdido a José muchos años antes. Pero el hambre era grande en la tierra de Canaán y llegó el momento en que ya no tenían comida. Entonces Jacob decidió mandar otra vez a sus hijos a Egipto a comprar trigo. Aunque no quería enviar a Benjamin, sus hijos le *recordaron* que no podían volver sin él. Entonces Judá le dijo a su padre que él *respondería por* la *seguridad* de su hermano menor. Si no se lo devolviera a su padre *sano y salvo*, sería el *culpable* ante él para toda la vida. Como no había *más remedio*, el pobre Jacob por fin *asintió*. Envió a sus hijos a Egipto con *regalos* para José y el doble del dinero que habían encontrado en sus sacos. — take responsibility for / reminded / answer for, safety / safe and sound / guilty / any other way, agreed / gifts

Preguntas sobre la historia
1. ¿Qué mandó hacer José con el dinero que habían pagado los hermanos?
2. ¿Qué descubrió uno de los hermanos cuando abrió su saco?
3. ¿Cómo reaccionaron los hermanos cuando vieron el dinero?
4. ¿Qué le dijeron a Jacob cuando al llegar a Canáan?
5. ¿Qué descubrieron cuando abrieron sus sacos?
6. ¿Qué dijo Jacob cuando supo que Benjamín tendría que volver a Egipto con ellos?
7. ¿Qué le prometió Rubén a su padre para calmarlo?
8. ¿Por qué decidió Jacób enviar a Benjamín con los hermanos?
9. ¿Qué le envió Jacob a José?

Intérprete

Before the brothers departed from Egypt, Joseph gave orders to fill their sacks with wheat and to place each man's money in his sack. He also gave them provisions for the trip. When the brothers arrived at the inn where they would spend the night, one of them opened his sack to feed his donkey. How surprised he was when he found his money in the sack! "My money has been returned! Look! It's in my sack!" On hearing this, they were very much afraid and they said to one another: "What is this that God has done to us?" On arriving in Canaan, where their father Jacob was, they told him all that had happened to them in Egypt. They explained to him how the ruler of Egypt had treated them harshly, accusing them of being spies, and they told him that they had to bring Benjamin to prove that they were indeed honorable people. When they began to empty their sacks, they discovered that each one's money was there. On seeing the bundles of money, they and their father were very frightened and Jacob said to them: "You have bereaved me of my children. Joseph is no more, and Simeon is no more, and you will take Benjamin away; all these things are against me." Ruben, the oldest, tried to persuade his father and promised him that he would take care of Benjamin and return him to him. However, poor Jacob didn't want to permit that his son Benjamin go to Egypt with them. He was the only son of Rachel that he had left, and he didn't want to lose him as he had lost Joseph. The famine was very great in the land of Canaan, and the time came in which they no longer had food. Then Jacob decided to send his sons once again to Egypt to buy wheat. Although he didn't want to send Benjamin, he knew that his sons couldn't return without him. Poor Jacob! If he didn't send his beloved son, they would all die of hunger. Then Judah told his father that he would be surety for his brother. If he didn't return him to his father safe and sound, her would bear the blame before him forever. Since there was no other way, poor Jacob finally assented. He sent his sons to Egypt with gifts for Joseph and double the money that they had found in their sacks.	Antes de que los hermanos partieran de Egipto, José mandó que llenaran sus sacos de trigo y que pusieran el dinero de cada uno en su saco. También les dio provisiones para el viaje. Cuando los hermanos llegaron al mesón donde pasarían esa noche, uno de ellos abrió su saco para darle de comer a su asno. ¡Cuál fue su sorpresa cuando descubrió su dinero en el saco! "¡Me devolvieron el dinero! ¡Miren, aquí está en mi saco!" Al oír esto, tuvieron mucho miedo, y se decían unos a otros: "¿Qué es esto que Dios nos ha hecho?" Al llegar a Canaán, donde estaba su padre Jacob, le contaron todo lo que les había ocurrido en Egipto. Le explicaron cómo el gobernador de Egipto los había tratado con rudeza, acusándolos de ser espías, y le dijeron que tenían que traer a Benjamín para demostrar que eran de verdad gente honrada. Cuando comenzaron a vaciar sus sacos, descubrieron que el dinero de cada uno estaba allí. Al ver las bolsas de dinero, ellos y su padre tuvieron mucho miedo, y Jacob les dijo: "Uds. me han privado de mis hijos: José ya no está, y Simeón no está, y llevarán a Benjamín; contra mí son todas estas cosas." Rubén, el mayor, trató de persuadir a su padre y le prometió que se haría cargo de Benjamín y que se lo devolvería. Sin embargo, el pobre Jacob no quería permitir que su hijo Benjamín se fuera a Egipto con ellos. Era el único hijo de Raquel que le quedaba, y no quería perderlo como había perdido a José. El hambre era grande en la tierra de Canaán, y llegó el momento en que ya no tenían comida. Entonces Jacob decidió mandar otra vez a sus hijos a Egipto a comprar trigo. Aunque no quería enviar a Benjamín, sabía que sus hijos no podían volver sin él. ¡Pobre Jacob! Si no enviara a su hijo amado, todos morirían de hambre. Entonces Judá le dijo a su padre que él respondería por la seguridad de su hermano. Si no se lo devolviera a su padre sano y salvo, sería el culpable ante él para toda la vida. Como no había más remedio, el pobre Jacob por fin asintió. Envió a sus hijos a Egipto con regalos para José y el doble del dinero que habían encontrado en sus sacos.

✉Lectura: *Mi corazón, hogar de Dios*   trusted

... vendremos a él, y haremos morada con él. --Juan 14:23

Conocí a una mujer que *arreglaba* su casa todas las noches antes de irse a la cama. Lo hacía porque no quería que el Señor la encontrara siendo una *ama de casa desordenada* si regresaba antes de la mañana. Muchas veces traté de imitar sus altas *normas* de *nitidez*, pero cuando era una joven ama de casa, esposa y madre, *por lo general* terminaba el día sabiendo que mi casa no *pasaría la prueba*.	tidied housewife, untidy standards, cleanliness generally pass the test
Mantener una casa bien *arreglada* para la gloria de Dios es una aspiración muy *digna*. Pero con el tiempo *me di cuenta de que* Su primera preocupación, no es la casa de la calle donde vivo. A Él le importa mucho más el *estado* de la casa donde vive Él: mi corazón.	keep, tidy worthy, realized state
En Juan 14:21 encontramos dos *maneras* de mantener esa casa: amar a Dios y obedecer sus mandamientos. La desobediencia a Dios *ensucia* el *hogar* que es nuestro corazón. Pero la obediencia que se expresa por amor a Él hará de nuestros corazones una *morada adecuada* para Dios ahora, y estaremos listos cuando Cristo vuelva.	ways dirties, home dwelling suitable
La siguiente oración nos puede ayudar a distinguir entre las normas externas y las eternas: Ayúdame, Padre, a limpiar mi corazón de la misma *forma* que limpiaría mi casa. Saca todo el *polvo* y las *telarañas* del *orgullo*, los malos *sentimientos* y el *prejuicio*. Quiero mantener un corazón limpio que sea tu morada. --JEY	 way, dust, cobwebs pride, feelings, prejudice
Tu corazón *ha de ser* el hogar de Dios.	should be

Nuestro pan diario

A. Preguntas sobre la lectura
1. ¿Cuántas veces por semana arreglaba una mujer su casa?
2. ¿Por qué la limpiaba con mucha frecuencia?
3. ¿Pudo la autora imitar las altas normas de nitidez de esta mujer?
4. ¿Cuál es la primera preocupación de Dios, según la autora?
5. Según Juan 14:21, ¿cuáles son las dos maneras de mantener el hogar que es nuestro corazón?
6. ¿Cómo afecta la desobediencia el estado de la casa donde vive Él?
7. ¿Cómo podemos hacer de nuestros corazónes una morada adecuada para Dios?

B. Preguntas personales
1. ¿Te gusta arreglar la casa?
2. ¿Cuántas veces por semana arreglas tu dormitorio?
3. ¿Crees que le importa a Dios que siempre mantengas limpia tu casa?
4. ¿Crees que le importa mucho más que mantengas limpio tu corazón?
5. ¿Quieres que tu corazón sea el hogar de Dios?

⌐Exprésate: Los quehaceres domésticos

1. Entrevista

1.	¿Quién hace la limpieza en tu casa? ¿Comparten (share) todos los quehaceres domésticos?
2.	¿Cuáles son tus responsabilidades? ¿Cuáles son las de tus hermanos?
3.	¿Qué trabajos te gustan? ¿Cuáles detestas hacer?
4.	¿Cuándo prefieres hacer tus quehaceres, durante la semana o los fines de semana?
5.	¿Cuántas veces por mes arreglas tu dormitorio? ¿Haces tu cama todos los días?
6.	¿Está desordenado tu dormitorio ahora? ¿Cuándo vas a ponerlo en órden?
7.	¿Quién se encarga (is in charge of) del mantenimiento del jardín?
8.	¿Quién corta el césped? ¿Quién riega el césped y las flores? ¿Tienen rociadoras automáticas?
9.	¿Quién hace las comidas en tu casa? ¿Cómo ayudas tú en la cocina?
10.	¿Quién limpia los baños? ¿Con qué frecuencia?
11.	¿Quién lava la ropa sucia? ¿Quién la dobla y la guarda?
12.	¿Tienes mascotas (pets)? ¿Quién alimenta al perro/al gato?
13.	¿Cuál prefieres, lavar los platos o lavar el coche? ¿Pasar la aspiradora o sacudir (dust) los muebles?
14.	¿Prefieres poner la mesa o quitarla? ¿Guardar la vajilla (dishes) o sacar la basura?
15.	¿Te pagan tus padres por ayudar en casa? ¿Cuánto te pagan por semana?

2. Narración (oral o escrita)

Di lo que haces (o lo que hacen los otros miembros de tu familia) para mantener limpia la casa. Incluye cúando y con qué frecuencia se hacen los quehaceres domésticos. Consulta la lista dada a continuación para ideas.

Tengo que... I have to **Debo...** I'm supposed to **Necesito...** I need to **Trato de...** I try to **Me gusta...** I like to **Suelo...** I'm in the habit of **todos los días** every day **cada dos días** every other day **dos veces por semana** twice a week **una vez al mes** once a month **raras veces** rarely **(casi) nunca** (almost) never	-**Limpiar los baños** clean the bathrooms -**Arreglar el dormitorio** tidy up the bedroom -**Lavar/secar los platos** wash/dry the dishes -**Cargar el lavaplatos** load the dishwasher -**Sacar la basura** take out the garbage -**Guardar la vajilla** put away the dishes -**Barrer el piso** sweep the floor -**Pasar la aspiradora** vacuum -**Sacudir los muebles** dust the furniture -**Lavar/secar la ropa** wash/dry the clothes -**Planchar la ropa** iron the clothes -**Cortar el césped** mow the lawn -**Regar las flores** water the flowers

Nota Cultural

En México, donde todavía hay una distinción marcada entre los papeles (roles) del hombre y la mujer, normalmente son las mujeres las que deben cuidar a los niños y hacer los quehaceres (chores) domésticos. Los hombres, acusados muchas veces de ser "machistas," no consideran su responsabilidad ayudar con los trabajos de la casa. Aunque en años recientes estas actitudes culturales han cambiando un poco y hay más mujeres que trabajan fuera de casa, en los pueblos pequeños donde se mantienen los valores tradicionales todavía se considera la responsabilidad de la mujer quedarse en casa y ocuparse de los niños y los trabajos caseros.

Intérprete: Buscando un apartamento

When I want to find and apartment, I consult the classified ads.	Cuando quiero encontrar un apartamento consulto los anuncios clasificados.
Since I'm a student, I don't want to pay more than five hundred monthly and I prefer something with utilities payed.	Como soy estudiante, no quiero pagar más de quinientos mensuales y prefiero algo con servicios pagados.
When I find something that I like, I call the owner and ask him if it's still available.	Cuando encuentro algo que me gusta, llamo al propietario y le pregunto si todadía está disponible.
If the owner answers yes, I ask for more information about the apartment.	Si el propietario me contesta que sí, pido más información sobre el apartamento.
First I want to know where it's located.	Primero quiero saber dónde está situado.
It must be in a good area, not far from the university, and near public transportation.	Debe estar en un buen área, no lejos de la universidad, y cerca de transportes públicos.
I also want to know if it's furnished, since I'm a student and I don't have furniture.	También quiero saber si está amueblado, ya que soy estudiante y no tengo muebles.
Finally, I want to know if it has parking, because often it is difficult to find a place to park.	Por último, quiero saber si tiene estacionamiento, porque muchas veces es difícil encontrar un sitio para estacionar.
I prefer an apartment on the first or second floor, with a balcony or private garden and public pool.	Prefiero un apartamento en la planta baja o en el primer piso, con balcón o jardín privado y piscina común.
It doesn't have to be air-conditioned, but it should be quiet and safe.	No tiene que estar climatizado, pero debe estar tranquilo y seguro.
After inquiring about the apartment, I ask for an appointment to go see it.	Después de informarme acerca del apartamento, pido cita para ir a verlo.
When I arrive at the apartment building, I park the car in the street and go to the manager's apartment.	Cuando llego al edificio de apartamentos, estaciono el coche en la calle y voy al apartamento del gerente.
Before showing me the apartment, the manager shows me where the elevator is. He also shows me the washroom.	Antes de mostrarme el apartamento, el gerente me indica dónde está el ascensor. También me muestra el cuarto de lavar.
When I ask him if they pay the utilities, he says that they pay water and garbage but not gas and electricity (light).	Cuando le pregunto si pagan los servicios, Dice que pagan agua y basura pero no gas y luz.
On entering the apartment, I first go to the kitchen where I inspect the refrigerator and the stove to see if they are clean and in good condition.	Al entrar en el apartamento, voy primero a la cocina donde inspecciono el refrigerador y la estufa para ver si están limpias y en buenas condiciones.
Then I go to the bathroom to see if it is modern and well ventilated.	Luego voy al cuarto de baño para ver si es moderno y si está bien ventilado.
Finally I inspect the bedrooms to see if they are spacious and well-lit.	Por fin inspecciono los dormitorios para ver si son amplios y luminosos.
After showing me the apartment, the owner asks if it is for me alone or if I am going to share it.	Después de mostrarme el apartamento, el propietario pregunta si es para mí solo o si voy a compartirlo.
When I tell him that I am going to share it, he tells me that everyone needs to sign a contract.	Cuando le digo que voy a compartirlo, me dice que todos necesitamos firmar un contrato.
The owner requests in advance the first and last month's rent.	El propietario pide por adelantado el alquiler del primer y del último mes.
If we leave the apartment clean in good condition, he will return the deposit.	Si dejamos el apartamento limpio y en buenas condiciones, nos devolverá el depósito.
If not, we lose the deposit of the last month.	Si no, perdemos el depósito del último mes.
He also tells me that if we decide to vacate the apartment, we must notify him one month in advance.	También me dice que si decidimos abandonar el apartamento, tenemos que avisarle con un mes de anticipación.
I tell the owner that I want the apartment and I give him a deposit as a guarantee until we return to sign the contract.	Le digo al propietario que quiero el apartamento y le doy un depósito como garantía hasta que volvamos a firmar el contrato.

ORAL MASTERY

8

The Present Perfect Subjunctive

It's not true that he died.	No es verdad que haya muerto.
It's not possible that she has returned.	No es posible que haya vuelto.
It's unlikely that you didn't know.	Es poco probable que no (lo) hayas sabido.
It's probable that they had been there.	Es probable que hayan estado allí.
It's possible that she has lost her books.	Es posible que haya perdido sus libros.
I hope that he will have eaten.	Espero que haya comido.
I fear that she has left.	Temo que haya salido.
I don't think that he has eaten.	No creo que haya comido.
I doubt that she had practiced.	Dudo que haya practicado.
I'm not sure that he will have finished.	No estoy seguro de que haya terminado.
I'm glad that you worked.	Me alegro de que hayas trabajado.
I'm sorry that he hasn't come.	Siento que no haya venido.
I doubt that she had finished.	Dudo que haya terminado.
It matters to me that you won.	Me importa que hayas ganado.
It interests me that he has been here.	Me interesa que haya estado aquí.
It bothers me that you didn't tell the truth.	Me molesta que no hayas dicho la verdad.
It fascinates me that he lived here.	Me fascina que haya vivido aquí.
It annoys me that he did that.	Me fastidia que haya hecho eso.
It seems stupid to me that he hadn't studied.	Me parece estúpido que no haya estudiado.
It seems sad to me that he was poor.	Me parece triste que haya sido pobre
It surprises me that you said that.	Me sorprende que hayas dicho eso.
It shocks me that you lied.	Me choca que hayas mentido.
It scares me that he died.	Me asusta que se haya muerto.
It make me furious that you got an F.	Me da rabia que hayas recibido una F.
It makes me sad that you didn't remember.	Me da pena que no hayas recordado.

Review of the Subjunctive Tenses

I don't think that	he's coming	he came	he will come
I doubt	she's leaving	she left	she will leave
It's not possible that	he's lying	he lied	he will lie
It's probable that	he's going	he went	he will go
It's possible that	she understands	she understood	she will understand
I'm glad that	he knows	he knew	he will know
I'm sorry that	she says nothing	she said nothing	she will say nothing
I doubt that	he is a student	he was a student	he will be a student
I'm sad that	she is absent	she has been absent	she will be absent
It's a pity that	there isn't more	there wasn't more	there won't be more
It's not possible that	he's losing	he has lost	he will lose
It's wonderful that	she can come	she was able to come	she will be able to come
I hope that	she reads this	she has read this	she will read this
I'm afraid that	he sees me	he has seen me	he will see me
I'm not sure that	he knows her	he knew her	he will know her
It's good that	he's playing	he played	he will play
I fear that	she's returning	she has returned	she will return
I don't think that	he remembers	he remembered	he will remember
I deny that	he has it	he had it	he will have it
I'm not saying that	she believes it	she believed it	she will believe it
I'm surprised that	he's sleeping	he slept	he will sleep
It's not true that	wants to go	he wanted to go	he will want to go

No creo que	venga	haya venido	venga
No puedo creer que	salga	haya salido	salga
No es posible que	mienta	haya mentido	mienta
Es probable que	vaya	haya ido	vaya
No es posible que	comprenda	haya comprendido	comprenda
Me alegro de que	sepa	haya sabido	sepa
Siento que	no diga nada	no haya dicho nada	no diga nada
Dudo que	sea estudiante	haya sido estudiante	sea estudiante
Es triste que	esté ausente	haya estado ausente	esté ausente
Es lástima que	no haya más	no haya habido más	no haya más
No es posible que	pierda	haya perdido	pierda
Es maravilloso que	pueda venir	haya podido venir	pueda venir
Espero que	lea esto	haya leído esto	lea esto
Temo que	me vea	me haya visto	me vea
No estoy seguro de que	la conozca	la haya conocido	la conozca
Es bueno que	juegue	haya jugado	juegue
Temo que	vuelva	haya vuelto	vuelva
No creo que	recuerde	haya recordado	recuerde
Niego que	lo tenga	lo haya tenido	lo tenga
No digo que	lo crea	lo haya creído	lo crea
Me sorprendo que	duerma	haya dormido	duerma
It's not true that	quiera ir	haya querido ir	quiera ir

Apuntes

Repaso de unidades 6-8

I. The Past, Conditional and Future Perfect Tenses

1. Had you seen the test before taking it?
2. What would you have done in this situation (situación)?
3. She hadn't finished the test when the bell rang (sonar el timbre).
4. I would have studied more, but I haven't had time.
5. Will you have graduated (graduarse) by 2015?
6. No, I would have graduated by 2015 but I have been sick.
7. He said that he had never played before. Would he have lied (mentir)?
8. They have already (ya) left for school and will have arrived by 7:00.
9. I would have said something, but I knew that she hadn't seen me.
10. She hadn't eaten when I saw her, and she still (todavía) hasn't eaten.

II. The Perfect Infinitive

1. After having spoken with him, I regret not having said anything.
2. I don't remembered having seen the test before taking it.
3. You should have played! We could have won!
4. She claims (decir) to have met the the president.
5. Had I known (De haber...) that you were sick, I would have called you.
6. You couldn't have passed the test without having studied.
7. In order to have graduated by 2014, you would have had to start in 2010.
8. She seems to have lost her books. She must have left them at home.
9. He was flunked (suspendido) for not having taken the test. He should have taken it.
10. I regret not having studied French. Had I studied it, I would know how to speak three languages.

III. The Present Perfect Subjunctive

1. I'm sorry that you didn't understand me, but I don't think that you listened.
2. It's possible that she left for school, but I doubt that she has arrived.
3. It's too bad (una lástima) that you arrived late. I hope that you had eaten earlier.
4. Do you think that they will have finished by 2:00? No, I don't think that they will have finished.
5. I know that she hadn't played before, but she may have (es posible que) practiced.
6. It's good that you didn't go to the party. I don't think that you would have had fun (divertirse).
7. I'm sure that you got a B, but I doubt very much that you got an A.
8. They say that it rained last night, but it doesn't seem to me that it rained much.
9. I regret (lamentar) not having gone to the party, but I'm glad that you went.
10. I fear having lost my watch. It's likely (probable) that someone has stolen (robar) it.

IV. The Present Perfect Subjunctive in Adjective Clauses

1. I don't know anyone who has never lied (mentir).
2. I want a book that nobody has used before.
3. There isn't anything that he hasn't done!
4. I want to marry (casarse con) someone who has gone to college.
5. Do you know anyone who spoke Spanish as a child?
6. I want you to read a book that you haven't read before.
7. Is there anyone here who hasn't understood the instructions?

V. The Present Perfect Subjunctive in Adverb Clauses

1. You can't eat dessert before we have finished dinner!
2. We will play tomorrow provided that it hasn't rained.
3. I will help you after you have written 100 words.
4. You can leave as soon as you have finished the test.
5. I will repeat it in case you didn't understand.
6. He won't test (examinar) us until we have learned it well.
7. Although you may not have gotten an A, I'm sure that you learned a lot.
8. You can't do anything without the teacher having permitted it.

Antes de empezar...

Antes de empezar "La comida," revisa la lista de palabras familiares dada a continuación. Esta lista incluye palabras presentadas en Español 1 y 2 y también cognados que son fáciles de reconocer.

En la mesa	**At the Table**	**Verbos**	**Verbs**
el/la mesero/a	waiter/waitress	aparcar	park
el plato	plate/dish	entrar	enter
el vaso	glass	esperar	wait
la taza	cup	llamar	call
la botella	bottle	reservar	reserve
el cuchillo	knife	confirmar	confirm
la cuchara	spoon	cancelar	cancel
el tenedor	fork	recomendar	recommend
la servilleta	napkin	ordenar/pedir	order
el menú/la carta	menu	comer	eat
el azúcar	sugar	tomar	have
la sal	salt	beber	drink
la pimienta	pepper	pasar	pass
la salsa de tomate	catsup	invitar	invite
la salsa (picante)	(hot) salsa	traer	bring
la mostaza	mustard	servir	serve
la mayonesa	mayonaise		
el aceite	oil	**Expresiones**	**Expressions**
el vinagre	vinegar	salir a comer	go out to eat
el pan	bread	tomar asiento	take a seat
la mantequilla	butter	ordenar la comida	order the meal
la mermelada	jam	pagar la cuenta	pay the bill
		dejar una propina	leave a tip
Las bebidas	**Las bebidas**	Quisiera...	I would like...
el café	coffee	¿Me trae otro..?	Can you bring me another...?
el agua (mineral)	(mineral) water	Páseme...	Pass me...
el té	tea	Otra porción de...	Another portion of...
el chocolate	hot chocolate	La cuenta, por favor.	The bill, please.
la leche (malteada)	milk (shake)		
el jugo de naranja	orange juice	**Adjetivos**	**Adjectives**
la limonada natural	fresh lemonade	rico	rich
el refresco	soft drink	sabroso/delicioso	tasty/delicious
		caliente/frío	hot/cold
Los platos	**Dishes**	salado	salty
la sopa	soup	dulce	sweet
la ensalada	salad	agrio	sour
el primer plato	first dish	amargo	bitter
el segundo plato	second dish	picante	hot (spicy)
el plato principal	main dish/entrée	suave/no picante	mild
el desayuno	breakfast		
el almuerzo	lunch	**¿Cómo lo quiere?**	**How do you like it?**
la cena	dinner	asado	baked
el postre	dessert	asado a la parilla	grilled
el burrito	burrito	frito	fried
el tamal	tamale	cocido	boiled
las enchiladas	enchiladas	cocido al vapor	steamed
el chile relleno	stuffed chile	medio hecho	medium
la tortilla	tortilla	bien hecho	well-done
el taco	taco	casi crudo	rare
la tostada	tostada	crudo	raw

"Un hombre que está con Dios, está siempre en la mayoría."
John Knox

Unidad 9: La comida

UNIT CONTENTS

Capítulo 25
1. Vocabulario: La comida
2. Gramática: The Imperfect Subjunctive
3. Versículo: Juan 18:14b
4. Lectura: Biblias y chocolate
5. Exprésate: Tres comidas típicas

Capítulo 26
1. Diálogo: En el restaurante
2. Gramática: The Imperfect Subjunctive
3. Versículo: Lucas 24:46
4. Lectura: Hambruna espiritual
5. Exprésate: Comiendo afuera

Capítulo 27
1. Historias bíblicas: La copa de José
2. Versículo: Juan 1:7
3. Lectura: Puedes servirte
4. Exprésate: La comida rápida vs. la comida tradicional
5. Intérprete: En el restaurante

Oral Mastery Exercises: The Imperfect Subjunctive

Un café en Cataluña

Versículo

...It was expedient that one man shoud die for the people.

John 18:14b

...Convenía que un solo hombre muriera por el pueblo.

Juan 18:14b

Saludos

¿Qué hay (de nuevo)?
¿Qué fecha tenemos?
¿Que hora tienes? ¿A qué hora llegaste a la escuela?
¿A cuánto está la temperatura? (Está a...grados.)
¿En qué clases tuviste tarea ayer?
¿A qué hora te acostaste ayer?
¿Cuántas horas dormiste anoche?
¿A qué hora te levantarás mañana?
¿Qué tiempo hará mañana? ¿Habrá sol mañana?

Lecciones

1. Vocabulario: La comida
2. Grámatica: The Imperfect Subjunctive
3. Versículo: Juan 18:14b
4. Lectura: Biblias y chocolate
5. Exprésate: Tres comidas típicas

Repaso rápido

Día 1: Adjective Clauses	1. I'm looking for someone who has worked as a programer (programador). 2. You have nothing that you have not received. 3. It isn't anything that we did.
Día 2: Adverb Clauses	1. We will start when everyone has sat down. 2. I'll repeat it in case you have forgotten. 3. You may come provided you have received an invitation.
Día 3: Imperfect Subjunctive	1. I was sorry that she couldn't come to the party. 2. It was probable that they didn't know anything. 3. Did you doubt that we would win?
Día 4: Imperfect Subjunctive	1. I asked my parents to help me. 2. He needed his friend to take him to school. 3. Did you want me to wait?
Día 5: Imperfect Subjunctive	1. I would prefer for you to be here. 2. Would you like me to tell you the truth? 3. He told them to bring a friend.

Vocabulario: La comida

A. Vocabulario activo

En el restaurante	At the restaurant
desayunar	to have breakfast
almorzar (ue)	to have lunch
cenar	to have dinner
tomar un bocado/picar	have a bite to eat/snack
tomar algo	have something to drink
reservar una mesa	reserve a table
ver la carta	look at the menu
pedir/ordenar la comida	order the meal
pagar la cuenta	pay the bill
dejar una propina	leave a tip
Quiero probar...	I want to try...
Me gustaría tomar...	I'd like to have...
Quisiera...	I would like...
Tengo ganas de...	I feel like...
Nada más, gracias.	Nothing more, thanks.
¿Qué me recomienda...?	What do you recommend..?
de primer plato	as the first dish
de segundo plato/plato principal	as the second (main) dish
de postre/para beber	for dessert/to drink
¿Viene con...?	Does it come with...?
¿Podría Ud. traernos...?	Could you bring us...?
otro menu/cubierto	another menu/setting
más pan/agua	more bread/water
un poco más de...	a little more...
otra porción de...	another serving of...
¡Buen provecho!	Enjoy!
¡Salud!	Cheers!
Creo que hay un error.	I think there's an error.
No he pedido esto.	I didn't order this.
La cuenta, por favor.	The tab/bill, please.
Todo junto, por favor.	All together, please.
Cuentas separadas.	Separate bills.
¿Está incluído el servicio?	Is service included?
¿Aceptan Uds. cheques?	Do you accept checks?
¿Puedo pagar con VISA?	Can I pay with VISA?

B. Vocabulario adicional

Descripción de la comida	Description of Food
caliente	hot
frío	cold
tibio	lukewarm
picante	spicy
suave/no muy picante	mild
sabroso	tasty
soso/insípido	bland/flavorless
dulce/azucarado	sweet/sugary
agrio	sour
amargo	bitter
salado	salty
pesado/fuerte	heavy
ligero	light
tierno	tender
duro	tough
jugoso	juicy
seco	dry
verde	green/not ripe
maduro	ripe
fresco	fresh
¿Cóimo lo quiere?	How would you like it?
asado al horno	baked
asado a la parilla	grilled
frito	fried
cocido al agua/hervido	boiled
crudo/casi crudo	raw/rare
medio cocido/hecho	medium
bien cocido/hecho	well done
al carbón	barbecued
crujiente/tostado	crisp/toasted
¿Qué tal le gusta?	How do you like it?
Está...	It's...
riquísimo/delicioso	delicious
buenísimo	very good
excelente	excellent

Ejercicios de vocabulario

I. Escribe las expresiónes tres veces y memorízalas para una prueba.

II. Contesta las preguntas con una frase completa.

1. ¿Siempre **desayunas** muy bien? ¿Qué tomas de desayuno?
2. ¿A qué hora **almuerzas** durante la semana? ¿**Almuezas** en la cafetería?
3. ¿A qué hora **cenas** durante la semana? ¿**Cenas** más tarde los fines de semana?
4. ¿Te gusta **tomar un bocado** al volver de la escuela?
5. ¿Siempre **tomas algo** cuando viajas en avión?
6. ¿Siempre **reservas una mesa** cuando cenas en un restaurante bueno?
7. ¿Siempre pides **ver la carta** antes de **ordenar la comida?**
8. ¿Cómo **pagas la cuenta** cuando cenas en un restaurante?
9. ¿Siempre **dejas una propina** cuando comes fuera (eat out)?
10. Cuando hace buen tiempo, ¿prefieres comer adentro o en el patio?

11. ¿**Te gusta probar** cosas nuevas o siempre prefieres pedir la misma cosa?
12. ¿Qué **te gusta tomar** cuando vas a un restaurante de comida rápida?
13. ¿A veces **tienes ganas de** una hamburguesa con papas fritas?
14. ¿Qué le dices a la camarera (mesera) cuando has comido bastante y no quieres nada más?
15. Cuando vas a un restaurante nuevo, ¿siempre le preguntas al camarero **qué recomienda** antes de pedir?
16. ¿Qué prefieres pedir **de primer plato,** sopa o ensalada?
17. ¿Qué prefieres pedir **de segundo plato (plato principal),** carne de vaca, pollo o pescado?
18. ¿Qué prefieres **para beber,** agua, té o un refresco?
19. ¿Qué prefieres pedir **de postre,** helado, pastel o alguna fruta?
20. ¿Siempre **le pides la cuenta** inmediatamente después de comer, o prefieres ordenar postre?

21. Normalmente, **viene** el plato principal **con** una ensalada o una sopa?
22. ¿Qué le dices al camarero cuando necesitas otro menú?
23. ¿Qué le dices cuando hay seis personas y sólo cinco cubiertos?
24. ¿Qué le dices cuando te falta pan o agua?
25. ¿Qué le dices cuando no tienes suficiente salsa?
26. ¿Alguna vez has dicho "Buen provecho" al comer en un restaurante mexicano?
27. ¿Alguna vez has dicho "Salud" al brindar (toast) por un amigo?
28. ¿Alguna vez te han servido algo que no pediste? ¿Qué dijiste?
29. Cuando vas a un restaurante con un amigo/una amiga, ¿siempre pides **cuentas separadas**?
30. ¿**Está incluído el servicio** en la mayoría de los restaurantes norteamericanos?

31. ¿**Aceptan cheques** los restaurantes de comida rápida?
32. ¿Cómo **pagas** cuando estás de viaje, al contado (cash) o **con tarjeta de crédito**?
33. ¿Qué le dices al camarero cuando **crees que hay un error** en la cuenta?

III. Escribe la palabra o expresión que complete correctamente cada frase.
1. En los restaurantes de comida rápida, hay que pagar la_____ al pedir la comida.
2. No tengo que dejar_____ si el servicio está_____.
3. Para_____, quiero una limonada, y de_____ me gustaría una ensalada.
4. De plato_____ quiero_____ arroz con pollo.
5. Tengo mucha hambre. Me gustaría tomar_____ al llegar a casa.
6. ¿Quiere Ud. tomar algo más? No, _____, gracias.
7. Nos falta mantequilla. ¿Puede Ud._____ más mantequilla, por favor?
8. Quiero_____ una mesa para cuatro personas para las seis de la tarde.
9. Tengo que_____ con VISA porque no aceptan_____.
10. No puedo decidir. ¿Qué me_____ de postre?
11. No pedí sopa. Creo que hay un_____.
12. De segundo_____, quiero pedir arroz con pollo.
13. Siempre pide la misma cosa. No le gusta_____ cosas nuevas.
14. En España, _____ mucho más tarde que en los Estados Unidos.
15. ¿Podría Ud. traerme otra_____ de legumbres? Me gustaron mucho.
16. Cuando estoy en la escuela, siempre_____ con mis amigos en la cafetería.
17. En los restaurantes chinos, siempre sirven galletitas chinas de_____.

☞Explicación: The Imperfect Subjunctive

1. In chapter 1 you learned how to form the *present subjunctive* from the irregular *yo*-stem of the present indicative:

YO-STEM	yo	tú	nos.	él/ella	ellos
Hag- Dig- Pong- Salg- Traig- Oig- Teng- Veng-	-a	-as	-amos	-a	-an

2. In similar fashion, the imperfect subjunctive may be formed from the *ellos*-form of the *preterite*. Simply remove the last two letters (*-on*) and add the familiar subjunctive endings. For *nosotros*, an accent is added over the third to the last syllable: *habláramos*.

Ellos form	Minus -on	yo	tú	nos.	él/ella	ellos
Hablaron Comieron Vivieron	Hablar- Comier- Vivier-	-a	-as	-amos	-a	-an

3. This rule applies to all verbs, both regular and irregular.

Verb	Ellos-form minus -on	yo	tú	nos.	él/ella	ellos
ir ser ver dar leer creer oír decir hacer traer venir querer tener estar saber poder poner	fuer- fuer- vier- dier- leyer- creyer- oyer- dijer- hicier- trajer- vinier- quisier- tuvier- estuvier- supier- pudier- pusier-	-a	-as	-amos	-a	-an

4. You have already learned to use the subjunctive mood after expressions of desire, request, emotion, doubt and denial. When these expressions occur in the past tense or in the conditional, the present subjunctive must be replaced by the imperfect subjunctive.

A.	Present:	Prefiero I prefer	que Juan *venga*. that John come.
B.	Past:	Prefería I preferred	que Juan *viniera*. that John come.
C.	Conditional:	Preferiría I would prefer	que Juan *viniera*. that John come.

✍ Ejercicios

I. Escribe la forma apropiada del imperfecto del subjuntivo.

Modelo: (él) mirar *mirara*

1. (él) hablar
2. (ellas) comer
3. (nos.) vivir
4. (yo) pensar
5. (tú) volver
6. (nos.) recordar
7. (Ud.) leer
8. (Uds.) entender
9. (tú) comenzar
10. (yo) mostrar
11. (tú) creer
12. (ella) jugar
13. (nos.) empezar
14. (yo) oír
15. (Uds.) ver
16. (yo) cerrar
17. (nos.) perder
18. (tú) contar
19. (ellos) encontrar
20. (Ud.) salir

II. Contesta la pregunta con una frase completa.

A. Feelings in the Imperfect
1. Cuando eras niño/a ¿necesitabas que tus padres te llevaran a la escuela?
2. ¿Querías que tus padres te permitieran manejar el coche?
3. ¿Esperabas que los otros niños jugaran contigo?
4. ¿Te gustaba que tus maestros (teachers) te asignaran tarea?
5. ¿Te molestaba que tu hermano/a tomara tus cosas?

B. Wishes in the Conditional
1. ¿Te gustaría que tus padres te compraran un coche nuevo?
2. ¿Preferirías que tus profesores no asignaran tarea?
3. ¿Sería mejor que no asignaran tarea los fines de semana?
4. ¿Querrías que tus padres te trataran como niño?
5. ¿Preferirías que te trataran como adulto?

III. Traduce al español.

A. Desire/Need
1. I wanted my friends to respect (respetar) me. (I wanted that my friends respect me.)
2. She liked us to help at home. (She liked that we help at home.)
3. I preferred for them to wait. (I preferred that they wait.)
4. I needed him to explain (explicar) the homework. (I needed that he explain the homework.)
5. She hated me to look at her. (She hated that I look at her.)

B. Request
1. I asked her to go out (salir) with me. (I asked her that she go out with me.)
2. He told me to come back (volver) later. (He told me that I come back later.)
3. I begged (rogar) her to listen to me. (I begged her that she listen to me.)
4. They advised (aconsejar) us to wait. (They advised us that we wait.)
5. I asked him to sit down. (I asked him that he sit down.)

C. Emotion
1. She was sorry that he didn't understand.
2. I was glad that you remembered my name.
3. It bothered me that they didn't practice.
4. I was afraid that she wouldn't recognize me.
5. It was sad that they didn't know anyone.

D. Doubt/Denial
1. I didn't think that she would eat much.
2. He doubted that we would return.
3. It seemed likely (probable) that he would loose.
4. It was impossible for her to win. (It was impossible that she win.)
5. I wasn't sure that they needed to come.

☎ Conversaciones

1. Cuando eras niño/a..................

| ¿Estabas contento/a de que | tus padres tus maestros tus amigos | te | amaran quisiaran apreciaran aceptaran respetaran comprendieran trataran bien hablaran con respeto apoyaran (support) escucharan ayudaran con tu tarea compraran cosas buenas disciplinaran | ? |

2. Cuando eras niño/a..................

| ¿Querías ¿Preferías ¿Necesitabas ¿Esperabas ¿Deseabas | que | tu madre tu padre tu hermano tu hermana tu amigo tu amiga tu novio tu novia | te | llevara a la escuela ayudara con tu tarea preparara la comida permitiera usar el coche enseñara a manejar comprara un coche nuevo prestara dinero hablara con respeto tratara como adulto escuchara cuando hablabas llevara a los partidos esperara después de la escuela | ? |

3. Cuando eras niño/a..................

| ¿Les | pedías | a tus padres | que | te | regalaran (give) muchas cosas permitieran jugar con tus amigos llevaran a Disneylandia ayudaran con tu tarea permitieran ver mucha televisión prestaran dinero compraran muchos juguetes escucharan cuando hablabas trataran como adulto perdonaran cuando hacías algo malo esperaran después de la escuela llevaran a los partidos | ? |

4	La semana pasada....................					
	¿Te	dijeron pidieron mandaron	tus padres	que	arreglaras la casa limpiaras tu dormitorio sacaras la basura barrieras el patio lavaras los platos lavaras el coche cortaras el césped prepararas la comida guardaras la ropa regaras las flores pasaras la aspiradora sacudieras los muebles	?

5								
	¿Querrías ¿Preferirías ¿Te gustaría	que yo	te	llevara a la escuela ayudara con tu tarea invitara a cenar permitiera usar mi coche enseñara a manejar comprara un coche nuevo prestara dinero hablara con respeto tratara como adulto escuchara cuando hablas aceptara como eres comprara flores esperara después de la escuela	?	Sí,	querría desearía me gustaría	que tú me....

6					
	¿Querrías ¿Preferirías ¿Te gustaría	que tus padres	te	compraran un coche llevaran a Europa pagaran los estudios universitarios prestaran dinero permitieran usar el coche ayudaran con tu tarea permitieran usar su tarjeta de crédito hablaran con respeto trataran como adulto escucharan cuando hablas apoyaran en tus decisiones criticaran cuando haces algo malo alabaran (praise) cuando haces algo bueno	?

✉Lectura: *Biblias y chocolate*

Pues habéis renacido...por la palabra de Dios que vive y permanece
para siempre. I Pedro 1:23

Así que te gusta el chocolate, ¿eh? Dices que las *barras* y las galletitas de chocolate están entre tus *alimentos* preferidos. Pues, no eres el único. En nuestra oficina tenemos algunos "chocohólicos". *Sea lo que sea*, si tiene chocolate, se lo comen.	so, bars foods whatever the case
Todos los verdaderos "chocohólicos" están *familiarizados* con el nombre Cadbury. Esta compañía inglesa *fabrica* unos de los mejores chocolates del mundo. Pero lo que los *amantes* del chocolate probablemente no conozcan es la historia de Helen Cadbury, hija del *fundador* de los chocolates Cadbury.	familiar manufactures lovers founder
Helen recibió a Cristo como Salvador a la edad de 12 años. *Puesto que* se tomaba su fe *en serio*, llevaba una Biblia grande a la escuela y a menudo la leía. Como era tan *pesada*, su papá le dio un Nuevo Testamento que pudiera llevar en el *bolsillo*.	since seriously heavy pocket
Cuando algunos de sus amigos cristianos vieron a Helen leyendo su pequeña Biblia, se compraron sus *propios* Nuevos Testamentos. Mientras *cursaban la secundaria* formaron un grupo que llamaron "Liga de los Testamentos de Bolsillo". Cuando llegaron a la universiddad empezaron a llevar Testamentos extras para *regalar*. La primera persona que aceptó a Cristo después de recibir uno de estos regalos fue un policía.	own they went to high school give away
Hoy, la *Liga de Testamentos de Bolsillo* es internacional y tiene millones de miembros. Ha servido para *fortalecer* la fe y el testimonio de muchos creyentes, y para ayudar a muchos *miles* en todo el mundo a recibir a Cristo.	strengthen thousands
La fábrica de chocolates que fundó el papá de Helen *da gozo* a millones de personas, seguro, (y tal vez *uno que otro* kilo de más). Pero la institución que *surgió* del deseo de Helen de *testificar* lleva a la gente a Aquel que *satisface* la verdadera hambre que hay en todos nosotros.	gives joy one or two arose, witness satisfies
¿Puedes darle una Biblia a alguien que necesite la Palabra de Dios? Tal vez *junto con* un paquetito de chocolates?--DE	together with
Alimenta el mundo con el pan de vida.	feed *Nuestro pan diario*

A. Preguntas sobre la lectura
1. ¿Qué palabra usa el autor para describir a los que son amantes del chocolate?
2. ¿Con qué nombre están familiarizados todos los verdaderos "chocohólicos"?
3. ¿Quíen fue Helen Cadbury?
4. ¿A qué edad recibió Helen a Cristo como Salvador?
5. ¿Qué llevaba Helen a la escuela? ¿Por qué?
6. ¿Por qué le dio su padre un Nuevo Testamento?
7. ¿Qué hicieron algunos amigos de Helen cuando la vieron leyendo su pequeña Biblia?
8. ¿Qué formaron Helen y sus amigos?
9. ¿Qué empezaron a hacer cuando llegaron a la universidad?
10. ¿Quién fue la primera persona que aceptó a Cristo después de recibir un Nuevo Testamento?
11. ¿Cuántos miembros tiene la Liga de Testamentos de Bolsillo hoy?

B. Preguntas personales
1. ¿Estás familiarizado con el nombre Cadbury?
2. ¿Has oído hablar de la Liga de Testamentos de Bolsillo?
3. A tu parecer, ¿cuál de las dos instituciones ha dado mayor gozo al mundo?
4. ¿Conoces a estudiantes que lleven un Testamento de bolsillo por dondequiera que vayan?
5. ¿Llevas una Biblia a la escuela? ¿La lees durante el día?
6. ¿Crees que las personas que se toman su fe en serio pasan tiempo diariamente en la Palabra de Dios?

ᏩExprésate: Tres comidas típicas

1. Entrevista

1. ¿A qué hora desayunas durante la semana? ¿Desayunas más tarde los fines de semana?
2. ¿Prefieres desayunar fuerte (heavy) o ligero (light)? ¿Por qué?
3. ¿Qué comes en un desayuno típico? ¿Te gustan los cereales fríos? ¿Cuál es tu favorito?
4. ¿Qué prefieres beber con el desayuno, ¿leche, jugo o café?
5. ¿A qué hora almuerzas durante la semana? ¿Almuerzas a la misma hora los fines de semana?
6. ¿Qué comes en un almuerzo típico? ¿Qué prefieres beber con el almuerzo?
7. ¿Te preparas el almuerzo o prefieres comprarlo en la cafeteria de la escuela?
8. ¿Te gusta tomar un bocadillo (snack) después de la escuela?
9. ¿Cenas a la misma hora todos los días? ¿A qué hora cenas los fines de semana?
10. ¿Qué tipo de carne prefieres comer en la cena? ¿Te gusta el pescado?
11. ¿Cuáles son tus legumbres favoritas? ¿Prefieres las legumbres frescas?
12. ¿Qué tomas con la cena, ¿leche, agua o un refresco? ¿Tienes un refresco favorito?
13. ¿Dónde prefieres cenar, en casa o en un restaurante? ¿Tienes un restaurante favorito?
14. ¿Siempre tomas postre después de cenar? ¿Cuál es tu postre favorito?
15. ¿A veces tomas café después de cenar? ¿Prefieres el café decafeinado o con cafeína?

2. Descripción (oral o escrita)

Describe tres comidas típicas. ¿Qué desayunas, qué almuerzas y qué cenas en un día típico? Consulta la lista dada a continuación para ideas.

CONSTRUCCIONES ÚTILES

En el desayuno For breakfast
En el almuerzo For lunch
En la cena For dinner
De postre For dessert

Desayuno... I eat breakfast
Almuerzo... I eat lunch
Ceno... I eat dinner
Tomo... I have/eat/drink

Siempre Always
A menudo Often
Normalmente Usually
De vez en cuando From time to time
Raras veces Rarely
(Casi) nunca (Almost) never

un vaso de a glass of
una taza de a cup of
una porción de a serving of

Nota Cultural
La cocina española

La cocina española refleja la diversidad geográfica y cultural del país. En realidad, no se puede hablar de una cocina nacional, sino de muchas cocinas regionales, entre las cuales destacan la del norte, la de la Meseta, la mediterránea y la del sur. Estas cocinas regionales han sido influídas por el clima y los recursos naturales de cada región y representan también la fusión de muchas culturas a lo largo de la historia: romana, árabe, judía y Nuevo Mundo.

Aunque varía de región en región, la cocina española se distingue por utilizar el aceite de oliva, el ajo, y una gran variedad de frutas, verduras y quesos artesanos en la preparación de la comida. Lo que más la distingue de otras cocinas europeas es la contribución árabe: especias como el azafrán y el comino (cumin) y el uso de miel, almendras y frutas en la preparación de los alimentos.

Besalú, pueblo medieval de Cataluña

Versículo

Thus it is written, and thus it behooved Christ to suffer, and to rise from the dead the third day...
Luke 24:46

Así está escrito, y así fue necesario que el Cristo padeciera, y resucitara de los muertos al tercer día...
Lucas 24:46

Capítulo 26

Saludos

¿Cómo te va? Y tus padres, ¿cómo les va?
¿Cuál es la fecha de hoy? ¿Qué fecha es mañana?
¿Que hora es? ¿A qué hora te levantaste esta mañana?
¿A cuánto está la temperatura? ¿Hizo más frío ayer?
¿Con quién viniste a la escuela hoy?
¿Cómo te fue en tus clases hoy?
¿A qué hora vas a cenar esta noche?
¿Hasta cuándo vas a estudiar esta noche?
¿A qué hora vas a levantarte mañana?

Lecciones

1. Diálogo : En el restaurante
2. Gramática: The Imperfect Subjunctive
3. Versículo: Lucas 24:46
4. Lectura: Hambruna espiritual
5. Exprésate: Comiendo afuera

Repaso rápido

Día 1: Imperfect Subjunctive	1. I was sorry that he was leaving. 2. I didn't think that they knew anything. 3. I doubted that he would understand.
Día 2: Imperfect Subjunctive	1. I asked them to help me. 2. They told me to wait. 3. She begged (rogar) us to come.
Día 3: Imperfect Subjunctive	1. He didn't permit us to play. 2. She forbade (prohibir) them to enter. 3. He wanted us to participate.
Día 4: Imperfect Subjunctive	1. She expected (esperar) you to be there. 2. I needed them to be present. 3. I didn't want them to waste their time.
Día 5: Imperfect Subjunctive	1. I would prefer that you not talk. 2. I would like you to tell me the truth. 3. I would love (encantarme) you to speak Spanish.

Repaso de vocabulario

Traduce al español.

1. Normally (normalmente) **I eat breakfast** at 7:00.
2. During the week, **I eat lunch** at school.
3. When **I eat dinner** in a restaurant, I eat later than when I eat at home.
4. I always **leave a tip** when I **pay the bill**.
5. If the restaurant is popular, I always call to **reserve a table**.

6. When I go out (salir) with my girlfriend (novia), I try to reserve **a table for two in the corner**.
7. In the summertime, I prefer a table **in the patio** or **near the window**.
8. **Can you bring us another menu** and **more bread and water**?
9. **For the first dish, I want to order** a tomato salad...
10. ...and **for the second (main) dish, I feel like** a steak.

11. **For the main dish, I would like** rice with chicken.
12. **What do you recommend for dessert?**
13. I don't want **to have coffee. Nothing more, thanks.**
14. **Can you bring us the bill, please?**
15. **How much is it? Is service included?**

16. **Do you accept traveler's checks** (cheques de viajero)?
17. **Can I pay with VISA?**
18. **I think that there's an error.** I didn't order dessert.

Nota Cultural
Haciendo sobremesa

En España y también en Latinoamérica no es la costumbre comer rápido. Comer es una forma de arte, y frecuentemente se encuentran los hispanos en casa o en restaurantes para comer y discutir temas de interés común. Por eso el ambiente en los restaurantes es más relajado que en muchos restaurantes norteamericanos y los camareros no apresuran a los clientes cuando están comiendo y "haciendo sobremesa." De hecho, es la costumbre en muchos restaurantes no traer la cuenta hasta que se la pida.

El concepto de la comida como forma de relajarse explica por qué no hay muchos restaurantes fast-food en España. Aunque existen algunos restaurantes como MacDonalds en las ciudades grandes, para la mayoría de los españoles la calidad de la comida es más importante que la rapidéz, y cuando tienen que comer rápido, prefieren ir a un bar de tapas donde sirven bebidas y pequeños platos de comida especializada.

Diálogo: En el restaurante

C-Buenas tardes.
A-Buenas tardes. Me llamo.................He reservado una mesa para dos para las seis.
C-Un momento, por favor (Consulta la lista de reservaciones) No veo su nombre en la lista. ¿Cómo se escribe, por favor?
A-(Spell out name)
C-Ah, sí. Tiene una reservación para las seis y media.
A-Eso es. Llegamos un poco temprano. ¿Podemos pasar al comedor?
C-Sí. Por aquí, por favor......¿Está bien esta mesa?
A-En realidad, preferiría una mesa con vista al jardín. ¿Queda libre una mesa con vista al jardín?
C-Lo siento, pero todas las mesas con vista al jardín están reservadas.
A-¿Y aquella mesa en el rincón, cerca de la ventana, también está reservada?
C-No, está libre, pero es para una sola persona.
A-No importa. ¿Puede traernos otra silla y otro cubierto? Prefiero una mesa con vista.
C-Está bien. Por aquí, por favor.

(Unos minutos más tarde)
C-Buenas tardes, señores. Aquí tienen Uds. el menú. ¿Puedo traerles algo para beber?
B-No, gracias, nada para mí.
A-A mí me gustaría agua mineral. ¿Tienen Uds. Perrier?
C-Sí.
A-Bueno, tráiganos una botella grande de Perrier, por favor.
C-En seguida se la traigo.
B-¿Y también podría traernos pan y mantequilla, por favor?
C-Cómo no.

(Cinco minutos más tarde)
C-Aquí tienen Uds. el pan y el agua mineral. ¿Están listos para ordenar?
A-Creo que sí.
C-Qué desean ordenar de primer plato?
A-Para empezar, quiero pedir una ensalada de lechuga y tomates, y de segundo plato, un bistec a la parilla.
C-¿Cómo quiere Ud. el bistec?
A-Medio cocido.
C-Está bien. ¿Quiere Ud. algo para acompañarlo?
A-Sí, papas a la francesa.
C-Está bien. ¿Y Ud., señor/señorita?
B-No sé si quiero pedir a la carta o tomar el menú turístico. ¿Cuál es el menú del día?
C-De primer plato, puede elegir entre una sopa de mariscos y una ensalada de papas.
B-¿Y de segundo plato?
C-De segundo plato, tenemos una chuleta de ternera o pollo asado.
B-¿Está incluído el postre?
C-Sí, el postre y la bebida están incluídos. De postre puede elegir entre fruta y flan.
B-Hmmmm. Creo que prefiero pedir a la carta. De primer plato, quiero una tortilla de espárragos, y de plato principal........ ¿Qué me recomienda Ud. como plato principal?
C-¿Le gusta el pescado?
B-Sí, mucho. ¿Sirven pescado fresco?
C-Sí, la especialidad de la casa es la cazuela de mariscos.
B-¿En qué consiste?

C-Good evening.
A-Good evening. My name is.........I've reserved a table for two for six o'clock.
C-Just a moment, please. (He consults the reservation list) I don't see your name on the list. How is it written, please?
A-(Deletrea el nombre)
C-Ah, yes. You have a reservation for six-thirty.
A. That's right. We're a little early. Can we go into the dining room.
C-Yes. This way, please.........Is this table O.K.?
A-Actually, I would prefer a table with a view of the garden. Is there a table free with a view of the garden?
C-I'm sorry, but all the tables with a view of the garden are reserved.
A-And that table in the corner, near the window, is it also reserved?
C-No, it's free, but it's for only one person.
A-It doesn't matter. Can you bring us another chair and place setting? I prefer a table with a view.
C-Fine. This way, please.

(A few minutes later)
C-Good evening. Here's the menu. Could I bring you something to drink?
B-No thanks, nothing for me.
A-I would like some mineral water. Do you have Perrier?
C-Yes.
A-Good, bring us a large bottle of Perrier, please.
C-I'll bring it right away.
B-And could you also bring us bread and butter, please?
C-Of course.

(Five minutes later)
C-Here's the bread and the mineral water. Are you ready to order?
A-I think so.
C-What would you like to have as your first dish?
A-To begin, I want to order a lettuce and tomato salad, and for the second dish, a grilled steak.
C-How do you want the steak?
A-Medium.
C-Fine. Do you want something to accompany that?
A-Yes, french fries.
C-Very well. And you, sir/miss?
B-I don't know whether I want to order a la carte or to take the fixed priced menu. What's today's menu?
C-For the first dish, you can choose between a seafood soup and a potato salad.
B-And for the second dish?
C-For the second dish, we have veal cutlet or roast chicken.
B-Is desert included?
C-Yes, the dessert and the beverage are included. For dessert, you can choose between fruit and custard.
B-Hmmmm. I think that I prefer to order a la carte. For the first dish, I want an asparagus omelette, and for the main dish.........What do you recommend as the main dish?
C-Do you like fish?
B-Yes, a lot. Do you serve fresh fish?
C-Yes, the specialty of the house is the shellfish stew.
B-What does it consist of?

C-Consiste en todo tipo de mariscos: almejas, camarones, langosta, cangrejo...	C-It consists of all types of shellfish: clams, shrimp, lobster, crab....
B-Bueno, de plato principal quiero pedir la cazuela de mariscos.	B-Fine, as the main dish I want to order the shellfish stew.
C-Excelente decisión. ¿Y qué quieren pedir de postre?	C-Excellent decision. And what do you want to order for dessert?
A-Preferimos esperar hasta después de terminar.	B-We prefer to wait until after finishing.
C-Está bien.	C-Fine.
(Quince minutos más tarde)	*(Fifteen minutes later)*
C-Un bistec a la parilla con papas a la francesa para Ud., y la cazuela de mariscos para Ud. ¡Buen provecho!	C-A grilled steak with french fries for you, and the seafood stew for you. Enjoy!
A-Gracias. O, ¿podría traerme otro tenedor, por favor. Este está sucio.	A-Thanks. Oh, could you bring me another fork? This one is dirty.
C-Lo siento. En seguida se lo traigo. ¿Desean más pan?	C-I'm sorry. I'll bring it to you right away. Would you like more bread?
A-No, gracias, tenemos bastante, pero nos falta mantequilla. ¿Podría traernos un poco más?	-No thanks, we have enough, but we need butter. Could you bring us a little more?
C-Claro. ¿Y le traigo otra botella de Perrier?	C-Of course. And shall I bring you another botte of Perrier?
A-No, gracias. Todavía nos queda media botella.	A-No thanks. We still have half a bottle left.
(Cinco minutos más tarde)	*(Five minutes later)*
C-¿Todo bien? ¿Qué le parece la especialidad de la casa?	C-Everything O. K.? How do you like the specialty of the house?
B-Está riquísima.	-It's very rich.
C-¿Y el bistec, señor/señorita? ¿Está bien?	C-And the steak, sir/miss? Is it O. K.?
A-En realidad, está un poco duro. Lo pedí medio cocido, y está muy cocido.	A-Actually, it's a little tough. I asked for it medium, and it's quite well done.
C-¿Quiere cambiarlo por otro?	C-Do you want to exchange it for another?
A-Sí, pero no quiero esperar mucho.	A-Yes, but I don't want to wait much.
C-En seguida se lo traigo.	C-I'll bring it to you right away.
(Media hora más tarde)	*(Half an hour later)*
C-¿Ya han terminado? ¿Qué les pareció la comida?	C-All done? How did you like the meal?
A-Excelente. El bistec estuvo perfecto.	A-Excellent. The steak was perfect.
C-¿Se le ofrece algo de postre?	C-May I offer you something for dessert?
B- ¿Podríamos ver el menú otra vez?	B-Could we look at the menu again?
C-Aquí está.	C-Here it is.
B-Hmmmm. Me gustaría probar el pastel de queso, pero está demasiado rico. Creo que voy a pedir el flan.	B-Hmmmm. I'd like to try the cheesecake, but it's too rich. I think that I'm going to order the custard.
A-Yo quiero probar el pastel de manzana con helado de vainilla.	A-I want to try the apple pie with vanilla ice cream.
C- Y para beber, ¿desean tomar café o té?	C-And to drink, do you want coffee or tea?
A-Tráiganos dos expresos.	A-Bring us two espressos.
B-Mejor, un expreso y un café con leche.	B-Better, one espresso and a latte.
(Veinte minutos más tarde)	*(Twenty minutes later)*
A-Camarero, hemos terminado. ¿Nos trae la cuenta, por favor?	A-Waiter, we're done. Can you bring us the bill, please?
C-Sí, señor/señorita. ¿Cuentas separadas o todo junto?	C-Yes, sir/miss. Separate checks or all together?
A-Todo junto. ¿Aceptan Uds. cheques de viajero?	A-All together. Do you accept traveler's checks?
C-No, pero aceptamos tarjetas de crédito. Aquí tiene Ud. la cuenta.	C-No, but we accept credit cards. Here's the bill.
A-¿Está incluído el servicio?	A-Is service included?
C-Sí, señor/señorita.	C-Yes, sir/miss.
A-(Después de examinar la cuenta) Creo que hay un error. No pedimos sopa de mariscos, y se le olvidó incluír el café.	A-(After examining the bill) I think that there's an error. We didn't order the seafood soup, and you forgot to include the coffee.
C-Lo siento. Lo cambiaré............Aquí está.	C-I'm sorry. I'll change it........Here it is.
A-Gracias. Se paga aquí o en la caja?	A-Thanks. Does one pay here or at the cash register?
C-Aquí. Vuelvo en seguida con su tarjeta.	C-Here. I'll come right back with you card.
(Unos minutos más tarde)	*(A few minutes later)*
C-Aquí tiene Ud., señor/señorita. Gracias por todo.	C-Here you go, sir/miss. Thanks for everything.
A-Para Ud. (le da unas monedas) La comida y el servicio fueron excelentes.	A-For you (he/she gives him some coins) The food and the service were excellent.
C-Muchas gracias.	C-Thanks a lot.
A-Gracias a Ud. . Volveremos otra vez. Hasta luego.	A-Thanks to you. We'll come back again. Good-bye.

✍ Ejercicios

I. Escribe la forma apropiada del imperfecto del subjuntivo.

1. (él) ver
2. (ellas) tener
3. (nos.) pedir
4. (yo) estar
5. (tú) dar
6. (nos.) poner
7. (Ud.) mentir
8. (Uds.) venir
9. (tú) preferir
10. (yo) traer
11. (tú) repetir
12. (ella) dormir
13. (nos.) querer
14. (yo) poder
15. (Uds.) morir
16. (yo) ir
17. (nos.) saber
18. (tú) decir
19. (ellos) hacer
20. (Ud.) ser

II. Di si era necesario que hicieras las siguientes cosas cuando eras niño/a. Comienza con: *(No) era necesario que.../(No) era importante que...* **mas (plus) el verbo en el imperfecto del subjuntivo.**

Modelo: Yo limpiaba mi dormitorio. *Era necesario* que yo *limpiara* mi dormitorio.

1. Yo hacía mi cama todos los días.
2. Yo venía cuando mis padres me llamaban.
3. Yo dormía ocho horas por noche.
4. Yo ponía la mesa todas las noches.
5. Yo iba a la iglesia todos los domingos.

III. Di cómo te sentías de niño/a acerca de las siguientes cosas. Comienza con: *(No) me gustaba que.../(no) quería que.../me disgustaba que.../me molestaba que...***mas (plus) el verbo en el imperfecto del subjuntivo.**

Modelo: Mi hermanito jugaba conmigo. *Me gustaba que* mi hermanito *jugara* conmigo.

1. Mis padres me daban dinero.
2. Mis hermanos tomaban mis cosas.
3. Mi hermana llevaba mi ropa.
4. Mis amigos me mentían a veces.
5. Mis amigos me pedían dinero.

IV. Traduce al español.

A. Desire/Need
1. I would prefer that you not put your feet on the table.
2. I would like you to tell me the truth. (I would like that you tell me the truth.)
3. She wanted me to come to the party. (She wanted that I come to the party.)
4. They expected (esperar) us to be there. (They expected that we be there.)
5. We needed them to help us. (We needed that they help us.)

B. Request
1. I insisted that she take the test (hacer el examen).
2. He told us to leave. (He told us that we leave.)
3. She asked me to come back. (She asked me that I come back.)
4. They begged (rogar) us to come. (They begged us that we come.)
5. I advised (aconsejar) them to wait. (I advised them that they wait.)

C. Emotion
1. It was good that she didn't know the truth.
2. I was glad that you were there.
3. I was afraid that we wouldn't be able to leave.
4. It was a pity (lástima) that he didn't have his book.
5. It bothered be that he didn't understand.

D. Doubt/Denial
1. I didn't believe he wanted to come.
2. It wasn't true that he was dying.
3. It wasn't possible for him to see us. (It wasn't possible that he see us.)
4. I doubted he would do his homework.
5. I didn't think that he would do well (salir bien) on the test.

Tossa de Mar

✎ Ejercicios (Repaso)

I. Emotion vs. Knowledge/Belief/Observation/Reporting

1. Sentía que tú no me (comprender)_____.
2. Creía que Uds. (necesitar)_____estudiar más.
3. Era una lástima que nosotros no (poder)_____ir a la fiesta.
4. Me alegraba de que Ud. (estar)_____allí.
5. Dijeron que los estudiates (hacer)_____mucha tarea en su clase.
6. Sabía que nosotros (deber)_____practicar más.
7. Temía que el examen (ser)_____difícil.
8. Me molestaba que mis amigos no me (visitar)_____.
9. Me parecía ridículo que Uds. nunca (ir)_____de vacaciones.
10. Era verdad que yo no (entender)_____todo lo que oía.
11. Era triste que María (estar)_____enferma.
12. Recordé que tu coche (necesitar)_____gasolina.
13. Era maravilloso que los niños (aprender)_____a hablar español.
14. Me parecía que tus padres (ser)_____muy simpáticos.
15. No me sorprendía que muchas personas no (decir)_____siempre la verdad.

II. Desire/Request/Influence vs. Knowledge/Belief/Observation/Reporting

1. Querría que nosotros (llegar)_____temprano a la escuela.
2. Era importante que tú (estar)_____en clase todos los días.
3. Comprendía que no (ser)_____posible estudiar todo el tiempo.
4. Insistía en que Ud. no (poner)_____los pies en la mesa.
5. Preferiría que nosotros (oír)_____música clásica.
6. Te pedí que me (decir)_____la verdad.
7. Era obvio que muchos estudiantes no (dormir)_____sufiente.
8. Sugerí que Uds. (volver)_____antes de las once.
9. No consentiría en que tú (venir)_____tarde a clase.
10. Repití que yo no (querer)_____ir a la fiesta.
11. Les dije que (sentarse)_____.
12. Todos sabían que tú (tener)_____razón.
13. Era bueno que nosotros (hacer)_____mucha tarea.
14. No permitiría que los niños (jugar)_____en la calle.
15. Vi que Uds. (querer)_____salir.

III. Doubt/Denial vs. Certainty/Affirmation

1. Creía que Ud. (tener)_____frío.
2. No era posible que nosotros (ser)_____perfectos.
3. Dudaba que Uds. (tener)_____tiempo para comer.
4. No parecía posible que él (saber)_____más que los otros.
5. Estaba seguro de que nosotros (ganar)_____.
6. No negaba que la vida (poder)_____ser difícil.
7. No creía que ellos me (recordar)_____.
8. Era posible que él (tener)_____la gripe.
9. Parecía poco probable que ellos (conocer)_____al presidente.
10. Era evidente que (haber)_____mucha nieve en los Alpes.
11. No dudaba que mi amigo me (decir)_____siempre la verdad.
12. Estaba de acuerdo en que muchos estudiantes (deber)_____estudiar más.
13. No estaba seguro de que tú (ver)_____la diferencia.
14. Sabía que yo (morir)_____algún día.
15. No pensaba que los perros (dormir)_____tanto como los gatos.

☎ Conversaciones

1. Cuando eras niño/a..........

| ¿Querían
¿Deseaban
¿Esperaban | tus padres | que tú | tuvieras amigos honrados (respectable)
dijeras la verdad
participaras en actividades sanas (healthy)
volvieras temprano a casa
fueras a la iglesia
vieras mucha televisión
asistieras a tus clases
fueras responsable
ayudaras en casa
llevaras ropa decente
tuvieras buenas modales (manners)
hablaras con respeto
ayudaras en casa | ? |

2. Cuando éramos niños..........

| ¿Era | necesario
importante
bueno | que nosotros | asistiéramos a clase
llegáramos a tiempo
tuviéramos tarea
fuéramos a la escuela
fuéramos a la iglesia
trabajáramos
participáramos en deportes
hiciéramos ejercicios físicos
aprendiéramos nuevas palabras
durmiéramos bien
comiéramos bien
viéramos televisión
leyéramos libros buenos | todos los días
los fines de semana?
en el verano |

3. Cuando eras niño/a..........

| ¿Te | decían
pedían
rogaban
sugerían
recomendaban
aconsejaban | tus padres | que | siempre

nunca | dijeras la verdad
hicieras tu tarea
hablaras con respeto
fueras cortés (polite)
ayudaras en casa
limpiaras tu dormitorio

faltaras a tus clases
hicieras trampas (cheat)
pusieras los pies en los muebles
miraras programas violentos
hablaras con desconocidos (strangers)
volvieras tarde a casa | ? |

| 4 | **Cuando eras niño/a...................** |

| ¿Permitían
¿Prohibían
¿Impidían | tus padres | que | tú | tuvieras amigos deshonrados
jugaras en la calle
vieras películas PG
volvieras tarde a casa
fueras a la iglesia
faltaras a tus clases
escucharas música rock
echaras tu ropa en el suelo
llevaras ropa sucia
tuvieras buenos modales (manners)
comieras mucho azúcar
pusieras los pies en los muebles
leyeras libros malos | ? |

| 5 | **Cuando eras niño/a...................** |

¿Creías		Santa Claus existía tus padres eran perfectos tus profesores lo sabían todo serías un día padre/madre vivirías para siempre te casarías algún día	
	que		?
¿Dudabas		Santa Claus existiera tus padres fueran perfectos tus profesores lo supieran todo fueras un día padre/madre vivieras para siempre te casaras	

| 6 | **Cuando eras niño/a...................** |

| ¿Te | disgustaba
importaba
sorprendía
molestaba
chocaba
preocupaba
daba pena
daba rabia
daba vergüenza
daba lo mismo | que | muchas personas sufrieran de hambre
muchos niños no tuvieran sufiente ropa
hubiera muchas personas sin hogar (homeless)
hubiera mucha violencia en el mundo
muchos estudiantes hicieran trampas
muchas personas no dijeran la verdad
muchos estudiantes no respetaran a sus profesores
muchos hombres no trataran bien a sus esposas
muchos niños no obedecieran a sus padres
muchos padres abandonaran a sus familias
muchos jóvenes murieran en accidentes
muchos jóvenes tomaran drogas
muchas personas no creyeran en Dios | ? |

✉Lectura: *Hambruna espiritual*   (great) hunger

¡Cuán *dulces* son a mi *paladar* tus palabras! Más que la *miel* a mi boca.   sweet, palate, honey
—Salmo 119:103.

    Muchos de nosotros vivimos en países donde la comida es abundante y la gente está bien *alimentada*. Es por eso que no conocemos mucho los síntomas de la *inanición*. Al principio, las víctimas tienen un *ansia* insaciable de alimento. Sin embargo, *a medida que* pasa el tiempo, el cuerpo *se debilita*, la mente *se embota*, y el deseo de comer *disminuye*. *De hecho*, la gente que *padece* hambre en realidad llega a un *punto* en que *ni siquiera* desea la comida que le ponen por delante.

fed
starvation, yearning
as
weakens, dulls
diminishes, in fact, suffer
point, not even

    El hambre espiritual sigue un *patrón* muy *parecido*. Si hemos estado *alimentándonos* a *diario* de la Palabra de Dios es natural sentir «hambre» cuando no pasamos un tiempo *a solas* con Dios. Pero si seguimos *descuidándonos*, podríamos perder todo deseo de estudiar las Escrituras. En realidad, *puede que* estemos muriéndonos de inanición.

pattern, similar
feeding on, daily
alone
neglecting ourselves
it may be that

    ¿Cuánto tiempo pasas leyendo la Biblia y meditando en sus verdades? ¿*Extrañas* la Palabra cuando la *descuidas*? Thomas Guthrie escribió: «Si descubres que amas un *placer cualquiera* más que tus oraciones, cualquier libro más que la Biblia, cualquier persona más que a Cristo, o cualquier *indulgencia* más que la *esperanza* del *cielo*, considéralo una alarma.»

miss, neglect
any pleasure

indulgence, hope, heaven

    Si has perdido el *gusto* por el «pan de vida» confiesa tu *negligencia* y pídele a Dios que *reavive* tu apetito por su Palabra. ¡*Evita* el hambre espiritual! --RWD

taste, neglect
avoid, revive

    Una Biblia bien leída es *señal*
de un *alma* bien *alimentada*.

sign
soul, fed

De *Nuestro pan diario*

A. Preguntas sobre la lectura
1. ¿Por qué no conocemos mucho los síntomas de la inanición en este país?
2. ¿Cuál es el primer síntoma de la inanición?
3. ¿Qué ocurre a medida que pasa el tiempo?
4. ¿A qué punto llega la gente que padece hambre?
5. ¿Qué otro tipo de hambre sigue un patrón parecido?
6. ¿Qué pasa cuando no pasamos un tiempo a solas con Dios?
7. ¿Qué podría ocurrir si seguimos descuidando la Palabra?
8. Según Thomas Guthrie, ¿qué es lo que debemos considerar una alarma?

B. Preguntas personales
1. ¿Alguna vez has sufrido hambre?
2. ¿Crees que es importante alimentarse bien y regularmente para mantenerse en forma?
3. ¿Crees que también es necesario alimentarse regularmente de la Palabra de Dios?
4. ¿Alguna vez has sentido hambre espiritual cuando descuidas la Palabra?
5. ¿Por qué crees que mucha gente descuida la Palabra?
6. ¿Qué puede hacer uno para reavivar su apetito por la Palabra?

⚬→Exprésate: Comiendo fuera

1. Entrevista

1.	¿Te gusta comer fuera? ¿Cuántas veces al mes sales a comer?
2.	¿Qué tipo de restaurante prefieres, los de comida rápida (fast-food) o los tradicionales?
3.	¿Por qué motivo vas a un restaurante fast-food? ¿Cuál es tu restaurante fast-food favorito?
4.	¿Te gustan los autoservicios (cafeterias)? ¿En qué ocasiones vas a un autoservicio?
5.	¿En qué ocasiones comes en un restaurante elegante?
6.	¿Cuál te importa más cuando comes fuera, el precio, la cantidad o la calidad de la comida?
7.	¿Te gusta la comida de otros países? ¿Cuál prefieres, la comida mexicana, la italiana o la china?
8.	Si no conoces el restaurante, siempre miras el menú antes de entrar?
9.	Cuando vas a un restaurante bueno, ¿siempre haces una reservación?
10.	¿Dónde prefieres sentarte, en la terraza, cerca de la ventana o en el medio del restaurante?
11.	Cuando ordenas, prefieres pedir a la carta o tomar el menú del día? ¿Por qué?
12.	¿A veces tienes dificultad en decidir qué ordenar? ¿Cómo decides?
13.	¿Normalmente pides el plato más caro, el más barato o algo entre los dos?
14.	¿Cómo prefieres pagar, con dinero en efectivo, con cheque o con tarjeta de crédito?
15.	¿Qué porcentaje das de propina? ¿Cuánto dejas de propina cuando el servicio es malo?

2. Narración (oral o escrita)

Cuenta los que haces cuando vas a un restaurante, desde el momento en que entras en el restaurante hasta el momento en que sales. Consulta la lista dada a continuación para ideas.

CONSTRUCCIONES ÚTILES	ACCIONES
Primero First of all **Luego** Next **Un poco más tarde** A little later **Después de esto** After this **Por último** Last of all **Antes de + infinitive** Before....ing **Al + infinitive** Upon....ing **Después de + infinitive** After...ing **Cuando/Mientras + verb phrase** When/While	**Llamar el restaurante** call the restaurant **Reservar una mesa** reserve a table **Esperar a la camarera** wait for the waiter **Estudiar el menú** study the menu **Pedir/Ordenar la comida** order the meal **Tomar...** Have ...**de primer plato** for the first dish ...**de segundo plato** for the second dish ...**de plato principal** for the main dish ...**de postre** for dessert **Pedir/Pagar la cuenta** ask for/pay the bill **Dejar una propina** leave a tip

Nota Cultural
El horario de comidas en España

El horario de comidas en España es muy diferente del de Estados Unidos. Los españoles no sólo comen más tarde sino con mucha más frecuencia. El desayuno, normalmente ligero, tiene lugar entre las siete y las ocho y media de la mañana. Al mediodía, muchos españoles van a un bar, donde toman un *bocadillo* (sandwich) o algunos entremeses (hors d'oeuvres) llamados *tapas* o *pinchos*. Más tarde, entre las dos y tres de la tarde, se sirve el almuerzo, la comida más grande del día. Entre las seis y las siete, muchos españoles vuelven al bar donde toman una gran variedad de aperitivos. Tres horas más tarde, entre las 9:00 y las 10:00, se sirve la cena, una comida que consiste en un mínimo de dos platos.

Versículo

The same came for a witness, to bear witness of the Light, that all men through him might believe. John 1:7	Este vino por testimonio, para que diera testimonio de la luz, a fin de que todos creyeran por él. Juan 1:7

Capítulo 27

Saludos

¿Qué hay (de nuevo)?
¿Qué fecha tenemos?
¿Que hora tienes? ¿A qué hora llegaste a la escuela?
¿A cuánto está la temperatura? (Está a...grados.)
¿En qué clases tuviste tarea ayer?
¿A qué hora te acostaste ayer?
¿Cuántas horas dormiste anoche?
¿A qué hora te levantarás mañana?
¿Qué tiempo hará mañana?
¿Habrá sol mañana?

Lecciones

1. Historias bíblicas: La copa de José
2. Versículo: Juan 1:7
3. Lectura: Puedes servirte
4. Exprésate: La comida rápida vs. la tradicional
5. Intérprete: En el restaurante
6. Oral Mastery Exercises

 Repaso rápido

Día 1:	**Grammar plus** **New Vocabulary**	1. He wanted me to pay the bill. 2. It wasn't necessary that we leave a tip. 3. I asked him to bring us another place setting.
Día 2:	**Grammar plus** **New Vocabulary**	1. I wanted him to reserve us a table in the corner. 2. I didn't think that they accepted checks. 3. I was hoping that she would bring me more bread.
Día 3:	**Grammar plus** **New Vocabulary**	1. He recommended that we order the specialty (la especialidad) of the house. 2. They expected (esperar) us to have coffee after dinner. 3. I was glad that she didn't want to order a steak for the main dish.
Día 4:	**Grammar plus** **New Vocabulary**	1. It was too bad (lástima) that I couldn't pay with VISA. 2. He said that he didn't think that there was an error in the bill. 3. I doubted that she would order salad as the first dish.
Día 5:	**Grammar plus** **New Vocabulary**	1. I told him to bring me the tab. 2. I couldn't believe that the service wasn't included. 3. He expected me to leave a tip of 20%.

✝La historia de José: La copa de José

Cuando llegaron a Egipto, los hermanos se presentaron otra vez ante José. Al ver a su hermano Benjamín, José ordenó al *mayordomo* llevarlos a su casa y prepararles una comida grande. Antes de entrar en la casa, los hermanos trataron de devolverle al mayordomo el dinero que habían encontrado en sus sacos, pero el mayordomo no lo aceptó, explicándoles que el Dios de ellos y de su padre había puesto el dinero en sus bolsas. Después de sacar a Simeón de la cárcel, los llevó todos a la casa de José.

steward

Cuando José entró en la casa, le dieron los regalos y *se postraron* ante él. José les preguntó *por* su padre, pero cuando vio a su hermano menor *se conmovió* tanto que tuvo que salir de prisa. Entró en su habitación y lloró allí. Después, se lavó la cara y salió y ordenó servir la comida. Todos comieron, pero Benjamín recibió porciones cinco *veces* más grandes que los otros. Todos bebieron y se alegraron en compañía de José, sin sospechar por un momento que éste era el hermano de los sueños que habían maltratado y vendido como esclavo.

bowed to the ground, about
was moved

times

Más tarde José ordenó al mayordomo llenar de alimento los sacos de los hermanos. También le ordenó poner en sus bolsas el dinero de cada uno de ellos, y poner su *copa de plata* en la bolsa del hermano menor, *junto con* su dinero. A la mañana siguiente, los hermanos salieron para la tierra de Canaán. Todavía no estaban muy lejos cuando José ordenó al mayordomo *perseguirlos*. Cuando los *alcanzó*, los acusó de haber robado la copa de su señor. Los hermanos, muy sorprendidos, le declararon su inocencia y le dijeron que si encontrara la copa en el poder de uno de ellos, podría matar a esa persona. El mayordomo respondió que la persona que tuviera la copa sería su *esclavo*, y luego comenzó a *revisar* cada bolsa. ¡No se puede imaginar la *angustia* que sintieron cuando el mayordomo descubrió la copa en la bolsa de Benjamín!

silver cup, togeher with

pursue them
reached

slave, check
anguish

¡El hijo que habían *prometido* devolverle *sano y salvo* a su padre Jacob, tendría que quedarse como esclavo en Egipto!

promised, safe and sound

Preguntas sobre la historia
1. ¿Qué ordenó José al ver a su hermano Benjamín?
2. ¿Qué trataron de hacer los hermanos antes de entrar en la casa de José?
3. ¿Qué hicieron los hermanos cuando José entró en la casa?
4. ¿Cómo reaccionó José al ver a su hermano menor?
5. ¿Qué ordenó hacer José?
6. ¿A quién ordenó perseguir a los hermanos?
7. ¿De qué los acusó?
8. ¿Cómo reaccionaron los hermanos?
9. ¿Qué descubrió el mayordomo en el saco de Benjamín?

Intérprete

When the brothers arrived in Egypt, they came again before Joseph. On seeing his brother Benjamin, Joseph ordered his steward to take them to his house and prepare them a big meal. Before entering the house, the brothers tried to give back to the steward the money that they had found in their sacks, but the steward wouldn't accept it, explaining to them that their God, and the God of their father, had put the money in their sacks. After releasing Simeon from jail, he took them all to Joseph's house.	Cuando los hermanos llegaron a Egipto, se presentaron otra vez ante José. Al ver a su hermano Benjamín, José ordenó al mayordomo llevarlos a su casa y prepararles una comida grande. Antes de entrar en la casa, los hermanos trataron de devolverle al mayordomo el dinero que habían encontrado en sus sacos, pero el mayordomo no lo aceptó, explicándoles que su Dios, y el Dios de su padre, había puesto el dinero en sus bolsas. Después de sacar a Simeón de la cárcel, los llevó todos a la casa de José.
When Joseph entered the house, they gave him gifts and bowed before him. Joseph asked them about his father, but when he saw his younger brother he was so moved that he had to leave quickly. He entered his room and wept there. Afterward, he washed his face and left and ordered the meal served. Everyone ate, but Benjamin received portions five times larger than the others. Everyone drank and was happy in Joseph's presence, without suspecting for a moment that this was the brother of the dreams whom they had mistreated and sold as a slave.	Cuando José entró en la casa, le dieron los regalos y se postraron ante él. José les preguntó por su padre, pero cuando vio a su hermano menor se conmovió tanto que tuvo que salir de prisa. Entró en su habitación y lloró allí. Después, se lavó la cara y salió y ordernó servir la comida. Todos comieron, pero Benjamín recibió porciones cinco veces más grandes que los otros. Todos bebieron y se alegraron en companía de José, sin sospechar por un momento que éste era el hermano de los sueños que habían maltratado y vendido como esclavo.
Later Joseph ordered the steward to fill the brothers' sacks with food. He also ordered him to put in their sacks the money belonging to each of them, and to put his silver cup in Benjamin's sack together with the money. The following morning, the brothers left for the land of Canaan. They were not yet far away when Joseph ordered the steward to pursue them. When he caught up with them, he accused them of stealing his master's cup. The brothers, very surprised, declared to him their innocence and told him that if he found the cup in the possession of one of them, he could kill that person. The steward responded that the person who had the cup would be his slave, and then began to search each sack. You can't imagine the anguish they felt when the steward found the cup in Benjamin's sack! The son whom they had promised to return safe and sound to their father Jacob, would have to stay in Egypt as a slave!	Más tarde José ordenó al mayordomo llenar de alimento los sacos de los hermanos. También le ordenó poner en sus bolsas el dinero de cada uno de ellos, y poner su copa de plata en la bolsa de Benjamín, junto con su dinero. A la mañana siguiente, los hermanos salieron para la tierra de Canaán. Todavía no estaban muy lejos cuando José ordenó al mayordomo perseguirlos. Cuando los alcanzó, los acusó de haber robado la copa de su señor. Los hermanos, muy sorprendidos, le declararon su inocencia y le dijeron que si encontrara la copa en el poder de uno de ellos, podría matar a esa persona. El mayordomo respondió que la persona que tuviera la copa sería su esclavo, y luego comenzó a revisar cada bolsa. ¡No se puede imaginar la angustia que sintieron cuando el mayordomo descubrió la copa en la bolsa de Benjamín! ¡El hijo que habían prometido devolverle sano y salvo a su padre Jacob, tendría que quedarse como esclavo en Egipto!

✉Lectura: *Puedes servirte.*

Help yourself

Bienaventurado aquel *cuyo* ayudador es el Dios de Jacob, cuya esperanza está en el Señor su Dios." (Salmo 146:5)

whose

Hace poco vi una publicidad en televisión de una *cadena* de restaurantes con una declaración dramática: "Sírvete felicidad." ¿No sería bueno que un plato de patatas, carne, pasta o postre fuera todo lo necesario para ser feliz? *Por desgracia*, ningún restaurante puede *cumplir* esa promesa.

chain

Unfortunately
fulfill

La felicidad es *esquiva...como* podemos verlo en casi todas las áreas de la vida. Nuestra *búsqueda* por *alcanzarla* puede incluir la comida o muchas otras cosas, pero *al final*, sigue escapándose de nuestras manos.

elusive, as
search, achieve
in the end

¿Por qué? *En gran medida*, porque lo que tendemos a *perseguir* no *suple* las necesidades más profundas de nuestro corazón. Quizá *brinde regocijo*, distracción o placer momentáneos, pero no responde a nuestro *clamor* interior: un pedido *desesperado* de ayuda. Por esta razón, el salmista nos indica un camino mejor: "*Bienaventurado aquel cuyo* ayudador es el Dios de Jacob, cuya esperanza está en el Señor su Dios.*" (Salmo 146:5)

largely, pursue
supply
offers, happiness
cry, desperate
happy is he
whose

¿Puedes servirte? Sí, si estás buscando la felicidad que está en el Señor. Sólo cuando nos *encomendamos* a Dios y a su *cuidado*, podemis *hallar* la felicidad que buscamos. Únicamente al confiar en Él, encontramos esperanza y ayuda. --BC

commend, care
find

El que pone a Dios al principio será feliz hasta el final.

Nuestro pan diario

A. Preguntas sobre la lectura
1. ¿Qué vio el autor últimamente?
2. ¿Qué declaración hizo la publicidad?
3. ¿Esta declaración es realista?
4. ¿Cómo es la felicidad, según el autor?
5. ¿Cómo termina nuestra búsqueda? ¿Por qué?
6. ¿Pueden la comida, la bebida y muchas otras cosas materiales suplir las necesidades más profundas de nuestro corazón?
7. ¿En quién debemos confiar para encontrar la verdadera felicidad?

B. Preguntas personales
1. ¿Conoces a personas que busquen la felicidad en los placeres momentáneos de este mundo?
2. ¿Crees que estas personas son verdaderamente felices?
3. ¿Conoces a personas cuya esperanza esté en el Señor?
4. En tu opinión, ¿es posible experimentar gozo si uno no tiene paz en el corazón?
5. ¿Es posible experimentar la verdadera paz sin conocer a Dios?

∽Exprésate: La comida rápida vs. la comida tradicional

1. Entrevista

1. ¿Crees que la comida del pasado era más saludable (healthy) que la de hoy? ¿Por qué?
2. ¿Crees que es posible comprar comida nutritiva en los restaurantes fast-food?
3. En tu opinión, contribuye la comida rápida a la obesidad y a los problemas de salud?
4. ¿Qué piensas de los productos procesados (processed)? ¿Crees que contienen demasiada sal?
5. ¿Tratas de evitar la comida alta en grasa saturada? ¿Qué otros tipos de comida tratas de evitar?
6. ¿Evitas los productos que contienen conservantes (preservatives), sabores o colores artificiales?
7. En tu opinión, ¿cuál es más saludable, la mantequilla o la margarina? ¿Cuál prefieres?
8. ¿Qué tipo de leche prefieres, la descremada (skim), la semidescremada o la entera (whole)?
9. ¿Qué tipo de pan comes más, el blanco o el moreno? ¿Comes pan integral (whole wheat)?
10. ¿Qué tipo de carne prefieres, ¿la carne de vaca, el puerco o el pollo? ¿Comes mucho pescado?
11. ¿Qué tipo de comida comes más, la comida fresca, la congelada (frozen) o la enlatada (canned)?
12. ¿Te gusta el azúcar? ¿Te preocupas por problemas dentales cuando comes mucho azúcar?
13. ¿Prefieres las bebidas diatéticas, o las que contienen azúcar? ¿Por qué?
14. ¿Tratas de mantener una dieta balanceada? ¿Cuentas calorías? ¿Cuántas calorías te permites por día?
15. Antes de comprar algo, ¿verificas la cantidad de grasa y el número de calorías por porción?

2. Comentario (oral o escrito)

A muchas personas les gustan los restaurantes fast-food, mientras otras prefieren los restaurates que sirven comida fresca y bien preparada. Discute las ventajas y desventajas de los dos tipos de restuarante.

RESTAURANTES TRADICIONALES	RESTAURANTES FAST-FOOD
Bueno -Comida fresca (fresh) -Comida salubable (healthy) y nutritiva -Gran variedad (variety) de platos -Atmósfera relajante (relaxing) -servicio excelente **Malo** -Precios altos -Servicio lento -Calidad variable -Necesidad de hacer reservaciones -Bebidas alcolólicas	**Bueno** -Servicio rápido -Calidad igual -Precios bajos -Gran variedad (variety) de comidas -Abiertos todo el tiempo **Malo** -Comida no muy saludable (healthy) -Comida no muy fresca (fresh) -Atmósfera no muy relajante (relaxing) -Todo preparado de la misma manera -Muchísima gente y muy ruidoso (noisy)

Nota Cultural

En España, el desayuno típico consiste en café con leche o té, acompañado de un croissant o de un bollo con mantequilla y mermelada. A veces se toma chocolate caliente y churros, porciones de masa frita en aceite y cubiertas con azúcar.

El almuerzo, considerado la comida fuerte del día, consiste en tres o cuatro platos: sopa, arroz, ensalada o legumbres, carne o pescado, y algún postre, normalmente una fruta fresca, queso, yoghurt, o algo dulce como flan o helado. Todo esto es seguido por una taza de café.

La cena, servida entre las 9:30 y 10:30 de la noche, consiste en un mínimo de dos platos: sopa, pescado o carne acompañada de legumbres, y algún postre.

Intérptete: En el restaurante

When I go with my friend to a restaurant, I normally call the day before and reserve a table by the window.	Cuando voy con mi amigo/a a un restaurante normalmente llamo el día anterior y reservo una mesa al lado de la ventana.
An hour before leaving the house, I call the restaurant again to confirm the reservation.	Una hora antes de salir de la casa, llamo al restaurante otra vez para confirmar la reservación.
On arriving at the restaurant, I park the car and we enter.	**Al llegar al restaurante, estaciono el coche y entramos.**
When I see the receptionist, I give her my name and announce my reservation.	Cuando veo a la recepcionista/la huéspeda, le doy mi nombre y anuncio mi reservación.
Since we are arriving a little early, we have to wait several minutes before passing to the dining room.	**Como llegamos un poco temprano, tenemos que esperar unos minutos antes de pasar al comedor.**
When the hostess arrives, she greets us and takes us to our table, where we chat while we wait for the waiter.	Cuando viene la huéspeda, nos saluda y nos lleva a nuestra mesa, donde charlamos mientras esperamos al camarero.
On giving us the menu, the waiter announces the specialties of the day and asks us if we want something to drink.	**Al darnos el menú, el camarero nos anuncia las especialidades del día y nos pregunta si queremos tomar algo.**
I ask for a bottle of mineral water and my friend decides to have coffee instead of having it after dinner.	Pido una botella de agua mineral, y mi amigo/a decide tomar un café en vez de tomarlo después de cenar.
Five minutes later the waiter returns with the drinks and a basket of bread.	**Cinco minutos más tarde vuelve el camarero con las bebidas y una cesta de pan.**
While we eat the bread with butter, we study the menu to decide what we want to eat.	Mientras comemos el pan con mantequilla, estudiamos el menú para decidir qué queremos comer.
After deciding, we call the waiter to order the meal.	**Después de decidir, llamamos al camarero para ordenar la comida.**
On taking the order, the waiter asks us how we want the meat: rare, medium or well-done.	Al tomar la orden, el camarero nos pregunta cómo queremos la carne: poco hecho, regular o muy cocido.
While we wait for the first dish, we talk and eat until finishing the bread.	**Mientras esperamos el primer plato, hablamos y comemos hasta terminar con el pan.**
Twenty minutes later the waiter returns with a salad for me and a soup for my friend.	Veinte minutos más tarde vuelve el camarero con una ensalada para mí y una sopa para mi amigo/a.
Half an hour after serving us, the waiter returns again with the main dish.	**Media hora después de servirnos, el camarero vuelve otra vez con el plato principal.**
On serving us, he asks if we want anything else and I ask him for more bread and butter.	Al servirnos, nos pregunta si queremos algo más y le pido más pan y mantequilla.
When we finish eating, the waiter returns and asks us if we wish to have some dessert.	**Cuando terminamos de comer, el camarero vuelve y nos pregunta si deseamos tomar algún postre.**
After looking at the menu, we order flan and espresso.	Después de mirar el menú, ordenamos flan y expreso.
We talk until finishing the dessert and then I call the waiter and ask him for the bill.	**Hablamos hasta terminar con el postre y luego llamo al camarero y le pido la cuenta.**
On checking it, I tell the waiter that I think there's an error and ask him if the service is included.	Al verificarla, le digo al camarero que creo que hay un error y le pregunto si el servio está incluido.
He says no and reviews the bill in order to find and correct the error.	**El dice que no y revisa la cuenta para encontrar y corregir el error.**
After correcting the error the waiter takes my credit card.	Después de corregir el error, toma mi tarjeta de crédito.
After signing it, I say good-by and we leave the restaurant, but not without first leaving a tip on the table.	**Después de firmarla, me despido y salimos del restaurante, pero no sin dejar primero una propina en la mesa.**

ORAL MASTERY

9

The Imperfect Subjunctive

I wanted you to speak Spanish.	Quería que hablaras español.
I wanted you to listen to the cassette.	Quería que escucharas el casete.
I wanted you to answer the questions.	Quería que contestaras las preguntas.
I wanted you to eat the sandwich.	Quería que comieras el sandwich.
I wanted you to open the door.	Quería que abrieras la puerta.
I wanted you to close the door.	Quería que cerraras la puerta.
I wanted you to set the table.	Quería que pusieras la mesa.
I wanted you make the bed.	Quería que hicieras la cama.
I wanted you to come to the party.	Quería que vinieras a la fiesta.
I wanted you to leave the house.	Quería que salieras de la casa.
I needed you to listen to the cassette.	Necesitaba que escucharas el casete.
I liked you to speak Spanish.	Me gustaba que hablaras español..
I hated you to write on the table.	Me disgustaba que escribieras en la mesa.
I preferred for you to answer the questions.	Prefería que contestaras las preguntas.
I allowed you to read a magazine.	Permitía que leyeras una revista.
I expected you to watch T. V..	Esperaba que miraras la televisión.
I needed you to listen to me.	Necesitaba que me escucharas.
I liked you to talk to me.	Me gustaba que me hablaras.
I hated you to insult me.	Me disgustaba que me insultaras.
I preferred for you to answer me.	Prefería que me contestaras.
I allowed you to copy me.	Permitía que me copiaras.
I expected you to watch me.	Esperaba que me miraras.
I told you to listen to the cassette.	Te dije que escucharas el casete.
I asked you to speak Spanish.	Te pedí que hablaras español.
I told you to answer the questions.	Te dije que contestaras las preguntas.
I asked you to read the magazine.	Te pedí que leyeras la revista.
I told you to make the bed.	Te dije que hicieras la cama.
I asked you to set the table.	Te pedí que pusieras la mesa.

Antes de empezar...

Antes de empezar "Comprando y preparando comida," revisa la lista de palabras familiares dada a continuación. Esta lista incluye palabras presentadas en Español 1 y 2 y también cognados.

Las carnes	**Meats**	**Verbos**	**Verbs**
la carne de vaca/res	beef	aparcar	park
el cordero	lamb	entrar	enter
el cerdo	pork	buscar	look for
el jamón	ham	pasar por	go through/along
la ternera	veal	tomar	take
el bistec	steak	hacer cola	wait in line
el pollo	chicken	envolver	wrap
el pescado	fish	comprar	buy, shop
el atún	tuna	cobrar	charge
el salmón	salmon	pagar	pay
los calamares	squid	llevar	carry/take
las sardinas	sardines		
la hamburguesa	hamburger	**Expresiones**	**Expressions**
		¿Me puede ayudar?	Can you help me?
Las frutas y las verduras	**Fruits and Vegetables**	¿A cuánto están?	How much are they?
		Quiero/Quisiera...	I would like...
la manzana	apple	Déme...	Give me...
la naranja	orange		
la banana/el plátano	banana	**En el supermercado**	**At the Supermarket**
la papaya	papaya	el pasillo	aisle
el mango	mango	el mostrador	counter
el limón	lemon	el carrito	cart
la lima	lime	la canasta	basket
la pera	pear	la bolsa de papel	paper bag
la piña	pineapple	la bolsa plástica	plastic bag
el coco	coconut	la sección	section/department
el melón	melon	una docena de	a dozen
los dátiles	dates	un pedazo de	a piece of
los tomates	tomatoes	un paquete de	a package of
el kiwi	kiwi	una caja de	a box of
la lechuga	lettuce	una bolsa de	a bag of
la zanahoria	carrot	una lata de	a can of
los ejotes	green beans	un kilo de	a kilo of
las patatas/papas	potatoes	medio kilo de	half a kilo of
el brocolí	broccoli	una cesta/canasta de	a basket of
el coliflor	cauliflower		
la cebolla	onion	**Postres**	**Desserts**
los espáragos	asparagus	el pastel	pie/cake
los frijoles	beans	el pastel de queso	cheesecake
el maíz	corn	la torta	cake/pie
el arroz	rice	la tarta de manzana	apple tart
el chile	chili	el helado	ice cream
		de vainilla	vanilla
Adjectives	**Adjectives**	de chocolate	chocolate
fresco	fresh	las galletas dulces	cookies
verde	green	los dulces/caramelos	candies
crudo	raw	el flan	flan
cocido	cooked	el arroz con leche	rice pudding
frito	fried	el yogurt	yogurt
rico	rich	el pudín	pudding
sabroso/delicioso	tasty/delicious	el queso	cheese

> "Nadie jamás perdió por excesiva devoción a Cristo."
> *H. A. Ironside*

Unidad 10: Comprando y preparando comida

UNIT CONTENTS

Capítulo 28
1. Vocabulario: Comprando comida
2. Gramática: The Imperfect Subjunctive in Adjective Clauses
3. Versículo: Lucas 24:46
4. Lectura: ¡Pélala!
5. Exprésate: Tu supermercado favorito

Capítulo 29
1. Diálogo: En el supermercado
2. Gramática: The Imperfect Subjunctive in Adverb Clauses
3. Versículo: 2 Corintios 5:21
4. Lectura: La sal de la tierra
5. Exprésate: Lo que haces cuando compras comestibles

Capítulo 30
1. Historia bíblica: José se revela
2. Versículo: Salmos 90:2
3. Lectura: Demasiado fácil
4. Exprésate: Una receta favorita
5. Intérprete: En el supermercado

Oral Mastery Exercises: Adjective Clauses in the Past
Adverb Clauses in the Past

Versículo

Thus it is written, and thus it behooved Christ to suffer, and to rise from the dead the third day...

Luke 24:46

Así está escrito, y así fue necesario que el Cristo padeciera, y resucitara de los muertos al tercer día...

Lucas 24:46

Capítulo 28

Saludos

Hola, ¿qué tal?
¿Qué fecha es hoy?
¿Qué hora es? ¿Qué hora era cuando comenzamos?
¿Qué tiempo hacía cuando llegaste a la escuela?
¿Qué tiempo hará mañana?
¿Qué hiciste ayer por la tarde?
¿Qué cenaste anoche?
¿A qué hora vendrás a la escuela mañana?
¿Cuál será la temperatura de mañana? ¿Habrá sol?

Lecciones

1. Vocabulario: Comprando y preparando comida
2. Grámatica: The Imperfect Subjunctive in Adjective Clauses
3. Versículo: Lucas 24:46
4. Lectura: ¡Pélala!
5. Exprésate: Tu supermercado favorito

Repaso rápido

Día 1: Imperfect Subjunctive	1. He insisted that we listen to him. 2. She told us to follow her. 3. I expected you to wait for me.
Día 2: Imperfect Subjunctive	1. We asked them to help us. 2. I doubted that she would understand me. 3. We were hoping that they would believe us.
Día 3: Adjective Clauses	1. I was looking for a phone that worked (funcionar). 2. I didn't have anything that fit me (quedar bien). 3. There wasn't anybody who recognized (reconocer) me.
Día 4: Adjective Clauses	1. I wanted to buy a car that didn't cost much. 2. I didn't know anyone who could help me. 3. He needed a book that explained the subjunctive.
Día 5: Adjective Clauses	1. I would like to buy a house that has lots of windows. 2. Would you prefer to speak with someone who understands Spanish? 3. I wouldn't want a dog who didn't obey (obedecer).

Vocabulario: Comprando comida

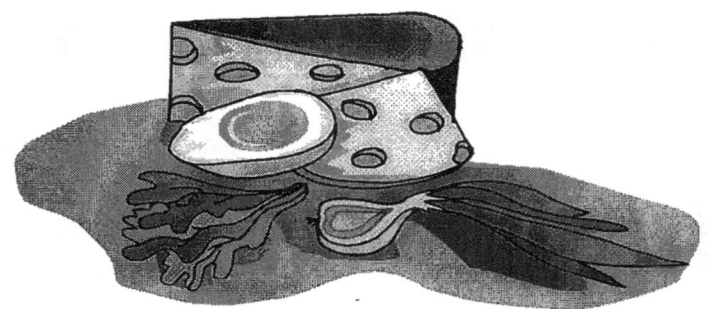

A. Vocabulario activo

Comprando alimentos	Shopping for Food
buscar un carrito	get a shopping cart
dirigirse a la sección de...	go to the...section
pasar por los pasillos	to go down the aisles
meter en el carrito	to put in the cart
empujar el carrito	to push the cart
revisar la lista de compras	to check the shopping list
escoger	to choose
pesar	to weigh
pasar por la caja	to go through checking
hacer cola	to stand in line
marcar el precio	to ring up the price
dar un descuento	to give a discount
ahorrar dinero	to save money
pagar al contado	to pay cash
pagar con cheque	to pay with a check
¿Quién sigue?	Who's next?
¿Qué se le ofrece?	What can I get you?
¿Se le ofrece algo más?	Can I get you something else?
Está en oferta.	It's on sale.
¿Quiere probar uno/a?	Do you want to try one?
¿A cuánto están los...?	How much are the...?
Están a.......pesos el kilo	They're.......pesos a kilo.
¿Podría probar uno/a?	May I try one?
¿Cuánto le pongo?	How much shall I give you?
Deme/Póngame..........	Give me......
¿Podría envolvérmelo?	Could you wrap it for me?
¿Podría empaquetármelo?	Could you pack it for me?
¿Podría entregármelo?	Could you deliver it to me?
¿Podría llevarlo al coche?	Could you carry it to the car?
¿Puedo usar mi tarjeta?	Can I use my card?

B. Vocabulario pasivo/facultativo

En el supermercado	In the Supermarket
la sección (de)	section
el pasillo	aisle
el estante	shelf
el congelador	freezer
el depósito	bin (i.e. for meat)
el carrito (de compras)	shopping cart
la canasta (de compras)	shopping basket
la bolsa (de papel)	(paper) bag
la caja (de cartón)	(cardboard) box
la balanza/escala	scale
el anuncio	ad
la oferta	sale
el cupón	coupon
la etiqueta	label
la marca	brand
la lista de compras	shopping list
las compras	purchases
los productos	products
el precio (total)	(total) price
el impuesto	tax
el cheque (personal)	(personal) check
el billete (de 10 dólares)	bill (10 dollar)
la moneda (de 25 centavos)	coin (quarter)
el cambio	change
el recibo	receipt
el autoservicio	self service
comida para llevar	carry out food
el/la cajero/a	checkout clerk
el mostrador de chequeo	checkout counter
la caja	cash register

Ejercicios de vocabulario

I. **Escribe las expresiónes tres veces y memorízalas para una prueba.**

II. **Contesta las preguntas con una frase completa.**

1. ¿**Buscas un carrito** antes o despues de entrar en el supermercado?
2. ¿A qué **sección te diriges** primero cuando compras alimentos?
3. ¿Te gusta ir de una sección a otra, o simplemente **pasar por los pasillos**?
4. ¿Siempre comparas los precios de los productos antes de **meterlos en el carrito**?
5. ¿Es más difícil **empujar el carrito** cuando está lleno?

6. ¿**Revisas tu lista de compras** al pasar por los pasillos?
7. Cuando compras fruta , ¿**escoges** cada una con cuidado?
8. ¿Siempre **pesas la fruta** antes de meterla en el carrito?
9. Antes de **pasar por la caja**, ¿revisas la lista de compras para ver si te has olvidado de algo?
10. ¿Cuánto tiempo tienes que **hacer cola** normalmente cuando pasas por la caja?

11. ¿Prestas mucha atención cuando el cajero **marca los precios**?
12. ¿ **Dan los descuentos** al marcar los precios, o después de marcarlos?
13. ¿Es posible **ahorrar mucho dinero** con todos los descuentos?
14. ¿Siempre **pagas al contado** cuando compras comestibles?
15. ¿Es más rápido pagar al contado que **pagar con cheque**?

16. Cuando compras carne, ¿tienes que hacer cola y esperar a que te digan "¿**Quién sigue?**"?
17. ¿Siempre esperas a que te diga"¿**Qué se le ofrece?** antes de pedirle algo al carnicero?
18. Antes de pedir alguna carne o pescado, ¿siempre preguntas **a cómo es**?
19. ¿Alguna vez has comprado carne que **sea a más de seis dólares la libra**?
20. ¿Prefieres comprar carne que **está en oferta**?

21. Cuando vas al mercado, ¿siempre preguntas **a cuánto están las legumbres** antes de comprarlas?
22. Rehusas comprar legumbres que **están a más de dós dólares la libra**?
23. Antes de comprar cerezas o uvas, ¿le dices al empleado que **quieres probar una**?
24. ¿Qué le dices al empleado cuando te pregunta, "¿**Cuánto le pongo?**"?
25. ¿Alguna vez le has pedido que **te pongan más de diez libras** de fruta?

26. Cuando compras pollo, ¿siempre **te lo envuelven** en plástico?
27. Prefieres que **te empaqueten** los comestibles en bolsas de papel o de plástico?
28. Cuando compras una pizza por teléfono, prefieres que **te la entreguen**?
29. Necesitas que te ayuden a **llevar los comestibles al coche**?
30. ¿A veces prefieres **usar tu tarjeta de ATM** en vez de un cheque para pagar?

III. **Escribe la palabra o expresión que complete correctamente cada frase.**
1. Antes de comprar cerezas, me gusta_____una para ver si están dulces.
2. En posible_____mucho dinero en los supermercados porque dan muchos_____.
3. Me gustan estas uvas. _____un kilo, por favor.
4. Siempre_____la fruta en la balanza antes de meterla en el_____.
5. Normalmente cuesta cinco dólares la libra, pero hoy está en_____por sólo tres dólares la libra.
6. Cuando estoy en otro país, no puedo pagar con_____. Necesito pagar_____.
7. Siempre_____con cuidado las manzanas, porque sólo quiero las más grandes.
8. No tengo dinero en efectivo. ¿Podría usar mi_____?
9. Estos tomates_____a dos dólares la libra. ¿A_____están los otros tomates?
10. A veces, necesito hacer_____durante diez minutos al pasar por la_____.
11. Antes de entrar en el supermercado, es necesario_____un carrito.
12. No puedo_____este carrito. Voy a buscar otro.
13. Quiero dos libras de pescado. ¿Podría Ud._____en plástico?
14. Siempre_____mi lista de compras antes de_____por la caja.
15. Cuando necesito leche, me_____a la sección de productos lácteos.
16. Tengo que darle mis cupones al cajero antes de que_____los precios.
17. Antes de_____los comestibles, me preguntan si quiero bolsas de papel o de plástico.
18. No puedo empujar el carrito. ¿Podría Ud._____al coche?

☞Explicación: The Imperfect Subjunctive in Adjective Clauses

1. In chapter 10 you learned to use the subjunctive mood in relative clauses that refer back to a noun whose existence is questioned, uncertain or denied:

A. Uncertain:	Quiero conocer	a alguien	
B. Questioned:	¿Hay	alguien	que *tenga* 100 años(?)
C. Denied:	No hay	nadie	

2. When the verb in the main clause is in the past tense or the conditional, the imperfect subjunctive must replace the present subjunctive in the relative clause.

Quería conocer	a alguien	
¿Había	alguien	que *tuviera* 100 años(?)
No había	nadie	

3. You will recall that there are a number of factors earlier in the sentence which may either affirm or question/deny the existence of the noun antecedant.

A. Choice of Verb:

Afirm	Conocía / Tenía	un libro	que *tenía* las respuestas.
Question	Necesitaba / Buscaba	un libro	que *tuviera* las respuestas.

B. Choice of Article:

Afirm	Necesitaba / Buscaba	**el** libro	que *tenía* las respuestas.
Question	Necesitaba / Buscaba	**un** libro	que *tuviera* las respuestas.

C. Choice of Statement or Question:

Afirm	Tenía / Había	un libro	que *tenía* las respuestas.
Question	¿Tenías / ¿Había	un libro	que *tuviera* las respuestas?

D. Choice of an Affirmative or Negative Verb:

Afirm	Conocía / Tenía	un libro	que *tenía* las respuestas.
Deny	*No* conocía / *No* había	**ningún** libro	que *tuviera* las respuestas.

✍ Ejercicios

I. Cambia la frase a una pregunta y haz los cambios necesarios.
  Modelo: *Había alguien* allí que *podía* ayudarme.
  ¿*Había alguien* allí que *pudiera* ayudarme?

1. Conocías a una profesora que enseñaba italiano.
2. Había algo que querías comprar.
3. Tenías un libro que explicaba el subjuntivo.
4. Habías visto un pájaro que hablaba español.
5. Había una mujer que tenía quince hijos.

II. Cambia las frases al negativo y haz los cambios necesarios.
  Modelo: *Había alguien* allí que *podía* ayudarme.
  No había nadie allí que *pudiera* ayudarme.

1. Conocía a alguien que trabajaba en Washington D. C..
2. Había algo que podías hacer.
3. Vi un libro que quería comprar.
4. Tenía un amigo que sabía leer chino.
5. Sabía de una persona que podía predecir (predict) el futuro.

III. Reemplaza *Tenía* con *Quería* y haz los cambios necesarios.
  Modelo: *Tenía* una pluma que *escribía* bien.
  Quería una pluma que *escribiera* bien.

1. Tenía un coche que no usaba gasolina.
2. Tenía un diccionario que daba la pronunciación.
3. Tenía un lápiz que tenía borrador.
4. Tenía un perro que obedecía bien.
5. Tenía una camisa que no necesitaba planchar.

IV. Reemplaza el artículo definido (el/la) con el artículo indefinido (un/una) y haz los cambios necesarios.
  Modelo: Buscaba *el* libro que *tenía* las respuestas.
  Buscaba *un* libro que *tuviera* las respuestas.

1. Quería comprar el coche que estaba en buenas condiciones.
2. Necesitaba encontrar la pluma que escribía en cuatro colores.
3. Quería hablar con la secretaria que hablaba francés y español.
4. Buscaba al médico que vivía cerca de aquí.
5. Iba a comprar la casa que tenía una vista de las montañas.

V. Contesta las preguntas con una frase completa.
  Modelo: Cuando eras niño/a, ¿tenías un amigo que *supiera* hablar ruso?
  No, no tenía ningún amigo que *supiera* hablar ruso.

Cuando eras niño/a...
1. ¿Conocías un profesor que nunca diera exámenes?
2. ¿Conocías a alguien que siempre dijera la verdad?
3. ¿Tenías una bicicleta que valiera (was worth) mil dólares?
4. ¿Sabías de una persona que pudiera vivir sin agua?
5. ¿Vivías en una casa que tuviera una piscina olímpica?

VI. Traduzca al español.
1. I wanted to meet (conocer) somebody *who spoke Spanish*.
2. I didn't know anyone *who lived in San Diego*.
3. I needed to find a dress *that I could wear to school*.
4. Was there something *that you wanted to tell me?*
5. There was nothing *that you could say*.

☎ Conversaciones

1. Cuando eras niño/a............

¿Conocías a alguien que
- siempre dijera la verdad
- nunca hiciera nada malo
- supiera hablar tres lenguas
- trabajara en la Casa Blanca
- tuviera más de noventa años
- quisiera vivir en España
- fuera más rico que la reina de Inglaterra
- quisiera vivir en otro país
- jugara al fútbol profesional
- sacara una A en todas sus clases
- nunca perdiera la paciencia
- supiera leer chino
- quisiera ir a la luna
- fuera a MIT

?

2. Cuando eras niño/a............

¿Conocías a alguien que (no)

tuviera miedo a
- serpientes
- arañas (spiders)
- abejas
- altitudes grandes
- la oscuridad
- los exámenes

tuviera miedo de
- volar
- estar solo/a
- morir en un accidente
- trabajar duro
- hacer examenes
- hablar en público

?

3. Cuando eras niño/a............

¿Tenías
- un amigo
- una amiga
- un pariente
- un tío
- una tía
- un abuelo
- una abuela
- un colega
- un compañero/a
- un profesor
- una profesora

que
- viviera en Hawaii
- trabajara para el gobierno
- viajara a Europa en el verano
- conociera al presidente
- tuviera una casa en otro país
- tuviera un avión privado
- tuviera un barco de vela (sail)
- supiera pilotear un avión
- tuviera más de noventa años
- sufriera de artritis
- sufriera de asma
- fuera bilingüe
- supiera hablar español

?

4	**Cuando eras niño/a...**				
	¿Tenías	una camisa una blusa un vestido una falda un sombrero una chaqueta un abrigo un suéter una sudadera una camiseta un traje de baño un impermeable una bolsa	que	costara más de cien dólares costara menos de diez dólares te gustara mucho te quedara (fit) bien te quedara grande te quedara pequeño/a fuera de una tela sintética no se encogiera (shrink) al lavar no se arrugara (wrinkle) no necitaras planchar (iron) llevara en la iglesia llevara en la escuela nunca llevara	?

5					
	¿Comprarías	una camisa una blusa un vestido una falda un sombrero una chaqueta un abrigo un suéter una sudadera una camiseta un traje de baño un impermeable una bolsa	que	tuviera manchas (stains) estuviera en malas condiciones estuviera roto/a (torn) costara más de cien dólares costara menos de diez dólares no te gustara no te sentara bien te quedara grande te quedara pequeño/a no tuviera mangas (sleeves) fuera de una tela sintética se encogiera (shrink) al lavar necesitaras planchar (iron)	?

6				
	¿Te gustaría casarte con alguien que	no fuera honrado/a no dijera la verdad no tuviera empleo no supiera leer ni escribir no quisiera trabajar no comprendiera inglés no fuera graduado/a de la secundaria no hablara español no te amara no te respetara no te escuchara nunca se bañara nunca se riera	?	

✉ Lectura: *¡Pélala!*   Peal it!

Dando siempre gracias por todo al Dios y Padre, en el nombre de
nuestro Señor Jesucristo. --Efesios 5:20.

Se cuenta la historia de una mamá y su niña de 4 años que caminaban por un *mercado al aire libre*. Mientras la niña contemplaba una gran pila de naranjas, un generoso vendedor tomó una de la mesa y se la *regaló*.   market, open-air / gave

«¿Qué se dice a ese señor tan *amable*?» --preguntó la madre a la hija. La niña miró la naranja, luego la ofreció *de nuevo* al hombre, y dijo: «¡*Pélala!*»   nice / once again / peal it

A veces la gratitud es algo que aprendemos y *adquirimos*. Lo que puede ser excusable en una niña de 4 años sería *grosero* y *desagradecido* en un niño mayor o en un adulto.   acquire / rude / unthankful

Sin embargo, qué fácil es *caer* en la *trampa* de responder a los generosos regalos de Dios diciendo: «Esto es bueno, pero yo quisiera un poco más.»   fall, trap

Una actitud de gratitud *hacia* Dios es característica de una *madurez* espiritual en *desarrollo*. En la carta de Pablo a los cristianos de Éfeso que *crecían* en su fe, su *desafío* a seguir a Cristo incluía dar «siempre gracias por todo al Dios y Padre, en el nombre de nuestro Señor Jesucristo» (Ef. 5:20).   towards, maturity / development / were growing, challenge

Hoy, en vez de *quejarnos* por lo que no tenemos, en vez de *echar humo* por las injusticias de la vida, en vez de pedir más para nosotros, practiquemos la gratitud a Dios.   complaining / smoke

En vez de decir: «¡Pélala!», digamos: «Gracias.» --DCM

No es lo que hay en tu *bolsillo* lo que te hace *agradecido*, sino lo que hay en tu corazón.   pocket, thankful

Nuestro pan diario

A. Preguntas sobre la lectura
1. ¿Quiénes caminaban por un mercado al aire libre?
2. ¿Qué estaba contemplando la niña?
3. ¿Qué hizo el vendedor?
4. ¿Cómo reaccionó la niña?
5. ¿Según el autor, ¿es la gratitud algo natural o algo que aprendemos?
6. ¿Cómo sería la actitud de esta niña en un niño mayor o en un adulto?
7. ¿Cómo respondemos muchas veces a los generosos regalos de Dios?
8. ¿Cuál es una de las características de la madurez espiritual?
9. ¿A qué desafió el apóstol Pablo a los cristianos de Éfeso?

B. Preguntas personales
1. ¿A veces caes en la trampa de pedirle más a Dios en vez de estar agradecido por lo que tienes?
2. ¿Conoces a personas que, a pesar de tener muy poco, practiquen la gratitud a Dios?
3. ¿Conoces a personas que, a pesar de tener mucho, no estén agradecidas?
4. ¿Preferirías tener poco y estar agradecido, o tener mucho y siempre querer más?
5. ¿Puedes decir, como el apóstol Pablo, "He aprendido a contentarme, cualquiera que sea mi situación?"

⇨Exprésate: Tu supermercado favorito

1. Entrevista

1. ¿Cuál es tu supermercado favorito? ¿Dónde se encuentra? ¿Es parte de una cadena (chain)?
2. ¿Por qué te gusta más que otros supermercados? ¿Es moderno? ¿Ha sido remodelado?
3. ¿Cómo son los precios comparados con los de otros supermercados? ¿Hay muchas ofertas?
4. ¿Ofrece el supermercado cupones? ¿Se necesita una tarjeta para recibir descuentos (discounts)?
5. ¿Cómo es la sección de carnes y aves? ¿Es autoservicio o hay carniceros que ayuden a los clientes?
6. ¿Cómo es la sección de pescados y mariscos? ¿Se vende pescado fresco?
7. ¿Cómo es la sección de frutas y verduras? ¿Se venden muchas frutas exóticas?
8. ¿Cómo es la sección de alimentos congelados? ¿Qué marcas de alimentos congelados se venden?
9. ¿Cómo es la sección de productos enlatados? ¿Qué marcas se venden? ¿Cuál es tu favorito?
10. ¿Cómo es la sección de productos lácteos? ¿Qué productos se venden allí?
11. ¿Tiene el supermercado una sección de medicamentos? ¿Tiene su propia (own) farmacia?
12. ¿Tiene el supermercado su propia panadería? ¿Hornea (bake) su propio pan? ¿Cómo es?
13. ¿Tiene el supermercado una fiambrería? ¿Hay comida para llevar? ¿Cómo es la calidad de la comida?
14. ¿Cómo son los cajeros (checkers)? ¿Són rápidos? ¿Hay filas largas de gente?
15. ¿Por cuánto tiempo tienes que hacer cola cuando pasas por la caja?

2. Descripción (oral o escrita)

Describe un supermercado típico o tu supermercado favorito. ¿Qué comestibles especiales ofrece en cada sección, cómo son los precios y la calidad de los productos que se venden, etc. Consulta la lista dada a continuación para ideas.

Secciones
- **Productos lácteos** Dairy products
- **Carne y aves** Meat and Poultry
- **Pescados y mariscos** Fish and Shellfish
- **Frutas y verduras** Produce
- **Alimentos congelados** Frozen Foods
- **Productos enlatados** Canned Products
- **Productos para hornear** Cooking Products
- **Artículos del hogar** Household Articles
- **Artículos del tocador** Beauty Supplies
- **Medicamentos** Pharmaceuticals

- **Pan y Cereales** Bread and Cereal
- **Bebidas** Beverages
- **Hierbas y especias** Herbs and Spices
- **Condimentos** Condiments
- **Flores** Flowers
- **Tarjetas de saludo** Greeting Cards
- **Galletas** Cookies and Crackers
- **Panadería** Bakery
- **Fiambrería** Deli
- **Comida para llevar** Food to Go
- **Farmacia** Pharmacy

Nota Cultural
Dónde compran los españoles

Aunque hay supermercados en todas las ciudades y pueblos principales, normalmente son menos grandes que los supermercados franceses y norteamericanos. Como en otros países europeos, muchos españoles prefieren comprar sus alimentos en pequeñas tiendas especializadas--panaderías, pastelerías, carnecerías-- y en mercados al aire libre, donde se pueden comprar frutas y verduras locales que son más frescas y baratas que las que se venden en los supermercados. Además de los mercados al aire libre que tienen lugar una vez por semana, muchos pueblos tienen también mercados cubiertos donde se venden frutas y verduras, carnes, salchichas, pasteles, quesos artesanos, olivas sazonadas y otras muchas cosas.

Pasteles típicos de Cataluña

Versículo

For he hath made him, who knew no sin, to be sin for us, that we micht be made the righteousness of God in him.
2 Corinthians 5:21

Al que no conoció pecado, por nosotros lo hizo pecado, para que nosotros fueramos hecho justicia de Dios en él.
2 Corintios 5:21

Capítulo 29

Saludos

¿Qué hay? ¿Cómo te va?
¿Cuál es la fecha de hoy? ¿Qué fecha es mañana?
¿Sabes la hora? ¿Qué hora será en veinte minutos?
¿A qué hora desayunaste hoy? ¿Qué desayunasate?
¿Dónde vas a almorzar hoy? ¿Dónde almorzaste ayer?
¿Qué piensas hacer hoy después de la escuela?
¿Cuáles son tus planes para mañana?
¿Qué vas a ponerte mañana?
¿Adónde vas a ir mañana después de la escuela?

Lecciones

1. Diálogo: En el supermercado
2. Gramática: The Imperfect Subjunctive in Adverb Clauses
3. Versículo: 2 Corintios 5:21
4. Lectura: La sal de la tierra
5. Exprésate: Lo que haces cuando compras comestibles

Repaso rápido

Día 1: Adjective clauses	1. I didn't see anyone that I knew. 2. He was looking for someone who played the piano. 3. I would like to find a pencil that didn't break (romperse).
Día 2: Adjective Clauses	1. She needed a blouse that matched (hacer juego con) her skirt. 2. They wanted to serve something that we would like (gustarnos). 3. There wasn't anything that he could say.
Día 3: Adverb Clauses	1. He studied hard so that the teacher would give him an A. 2. She left the house without my knowing it. 3. They ate before we got there (llegar).
Día 4: Adverb Clauses	1. He said that I could come provided that I finished my homework. 2. I was going to study while the others watched T. V.. 3. He said that he would help as soon as he returned.
Día 5: Adverb Clauses	1. They wanted to play before eating/before we ate. 2. He worked in order to buy food/so that we might buy food. 3. They helped without knowing it/without our knowing it.

Repaso de vocabulario

Traduce al español

1. Before entering the supermarket, I **get a shopping cart**.
2. After **getting a cart, I go to the section** of milk products (productos lácteos) and buy milk and butter.
3. As I (al) **go down the aisles**, I **put** the products that I need **in the cart**.
4. As I (al) **push the cart** down the aisles, I **check the shopping list**.
5. I **choose** the fruit and vegetables carefully, **weigh** them, and **put them in the cart**.

6. Usually (normalmente) I have to **stand in line** to **go through checking**.
7. The cashier (cajero) **rings up the prices** and then **gives the discounts**.
8. With all of the **discounts, I save** a lot of **money**.
9. Sometimes **I pay with cash**, but normally I prefer to **pay with a check**.
10. In the meat section, the butcher (carnicero) asks, "**¿Who's next?**"

11. When it's my turn (me toca a mí), he asks, "**What can I get you?**"
12. When he finishes, he asks, "**Can I get you something else?**"
13. I ask, "**How much are the sausages?**"
14. The butcher replies, "**They're 30 pesos a kilo.**"
15. **They're on sale. Do you want to try one?**

16. Yes, **could I try one**?
17. After trying one, I say, "**Give me a kilo. Could you wrap them for me?**"
18. When I order (ordenar) by phone, I say, "**Can you package it for me** and **deliver it to me?**"
19. If I have a lot of groceries (comestibles), I ask, "**Could you take it to the car for me?**"
20. When I'm in another state or country, I ask, "**Can I pay with a traveler's check?**"
21. If I don't want to **pay cash** or **with a check**, I ask, "**Can I use my credit/debit card?**"

Nota Cultural
La comida mexicana

La comida de México es muy diferente de la de España y tiene un sabor mucho más distinto. Aunque las recetas y los ingredientes específicos varían de estado en estado, hay mucha comida típica como tacos, pozole, tamales, sopes, frijoles, salsas, quesadillas, carnes asadas, tortas, pan dulce, etc. En muchas partes de México se comen frutas tropicales solas o en licuados y en las calles se venden cocos frescos, mangos verdes pelados, jamaica y pepinos cortados.

Los tacos en México son más pequeños que en los Estados Unidos y sazonados con condimentos como cilantro, sal, cebollas, salsas y a veces aguacate licuado. Los mejores tamales son los que se hacen en las casas de las viejitas o que se venden de casa en casa por bicicleta.

Diálogo: En el supermercado

EN LA SECCION DE FRUTAS Y LEGUMBRES

-¿Qué se le ofrece, señor/señorita?
-¿A cuánto están los tomates?
-Están a cuatro pesos el kilo.
-Me parecen muy buenos. ¿Son de aquí?
-Sí, están muy frescos y están en oferta.
-Bueno, quiero un kilo de tomates. ¿Puedo escogerlos yo mismo?
-No, señor/señorita. Yo lo hago.
-Los quiero maduras. ¿Y a cómo está la lechuga?
-A ocho pesos por lechuga.
-También deme dos lechugas. ¿Cuánto valen esos limones?
-Diez pesos por media docena.
-Deme media docena, por favor. También quiero comprar zanahorias. ¿A cuánto están?
-Están a ocho pesos el manojo.
-¿Y cuánto pesa un manojo?
-Más o menos medio kilo. (Los pone en la balanza)
-Bueno, deme dos manojos, por favor. ¿Puede empaquetármelo todo?
-Sí, senõr/señorita. ¿Se le ofrece algo más?
-No.....sí....¿Tienen espinacas?
-No, no frescas. Sólo las tenemos en paquetes congelados. Están en la sección de alimentos congelados.
-Gracias por todo.

EN LA SECCION DE PAN

-Buenos días. ¿Qué se le ofrece?
-Buenos días. Quiero comprar una barra de pan moreno.
-¿Entero o en rebanadas?
-Entero.
-Aquí tiene Ud. ¿Algo más?
-Hmmmmm........ ¿tienen pan de centeno?
-Sí. ¿Quiere probarlo?
-Gracias. ¿Es de hoy?
-No, es de ayer. Es importado. Viene en barras grandes de cinco kilos.
-Deme medio kilo, por favor, en rebanadas.
-Aquí está. ¿Se le ofrece algo más?
-Sí. Esas tartas de manzana me parecen deliciosas. ¿A cuánto están?
-A diez pesos la tarta.
-Deme dos tartas de manzana y una de almendras. ¿Y puede envolvermelas en papel?
-Claro. ¿Pongo todo en esta bolsa?
-Sí, por favor. ¿También venden galletas?
-No, pero hay cajas de galletas en la sección de galletas y cereales.
-Gracias.

EN LA SECCION DE PRODUCTOS LACTEOS

-¿Qué se le ofrece, señor/señorita?
-Deseo una docena de huevos. ¿A cuánto está la docena?
-Los grandes están a 15 pesos la docena.
-Deme una docena de los grandes, por favor. También necesito un paquete de mantequilla y dos litros de leche.
-¿Sin desnatar o desnatada?
-Semidesnatada.
-Aquí tiene Ud..

IN THE PRODUCE SECTION

-What can I get you, sir/miss?
-How much are the tomatoes?
-They're four pesos a kilo.
-They look very good. Are they from here?
-Yes, they're very fresh and they're on sale.
-Fine, I want a kilo of tomatoes. Can I select them myself?
-No, sir/miss. I'll do it.
-I want them ripe. And how much is the lettuce?
-It's eight pesos a head.
-Give me two heads of lettuce as well. How much are those lemons?
-Ten pesos for half a dozen.
-Give me half a dozen, please. I also want to buy carrots. How much are they?
-They're eight pesos a bunch.
-And how much does a bunch weigh?
-More or less half a kilo. (He puts it on the scale)
-Fine, give me two bunches, please. Can you pack it all for me?
-Yes, sir/miss. Can I offer you something else?
-No....yes......Do you have spinach?
-No, not fresh. We only have them in frozen packages. They're in the frozen food section.
-Thanks for everything.

IN THE BREAD SECTION

-Hello. What can I get you (something)?
-Hello. I want to buy a loaf of dark bread.
-Whole or sliced?
-Whole.
-Here you are. Anything else?
-Hmmmmmm........Do you have rye bread?
-Yes. Do you want to try it?
-Thanks. Is it today's?
-No, it's yesterday's. It's imported. It comes in big five kilo loaves.
-Give me half a kilo, please, sliced.
-Here it is. May I get you anything else?
-Yes. Those apple tarts look delicious. How much are they?
-Ten pesos a tart.
-Give me two apple tarts and one almond. And can you wrap them in paper for me?
-Sure. Shall I put them in this bag?
-Yes, please. Do you also sell cookies?
-No, but there are boxes of cookies in the cookie and cereal section.
-Thank you.

IN THE DAIRY (MILK PRODUCTS) SECTION

-What may I get you, sir/miss?
-I'd like a dozen eggs. How much is a dozen?
-The large are 15 pesos a dozen.
-Give me a dozen of the large, please. I also need a package of butter and two liters of milk.
-Whole or nonfat (skim)?
-Low fat.
-Here you are.

-Gracias. ¿Tienen yógur?
-Sí. ¿Quiere Ud. un envase grande o pequeño?
-¿Cuánto contiene el envase grande?
-Medio litro (Se lo muestra).
-Deme dos envases grandes, por favor.
-Aquí están. ¿Desea Ud. alguna otra cosa?
-No, nada más, gracias. ¿Dónde están la mayonesa y la mostaza?

-En la sección de condimentos.
-Gracias.

EN LA SECCION DE QUESOS

-¿Quién sigue?
-Creo que yo.
-¿Qué se le ofrece, señor/señorita?
-¿Tienen queso magro?
-Sí, tenemos Jarlsburg magro y también tenemos un queso importado de Dinamarca. Se llama Lapi.
-¿Puedo probarlo?
-Aquí tiene Ud. Sólo tiene 2 gramos de grasa por cada cincuenta gramos.
-Hmmmm.......Me gusta. Deme medio kilo, por favor.
-(Le corta un pedazo y lo pesa) ¿550 gramos está bien?
-Sí. Y también quiero medio kilo del Jarlsburg magro. En tajadas, por favor.
-Está bien. ¿Eso es todo?
-Hmmmm. ¿A cuánto está la mozerella?
-A 50 pesos el kilo.
-Deme 200 gramos, por favor.
-¿Un cuarto de kilo está bien?
-Sí.
-¿Se le ofrece algo más?
-No, eso basta. ¿Cuánto le debo?
-Se paga en la caja, no aquí.

EN LA SECCION DE PESCADO

-¿Está fresco el pescado?
-Sí, señor/señorita, todo el pescado está fresco, menos el cangrejo. Es de Alaska y viene congelado.
-¿A cuánto está el salmón?
-Está a 48 pesos por medio kilo.
-Bueno. Deme medio kilo de salmón, por favor.
(Lo pesa) -560 gramos.........¿está bien?
-Sí, está bien.
-Se le ofrece algo más?
-No, gracias, pero puede decirme dónde están los productos lacteos.
-Sí, están detrás de los alimentos congelados.
-Gracias.

-Thanks. Do you also have yogurt?
-Yes. Do you want a large or a small container?
-How much does the big container hold?
-Half a liter. (He shows it to you).
-Give me two large containers, please.
-Here they are. Would you like anything else?
-No, nothing more, thanks. Where are the mayonnaise and the mustard sold?
-In the condiment section.
-Thanks.

IN THE CHEESE SECTION

-Who's next?
-I believe I am.
-What may I get you, sir/miss?
-Do you have low-fat cheese?
-Yes, we have Jarlsburg low-fat and we also have a cheese imported from Denmark. It's called Lapi.
-May I try it?
-Here you are. It only has 2 grams of fat for every fifty grams.

-Hmmmmmm........I like it. Give me half a kilo, please.
-(He cuts you a piece and weighs it) 550 grams O. K.?
-Yes. And I also want half a kilo of the Jarlsburg low-fat. Sliced, please.
-O. K.. Is that all?
-Hmmmm. How much is the mozarella?
-Fifty pesos a kilo.
-Give me 200 grams, please.
-Is a quarter kilo O. K.?
-Yes.
-May I get you anything else?
-No, that's enough. How much do I owe you?
-You pay at the check stand (cash register), not here.

IN THE FISH SECTION

-Is the fish fresh?
-Yes, sir/miss, all of the fish is fresh, except the crab. It's from Alaska and comes frozen.
-How much is the salmon?
-It's 48 pesos for half a kilo.
-Fine. Give me half a kilo of salmon, please.
(He weighs it) 560 grams...Is that O. K.?
-Yes, that's fine.
-May I get you anything else?
-No, thanks, but can you tell me where the milk products are?

-Yes, they're behind the frozen foods.
-Thanks.

Una panadería típica de Cataluña

☞Explicación: The Imperfect Subjunctive in Adverb Clauses

1. In chapters 11 and 13 you learned to use the subjunctive mood in *adverb clauses* introduced by conjunctions which denote time, purpose, condition and exception:

Habla despacio He speaks slowly	para que in order that	comprendamos. we may understand.
Vamos a esperar We're going to wait	hasta que until	terminen. they finish.
Iré a la fiesta I'll go to the party	con tal que provided that	vengas. you come.

2. When the verb in the main clause is in the past tense or the conditional, the present subjunctive must be replaced by the imperfect subjunctive:

Habló despacio He spoke slowly	para que in order that	comprendiéramos we might understand.
Ibamos a esperar We were going to wait	hasta que until	terminaran. they finished.
Iría a la fiesta I would go to the party	con tal que provided that	vinieras. you came.

3. You will recall that while conjunctions denoting purpose, condition and exception are always followed by the subjunctive, those denoting *time* may be followed by either the indicative or the subjunctive, depending on whether what follows is viewed as an *accomplished fact* or something *yet to be fulfilled*. Both regularly occurring events in the past and completed events are viewed as accomplished facts.

A.	Regular	Siempre comíamos We always ate	tan pronto como as soon as	llegaban. they arrived.
B.	Completed	Ayer comimos Yesterday we ate	tan pronto como as soon as	llegaron. they arrived.
C.	Pending	Ibamos a comer We're going to eat	tan pronto como as soon as	llegaran. they arrived.

The only exception to this rule is *antes de que*, which is always followed by the subjunctive, regardless of whether what follows is viewed as pending or accomplished.

4. Recall that a number of conjunctions formed from prepositions require the subjunctive only when there is a *second subject*. If there is no second subject, then a preposition plus the infinitive is used.

ONE SUBJECT		
Iba a comer	antes de después de hasta para sin	salir.

TWO SUBJECTS		
Iba a comer	antes de que después de que hasta que para que sin que	saliéramos.

5. Following is a list of some commonly used conjunctions requiring the use of the subjunctive mood when the ensuing action is viewed as pending or uncertain.

TIME		PURPOSE/CONDITION/EXCEPTION	
cuando	when	para que	in order that
mientras	while, so long as	con tal que	provided that
antes de que	before	en caso de que	in case
después de que	after	a condición de que	on the condition that
hasta que	until	a menos que	unless
siempre que	whenever	sin que	without
una vez que	once that	por miedo de que	for fear that
tan pronto como	as soon as	no sea que	lest

✍ Ejercicios

I. Contesta la pregunta con una frase completa.

Cuando eras niño/a...
1. ¿A veces limpiabas tu dormitorio sin que tus padres te lo pidieran?
2. ¿Siempre decías la verdad para que otros te creyeran?
3. ¿A veces veías la tele sin que tus padres lo supieran?
4. ¿Siempre terminabas tu tarea antes de que tu padre volviera a casa?
5. ¿Siempre obedecías a tus padres de miedo que te disciplinaran?
6. ¿Dijeron tus padres te que te comprarían un coche cuando cumplieras dieciocho años?
7. ¿Dijeron tus padres que te permitirían usar el coche tan pronto como supieras manejar?
8. ¿Te permitían tus padres mirar la tele con tal que sacaras buenas notas?
9. ¿Te permitían tus padres salir a jugar a condición de que volvieras a tiempo?
10. ¿Te daba tu madre mucha vitamina C para que no te enfermaras?

II. Traduce al español.

1. I said that I would go to the party *on the condition that* he went with me.
2. We were going to eat at 6:00, *provided that* they arrived on time.
3. He couldn't leave *without* my knowing it (without that I knew it).
4. I said that *unless* they had more questions, we were going to begin.
5. I was bringing food *in case* they got hungry.
6. I was speaking slowly *so that* they would understand.
7. He always left *before* I could speak with him.
8. I wouldn't be able to finish *without* your helping me.
9. I didn't want to say anything *for fear that* they might hear me.
10. He was praying (orar) that (para que) it would not rain.

III. Traduce al español, distinguiendo entre acciones completadas y acciones pendientes (pending).

1. She always listened *when I spoke.*
2. She said that she would listen *when I spoke.*

3. He always read *while he waited for the bus.*
4. He was going to read *while he waited* for the bus.

5. We always left *as soon as* we could call a taxi.
6. We were going to leave *as soon as* we could call a taxi.

7. I always washed the dishes *after we ate.*
8. I was going to wash the dishes *after we ate.*

9. They always studied *until we arrived.*
10. They were going to study *until we arrived.*

IV. Traduce al español, distinguiendo entre una preposición mas (plus) el infinitivo y una conjunción mas el subjuntivo.

1. I worked in order to eat.	9. He ate on arriving.
2. I worked so that they could eat.	10. He said that he would eat when he arrived.
3. She talked without knowing it.	11. I read until falling asleep.
4. She talked without my knowing it.	12. I was going to read until they fell asleep.
5. They left before eating.	13. I went fast for fear of arriving late.
6. They left before we ate.	14. I went fast for fear that we might arrive late.
7. We rested after eating.	15. I watched T. V. while eating.
8. We were going to rest after they ate.	16. I said that I would watch T. V. while they ate.

☎ Conversaciones

1 | Cuando eras niño/a..........................

¿Hacías la tarea		aprender la materia
¿Estudiabas mucho		salir bien en tus exámenes
¿Repasabas la materia		sacar una A
¿Escuchabas bien	para	comprender al profesor ?
¿Repetías muchas veces		memorizar el vocabulario
¿Hacías muchas preguntas		comprender la lección

¿Hacías la tarea		te viera
¿Estudiabas mucho		te oyera
¿Repasabas la materia		te notara
¿Escuchabas bien	para que el profesor	te felicitara ?
¿Repitías muchas veces		te diera una buena nota
¿Hacías muchas preguntas		te admirara

2 | Cuando eras niño/a..........................

¿Lavabas los platos		protestar
¿Limpiabas tu dormitorio		quejarte (complaining)
¿Ponías la mesa		murmurar (grumbling) ?
¿Arreglabas la casa	sin	discutir (arguing)
¿Cortabas el césped		tardar
¿Sacabas la basura		esperar

¿Lavabas los platos		te ayudaran
¿Limpiabas tu dormitorio		te pagaran
¿Ponías la mesa		te observaran
¿Arreglabas la casa	sin que tus padres	te lo pidieran ?
¿Cortabas el césped		te lo dijeran
¿Sacabas la basura		lo supieran

3 | Cuando eras niño/a..........................

¿Hacías tu tarea		ver la televisión
¿Preparabas la comida		salir de la casa
¿Limpiabas tu dormitorio		descansar en el sofá
¿Terminabas tu trabajo	antes de	visitar con tus amigos ?
¿Estudiabas para tus clases		acostarte
¿Lavabas los platos		relajarte

¿Hacías tu tarea		volvieran a casa
¿Preparabas la comida		lo supieran
¿Limpiabas tu dormitorio		te lo dijeran (tell you to) ?
¿Terminabas tu trabajo	antes de que tus padres	te lo pidieran (ask you to)
¿Estudiabas para tus clases		te disciplinaran
¿Lavabas los platos		te pagaran

4	Cuando eras niño/a...............				
	¿Te permitían tus padres	jugar con tus amigos mirar la televisión salir con tus amigos dar una fiesta ir al partido ir al centro ir a la playa ir al río ir al lago ir a pescar salir a jugar jugar en la calle jugar a videojuegos	con tal que	les pidieras permiso les obedecieras no volvieras tarde les dijeras adónde ibas estuvieras con un amigo hicieras tu tarea terminaras tu comida arreglaras la casa lavaras los platos limpiaras tu dormitorio cortaras el césped lavaras el coche sacaras la basura	?

5	Dijiste que..................				
	¿Ibas a	ver la televisión poner un disco escuchar música oír las noticias hablar con un/a amigo/a	mientras	arreglaras la casa lavaras los platos prepararas la cena limpiaras tu dormitorio hicieras tu tarea hicieras ejercicios fueras a la escuela estudiaras para el examen volvieras a casa te prepararas para la escuela te vistieras te bañaras te desayunaras	?

6						
	¿Dijo el profesor	que	nos observaría nos escucharía nos ayudaría	cuando	practicáramos el diálogo hiciéramos la presentación leyéramos la historia contestáramos las preguntas escribiéramos los ejercicios hiciéramos la tarea aprendiéramos el vocabulario viéramos el video corrigiéramos la tarea escribiéramos la composición practicáramos la pronunciación fuéramos al laboratorio estuviéramos en la biblioteca	?

✉ Lectura: *La sal de la tierra*

Vosotros sois la sal de la tierra; pero si la sal *se desvaneciere* . . . No sirve más para nada. . . . --Mateo 5:13.   *becomes tasteless*

¿A qué se refería Jesús cuando dijo a sus seguidores que ellos eran «la sal de la tierra»? (Mt. 5:13). En el mundo antiguo, la sal se usaba para muchas cosas. Una de ellas era preservar la comida. Sin la sal, la carne y el pescado *se dañaban* pronto. *De la misma forma*, los cristianos que defienden las normas morales de Dios pueden *retrasar* la decadencia de la sociedad.   *spoiled, in the same way / delay*

La sal también se usaba como *abono*. Hasta mediados del siglo xx, los agricultores ingleses *añadían* sal a sus campos para *aumentar* la producción. La sal contribuía a que la cosecha aumentara. Los cristianos también pueden contribuir para que aumente lo que es bueno *dondequiera* que vivan.   *fertilizer / added, increase / wherever*

Además, la sal *destaca* el *sabor* de la comida. Con su testimonio, los creyentes salados ayudan a quienes los *rodean* a *saborear* la vida plenamente como fue la intención de Dios.   *besides, enhances, flavor / surround, savour (enjoy)*

Sin embargo, Jesús *advirtió* que la sal puede perder su sabor. La sal pura, como la conocemos, hecha de *cloruro de sodio*, no puede perder su sabor. Pero en la antigua Israel, los agricultores *extraían* la sal de las costas del mar Muerto. Aunque se llamaba sal y parecía sal, estaba *mezclada* con otras sustancias. Los agricultores *apilaban* el material salado en un campo, pero cuando caían las lluvias, a veces la sal pura se perdía. Lo que quedaba parecía sal, pero había perdido su *propiedad*.   *however, warned / sodium chloride / extracted / mixed, piled up / porperty (chemical)*

¿Y tú? ¿Eres un cristiano salado? --HWR

Un cristiano salado hace que los *demás* sienten sed de Jesús, el agua viva.   *others*

Nuestro pan diario

A. Preguntas sobre la lectura
1. ¿Qué expresión usó Jesús para referirse a sus seguidores?
2. ¿Por qué son los cristianos como la sal de la tierra?
3. ¿Cómo usaban los agricultores ingleses la sal?
4. ¿A qué pueden contribuir los cristianos dondequiera que vivan?
5. ¿Cómo pueden los cristianos salados ayudar a quienes los rodean?
6. ¿Puede la sal pura perder su sabor?
7. ¿Cómo era la sal que se extraía de las costas del mar Muerto?
8. ¿Podía esta sal perder su sabor?
9. ¿Pueden los creyentes perder su sabor?

B. Preguntas personales
1. ¿Crees que la presencia de creyentes en la sociedad puede retraer la decadencia?
2. ¿Conoces a creyentes que hayan luchado contra la corrupción en la sociedad?
3. ¿Conoces a creyentes que hayan contribuido para que aumente lo que es bueno en el área en que viven?
4. ¿Cómo sería el mundo si todos los creyentes dejaran de influir en la sociedad?
5. ¿Qué has hecho tú para defender las normas morales de Dios en el área en que vives?

✎Exprésate: Lo que haces cuando compras comestibles

1. Entrevista

1.	¿Quién compra los comestibles en tu familia, tú, tu madre o tu padre?
2.	¿Cuántas veces por semana compras comestibles? ¿Cuánto tiempo pasas en el supermercado?
3.	¿Siempre haces una lista de compras antes de salir para el supermercado?
4.	¿Siempre miras los anuncios en el periódico antes de comprar? ¿Ahorras mucho dinero?
5.	¿Siempre vas al mismo supermercado, o prefieres ir a los supermercados con las mejores ofertas?
6.	¿Buscas un carrito antes de entrar en el supermercado, o prefieres usar una canasta?
7.	¿Tienes un plan cuando compras, o simplemente pasas por los pasillos buscando comida?
8.	¿A qué sección te diriges (head) primero? ¿Adónde vas luego? ¿A qué sección vas por último?
9.	¿Siempre compras productos de las mismas marcas, o seleccionas los productos más baratos?
10.	¿Qué te importa más, la calidad del producto o el precio? ¿Siempre comparas precios?
11.	¿Siempre pesas (weigh) las frutas y las legumbres antes de meterlas en el carrito?
12.	¿Tienes que esperar mucho al pasar por la caja? ¿Lees una revista mientras haces cola?
13.	¿A veces usas cupones para ahorrar dinero? ¿Miras bien los precios cuando el cajero los marca?
14.	¿Cómo pagas, al contado (cash), con cheque o con una tarjeta de ATM?
15.	¿Para llevar los comestibles, prefieres bolsas de papel o de plástico?

2. Narración (oral o escrita)

Cuenta los que haces cuando compras comestibles, desde el momento en que entras en el supermercado hasta el momento en que pones los comestibles en el coche. Consulta la lista dada a continuación para ideas.

Construcciones útiles	Acciones
Primero First of all **Luego** Next **Un poco más tarde** A little later **Después de esto** After this **Por último** Last of all **Antes de + infinitive** Before....ing **Al + infinitive** Upon....ing **Después de + infinitive** After...ing **Cuando/Mientras + verb phrase** When/While	-**Buscar un carrito** Get a shopping cart -**Pasar por los pasillos** Go down the aisles -**Ir a la sección de...** Go to the...section -**Comparar precios** Compare prices -**Escoger** Choose -**Pesar** Weigh -**Meter en el carrito** Put in the cart -**Hacer cola** Stand in line -**Pasar por la caja** Go through checking -**Pagar** Pay -**Llevarlo todo al coche** Take it all to the car

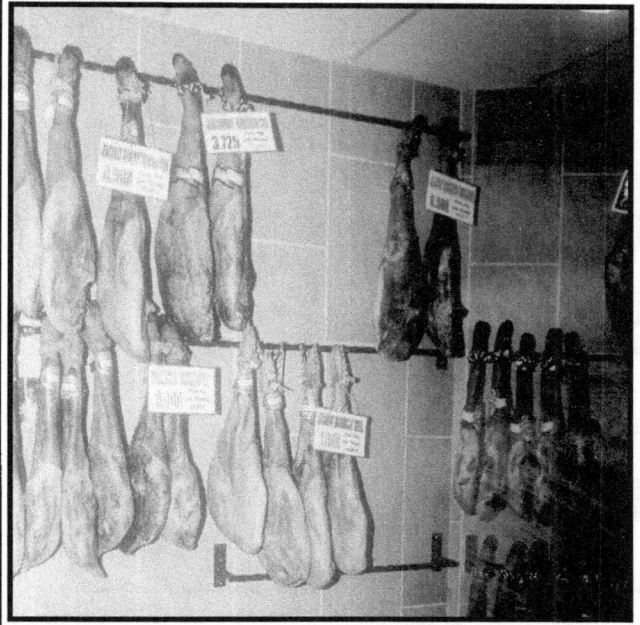

Nota Cultural
Algunos platos típicos de España

Entre los platos típicos españoles destacan el gazpacho, un tipo de sopa fría de tomate, la tortilla (omelette) de patatas, muchas veces servida fría, la paella, un plato de arroz con carne, pescado o mariscos, el cocido madrileño, un estofado (stew) de carne, y la zarzuela de pescado de Cataluña, un plato compuesto de varios pescados y mariscos en salsa.

La cocina española se dintingue también por utilizar el cerdo y muchos productos de cerdo en la preparación de los alimentos. Entre ellos destacan el jámon serrano, el jamón ibérico, la caña de lomo (cured pork loin) y muchos tipos de salchicha: el chorizo, el salchichón, la longaniza (una salchica larga), la morcilla (hecha de sangre, arroz, patatas y cebollas) y los chistorras vascas.

Vendiendo especias en Granada

Versículo

Before the mountains were brought forth, or ever thou hadst formed the earth and the world, even from everlasting to everlasting, thou art God. Psalms 90:2	Antes que nacieran los montes y formaras la tierra y el mundo, desde el siglo y hasta el siglo, tú eres Dios. Salmos 90:2

Capítulo 30

Saludos

¿Qué hay (de nuevo)?
¿Qué fecha tenemos?
¿Que hora tienes? ¿A qué hora llegaste a la escuela?
¿A cuánto está la temperatura? (Está a...grados.)
¿En qué clases tuviste tarea ayer?
¿A qué hora te acostaste ayer?
¿Cuántas horas dormiste anoche?
¿A qué hora te levantarás mañana?
¿Qué tiempo hará mañana?
¿Habrá sol mañana?

Lecciones

1. Historias bíblicas: José se revela
2. Versículo: Salmos 90:2
3. Lectura: Demasiado fácil
4. Exprésate: Una receta favorita
5. Intérprete: En el supermercado
6. Oral Mastery Exercises

Repaso rápido

Día 1: Subjunctive plus New Vocabulary	1. I wanted to find a cart that wasn't broken. 2. I couldn't leave until they packaged it for me. 3. There wasn't any store where I could use my ATM card.
Día 2: Subjunctive plus New Vocabulary	1. They said that I could pay with a check provided I had idenitification. 2. She wanted to find meat that was on sale. 3. They didn't have any melons (melones) that weighed less than a kilo.
Día 3: Subjunctive plus New Vocabulary	1. She said that they would deliver it to me after I paid. 2. I needed someone to push the cart. 3. I knew that I would find it when I went down the aisles.
Día 4: Subjunctive plus New Vocabulary	1. I knew that I would have to stand in line when I went through checking. 2. I gave them to the lady so that she could weigh them. 3. I wanted to try one before she put them in the cart.
Día 5: Subjunctive plus New Vocabulary	1. I didn't want to buy it unless they gave me a discount. 2. I wanted to choose fruit that wasn't too ripe (madura). 3. He said that he would buy them on the condition that we save money.

✝La historia de José: José se revela

Todos volvieron muy tristes a la casa de José, donde hablaron otra vez con su hermano. Esta vez, en vez de ofrecerle excusas, los hermanos ofrecieron ser sus esclavos. Pero José les respondió que sólo el que tenía la copa tendría que ser su esclavo. Entonces, Judá habló con José en privado y le explicó la historia de su familia. Le dijo que su padre ya había perdido a un hijo y que moriría de tristeza si regresaran sin su hermano. No quería ser responsable por la muerte de su padre, y por eso ofreció quedarse como esclavo *en lugar de* su hermano menor. ¡Qué diferente era ahora! El mismo hermano que años antes había propuesto vender como esclavo a José estaba ofreciéndose a ser esclavo en lugar de su hermano Benjamín!   in place of

Al oír hablar a Judá y al ver el cambio en sus hermanos, José no pudo controlarse delante de sus *servidores*, así que les ordenó salir de su presencia. Cuando estaba solo con sus hermanos, *se dio a conocer:* "Yo soy José," les declaró. "¿Vive todavía mi padre?" Y comenzó a *llorar* tan fuerte que los egipcios y la casa del fararón lo oyeron. ¡Los hermanos estaban tan *turbados* que no pudieron contestarle nada! ¡El hermano que habían vendido como esclavo era gobernador de todo Egipto! Pero José les habló con *cariño* y les explicó que fue Dios, y no ellos, el cual lo había enviado a Egipto y lo había puesto como gobernador para salvarles la vida y *preservarles descendencia* sobre la tierra. Ahora debían volver a la casa de su padre y contarle todo lo que habían visto e invitarle a venir con toda su familia a Egipto y vivir allí. Llorando de *gozo*, *abrazó* a su hermano Benjamín y *besó* a todos sus hermanos.
    servants
    made himself known
    cry
    dismayed
    affection
    preserve, descendants
    joy, hugged
    kissed

Cuando el fararón supo que los hermanos de José habían venido a Egipto, le dijo a José que les daría lo mejor de todo Egipto y que comerían de la abundancia de la tierra. *Así fue que* los hermanos volvieron a Canaán a contarle a su padre que su hijo José vivía y que era gobernador de todo Egipto.   So it was that

Preguntas sobre la historia
1. ¿Qué le ofrecieron los hermanos a José?
2. ¿Qué les respondió José?
3. ¿Qué le ofreció Judá a José? ¿Por qué?
4. ¿Cómo reaccionó José a las palabras de Judá?
5. ¿Cómo reaccionaron los hermanos al saber que José era su hermano?
6. ¿Qué les explicó José?
7. ¿Qué quería José que hicieran sus hermanos?
8. ¿Cómo se despidió de ellos?
9. ¿Qué le dijo Faraón a José cuando supo que sus hermanos habían venido a Egpto?
10. ¿Qué noticias le trajeron a su padre cuando volvieron a Canaán?

Intérprete

Everyone returned very sad to Joseph's house, where they spoke once again with their brother. This time, instead of offering excuses, the brothers offered to be his slaves. But Joseph answered them that only the one who had the cup would have to be his slave. Then, Judah spoke with Joseph in private and told him the story of his family. He told him that his father had already lost a son and that he would die of grief if they returned without his brother. He didn't want to be responsible for the death of his father, and therefore he offered to remain as his slave in the place of his younger brother. How different he was now! The same brother that years earlier had proposed to sell Joseph as a slave was volunteering to be a slave in the place of his brother Benjamin!	Todos volvieron muy tristes a la casa de José, donde hablaron otra vez con su hermano. Esta vez, en vez de ofrecerle excusas, los hermanos ofrecieron ser sus esclavos. Pero José les respondió que sólo el que tenía la copa tendría que ser su esclavo. Entonces, Judá habló con José en privado y le contó la historia de su familia. Le dijo que su padre ya había perdido a un hijo y que moriría de tristeza si regresaran sin su hermano. No quería ser responsable por la muerte de su padre, y por eso ofreció quedarse como esclavo en lugar de su hermano menor. ¡Qué diferente era ahora! El mismo hermano que años antes había propuesto vender como esclavo a José estaba ofreciéndose a ser esclavo en lugar de su hermano Benjamín!
Upon hearing Judah speak and on seeing the change in his brothers, Joseph couldn't control himself in front of his servants, so he ordered them to depart from his presence. When he was alone with his brothers, he revealed himself: "I am Joseph," he told them. "Is my father still alive?" And he began to weep so loudly that the Egyptians and Pharaoh's household heard him. The brothers were so terrified that they couldn't answer him a word! The brother whom they had sold as a slave was the ruler of all Egypt! But Joseph spoke to them with affection and explained to them that it was God, and not them, who had sent him to Egypt and had placed him as ruler in order to preserve life and preserve for them a descendence on the earth.	Al oír hablar a Judá y al ver el cambio en sus hermanos, José no pudo controlarse delante de sus servidores, así que les ordenó salir de su presencia. Cuando estaba solo con sus hermanos, se dio a conocer: "Yo soy José," les declaró. "¿Vive todavía mi padre?" Y comenzó a llorar tan fuerte que los egipcios y la casa del faraón lo oyeron. Los hermanos estaban tan turbados que no pudieron contestarle nada! ¡El hermano que habían vendido como esclavo era gobernador de todo Egipto! Pero José les habló con cariño y les explicó que fue Dios, y no ellos, el que lo había enviado a Egipto y lo había puesto como gobernador para salvar vidas y preservarles descendencia sobre la tierra.
Now they should return home to their father's house and tell him all that they had seen and invite him to come with all of his family to Egypt to live there. Weeping for joy, Joseph embraced his brother Benjamin and kissed all of his brothers. When Pharaoh found out that Joseph's brothers had come to Egypt, he told Joseph that he would give them good land and that they would eat of the abundance of the land. So it was that the brothers returned to Canaan to tell their father that his son Joseph was alive and was ruler of all of Egypt.	Ahora debían volver a la casa de su padre y contarle todo lo que habían visto e invitarle a venir con toda su familia a Egipto para vivir allí. Llorando de gozo, abrazó a su hermano Benjamín y besó a todos sus hermanos. Cuando el faraón supo que los hermanos de José habían venido a Egipto, le dijo a José que les daría lo bueno de la tierra y que comerían de la abundancia de la tierra. Así fue que los hermanos volvieron a Canaán a contarle a su padre que su hijo José vivía y que era gobernador de todo Egipto.

✉Lectura: *Demasiado fácil*

Mas al que no *obra*, sino cree en aquel que *justifica* al *impío*, su fe le es *contada* por *justicia*.	but, work, justifies, ungodly reckoned, righteousness
Leí acerca de un *preparado para pastel* instantáneo que fue un gran *fracaso* comercial. Las instrucciones decían que *sólo se había de añadir* agua y *hornear*. La compañía no podía comprender por qué no se vendía--hasta que su investigación de *mercado* descubrió que el público *comprador* se sentía *inquieto* acerca de una mezcla que sólo *precisaba* de agua. Evidentemente, la gente pensaba que era *demasiado* fácil. *Así que* la compañía alteró la fórmula y cambió las instrucciones para que se tuviera que añadir un huevo a la mezcla, *además del* agua. La idea funcionó, y las *ventas* subieron espectacularmente.	cake mix failure, you only needed to add, bake marketing purchasing, uneasy required too, so besides, sales
Esta historia me recuerda cómo algunas personas *reaccionan ante* el plan de salvación. Les *suena* demasiado fácil y *sencillo* para ser verdad, aunque la Biblia diga: "Por gracia sois salvos *por medio de* la fe. ...Es don de Dios; no por *obras*" (Ef 2: 8-9). Piensan que hay algo más qie tienen que hacer, algo que tienen que *añadir* a la "*receta*" de Dios para la salvación. Creen que tienen que *llevar a cabo* buenas obras para *ganarse* el favor de Dios y la vida eterna. Pero la Biblia está clara--somos salvos "no por obras de *justicia* que nosotros hubiéramos hecho, sino por su *misericordia*" (Tit 3:5).	react to sounds, simple by (means of) works add, recipe carry out earn righteousness mercy
A diferencia del fabricante de preparados para pasteles, Dios no ha cambiado Su "fórmula" para hacer la salvación más comercial. El evangelio que proclamamos tiene que estar *exento* de obras, aunque pueda parecer demasiado fácil.	Unlike, manufacturer free

Somos salvos por la misericordia de Dios, no por nuestro mérito--
por la muerte de Cristo, no por nuestras acciones.

Nuestro pan diario

A. Preguntas sobre la lectura
1. ¿Fue un gran éxito el preparado para pastel instantáneo?
2. ¿Qué decían las instrucciones?
3. ¿Qué no podía comprender la compañía?
4. ¿Qué descubrieron al hacer una investigación de mercado?
5. ¿Por qué se sentía inquieto el público comprador acerca del producto?
6. ¿Que hizo la compañía al descubrir esto?
7. ¿Dio resultado?
8. ¿Qué le recuerda al autor esta historia?
9. ¿Por qué cree mucha gente que tiene que añadir algo a la "receta" de Dios para la salvación?
10. Según la Biblia, ¿cómo somos salvos?

B. Preguntas personales
1. ¿A veces te parece demasiado sencillo el plan de salvación?
2. ¿Preferirías poder hacer algo para ganarse el favor de Dios?
3. ¿Te alegras de que no podamos ganar ni perder nuestra salvación por las obras?
4. ¿Conoces a alguien que crea que necesita llevar a cabo buenas obras para ser salvo?
5. ¿Qué versículos le mostrarías para ayudarle a comprender que es por la gracia de Dios, y no por las obras, que somos salvos?

✎ Exprésate: Una receta favorita

1. Entrevista

1. ¿Cuál es uno de tus postres favoritos? ¿Tienes la receta? ¿Cuánto tiempo toma para prepararla?
2. ¿Qué ingredientes se necesitan para preparar este postre? ¿Cuál es el ingrediente principal?
3. ¿Qué utensilios se necesitan para prepararlo? ¿Tienes una mezcladora (mixer)? ¿Una licuadora?
4. ¿Siempre lees cuidadosamente la receta entera (entire) antes de comenzar a prepararla?
5. ¿Sigues exactamente las instrucciones de la receta? ¿Mides con exactitud?
6. ¿Cómo se prepara esta receta? ¿Qué se hace primero? ¿Qué se hace después de eso?
7. ¿Se debe combinar primero los ingredientes secos antes de agregarlos a los ingredientes líquidos?
8. ¿Cuántas tazas de harina hay en esta receta? ¿Cuántas tazas de azúcar? ¿Cuántos huevos?
9. ¿Qué especias (spices) hay en esta receta? ¿Cuánta mantequilla hay? ¿Cuánta fruta hay?
10. ¿Por cuánto tiempo se debe mezclar o batir los ingredientes antes de verterlos en un molde?
11. ¿A cuántos grados se hornea y por cuánto tiempo? ¿Es necesario precalentar el horno?
12. ¿Se debe dejarlo enfriar después de sacarlo del horno? ¿Se puede sirvirlo caliente o frío?
13. ¿Con qué se decora? ¿Se debe dejarlo enfriar antes de decorarlo?
14. ¿Es necesario refrigerarlo para conservarlo? ¿Se puede congelarlo (freeze) y servirlo más tarde?
15. ¿Cuántas raciones (servings) da esta receta? ¿Con qué se sirve? ¿Con café? ¿Con leche?

2. Explicación (oral o escrita)

Explica cómo se prepara uno de tus platos o postres favoritos. Di cuáles son los ingredientes, qué utensilios se necesitan, cúanto tiempo toma prepararla, cómo se sirve, etc. Consulta la lista dada a continuación para ideas.

Construcciones útiles
Primero First of all
Luego Next
Después de esto After this
Entretanto Meanwhile
Por último Last of all

Medidas
una cucharadita a teaspoon
una cucharada a tablespoon
una taza a cup
media...de half a...of...
un cuarto de...de... a quarter...of...
tres cuartos de...de... three quarters...of...

Acciones
-**Precalentar el horno a...** Preheat the oven to
-**Engrasar un molde** Grease a pan
-**Unir** Mix together
-**Batir** Beat
-**Agregar a la mezcla** Add to the mixture
-**Mezclar** Mix
-**Revolver** Βtir
-**Incorporar** Fold in
-**Combinar con** Combine with
-**Verter en un molde** Pour into a pan
-**Meter en el horno** Put in the oven
-**Hornear a...grados por...** Bake at...for...
-**Adornar/Decorar con...** Adorn/Decorate with

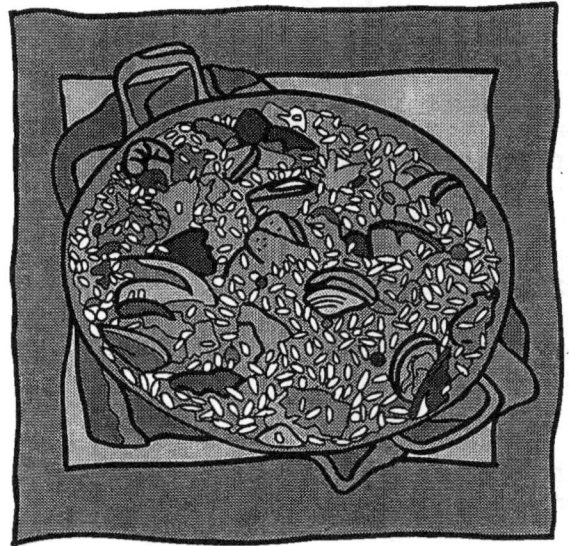

Nota Cultural
La paella

La paella es uno de los platos más típicos de España y quizá la más conocida fuera del país. Se hace utilizando una base de arroz, a veces sazonada con azafrán (saffron), a la cual se añade una variedad de legumbres, carnes, pescados o mariscos, variando la receta según la región.

Para hacer paella, primero hay que dorar algunas cebollas picadas, unas pimientas marrones y unos dientes de ajo en aceite de oliva. Se agregan luego las carnes o los pescados y se cocina todo por unos minutos. A las carnes se les añaden almejas, vinagre, especias y puré de tomate. Luego se le agrega unas tazas de caldo de pollo, vino blanco y arroz y se cocina por 20 o 25 minutos. Se sirve adornado de de camarones y rodajas de limón.

Intérprete: En el supermercado

When I shop for food,	Cuando compro comestibles,
often I read the ads in the newspaper	muchas veces leo los anuncios en el periódico
in order to decide where to go.	para decidir adónde ir.
On entering the parking lot of the supermarket,	Al entrar en el estacionamiento del supermercado,
I try to find the nearest parking space.	trato de encontrar el sitio más cercano.
After getting out of the car,	**Después de bajar del coche,**
I get a cart and I enter the store.	**busco un carrito y entro en la tienda.**
After reviewing my shopping list,	Después de revisar mi lista de compras,
I go to the meat and poultry section	voy a la sección de carnes y aves
to look for chicken, pork and beef.	a buscar pollo, puerco y carne de res.
After putting my things in the cart,	**Después de poner mis cosas en el carrito,**
I go to the fresh fish section	**voy a la sección de pescado fresco**
where I order two pounds of salmon.	**donde pido dos libras de salmón.**
On reviewing my shopping list again,	Al revisar otra vez mi lista de compras,
I decide to go to milk products	decido ir a productos lácteos
where I get yogurt and two liters of milk.	donde tomo yogurt y dos litros de leche.
Instead of buying butter,	**En vez de comprar mantequilla,**
often I buy margarine	**muchas veces compro margarina**
because it contains less saturated fat.	porque contiene menos grasa saturada.
After leaving milk products, I go to produce	Después de salir de lácteos, voy a frutas y verduras
where I select potatoes, lettuce, onions	donde escojo papas, lechuga, cebollas
and several fruits like apples and oranges.	y varias frutas, como manzanas y naranjas.
I put them all in plastic sacks	**Las pongo todas en bolsas de plástico**
and after weighing them, I place them in the cart.	**y después de pesarlas, las meto en el carrito.**
On leaving the produce section,	Al salir de la sección de frutas y verduras,
I head for the canned goods section,	me dirijo a la sección de productos enlatados,
where I buy tomato sauce, beans, chiles, etc..	donde compro salsa de tomate, frijoles, chiles, etc.
Afterwards I go for some cold drinks	**Después paso por unos refrescos fríos**
in the beverage section.	**en la sección de bebidas.**
Finally, I go to the household article section,	Por último voy a la sección de artículos del hogar,
where I buy dish soap, paper towels and napkins.	donde compro lavavajillas, toallas de papel y servilletas.
When I have everything that I need,	**Cuando tengo todo lo que necesito,**
I review my shopping list again	**reviso mi lista de compras otra vez**
while I go down the aisles.	**mientras paso por los pasillos.**
When it's time to go through the checkout line,	Cuando es hora de pasar por la caja,
I head for the checkout with the shortest line.	me dirijo a la caja con la fila más corta.
Since I have a lot of things,	**Como tengo muchas cosas,**
I can't use the rapid checkout	**no puedo usar la fila rápida**
and I have to stand in line for five minutes.	**y tengo que hacer cola por cinco minutos.**
While I wait, I read a magazine	Mientras espero, leo una revista
in order not to get bored.	para no aburrirme.
When it's my turn,	**Cuando me toca a mí,**
I put all my things on the counter	**pongo todas mis cosas en el mostrador**
and look while the checker rings up the prices.	**y miro mientras el cajero marca los precios.**
After ringing up all the prices with the discounts,	Después de marcar todos los precios con los descuentos,
he tells me the total amount.	me dice el monto total.
If I don't have enough cash,	**Si no tengo suficiente dinero en efectivo,**
I pay with a check or with my ATM card.	**pago con cheque o con mi tarjeta de ATM.**
While he waits, the cashier asks me	Mientras espera, el cajero me pregunta
if I want paper or plastic bags.	si quiero bolsas de papel o de plástico.
When he finishes, he puts it all in the cart	**Cuando termina, lo mete todo en el carrito**
and gives me the receipt.	**y me da el recibo.**
Sometimes, when I have a lot of things,	A veces, cuando tengo muchas cosas,
an assistant offers to push the cart.	un ayudante ofrece a empujar el carrito.
On arriving at the car, I put it all in the trunk,	**Al llegar al coche, lo pongo todo en la maletera,**
get into my car and leave.	**subo al coche y me voy.**

ORAL MASTERY

10

Adjective Clauses in the Past

Did you have a pen that wrote well?	¿Tenía una pluma que escribiera bien?
I didn't have any pen that wrote well.	No tenía ninguna pluma que escribiera bien.
There was a pen that wrote well.	Había una pluma que escribía bien.
I bought a pen that wrote well.	Compré una pluma que escribía bien.
There wasn't any pen that wrote well.	No había pluma que escribiera bien.
Did you have the book that had the answers?	¿Tenía el libro que tenía las respuestas?
Where was the book that had the answers?	¿Dónde estaba el libro que tenía las respuestas?
I needed a book that had the answers.	Necesitaba un libro que tuviera las respuestas.
I wanted the book that had the answers.	Quería el libro que tenía las respuestas.
Was there a book that had the answers?	¿Había un libro que tuviera las respuestas?
I knew a teacher who didn't give tests.	Conocía a un profesor que no daba exámenes.
Was there a teacher who didn't give tests?	¿Había un profesor que no diera exámenes?
I didn't know any teacher who didn't give tests.	No conocía ningún profesor que no diera exámenes.
He was a teacher who didn't give tests.	Era un profesor que no daba exámenes.
Where was the teacher who didn't give tests?	¿Dónde estaba el profesor que no daba exámenes?
I knew a man who understood animals.	Conocía a un hombre que comprendía los animales.
There wasn't anybody who understood animals.	No había nadie que comprendiera los animales.
Did you know the man who understood animals?	¿Conocías al hombre que comprendía los animales?
I wanted to meet someone who understood animals.	Quería conocer a alguien que comprendiera los animales.
I had a friend who understood animals.	Tenía un amigo que comprendía los animals.
I lived in a house that cost very little.	Vivía en una casa que valía muy poco.
I wanted to buy a house that cost very little.	Quería comprar una casa que valiera muy poco.
Was there a house that cost very little?	¿Había una casa que valiera muy poco?
I saw a house that cost very little.	Vi una casa que valía muy poco.
There wasn't any house that cost very little.	No había casa que valiera muy poco.
Did you have a bird that talked?	¿Tenía un pájaro que hablara?
I didn't have a bird that talked.	No tenía ningún pájaro que hablara.
I wanted a bird that talked.	Quería un pájaro que hablara.
Did you see the bird that talked?	¿Vio el pájaro que hablaba?
I was looking for the bird that talked.	Buscaba el pájaro que hablaba.
I wanted the car that went fast.	Quería el coche que iba rápido.
Did you sell a car that went fast?	¿Vendían un coche que fuera rápido?
I couldn't find a car that went fast.	No pude encontrar un coche que fuera rápido.
Where was the car that went fast?	¿Dónde estaba el coche que iba rápido?
I had a car that went fast.	Tenía un coche que iba rápido.

Adverb Clauses in the Past

We were going to talk **when** they arrived.	Íbamos a hablar **cuando** llegaran.
We were going to talk **provided that** they came back.	Íbamos a hablar **con tal que** volvieran.
We were going to talk **until** they left.	Íbamos a hablar **hasta que** salieran.
We were going to talk **while** they read.	Íbamos a **hablar mientras** leyeran.
We were going to talk **as soon as** they called.	Íbamos a hablar **tan pronto como** llamaran.
We were going to eat **before** they returned.	Íbamos a comer **antes de que** volvieran.
We were going to eat **so that** they would leave.	Íbamos a comer **para que** salieran.
We were going to eat **as soon as** they arrived.	Íbamos a comer **tan pronto como** llegaran.
We were going to eat **once** they were seated.	Íbamos a comer **una vez que** estuvieran sentados.
We were going to eat **unless** they weren't hungry.	Íbamos a comer **a menos que** no tuvieran hambre.
We were going to practice **as soon as** they came.	Íbamos a practicar **tan pronto como** vinieran.
We were going to practice **unless** it was raining.	Íbamos a practicar **a menos que** estuviera lloviendo.
We were going to practice **while** they rested.	Íbamos a practicar **mientras** descansaran.
We were going to practice **provided** they returned.	Íbamos a practicar **con tal que** volvieran.
We were going to practice **without** their being there.	Íbamos a practicar **sin que** estuvieran allí.
We were going to study **in case** there was a test.	Íbamos a estudiar **en caso de que** hubiera un examen.
We were going to study **provided** they were there.	Íbamos a estudiar **con tal que** estuvieran allí.
We were going to study **as soon as** we had time.	Íbamos a estudiar **tan pronto como** tuviéramos tiempo.
We were going to study **while** they practiced.	Íbamos a estudiar **mientras** practicaran.
We were going to study **until** they come back.	Íbamos a estudiar **hasta que** volvieran.
We were going to leave **for fear** it might rain.	Íbamos a salir **de miedo que** lloviera.
We were going to leave **so that** they could eat.	Íbamos a salir **para que** pudieran comer.
We were going to leave **once** they were here.	Íbamos a salir **una vez que** estuvieran aquí.
We were going to leave **before** they arrived.	Íbamos a salir **antes de que** llegaran.
We were going to leave **unless** they called.	Íbamos a salir **a menos que** llamaran.
We were going to watch T. V. **while** they ate.	Íbamos a mirar la televisión **mientras** comieran.
We were going to watch T. V. **before** they returned.	Íbamos a mirar la televisión **antes de que** volvieran.
We were going to watch T. V. **without** their knowing it.	Íbamos a mirar la televisión **sin que** lo supieran.
We were going to watch T. V. **until** they left.	Íbamos a mirar la televisión **hasta que** salieran.
We were going to watch T. V. **provided** we had time.	Íbamos a mirar la televisión **con tal que** tuviéramos tiempo.

Antes de empezar...

Antes de empezar "Comprando ropa," revisa la lista de palabras familiares dada a continuación. Esta lista incluye palabras presentadas en Español 1 y 2 y también cognados que son fáciles de reconocer.

La ropa	Clothing	Verbos	Verbs
la camisa	shirt	buscar	look for
la camiseta	t-shirt	encontrar	find
la corbata	tie	comparar	compare
los pantalones	pants	enseñar/mostrar	show
el cinturón	belt	probarse	try on
el traje	suit	ponerse	put on
el sombrero	hat	quitarse	take off
la gorra	cap	hacer cola	stand in line
la chaqueta	jacket	comprar	buy
la chaqueta deportiva	sports jacket	envolver	wrap
los zapatos	shoes	costar	cost
los calcetines	socks	pagar	pay
la cartera	wallet	llevar	wear
el pijama	pijama	llevarse	take along
el traje de baño	swimsuit	mandar	send
la ropa interior	underwear	pedir	order
el vestido	dress	cambiar	exchange
la blusa	blouse		
la falda	skirt	**Expresiones**	**Expressions**
el suéter	sweater	Estoy sólo mirando.	I'm just looking.
el abrigo	coat	¿Puede Ud. atenderme?	Could you wait on me?
la bufanda	scarf	¿Puedo probármelo?	Can I try it on?
el impermeable	raincoat	Uso talla...	I take size...
la bolsa	purse	¿Qué talla es?	What size is it?
las sandalias	sandals	¿Qué marca es?	What brand is it?
las botas	boots	¿De qué tela es?	What material is it?
los guantes	gloves	¿Cuánto es/son?	How much is it?
la camisa de dormir	nightgown	Me queda grande/pequeño.	It's big/small on me.
la combinación	slip	Quiero pagar...	I want to pay...
las medias	stockings (nylons)	al contado	cash
		con la tarjeta de crédito	credit
Las telas y los colores	**Fabrics and Colors**	con cheque	by check
de algodón	cotton		
de seda	silk	**Otras palabras**	**Other Words**
de lana	wool	grande/pequeño	large/small
de cuero	leather	largo/corto	long/short
sintético	synthetic	bonito/feo	pretty/ugly
blanco	white	caro/barato	expensive/cheap
negro	black	casual/elegante/de vestir	casual/elegant/dressy
rojo	red	formal/informal	formal/informal
rosado	pink	nuevo/viejo	new/old
azul	blue	de moda/pasado de moda	in style/out of style
verde	green	grueso/fino	heavy (thick)/fine
amarillo	yellow	flojo/apretado	loose/tight
anaranjado	orange	claro/oscuro	light/dark
café/pardo/marrón	brown	deportivo	sports
gris	grey	tradicional	traditional
beige/crema	beige/cream	a cuadros	plaid
purpúreo	purple	a lunares	polkadot
de un color uniforme	solid colored	a rayas	striped

"Si Dios te controla en el interior, serás auténtico en el exterior" RBC

Unidad 11: Comprando ropa

UNIT CONTENTS

Capítulo 31
1. Vocabulario: La ropa
2. Gramática: The Imperfect Subjunctive in If-Clauses
3. Versículo: Juan 1:7
4. Lectura: Vístete para triunfar
5. Exprésate: Mi vestuario

Capítulo 32
1. Diálogo: En la tienda departamental
2. Gramática: The Imperfect Subjunctive after *Ojalá* and *como si*
3. Versículo: Apocalipsis 3:15
4. Lectura: Sus amigos saben
5. Exprésate: Lo que haces cuando vas de compras

Capítulo 33
1. Historias bíblicas: Jacob en Egipto
2. Versículo: Salmo 119:5
3. Lectura: No seas falso
4. Exprésate: La moda
5. Intérprete: Comprando ropa

Oral Mastery Exercises: If...then...Clauses

El escaparate de una tienda departamental en Girona

Versículo

For if we would judge ourselves, we should not be judged.
— I Corinthians 11:31

Si, pues, nos examináramos a nosotros mismos, no seríamos juzgados.
— I Corintios 11:31

Capítulo 31

Saludos

Buenos días./Buenas tardes. ¿Qué tal tus clases hoy?
¿A cuántos estamos hoy? (Estamos a...de...)
¿Qué hora es? ¿Qué hora era cuando llegaste a la escuela?
¿Qué temperatura hacía cuando llegaste a la escuela?
¿Hacía sol cuando llegaste a la escuela esta mañana?
¿En qué clases tuviste tarea ayer?
¿A qué hora te acostaste ayer?
¿Cuántas horas dormiste en total?
¿En qué clases tendrás tarea esta noche?
¿A qué hora saldrás para la escuela mañana?

Lecciones

1. Vocabulario: La ropa
2. Grámatica: The Imperfect Subjunctive in If-Clauses
3. Versículo: Juan 1:7
4. Lectura: Vístete para triunfar
5. Exprésate: Mi vestuario

Repaso rápido

Día 1: Adverb Clauses	1. He wanted to see me before I left.
	2. I was going to work until they got here.
	3. He couldn't do it without my helping him.
Día 2: Adverb Clauses	1. I brought an umbrella in case it rained.
	2. I spoke slowly so that they would understand me.
	3. I told him that he could do whatever (lo que) he wanted.
Día 3: If-Clauses	1. If I had the money, I would buy a new car.
	2. What would do if you lost your wallet?
	3. How would you go to school if you couldn't drive (manejar)?
Día 4: If-Clauses	1. If I were the teacher, I wouldn't say anything.
	2. If you wanted to, you could get (sacar) an A.
	3. We wouldn't study much if there weren't (any) tests.
Día 5: If-Clauses	1. I wouldn't play if I were sick.
	2. If you had to learn another language, what language would you learn?
	3. We would speak better if we practiced more.

Vocabulario: La ropa

A. Vocabulario activo

Comprando ropa	Shopping for Clothes
gastar	to spend
regatear	to bargain/haggle
pagar al contado	to pay cash
pagar con tarjeta	to charge
devolver	to return
¿En qué puedo servirle?	How can I help you?
¿Puede Ud. atenderme?	Can you wait on me?
Estoy sólo mirando.	I'm just looking.
¿Puedo probármelo?	Can I try it on?
¿Dónde está el probador?	Where's the dressing room?
¿Cuál es su talla/número?	What's your size/shoe size?
Uso talla/Calzo número...	I wear size.../shoe size...
Me queda bien/grande.	It fits me well/large.
Son demasiado....	They're too...
...amplios/estrechos.	...wide/narrow.
¿Puede Ud. medirme?	Can you measure me?
pedírmelo?	...order it for me?
envolvérmelo?	...wrap it for me?
cambiármelo?	...exchange it for me?
arreglármelo	...alter it for me?
Quiero uno/a parecido/a...	I want one like it...
en un tono más oscuro	in a darker shade
en otro color/otra tela	in another color/fabric
en una talla 10	in size 10
en una talla más grande	in a larger size
¿Tiene Ud. algo...	Do you have anything...
que combine/haga juego con...	that goes with/matches...
en una tela inarrugable	in an iron-free fabric
en una calidad mejor	in a better quality
en una marca de prestigio	in a name-brand
Voy a pensármelo.	I'll think it over.
Me lo(s) llevo.	I'll take it (them).
¿Dónde hay que pagar?	Where do I pay?
¿Al contado o a crédito?	Cash or charge?
Tengo una cuenta.	I have an account.

B. Vocabulario adicional

Telas y estilos	Fabrics and Styles
de un color uniforme	solid
a rayas	striped
a/de cuadros	checkered/plaid
de lunares	polka dot
estampado	printed/stamped
vivo/animado	colorful
brillante	bright/shiny
chillón/llamativo	gaudy/flashy
ligero	light-weight
grueso	heavy-weight
sencillo/sin adornos	plain
ajustado	tight-fitting
amplio/suelto	loose-fitting
apretados/estrechos	tight/narrow (shoes)
flojos/anchos	loose/wide (shoes)
defectuoso	defective
gastado	worn
roto/estropeado	torn/broken
encogido	shrunken
manchado	stained
de mangas cortas	short-sleeved
de mangas largas	long-sleeved
sin mangas	sleeveless
de tacones altos/bajos	high heeled/low-heeled
de última moda	of the latest fashion
¿De qué está hecho?	What's it made of?
de cuero	leather
de plástico	plastic
de goma	rubber
de tela (sintética)	(synthetic) fabric
de tela vaquera	denim
de algodón	cotton
de lana	wool
de seda	silk
de nilón/poliéster	nylon/polyester

*Combinar con, ir bien con and hacer juego con (= make a set with) all express the same idea: Two things match or go together.

Ejercicios de vocabulario

I. Escribe las expresiónes tres veces y memorízalas para una prueba.

II. Contesta las preguntas con una frase completa.

1. ¿Cuántos **gastas** por año en la ropa?
2. ¿Alguna vez **has regateado** al comprar la ropa? ¿Al comprar un coche?
3. ¿Siempre **pagas al contado** (o con cheque) cuando compras ropa?
4. ¿Por qué prefieren muchas personas **pagar con tarjeta?**
5. Cuando alguien te compra algo que no te queda bien, ¿lo **devuelves?**

6. ¿Siempre te preguntan, "**¿En qué puedo servirle?**" cuando compras en las boutiques pequeñas?
7. ¿Tienes que preguntar, "**¿Puede Ud. atenderme?**" cuando compras en las tiendas departamentales?
8. Cuando te preguntan, "¿En qué puedo servirle?, ¿normalmente respondes que **sólo estás mirando?**
9. Antes de comprar algo, ¿siempre preguntas si podrías **probártelo?**
10. ¿A veces tienes que preguntar **dónde están los probadores**, o son fáciles de encontrar?

11. Cuando te pruebas zapatos, ¿siempre te preguntan "**¿Cuál es su número?**"
12. **¿Qué talla de camisa (o blusa) usas? ¿Qué número de zapato calzas?**
13. ¿Te gusta ropa que **te queda grande?** ¿Prefieres ropa que **te queda bien?**
14. ¿Alguna vez has comprado zapatos que **sean demasiado (too) amplios?**
15. ¿Alguna vez has comprado zapatos que **sean demasiado estrechos?**

16. ¿Antes de comprar un traje, ¿le pides al dependiente que **te mida?**
17. Si no tienen lo que quieres, les preguntas si **pueden pedírtelo?**
18. Cuando compras un regalo, ¿les preguntas si **pueden envolvértelo?**
19. Cuando recibes algo que no te gusta, ¿les preguntas si **pueden cambiártelo?**
20. Cuando pides algo, ¿les preguntas si **pueden mandártelo** a casa?

21. ¿Te gustan los zapatos cafés, o los prefieres **en un tono más oscuro?**
22. Cuando te compras un traje, ¿también compras zapatos **que hagan juego con él?**
23. Si te gusta algo pero no te queda bien, ¿les preguntas si **lo tienen en otra talla?**
24. Si no te gusta la calidad, ¿les preguntas si lo **tienen en una calidad mejor?**
25. Compras por impulso (sin reflexión) o siempre **te lo piensas** antes de comprar algo?

26. Después de pensártelo bien, ¿normalmente decides **llevártelo?**
27. ¿En las grandes tiendas departamentales, ¿es necesario preguntar **dónde hay que pagar?**
28. ¿Prefieres comprar **al contado o a crédito?**
29. ¿**Tienes una cuenta** en una de las grandes tiendas departamentales?

III. Escribe la palabra o expresión que complete correctamente cada frase.

1. Uds. no lo tienen en mi talla. ¿Pueden_____?
2. Quiero_____este suéter. Aquí está el recibo.
3. Quiero probarme este vestido. ¿Puede decirme dónde está el_____.
4. No sé cuál es mi talla. ¿Puede Ud. _____?
5. Ya tengo una falda. Ahora necesito una blusa que haga_____con ella.
6. Nuestros precios son fijos (set). No_____.
7. No puedo decidir. Voy a_____antes de tomar una decisión.
8. Tengo una cuenta aquí, así que quiero pagar_____.
9. Es un regalo. ¿Puede Ud._____.
10. Estos zapatos son demasiado_____. ¿Los tiene Ud. más amplios?
11. Gracias. No quiero comprar. Estoy_____.
12. Esta blusa me queda grande. ¿Puede Ud._____por una en una talla más pequeña?
13. Normalmente, las mujeres_____más en ropa que los hombres.
14. Estos pantalones son demasiado claros. ¿Los tiene Ud. en un_____?
15. Juan tiene los pies muy grandes. _____número 14E.
16. No veo la caja. ¿Dónde hay que_____?
17. No quiero llevármelos. ¿Puede Ud._____a esta dirección.
18. Quiero pagar_____. ¿Tiene Ud. cambio por un billete de cién dólares?

☞Explicación: The Imperfect Subjunctive in If-Clauses

1. In English, it is common to make suppositions beginning with *If* plus a *condition* and ending with *then* (often implied) plus a *conclusion*:

	CONDITION		CONCLUSION
If	I can I want to I have time	(then)	I will go to the party.

In Spanish, when the speaker feels that the condition is a strong possibility or likely to come true, he uses the *present tense* in the if-clause and the *future tense* in the conclusion:

	CONDITION	CONCLUSION
SI	puedo quiero tengo tiempo	iré a la fiesta.

2. When the speaker wishes to portray the condition as something which is contrary to the truth or very unlikely to come true, then he uses the *past tense* in the if-clause and the *conditional* in the conclusion. In Spanish, the past tense used for such hypothetical suppositions is the *imperfect subjunctive*:

	CONDITION	CONCLUSION
SI	pudiera I could quisiera I wanted to tuviera tiempo I had time	iría a la fiesta. I would go to the party.

In the above examples, the speaker is implying by his choice of the past tense that he isn't really able to, doesn't really want to, or doesn't actually have the time. Here the past tense is used not to convey past action, but rather *unreality* about the present or future.

3. In English, the hypothetical condition may be expressed in a number of ways, all of which are rendered by the imperfect subjunctive in Spanish:

	CONDITION	CONCLUSION
If	you worked you were to work you would work	you would be rich.
Si	trabajaras	serías rico.

4. As in English, the if-clause may either begin or end the sentence.

SI IF	PUDIERA I COULD		estudiaría. I would study.
	Estudiaría I would study	SI IF	PUDIERA. I COULD.

✎ Ejercicios

I. Contesta las preguntas con una frase completa.

1. Si tuvieras la oportunidad de ir a Europa, ¿qué países te gustaría visitar?
2. Si ganaras un millón de dólares, ¿qué harías con todo el dinero?
3. Si fueras presidente/a de los Estados Unidos, ¿dónde vivirías?
4. Si pudieras aprender otro idioma, ¿cuál preferirías aprender?
5. Si quisieras, podrías aprender dos idiomas al mismo tiempo?
6. ¿Adónde irías si pudieras ir de vacaciones mañana?
7. ¿Qué harías si sólo tuvieras un día para vivir?
8. ¿Cómo irías a la escuela si no tuvieras coche?
9. ¿Dónde vivirías si no vivieras con tus padres?
10. ¿Qué dirías si tus padres te dieran cien dólares?

II. Cambia las siguientes proposiciones en el presente a proposiciones hipotéticas en el imperfecto del subjuntivo.

Modelo: Si *llueve*, no *iré* al partido.
          Si *lloviera*, no *iría* al partido.

1. Si no estoy enfermo, iré a la escuela.
2. Si tengo el dinero, compraré un coche nuevo.
3. Si puedo, haré un viaje a Europa este verano.
4. Si eres responsable, harás tu tarea.
5. Si comes mucha grasa, pronto serás gordo.
6. Si tengo que trabajar, buscaré un empleo.
7. Si hace mucho frío, me pondré un suéter.
8. Si hay un examen mañana, tendré que estudiar.
9. Si vas a la fiesta, te acompañaré.
10. Si duermes en clase, no aprenderás nada.

III. Traduce al español.

Proposiciones neutrales	Proposiciones hipotéticas
1. If you study more, you will learn more.	1. If you studied more, you would learn more.
2. If you eat more, you will feel better.	2. If you ate more, you would feel better.
3. If it rains, we won't go to the beach.	3. If it rained, we wouldn't go to the beach.
4. If it snows in March, I will be surprised.	4. If it snowed in March, I would be surprised.
5. If I can, I will help you.	5. If I could, I would help you.
6. If I know the answer, I will tell you.	6. If I knew the answer, I would tell you.
7. If there's a test tomorrow, I will fail (salir mal).	7. If there were a test tomorrow, I would fail.
8. If you go to the game, you will see me.	8. If you went to the game, you would see me.
9. If you drink this, you will die.	9. If you drank this, you would die.
10. If you want to, you can come with us.	10. If you wanted to, you could come with us.

☎ Conversaciones

1

Si	puedes, tienes el dinero, tienes la oportunidad, tienes tiempo, eres invitado/a	¿irás a un partido ¿irás al centro ¿irás de compras ¿irás a la iglesia ¿irás al cine ¿irás a la playa ¿irás de vacaciones ¿irás de campamento ¿harás un crucero (cruise) ¿darás un paseo en barco ¿montarás a caballo ¿esquiarás (en el agua) ¿practicarás el alpinismo	mañana este fin de semana ? este verano

2

Si	pudieras, tuvieras el dinero tuvieras la oportunidad, tuvieras tiempo, fueras invitado/a,	¿irías a un partido ¿irías al centro ¿irás de compras ¿irías a la iglesia ¿irías al cine ¿irías a la playa ¿irías de vacaciones ¿irías de campamento ¿harías un crucero (cruise) ¿darías un paseo en barco ¿montarías a caballo ¿esquiarías (en el agua) ¿practicarías el alpinismo	mañana este fin de semana ? este verano

3

Si	estudias practicas repasas escribes comes corres duermes haces ejecicios ves la televisión juegas te relajas te diviertes trabajas	una dos tres cuatro cinco seis siete ocho nueve diez once doce trece	horas por día,	¿saldrás bien en el examen ¿sacarás una A en el curso ¿sabrás más que el profesor ¿podrás hablar con fluidez ¿estarás más contento/a ¿tendrás dolor de cabeza ¿tendrás tiempo para otras cosas ? ¿estarás muy cansado/a ¿serás más fuerte ¿te pondrás gordo/a ¿vivirás más (longer) ¿te pondrás enfermo ¿te harás rico/a

4

Si				
	estudiaras	una	¿saldrías bien en el examen	
	practicaras	dos	¿sacarías una A en el curso	
	repasaras	tres	¿sabrías más que el profesor	
	escribieras	cuatrp	¿podrías hablar con fluidez	
	comieras	cinco	¿estarías más contento/a	
	corrieras	seis	¿tendrías dolor de cabeza	
	durmieras	siete horas por día,	¿tendrías tiempo para otras cosas	?
	hicieras ejecicios	ocho	¿estarías muy cansado/a	
	vieras la televisión	nueve	¿serías más fuerte	
	jugaras	diez	¿te pondrías gordo/a	
	te relajaras	once	¿vivirías más (longer)	
	te divitieras	doce	¿te pondrías enfermo	
	trabajaras	trece	¿te harías rico/a	

5

Si pudieras					
	ser otra persona,	¿quién		ser	
	vivir en otro estado,	¿en qué estado		vivir	
	estudiar en otro país,	¿en qué país		estudiar	
	nacer en otra época,	¿en qué época		nacer	
	viajar alrededor del mundo,	¿a qué países		viajar	
	cambiar el mundo,	¿qué cosa		cambiar	
	aprender otra lengua,	¿qué lengua	te gustaría	aprender	?
	comprar un coche nuevo,	¿qué marca		comprar	
	casarte con alguien,	¿con quién		casarte	
	tener otro color de pelo,	¿qué color de pelo		tener	
	tener otro color de ojos,	¿qué color de ojos		tener	
	medir más/menos (be taller),	¿cuánto		medir	
	pesar más/menos,	¿cuánto		pesar	

6

¿Qué lengua(s) hablarías		Irlanda	
¿Dónde trabajarías		España	
¿Dónde asistirías a la escuela		México	
¿Qué estudiarías		Francia	
¿Qué tipo de casa tendrías		Italia	
¿Qué tipo de coche tendrías		Alemania	
¿Qué tipo de música escucharías	si vivieras en	Japón	?
¿Qué tipo de comida te gustaría		China	
¿Cómo te vestirías		Alaska	
¿Qué deportes practicarías		Suisa	
¿Qué harías los fines de semana		India	
¿Cuáles serían tus pasatiempos		Australia	
¿Qué sitios turísticos visitarías		Hawaii	

✉Lectura: *Vístete para triunfar*   succeed

Vestíos, pues, ... de entrañable *misericordia*, de *benignidad*, de *humildad*, de *mansedumbre*, de paciencia. --Colosenses 3:12.

compassion, kindness
humility, meekness

En 1975, John Molloy escribió un libro titulado *Dress For Success* [*Vístase para triunfar*], el cual *llegó a ser* la *guía de modas* para muchas personas que estaban tratando de progresar y llegar a la *cumbre* en sus empleos. El *consejo* de Molloy *se centraba en* una *premisa* básica: siempre vístase como su *jefe*.

became, fashion guide
top
advice, was based on, premise, boss

Cada día, para el trabajo, la escuela o para alguna actividad de *entretenimiento*, todos tenemos que decidir qué ponernos. Y *aun* en los años 90, que *se han caracterizado* por la informalidad, la gente *se esfuerza por* obtener la apariencia *adecuada*.

fun, even
have been characterized
strives to, appropriate

Sin embargo, hay otro *guardarropas* acerca del cual hemos de tomar decisiones también: nuestras actitudes y acciones. Si afirmamos ser *seguidores* de Cristo, nuestro *atavío* espiritual es de mucho mayor importancia que nuestras ropas físicas.

wardrobe
followers
attire

Echemos un vistazo a las *normas* del guardarropas de Dios. Como *pueblo escogido* que somos de Él, hemos de vestirnos de «*benignidad, humildad, mansedumbre*, paciencia» (Col. 3:12). Y sobre todas estas cosas, hemos de vestirnos de «amor, que es el *vínculo* perfecto» (v. 14).

Let's glance at, norms
chosen people
kindness, humility, meekness
bond

¿Comienzo cada día admitiendo que Cristo es el *Encargado*, Aquel para quien trabajo? ¿*Dedico* el tiempo suficiente para vestirme de actitudes que le *agraden*? ¿Me pongo aquello que la gente más *anhela* ver: compasión, benignidad, humildad, *bondad*, paciencia y amor?
Si es *así*, estaré vestido para *triunfar* en el servicio a Dios. --DCM

the One in charge
devote
please, yearns
goodness
so, triumph

La *benignidad* es cristianismo en ropas de trabajo.   kindness

Nuestro pan diario

A. Preguntas sobre la lectura
1. ¿Cómo se llama el libro escrito por John Molloy?
2. ¿Quiénes leen este libro?
3. ¿Cuál es el consejo principal de Molloy?
4. ¿Qué tenemos que decidir cada día de nuestra vida?
5. ¿Todavía se esfuerza la gente por tener la apariencia adecuada?
6. ¿Qué otro tipo de ropa menciona el autor?
7. ¿Cuál es más importante, según el autor, nuestras ropas físicas o nuestro atavío espiritual?
8. ¿Cómo debemos vestirnos espiritualmente?
9. ¿Cuál es la prenda (item of clothing) más importante para el creyente?

B. Preguntas personales
1. ¿Te importa mucho la moda?
2. ¿Tomas mucho tiempo decidiendo qué vas a vestirte cada día?
3. ¿Crees que nuestras actitudes y nuestras acciones son tan importantes como la ropa física que nos ponemos cada día?
4. ¿Dedicas tanto tiempo para vestirte de las actitudes apropiadas como para vestirte de la ropa adecuada?
5. ¿Crees que es necesario tener la apariencia adecuada para triunfar en el empleo?
6. ¿Crees que es necesario tener las actitudes adecuadas para triunfar en el servicio de Dios?

☞Exprésate: Tu vestuario (wardrobe)

1. Entrevista

1. ¿Qué tipo de ropa prefieres usar en la escuela (casual, informal, colegial, deportiva, de última moda, tradicional, contemporáneo, de etiqueta, de marca, formal, etc.)
2. ¿Te gusta vestirte de acuerdo con la última moda o prefieres la ropa tradicional?
3. ¿Tienes un estilo favorito? ¿Prefieres la ropa ajustada (tight-fitting) o suelta (loose-fitting)?
4. ¿Tienes un color favorito? ¿Qué colores te favorecen? ¿Te gustan las telas de un color uniforme o prefieres las impresas (prints)?
5. ¿Tienes una marca favorita? ¿Cuáles son algunas de tus marcas favoritas?
6. ¿En qué ocasiones usas ropa deportiva? ¿Por qué motivos usas ropa elegante?
7. ¿Qué tipo de ropa prefieres usar cuando vas a una fiesta? ¿Tienes muchos vestidos para fiestas?
8. Cuando vas a la iglesia, ¿prefieres vestirte sencillamente o elegantemente?
9. ¿Cuántos vestidos/pantalones tienes en tu vestuario (wardrobe)? ¿Prefieres usar pantalones de vestir (dress) o vaqueros (jeans)?
10. ¿Te gustan los pantalones con o sin pliegues (pleats)? ¿Con o sin bajos (cuffs)?
11. ¿Qué tipo de camisa/blusa prefieres (con o sin cuello [collar], de mangas [sleeves] cortas o largas)?
12. ¿Prefieres las camisetas a las camisas cuando hace calor? ¿Cómo es tu camiseta favorita?
13. Cuando hace frío, ¿prefieres una sudadera o un suéter? ¿Te gustan las sudaderas con capucha?
14. ¿Qué clase de zapatos usas en la escuela (atléticos/deportivos/de tenis/botas/sandalias, etc.)?
15. ¿Prefieres los zapatos con cordones (laces) o los mocasines (loafers)?

2. Descripción (oral o escrita)

Describe el tipo de ropa que ropa que te gusta usar en la escuela, en el trabajo, en la iglesia, en casa, etc. Consulta la lista dada a continuación para ideas.

Expresiones útiles
Me gusta I like
Me encanta I love
Me disgusta I hate
Prefiero I prefer

- **Usar, llevar (puesto), vestir** to wear
- **Ponerse** to put on
- **Vestirse bien/mal** to dress well/poorly
- **Vestirse a la última moda** to dress up to date
- **Vestirse de sport** to dress casually
- **Vestirse de + color** to wear a certain color
- **Hacer juego con** to match

Tipos y estilos
- **Casual, informal** casual, informal
- **Sencilla** simple
- **Elegante** elegant
- **Pijo** preppy
- **Contemporáneo** contemporary
- **Tradicional, clásico** traditional, classic
- **Conservador** conservative
- **De etiqueta/de vestir** dress
- **Atlética/de deporte/deportiva** sports
- **Colegial** school
- **De última moda** latest fashion
- **De marca** name-brand

Nota Cultural
La buena presentación

En España y también en Latinoamérica, la buena presentación (apariencia personal) se toma mucho más en serio que en Estados Unidos. Aunque la manera de vestirse varía según la región, siendo más casual en la costa que en las grandes ciudades, siempre se debe estar bien arreglado y llevar ropa apropiada para causar buena impresión. Para muchas mujeres, vestirse de acuerdo con la última moda es casi una obligación, y aunque haya mayor libertad de estilo hoy día que hace unos años, todavía no existen el individualismo y la diversidad tan característicos de la moda norteamericana.

Versículo

| I know thy works, that thou art neither cold not hot; I would thou wert cold or hot.

Revelation 3:15 | Yo conozco tus obras, que ni eres frío ni caliente. ¡Ojalá fueras frío o caliente!

Apocalipsis 3:15 | *Capítulo 32* |

Saludos

Hola. ¿Cómo estás?
¿Qué fecha es hoy? ¿Cuál será la fecha de mañana?
¿Que hora es? ¿Qué hora será cuando vuelvas a casa?
¿Qué temperatura hace hoy? ¿Qué temperatura hizo ayer?
¿Qué viste en la televisión anoche?
¿Con quién cenaste anoche?
¿Qué vas a hacer hoy después de la escuela?
¿A qué hora vas a levantarte mañana?
¿Qué vas a desayunar mañana?

Lecciones

1. Diálogo: En la tienda departamental
2. Gramática: The Imperfect Subjunctive after *Ojalá* and *como si*
3. Versículo: Apocalipsis 3:15
4. Lectura: Sus amigos saben
5. Exprésate: Lo que haces cuando vas de compras

✎ Repaso rápido

Día 1: If-Clauses	1. We would speak more Spanish if we went to Mexico. 2. What would you do if you found a thousand dollars? 3. If you lost your book, would you buy another one?
Día 2: If-Clauses	1. If you wanted to, could you get an A in all your classes? 2. What would you say if I gave you a hundred dollars? 3. Would you come with me if I invited you to the party?
Día 3: Ojalá	1. I wish I knew the answer! 2. I wish we could spend (pasar) the summer in Spain! 3. I wish it would snow (nevar) tonight!
Día 4: Como si	1. She acts as if she we were her servants (siervos). 2. He talks as if he had something in his mouth. 3. She looked at me as if she didn't know me.
Día 5: Como si	1. They lived as if they would never die. 2. You spend money (gastar dinero) as if you were a king (rey). 3. He smiled (sonreir) as though he understood.

✎ Repaso de vocabulario

I. Traduce al español

1. I **spend** a lot on clothes, but I spend more on other things.
2. I always **haggle** when I buy clothing in Mexico.
3. I rarely (raras veces) **pay cash** when I buy clothes.
4. I prefer to **charge** (it) or pay with a check (cheque).
5. If it doesn't fit her, she can **return** it.

6. **How can I help you? I'm just looking.**
7. **Can you wait on me?** I'm looking for a dress.
8. I like this dress. **Can I try it on?**
9. Can you tell me **where the dressing room is**?
10. **What's your shoe size? I wear size 10.**

11. **I wear size 8 (shoe).**
12. These shoes **are too tight.** I need something **wider**.
13. This dress **is too big on me. I wear size 10.**
14. **Can you measure me** and tell me what size I need?
15. **Can you order me it** in another color?

16. **Can you wrap it for me and send it this address**?
17. These pants are too long. **Could you exchange them for me?**
18. Could you show me something **in a darker shade that matches my skirt**?
19. I like it but it doesn't fit me. Do you have it **in another size**?
20. I like the **style** but do you have anything **in a better quality**?

21. I like it but I can't decide. **I'll think it over.**
22. **I'll take it. Where do I pay?**
23. **Cash or credit? Credit. I have an account.**

♪ Diálogo: En la tienda departamental

-Perdón, señor/señora. ¿Puede Ud. atenderme?	-Excuse me sir/ma'm. Can you help me?
-Sí, señor/señorita. ¿En qué puedo servirle?	-Yes sir/miss. What can I do for you?
-Estoy buscando pantalones. ¿Puede Ud. enseñarme dónde están?	-I'm looking for pants. Can you show me where they are?
-Tenemos una selección muy buena de pantalones. Por aquí, por favor. ¿Qué tipo de pantalones quiere Ud.?	-We have a very good selection of pants. This way, please. What type of pants do you want?
-No sé exactamente. Algo casual pero no vaqueros. ¿Qué tipo de pantalones tiene Ud.?	-I'm not sure exactly. Something casual but not jeans. What type of pants do you have?
-De todos tipos. ¿Son para Ud. o para otra persona?	-All types. Are they for you of for someone else?
-Son para mí.	-They're for me.
-Bueno, vamos a comenzar con la talla. ¿Qué talla usa Ud.?	-Fine, lets start with the size. What size do you wear?
-Talla 34. ¿Tiene Ud. una buena selección en esta talla?	-Size 34. Do you have a good selection in this size?
-Sí, en esta talla tenemos mucho que ofrecer. ¿Tiene Ud. un color preferido?	-Yes, in that size we have a lot to offer. Do you have a favorite color?
-Hmmmm.....Me gusta mucho el azul. ¿ Los tiene Ud. en azul?	-Hmmmm.....I like blue a lot. Do you have them in blue?
-Tenemos muchos en este color. ¿Quiere azul claro u oscuro?	-We have many in this color. Do you want light or dark (navy) blue?
-Mejor oscuro. ¿Los tiene en azul oscuro?	-Better dark. Do you have them in dark (navy) blue?
-Sí. Un momento, por favor.... ¿Qué tal le gustan éstos?	-Yes. Just a moment, please.... How do you like these?
-Son muy bonitos. ¿Son de buena calidad?	-They're very prettty. Are they good quality?
-O, sí. Son de la mejor calidad. ¿Quiere examinarlos?	-Oh, yes. They're of the best quality. Do you want to examine them?
-Ah, sí. Son de buena calidad. ¿Qué marca son? No veo bien sin mis anteojos.	-Ah, yes. They're good quality. What brand are they? I don't see well without my glasses.
-Son de Hagar. Ud. conoce esta marca, ¿verdad?	-They're Hagar. You're familiar with this brand, aren't you?
-Claro. Es una buena marca. ¿Y el precio? ¿Qué precio tienen?	-Of course. It's a good brand. And the price? What price are they?

-Dos cientos pesos. Están en rebaja. En realidad, es una ganga. ¿Quiere Ud. probarlos?	-Two hundred pesos. Thye're on sale. Actually, it's a bargain. Do you want to try them on?
-Hmmmm.... dos cientos pesos...me parece un poco caro. ¿No tiene Ud. nada de la misma calidad pero un poco más barato?	-Hmmmm.... two hundred pesos...it seems a little high to me. Don't you have anything of the same quality but a little cheaper?
-¿Cuánto quiere pagar?	-How much do you want to pay?
-No quiero pagar más de ochocientas pesetas. ¿Tiene Ud. algo por menos de ochocientas?	-I don't want to pay more than eight hundred pesetas. Do you have anything for less than eight hundred?
-Sí, tenemos varios modelos por este precio. ¿Qué tal le gustan éstos?	-Yes, we have several syles for this price. How do you like these?
-Sí, parecen buenos, parecen buenos. (Los examina) ¿De qué tela son? ¿De algodón?	-Yes, they seem fine, they seem fine. (He examines them) What material are they? Cotton?
-Sí, son de puro algodón.	-Yes, they're pure cotton.
-¿Van a encogerse al lavarlos?	-Will they shrink in the wash?
-No, son inencogibles y de raya permanente.	-No they're pre-shrunk and permanent-press.
-¿Quiere decir inarrugables?	-You mean wrinkle-free?
-Casi inarrugables. Puede plancharlos un poco.	-Almost wrinkle-free. You can iron them a little.
-¿Puedo probarlos?	-Can I try them on?
-Claro. Aquí están. ¿Sabe Ud. dónde está el probador?	-Of course. Here they are. Do you know where the dressing room is?
-Creo que sí. ¿Está en el rincón cerca de los espejos?	-I think so. Is it in the corner near the mirrors?
-Eso es. Directamente detrás de los espejos.	-That's right. Directly behind the mirrors.
-Gracias.	-Thanks.
(Cinco minutos más tarde, sale del probador con los pantalones en la mano.)	(Five minutes later, he/she comes out of the dressing room with your pants in your hand.)
-Creo que me quedan un poco largos. ¿Tiene Ud. algo un poco más corto en la talla 34?	- I think that they fit me a little long. Do you have anything a little shorter in size 34?
-Lo siento, pero no tenemos nada más en esta talla. Puedo ordenarlos si no los necesita hoy.	-I'm sorry, but we don't have anything else in this size. I can order them if you don't need them today.
-¿Cuánto tardará la órden?	-¿How long will the order take?
-Normalmente tres días. ¿Para cuándo los necesita?	-Normally three days. By when do you need them?
-Para mañana. ¿Está seguro que no tiene nada más en esta talla?	-By tomorrow. Are you sure that you don't have anything else in this size?
-Voy a mirar otra vez. (Dos minutos más tarde). ¿Quiere Ud. probar éstos? Son un tono un poco más claro pero son más cortos.	-I'll look again. (Two minutes later). Do you want to try on these? They're a little lighter shade but they're shorter.
(Tres minutos más tarde, sale del probador con los pantalones puestos.)	(Three minutes later, he/she leaves the dressing room with the pants on.)
-Ah, estos le van muy bien. Son la talla perfecta para Ud. y hacen juego con su camisa/blusa.	-Ah, these go great on you. They're the perfect size for you and they match your blouse/shirt.
-Sí, me gustan mucho, pero no conozo la marca. ¿Es una marca nueva?	-Yes, I like them a lot, but I don't know the brand. Is it a new brand?
-Sí, es nueva, pero muy buena.	-Yes, it's new, but it's very good.
-¿En dónde los fabrican?	-Where are they made?
-Son importados de México. Si tiene problemas, siempre puede devolverlos o cambiarlos por otro modelo. Sólo necesita presentar el recibo. ¿Quiere comprarlos?	-They're imported from Mexico. If you have any problems, you can always return them or exchange them for another style. You just need to present your receipt. Do you want to buy them?
-Bueno, está bien. Me los llevo. ¿Aceptan Uds. VISA?	-O.K., fine.. I'll take them. Do you acceptVISA?
-Sí, aceptamos todas las tarjetas de crédito, pero si Ud. quiere abrir una cuenta con nosotros, puede ahorrar 10 por ciento. ¿Quiere Ud. abrir una cuenta con nosotros?	-Yes, we accept all credit cards, but if you want to open an account with us, you can save 10 percent. Do you want to open an account with us?
-No, gracias. Ah, otra cosa... ¿puede Ud. envolvérmelos? Es un regalo.	-No, thanks. Ah, another thing... Can you wrap them for me? It's a gift.
-¿Un regalo? Pero....¿no dijo Ud. que son para Ud.?	-A gift? But....Didn't you say they're for you?
-Sí, son para mi cumpleaños y quiero que sea una sorpresa.	-Yes, they're for my birthday and I want it to be a surprise.

☞Explicación: The Imperfect Subjunctive after *Ojalá* *(I wish)* and *como si (as if)*

I. Ojalá (I wish)

In both English and Spanish it is common to wish that something *were true*, that something *would happen*, etc. Even though such wishes refer to the present or future, they are expressed using the past tense or conditional in English to imply that they are only wishes with no real hope of fulfillment.

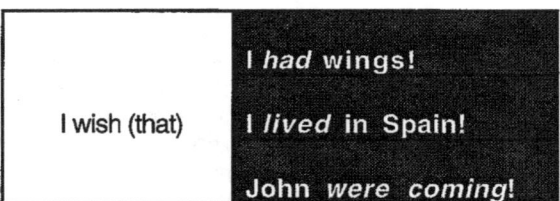

I wish (that)	I *had* wings!
	I *lived* in Spain!
	John *were coming*!

In Spanish, such unrealistic wishes are expressed using *Ojalá (que)* plus the *imperfect subjunctive**. *Ojalá* comes from an Arabic expression meaning "May Allah (Alá) grant...." It is optionally followed by *que*:

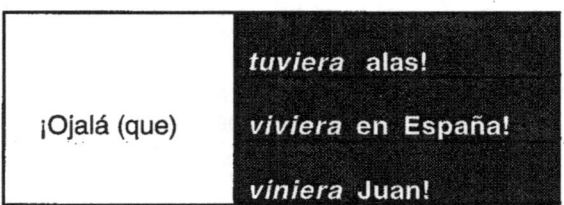

¡Ojalá (que)	*tuviera* alas!
	viviera en España!
	viniera Juan!

II. Como si (as if)

In both English and Spanish, it is common to introduce an unrealistic supposition about the present with "as if..." (*como si...*)) plus the past tense. In Spanish, the form of the past tense used is the imperfect subjunctive.

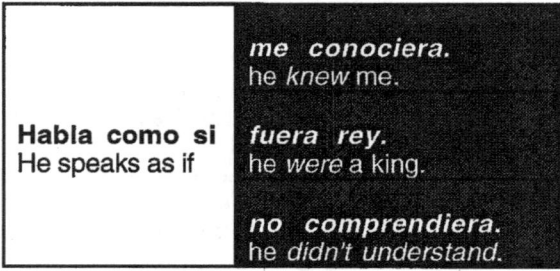

Habla como si He speaks as if	*me conociera.* he *knew* me.
	fuera rey. he *were* a king.
	no comprendiera. he *didn't understand.*

The use of the imperfect subjunctive in Spanish implies that the supposition is one of appearance only and that it does not correspond to reality. In this sense, clauses introduced by *como si* are an extension of unrealistic *If-clauses* introduced in chapter 31.

*Ojalá may also be followed by the *present* subjunctive if a wish is regarded as realistic (likely to be fulfilled). In this sense, *ojalá* is like *esperar*: *¡Ojalá (que) venga!* (I hope he comes!)

> "No hay incomptabilidad alguna entre la ciencia y la religión... La ciencia demuestra la existencia de Dios."
>
> Derek Barton, Premio Nóbel de química

✍ Ejercicios

I. Traduce al español usando el *Ojalá (que)* mas (plus) el imperfecto del subjuntivo.

Modelo: I wish (that) I knew the answer.   Ojalá (que) *supiera* la respuesta.

1. I wish you didn't have to leave.
2. I wish I could fly (volar).
3. I wish you were here.
4. I wish I had a million dollars.
5. I wish you were coming to the party.
6. I wish I lived in Hawaii.
7. I wish it weren't raining.
8. I wish it would snow.
9. I wish we didn't have to go to school today.
10. I wish there weren't a test today.

11. I wish I knew how to speak French.
12. I wish we had more time.
13. I wish I knew the answer.
14. I wish we could go to Spain next summer.
15. I wish you didn't have to work tomorrow.
16. I wish I were taller.
17. I wish he were telling the truth.
18. I wish he wouldn't give us so many (tantos) tests.
19. I wish it weren't so (tanto) cold.
20. I wish she were my friend.

II. Contesta las preguntas con una frase completa.

1. ¿A veces te comportas (behave) como si fueras niño/a?
2. ¿A veces trabajas como si tuvieras todo el día para terminar?
3. ¿A veces manejas como si estuvieras medio dormido/a?
4. ¿A veces gastas dinero como si fueras multimillonario/a?
5. ¿A veces actúas (act) como si lo supieras todo?
6. ¿A veces comes como si estuvieras muriéndote de hambre?
7. ¿A veces corres como si te persiguiera (chase) un oso (bear)?
8. ¿A veces te compras ropa como si fueras la reina de Inglaterra?
9. ¿A veces haces (act) como si comprendieras cuando en realidad no comprendes?
10. ¿A veces hablas español como si fueras de España?

III. Traduce al español usando el *como si* mas (plus) el imperfecto del subjuntivo.

Modelo: She works as if she *had* all day.   Trabaja como si *tuviera* todo el día.

1. He spoke to me as if he knew me.
2. She walked as if she had arthritis (artritis).
3. He writes as if he were an author (autor).
4. She acted (hacer) as if she didn't understand.
5. He lives as if he were the richest man in the world.
6. He smiled (sonreír) as though he knew everything.
7. He runs as if he had wings (alas) on his feet.
8. She looked at me as if she didn't recognize me.
9. He talked as if he had a sore throat.
10. They ate as if they were starving (estar muerto de hambre).
11. He reads as if he were near-sighted (miope).
12. She looked at me as if she didn't believe me.

☎ Conversaciones

1

¿Estarías más contento/a		estuvieras en otra clase
¿Sacarías mejores notas		asistieras a otra escuela
¿Tendrías más tarea		vivieras en otro estado
¿Estudiarías más		vivieras en otro país
¿Aprenderías más		tuvieras otro profesor
¿Hablarías más español		fueras a México
¿Tendrías más amigos	si	tuvieras más dinero ?
¿Serías más popular		fueras presidente de la escuela
¿Te divertirías más		pudieras vivir con una familia mexicana
¿Te relajarías más		tuvieras una piscina
¿Trabajarías más		fueras estudiante universitario
¿Viajarías más		tuvieras otro coche
¿Participarías en más deportes		tuvieras más tiempo

2

		tuvieras diez mil dólares
		ganaras la lotería
		fueras presidente de los Estados Unidos
		fueras la persona más rica del mundo
¿Qué harías		encontraras una mina de oro
¿Qué comprarías		pudieras viajar alrededor del mundo
¿Adónde irías	si	pudieras asistir a la escuela en Europa ?
¿Dónde vivirías		descubrieras un pozo (well) de petróleo
		tuvieras tres deseos (wishes)
		pudieras gastar un millón de dólares
		quisieras encontrar la felicidad (happiness)

3

		jugaras con fuego	¿Te quemarías?
		te afeitaras en la oscuridad	¿Te cortarías?
		perdieras el equilibrio	¿Te caerías?
		bebieras gasolina	¿Te morirías?
		comieras dos litros de helado	¿Te enfermarías?
		fueras 100 millas por hora	¿Recibirías una multa (fine)?
¿Qué pasaría	si	manejaras como loco ?	¿Tendrías un accidente?
		manejaras en Nueva York	¿Te perderías?
		corrieras 5 millas	¿Te cansarías?
		sacaras una A+ en español	¿Te alegrarías?
		perdieras tu libro	¿Comprarías otro?
		no hicieras tarea	¿serías suspendido?
		cayeras de tu silla	¿Te lastimarías?

4					
	Si quisieras,	¿podrías	asistir a otra escuela sacar una A en todas tus clases ser presidente de la escuela comprar un coche deportivo aprender a pilotear un avión estudiar dos lenguas al mismo tiempo sobresalir (excel) en matemáticas hablar español con fluidez jugar al fútbol profesional ser actor/actriz ser un atleta campeón vivir en otro país vivir con una familia mexicana		?

5					
	¿A veces	hablas actúas (act) te comportas (behave) haces (act) murmuras (grumble)	como si	no tuvieras nada para hacer no tuvieras nada para llevar no hubiera nada bueno para comer no tuvieras ningún amigo tus padres no te apreciaran supieras más que tus padres tus padres fueran tus siervos (servants) nadie te comprendiera fueras la persona más importante del mundo no fueras responsable por tus acciones merecieras (deserved) más que tus hermanos no valieras (worth) nada estuvieras enfermo/a	?

6	Cuando eras niño/a......................				
	¿A veces	hablabas actuabas te comportabas hacías murmurabas	como si	no tuvieras nada para hacer no tuvieras nada para llevar no hubiera nada bueno para comer no tuvieras ningún amigo tus padres no te apreciaran supieras más que tus padres tus padres fueran tus siervos (servants) nadie te comprendiera fueras la persona más importante del mundo no fueras responsable por tus acciones merecieras (deserved) más que tus hermanos no valieras (worth) nada estuvieras enfermo/a	?

✉ Lectura: *Sus amigos saben*

Ya no os llamaré siervos . . . pero os he llamado amigos. . . .   servants
—Juan 15:15.

    Rene Lacoste, el mejor jugador de tenis del mundo *a finales de* los   at the end of
años 20, ganó siete títulos importantes durante su *carrera*, incluyendo   career
múltiples victorias en Wimbledon, el *abierto* de los Estados Unidos y el   open
abierto de Francia. Sus amigos le *decían* «el cocodrilo», *término* muy   called, term
apropiado para su *tenacidad* en la *cancha*.   tenacity, court

    Lacoste aceptó el *apodo* y se mandó a *bordar* un pequeño cocodrilo   nickname, embroider
en su camiseta de jugar al tenis. Cuando lo puso también en una *línea*   line
de camisetas que *diseñó posteriormente*, el símbolo *se hizo* muy   designed, subsequently
popular. Aunque miles de personas en todo el mundo *llevaban*
puestas las «camisetas con el cocodrilo» [chemise Lacoste], el   wore
emblema siempre tuvo un *significado* especial para los amigos de   meaning
Lacoste, quienes conocían su origen y significado.

    La *cruz*, emblema del cristianismo, tiene un significado especial para   cross
todos los amigos de Cristo. *Siempre que* vemos una cruz pensamos en   whenever
la *tenaz* determinación de Cristo de hacer la *voluntad* de su Padre al   tenacious, will
morir por nosotros en el Calvario. Qué privilegio conocerlo y estar
incluidos en las palabras que dijo a sus discípulos: «Ya no os llamaré
siervos . . . pero os he llamado amigos» (Jn. 15:15).   servants

    Me puedo imaginar a un amigo de Lacoste ver el pequeño cocodrilo
en la camiseta de alguien y decir: «Conozco la historia de ese emblema.
Lacoste es mi amigo.» Y también me puedo imaginar a un amigo de
Jesús ver una cruz y hacer lo mismo. --DCM

          Debido a la cruz de Cristo podemos   due to
          llegar a ser amigos de Cristo.

          Nuestro pan diario

A. Preguntas sobre la lectura
1. ¿Quién fue Rene Lacoste?
2. ¿Cuántos títulos importantes ganó durante su vida?
3. ¿Qué apodo le pusieron sus amigos?
4. ¿Qué representó este apodo?
5. ¿Qué se mandó a bordar en su camiseta?
6. ¿Cómo se hizo popular este símbolo?
7. ¿Para quiénes tuvo este emblema un significado especial?
8. ¿Qué emblema tiene un significado especial para los amigos de Cristo?
9. ¿En qué pensamos cuando vemos una cruz?
10. Qué nos ha llamado Cristo?

B. Preguntas personales
1. ¿Tienes una camiseta con el símbolo de un cocodrilo?
2. ¿Tiene este símbolo un significado especial para ti? ¿Por qué?
3. ¿Tienes una camiseta con un símbolo cristiano?
4. ¿Tiene este símbolo un significado especial para ti? ¿Por qué?
5. ¿Crees que los símbolos son buenos?
6. ¿Es posible que un símbolo pierda su significado original?
7. ¿Crees que el símbolo de la cruz ha perdido su significado para muchos?
8. ¿Conoces a personas que llevan el símbolo de la cruz sin conocer su origen y significado?

➔Exprésate: Lo que haces cuando vas de compras

1. Entrevista

1.	¿Dónde compras tu ropa, en las grandes tiendas departamentales, o en boutiques exclusivas?
2.	¿Tienes una tienda favorita? ¿Por qué te gusta más que las otras?
3.	¿Te gustan las tiendas de descuento? ¿Eres socio/a de una tienda de descuento?
4.	¿Prefieres las tiendas de descuento a las grandes tiendas departamentales?
5.	¿Se pueden hacer buenas compras a precio de ganga (bargain) en las tiendas de descuento?
6.	¿Tardas mucho tiempo buscando ropa? ¿Te gusta probarte distintos tipos de ropa?
7.	¿Siempre te pruebas la ropa antes de comprarla? ¿Preguntas la opinión de un amigo?
8.	Cuando compras ropa, ¿te importa más el precio o la calidad de la ropa?
9.	¿Siempre buscas ofertas en el periódico antes de ir de compras?
10.	¿Vas a muchas liquidaciones? ¿A veces encuentras ropa a mitad de precio?
11.	¿Crees que la ropa cuesta demasiado? ¿A veces compras ropa usada?
12.	¿Cuánto dinero gastas en ropa por año? ¿En qué gastas más dinero, en ropa o en comida?
13.	¿Te gusta comprar ropa por correo? ¿Tienes muchos catálogos? ¿Cuál es tu favorito?
14.	¿Cuáles son las ventajas y desventajas de comprar ropa por correo?
15.	¿Cómo prefieres pagar, con dinero en efectivo o con tarjeta de crédito? ¿Tienes tarjeta de crédito?

2. Narración (oral o escrita)

Cuenta lo que haces cuando vas de compras, desde el momento en que llegas al centro comercial hasta el momento en que sales. Incluye la conversación entre tú y el/la dependiente. Consulta la lista dada a continuación para ideas.

Expresiones útiles
Primero First
Luego Then
Entretanto Meanwhile
Más tarde Later
Por último Lastly
Siempre Always
Muchas veces Often
A veces Sometimes
Nunca Never

Acciones
-**Buscar las ofertas** look for specials
-**Ir al centro comercial** go to the mall
-**Gastar mucho dinero** spend lots of money
-**Pasar mucho tiempo** spend lots of time
-**Probarse mucha ropa** try on lots of clothing
-**Comparar precios** compare prices
-**Preguntar la opinión de un amigo** ask a friend's opinion
-**mirarse en el espejo** look at oneself in the mirror
-**Pensarlo bien** think it over
-**Ordenarlo** order it
-**Cambiarlo** exchange it
-**Regatear** bargain over
-**Pagar al contado** pay cash
-**Pagar con tarjeta de crédito** charge

Nota Cultural

En España y también en Latinoamérica es la costumbre comprar no sólo en las grandes almacenes como *El Corte Inglés*, sino también en las pequeñas botiques, tiendas especializadas que venden un solo producto. Aunque se paga un poco más en estas tiendas, los productos son generalmente de mejor calidad y muchas veces son hechos a la medida. En Latinoamérica también es la costumbre mandar confeccionar su ropa a una modista, y hay muchas jóvenes que saben coser y que hacen su propia ropa con la ayuda de su madre.

Además de *El Corte Inglés*, la tienda departamental más grande de España, existen también hipermercados fuera de la ciudad, entre las cuales destacan *Continente*, *Alcampo* y *PRYCA*.

La Catedral de Salamanca

Capítulo 33

Versículo

Oh, that my ways were directed to keep thy statutes!
Psalms 119:5

¡Ojalá fueran ordenados mis caminos para guardar tus estatutos! Salmo 119: 5

Saludos

¿Qué hay (de nuevo)?
¿Qué fecha tenemos?
¿Qué hora tienes? ¿A qué hora llegaste a la escuela?
¿A cuánto está la temperatura? (Está a...grados.)
¿En qué clases tuviste tarea ayer?
¿A qué hora te acostaste ayer?
¿Cuántas horas dormiste anoche?
¿A qué hora te levantarás mañana?
¿Qué tiempo hará mañana?
¿Habrá sol mañana?

Lecciones

1. Historias bíblicas: Jacob en Egipto
2. Versículo: Salmo 119: 5
3. Lectura: La moda
4. Exprésate: No seas falso
5. Intérprete: Comprando ropa
6. Oral Mastery Exercises

Repaso rápido

Día 1: Grammar plus New Vocabulary	1. You could buy more if you charged it. 2. I wouldn't buy them if they were too small. 3. I would pay cash if I bought them.	
Día 2: Grammar plus New Vocabulary	1. You could return them if you didn't like them. 2. I would buy it if I had an account. 3. We could bargain if we were in Mexico.	
Día 3: Grammar plus New Vocabulary	1. I would be happier if it matched my dress. 2. He said that he could order it for me if they didn't have it in my size. 3. I would try it on if I knew where the dressing room was.	
Día 4: Grammar plus New Vocabulary	1. I wish that they could alter if for me. 2. I wish that I wore a smaller size. 3. I wish that they had it in a better quality.	
Día 5: Grammar plus New Vocabulary	1. He spends money as if he were the richest man in the world. 2. She walks as if the shoes were too tight. 3. It fits you (quedar) as if it were your exact size.	

✝La historia de José: Jacob en Egipto

Al oír las buenas noticias, Jacob se quedó *atónito* y no les creía. ¡Habían pasado tantos años y todo el tiempo creía que su hijo estaba muerto! Pero ellos le contaron todo lo que José les había dicho, y cuando vio los *carros* que José había enviado para llevarlos a Egipto, por fin les creyó y *se reanimó*. ¡Después de tantos años, tenía su hijo otra vez! No quería nada más. Iría a Egipto a verlo antes de morir.   *stunned*

carros carts

se reanimó revived

Jacob tenía ciento treinta años cuando salió de la tierra de Canaán y fue a Egipto con todos sus *familiares*. Cuando llegó a Berseba, ofreció sacrificios a Dios, y en esa misma noche Dios le habló en una visión, prometiéndole que le acompañaría a Egipto y que allí haría de él una gran nación. Después, le haría volver a la tierra de Canaán.   *relatives*

Jacob debió haber estado muy contento de saber que pasaría sus últimos años cerca de su hijo José. Cuando llegó con su familia a la tierra de Gosén en Egipto, fue recibido por José, quien *abrazó* a su padre y durante *un largo rato* lloró sobre su *hombro*. Entonces Jacob dijo a José: "*Muera* yo ahora, ya que he visto tu *rostro*, y sé que todavía vives."   *hugged*
long while, shoulder
Let me die, face

Después de recibir a su familia, José fue a informarle al Fararón que sus hermanos y la familia de su padre habían venido de Canaán a quedarse con él. El fararón estuvo muy contento de conocer a la familia de José, y les permitió residir en la tierra de Gosén, la mejor región de todo Egipto. Allí los israelitas prosperaron y *llegaron a ser* muy numerosos. Jacob vivió diecisiete años en Egipto y vivió un total de ciento cuarenta y siete años. Antes de morir, *bendijo* a los dos hijos de José y le dijo a José que Dios estaría con él y su familia y que un día les haría volver a la tierra de Canaán. Después de su muerte, José y la familia de Jacob *permanecieron* en Egipto durante muchos años. Durante todo este período, José *cuidó de* sus hermanos y de sus familias. Por fin, a la edad de ciento diez años, se murió. Había *permanecido fiel* a Dios durante toda su vida. Ahora pudo *reunirse* con sus padres.   *became*

bendijo blessed

permanecieron remained
cuidó de provided for
permanecido fiel remained, faithful
reunirse join

Preguntas sobre la lectura
1. ¿Cómo reaccionó Jacob a las noticias de José?
2. ¿Cuántos años tenía Jacob cuando fue con su familia a vivir en Egipto?
3. ¿Qué hizo cuando llegó a Berseba?
4. ¿Qué le prometiío Dios en una visión?
5. ¿Dónde pasó Jacob sus últimos años?
6. ¿En qué parte de Egipto residieron Jacob y su familia?
7. ¿Cuántos años tenía cuando se murió?
8. ¿Qué hizo antes de morir?
9. ¿Cuántos años tenía José cuando se murió?

Intérprete

On hearing the good news, Jacob was stunned and didn't believe them. So many years had passed and all the time he thought that his son was dead! But they related to him all that Joseph had told them, and when he saw the wagons that Joseph had sent to take them to Egypt, he finally believed and revived. After so many years, he had his son again! He wanted nothing more. He would go to Egypt and see him before dying. Jacob was a hundred and thirty years old when he left the land of Canaan and went to Egypt with all of his relatives. When he arrived at Beersheba, he offered sacrifices to God, and that same night God spoke to him in a vision, promising him that he would go with him to Egypt and that there He would make of him a great nation. Afterwards, He would bring him back to Canaan. Jacob must have been very happy to know that he would spend his last years near his son Joseph. When he arrived in the land of Goshen in Egypt, he was received by Joseph. What a wonderful meeting! Joseph hugged his father and for a long time wept on his shoulder. Then Jacob said to Joseph: "Now let me die, for I have seen your face, and know that you are still alive." After receiving his family, Joseph went to inform Pharaoh that his brothers and his father's family had come from Canaan to stay with him. Pharaoh was very happy to meet Joseph's family and he let them live in the land of Goshen, the best region in all of Egypt. There the Israelites prospered and became very numerous. Jacob lived seventeen years in Egypt and he lived in all one hundred and forty-seven years. Before he died, he blessed Joseph's children and told him that God would be with him and his family and that one day He would bring them back to the land of his fathers. After his death, Joseph and the family of Jacob remained in Egypt for many years. During all this time Joseph took care of his brothers and their families. Finally, at the age of one hundred and ten, he died. He had remained faithful to God all his life. Now he could join his fathers.	Al oír las buenas noticias, Jacob se quedó atónito y no les creía. ¡Habían pasado tantos años y todo el tiempo creía que su hijo estaba muerto! Pero ellos le contaron todo lo que José les había dicho, y cuando vio los carros que José había enviado para llevarlos a Egipto, por fin les creyó y se reanimó. ¡Después de tantos años, tenía su hijo otra vez! No quería nada más. Iría a Egipto a verlo antes de morir. Jacob tenía ciento treinta años cuando salió de la tierra de Canaán y fue a Egipto con todos sus familiares. Cuando llegó a Berseba, ofreció sacrificios a Dios, y en esa misma noche Dios le habló en una visión, prometiéndole que le acompañaría a Egipto y que allí haría de él una gran nación. Después, le haría volver a la tierra de Canaán. Jacob debió haber estado muy contento de saber que pasaría sus últimos años cerca de su hijo José. Cuando llegó a la tierra de Gosén en Egipto, fue recibido por José. ¡Qué encuentro tan maravilloso! José abrazó a su padre y durante un largo rato lloró sobre su hombro. Entonces Jacob dijo a José: "Muera yo ahora, ya que he visto tu rostro, y sé que todavía vives." Después de recibir a su familia, José fue a informarle al Fararón que sus hermanos y la familia de su padre habían venido de Canaán a quedarse con él. El fararón estuvo muy contento de conocer a la familia de José y les permitió residir en la tierra de Gosén, la mejor región de todo Egipto. Allí los israelitas prosperaron y llegaron a ser muy numerosos. Jacob vivió diecisiete años en Egipto y vivió un total de ciento cuarenta y siete años. Antes de morir, bendijo a los dos hijos de José y le dijo a José que Dios estaría con él y su familia y que un día les haría volver a la tierra de sus padres. Después de su muerte, José y la familia de Jacob permanecieron en Egipto durante muchos años. Durante todo este período José cuidó de sus hermanos y de sus familias. Por fin, a la edad de ciento diez años, se murió. Había permanecido fiel a Dios durante toda su vida. Ahora pudo reunirse con sus padres.

✉Lectura: *No seas falso*

Guardaos de hacer vuestra justicia delante de los hombres, para ser vistos de ellos. . . . --Mateo 6:1.

Todos los días, miles de personas viajan de Hong Kong a Shenzhen, China, y *se dirigen a* Lo Wu, un centro comercial gigante que vende imitaciones de artículos de *lujo*. En un artículo publicado por el periódico The New York Times, Mark Landler dice: «Con cinco pisos y 46.450 metros *cuadrados* de *espacio* para vender *al detalle*, Lo Wu podría ser la capital del mundo de artículos falsificados.»

    head for
    luxury

    square, space, retail

La gente paga *con gusto* 58 dólares por un reloj Rolex falso. Compran imitaciones de zapatos Gucci, de ropa Fendi, y de billeteras Chanel por una fracción de los precios que *se cobran* por los verdaderos. *A menudo* se forman *refriegas* porque los *compradores pelean* por los artículos más populares.

    gladly

    are charged
    often, scuffles, purchasers
    fight

¡Cuánto dice eso de la tendencia del hombre a *valorar* la apariencia externa más que la realidad! Pagamos mucho dinero para tener la *etiqueta* y la «apariencia» correctas, aun si la mercancía no es auténtica.

    value

    label

Esta tendencia también se puede ver en *asuntos* espirituales. En Mateo 6 Jesús condenó a los fariseos por su hipocresía. Ellos hacían buenas *obras* (v.2), oraban (v.5), y *ayunaban* (v.16) para *crear* la apariencia de personas dedicadas a Dios. Parecían genuinos, pero sus corazones estaban lejos de Él.

    matters

    works, fasted, create

La solución a la hipocresía *se halla* en la oración que Jesús enseñó a sus discípulos (vv.9-13). Cuando oremos así sinceramente dejaremos de *fingir* y seremos genuinos con Dios. --DCM

    is found

    pretend

Mientras más *te esfuerces por* ser quien debes ser, menos tendrás que *ocultar* quien eres.

    strive
    hide

Nuestro pan diario

A. Preguntas sobre la lectura
1. ¿Por qué viajan miles de personas a Shenzhen, China?
2. ¿Qué es Lo Wu?
3. ¿Cuánto se paga por un reloj Rolex falso?
4. ¿Cuáles son algunas de las marcas más famosas que se falsifican?
5. ¿Por qué se forman a menudo friegas?
6. ¿Qué nos dice esto acerca del hombre?
7. ¿Qué le importa más al hombre, las apariencias o la autenticidad de la mercancía?
8. ¿Dónde se puede ver esta tendencia de valorar la apariencia externa?
9. ¿Por qué condenó Jesús a los fariseos?
10. ¿Dónde se halla la solución a la hipocresía?

B. Preguntas personales
1. ¿Conoces a personas a quienes les importe demasiado la apariencia externa?
2. ¿Crees que la apariencia externa es importante? ¿Por qué?
3. ¿Crees que la apariencia externa es importante en asuntos espirituales?
4. A tu parecer, ¿es posible hacer buenas obras sin ser genuino con Dios?
5. ¿Es posible ser genuino con Dios sin hacer buenas obras?

✎ Exprésate: La moda

1. Entrevista

1. ¿Crees que es importante vestirse de acuerdo con la ocación?
2. ¿Crees que la forma en que nos vestimos afecta nuestra conducta?
3. ¿Crees que es necesario tener mucha ropa y vestirse a la moda para triunfar en la vida?
4. A tu parecer, ¿en qué debe consistir el guardaropa (wardrobe) básico de una mujer/de un hombre?
5. ¿Crees que nuestra sociedad pone demasiado énfasis en la moda?
6. ¿Crees que es necesario tener mucho dinero para vestirse bien? ¿Te gusta llevar ropa coordinada?
7. ¿Crees que el vestirse para la escuela es un poco como prepararse para un concurso de belleza (beauty contest)?
8. ¿Sería mejor tener que llevar uniformes en la escuela? ¿Cuáles son las ventajas de tener uniformes?
9. ¿Estás a favor o en contra de la moda actual (current)?
10. ¿Crees que hay mucha libertad en la moda actual? ¿Es más variada que antes?
11. ¿Cuál prefieres, la moda actual o la de antes?
12. ¿Estás a favor o en contra de la diversidad? ¿Por qué?
13. ¿Crees que la forma en que nos vestimos refleja (reflects) nuestra personalidad?
14. A tu parecer, ¿es más importante vestirse de acuerdo con la moda o vestirse para lucir (look) mejor?
15. ¿Por qué crees que la moda cambia cada cinco años?

2. Comentario (oral o escrito)

Discute la importancia de vestirse apropiadamente y cómo influye la ropa nuestra conducta. ¿Por qué es importante, o no es importante, vestirse bien en el trabajo, en la escuela o en la iglesia? Consulta la lista dada a continuación para ideas.

Para expresar una opinión

Creo personalment que... I personally think
Me parece que... It seems to me that
Es evidente que... It's obvious that

Por un lado... One the one hand
Por otro lado... On the other hand
En primer lugar... In the first place
En segundo lugar... In the second place

No sólo...sino que también Not only...but also
No...ni... It neither...nor...

-**Reflejar nuestra actitud** reflects our attitude
-**Influir nuestra conducta** influences our conduct
-**Costar demasiado** cost too much
-**Ser...**
  una pérdida de dinero a waste of money
  superficial superficial
  un concurso de belleza a beauty contest
-**Impresionar a la gente** impress people
-**Provocar envidia** provoke envy
-**Hacerles buena impresión a otros** impress others favorably
-**Dar una falsa impresión** give a false impression
-**Triunfar en la vida** triumph in life

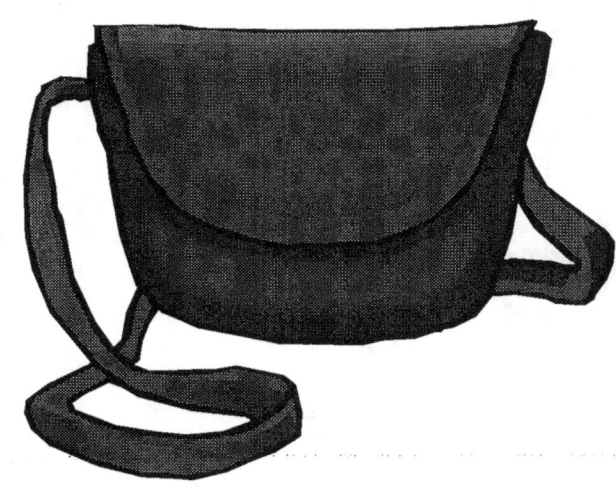

Nota Cultural
Artesanía de cuero

Los productos de cuero españoles gozan de prestigio internacional. Las principales regiones donde se producen zapatos, bolsos y prendas de cuero son Andalucía y Levante. Los cueros estampados de Córdobas, apreciados por su belleza, se han producido durante siglos.

Entre los españoles es un pasatiempo favorito mirar las vitrinas, y es la costumbre en muchos lugares seleccionar algo que está en la vitrina y luego darle al dependiente el número indicado en el producto. Como la artesanía de cuero varía mucho en su calidad y en su precio, es una buena idea mirar bien el producto antes de comprarlo.

Intérprete: Comprando ropa

When I go shopping for clothes,	**Cuando voy a comprar ropa,**
first I read the ads in the newspaper	**primero leo los anuncios en el periódico**
to see where the best sales are.	**para ver dónde están las mejores ofertas.**
After deciding where I want to go,	Después de decidir adónde quiero ir,
I go to the mall.	voy al centro comercial.
On entering the mall,	**Al entrar en el centro comercial,**
I go to one of the department stores	**voy a una de las tiendas departamentales**
and look for the women's/men's clothing department.	**y busco la sección de ropa para mujeres/hombres.**
If I want to buy pants, I go to that department	Si quiero comprar pantalones, voy a esa sección
and look for something in my size.	y busco algo en mi talla.
When the saleslady sees me,	**Cuando la dependiente me ve,**
she asks me if she can help me.	**me pregunta si puede ayudarme.**
Since I don't want help,	Como no quiero ayuda,
I tell her that I'm just looking.	le digo que sólo estoy mirando.
Upon finding some pants that I like,	**Al encontrar algunos pantalones que me gustan,**
I ask if I can try them on.	**pregunto si puedo probármelos.**
The saleslady tells me where the dressing room is	La dependiente me dice dónde está el probador
and gives me a number.	y me da un número.
After trying them on, I leave the dressing room	**Después de probármelos, salgo del probador**
and look at myself in the mirror.	**y me veo en el espejo.**
If they fit me well and I like them,	Si me quedan bien y me gustan,
I take them to the counter and buy them.	los llevo al mostrador y los compro.
If they don't fit me right or I don't like the color,	**Si no me quedan bien o no me gusta el color,**
I ask the salelady	**le pregunto a la dependiente**
if they have them in another size or color.	**si los tienen en otra talla o en otro color.**
Often they don't have anything else in stock	Muchas veces no tienen nada más en almacén
and they have to call another store	y tienen que llamar otra tienda
to see if they have something in my size.	para ver si tienen algo en mi talla.
Since I don't like to wait,	**Como no me gusta esperar,**
I tell her that I'm going to keep looking	**le digo que voy a seguir buscando**
until finding something that I like.	**hasta encontrar algo que me guste.**
After leaving the department store,	Después de salir de la tienda departamental,
I go to a boutique that has informal clothing.	voy a una boutique que tiene ropa informal.
Since the salelady isn't very busy,	**Como la dependiente no está muy ocupada,**
she helps me to find some pants in my size.	**me ayuda a encontrar algunos pantalones en mi talla.**
I only find two that I like,	Sólo encuentro dos que me gustan,
but I also see some very pretty sweaters	pero también veo unos suéteres muy bonitos
that are on sale at half-price,	que están en oferta a mitad de precio,
so I ask if I can try them on.	así que pregunto si puedo probármelos.
Although I like the color and the cut a lot,	**Aunque me gustan mucho el corte y el color,**
they only have them in extra large and large.	**sólo los tienen en extra grande y grande.**
Since they don't have any in medium,	Como no tienen ninguno en talla mediana,
I put them back in their place	vuelvo a ponerlos en su lugar
and ask if I can try on the pants.	y pregunto si puedo probarme los pantalones.
On seeing they fit me well, I decide to buy them.	**Al ver que me quedan bien, decido comprarlos.**
The saleslady asks me how I want to pay,	La dependiente me pregunta cómo quiero pagar,
in cash or on credit,	en efectivo o a crédito,
and tells me that I can save another 10%	y me dice que puedo ahorrar otro 10%
if I want to open an account with them.	si quiero abrir una cuenta con ellos.
Since I don't want to open an account,	**Como no quiero abrir una cuenta,**
the saleslady takes my check	**la dependiente toma mi cheque**
and asks to see my driver's licence.	**y pide ver mi licencia de conducir.**
After checking all the information,	Después de verificar toda la información,
she puts the pants in a bag with the reciept.	pone los pantalones en un saco con el recibo.
I take the bag, thank her for her help, and leave.	**Tomo el saco, le agradezco su ayuda, y me voy.**

ORAL MASTERY 11

If...then...Clauses

If you study, you will learn.	Si estudias, aprenderás.
If you listen, you will understand	Si escuchas, comprenderás.
If you do well, you will get an A.	Si haces bien, sacarás una A.
If you leave early, you will arrive on time.	Si sales temprano, llegarás a tiempo.
If you are nice, you will have friends.	Si eres simpático, tendrás amigos.
If you have friends, you will be happy.	Si tienes amigos, estarás contento.
If you go to school, you will meet others.	Si vas a la escuela, conocerás a otros.
If you come to the party, you will have fun.	Si vienes a la fiesta, te diveritirás.
If you tell the truth, you will succeed.	Si dices la verdad, tendrás éxito.
If you studied, you would learn.	Si estudiaras, aprenderías.
If you listened, you would understand	Si escucharas, comprenderías.
If you did well, you would get an A.	Si hicieras bien, sacarías una A.
If you left early, you would arrive on time.	Si salieras temprano, llegarías a tiempo.
If you were nice, you would have friends.	Si fueras simpático, tendrías amigos.
If you had friends, you would be happy.	Si tuvieras amigos, estarías contento.
If you went to school, you would meet others.	Si fueras a la escuela, conocerías a otros.
If you came to the party, you would have fun.	Si vinieras a la fiesta, te divertirías.
If you told the truth, you would succeed.	Si dijeras la verdad, tendrías éxito.
You will learn if you study.	Aprenderás si estudias.
You will understand if you listen.	Comprenderás si escuchas.
You will get an A if you do well.	Sacarás una A si haces bien.
You will arrive on time if you leave early.	Llegarás a tiempo si sales temprano.
You will have friends if you are nice.	Tendrás amigos si eres símpatico.
You will be happy if you have friends.	Estarás contento si tienes amigos.
You will meet others if you go to school.	Conocerás a otros si vas a la escuela.
You will have fun if you come to the party.	Te divertirás si vienes a la fiesta.
You will succeed if you tell the truth.	Tendrás éxito si dices la verdad.
You would learn if you studied.	Aprenderías si estudiaras.
You would understand if you listened.	Comprenderías si escucharas.
You would get an A if you did well.	Sacarías una A si hicieras bien.
You would arrive on time if you left early.	Llegarías a tiempo si salieras temprano.
You would have friends if you were nice.	Tendrías amigos si fueras símpatico.
You would be happy if you had friends.	Estarías contento si tuvieras amigos.
You would meet others if you went to school.	Conocerías a otros si fueras a la escuela.
You would have fun if you came to the party.	Te divertirías si vinieras a la fiesta.
You would succeed if you told the truth.	Tendrías éxito si dijeras la verdad.

The Imperfect Subjunctive after *como si* and *Ojalá*

He speaks as if he were the boss.	Habla como si fuera el jefe.
She talks as if she knew the president.	Habla como si conociera al presidente.
He acts as if he lived here.	Actúa como si viviera aquí.
She eats as if she were famished.	Come como si tuviera mucha hambre.
He spends money as if he had a million dollars.	Gasta dinero como si tuviera un millón de dólares.
She works as if she liked her job.	Trabaja como si le gustara su empleo.
He drives as if he were crazy.	Maneja como si estuviera loco.
She talks as if she knew all the answers.	Habla como si supiera todas las respuestas.
He answered as if didn't know anything.	Contestó como si no supiera nada.
She talked as if she had a sore throat.	Habló como si tuviera dolor de garganta.
He played as if he didn't want to win.	Jugó como si no quisiera ganar.
He ran as if he had wings on his feet.	Corrió como si tuviera alas en los pies.
She behaved as if she were at home.	Se portó como si estuviera en casa.
He read as if he needed glasses.	Leyó como si necesitara anteojos.
She looked at me as if she didn't recognize me.	Me miró como si no me reconociera.
He acted as if he were doing me a favor.	Hizo como si me hiciera un favor.
I wish that I were the teacher.	Ojalá que fuera el profesor.
I wish that I knew the answer.	Ojalá que supiera la respuesta.
I wish that I had a car.	Ojalá que tuviera un coche.
I wish that I lived in Mexico.	Ojalá que viviera en México.
I wish that I could vote.	Ojalá que pudiera votar.
I wish that I were in Spain.	Ojalá que estuviera en España.
I wish that I knew the president.	Ojalá que conociera al presidente.
I wish that I were going to the party.	Ojalá que fuera a la fiesta.
I wish that he could be here.	Ojalá que pudiera estar aquí.
I wish that she wanted to learn.	Ojalá que quisiera aprender.
I wish that they were coming.	Ojalá que vinieran.
I wish that you were telling the truth.	Ojalá que dijeras la verdad.
I wish that we didn't have to leave.	Ojalá que no tuviéramos que salir.
I wish that they were bringing their friend.	Ojalá que trajeran a su amigo.
I wish that you knew how to ski.	Ojalá que supieras esquiar.
I wish that there weren't any tests.	Ojalá que no hubiera exámenes.

Repaso de unidades 9-11

I. The Imperfect Subjunctive

1. I wanted them to do their homework at home.
2. He asked us to put our books on the table.
3. I expected her to open the door.
4. I would prefer that you not say anything.
5. It was good that you were here.

6. It wasn't possible for us to go to the party.
7. I would like you to leave on time.
8. I needed them to help me with the work.
9. I doubted that she would understand me.
10. I wouldn't want you to hear it.

11. It was impossible for them to know everything.
12. I was hoping that we would have time.
13. It would be better for you to tell the truth.
14. It seemed likely (probable) that he would sleep better.
15. I didn't think that he would lie to me.

II. The Imperfect Subjunctive in Adjective Clauses

1. I was looking for a class that began later.
2. We didn't know anyone who could play on Saturday.
3. I was looking for someone who wasn't lazy.
4. There wasn't anything that they could do.
5. I would prefer to buy a house that has three bathrooms.
6. I needed a friend who would never leave (abandonar) me.
7. Did you know anyone who spoke Spanish when you were little?
8. I had to find a bank that opened at 8:00.
9. Would you want to marry (casarse con) someone who thought he was perfect?
10. I would prefer to buy a car that runs on (funcionar con) electricity.

III. The Imperfect Subjunctive in Adverb Clauses

1. He said that he would help us when we got home.
2. I thought that she would understand when I explained it.
3. It wasn't possible for them to leave before we arrived.
4. He spoke slowly so that we would understand him.
5. We were going to take the test as soon as he gave it to us.
6. I brought an umbrella in case it rained.
7. He never did anything unless I helped.
8. We decided to wait until everyone was present.
9. He promised (prometer) to play provided that it didn't rain.
10. He was going to wash the dishes while we watched T. V..

IV. The Imperfect Subjunctive in If-Clauses

1. If I were the teacher, I wouldn't give homework every night.
2. Where would you go if you could live in another country?
3. What would you say if I gave you one thousand dollars?
4. We would learn more if we went to school six days a week.
5. How would you come to school if you didn't have a car?

V. The Imperfect Subjunctive after *Ojalá* and *como si*

1. I wish I spoke Spanish fluently (con fluidez).
2. She runs as if she had a blister (una ampolla) on her foot.
3. I wish you knew how to ski.
4. He talks as if he were from another country.
5. I wish we could go to the beach on Saturday.

A. Indicative of Regular Verbs

I. Simple Tenses

Participles	Present	Preterite	Imperfect	Future	Conditional
TOMAR	tomo	tomé	tomaba	tomaré	tomaría
tomando	tomas	tomaste	tomabas	tomarás	tomarías
tomado	toma	tomó	tomaba	tomará	tomaría
	tomamos	tomamos	tomábamos	tomaremos	tomaríamos
	tomáis	tomasteis	tomabais	tomaréis	tomaríais
	toman	tomaron	tomaban	tomarán	tomarían
COMER	como	comí	comía	comeré	comería
comiendo	comes	comiste	comías	comerás	comerías
comido	come	comió	comía	comerá	comería
	comemos	comimos	comíamos	comeremos	comeríamos
	coméis	comisteis	comíais	comeréis	comeríais
	comen	comieron	comían	comerán	comerían
VIVIR	vivo	viví	vivía	viviré	viviría
viviendo	vives	viviste	vivías	vivirás	vivirías
vivido	vive	vivió	vivía	vivirá	viviría
	vivimos	vivimos	vivíamos	viviremos	viviríamos
	vivís	vivisteis	vivíais	viviréis	viviríais
	viven	vivieron	vivían	vivirán	vivirían

II. Perfect Tenses

Present Perfect	Past Perfect	Future Perfect	Conditional Perfect	+ Past Participle
he	había	habré	habría	
has	habías	habrás	habrías	**tom-ado**
ha	había	habrá	habría	**com-ido**
hemos	habíamos	habremos	habríamos	**viv-ido**
habéis	habíais	habréis	habríais	
han	habían	habrán	habrían	

III. Progressive Tenses

Present Progressive	Past Progressive	Future Progressive	Conditional Perfect	+ Present Participle
estoy	estaba	estaré	estaría	
estás	estabas	estarás	estarías	**tom-ando**
está	estaba	estará	estaría	**com-iendo**
estamos	estábamos	estaremos	estaríamos	**viv-iendo**
estáis	estabais	estaréis	estaríais	
están	estaban	estarán	estarían	

IV. Passive Voice Tenses

Present	Preterite	Imperfect	Future	Conditional	+ Past Participle
soy	fui	era	seré	sería	
eres	fuiste	eras	serás	serías	**respet-ado***
es	fue	era	será	sería	**tem-ido**
somos	fuimos	éramos	seremos	seríamos	**her-ido**
sois	fuisteis	erais	seréis	seríais	
son	fueron	eran	serán	serían	

*Change -o to -a/-os/-as to agree with subject: Son respetados.

B. Subjunctive of Regular Verbs

I. Simple Tenses

Present Subjunctive	Imperfect Subjunctive	Commands
tome	tomara	---
tomes	tomaras	toma (no tomes)
tome	tomara	que tome
tomemos	tomáramos	tomemos
toméis	tomarais	tomad (no toméis)
tomen	tomaran	que tomen
coma	comiera	---
comas	comieras	come (no comas)
coma	comiera	que tome
comamos	comiéramos	comamos
comáis	comierais	comed (no comáis)
coman	comieran	que coman
viva	viviera	---
vivas	vivieras	vive (no vivas)
viva	viviera	que viva
vivamos	viviéramos	vivamos
viváis	vivierais	vivid (no viváis)
vivan	vivieran	que vivan

II. Perfect Tenses

Present Perfect	Past Perfect	Future Perfect	Conditional Perfect	+ Past Participle
haya	hubiera	haya	hubiera	
hayas	hubieras	hayas	hubieras	**tom-ado**
haya	hubiera	haya	hubiera	**com-ido**
hayamos	hubiéramos	hayamos	hubiéramos	**viv-ido**
hayáis	hubierais	hayáis	hubierais	
hayan	hubieran	hayan	hubieran	

III. Progressive Tenses

Present Progressive	Past Progressive	Future Progressive	Conditional Perfect	+ Present Participle
esté	estuviera	esté	estuviera	
estés	estuvieras	estés	estuvieras	**tom-ando**
esté	estuviera	esté	estuviera	**com-iendo**
estemos	estuviéramos	estemos	estuviéramos	**viv-iendo**
estéis	estuvierais	estéis	estuvierais	
estén	estuvieran	estén	estuvieran	

IV. Passive Voice Tenses

Present	Past	Future	Conditional	+ Past Participle
sea	fuera	sea	fuera	
seas	fueras	seas	fueras	**respet-ado***
sea	fuera	sea	fuera	**tem-ido**
seamos	fuéramos	seamos	fuéramos	**her-ido**
seáis	fuerais	seáis	fuerais	
sean	fueran	sean	fueran	

*Change -o to -a/-os/-as to agree with subject: Son respetados.

C. Indicative of Stem-Changing Verbs

I. -IE- Verbs

Participles	Present	Preterite	Imperfect	Future	Conditional
PENSAR	pienso	pensé	pensaba	pensaré	pensaría
pensando	piensas	pensaste	pensabas	pensarás	pensarías
pensado	piensa	pensó	pensaba	pensará	pensaría
	pensamos	pensamos	pensábamos	pensaremos	pensaríamos
	pensáis	pensasteis	pensabais	pensaréis	pensaríais
	piensan	pensaron	pensaban	pensarán	pensarían
PERDER	pierdo	perdí	perdía	perderé	perdería
perdiendo	pierdes	perdiste	perdías	perderás	perderías
perdido	pierde	perdió	perdía	perderá	perdería
	perdemos	perdimos	perdíamos	perderemos	perderíamos
	perdéis	perdisteis	perdíais	perderéis	perderíais
	pierden	perdieron	perdían	perderán	perderían
MENTIR	miento	mentí	mentía	mentiré	mentiría
mintiendo	mientes	mentiste	mentías	mentirás	mentirías
mentido	miente	mintió	mentía	mentirá	mentiría
	mentimos	mentimos	mentíamos	mentiremos	mentiríamos
	mintís	mentisteis	mentíais	mentiréis	mentiríais
	mienten	mintieron	mentían	mentirán	mentirían

II. -UE- Verbs

Participles	Present	Preterite	Imperfect	Future	Conditional
CONTAR	cuento	conté	contaba	contaré	contaría
contando	cuentas	contaste	contabas	contarás	contarías
contado	cuenta	contó	contaba	contará	contaría
	contamos	contamos	contábamos	contaremos	contaríamos
	contáis	contasteis	contabais	contaréis	contaríais
	cuentan	contaron	contaban	contarán	contarían
MOVER	muevo	moví	movía	moveré	movería
moviendo	mueves	moviste	movías	moverás	moverías
movido	mueve	movió	movía	moverá	movería
	movemos	movimos	movíamos	moveremos	moveríamos
	movéis	movisteis	movíais	moveréis	moveríais
	mueven	movieron	movían	moverán	moverían
DORMIR	duermo	dormí	dormía	dormiré	dormiría
durmiendo	duermes	dormiste	dormías	dormirás	dormirías
dormido	duerme	dormió	dormía	dormirá	dormiría
	dormimos	dormimos	dormíamos	dormiremos	dormiríamos
	dormís	dormisteis	dormíais	dormiréis	dormiríais
	duermen	dormieron	dormían	dormirán	dormirían

III. -I- Verbs

Participles	Present	Preterite	Imperfect	Future	Conditional
PEDIR	pido	pedé	pedía	pediré	pediría
pidiendo	pides	pediste	pedías	pedirás	pedirías
pedido	pide	pidió	pedía	pedirá	pediría
	pedimos	pedimos	pedíamos	pediremos	pediríamos
	pedís	pedisteis	pedíais	pediréis	pediríais
	piden	pidieron	pedían	pedirán	pedirían

D. Subjunctive of Stem-Changing Verbs

I. -IE- Verbs

Present Subjunctive	Imperfect Subjunctive	Commands
piense	pensara	---
pienses	pensaras	piensa (no pienses)
piense	pensara	que piense
pensemos	pensáramos	pensemos
penséis	pensarais	pensad (no penséis)
piensen	pensaran	que piensen
pierda	perdiera	---
pierdas	perdieras	pierde (no pierdas)
pierda	perdiera	que pierda
perdamos	perdiéramos	perdamos
perdáis	perdierais	perded (no perdáis)
pierdan	perdieran	que pierdan
mienta	mintiera	---
mientas	mintieras	miente (no mientas)
mienta	mintiera	que mienta
mintamos	mintiéramos	mintamos
mintáis	mintierais	mentid (no mintáis)
mientan	mintieran	que mientan

II. -UE- Verbs

Present Subjunctive	Imperfect Subjunctive	Commands
cuente	contara	---
cuentes	contaras	cuenta (no cuentes)
cuente	contara	que cuente
contemos	contáramos	contemos
contéis	contarais	contad (no contéis)
cuenten	contaran	que cuenten
vuelva	volviera	---
vuelvas	volvieras	vuelve (no vuelvas)
vuelva	volviera	que vuelva
volvamos	volviéramos	volvamos
volváis	volvierais	volved (no volváis)
vuelvan	volvieran	que vuelvan
duerma	durmiera	---
duermas	durmieras	duerme (no duermas)
duerma	durmiera	que duerma
durmamos	durmiéramos	durmamos
durmáis	durmierais	dormid (no dormáis)
duerman	durmieran	que duerman

III. -I- Verbs

Present Subjunctive	Imperfect Subjunctive	Commands
pida	pidiera	---
pidas	pidieras	pide (no pidas)
pida	pidiera	que pida
pidamos	pidiéramos	pidamos
pidáis	pidiera	pedid (no pidáis)
pidan	pidieran	que pidan

E. Irregular Verbs by Tense

1. Present Tense

	INFINITIVE	yo	tú	Ud./él/ella	nosotros	vosotros	Uds./ellos
	ver	*veo*	ves	ve	vemos	veis	ven
	ir	*voy*	vas	va	vamos	vais	van
	dar	*doy*	das	da	damos	dais	dan
	estar	*estoy*	estás	está	estamos	estáis	están
	ser	*soy*	eres	es	*somos*	*sois*	*son*
	saber	*sé*	sabes	sabe	sabemos	sabéis	saben
-G-	hacer	*hago*	haces	hace	hacemos	hacéis	hacen
	poner	*pongo*	pones	pone	ponemos	ponéis	ponen
	traer	*traigo*	traes	trae	traemos	traéis	traen
	caer	*caigo*	caes	cae	caemos	caéis	caen
	salir	*salgo*	sales	sale	salimos	salís	salen
	decir	*digo*	dices	dice	decimos	decís	dicen
	oir	*oigo*	oyes	oye	oímos	oís	oyen
-Z-	crecer*	*crezco*	creces	crece	crecemos	crecéis	crecen
	conocer	*conozco*	conoces	conoce	conocemos	conocéis	conocen
	parecer	*parezco*	pareces	parece	parecemos	parecéis	parecen
	ofrecer	*ofrezco*	ofreces	ofrece	ofrecemos	ofrecéis	ofrecen
	merecer	*merezco*	mereces	merece	merecemos	merecéis	merecen
	producir	*produzco*	produces	produce	producimos	producís	producen
	traducir	*traduzco*	traduces	traduce	traducimos	traducís	traducen
	conducir	*conduzco*	conduces	conduce	conducimos	conducís	conducen
-Y-	huir	*huyo*	*huyes*	*huye*	huimos	huís	*huyen*
	incluir	*incluyo*	*incluyes*	*incluye*	incluimos	incluís	*incluyen*
	destruir	*destruyo*	*destruyes*	*destruye*	destruimos	destruís	*destruyen*
-IE-	pensar	pienso*	piensas	piensa	pensamos	pensáis	piensan
	cerrar	cierro	cierras	cierra	cerramos	cerráis	cierran
	empezar	empiezo	empiezas	empieza	empezamos	empezáis	empiezan
	comenzar	comienzo	comienzas	comienza	comenzamos	comenzáis	comienzan
	querer	quiero	quieres	quiere	queremos	queréis	quieren
	perder	pierdo	pierdes	pierde	perdemos	perdéis	pierden
	entender	entiendo	entiendes	entiende	entendemos	entendéis	entienden
	tener	*tengo*	tienes	tiene	tenemos	tenéis	tienen
	venir	*vengo*	vienes	viene	venimos	venís	vienen
	sentir	siento	sientes	siente	sentimos	sentís	sienten
	mentir	miento	mientes	miente	mentimos	mentís	mienten
	preferir	prefiero	prefieres	prefiere	preferimos	preferís	prefieren
-UE-	jugar	juego*	juegas	juega	jugamos	jugáis	juegan
	contar	cuento	cuentas	cuenta	contamos	contáis	cuentan
	mostrar	muestro	muestras	muestra	mostramos	mostráis	muestran
	recordar	recuerdo	recuerdas	recuerda	recordamos	recordáis	recuerdan
	poder	puedo	puedes	puede	podemos	podéis	pueden
	volver	vuelvo	vuelves	vuelve	volvemos	volvéis	vuelven
	morir	muero	mueres	muere	morimos	morís	mueren
	dormir	duermo	duermes	duerme	dormimos	dormís	duermen
-I-	pedir	pido	pides	pide	pedimos	pedís	piden
	seguir	sigo	sigues	sigue	seguimos	seguís	siguen
	servir	sirvo	sirves	sirve	servimos	servís	sirven
	repetir	repito	repites	repite	repetimos	repetís	repiten

2. Present Subjunctive

	INFINITIVE	yo	tú	Ud./él/ella	nosotros	vosotros	Uds./ellos
	ver	vea	veas	vea	veamos	veáis	vean
	ir	vaya	vayas	vaya	vayamos	vayáis	vayan
	dar	dé	des	dé	demos	deis	den
	estar	esté	estés	esté	estemos	estéis	estén
	ser	sea	seas	sea	seamos	seáis	sean
	saber	sepa	sepas	sepa	sepamos	sepáis	sepan
-G-	hacer	haga	hagas	haga	hagamos	hagáis	hagan
	poner	ponga	pongas	ponga	pongamos	pongáis	pongan
	traer	traiga	traigas	traiga	traigamos	traigáis	traigan
	caer	caiga	caigas	caiga	caigamos	caigáis	caigan
	salir	salga	salgas	salga	salgamos	salgáis	salgan
	decir	diga	digas	diga	digamos	digáis	digan
	oir	oiga	oigas	oiga	oigamos	oigáis	oigan
	tener	tenga	tengas	tenga	tengamos	tengáis	tengan
	venir	venga	vengas	venga	vengamos	vengáis	vengan
-Z-	crecer*	crezca	crezcas	crezca	crezcamos	crezcáis	crezcan
	conocer	conozca	conozcas	conozca	conozcamos	conozcáis	conozcan
	parecer	parezca	parezcas	parezca	parezcamos	parezcáis	parezcan
	ofrecer	ofrezca	ofrezcas	ofrezca	ofrezcamos	ofrezcáis	ofrezcan
	merecer	merezca	merezcas	merezca	merezcamos	merezcáis	merezcan
	producir	produzca	produzcas	produzca	produzcamos	produzcáis	produzcan
	traducir	traduzca	traduzcas	traduzca	traduzcamos	traduzcáis	traduzcan
	conducir	conduzca	conduzcas	conduzca	conduzcamos	conduzcáis	conduzcan
-Y-	huir	huya	huyas	huya	huyamos	huyáis	huyan
	incluir	incluya	incluyas	incluya	incluyamos	incluyáis	incluyan
	destruir	destruya	destruyas	destruya	destruyamos	destruyáis	destruyan
-IE-	pensar	piense	pienses	piense	pensemos	penséis	piensen
	cerrar	cierre	cierres	cierre	cerremos	cerréis	cierren
	empezar	empiece	empieces	empiece	empecemos	empecéis	empiecen
	comenzar	comience	comiences	comience	comencemos	comencéis	comiencen
	querer	quiera	quieras	quiera	queramos	queráis	quieran
	perder	pierda	pierdas	pierda	perdamos	perdáis	pierdan
	entender	entienda	entiendas	entienda	entendamos	entendáis	entiendan
	sentir	sienta	sientas	sienta	*sintamos*	*sintáis*	sientan
	mentir	mienta	mientas	mienta	*mintamos*	*mintáis*	mientan
	preferir	prefiera	prefieras	prefiera	*prefiramos*	*prefirís*	prefieran
-UE-	jugar	juegue	juegues	juegue	juguemos	juguéis	jueguen
	contar	cuente	cuentes	cuente	contemos	contéis	cuenten
	mostrar	muestre	muestres	muestre	mostremos	mostréis	muestren
	recordar	recuerde	recuerdes	recuerde	recordemos	recordéis	recuerden
	poder	pueda	puedas	pueda	podamos	podáis	puedan
	volver	vuelva	vuelvas	vuelva	volvamos	volváis	vuelvan
	morir	muera	mueras	muera	*muramos*	*muráis*	mueran
	dormir	duerma	duermas	duerma	*durmamos*	*durmáis*	duerman
-I-	pedir	pida	pidas	pida	pidamos	pidáis	pidan
	seguir	siga	sigas	siga	sigamos	sigáis	sigan
	servir	sirva	sirvas	sirva	sirvamos	sirváis	sirvan
	repetir	repita	repitas	repita	repitamos	repitáis	repitan

3. Preterite

A. -IE- and -UE- Verbs (Regular in Preterite)

INFINITIVE	yo	tú	Ud./él/ella	nosotros	vosotros	Uds./ellos
pensar	pensé	pensaste	pensó	pensamos	pensasteis	pensaron
cerrar	cerré	cerraste	cerró	cerramos	cerrasteis	cerraron
empezar	empecé	empezaste	empezó	empezamos	empezasteis	empezaron
comenzar	comencé	comenzaste	comenzó	comenzamos	comenzasteis	comenzaron
confesar	confesé	confesaste	confesó	confesamos	confesasteis	confesaron
perder	perdí	perdiste	perdió	perdimos	perdisteis	perdieron
entender	entendí	entendiste	entendió	entendimos	entendisteis	entendieron
jugar	jugué	jugaste	jugó	jugamos	jugasteis	jugaron
contar	conté	contaste	contó	contamos	contasteis	contaron
mostrar	mostré	mostraste	mostró	mostramos	mostrasteis	mostraron
recordar	recordé	recordaste	recordó	recordamos	recordasteis	recordaron
encontrar	encontré	encontraste	encontró	encontramos	encontrasteis	encontraron
volver	volví	volviste	volvió	volvimos	volvisteis	volvieron
mover	moví	moviste	movió	movimos	movisteis	movieron

B. Verbs with Irregular Third Person

	yo	tú	Ud./él/ella	nosotros	vosotros	Uds./ellos
ver	vi	viste	vio	vimos	visteis	vieron
dar	di	diste	dio	dimos	disteis	dieron
oír	oí	oíste	oyó	oímos	oísteis	oyeron
leer	leí	leíste	leyó	leímos	leísteis	leyeron
creer	creí	creíste	creyó	creímos	creísteis	creyeron
destruir*	destruí	destruiste	destruyó	destruimos	destruisteis	destruyeron
pedir	pedí	pediste	pidió	pedimos	pedisteis	pidieron
seguir	seguí	seguiste	siguió	seguimos	seguisteis	siguieron
servir	serví	serviste	sirvió	servimos	servisteis	sirvieron
repetir	repetí	repetiste	repitió	repetimos	repetisteis	repitieron
sentir	sentí	sentiste	sintió	sentimos	sentisteis	sintieron
mentir	mentí	mentiste	mintió	mentimos	mentisteis	mintieron
preferir	preferí	preferiste	prefirió	preferimos	preferisteis	prefirieron
dormir	dormí	dormiste	durmió	dormimos	dormisteis	durmieron
morir	morí	moriste	murió	morimos	moristeis	murieron

*Like destruir: huir, incluir, concluir, distribuir, excluir, influir

C. Irregular Verbs

	yo	tú	Ud./él/ella	nosotros	vosotros	Uds./ellos
ser	fui	fuiste	fue	fuimos	fuisteis	fueron
ir	fui	fuiste	fue	fuimos	fuisteis	fueron
tener	tuve	tuviste	tuvo	tuvimos	tuvisteis	tuvieron
estar	estuve	estuviste	estuvo	estuvimos	estuvisteis	estuvieron
poder	pude	pudiste	pudo	pudimos	pudisteis	pudieron
poner	puse	pusiste	puso	pusimos	pusisteis	pusieron
saber	supe	supiste	supo	supimos	supisteis	supieron
andar	anduve	anduviste	anduvo	anduvimos	anduvisteis	anduvieron
producir	produje*	produjiste	produjo	produjimos	produjisteis	produjeron
hacer	hice	hiciste	hizo	hicimos	hicisteis	hicieron
venir	vine	viniste	vino	vinimos	vinisteis	vinieron
querer	quise	quisiste	quiso	quisimos	quisisteis	quisieron
decir	dije	dijiste	dijo	dijimos	dijisteis	dijeron
traer	traje	trajiste	trajo	trajimos	trajisteis	trajeron

*Like producir: traducir, conducir, deducir, introducir, reducir, reproducir

4. The Imperfect Subjunctive

A. -IE- and -UE- Verbs (Regular in Imperfect Subjunctive)

INFINITIVE	yo	tú	Ud./él/ella	nosotros	vosotros	Uds./ellos
pensar	pensara	pensaras	pensara	pensáramos	pensarais	pensaran
cerrar	cerrara	cerraras	cerrara	cerráramos	cerrarais	cerraran
empezar	empezara	empezaras	empezara	empezáramos	empezarais	empezaran
comenzar	comenzara	comenzaras	comenzara	comenzáramos	comenzarais	comenzaran
perder	perdiera	perdieras	perdiera	perdiéramos	perdierais	perdieran
entender	entendiera	entendieras	entendiera	entendiéramos	entendierais	entendieran
jugar	jugara	jugaras	jugara	jugáramos	jugarais	jugaran
contar	contara	contaras	contara	contáramos	contarais	contaran
mostrar	mostrara	mostraras	mostrara	mostráramos	mostrarais	mostraran
recordar	recordara	recordaras	recordara	recordáramos	recordarais	recordaran
encontrar	encontrara	encontraras	encontrara	encontráramos	encontrarais	encontraran
volver	volviera	volvieras	volviera	volviéramos	volvierais	volvieran
mover	moviera	movieras	moviera	moviéramos	movierais	movieran

B. Verbs with Irregular Third Person

ver	viera	vieras	viera	viéramos	vierais	vieran
dar	diera	dieras	diera	diéramos	dierais	dieran
oír	oyera	oyeras	oyera	oyéramos	oyerais	oyeran
leer	leyera	leyeras	leyera	leyéramos	leyerais	leyeran
creer	creyera	creyeras	creyera	creyéramos	creyerais	creyeran
destruir	destruyera*	destruyeras	destruyera	destruyéramos	destruyerais	destruyeran
pedir	pidiera	pidieras	pidiera	pidiéramos	pidierais	pidieran
seguir	siguiera	siguieras	siguiera	siguiéramos	siguierais	siguieran
servir	sirviera	sirvieras	sirviera	sirviéramos	sirvierais	sirvieran
repetir	repitiera	repitieras	repitiera	repitiéramos	repitierais	repitieran
sentir	sintiera	sintieras	sintiera	sintiéramos	sintierais	sintieran
mentir	mintiera	mintieras	mintiera	mintiéramos	mintierais	mintieran
preferir	prefiriera	prefirieras	prefiriera	prefiriéramos	prefirierais	prefirieran
dormir	durmiera	durmieras	durmiera	durmiéramos	durmierais	durmieran
morir	muriera	murieras	muriera	muriéramos	murierais	murieran

*Like destruir: huir, incluir, concluir, distribuir, excluir, influir

C. Irregular Verbs

ser	fuera	fueras	fuera	fuéramos	fuerais	fueran
ir	fuera	fueras	fuera	fuéramos	fuerais	fueran
tener	tuviera	tuvieras	tuviera	tuviéramos	tuvierais	tuvieran
estar	estuviera	estuvieras	estuviera	estuviéramos	estuvierais	estuvieran
poder	pudiera	pudieras	pudiera	pudiéramos	pudierais	pudieran
poner	pusiera	pusieras	pusiera	pusiéramos	pusierais	pusieran
saber	supiera	supieras	supiera	supiéramos	supierais	supieran
andar	anduviera	anduvieras	anduviera	anduviéramos	anduvierais	anduvieran
producir*	produjera	produjeras	produjera	produjéramos	produjerais	produjeran
hacer	hiciera	hicieras	hiciera	hiciéramos	hicierais	hicieran
venir	viniera	vinieras	viniera	viniéramos	vinierais	vinieran
querer	quisiera	quisieras	quisiera	quisiéramos	quisierais	quisieran
decir	dijera	dijeras	dijera	dijéramos	dijerais	dijeran
traer	trajera	trajeras	trajera	trajéramos	trajerais	trajeran

*Like producir: traducir, conducir, deducir, introducir, reducir, reproducir

5. Imperfect Tense

INFINITIVE	yo	tú	Ud./él/ella	nosotros	vosotros	Uds./ellos
leer	leía	leías	leía	leíamos	leíais	leían
creer	creía	creías	creía	creíamos	creíais	creían
caer	caía	caías	caía	caíamos	caíais	caían
traer	traía	traías	traía	traíamos	traíais	traían
oir	oía	oías	oía	oíamos	oíais	oían
ver	veía	veías	veía	veíamos	veíais	veían
ser	era	eras	era	éramos	erais	eran
ir	iba	ibas	iba	íbamos	ibais	iban

6. Future Tense

INFINITIVE	yo	tú	Ud./él/ella	nosotros	vosotros	Uds./ellos
saber	sabré	sabrás	sabrá	sabremos	sabréis	sabrán
haber	habré	habrás	habrá	habremos	habréis	habrán
poder	podré	podrás	podrá	podremos	podréis	podrán
querer	querré	querrás	querrá	querremos	querréis	querrán
poner	pondré	pondrás	pondrá	pondremos	pondréis	pondrán
tener	tendré	tendrás	tendrá	tendremos	tendréis	tendrán
venir	vendré	vendrás	vendrá	vendremos	vendréis	vendrán
salir	saldré	saldrás	saldrá	saldremos	saldréis	saldrán
valer	valdré	valdrás	valdrá	valdremos	valdréis	valdrán
hacer	haré	harás	hará	haremos	haréis	harán
decir	diré	dirás	dirá	diremos	diréis	dirán

7. Conditional Tense

INFINITIVE	yo	tú	Ud./él/ella	nosotros	vosotros	Uds./ellos
saber	sabría	sabrías	sabría	sabríamos	sabríais	sabrían
haber	habría	habrías	habría	habríamos	habríais	habrían
poder	podría	podrías	podría	podríamos	podríais	podrían
querer	querría	querrías	querría	querríamos	querríais	querrían
poner	pondría	pondrías	pondría	pondríamos	pondríais	pondrían
tener	tendría	tendrías	tendría	tendríamos	tendríais	tendrían
venir	vendría	vendrías	vendría	vendríamos	vendríais	vendrían
salir	saldría	saldrías	saldría	saldríamos	saldríais	saldrían
valer	valdría	valdrías	valdría	valdríamos	valdríais	valdrían
hacer	haría	harías	haría	haríamos	haríais	harían
decir	diría	dirías	diría	diríamos	diríais	dirían

8. Progressive Tenses (Followed by the Present Participle)

AUXILIARY	yo	tú	Ud./él/ella	nosotros	vosotros	Uds./ellos
Present	estoy	estás	está	estamos	estáis	están
Past	estaba	estabas	estaba	estábamos	estabais	estaban
Future	estaré	estarás	estará	estaremos	estaréis	estarán
Conditional	estaría	estarías	estaría	estaríamos	estaríais	estarían

9. Perfect Tenses (Followed by the Past Participle)

AUXILIARY	yo	tú	Ud./él/ella	nosotros	vosotros	Uds./ellos
Present	he	has	ha	hemos	habéis	han
Past	había	habías	había	habíamos	habíais	habían
Future	habré	habrás	habrá	habremos	habréis	habrán
Conditional	habría	habrías	habría	habríamos	habríais	habrían

8. Present Participle

-AR	tomar	tom**ando**
-ER	comer	com**iendo**
-IR	vivir	viv**iendo**
	dar	dando
	estar	estando
	saber	sabiendo
	hacer	haciendo
	poner	poniendo
	salir	saliendo
-Z-	conocer	conociendo
	parecer	pareciendo
	ofrecer	ofreciendo
	merecer	mereciendo
	producir	produciendo
	traducir	traduciendo
	conducir	conduciendo
-IE-	pensar	pensando
	cerrar	cerrando
	empezar	empezando
	comenzar	comenzando
	querer	queriendo
	perder	perdiendo
	entender	entendiendo
	tener	teniendo
-UE-	jugar	jugando
	contar	contando
	mostrar	mostrando
	recordar	recordando
	volver	volviendo
	ver	*viendo*
	ser	*siendo*
-Y-	ir	*yendo*
	oír	*oyendo*
	caer	*cayendo*
	traer	*trayendo*
	leer	*leyendo*
	creer	*creyendo*
	huir	*huyendo*
	incluir	*incluyendo*
	destruir	*destruyendo*
-I-	decir	*diciendo*
	pedir	*pidiendo*
	sentir	*sintiendo*
	mentir	*mintiendo*
	venir	*viniendo*
	seguir	*siguiendo*
	repetir	*repitiendo*
	preferir	*prefiriendo*
	corregir	*corrigiendo*
-U-	dormir	*durmiendo*
	morir	*muriendo*
	poder	*pudiendo*

9. Past Participle

-AR	tomar	tom**ado**
-ER	comer	com**ido**
-IR	vivir	viv**ido**
	dar	dado
	ir	ido
	ser	sido
	oír	oído
	salir	salido
	traer	traído
-Z-	conocer	conocido
	parecer	parecido
	ofrecer	ofrecido
	merecer	merecido
	producir	producido
	traducir	traducido
	conducir	conducido
-IE-	pensar	pensado
	cerrar	cerrado
	empezar	empezado
	comenzar	comenzado
	querer	querido
	perder	perdido
	entender	entendido
	tener	tenido
	venir	venido
	preferir	preferido
-UE-	mostrar	mostrado
	contar	contado
	costar	costado
	jugar	jugado
	recordar	recordado
	encontrar	encontrado
	poder	podido
	mover	movido
	dormir	dormido
-I-/-Y-	pdeir	pedido
	servir	servido
	seguir	seguido
	vestir	vestido
	huir	huido
	incluir	incluido
	destruir	destruido
	ver	*visto*
	poner	*puesto*
	decir	*dicho*
	hacer	*hecho*
	romper	*roto*
	escribir	*escrito*
	volver	*vuelto*
	morir	*muerto*
	abrir	*abierto*
	cubrur	*cubierto*

F. Alphabetical Guide to Irregular Verbs

Infinitive and Participles	Present	Preterite	Imperfect	Future	Conditional
ABRIR abriendo abierto	abro abres abre abrimos abrís abren	abrí abriste abrió abrimos abristeis abrieron	abría abrías abría abríamos abríais abrían	abriré abrirás abrirá abriremos abriréis abrirán	abriría abrirías abriría abriríamos abriríais abrirían
ANDAR andando andado	ando andas anda andamos andáis andan	anduve anduviste anduvo anduvimos anduvisteis anduvieron	andaba andabas andaba andábamos andabais andaban	andaré andarás andará andaremos andaréis andarán	andaría andarías andaría andaríamos andaríais andarían
CABER cabiendo cabido	quepo cabes cabe cabemos cabéis caben	cupe cupiste cupo cupimos cupisteis cupieron	cabía cabías cabía cabíamos cabíais cabían	cabré cabrás cabrá cabremos cabréis cabrán	cabría cabrías cabría cabríamos cabríais cabrían
CAER cayendo caído	caigo caes cae caemos caéis caen	caí caíste cayó caímos caísteis cayeron	caía caías caía caíamos caíais caían	caeré caerás caerá caeremos caeréis caerán	caería caerías caería caeríamos caeríais caerían
CERRAR cerrando cerrado	cierro cierras cierra cerramos cerráis cierran	cerré cerraste cerró cerramos cerrasteis cerraron	cerraba cerrabas cerraba cerrábamos cerrabais cerraban	cerraré cerrarás cerrará cerraremos cerraréis cerrarán	cerraría cerrarías cerraría cerraríamos cerraríais cerrarían
COMENZAR comenzando comenzado	comienzo comienzas comienza comenzamos comenzáis comienzan	comencé comenzaste comenzó comenzamos comenzasteis comenzaron	comenzaba comenzabas comenzaba comenzábamos comenzabais comenzaban	comenzaré comenzarás comenzará comenzaremos comenzaréis comenzarán	comenzaría comenzarías comenzaría comenzaríamos comenzaríais comenzarían
CONDUCIR conduciendo conducido	conduzco conduces conduce conducemos conducís conducen	conduje condujiste condujo condujimos condujisteis condujeron	conducía conducías conducía conducíamos conducíais conducían	conduciré conducirás conducirá conduciremos conduciréis conducirán	conduciría conducirías conduciría conduciríamos conduciríais conducirían
CONOCER conociendo conocido	conozco conoces conoce conocemos conocéis conocen	conocí conociste conoció conocimos conocisteis conocieron	conocía conocías conocía conocíamos conocíais conocían	conoceré conocerás conocerá conocermos conoceréis conocerán	conocería conocerías conocería conoceríamos conoceríais conocerían

Present Subjunctive	Imperfect Subjunctive	Commands
abra	abriera	---
abras	abrieras	abre (no abras)
abra	abriera	que abra
abramos	abriéramos	abramos
abráis	abrierais	abrid (no abráis)
abran	abrieran	que abran
ande	anduviera	---
andes	anduvieras	anda (no andes)
ande	anduviera	que ande
andemos	anduviéramos	andemos
andéis	anduvierais	andad (no andéis)
anden	anduvieran	que anden
quepa	cupiera	---
quepas	cupieras	cabe (no quepas)
quepa	cupiera	que quepa
quepamos	cupiéramos	quepemos
quepáis	cupierais	cabed (no cabáis)
quepan	cupieran	que quepan
caiga	cayera	---
caigas	cayeras	cae (no caigas)
caiga	cayera	que caiga
caigamos	cayéramos	caigamos
caigáis	cayerais	caed (no caigáis)
caigan	cayeran	que caigan
cierre	cerrara	---
cierres	cerraras	cierra (no cierres)
cierre	cerrara	que cierre
cerremos	cerráramos	cerremos
cerréis	cerrarais	cerrad (no cerréis)
cierren	cerraran	que cierren
comience	comenzara	---
comiences	comenzaras	comienza (no comiences)
comience	comenzara	que comience
comencemos	comenzáramos	comencemos
comencéis	comenzarais	comenzad (no comencéis)
comiencen	comenzaran	que comiencen
conduzca	condujera	---
conduzcas	condujeras	conduce (no conduzcas)
conduzca	condujera	que conduzca
conduzcamos	condujéramos	conduzcamos
conduzcais	condujerais	conducid (no conduzcáis)
conduzcan	condujeran	que conduzcan
conozca	conociera	---
conozcas	conociera	conoce (no conozcas)
conozca	conociera	que conozca
conozcamos	conociera	conozcamos
conozcais	conociera	conoced (no conozcáis)
conozcan	conociera	que conozcan

Infinitive and Participles	Present	Preterite	Imperfect	Future	Conditional
CONSTRUIR construyendo construido	construyo construyes construye construimos construís construyen	construí construiste construyó construimos construisteis construyeron	construía construías construía construíamos construíais construían	construiré construirás construirá construiremos construiréis construirán	construiría construirías construiría construiríamos construiríais construirían
CONTAR contando contado	cuenta cuentas cuenta contamos contáis cuentan	conté contaste contó contamos contasteis contaron	contaba contabas contaba contábamos contabais contaban	contaré contarás contará contaremos contaréis contarán	contaría contarías contaría contaríamos contaríais contarían
CORREGIR corrigieno corregido	corrijo corriges corrige corregimos corregís corrigen	corregí corregiste corrigió corregimos corregisteis corrigieron	corregía corregías corregía corregíamos corregíais corregían	corregiré corregirás corregirá corregiremos corregiréis corregirán	corregiría corregirías corregiría corregiríamos corregiríais corregirían
COSTAR costando costado	cuesta cuestas cuesta costamos costáis cuestan	costé costaste costó costamos costasteis costaron	costaba costabas costaba costábamos costabais costaban	costaré costarás costará costaremos costaréis costarán	costaría costarías costaría costaríamos costaríais costarían
CREER creyendo creído	creo crees cree creemos creéis creen	creí creíste creyó creímos creísteis creyeron	creía creías creía creíamos creíais creían	creeré creerás creerá creeremos creeréis creerán	creería creerías creería creeríamos creeríais creerían
DAR dando dado	doy das da damos dáis dan	di diste dio dimos disteis dieron	daba dabas daba dábamos dabais daban	daré darás dará daremos daráis darán	daría darías daría daríamos daríais darían
DECIR diciendo dicho	digo dices dice decimos decís dicen	dije dijes dijo dijimos dijisteis dijeron	decía decías decía decíamos decíais decían	diré dirás dirá diremos diréis dirán	diría dirías diría diríamos diríais dirían
DESTRUIR destruyendo destruido	destruyo destruyes destruye destruimos destruís destruyen	destruí destruiste destruyó destruimos destruisteis destruyeron	destruía destruías destruía destruíamos destruíais destruían	destruiré destruirás destruirá destruiremos destruiréis destruirán	destruiría destruirías destruiría destruiríamos destruiríais destruirían

Present Subjunctive	Imperfect Subjunctive	Commands
construya	construyera	---
construyas	construyeras	construye (no construyas)
construya	construyera	que construya
construyamos	construyéramos	construyamos
construyáis	construyerais	construid (no construyáis)
construyan	construyeran	que construyan
cuente	contara	---
cuentes	contaras	cuenta (no cuentes)
cuente	contara	que cuente
contemos	contáramos	contemos
contéis	contarais	contad (no contéis)
cuenten	contaran	que cuenten
corrija	corrigiera	---
corrijas	corrigieras	corrige (no corrijáis)
corrija	corrigiera	que corrija
corrijamos	corrigiéramos	corrijamos
corrijais	corrigierais	corregid (no corrijáis)
corrijan	corrigieran	que corrijan
cueste	costara	---
cuestes	costaras	cuesta (no cuestes)
cueste	costara	que cueste
costemos	costáramos	costemos
costéis	costarais	costad (no costéis)
cuesten	costaran	que cuesten
crea	creyera	---
creas	creyeras	cree (no creas)
crea	creyera	que crea
creamos	creyéramos	creamos
creáis	creyerais	creed (no creáis)
crean	creyeran	que crean
dé	diera	---
des	dieras	da (no des)
dé	diera	que dé
demos	diéramos	demos
déis	dierais	dad (no déis)
den	dieran	que den
diga	dijera	---
digas	dijeras	di (no digas)
diga	dijera	que diga
digamos	dijéramos	digamos
digais	dijerais	decid (no digáis)
digan	dijeran	que digan
destruya	destruyera	---
destruyas	destruyeras	destruye (no destruyas)
destruya	destruyera	que destruya
destruyamos	destruyéramos	destruyamos
destruyaís	destruyerais	destruid (no destruyáis)
destruyan	destruyeran	que destruyan

Infinitive and Participles	Present	Preterite	Imperfect	Future	Conditional
DORMIR **durmiendo** **dormido**	duermo duermes duerme dormimos dormís duermen	dormí dormiste durmió dormimos dormisteis durmieron	dormía dormías dormía dormíamos dormíais dormían	dormiré dormirás dormirá dormiremos dormiréis dormirán	dormiría dormirías dormiría dormiríamos dormiríais dormirían
EMPEZAR **empezando** **empezado**	empiezo empiezas empieza empezamos empezáis empiezan	empecé empezaste empezó empezamos empezasteis empezaron	empezaba empezabas empezaba empezábamos empezabais empezaban	empezaré empezarás empezará empezaremos empezaréis empezarán	empezaría empezarías empezaría empezaríamos empezaríais empezarían
ENCONTRAR **encontrando** **encontrado**	encuentro encuentras encuentra encontramos encontráis encuentran	encontré encontraste encontró encontramos encontrasteis encontraron	encontraba encontrabas encontraba encontrábamos encontrabais encontraban	encontraré encontrarás encontrará encontraremos encontraréis encontrarán	encontraría encontrarías encontraría encontraríamos encontraríais encontrarían
ENTENDER **entendiendo** **entendido**	entiendo entiendes entiende entendemos entendéis entienden	entendí entendiste entendió entendimos entendisteis entendieron	entendía entendías entendía entendíamos entendíais entendían	entenderé entenderás entenderá entenderemos entenderéis entenderán	entendería entenderías entendería entenderíamos entenderíais entenderían
ESCRIBIR **escribiendo** **escrito**	escribo escribes escribe escribimos escribís escriben	escribí escribiste escribió escribimos escribisteis escribieron	escribía escribías escribía escribíamos escribíais escribían	escribiré escribirás escribirá escribiremos escribiréis escribirán	escribiría escribirías escribiría escribiríamos escribiríais escribirían
ESTAR **estando** **estado**	estoy estás está estamos estáis están	estuve estuviste estuvo estuvimos estuvisteis estuvieron	estaba estabas estaba estábamos estabais estaban	estaré estarás estará estaremos estaréis estarán	estaría estarías estaría estaríamos estaríais estarían
HABER **habiendo** **habido**	he has ha hemos habéis han	hube hubiste hubo hubimos hubisteis hubieron	había habías había habíamos habíais habían	habré habrás habrá habremos habréis habrán	habría habrías habría habríamos habríais habrían
HACER **haciendo** **hecho**	hago haces hace hacemos hacéis hacen	hice hiciste hizo hicimos hicisteis hicieron	hacía hacías hacía hacíamos hacíais hacían	haree harás hará haremos haréis harán	haría harías haría haríamos haríais harían

Present Subjunctive	Imperfect Subjunctive	Commands
duerma	durmiera	---
duermas	durmieras	duerme (no duermas)
duerma	durmiera	que duerma
durmamos	durmiéramos	durmamos
durmáis	durmierais	dormid (no durmáis)
duerman	durmieran	que duerman
empiece	empezara	---
empieces	empezaras	empieza (no empieces)
empiece	empezara	que empiece
empecemos	empezáramos	empecemos
empecéis	empezarais	empezad (no empecéis)
empiecen	empezaran	que empiecen
encuentre	encontrara	---
encuentres	encontraras	encuentra (no encuentres)
encuentre	encontrara	que encuentre
encontremos	encontráramos	encontremos
encontréis	encontrarais	encontrad (no encontréis)
encuentren	encontraran	que encuentren
entienda	entendiera	---
entiendas	entendieras	entiende (no entiendas)
entienda	entendiera	que entienda
entendamos	entendiéramos	entendamos
entendáis	entendierais	entended (no entendáis)
entiendan	entendieran	que entiendan
escriba	escribiera	---
escribas	escribieras	escribe (no escribas)
escriba	escribiera	que escriba
escribamos	escribiéramos	escribamos
escribáis	escribierais	escribid (no escribáis)
escriban	escribieran	que escriban
esté	estuviera	---
estés	estuvieras	está (no estés)
esté	estuviera	que esté
estemos	estuviéramos	estemos
estéis	estuvierais	estad (no estéis)
estén	estuvieran	que estén
haya	hubiera	---
hayas	hubieras	he (no hayas)
haya	hubiera	que haya
hayamos	hubiéramos	hayamos
hayáis	hubierais	habed (no hayáis)
hayan	hubieran	que hayan
haga	hiciera	---
hagas	hicieras	haz (no hagas)
haga	hiciera	que haga
hagamos	hiciéramos	hagamos
hagáis	hicierais	haced (no hagáis)
hagan	hicieran	que hagan

Infinitive and Participles	Present	Preterite	Imperfect	Future	Conditional
IR yendo ido	voy vas va vamos vais van	fui fuiste fue fuimos fuisteis fueron	iba ibas iba íbamos ibais iban	iré irás irá iremos iréis irán	iría irías iría iríamos iríais irían
JUGAR jugando jugado	juego juegas juega jugamos jugáis juegan	jugué jugaste jugó jugamos jugasteis jugaron	jugaba jugabas jugaba jugábamos jugabais jugaban	jugaré jugarás jugará jugaremos jugaréis jugarán	jugaría jugarías jugaría jugaríamos jugaríais jugarían
LEER leyendo leído	leo lees lee leemos leéis leen	leí leíste leyó leímos leísteis leyeron	leía leías leía leíamos leíais leían	leeré leerás leerá leeremos leeréis leerán	leería leerías leería leeríamos leeríais leerían
MORIR muriendo muerto	muero mueres muere morimos morís mueren	morí moriste murió morimos moristeis murieron	moría morías moría moríamos moríais morían	moriré morirás morirá moriremos moriréis morirán	mormría morirías moriría moriríamos moriríais morirían
MOSTRAR mostrando mostrado	muestra muestras muestra mostramos mostráis muestran	mostré mostraste mostró mostramos mostrasteis mostraron	mostraba mostrabas mostraba mostrábamos mostrabais mostraban	mostraré mostrarás mostrará mostraremos mostraréis mostrarán	mostraría mostrarías mostraría mostraríamos mostraríais mostrarían
MOVER moviendo movido	muevo mueves mueve movemos movéis mueven	moví moviste movió movimos movisteis movieron	movía movías movía movíamos movíais movían	moveré moverás moverá moveremos moveréis moverán	movería moverías movería moveríamos moveríais moverían
OÍR oyendo oído	oigo oyes oye oímos oís oyen	oí oíste oyó oímos oísteis oyeron	oía oías oía oíamos oíais oían	oiré oirás oirá oiremos oiréis oirán	oiría oirías oiría oiríamos oiríais oirían
OLER oliendo olido	huelo hueles huele olemos oléis huelen	olí oliste olió olimos olisteis olieron	olía olías olía olíamos olíais olían	oleré olerás olerá oleremos oleréis olerán	olería olerías olería oleríamos oleríais olerían

Present Subjunctive	Imperfect Subjunctive	Commands
vaya	fuera	---
vayas	fueras	ve (no vayas)
vaya	fuera	que vaya
vayamos	fuéramos	vayamos
vayáis	fuerais	id (no vayáis)
vayan	fueran	que vayan
juegue	jugara	---
juegues	jugaras	juega (no juegues)
juegue	jugara	que juegue
juguemos	jugáramos	juguemos
juguéis	jugarais	jugad (no juguéis)
jueguen	jugaran	que jueguen
lea	leyera	---
leas	leyeras	lee (no leas)
lea	leyera	que lea
leamos	leyéramos	leamos
leáis	leyerais	leed (no leáis)
lean	leyeran	que lean
muera	muriera	---
mueras	murieras	muere (no mueras)
muera	muriera	que muera
muramos	muriéramos	muramos
muráis	murierais	morid (no muráis)
mueran	murieran	que mueran
muestre	mostrara	---
muestres	mostraras	muestra (no muestres)
muestre	mostrara	que muestre
mostremos	mostráramos	mostremos
mostréis	mostrarais	mostrad (no mostréis)
muestren	mostraran	que muestren
mueva	moviera	---
muevas	movieras	mueve (no muevas)
mueva	moviera	que mueva
movamos	moviéramos	movamos
mováis	movierais	moved (no mováis)
muevan	movieran	que muevan
oiga	oyera	---
oigas	oyeras	oye (no oigas)
oiga	oyera	que oiga
oigamos	oyéramos	oigamos
oigáis	oyerais	oíd (no oigáis)
oigan	oyeran	que oigan
huela	oliera	---
huelas	olieras	huele (no huelas)
huela	oliera	que huela
olamos	oliéramos	olamos
oláis	olierais	oled (no oláis)
huelan	olieran	que huelan

Infinitive and Participles	Present	Preterite	Imperfect	Future	Conditional
PEDIR **pidiendo** **pedido**	pido pides pide pedimos pedís piden	pedí pediste pedió pedimos pedisteis pedieron	pedía pedías pedía pedíamos pedíais pedían	pediré pedirás pedirá pediremos pediréis pedirán	pediría pedirías pediría pediríamos pediríais pedirían
PENSAR **pensando** **pensado**	pienso piensas piensa pensamos pensáis piensan	pensé pensaste pensó pensamos pensasteis pensaron	pensaba pensabas pensaba pensábamos pensabais pensaban	pensaré pensarás pensará pensaremos pensaréis pensarán	pensaría pensarías pensaría pensaríamos pensaríais pensarían
PERDER **perdiendo** **perdido**	pierdo pierdes pierde perdemos perdéis pierden	perdí perdiste perdió perdimos perdisteis perdieron	perdía perdías perdía perdíamos perdíais perdían	perderé perderás perderá perderemos perderéis perderán	perdería perderías perdería perderíamos perderíais perderían
PODER **pudiendo** **podido**	puedo puedes puede podemos podéis pueden	pude pudiste pudo pudimos pudisteis pudieron	podía podías podía podíamos podíais podían	podré podrás podrá podremos podréis podrán	podría podrías podría podríamos podríais podrían
PONER **poniendo** **puesto**	pongo pones pone ponemos ponéis ponen	puse pusiste puso pusimos pusisteis pusieron	ponía ponías ponía poníamos poníais ponían	pondré pondrás pondrá pondremos pondréis pondrán	pondría pondrías pondría pondríamos pondríais pondrían
PREFERIR **prefiriendo** **preferido**	prefiero prefieres prefiere preferimos preferís prefieren	preferí preferiste prefirió preferimos preferisteis prefirieron	prefería preferías prefería preferíamos preferíais preferían	preferiré preferirás preferirá preferiremos preferiréis preferirán	preferiría preferirías preferiría preferiríamos preferiríais preferirían
PRODUCIR **produciendo** **producido**	produzco produces produce producimos producís producen	produje produjiste produjo produjimos produjisteis produjeron	producía producías producía producíamos producíais producían	produciré producirás producirá produciremos produciréis producirán	produciría producirías produciría produciríamos produciríais producirían
QUERER **queriendo** **querido**	quiero quieres quiere queremos queréis quieren	quise quisiste quizo quisimos quisisteis quisieron	quería querías quería queríamos queríais querían	querré querrás querrá querremos querréis querrán	querría querrías querría querríamos querríais querrían

Present Subjunctive	Imperfect Subjunctive	Commands
pida	pidiera	---
pidas	pidieras	pide (no pidas)
pida	pidiera	que pida
pidamos	pidiéramos	pidamos
pidáis	pidierais	pedid (no pidáis)
pidan	pidieran	que pidan
piense	pensara	---
pienses	pensaras	piensa (no pienses)
piense	pensara	que piense
pensemos	pensáramos	pensemos
penséis	pensarais	pensad (no penséis)
piensen	pensaran	que piensen
pierda	perdiera	---
pierdas	perdieras	pierde (no pierdas)
pierda	perdiera	que pierda
perdamos	perdiéramos	perdamos
perdáis	perdierais	perded (no perdáis)
pierdan	perdieran	que pierdan
pueda	pudiera	---
puedas	pudieras	puede (no puedas)
pueda	pudiera	que pueda
podamos	pudiéramos	podamos
podáis	pudierais	poded (no podáis)
puedan	pudieran	que puedan
ponga	pusiera	---
pongas	pusieras	pon (no pongas)
ponga	pusiera	que ponga
pongamos	pusiéramos	pongamos
pongáis	pusierais	poned (no pongáis)
pongan	pusieran	que pongan
prefiera	prefiriera	---
prefieras	prefirieras	prefiere (no prefieras)
prefiera	prefiriera	que prefiera
prefiramos	prefiriéramos	prefiramos
prefiráis	prefirierais	preferid (no prefiráis)
prefieran	prefirieran	que prefieran
produzca	produjera	---
produzcas	produjeras	produce (no produzcas)
produzca	produjera	que produzca
produzcamos	produjéramos	produzcamos
produzcáis	produjerais	producid (no produzcáis)
produzcan	produjeran	que produzcan
quiera	quisiera	---
quieras	quisieras	quiere (no quieras)
quiera	quisiera	que quiera
queramos	quisiéramos	queramos
queráis	quisierais	quered (no queráis)
quieran	quisieran	que quieran

Infinitive and Participles	Present	Preterite	Imperfect	Future	Conditional
RECORDAR **recordando** **recordado**	recuerdo recuerdas recuerda recordamos recordáis recuerdan	recordé recordaste recordó recordamos recordasteis recordaron	recordaba recordabas recordaba recordábamos recordabais recordaban	recordaré recordarás recordará recordaremos recordaréis recordarán	recordaría recordarías recordaría recordaríamos recordaríais recordarían
REÍR **riendo** **reído**	río ríes ríe reímos reís ríen	reí reíste rió reímos reísteis rieron	reía reía reía reía reía reía	reiré reirás reirá reiremos reiréis reirán	reiría reirías reiría reiríamos reiríais reirían
REPETIR **repitiendo** **repetido**	repito repites repite repetimos repetís repiten	repetí repetiste repitió repetimos repetisteis repitieron	repetía repetías repetía repetíamos repetíais repetían	repetiré repetirás repetirá repetiremos repetiréis repetirán	repetiría repetirías repetiría repetiríamos repetiríais repetirían
ROMPER **rompiendo** **roto**	rompo rompes rompe rompemos rompéis rompen	rompí rompiste rompió rompimos rompisteis rompieron	rompía rompías rompía rompíamos rompíais rompían	romperé romperás romperá romperemos romperéis romperán	rompería romperías rompería romperíamos romperíais romperían
SABER **sabiendo** **sabido**	sé sabes sabe sabemos sabéis saben	supe supiste supo supimos supisteis supieron	sabía sabías sabía sabíamos sabíais sabían	sabré sabrás sabrá sabremos sabréis sabrán	sabría sabrías sabría sabríamos sabríais sabrían
SALIR **saliendo** **salido**	salgo sales sale salimos saléis salen	salí saliste salió salimos salisteis salieron	salía salías salía salíamos salíais salían	saldré saldrás saldrá saldremos saldréis saldrán	saldría saldrías saldría saldríamos saldríais saldrían
SEGUIR **siguiendo** **seguido**	sigo sigues sigue seguimos seguís siguen	seguí seguiste siguió seguimos seguisteis siguieron	seguía seguías seguía seguíamos seguíais seguían	seguiré seguirás seguirá seguiremos seguiréis seguirán	seguiría seguirías seguiría seguiríamos seguiríais seguirían
SENTIR **sintiendo** **sentido**	siento sientes siente sentimos sentís sienten	sentí sentiste sintió sentimos sentisteis sintieron	sentía sentías sentía sentíamos sentíais sentían	sentiré sentirás sentirá sentiremos sentiréis sentirán	sentiría sentirías sentiría sentiríamos sentiríais sentirían

Present Subjunctive	Imperfect Subjunctive	Commands
recuerde	recordara	---
recuerdes	recordaras	recuerda (no recuerdes)
recuerde	recordara	que recuerde
recordemos	recordáramos	recordemos
recordéis	recordarais	recordad (no recordéis)
recuerden	recordaran	que recuerden
ría	riera	---
rías	rieras	ríe (no rías)
ría	riera	que ría
riamos	riéramos	riamos
riáis	rierais	reid (no riáis)
rían	rieran	que rían
repita	repitiera	---
repitas	repitieras	repite (no repitas)
repita	repitiera	que repita
repitamos	repitiéramos	repitamos
repitáis	repitierais	repetid (no repitáis)
repitan	repitieran	que repitan
rompa	rompiera	---
rompas	rompieras	rompe (no rompas)
rompa	rompiera	que rompa
rompamos	rompiéramos	rompamos
rompáis	rompierais	romped (no rompáis)
rompan	rompieran	que rompan
sepa	supiera	---
sepas	supieras	sabe (no sepas)
sepa	supiera	que sepa
sepamos	supiéramos	sepamos
sepáis	supierais	sabed (no sepáis)
sepan	supieran	que sepan
salga	saliera	---
salgas	salieras	sale (no salgas)
salga	saliera	que salga
salgamos	saliéramos	salgamos
salgáis	salierais	salid (no salgáis)
salgan	salieran	que salgan
siga	siguiera	---
sigas	siguieras	sigue (no sigas)
siga	siguiera	que siga
sigamos	siguiéramos	sigamos
sigáis	siguierais	seguid (no sigáis)
sigan	siguieran	que sigan
sienta	sintiera	---
sientas	sintieras	siente (no sientas)
sienta	sintiera	que sienta
sintamos	sintiéramos	sintamos
sintáis	sintierais	sentid (no sintáis)
sientan	sintieran	que sientan

Infinitive and Participles	Present	Preterite	Imperfect	Future	Conditional
SER siendo sido	soy eres es somos sois son	fui fuiste fue fuimos fuisteis fueron	era eras era éramos erais eran	seré serás será seremos seréis serán	sería serías sería seríamos seríais serían
SERVIR sirviendo servido	sirvo sirves sirve servimos servís sirven	serví serviste sirvió servimos servisteis sirvieron	servía servías servía servíamos servíais servían	serviré servirás servirá serviremos serviréis servirán	serviría servirías serviría serviríamos serviríais servirían
TENER teniendo tenido	tengo tienes tiene tenemos tenéis tienen	tuve tuviste tuvo tuvimos tuvisteis tuvieron	tenía tenías tenía teníamos teníais tenían	tendré tendrás tendrá tendremos tendréis tendrán	tendría tendrías tendría tendríamos tendríais tendrían
TRAER trayendo traído	traigo traes trae traemos traéis traen	traje trajiste trajo trajimos trajisteis trajeron	traía traías traía traíamos traíais traían	traeré traerás traerá traeremos traeréis traerán	traería traerías traería traeríamos traeríais traerían
VALER valiendo valido	valgo vales vale valemos valéis valen	valí valiste valió valimos valisteis valieron	valía valías valía valíamos valíais valían	valdré valdrás valdrá valdremos valdréis valdrán	valdría valdrías valdría valdríamos valdríais valdrían
VENIR viniendo venido	vengo vienes viene venimos venís vienen	vine viniste vino vinimos vinisteis vinieron	venía venías venía veníamos veníais venían	vendré vendrás vendrá vendremos vendréis vendrán	vendría vendrías vendría vendríamos vendríais vendrían
VER viendo visto	veo ves ve vemos véis ven	vi viste vio vimos visteis vieron	veía veías veía veíamos veíais veían	veré verás verá veremos veréis verán	vería verías vería veríamos veríais verían
VOLVER volviendo vuelto	vuelvo vuelves vuelve volvemos volvéis vuelven	volví volviste volvió volvimos volvisteis volvieron	volvía volvías volvía volvíamos volvíais volvían	volveré volverás volverá volveremos volveréis volverán	volvería volverías volvería volveríamos volveríais volverían

Present Subjunctive	Imperfect Subjunctive	Commands
sea	fuera	---
seas	fueras	sé (no seas)
sea	fuera	que sea
seamos	fuéramos	seamos
seáis	fuerais	sed (no seáis)
sean	fueran	que sean
sirva	sirviera	---
sirvas	sirvieras	sirve (no sirvas)
sirva	sirviera	que sirva
sirvamos	sirviéramos	sirvamos
sirváis	sirvierais	servid (no sirváis)
sirvan	sirvieran	que sirvan
tenga	tuviera	---
tengas	tuvieras	ten (no tengas)
tenga	tuviera	que tenga
tengamos	tuviéramos	tengamos
tengáis	tuvierais	tened (no tengáis)
tengan	tuvieran	que tengan
traiga	trajera	---
traigas	trajeras	trae (no traigas)
traiga	trajera	que traiga
traigamos	trajéramos	traigamos
traigáis	trajerais	traed (no traigáis)
traigan	trajeran	que traigan
valga	valiera	---
valgas	valieras	val (no valgas)
valga	valiera	que valga
valgamos	valiéramos	valgamos
valgáis	valierais	valed (no valgáis)
valgan	valieran	que valgan
venga	viniera	---
vengas	vinieras	ven (no vengas)
venga	viniera	que venga
vengamos	viniéramos	vengamos
vengáis	vinierais	venid (no vengáis)
vengan	vinieran	que vengan
vea	viera	---
veas	vieras	ve (no veas)
vea	viera	que vea
veamos	viéramos	veamos
veáis	vierais	ved (no veáis)
vean	vieran	que vean
vuelva	volviera	---
vuelvas	volvieras	vuelve (no vuelvas)
vuelve	volviera	que vuelva
volvamos	volviéramos	volvamos
volváis	volvierais	volved (no volváis)
vuelvan	volvieran	que vuelvan

Dictionary

SPANISH ENGLISH

A

a to
abajo below, down, down below
abandonar to abandon
abeja (f) bee
abierto open
abogado (m/f) lawyer
abolir to revoke, abolish
abrazar to hug
abrazo (m) hug
abrebotellas (m) bottle opener
abrelatas (m) can opener
abrigo (m) overcoat
abril (m) April
abrir to open
abuela (f) grandmother
abuelo (m) grandfather
aburrido bored
aburrir to bore
  aburrirse to get bored
abusar to abuse
acá here
acabar to end, finish
  acabar de + inf to have just
acampar to camp
acaso: por si acaso just in case
aceite (m) oil
aceituna (f) olive
acera (f) sidewalk
acerca de about
acercarse to approach
acero (m) steel
acertado accurate
aclarar to make clear
acompañar to accompany
aconsejar to advise
acondicionador de aire (m) air conditioner
acordarse de (ue) to remember to
acostarse (us) to go to bed
acostumbrado used to
acostumbrarse a to get used to
acre sour
actitud (f) attitude
actividad (f) activity
actual present
actualmente at the present time
actuar to act
acuerdo (m) agreement
  de acuerdo con in accordance with
adecuado adequate
adelante ahead
  más adelante farther on
adelgazar to lose weight
además moreover, besides
  además de in addition to, besides
adentro inside
adiós good-bye
adivinar to guess
adónde to where
adoración (f) worship
adorar to worship
adorno (m) ornament, trim (house)
adquirir to acquire

aduana (f) customs
adúltera (f) adulteress
advertir (ie) to warn
aeromoza (f) stewardess
aeropuerto (m) airport
afeitar(se) to shave
aficionado(a) (m/f) sport's fan
afinar to tune up
aflojar to loosen
afortunado fortunate
afortunadamente fortunately
afuera outside
agarrar grab
agencia (f) agency
  agencia de publicidad advertising agency
  agencia de viajes travel agency
agente (m/f) agent
  agente de viajes travel agent
agitar to shake
agosto (m) August
agradable pleasant
agradar to please
agradecer to be appreciative
  te lo agredezco I appreciate it
agradecido grateful
agregar to add
agricultor(a) (m/f) farmer
agrio sour
agua (f) water
  aguas negras sewage
agudo sharp
águila (f) eagle
ahí there
  por ahí that way
ahora now
  ahora mismo right now
  por ahora for now
ahorrar to save
aire (m) air
  aire acondicionado air conditioned
ajo (m) garlic
ajustar fasten
ala (f) wing
alabanza (f) praise
alabar to praise
alba (f) dawn
alcanzar to reach, catch up to
alcoba (f) bedroom
aldea (f) village
alegrar to cheer, gladden
  alegrarse to be glad
alegre happy, cheerful
alegría happiness, joy
alejarse de to go away from
alemán German
Alemania Germany
alergia (f) allergy
alfombra (f) rug
algo something
algodón (m) cotton
alguien someone
alguno/alguna some
  alguna vez ever
alimentar to feed

alimento (m) food
aliviar to relieve
alivio (m) relief
alma (f) soul
almacén (m) department store
almacenar to store
almohada (f) pillow
almorzar (ue) to eat lunch
almuerzo (m) lunch
alpinismo (m) mountain climbing
alquilar to rent
alquiler (m) rent
  alquiler de coches car-rental service
alrededor de around
altavoz (m) loudspeaker
alterar to alter
alternar to alternate, take turns
alto tall; loudly
altura (f) height
alumbrar to light
alumno/a (m/f) student
alzar to raise
allá there, over there
allí there
ama de casa (f) housewife
amable kind
amanecer to dawn
amante (m/f) lover
amar to love
amarrar to tie up
amargo bitter
amarillo yellow
ambiente (m) atmosphere
  el medio ambiente environment
ambos both
amenazar to threaten
amigo/a (m/f) friend
amistad (f) friendship
amo (m) head of family, boss
amor (m) love
ampolla (f) lightbulb
analfabetismo (m) illiteracy
analfabeto illiterate
analizar to analyze
anaranjado orange
anciano/a (m/f) old man, old woman
ancla (f) anchor
ancho wide
andar to walk
  andar con to hang around with
anfitrión(a) (m/f) host/hostess
ángulo (m) angle; corner
angustia (f) anguish, grief
anhelo (m) desire
anillo (m) ring
animar to encourage
anoche last night
anochecer to get dark
anotación (f) score
anotar to jot down; to score
ansioso anxious
ante before
anteayer the day before yesterday
antecedentes (m) background

antemano: de antemano in advance
anteojos (m) glasses
antepasados (m) ancestors
anterior previous, former
antes (de) before
anticipación: con anticipación in advance
anticuado old-fashioned
antigüedad (f) antique
antiguo old, ancient
antipático mean-spirited
antojito (m) snack
anunciar to announce; advertise
anuncio (m) advertisement, ad
añadir to add
año (m) year
apagar to turn off (light)
aparato eléctrico (m) appliance
aparcamiento (m) parking
aparcar to park
aparecer to appear
apariencia (f) appearance
apartado postal (m) P. O. box
aparte de apart from
apellido (m) last name
  apellido de soltera maiden name
apenas hardly, scarcely
apio (m) celery
aplastar to crush, flatten
aplaudir to applaud
aplauso (m) applause
aplazar to postpone
aplicar to apply
apoyar to support
apreciar to appreciate
aprender to learn
aprendizaje (m) learning, training
apretar (ie) to tighten
aprisa quickly
aprobar (ue) to approve; to pass (course)
apropiado appropriate
aprovechar(se de) to take advantage of
apuntar to jot down
apuntes (m) notes
apurarse to hurry up
aquel/aquella that (over there)
aquello that (matter)
aquí here
  por aquí this way
araña (f) spider
árbitro (m) referee, umpire
árbol (m) tree
arbusto (m) bush
arco (m) arch
arco iris (m) rainbow
archivo (m) file
archivar to file
arena (f) sand
arete (m) earring
arma (f) weapon
armar to load (gun); to assemble
amario (m) closet
arreglar to fix; to arrange, tidy up

arriba up, upward
  más arriba farther up
  río arriba upriver
arriesgar to risk
arrodillarse to kneel
arrojar to throw
arroyo stream
arroz (m) rice
arruinar to ruin
arte (m) (pl. las artes) art
artefacto (m) artifact
artesanía handicrafts
artesano/a (m/f) craftsman
asalto (m) attack, armed robbery
ascensor (m) elevator
asegurar to assure
asesinar to murder
así so, thus, this way
  así que as soon as
asiento (m) seat
asignar to assign
asignatura (f) school subject
asistir a to attend
asno (m) donkey
asombrar to astonish
aspiradora (f) vacuum cleaner
astuto astute, cunning
asunto (m) matter, affair
asustar to scare
atacar to attack
atar to tie
atender (ie) to attend to, wait on
atento attentive
aterrizar to land
atleta (m/f) athlete
atletismo (m) track and field
atraer to attract
atrás back, backward; ago
atrasado late
atravesar to cross
atún (m) tuna
aumentar to increase
  aumentar de peso to gain weight
aun even
aún still, yet
aunque although
autobús (m) bus
autoridad (f) authority
auxilio (m) aid, help
auxiliar de vuelo (m/f) flight attendant
avanzado advanced
ave (f) bird
avenida (f) avenue
averiguar to check
avión (m) airplane
avisar to inform; to warn
ayer yesterday
ayuda (f) help
ayudante (m/f) assistant
ayudar to help
ayunar to fast
ayuno (m) fasting

ayuntamiento (m) city hall
azotar to whip
azúcar (m) sugar
azul blue

B

bahía (f) bay
bailar to dance
baile (m) dance
bajar to lower, bring down
  bajar de to get out of (car)
bajo short; (prep) under
bala (f) bullet
balanza (f) scales
balcón (m) balcony
ballena (f) whale
balón (m) ball (soccer)
banca (f) bench
banco (m) bank
bañar(se) to bathe
baño (m) bath; bathroom
barba (f) beard
barbería (f) barber shop
barco (m) boat
barrer to sweep
barrio (m) neighborhood
barro (m) mud, clay
bastante enough; (adv) rather, fairly
bastar to be enough
basura (f) garbage
batalla (f) battle
bata (f) robe
bate (m) bat
batear to bat
batir to beat (liquid)
baúl (m) trunk
bautista baptist
bautizar to baptize
bebé (m) baby
beber to drink
bebida (f) drink
beca (f) scholarship
bellas artes fine arts
bello beautiful
bendecir to bless
bendición (f) blessing
bendito blessed
beneficiar to benefit
beneficio (m) benefit
besar to kiss
beso (m) kiss
Biblia (f) Bible
biblioteca (f) library
bicicleta (f) bicycle
bien well
bienes materiales material goods
bienaventurado blessed, happy
bienestar (m) welfare
bienvenido welcome
biftek (m) beefsteak
bigote (m) mustache

billete (m) ticket
billetera (f) wallet
bistek (m) steak
blanco white
blando soft
bloquear to block
blusa (f) blouse
bobo silly
boca (f) mouth
  boca abajo face down
bocadillo (m) snack
boda (f) marriage
boletín bulletin; report card
boleto (m) ticket
bolígrafo (m) ballpoint
bolsa (f) purse
bolsillo (m) pocket
bombero (m) fireman
bombilla (f) light bulb
bonbón (m) candy
bondad (f) kindness
bonito pretty, nice
borde (m) border, edge
bordo: a bordo on board
borracho drunk
borrar to erase
bosque (m) forest
bota (f) boot
bote (m) small boat
botella (f) bottle
botón (m) button
botones (m) bellboy
boxeo (m) boxing
brazo (m) arm
breve brief
brillante bright, shiny
brillar to shine
brincar to jump
brisa (f) breeze
broma (f) joke
  en broma in fun
bromear to joke
bueno good; kind
bufanda (f) scarf
buque (m) ship
burlar to fool, decieve
  burlarse de to make fun of
burro (m) donkey
buscar to look for; go get
buzón (m) mailbox

C

caballero (m) gentleman; knight
caballo (m) horse
cabello (m) hair
caber to fit
cabeza (f) head
cabina (f) booth
cable (m) cable, wire
cabo (m) end, tip
  llevar a cabo carry out
cacahuete (m) peanut

cada each, every
cadena (f) chain
caer to fall
  caerle bien/mal to like/dislike (person)
café brown
café (m) coffee; café
cafetera (f) coffeepot
caída (f) fall
caja (f) box; cash register
cajero/a (m/f) cashier; teller
  cajero automático (m) ATM
cajón (m) drawer
calavera (f) skull
calcetín (m) sock
calcomanía (f) bumper sticker
calculadora (f) calculator
calcular to calculate
calefacción (f) heating
calendario (m) calendar
calentar (ie) to heat
calidad (f) quality
caliente hot
calificación (f) grade
calificar to grade
calmar to calm
  calmarse to calm down
calor (m) heat
  hace calor it's warm/hot
  tener calor to be hot
calvo bald
callado quiet
callarse to quiet down
calle (f) street
calzonzillos (m) men's briefs
cama (f) bed
  guardar cama to stay in bed
cámara (f) camera
camarera (f) waitress
camarero (m) waiter
cambiar to change, exchange
cambio (m) change
  en cambio on the other hand
camello (m) camel
caminar to walk
caminata (f) hike
  hacer una caminata to take a hike
camino (m) road, way
camión (m) truck
camisa (f) shirt
camiseta (f) tee-shirt
campamento (m) camp
campana (f) bell
campaña (f) bell
campar to camp
campeón(a) (m/f) champion
campeonato (m) championship
campo (m) field; country
  campo atlético (m) sport's field
  campo de especialización major
canal (m) channel
canasta (f) basket
cancelar to cancel
chancha (f) court (sports)

canción (f) song
cansado tired
cansarse to get tired
cantar to sing
cantidad (f) quantity
cañon (m) cannon
capa (f) cloak
capaz capable
capítulo (m) chapter
cara (f) face
caracol (f) snail
caravana (f) trailer
carbón (m) coal
cárcel (f) jail
carecer to lack
carga (f) load
cargar to load, carry
cargo público (m) public office
cariño (m) love, affection
cariñoso affectionate
carne (f) meat
carnicería (f) butcher shop
caro expensive
carpa (f) tent
carrera (f) race
carreta (f) cart
carro (m) car
carta (f) letter
cartel (m) poster
cartera (f) wallet
cartón (m) cardboard
casa (f) house
  casa de cambio money exchange
  casa de huéspedes boarding house
casado married
casarse to get married
casco (m) helmet
casete (m) cassette
casi almost
caso (m) case
  en este caso in this case
  en todo caso in any case
  hacer caso de to pay attention to
castaño brown (hair)
castellano Castilian
castigar to punish
castigo (m) punishment
castillo (m) castle
casualidad: por casualidad by chance
catálogo (m) catalogue
catarro (m) head cold
catedral (f) cathedral
catorce fourteen
caucho (m) rubber
causa (f) cause
  a causa de because of
causar to cause
cautivar to capture
cautivo/a (m/f) captive
cavar to dig
caza (f) hunt
  ir de caza to go hunting
cazar to hunt

cazador/a (m/f) hunter
cebolla (f) onion
ceder to yield, surrender
ceja (f) eyebrow
celebrar to celebrate
célebre famous
celo (m) zeal
celoso jealous
cementerio (m) cemetery
cena (f) supper
   la Cena the Last Supper
cenar to eat dinner
ceniza (f) ashes
censura (f) censure
censurar to censure
centro (m) center; downtown
   centro comercial mall
cepillar(se) to brush
cepillo (m) brush
cera (f) wax
cerámica (f) pottery
cerca (f) fence
cerca de near
cercano close, near
cerdo (m) pig
cereza (f) cherry
cero zero
cerrado closed
cerradura (f) lock
cerrar to close
certeza (f) certainty
certificado certified
certificar to certify
cesar to cease, stop
césped (m) lawn
   cortar el césped to mow the lawn
cesta (f) basket
cesto (m) basket
chaqueta (f) jacket
charla (f) talk, chat
charlar to chat
chaleco (m) vest
cheque (m) check
   cheque de viajero traveler's check
chica (f) girl
chicle (m) chewing gum
chico (m) boy
chillón(a) loud, flashy (color)
chimenea (f) chimney; fireplace
chisme (m) gossip
chispa (f) spark
chiste (m) joke
chocar con to crash into
chófer chauffeur, driver
ciego blind
cielo (m) sky; Heaven
ciencia (f) science
científico/a (m/f) scientist
cien(to) one hundred
cierto certain
cinco five
cincuenta fifty
cine (m) movies

cinta (f) tape
cintura (f) waist
cinturón (m) belt
circo (m) circus
círculo (m) circle
circunstancia (f) circumstance
cisne (m) swan
cita (f) date, appointment
   pedir cita to make an appointment
citar to cite, name
ciudad (f) city
ciudadano/a (m/f) citizen
claridad (f) clarity
clarificar to clarify
claro clear; light ; of course
clase (f) class
clasificar to classify
clavar to nail
clavel (m) carnation
clavo (m) nail
cliente (m/f) client
clima (m) climate
cobrar to charge
   cobrar un cheque to cash a check
cobre (m) copper
coche (m) car
coche-cama (m) sleeping car
coche-comedor (m) dining car
cocido cooked
cocina (f) kitchen
cocinar to cook
cocinero/a (m/f) cook
coco (m) cocoanut
codicia (f) covetousness
codiciar to covet
código (m) code
   código postal zip code
coger to catch
cohete (m) rocket
coincidir to coincide
cola (f) tail
   hacer cola to stand in line
colaborar to work together
coleccionar to collect
colegio (m) private high school
colgar (ue) to hang (up)
colina (f) hill
collar (m) necklace
colocar to place, put
colonizar to colonize
color (m) color
colorete (m) rouge
combatir to combat
combinar to combine
combustible (m) fuel
comedor (m) dining room
comentario (m) comment
comenzar (ie) to begin
comer to eat
comerciante (m/f) merchant
cometer to commit
cómico funny
comida (f) food, meal

comienzo (m) beginning
como as, like; since (sentence initial)
   tan pronto como as soon as
cómo how?
   ¡cómo no! of course
cómodo comfortable
compadecer to feel sorry for
compañero/a (m/f) partner
   compañero/a de clase classmate
   compañero/a de cuarto roommate
   compañero/a por correspondencia pen pal
compañía (f) company
comparar to compare
compartir to share
compasivo compassionate
competencia (f) competitio
competir (i) to compete
complejo complex
completar to complete
completo complete; (plane) full
complicado complicated
complicar to complicate
componer to compose
comportarse to behave
compositor(a) (m/f) composer
compra (f) purchase
   ir de compras to go shopping
comprar to buy
comprobar (ue) to check, verify
compromiso (m) commitment
computadora (f) computer
común common
comunicar to communicate
comunidad (f) community
con with
concebir (i) to conceive
conceder to concede, grant
concentrarse to concentrate
concepto (m) concept
concierto (m) concert
concluir to conclude
concha (f) shell
concurso (m) game show
   concurso de belleza beauty pagent
condado (m) county
condenar to condemn
conducir (z) to drive
conducta (f) conduct
conductor(a) (m/f) driver
conejo (m) rabbit
conferencia (f) lecture
confesar (ie) to confess
confianza (f) confidence
confiar (en) to trust in
confrontar to confront
confundir to confuse
congelador (m) freezer
congelar to freeze
conmigo with me
conmoverse (ue) to be moved
conocer to know, be acquainted with
conocimiento (m) knowledge
conque so

conquistador (m) conqueror
conquistar to conquer
conseguir (i) to get, obtain
consejero/a (m/f) counselor
consejo (m) advice, counsel
   consejo estudiantil student counsel
consentir en (ie) consent to
conservar preserve
conservador(a) conservative
considerar to consider
consigo with him/her/them/you
consiguiente: por consiguiente therefore
consistir en to consist of
construir to build
consuelo (m) consolation
consultar to consult
consumir to consume
contacto (m) contact
   ponerse en contacto con get in touch with
contador(a) (m/f) accountant
contaminar to contaminate, pollute
contaminación (f) pollution
contar (ue) to count
   contar con to count on
contemplar to contemplate
contener (ie) to contain
contento happy, glad
contestación (f) answer
contestar to answer
contigo with you
continuar to continue
contra against
contradecir to contradict
contrario: al contrario on the contrary
contrastar to contrast
contribuir a to contribute to
controlar to control, check
convencer to convince
conveniente convenient
conversar to converse
convertir (ie) convert
cooperar to cooperate
copia (f) copy
copiar to copy
corazón (m) heart
corbata (f) tie
coro (m) choir, chorus
corona (f) crown
coronar to crown
correcto correct
corregir (i) to correct
correo (m) mail
   echar al correo to mail
correos (m) post office
correr to run
corrida (f) bullfight
corriente current
corromper to corrupt
cortar to cut
corte (m) cut
cortés polite
cortina (f) curtain
corto short

cosa (f) thing
cosecha (f) crop, harvest
cosechar to harvest
coser to sew
costa (f) coast
costar (ue) to cost
costo (m) cost
costumbre (f) custom, habit
creador(a) creator
crear to create
crecer (z) to grow
creencia (f) belief
creer to believe
crema (f) cream
   crema de afeitar shaving cream
creyente (m/f) believer, christian
criada (f) maid
crimen (m) crime
cristiano/a (m/f) Christian
Cristo (m) Christ
criticar to criticize
cruce (m) crossing, intersection
crucificar to crucify
crudo raw
cruz (f) cross
cruzar to cross
cuaderno (m) notebook
cuadra (f) block (city)
cuadrado square
cuadro (m) picture, painting
cuál which one?
cualidad (f) quality, characteristic
cualquier any
cualquiera anyone
cuán how, how much
cuando when
cuándo when?
cuánto(s) how much?, how many?
cuarenta forty
cuarto (m) room
cuatro four
cubierta (f) cover
cubierto covered
cubrir to cover
cuchara (f) spoon
cucharita (f) teaspoon
cuchillo (m) knife
cuello (m) neck
cuenta (f) bill; account
   cuenta corriente checking account
   cuenta de ahorros savings account
   darse cuenta de to realize
   tomar en cuenta to take into account
cuento (m) story
cuerda (f) rope, cord
cuero (m) leather
cuerpo (m) body
cuervo (m) crow
cueva (f) cave
cuidado (m) care
cuidar to take care of
   cuidarse el peso to watch one's weight
culpa (f) blame

   echar la culpa a to blame
   tener la culpa to be at fault
cultivar to cultivate
culto (m) worship (service)
cultura (f) culture
cumpleaños (m) birthday
cumplir to fulfill
   cumplir años to have a birthday
   cumplir con to fulfill, keep
cura (f) cure
curar to treat; to cure, heal
curioso curious, odd, strange
curso (m) course
curva (f) curve
cutis (m/f) skin
cuyo/a/os/as whose

D

dama (f) lady
danza (f) dance
dañar to hurt
daño (m) damage
dañoso harmful
dar to give
   dar a luz give birth
   dar de beber a to water
   dar de comer a to feed
   dar con to run into
   dar un paseo to take a walk
   darse cuenta de to realize
de of, from, about
debajo de below, underneath
debate (m) debate
debatir to debate
deber (m) duty
deber to owe; be supposed to
debido a due to
débil weak
debilitar to weaken
decidir to decide
decir to say, tell
   es decir that is, I mean
decisión (f) decision
   tomar una decisión to make a decision
declarar to declare
decorado decorated
decorar to decorate
dedicarse a to devote oneself to
dedo (m) finger
dedo del pie (m) toe
defender (ie) to defend
defensa (f) defense
definir to define
deidad (f) deity
dejar to leave (behind)
   dejar caer to drop
   dejar de + inf to stop
   dejarse + inf to allow oneself to be
delante de in front of
deleite (m) delight
delgado slender
delicado delicate

delicioso delicious
demás: los demás others
demasiado too
demorarse to take one's time
demostrar (ue) to demonstrate
dentro de inside of
depender de to depend on
dependiente (m/f) salesperson
deporte (m) sport
depositar to deposit
derecha (f) right
  a la derecha to the right
derecho straight
  siga derecho go straight
derecho (m) right (legal)
derramar to spill
derribar to tear down
derretir to melt
derrotar to defeat
desagradable unpleasant
desafiar to challenge
desafío (m) challenge
desafortunadamente unfortunately
desanimar to discourage
desaparecer to disappear
desarrollar to develop
desarrollo (m) development
desastre (m) disaster
desatar to untie
desayunar to eat breakfast
desayuno (m) breakfast
descansar to rest
descanso (m) rest; halftime
descender (ie) to go down
descolgar (ue) to take down; lift the receiver
descompuesto broken
desconfiar de to distrust
desconocer to be unfamiliar with
desconocido/a (m/f) stranger
descortés impolite
describir describe
descubrimiento (m) discovery
descubrir to discover
descuento (m) discount
descuidar to neglect
desde since, from
  desde luego of course
desdén (m) scorn
desear to desire, wish
desecho (m) waste
desempleo (m) unemployment
deseo (m) desire, wish
desfile (m) parade
desgracia (f) misfortune
  por desgracia unfortunately
deshacer to undo
  deshacerse de to get rid of
desierto (m) desert
desilusionar to disappoint
desmayarse to faint
desnudo naked
desobedecer to disobey

desobediente disobedient
desodorante (m) deodorant
despacio slowly
despedida (f) farewell
despedir to fire (employee)
  despedirse de (i) to say good-bye
desperdiciar to waste
despertador (m) alarm clock
despertarse to wake up
despierto awake
despreciar to despise, scorn
desprender to unfasten
después (de) after, afterwards
destacarse to stand out
destino (m) destiny; destination
destreza (f) skill
destruir to destroy
desventaja (f) disadvantage
detalle (m) detail
detener to detain, arrest
  detenerse to stop
detrás de behind
deuda (f) debt
devolver (ue) to return
día (m) day
diablo (m) devil
diario daily
diario (m) diary; newspaper
dibujar to draw
dibujo (m) drawing
diccionario (m) dictionary
diciembre December
diente (m) tooth
dieta (f) diet
diferente different
difícil difficult
dificultad (f) difficulty
dignidad (f) dignity
digno worthy
dinero (m) money
Dios God
dirección (f) direction; address
director(a) (m/f) director; principal
dirigir to direct
  dirigirse a to head for, go to
discípulo/a (m/f) disciple
disco (m) record
  disco compacto CD
disculpar to excuse
  disculparse to apologize
discurso (m) speech
discutir to discuss; to argue
diseñar to design
diseño (m) design
disfraz (m) disguise
disfrutar to enjoy
disgusto (m) displeasure
disgustarle to hate
disminuir to decrease
disparar to shoot
disponible available
dispuesto ready, willing
disputa (f) dispute

disputar to dispute
distancia (f) distance
  a larga distancia long-distance
distinguir to distinguish
distinto different
distraer to distract
distraído absent-minded
distribuir to distribute
diversión (f) pastime
divertido fun
divertir (ie) to amuse
  divertirse (ie) to have fun, a good time
dividir to divide
divino divine
divorciar(se) to divorce
doblar to turn; to fold
doble double
doce twelve
docena (f) dozen
doctrina (f) doctrine
documental (m) documentary
documento (m) document
dólar (m) dollar
doler (ue) to ache
dolor (m) pain
domar to tame
domicilio (m) home
domingo Sunday
dominio (m) mastery
  dominio propio self-control
don (m) gift
donde where
dónde where
dondequiera anywhere
dorado golden
dormir (ue) to sleep
  dormirse (ue) to fall asleep
dos two
  los dos both
droga (f) drug
ducha (f) shower
ducharse to take a shower
duda (f) doubt
dudar to doubt
dudoso doubtful
dueño/a (m/f) owner
dulce sweet
dulcería (f) candy store
duque (m) duke
durante during
durar to last
durazno (m) peach
dureza (f) hardness
duro hard

E

e and (before words beginning with *i*)
ecológico (m) ecological
economía (f) economy
económico economical
echar to throw (away)
  echar a perder to ruin, spoil

edad (f) age
edificar to edify; to construct
edificio (m) building
editar to publish
editor(a) publisher
educación física (f) physical education
educar to educate
educativo educational
EE.UU abbr United States
efecto (m) effect
  en efecto indeed
  efecto del invernadero greenhouse effect
efectuar to carry out
egoísmo (m) selfishness
egoísta selfish
ejemplo (m) example
  por ejemplo for example
ejercicio (m) exercise
  hacer ejercicios to exercise
ejército (m) army
el/la the
él he
elección (f) election; choice
electricidad (f) electricity
eléctrico electric
elefante (m) elephant
elegante elegant
elegir (i) to elect
elevar to raise
eliminar to eliminate
elogiar to praise
elogio (m) praise
ella she
  con ella with her
ellos/as they
embajador(a) (m/f) embassador
embarcar to embark
embarque:
  la puerta de embarque boarding gate
  la tarjeta de embarque boarding pass
embargo: sin embargo however
embotellamiento (m) traffic jam
emigrar to emigrate
emisión (f) broadcast
emocionante exciting
empaquetar to pack up
empatado tied (sports)
empatar to tie (sports)
empezar (ie) to begin
empleado/a (m/f) employee
emplear to use; employ, hire
empleo (m) job
emprender to undertake
empresa (f) enterprise, firm
empujar to push
en in, on, at
enamorado in love
enamorarse to fall in love
encantarle to love
encargarse de to be in charge of
encender (ie) to light; to turn on
encerrar (ie) to lock up
enchufar to plug in

enchufe (m) outlet, plug
encima de on top of
encontrar (ue) to find; to meet
  encontrarse con to meet with
encuentro (m) encounter, meeting
encuesta (f) survey, poll
enemigo/a (m/f) enemy
energía (f) energy
enero January
enfadarse to get angry
énfasis (m) emphasis
enfermarse to get sick
enfermedad (f) sickness
enfermero/a (m/f) nurse
enfermo sick
enfocar to focus
enfoque (m) focus
enfrentar to face
  enfrentarse con to stand up to
enfrente (de) in front of, facing, opposite
enfriar to cool
engañar to fool
  engañarse to be mistaken
enojar to anger
  enojarse to get mad
enriquecer to enrich
ensayar to rehearse
ensalada (f) salad
ensayo (m) rehearsal; essay
enseguida at once
enseñanza (f) teaching
enseñar to show; to teach
entender (ie) to understand
  entenderse con to get along with
enterar to inform
  enterarse de to find out about
entero whole, entire
enterrar (ie) to bury
entonces then
entrada (f) entrance
entrar (en) to enter
entre between
entregar to hand in, deliver
  entregarse to give in, surrender
entrenador/a (m/f) coach, trainer
entrenarse to practice, train
entretener to entertain
entretenimiento (m) entertainment
entrevista (f) interview
entrevistar to interview
entristecerse to become sad
entusiasmarse to become excited
entusiasmo (m) excitement
enviar to send
envidia (f) envy
envidiar to envy
envidioso envious
envolver (ue) to wrap
época (f) epoch; time (of the year)
equilibrio (m) balance
equipaje (m) luggage
equipar to equip
equipo (m) team; equipment

equivaler to be equivalent to
equivocado mistaken; wrong
equivocarse to make a mistake
errar to miss, err; wander
error (m) error
escala (f) stopover
  hacer escala to make a stopover
escalar to climb (mountain)
escalera (f) stairs
escándolo (m) scandal
escapar(se) to escape, run away
escaso scarce
escena (f) scene
esclavitud (f) slavery
esclavo/a (m/f) slave
escoger to choose
esconder to hide
escondido hidden
escribir to write
escritorio (m) desk
escritura (f) writing
  Escritura (f) Scripture
escuchar to listen to
escuela (f) school
  escuela secundaria high school
  escuela dominical Sunday school
escultor(a) (m/f) sculptor
escultura (f) sculpture
escupir to spit
ese/a that
ése/ésa that one
esforzarse por (ue) to make an effort to
esfuerzo (m) effort
eso that
espacio (m) space
  espacio exterior outer space
espada (f) sword
espalda (f) back
  volver las espaldas a to turn one's shoulder on
España Spain
español Spanish
espantar to frighten
espantoso frightening
especial special
especialidad (f) specialty; major
especialista (m/f) specialist
especializar en to specialize in
especie (f) species; sort, kind
espectáculo (m) show
espectador(a) (m/f) spectator
espejo (m) mirror
esperanza (f) hope
esperar to wait for; to hope; to expect
espía (m/f) spy
espina (f) thorn
espíritu (m) spirit
  Espíritu Santo Holy Spirit
espiritual spiritual
espléndido splendid
esposa (f) wife
esposo (m) husband
esquema (m) plan, scheme

esquí (m) skiing
   esquí acuático water skiing
esquiar to ski
esquina (f) corner
   doblar la esquina to turn the corner
esquís (m) skis
estable stable
establecer to establish
establo (m) stable
estación (f) season; station
estacionar to park
estadio (m) stadium
estado (m) state
   estado de ánimo mood
   Estados Unidos United States
estafa (f) swindle
estafar to swindle
estallar to explode
estampado printed fabric
estampilla (f) stamp
estante (m) shelf
estar to be
   estar a to cost
   estar al día to be up to date
   estar a punto de to be about to
   estar bien to be well
   estar de acuerdo to agree
   estar mal to be sick
   estar por to be in favor of
estatua (f) statue
este/a this
éste/a this one
estéreo (m) stereo
esteroide (m) steroid
estético aesthetic
estilo (m) style
estimar to esteem
estirar to stretch
esto this
estómago (m) stomach
estorbar to hinder, be in the way
estrecho narrow
estrella (f) star
   estrella de cine movie star
estrellarse to crash (plane)
estricto strict
estudiante (m/f) student
estudiar to study
estudio study
estufa (f) stove
etapa (f) stage
eternidad (f) eternity
eterno eternal
Europa Europe
europeo European
evangélcio evangelical
Evangelio (m) Gospel
evento (m) event
evidente obvious
evitar to avoid
exacto exact
exagerar to exaggerate
exaltar to exalt

examen (m) exam, test
   examen de ingreso entrance exam
examinar to examine; to test
excepto except
excitar to excite
exclamar to exclame
excursión (f) excursion, trip
escusa (f) escuse
escusado (m) toilet
excusarse to excuse oneself, apologize
exhibir to exhibit
exigir to require, demand
exigente demanding
existir to exist
éxito (m) success
   tener éxito to be successful
experiencia (f) experience
experimentar to experiment; to experience
experimento (m) experiment
experto expert
explicación (f) explanation
explicar to explain
explorador(a) (m/f) explorer
explorar to explore
exportar to export
expresar to express
exprimir to squeeze
expulsar to expel
externo external
extraer to extract
extranjero foreign
   al extranjero abroad
extrañar to miss
extraño strange

F

fábrica (f) factory
fabricar to manufacture
fábula (f) fable
fácil easy
facilidad (f) ease
facilitar make easy
facilmente easily
facturar to check luggage
falda (f) skirt
falso false
falta (f) lack
   hacer falta to be lacking
   sin falta without fail
faltar to be missing
falla (f) failure
fallar to fail
fallecer to die
fama (f) fame
familia (f) family
familiar (m) relative
familiarizarse to become familiar
famoso famous
fantasma (m) ghost
fariseo (m) Pharisee
farmaceútico/a (m/f) pharmacist
farmacia (f) pharmacy, drug store

farol (m) street light
fascinante fascinating
fascinar to fascinate
fastidiar to annoy, bother
fatigarse to get tired
favor (m) favor
   por favor please
favorito favorite
fe (f) faith
febrero February
fecha (f) date
felicidad (f) happiness
felicitar to congratulate
feliz happy
feo ugly
feria (f) fair
feroz ferocious
ferretería (f) hardware store
ferrocarril (m) railroad
fiarse de to trust
fidelidad (f) faithfulness
fiebre (f) fever
fiel faithful
fiesta (f) party; holiday
fijador (m) hair spray
fijar to fix, fasten
fijarse en to pay attention to
fijo fixed
fila (f) row, line
fin (m) end
   fin de semana weekend
   a fin de in order to
   a fines de at the end of (month)
   al fin finally
   al fin y al cabo after all
   en fin in short
   por fin finally
finalizar to finalize
finanzas (f) finances
finca (f) farm
fingir pretend
fino fine
firma (f) signature
firmar to sign
físico physical
flaco thin, skinny
flan (m) custard
flauta (f) flute
flecha (f) arrow
flor (f) flower
florecer to bloom; flourish
florero (m) vase
flotar to float
fluir to flow
folleto (m) brochure
fomentar to promote
fondo (m) bottom; back, rear
   a fondo thoroughly
forastero/a (m/f) stranger
forma (f) form; way, manner
   de esta forma in this way
formal formal; serious
formalizar to formalize

formar to form
formulario (m) form
  llenar el formulario fill out the form
fortalecer to strengthen
forzar (ue) to force
fósforo (m) match
foso (m) pit
foto (f) photo
fotografiar to photograph
fracasar to fail
fracaso (m) failure
fragante fragrant
francés (m) French
Francia France
francamente frankly
frase (m) phrase, sentence
fraude (m) fraud
frecuencia (f) frequency
  con frecuencia frequently
fregar (ie) to scrub, mop
freír to fry
frenar to brake
freno (m) brake
frente (f) forehead
  frente a across from
fresa (f) strawberry
fresco fresh; cool
  hace fresco it's cool
  tomar el fresco to go out for fresh air
frijoles (m) beans
frío cold
  hace frío it's cold
  tengo frío I'm cold
frontera (f) border
frotar to rub
frustrado frustrated
fruta (f) fruit
fuego (m) fire
  fuegos artificiales fireworks
  pegar fuego a to set fire to
fuente (f) fountain
fuera out, outside
fuerte strong
fuerza (f) strength
fumar to smoke
funcionar to work (machinery)
funcionario (m) civil servant
fundar to found
fútbol (m) soccer
  fútbol americano football
futuro (m) future

G

gafas (f) glasses
  gafas de sol sunglasses
galería (f) galery
galleta (f) cookie, cracker
gallina (f) hen
gallo (m) rooster
gana (f) desire
  darle la gana to feel like
  de buena gana willingly
  de mala gana unwillingly
  tener ganas de to feel like, be anxious to
ganado (m) cattle, livestock
ganador(a) (m/f) winner
ganancia (f) gain, profit
ganar to win; to earn
  ganarse la vida to make a living
ganga (f) bargain
ganso (m) goose
garaje (m) garage
garantía (f) guarantee
garantizar to guarantee
garganta (f) throat
gaseosa (f) mineral water, soda
gasóleo (m) diesel fuel
gasolina (f) gasoline
gasolinera (f) gas station
gastado worn-out (machinery)
gastar to spend
gasto (m) expense
gato (m) cat; jack (car)
gaviota (f) sea gull
gelatina (f) gelatine
gemelo/a (f/m) twin
gemir moan
general general
  por lo general in general
generalmente generally
género (m) kind, sort, genre
generoso generous
genio (m) genious
gente (f) people
geografía (f) geography
geometría (f) geometry
geranio (m) geranium
gerente (m/f) manager
germen (m) germ
gesto (m) sign; gesture
gigante (m) giant
gimnasia (f) gymnastics
gimnasio (m) gym
gira (f) tour
girar to turn, rotate, spin
giro postal (m) money order
gitano/a (m/f) gypsy
globo (m) globe; balloon
gloria (f) glory
glorieta (f) traffic circle
glorificar to glorify
gobernador(a) (m/f) governor
gobernar to govern, , rule
gobierno (m) government
gol (m) goal
  marcar un gol score a goal
golfo (m) (gulf)
golpe (m) hit, blow
golpear to hit
goma (f) gum, rubber; eraser
gordo fat
gorra (f) cap
gota (f) drop
gotear to drip
gozar (de) to enjoy
gozo (m) joy
grabadora (f) tape recorder
grabar to record
gracia (f) grace; charm
gracias thank you
gracioso funny
grado (m) degree (temperature)
graduarse to graduate
grande big
grandeza (f) greatness
granja (f) farm
granjero/a (m/f) farmer
grano (m) grain
grasa (f) fat
gratificar to gratify
gratis free
gratitud (f) gratitude
grave serious
Grecia Greece
greco Greek
grey (f) flock
grifo (m) faucet
gripe (f) flu
gris gray
gritar to shout
grito (m) shout
grueso thick
grupo (m) group
guante (m) glove
guapo handsome, good-looking
guardar to guard; to put away; to keep
  guardarse de to beware of
guardia (m) guard
guerra (f) war
guerrero (m) warrior
guía (f) guide
  guía de espectáculos entertainment guide
guiar to guide
guitarra (f) guitar
gusano (m) worm
gustar to like, enjoy; to taste
gusto (m) pleasure; taste

H

haber aux verb to have; **haber de** to be to
  hay que one must
hábil skillful, capable
habitación (f) room
habitante (m/f) inhabitant
habitar to dwell, inhabit
habitual usual
habla (m) speech
hablador(a) talkative
hablar to talk, speak
hacer to do, make
  hace una semana a week ago
  hace frío it's cold
  hacerse to become
hacia toward
  hacia atrás backwards
hacienda (f) ranch
hacha (f) axe

hallar to find
hambre (f) hunger; famine
  tener hambre to be hungry
harina (f) flour
harto de fed up with, sick of
hasta (que) until
  hasta ahora until now
  hasta luego see you then
  hasta mañana until tomorrow
hay there is, there are
  hay que one must
hebreo Hebrew
hecho made
  hecho a mano handmade
hecho (m) act, deed
  de hecho in fact
helado (m) ice cream
hembra female
heno (m) hay
heredar to inherit
hereje (m/f) heretic
herido wounded
herir (ie) to wound, injure
hermana (f) sister
hermano (m) brother
hermoso beautiful
héroe (m) hero
hervir (ie) to boil
hielo (m) ice
  cubito de hielo ice cube
hierba (f) grass
hierro (m) iron
higo (m) fig
higuera (f) fig tree
hija (f) daughter
hijo (m) son
hilo (m) thread
himno (m) hymn
hincapié: hacer hincapié en to emphasize
hipo (m) hiccup
hipocresía (f) hypocrisy
hipócrata (m/f) hypocrite
hipoteca (f) mortgage
hispano Spanish, Hispanic
hispanoparlante (m/f) Spanish speaker
historia (f) history; story
hogar (m) home
hoja (f) leaf; sheet of paper
  hoja de afeitar razor blade
hola hello, hi
holandés Dutch
hombre (m) man
  hombre de negocios businessman
hombro (m) shoulder
honda (f) sling
hondo deep
hondura (f) depth
honesto decent
honra (f) honor
honrado honest
honrar to honor
hora (f) hour; time
  es hora de + inf it's time to + inf

horario (m) schedule
hormiga (f) ant
horno (m) oven
hospedar to give lodging to
  hospedarse en to lodge at
hoy today
  de hoy en adelante from now on
  hoy día nowadays
hoyo (m) hole
huelga (f) strike
huérfano/a (m/f) orphan
huerto (m) orchard
hueso (m) bone
huésped(a) (m/f) guest
huevo (m) egg
huir to flee
humanidad (f) humanity
húmedo humid
humildad (f) humility
humilde humble
humillar to humiliate
humo (m) smoke
humor (m) humor
  estar de buen/mal humor to be in a good/bad mood

I

ida (f) departure
  de ida one-way (ticket)
  de ida y vuelta round-trip (ticket)
idea (f) idea
  cambiar de idea to change one's mind
identidad (f) identity
  tarjeta de indentidad I. D.
identificar to identify
idioma (m) language
idolatría (f) idolatry
ídolo (m) idol
iglesia (f) church
ignorar to be ignorant of, not to know
igual equal; same
  igual que the same as
  me es igual it's all the same to me
igualdad (f) equality
igualmente likewise
iluminar to illuminate, light
ilustrar to illustrate
imaginarse to imagine
imitar to imitate
impaciente impatient
impedir impede, prevent
imperio (m) empire
impermeable (m) raincoat
imponer to impose
importancia (f) importance
importante important
importar to matter
  no me importa I don't care
impresionante impressive
impresionar to impress
impresora (f) printer
imprimir to print

improvisar to improvise
impuesto (m) tax
impureza (f) impurity
inagotable inexaustible
incapaz incapable
incendio (m) fire
inclinarse to bend, bow
incluir to include
incluso including
incómodo uncomfortable
inconsciente unaware
inconveniente (m) inconvenience
  tener inconveniente en to mind, object to
increíble incredible
indicar to indicate
indígeno indigenous; native
indio Indian
indudable without doubt
industria (f) industry
inesperado unexpected
infeliz unhappy
infidelidad (f) infidelity
infiel unfaithful
infierno (m) hell
inflar to inflate
influir to influence
informar to inform
  informarse sobre to enquire about
informática (f) computer science
informe (m) report
ingeniería (f) engineering
ingeniero/a (m/f) engineer
ingenuo naive
Inglaterra (f) England
inglés English
ingresar en to enter (university)
iniciar to start
injusto unfair
inmaduro immature
inmediatamente immediately
inmigrante (m/f) immigrant
inmortalidad (f) immortality
inocente innocent
inodoro (m) toilet
inquieto anxious, worried
inscribirse to register; enlist; (hotel) to check it
inseguro insecure, uncertain
insistir en to insist on
insólito unusual
inspirar to inspire
instalar to install, set up
  instalarse move in (house)
instrumento (m) instrument
insultar to insult
inteligente intelligent
intentar to try, attempt
intercambiar to exchange
intercambio (m) exhange
  estudiante de intercambio (m/f) exchange student
interés (m) interest
interesante interesting

interesar to interest
  interesarse por to be interested in
interpretar to interpret
intérprete (m/f) interpreter
interrogar to interrogate
interrumpir to interrupt
interruptor (m) switch
intimidad (f) privacy
íntimo close (friend)
introducir to insert
introvertido introverted
inundación (f) flood
inútil useless
invadir to invade
invencible invincible
inventar to invent
inversión térmica (f) thermal inversion
invertir (ie) to invest
investigar to investigate, reseach
invierno (m) winter
invitar to invite
inyectar to inject
inyección (f) shot
ir to go
  ir a + inf to be going to + inf
  ir a buscar to go get
  irse to go away
ira (f) wrath
Irlanda Ireland
irlandés Irish
irónico ironic
irritar to irritate
isla (f) island
israelita (m/f) Israelite
Italia Italy
italiano Italian
izquierda (f) left hand
  a la izquierda to the left

J

jabón (m) soap
jamás ever; never
jamón (m) ham
Japón Japan
japonés Japanese
jarabe (m) syrup
jardín (m) garden; yard
  jardín de la infancia kindergarten
jardinero/a (m/f) gardener
jarra (f) jug, pitcher
jaula (f) cage
jefe/a (m/f) boss
Jesucristo Jesus Christ
Jesús Jesus
jornada (f) workday
  jornada completa full-time (work)
jóven young; (m/f) youth
joya (f) jewel
  joyas jewelry
joyería (f) jewelry store
jubilado retired
jubilarse to retire

judío Jewish
juego (m) game
  Juegos Olímpicos Olympics
  hacer juego con to match
jueves (m) Thursday
juez (m) judge
jugada (f) play
jugador(a) (m/f) player
jugar (ue) to play
jugo (m) juice
juguete (m) toy
juicio (m) judgment; trial
julio (m) July
jungla (f) jungle
junio (m) June
juntar to join
  juntarse to get together
junto together
  junto a next to
juntos/as together
jura (f) oath
jurado (m) jury
juramento (m) oath
jurar to swear, take an oath; to curse
justificar to justify
justo just, righteous; correct, right
juventud (f) youth
juzgar to judge

K

kilo (m) kilogram
kilómetro (m) kilometer

L

la the
labio (m) lip
labor (f) labor, work
laca (f) laquer; mail polish; hair spray
lacio straight (hair)
lado (m) side
  al lado de next to
  al otro lado de on the other side of
  por un lado on the one hand
  por otro lado on the other hand
ladrar to bark
ladrillo (m) brick
ladrón/a (m/f) thief
lago (m) lake
lágrima (f) tear
lamentar to regret, be sorry for
lámpara (f) lamp
lana (f) wool
langosta (f) lobster
lanzar to throw; to pitch
lápiz (m) pencil
  lápiz labial lipstick
  lápiz para los ojos eyeliner
largo long
largura (f) length
lástima (f) pity
lastimarse to get hurt

lata (f) can
látigo (m) whip
latino (m) Latin
Latinoamérica Latin America
lavabo (m) washstand, bathroom sink
lavamanos (m) washstand, bathroom sink
lavadora (f) washing machine
lavaplatos (m) dishwasher
lavar to wash
le to him/her
leal loyal, faithful
lección (f) lesson
lectura (f) reading
leche (f) milk
lechería (f) dairy
lechuga (f) lettuce
leer to read
legalizar to legalize
legumbre (f) vegetable
lejano far, distant
lejos far away
  a lo lejos in the distance
lema (m) slogan, motto
lengua (f) tongue; language
lenguaje (m) language
lentamente slowly
lente (m/f) lense
  lente de contacto contact lense
lento slow
león lion
lepra (f) leprosy
letra (f) letter
letrero (m) sign
levadura (f) leaven, yeast
levantar to lift, raise
  levantarse to get up
ley (f) law
leyenda (f) legend
liberación femenina women's liberation
libertad (f) liberty
libertar to free, liberate
libra (f) pound
libre free
libreta (f) notebook, pad
  libreta de ahorros savings book
librería (f) bookstore; bookshelf
libro (m) book
licencia de conducir driver's license
líder (m/f) leader
liga (f) league
ligar to bind
ligero light
lima (f) file
  lima de uñas nail file
limitar to limit
límite (m) limit
  límite de velocidad speed limit
limón (m) lemon
limonada (f) lemonade
limosna alms
  pedir limosna to beg
limpiar to clean
limpieza (f) cleaning

limpio clean
lindo pretty, nice
línea (f) line
  línea de metro subway line
linóleo (m) linoleum
linterna eléctrica (f) flasshlight
lista (f) list
listo ready
literatura (f) literature
litro (m) liter
llama (f) flame
llamada (f) call
  llamada telefónica telephone call
llamar to call
  llamarse to be named
  llamar la atención to call attention
llamativo showy
llano even, level, flat
llanta (f) tire
llanto (m) weeping
llanura (f) plain
llave (f) key; faucet
  llave inglesa monkey wrench
llegada (f) arrival
llegar to arrive
  llegar a un acuerdo to come to an agreement
llenar to fill
  llenar el formulario to fill out the form
lleno full
llevar to carry, take (somewhere); to wear
  llevar a cabo to carry out
  llevarse bien con to get along well with
  llevar..años trabajando to have been working...years
llorar to cry
llover (ue) to rain
llovizna (f) drizzle
lloviznar to drizzle
lluvia (f) rain
  lluvia ácida acid rain
lo him, it
  lo bueno the good thing
  lo de Juan the thing about John
  lo que me gusta what I like
  lo mismo que the same as
lobo (m) wolf
loco crazy
locura (f) insanity
locutor(a) de radio (m/f) radio announcer
lodo (m) mud
lógico logical
lograr to achieve, attain, succeed in
logro (m) attainment
loma (f) hill
lomo (m) loin; roast beef
Londres London
loro (m) parrot
los the; you (pl); them
lucir to shine, look nice; to show off
  luce en español he shines in Spanish
  te luce bonito it looks good on you (dress)
lucha (f) fight

lucha libre wrestling
luchar to fight
luego next, then, afterwards
  luego que as soon as
lugar (m) place
  dar lugar a to give rise to
  en lugar de instead of
  tener lugar to take place
lujo luxury
  de lujo deluxe
luna (f) moon
  luna de miel honeymoon
lunar polka dot
lunes (m) Monday
lupa (f) magnifying glass
luz (f) light
  dar a luz give birth to
  sacar a luz to bring to light
  salir a luz to come to light

M

macarrones (m) macaroni
machismo (m) male chauvinism, machismo
madera (f) wood
madrastra (f) stepmother
madre (f) mother
madrugada (f) early morning, dawn
madurar to ripen; to mature
maduro ripe; mature
maestro/a (m/f) teacher
magia (f) magic
magnífico excellent
mago (m) magician
  Reyes Magos Wise Men
maís (m) corn
mal badly, poorly
maldecir to curse
maleta (f) suitcase
  hacer la maleta to pack one's suitcase
maletín (m) briefcase
malgastar to waste
malhumorado ill-humored
malo bad, evil
maltratar to mistreat, abuse
maltrato (m) abuse
malvado evil
mancha (f) spot, stain
manchar to stain
mandamiento (m) command
mandar to order, command; to send
mandato (m) command
manejar to drive; operate (machinery)
manera (f) manner, way
  de esta manera in this way
  de manera que so that
manga (f) sleeve
  sin mangas sleeveless
manguera (f) hose
maní (m) peanut
manicomio (m) insane asylum
manifestación (f) demonstration, protest
manifestar to demonstrate, protest

mano (f) hand
  darse las manos to join hands, shake hands
  de segunda mano second-hand
manso gentle, mild, meek
manteca (f) lard
mantener to maintain, support; to keep
  mantener caliente to keep hot
  mantenerse en forma to keep in shape
  mantenerse de to subsist on
mantequilla (f) butter
manzana (f) apple; (city) block
mañana tomorrow
mañana (f) morning
  por la mañana in the morning
mapa (f) map
maquillaje (m) make-up
maquillarse to put on make-up
máquina (f) machine
  escribir a máquina to type
  máquina de coser sewing machine
  máquina de escribir typewriter
  máquina de lavar washing machine
maquinilla de afeitar razor
mar (m/f) sea
maravilla (f) wonder
maravillarse de to marvel at
maravilloso wonderful, marvelous
marca (f) brand
marcado marked, strong
marcador (m) felt-tip marker
marcar to mark
  marcar el precio to ring up the price
  marcar un gol to score a goal
marcha: poner en marcha to start
marchar to march
marchitar to wild
marea (f) tide
marearse to get dizzy
márfil (m) ivory
margarita (f) daisy
margen (m/f) margin; border, edge
marido (m) husband
marina (f) navy
marinero (m) sailor
mariposa (f) butterfly
marisco (m) shellfish
mármol (m) marble
marrón maroon; brown
martes (m) Tuesday
martillo (m) hammer
marzo (m) March
mas but
más more
  más bien rather
  más de more than (before numbers)
  más que more than
  más o menos more or less
masa (f) mass; dough
máscara (f) mask
mascota (f) mascot; pet
masticar to chew
matamoscas (m) fly swatter
matar to kill

matemáticas (f) mathematics
materia (f) matter; subject (school)
material (m) material
matrícula (f) registration; tuition
matricular to enroll, register
matrimonio (m) marriage
máximo maximum
mayo (m) May
mayonesa (f) mayonnaise
mayor greater, greatest; older, oldest
mayoría (f) majority, most
me me, to me
mecánico/a (m/f) mechanic
mecanografía (f) typewriting
mediador(a) (m/f) mediator
media (f) stocking, nylon
mediano medium
medianoche (f) midnight
mediante by means of
medicamento (m) medicine
medicina (f) medicine
médico/a (m/f) doctor
medida (f) measurement; measure
  a medida que as
  hecho a la medida custom-made
medio half
medio (m) middle; means
  en medio de in the middle of
  por medio de by means of
  medio ambiente environment
  medios de comunicación media
mediodía (m) noon
medir (i) to measure
meditar to meditate
mediterráneo Mediterranean
mejilla (f) cheek
mejor better, best
mejoramiento (m) improvement
mejorar to improve
  mejorarse to get better
melocotón (m) peach
memoria (f) memory
  de memoria by heart
memorizar to memorize
mencionar to mention
mendigar to beg
mendigo/a (m/f) begger
menor less, lesser; younger, youngest
menos less, fewer
  a menos que unless
  echar de menos to miss
  menos que less/fewer than
  por lo menos at least
menospreciar to despise, scorn
menosprecio (m) scorn
mensaje (m) message
mensajero/a (m/f) messenger
mente (f) mind
  tener en mente + inf to have in mind to
mentir (ie) to lie
mentira (f) lie
mentiroso/a (m/f) liar
menú (m) menu

menudo: a menudo often
mercado (m) market
mercancía (f) merchandise
merced (f) mercy, grace
mercurio (m) mercury
merecer (z) to deserve
merienda (f) snack
mérito (m) merit
mermelada (f) jam
mes (m) month
mesa (f) table
  mesa de centro coffee table
  mesa de noche night stand
meseta (f) plateau
mesón (m) inn
mesonero/a (m/f) innkeeper
meta (f) goal
metálico (m) cash
meteorólogo/a (m/f) meteorologist
meter to put, place, set
  meter una canasta to make a basket
  meterse en to get involved in
método (m) method
metro (m) meter; subway
mexicano Mexican
mezclar to mix
mezquita (f) mosque
mi my
mí me
micrófono (m) microphone
miedo (m) fear
  tener miedo de to be afraid to
miel (f) honey
miembro (m) member
mientras (que) while
miércoles (m) Wednesday
mil thousand
milagro (m) miracle
militar military
milla (f) mile
millón million
mimar to pamper, spoil
mina (f) mine
minar to mine
ministerio (m) ministry
ministro (m) minister
minoría (f) minority
minuto (m) minute
mío/a mine
mirar to look at
misa (f) Mass
misericordia (f) mercy, compassion
misión (f) mission
misionero (m) missionary
mismo same; -self
  ahora mismo right now
  yo mismo I myself
  me da lo mismo it's all the same to me
misterio (m) mystery
misterioso mysterious
mitad (f) half
mito (m) myth
mixto mixed

mochila (f) backpack
moda (f) fashion
  estar de moda to be in style
  pasar de moda to go out of style
modales (m) manners
modelar to model
modelo (m/f) model
modesto modest
modificar to modify
modismo (m) idiom
modista (m/f) dress maker
modo (m) manner, way
  de modo que so that
  de otro modo otherwise
  de todos modos anyway
Moisés Moses
mojado wet
mojar to wet
moldura (f) molding
moler (ue) to grind
molestar to bother
molino (m) mill
momento (m) moment
moneda (f) coin
monja (fr) nun
monje (m) monk
mono cute, nice
mono (m) monkey
monopatín (m) skateboard
monopolio (m) monopoly
monstruo (m) monster
montaña (f) mountain
  montaña rusa roller coaster
montar to ride
monte (m) mountain
montón (m) pile, heap
monumento (m) monument
morado purple
morar to dwell
morder (ue) to bite
moreno dark brown, brunette; dark complexioned
morir(se) (ue) to die
moro Moorish
mosca (f) fly
mostaza (f) mustard
mostrador (m) counter
mostrar (ue) to show
motivo (m) motive, reason
motocicleta (f) motorcycle
motor (m) motor, engine
moverse (ue) to move
movimiento (m) movement
mozo (m) waiter; flight attendant
muchacha (f) girl
muchacho (m) boy
mucho much, a lot of
  muchos many
  mucho gusto it's a pleasure to meet you
mudar(se) to move (house)
mudo mute, silent
mueble (m) piece of furniture
mueblería (f) furniture shop

muela (f) molar
muelle (m) wharf, dock
muerte (f) death
muerto dead
mujer (f) woman; wife
mula (f) mule
multa (f) fine
multiplicar to multiply
multitud (f) multitude
mundial world-wide
mundo (m) world
  todo el mundo everyone
muñeca (f) doll; wrist
muralla (f) wall
murmurar to murmur
muro (m) outside wall
museo (m) museum
música (f) music
músico/a (m/f) musician
musulmán(a) Moslem
muy very

N

nacer to be born
nacimiento (m) birth
nación (f) nation
  las Naciones Unidas United Nations
nacionalidad (f) nationality
nada nothing
  de nada you're welcome
nadador(a) (m/f) swimmer
nadar to swim
nadie nobody
naranja (f) orange
nariz (f) nose
narrar to narrate
natación (f) swimming
natal native
naturaleza (f) nature
naturalmente naturally
náusea (f) nausea
  tener náuseas to be nauseated
nave (f) ship
navegador(a) (m/f) navigator
navegar to sail
Navidad (f) Christmas
neblina (f) fog, mist
necesario necessary
necesitar to need
necio/a (m/f) fool
negar (ie) to deny
  negarse a to refuse to
negociar to negotiate
negocio (m) business
  hombre de negocios businessman
negro black
nervio (m) nerve
nervioso nervous
nevar (ie) to snow
nevera (f) refrigerator
ni neither, nor
  ni...ni... neither...nor

ni siquiera not even
nicotina (f) nicotine
niebla (f) fog
nieta (f) granddaughter
nieto (m) grandson
nieve (f) snow
ninguno/a no, not any, none
  de ninguna manera no way
  en ninguna parte nowhere
niñez (f) childhood
niño/a (m/f) child
  niño/a explorador(a) boy/girl scout
nivel (m) level
  nivel de vida standard of living
no no, not
  ya no no longer
noche (f) night
  de noche at night
  esta noche tonight
  por la noche at night
Nochebuena (f) Christmas Eve
Noé Noah
nombrar to name, appoint
nombre (m) name
  nombre de pila first name
  nombre de soltera maiden name
norma (f) rule
normalmente normally
norte north
Norteamérica North America
norteamericano North American
nos us, ourselves
nosotros/as we
nota (f) note; grade
notar to note
  notarse to be noticeable
noticia (f) piece of news
  noticias news
  tener noticias de to hear from
noticiero (m) newsreel
novecientos nine hundred
novela (f) novel
noventa ninety
novia (f) girlfriend
noviazgo (m) engagement
noviembre (m) November
novio (m) boyfriend
nube (f) cloud
nublado cloudy
nudo (m) knot
nuera (f) daughter-in-law
nuero (m) son-in-law
nuestro/a our
  el nuestro/la nuestra ours
nuevo new
  de nuevo again
nuez (f) nut; walnut
numerar to number
número (m) number
  número equivocado wrong number
nunca never
  nunca más never again

O

o or
  o...o either...or
obedecer (z) to obey
obediencia (f) obedience
obediente obedient
objeto (m) object
obligar a to force to
obligatorio obligatory
obra (f) work (of art/literature)
  obra maestra masterpiece
  obra de teatro play
obrar to work
obrero/a (m/f) workman
observar to observe
obstáculo (m) obstacle
obstante: no obstante nevertheless
obstinado stubborn
obtener to get, obtain
obvio obvious
ocasión (f) occasion
ocasionar to cause, occasion
océano (m) ocean
octubre (m) October
ocultar to hide
ocupado busy
ocupar to occupy; keep busy
ocurrir to occur, happen
ochenta eighty
odiar to hate
odio (m) hatred
odioso hateful
oeste (m) west
ofender to offend
  ofenderse to take offense
oferta (f) offer
oficio (m) trade
oficina (f) office
  oficina de objetos perdidos lost-and-found
ofrecer (z) to offer
ofrenda (f) offering
oído (m) hearing; eat
oír to hear
  oír decir que to hear that
  oír hablar de to hear about
ojalá I hope, I wish
ojo (m) eye
ola (f) wave
oler (ue) to smell
olfato (m) sense of smell
Olimpiadas (f) Olympic Games
olla (f) pot
olor (m) odor
olvidar to forget
  olvidarse de to forget to
omitir to omit
once eleven
onda (f) wave
ópera (f) opera
operar to operate on
opinar to be of the opinion

oponerse a to oppose
oportunidad (f) opportunity
oprimir to oppress
optar por + inf to choose to
opuesto opposite
oración (f) sentence; prayer
orden (m) order (series)
orden (f) order (command)
ordenador (m) computer
ordenar to order; put in order
oreja (f) ear
organizar to organize
órgano (m) organ
orgullo (m) pride
orgulloso proud
oriente (m) east
orilla (f) bank, shore
oro (m) gold
orquesta (f) orchestra
ortografía (f) spelling
os you, to you (fam pl)
osar to dare to
oscilar to fluctuate
oscurecer to get dark
oscuridad (f) darkness
oscuro dark
oso (m) bear
ostra (f) oyster
otoño (m) autumn, fall
otorgar to grant, award
otro/a another
oveja (f) sheep (female)
OVNI UFO
oyente (m/f) listener (radio)

P

paciencia (f) patience
paciente patient
padecer (z) to suffer
padrastro (m) stepfather
padre (m) father
pagar to pay
página (f) page
país (m) country
paisaje (m) countryside, landscape
pájaro (m) bird
palabra (f) word
palacio (m) palace
palma (f) palm (hand)
palmera (f) palm tree
pala (f) shovel
pálido pale
palo (m) stick
paloma (f) dove
palomitas de maís (f) popcorn
palpar to touch, feel
pan (m) bread
panadería (f) bakery
panadero/a (m/f) baker
pancarta (f) poster
pandilla (f) gang
pantaletas (f) panties

pantalones (m) pants
  pantalones cortos shorts
pantalla (f) screen
pantimedias (f) pantyhose
pañal (m) diaper
paño (m) cloth
pañuelo (m) hankerchief
papa (f) potato
  papas fritas french fries
Papa (m) Pope
papá dad
papel (m) paper; role, part
  hacer un papel de to play a role of
  papel higiénico toilet paper
papelería (f) stationery store
paquete (m) package
par (m) pair
para for; in order to; by (deadline)
  para entonces by then
  para que so that
parábola (f) parable
parabrisas (m) windshield
parada (f) stop
  parada de autobús busstop
paracaídas (m) parachute
parado stopped; standing
paraguas (m) umbrella
paraíso (m) paradise
parar to stop
parecer (z) to seem, appear, look
  parecerse a to resemble
  me parece que it seems to me that
parecido similar
pared (f) wall
pareja (f) couple
pariente (m/f) relative
parlamento (m) parliament
parque (m) park
  parque de atracciones amusement park
parte (f) part
  en alguna parte somewhere
  en ninguna parte nowhere
  en todas partes everywhere
  la mayor parte de the majority of
  por una parte on the one hand
  por otra parte on the other hand
participar to participate
partidario/a (m/f) supporter
partido (m) game
partir to divide, split; to depart
  a partir de beginning
pasa (f) raisin
pasado past, last
pasaje (m) passage; fare
pasajero/a (m/f) passenger
pasaporte (m) passport
pasar to pass; to spend (time)
  pasarlo bien/mal to have a good/bad time
  pasar de moda to go out of style
  pasar la aspiradora to vacuum
  pasar por to come by for
  pasar por alto to overlook
  pasar sin to do without

pasatiempo (m) pasttime, hobby
pascua (f) passover
  Pascua del Espítu Santo Pentecost
  Pascua Florida Easter
pase (m) pass, permit
pasear to walk; to take a walk
  pasear el perro to walk the dog
paseo (m) walk, ride
  dar un paseo to take a walk/ride
pasillo (m) hallway
paso (m) step
  dar un paso to take a step
pasta (f) dough, paste
  pasta de dientes toothpaste
pastel (m) pie, cake, pastry
pastilla (f) tablet, lozenge
pastor(a) (f/m) shepherd(ess); pastor
pata (f) paw, foot, leg
patata (f) potato (Spain)
patear to kick
patinador(a) (m/f) skater
patinaje (m) skating
patinar to skate
  patinar sobre hielo to ice skate
patio (m) patio, inner courtyard
pato (m) duck
patria (f) country, fatherland
patrón(a) (m/f) boss
pavo (m) turkey
payaso/a (m/f) clown
peatón(a) (m/f) pedestrian
paz (f) peace
  dejar en paz to leave alone
peca (f) freckel
pecado (m) sin
pecador(a) (m/f) sinner
pecar to sin
pecho (m) chest; breast
pedazo (m) piece
  hacer pedazos to break to pieces
pedido (m) order
pedir to ask for, request
  pedir cita to make an appointment
  pedir permiso to ask for permission
  pedir prestado a to borrow from
pegar to hit; to stick on
peinar(se) to comb one's hair
peine (m) comb
pelar to peel
pelea (f) conflict
pelear to fight
película (f) film
peligro (m) danger
peligroso dangerous
pelirrojo readheaded
pelo (m) hair
pelota (f) ball
pena (f) penalty; sorrow
  darle pena to make one sad
  valer la pena to be worth the trouble
pendientes (m) earrings
pensar (ie) to think
  pensar en to think about

pensar + inf to plan to
pensamiento (m) thought
pensión (f) boarding house, B & B
Pentacostés (m) Pentacost
peña (f) rock
peor worse, worst
pequeño small, little
pera (f) pear
percha (f) clothes hangar
perder to lose; to miss; to waste
  perderse to get lost
  perder el autobús to miss the bus
  perder tiempo to waste time
perdón (m) pardon, forgiveness
perdonar to forgive
perecer (z) to perish
perezoso lazy
perfeccionar to perfect
perfecto perfect
perfume (m) perfume
periódico (m) newspaper
periodista (m/f) journalist
período (m) period
perjudicar to harm
perjuicio (m) damage
perla (f) pearl
permanecer (z) to stay, remain
permiso (m) permission
  con permiso excuse me (on leaving)
permitir to permit
pero but
perplejo perplexed
perro (m) dog
perseguir (i) to persecute; to pursue
persistir to persist
persona (f) person
personaje (m) personage, character (play)
persuadir to persuade
pertenecer (z) to belong
peruano Peruvian
pesadilla (f) nightmare
pesado heavy
pesar (m) sorrow, regret
  a pesar de in spite of
pesca (f) fishing
  ir de pescas to go fishing
pescado (m) fish
pescador(a) (m/f) fisherman
pesar to weigh
pescar to fish
  pescar un resfriado to catch a cold
peso (m) weight
peste (f) plague
pesticida (m) pesticide
petición (f) petition, request
  petición de mano engagement
petróleo (m) petroleum, oil
pez (m) fish
picante spicy
picar to sting, bite (insect)
  picarle a uno to itch
picazón (m) itch
pico (m) beak, bill

pie (m) foot
  de pie standing
  ir a pie to go on foot, walk
piedra (f) stone
pierna (f) leg
píldora (f) pill
piloto/a (m/f) pilot
pimienta (f) pepper
pino (m) pine tree
pintar to paint
  pintarse to apply make-up
pintor(a) (m/f) painter
pintoresco picturesque
pintura (f) painting
piña (f) pineapple
pipa (f) pipe
pirámide (m) pyramid
pisar to step on
piscina (f) swimming pool
piso (m) floor; story (of building)
pista (f) track
  pista de patinaje skating rink
pistola (f) pistol
pizarra (f) chalkboard
placa (f) license plate
placer (m) pleasure
plaga (f) plague
plan (m) plan
plancha (f) iron
planchar to iron
planear to plan
planeta (m) planet
plano level, smooth, even
planta (f) plant
  planta nuclear nuclear plant
plantar to plant
plástico (m) plastic
plata (f) silver
plátano (m) banana
platicar to chat
platillo (m) saucer
plato (m) plate, dish
  plato principal main dish
playa (f) beach
plaza (f) square, plaza
pleito (m) lawsuit
plenitud (f) abuncance
plomero/a (m/f) plumber
plomo (m) lead
pluma (f) feather; pen
población (f) population
poblar to populate
pobre poor
pobreza (f) poverty
poco little, not much
  un poco a little
pocos few, not many
  unos pocos a few
poder (m) power
poder (ue) to be able
  no poder más to give up
poderoso powerful
poema (m) poem

poesía (f) poetry
poeta (m) poet
poetisa (f) poetess
policía (m) policeman; (f) police force
política (f) politics; policy
político/a (m/f) politician
polvo (m) dust, powder
pollo (m) chicken
poner to put, place, set
  poner la mesa to set the table
  ponerse to put on
  ponerse a to begin to
por for, by, through, along, per
  por ahora for now
  por consiguiente therefore
  por eso therefore; that's why
  por favor please
  por fin finally
  por lo menos at least
  por medio de by means of
  por qué why
  por supuesto of course
  por último last of all
porcelana (f) porcelain
porcentaje (m) percentage
pormenor (m) detail
porque because
¿por qué? why?
portamaletas (m) trunk (car)
portátil portable
portero (m) doorman; goalie
portugués Portuguese
posada (f) inn
poseer to possess
posibilidad (f) possibility
posible possible
  hacer todo lo posible to do one's best
postal (f) post card
poste (m) pole, post
postre (m) dessert
potable drinkable
potencia (mundial) (world) power
potro (m) colt
pozo (m) well
práctica (f) practice
practicar to practice; to play (sports)
práctico practical
prado (m) prairie
preceder to precede
precio (m) price
precioso precious
precipitación radioactiva (f) radioactive fallout
precisamente exactly
preciso necessary
precolombino pre-Columbian
predecir to predict
predicar to preach
preferido favorite
preferir (ie) to prefer
pregunta (f) question
preguntar to ask
  preguntarse to wonder

preguntar por to ask about
prejuicio (m) prejudice, bias
premio (m) prize
prenda (f) article of clothing
prender to sieze, catch
  prenderse to catch fire
prensa (f) press
preocupado worried
preocupar to worry, concern
  preocuparse por to worry about
preparar to prepare
  prepararse to get ready
presenciar to witness
presentación (f) introduction
presentar to present; to introduce
presente present
preservar to preserve, protect
presidente/a (m/f) president
presión (f) pressure
  presión arterial blood pressure
presionar to press
preso/a (m/f) prisoner
prestado loaned
  pedir/tomar prestado to borrow
préstamo (m) loan
prestar to loan
  prestar atención to pay attention
pretender to claim
prevenir to warn
previo previous
primavera (f) spring
primero first
  primeros auxilios first aid
primo/a (m/f) cousin
princesa (f) princess
principal main
príncipe (m) prince
principiante (m/f) beginner
principio (m) beginning
  al principio at first
  a principios de toward the beginning of
prisa (f) hurry
  darse prisa to hurry
  tener prisa to be in a hurry
prisionero/a (m/f) prisoner
privado private
privar to deprive
privilegio (m) privilege
probador (m) dressing room
probar (ue) to prove; to test, try
  probarse to try on (clothes)
problema (m) problem
procedente coming from
proceder de to come from
proclamar to proclaim
procurar to try
producir (z) to produce
producto (m) product
profano profane, indecent
profecía (f) prophecy
profesión (f)
  profesión de fe profession of faith
profesor(a) (m/f) teacher

profeta (m) prophet
prefetisa (f) prophetess
profetizar to prophecy
profundo deep; profound
programa (m) program
programación (f) programming
programador(a) (m/f) programmer
programar to program
progresar to progress
progreso (m) progress
prohibido forbidden, off-limits
prohibir to forbid, prohibit
prójimo/a (m/f) fellow man, neighbor
promedio (m) average
promesa (f) promise
prometer to promise
pronóstico (m) forecast
pronto soon
pronunciar to pronounce
propaganda (f) advertising, publicity
propiedad (f) property
propietario/a (m/f) owner
propina (f) tip
propio own
  propio de typical of; appropriate for
proponer to propose
  proponerse to plan to
proporcionar to provide, furnish
propósito (m) purpose
  a propósito by the way
  de propósito on purpose
prosperar to prosper
prosperidad (f) prosperity
próspero prosperous
proteger to protect
proteína (f) protein
protestar to protest
proveer to provide, supply
provenir de to come from
proverbio (m) proverb
provisto de provided with
próximo next; nearest
proyecto (m) project
prueba (f) test; proof
  prueba de aptitud académica scholastic apititude test
psicólogo/a (m/f) psychologist
publicar to publish
público public; (m) public, audience
pueblo (m) people; town, village
puente (m) bridge
puerco (m) hog; pork
puerta (f) door; gate (airport)
puerto (m) port
puertorriqueño Puerto Rican
pues well, then, therefore
  pues bien well then
puesto (m) job, position; stand
pulcro neat, clean
pulgada (f) thumb; inch
pulpo (m) octopus
pulsera (f) bracelet
pulso (m) pulse

punta (f) tip
punto (m) point; period
  en punto on the dot
  estar a punto de to be about to
  punto de partida point of departure
  punto de vista point of view
puntual punctual
puramente purely
puré de patatas mashed potatoes
purificar to purify
puro pure; sheer

Q

que that, which, who
¿qué? what?, which?
  ¡qué lastima! what a pity!
  ¿qué hay de nuevo? what's new?
  ¡qué horror! how horrible!
  ¿qué tal? how are things?
  ¡qué va! no way!
quebrantar to break
quebrar (ie) to break
quedar to be located
  quedarle a uno to have left over
  quedarle bien a uno to fit one well
  quedarse to remain, stay
  quedar en to agree on
  quedarse con to keep
queja (f) complaint
quejarse de to complain about
quemadura del sol (f) sunburn
quemar to burn
  quemarse to burn oneself; to get sunburnt
querer (ie) to want; to love (person)
  querer decir to mean
  sin querer unintentionally
querido dear
queso (m) cheese
quien who
¿quién? who?
quieto calm, quiet
química (f) chemistry
químico/a (m/f) chemist
quince fifteen
quinceañera (f) celebration for fifteen-year-old girl
quiosco (m) kiosk, stand
quitar to take away
  quitar la mesa to clear the table
  quitarse to take off (clothing)
quizá perhaps, maybe

R

rabia (f) anger, rage
  darle rabia to make one angry
radiación (f) radiation
radiador (m) radiator
radio (m) radio; (f) radio broadcast
radioactivo radioactive
radiolocutor(a) (m/f) radio announcer

raíz (f) root
rama (f) branch
ramo (m) bunch; bouquet
rana (f) frog
ranchero/a (m/f) rancher
rancho (m) ranch
rango (m) rank, class
rapidez (f) speed
rápido rapid, fast
raqueta (f) racket
raro rare
   raras veces rarely
rascacielos (m) scyscraper
rastro (m) flea market
rata (f) rat
rato (m) short time, little while
ratón (m) mouse
raya (f) stripe
rayo (m) lightning
   rayo láser laser beam
raza (f) race
razón (f) reason
   tener razón to be right
   no tener razón to be wrong
razonable reasonable
razonar to reason
reacción (f) reaction
reaccionar to react
reactor nuclear (m) nuclear reactor
real real; royal
realidad (f) reality
   en realidad really, actually
realización (f) fulfillment
realizar to fulfill, carry out, realize
   realizarse to come true; to take place
rebaja (f) discount
rebajar to reduce (price)
rebelar to rebel
rebelde rebellious; (m/f) rebel
recado (m) message
recepción (f) reception desk
recepcionista (m/f) receptionist
receta (f) recipe; prescription
   preparar una receta to fill a prescription
recetar to prescribe
rechazar to reject
recibir to receive
recibo (m) receipt
reciclaje (m) recycling
recién recently, newly
   recién casados newlyweds
reciente recently
recipiente (m) container
recíproco reciprocal, mutual
recitar to recite
reclamación (f) claim
   reclamación de equipaje baggage claim
reclamar to claim; to object
reclinar to lean
   reclinarse to recline, lean back
recobrar(se) to recover
recoger to pick up
recomendar (ie) to recommend

recompensa (f) reward
recompensar to reward
reconciliar to reconcile
   reconciliarse to become reconciled
reconocer to recognize
reconocimiento (m) gratitude
record (m) record
   batir un record to break a record
recordar (ue) to remember; to remind
   si mal no recuerdo if I remember correctly
recorrer to travel around
recortar to trim
recreo (m) recreation; recess
recto straight
recuerdo (m) remembrance; souvenir
recuperar to recover, make up (missing work)
   recuperarse to recover, recuperate
recurrir a to resort to
recurso (m) resource
red (f) network
   la Red the Internet
redención (f) redemption
redentor(a) redeemer
redimir to redeem
redondo round
reducir (z) to reduce
reembolsar to reimburse
reembolso reimbursement
reemplazar to replace
referirse a (ie) to refer to
reflejarse to reflect
reflejo (m) reflection
reflexionar to reflect
reformar to reform
refrán (m) saying, proverb
refresco (m) soft drink
refrigerador (m) refrigerator
refugio (m) refuge, shleter
regalar to give away
regalo (m) gift
regañar to scold
regar (ie) to water
regatear to bargain, dicker
régimen (m) diet
   régimen balanceado balanced diet
región (f) region
regir (i) to rule, govern
registro (m) record, record book
regla (f) rule; ruler
regocijarse to rejoice
regresar to return
regreso (m) return
regular so-so
regular to regulate
rehén (m/f) hostage
rehusar to refuse
reina (f) queen
reinado (m) reign
reinar to reign
reino (m) kingdom
reír(se) to laugh
relación (f) relationship

relacionado related
ralacionar to relate
relajante relaxing
relajarse to relax
relámpago (m) flash of lightning
relato (m) story
religión (f) religion
religioso religious
rellenar to stuff
relleno (m) stuffing
reloj (m) watch; clock
relojería (f) watchmaker's shop
relojero/a (m/f) watchmaker
remar to row
remediar to remedy, correct
remedio (m) remedy
   no hay más remedio it can't be helped
   no tener remedio to be unavoidable
remisión (f) remission
remitente (m/f) sender (letter)
remo (f) rowing
remodelar to remodel
remoto remote
renacer to be reborn
renacimiento (m) rebirth; renaissance
rendición (f) surrender
rendido exhausted
rendirse (i) to surrender
renovar (ue) to renovate
renta (f) income
renunciar to renounce; to resign
reparación (f) repairs
reparar to repair
repartir to distribute
repasar to review
repaso ((m) review
repente: de repente all of a sudden
repetir (i) to repeat
reportaje (m) report; article
reportero/a (m/f) reporter
reposo (m) rest
representante (m/f) representative
representar to represent
reprimir to repress
reprochar to reproach
reproducir (z) to reproduce
repudiar to repudiate, disown
repuesto (m) spare part
reputación (f) reputation
requerir (ie) to require
requisito (m) requirement, prerequisite
res (m) head of cattle
   carne de res (f) beef
resbalar to slip
resbaloso slippery
rescatar to ransom; to rescue
rescate (m) ransom
reservar to reserve
resfriado (m) cold
residir to reside
residuos (m) waste
   residuos radioactivos radioactive waste

resignarse a + inf to resign oneself to
resistir to resist
resolver (ue) to solve
  resolverse a to resolve to
respaldar to support
respecto a with respect to, regarding
respetar to respect
respeto (m) respect
respiración (f) breathing
respirar to breath
responder to respond
responsabilidad (f) responsibility
responsable (m/f) person in charge
respuesta (f) answer
restante left over
restar to subtract
restaurante (m) restaurant
restaurar to restore
resto (m) rest
  el resto de the rest of
resucitar to resuscitate; to resurrect
resultado (m) result
resultar to result
  resultar ser to turn out to be
resumen (m) summary
resumir to summarize
retar to challenge
retener to retain
reto (m) challenge
retirar to withdraw
retiro (m) withdrawal
retratar to take a picture of
retrato (m) portrait
retrete (m) toilet
reunión (f) meeting
reunir to join, unite; to gather, assemble
  reunirse to meet, get together
revelar to reveal; to develop (photograph)
reverenciar to revere, reverence
revés (m) back, reverse
  al revés inside out; backwards
revisar to review
revisión (f) revision; check up
revista (m) magazine
revocar to revoke
revolver (ue) to stir
revolución (f) revolution
rey (m) king
  Reyes Magos Wise Men
rezar to pray
ribera (f) shore, bank
rico rich; tasty, delicious
ridículo ridiculous
riesgo (m) risk
riguroso rigorous
rincón (m) corner
río (m) river
  río abajo downstream
riqueza (f) riches, wealth
risa (f) laugh
ritmo (m) rhythm
rivalizar to rival, compete

rizado curly
rizar to curl
rizo (m) curl
robar to rob, steal
roca (f) rock
rocío (m) dew
rodear to surround
rodilla (f) knee
rogar (ue) to beg
rojo red
rollo (m) roll
romper to break
  romper con to break up with
ropa (f) clothing, clothes
  ropa interior underwear
  ropa sucia laundry
ropero (m) closet, locker
rosa (f) rose
  color de rosa pink
rosado pink
rosbif (m) roast beef
rostro (m) face
roto broken
rubio blond
rueda (f) wheel
ruido (m) noise
ruidoso noisy
ruinas (f) ruins
rumbo (m) direction
  rumbo a bound for
Rusia Russia
ruso Russian
ruta (f) route
rutina (f) routine

S

sábado (m) Saturday
sábana (f) sheet
saber to know; to find out
  a saber namely
  saber a to taste of
  saber de to hear from
  saber + inf to know how to
sabiduría (f) wisdom
sabio wise
saborear to taste; to savor; to enjoy
sabroso tasty, delicious
sacar to take out
  sacar conclusiones to draw conclusions
  sacar fotocopias to photocopy
  sacar fotos to take pictures
  sacar la lengua to stick out one's tongue
  sacar provecho de to profit from
  sacar una A to get an A
sacerdote (m) priest
saco (m) sack, bag; jacket
  saco de dormir sleeping bag
sacrificar to sacrifice
sacrificio (m) sacrifice
sacudir to shake
  sacudir los muebles to dust the furniture

sagrado sacred
sal (f) salt
sala (f) hall; living room
  sala de clase classroom
  sala de espera waiting room
  sala de estar family room
salado salty
salida (f) exit
salir to leave, go out
  salir adelante to get ahead
  salir bien to turn out well
  salir bien/mal en un examen to do well/poorly on a test
salón (m) meeting room; classroom
  salón de baile ballroom
  salón de belleza beauty parlor
  salón de reunión lounge
salsa (f) sauce, dressing, gravy
saltar to jump
salto (m) jump
salud (f) health
saludable healthy
saludar to greet
saludo (m) greeting
salvador(a) (m/f) savior
  el Salvador the Savior
salvaje wild
salvar to save
salvavidas (m) life preserver; lifeguard
salvo safe; (prep) save, except for
sanar to cure, heal
sandalia (f) sandal
sandía (f) watermelon
sangrar to bleed
sangre (f) blood
sano healthy
  sano y salvo safe and sound
santidad (f) holiness, sanctity
santificar to sanctify
santo holy
santuario (m) sanctuary
sarampión (m) measles
sartén (f) frying pan
sastre (m) tailor
sastrería (f) tailor's shop
sátira (f) satire
satisfacer to satisfy
satisfecho satisfied
se himself, herself, oneself, yourself, themselves; each other
sea como sea whatever (the case)
secador (m) blow dryer (hair)
secadora (f) clothes dryer
secar to dry
  secarse las manos to dry one's hands
sección (f) section, department
seco dry
secretario/a (m/f) secretary
secreto (m) secret
secuestro (m) kidnapping
secuestrador(a) (m/f) kidnapper
  secuestrador(a) de aviones hijacker

secuestrar to kidnap
secundaria (f) high school
sed (f) thirst
  tener sed to be thirsty
seda (f) silk
segar (ie) to reap, harvest
seguida: en seguida at once
seguir to follow
  seguir + gerund to keep on
según according to
segundo second
seguridad (f) security
seguramente surely
seguro sure; safe
seguro (m) insurance
selección (f) selection, choice
seleccionar to select, choose
selva (f) jungle
sellar to seal
sello (m) seal, stamp
semáforo (m) traffic light
semana (f) week
  la semana que viene next week
  la Semana Santa Holy Week
semanal weekly
sembrar (ie) to sow, plant
semejante similar
semestre (m) semester
semilla (f) seed
senador(a) (m/f) senator
sencillamente simply
sencillo simple, plain
senda (f) path
sentado seated
sentar (ie) to seat
  sentarse to sit down
sentido (m) sense; direction
  en sentido contrario in the opposite direction
  tener sentido to make sense
sentimiento (m) feeling
sentir (ie) to feel; to regret, be sorry
  lo siento I'm sorry
  sentirse bien/mal to feel good/bad
señal (f) sign
señalar to point out, signal
señas (f) personal description
  señas particulares distinguishing features
señor (m) man; sir, Mr.
señora (f) woman; madam, Mrs.
señorita (f) young lady; Miss
separar to separate
septiembre (m) September
sepulcro (m) tomb
sepultar to bury
sepultura (f) grave
ser (m) being
ser to be
serie (f) series
serio serious
serpiente (f) snake

servicial helpful, obliging
servicio (m) service
servidor(a) (m/f) employee; servant
servilleta (f) napkin
servir (i) to serve
  servir para to be good for
  servirse de to use
sesenta sixty
si if; whether
sí yes; himself, herself, oneself, yourself, themselves; each other
  en sí in itself
  entre sí among themselves
sicológico phychological
sicólogo/a (m/f) phychologist
SIDA AIDS
siempre always
sierra (f) saw; sierra, mountain range
siervo/a (m/f) servant; slave
siesta (f) nap
  echar una siesta to take a nap
siglo (m) century
significado (m) meaning
signficar to mean, signify
siguiente following
silbar to whistle
silbato (m) whistle
silencio (m) silence
silla (f) chair
sillón (m) armchair
simbolizar to symbolize
símbolo (m) symbol
simiente (f) seed
simpático nice, likeable
simplemente simply
simulacro de incendio (m) fire drill
simular to simulte
sin witout
  sin duda without a doubt
  sin embargo however
  sin falta without fail
sinceridad (f) sincerity
sincero sincere
sino but rather
síntoma (m) symptom
sintonizar to tune in
siquiera: ni siquiera not even
sistema (m) system
sitio (m) site
situación (f) situation; location
situado located
situar to situate
soberanía (f) sovereignty
soberano soverign
sobornar to bribe
soborno (m) bribe
sobrante (m) leftover, surplus
sobrar to be left over
sobre (m) envelope
sobre on, upon; over, above
  sobre todo above all
sobrellevar to bear, carry

sobrepasar to exceed
sobrepoblación (f) overpopulation
sobresalir to stand out, excel
sobrevivir to survive
sobrina (f) niece
sobrino (m) nephew
sociedad (f) society
socio/a (m/f) member (club)
socorro (m) help
sofá (m) couch, sofa
sol (m) sun
  hacer sol to be sunny
solamente only
soleado sunny
soldado/a (m/f) soldier
soledad (f) solitude
soler (ue) to be accustomed to
solicitar to apply for
solicitud (f) application
solitario solitary
solo alone
sólo only
soltar (ue) to untie, loosen
soltero single, unmarried
solución (f) solution
solucionar to solve
sombra (f) shade, shadow
sombrerería (f) hat shop
sombrero (m) hat
someter to subject; to submit
sonar (ue) to sound; to ring
sonido (m) sound
sonreír (i) to smile
sonrisa (f) smile
soñar to dream
  soñar con + inf to dream of
sopa (f) soup
soplar to blow
soportar to tolerate; to bear, support
sorber to sip
sorprender to surpirse
sorpresa (f) surprise
sospechar to suspect
sospechoso suspicious
sostén (m) bra
sostener to hold up, support
  sostenerse to support oneself
su his, her, its, your, their
suave smooth; mild; gentle, meek
subir to go up; to climb; to take up; to rise
  subir al coche to get into the car
submarino (m) submarine
subrayar to underline; to stress
subsistir to subsist; to live
subvertir (ie) to overturn
suceder to happen
sucio dirty
sucursal (f) branch office
Sudamérica South America
sudar to sweat
sudor (m) sweat
suegra (f) mother-in-law

suegro (m) father-in-law
suela (f) sole (shoe)
sueldo (m) salary
suelo (m) ground, floor
suelto loose
sueño (m) sleep; dream
suerte (f) luck
suéter (m) sweater
suficiente enough
sufrir to suffer
  sufrir un examen to take an exam
sugerencia (f) suggestion
sugerir (ie) to suggest
Swiza (f) Switzerland
suizo Swiss
sujetar to hold down
sumamente extremely
sumar to add
superar to overcome; to exceed, surpass
superficie (f) surface
supermercado (m) supermarket
supervivencia (f) survival
suplir to supply
  suplirse to make up for
suponer to suppose
supuestamente supposedly
supuesto: por supuesto of course
sur (m) south
sureste (m) southeast
suroeste (m) southwest
surtido (m) stock
suspender to fail (school)
suspirar to sigh
suspiro (m) sigh
sustancia (f) substance
susurrar to whisper
sustituir (y) to substitute
sustituto (m) substitute
susto (m) scare
suyo (of) his, (of) hers, (of) yours, (of) theirs

T

tabaco (m) tobacco
tacaño stingy
tabernáculo (m) tabernacle
tabla (f) board
  tabla de planchar ironing board
  tabla vela windsurfing
tacón (m) heel
  tacones altos high heels
tacto (m) sense of touch
tal such, such a
  con tal que provided that
  ¿qué tal? how's everything?
  tal como such as
  tal vez perhaps
talento (m) talent
talla (f) size (clothes)
talón (m) voucher, coupon, stub
tamaño (m) size
también also, too

tambor (m) drum
tampoco neither, not either
tan so
  tan...como as...as
tanque (m) tank
tanto as much; so much
  tanto...como as much...as
tantos as many; so many
  tantos...como as many...as
tapa (f) lid
tapar to cover
tapas (f) appetizers
taquilla (f) ticket booth
tardanza (f) delay
tardar to take a long time
  tardar una hora en to take an hour to
  ¿cuánto tardará? how long will it take?
tarde late
  hacerse tarde to grow late
tarde (f) afternoon
  por la tarde in the afternoon
tarea (f) task; homework
tarifa (f) fare
tarjeta (f) card
  tarjeta de crédito credit card
tarta (f) tart, pastry
taza (f) cup
te you
té (m) tea
teatro (m) theater
techo (m) ceiling; roof
tecla (f) key
teclado (m) keyboard
teclear to type, key in
técnica (f) technique
tecnología (f) technology
tela (f) cloth, fabric
telefonear to telephone
telefonista (m/f) telephone operator
teléfono (m) telephone
telégrafo (m) telegraph
telenovela (f) soap opera
telescopio (m) telescope
televisión (f) television
televisor (m) television set
tema (m) theme, topic, subject
temblar (ie) to tremble
temblor (m) earthquake
temer to fear
temeroso fearful
temor (m) fear
temperatura (f) temperature
tempestad (f) storm
templado temperate
temporada (f) season; period of time
templo (m) temple
temprano early
tender (ie) a to tend to
  tender la ropa to hang the clothes
tenedor (m) fork
tener to have; to hold
  tener que to have to
tenis (m) tennis

tensión (f) tension, stress
tentador tempting
tentar (ie) tempt
teñir to dye, color
terapia (f) therapy
teoría (f) theory
tercer third
terciopelo (m) velvet
terminar to finish, end, terminate
  terminar por + inf end up
termómetro (m) thermometer
terraza (f) terrace
terremoto (m) earthquake
tesoro (m) treasure
testamento (m) testament, will
  el Nuevo Testamento the New Testament
  el Viejo Testamento the Old Testament
testifcar to testify, witness
testigo/a (m/f) witness
testimonio (m) testimony
ti you
tía (f) aunt
tibio lukewarm
tiempo (m) time; weather
  a tiempo on time
  hacer buen/mal tiempo to be good/bad weather
tienda (f) store, shop
tierno tender
tierra (f) earth; ground; land; dirt
tijeras (f) scissors
timbre (m) (door)bell; stamp (postage)
  tocar el timbre to ring the bell
tímido timid
timón (m) rudder; steering wheel
tinieblas (f) darkness
tina (f) bathtub
tinta (f) ink
tintorería (f) dry-cleaners
tío (m) uncle
típico typical
tipo (m) type
tirar to throw; to pull; to shoot
  tirar a to shoot at
tiras cómicas (f) comics
tiro (m) throw; shot
  tiro al blanco target shooting
  tiro con arco archery
titular (m) headline
título (m) title
tiza (f) chalk
toalla (f) towel
tobillo (m) ankle
tocadiscos (m) record player
tocante a concerning
tocar to touch; to play (instrument)
  tocar a la puerta to knock at the door
  tocar el timbre to ring the doorbell
  tocarle a uno to be one's turn
tocino (m) bacon
todavía still, yet
  todavía no not yet
todo all, every, everything

con todo still
del todo entirely
sobre todo above all, especially
todo el tiempo all the time
todos los días every day
tolerar to tolerate
tomar to take; to eat; to drink
  tomar en cuenta to take into account
  tomar prestado to borrow
  tomar una decisión to make a decision
tomate (m) tomato
tonelada (f) ton
tono (m) tone; shade (color)
  tono de marcar dial tone
tontería (f) nonsense, foolishness
tonto foolish, dumb, silly
toque (m) touch
tormenta (f) storm
torneo (m) tournament
tornillo (m) screw
toro (m) bull
toronja (f) grapefruit
torre (f) tower
torta (f) cake
tortilla (f) tortilla; omelet (Spain)
tortuga (f) turtle
tos (f) cough
toser to cough
tostado toasted; tan, sunburned
tostador (m) toaster
tostar to toast; to tan, to burn
trabajador hard-working
trabajador(a) (m/f) worker
trabajar to work
trabajo (m) work
traducción (f) translation
traducir (z) to translate
traductor(a) (m/f) translator
traer to bring
tráfico (m) traffic
tragar to swallow
tragedia (f) tragedy
traicionar to betray
traidor(a) (m/f) traitor
traje (m) suit
  traje de baño swimming suit
  traje sastre woman's tailor-made suit
trampa (f) trap
  hacer trampas to cheat
tramposo dishonest; (m/f) cheater
tranquilizarse to calm down
tranquilo calm
transbordar to change planes
transbordador espacial (m) space shuttle
transeunte (m/f) pedestrian
tránsito (m) traffic
transformar to transform
transmitir to transmit, broadcast
transportar to transport
tranvía (m) trolley, streetcar
trapeador (m) mop
trapear to mop
trapo (m) rag

tras after
trasladar to move, transfer
trasnochar to stay up late
traspasar to pierce
trasplante (m) transplant
trastornar to upset, overturn
trastorno (m) disturbance
tratado (m) treaty
tratar to treat
  tratar de + inf to try to
  tratarse de to deal with, be a question of
trato (m) treatment; deal
  ¡trato hecho! it's a deal!
través: a través de across, through
trazar to sketch; to design
trece thirteen
treinta thirty
tren (m) train
trepar to climb
tribu (f) tribe
trigo (m) wheat
Trinidad (f) Trinity
triste sad
tristeza (f) sadness
triunfar to triumph, win; to be successful
trofeo (m) trophy
trompeta (f) trumpet
tronar (ue) to thunder
tronco (m) trunk
trono (m) throne
tropezar (ie) to trip
trozo (m) piece
truco (m) trick
trucha (f) trout
trueno (m) thunder
tu your
tú you
tubería (f) plumbing
tubo (m) tube, pipe
tuerca (m) nut (for bolt)
tulipán (m) tulip
tumba (f) grave, tomb
túnel (m) tunnel
turbar to disturb
turista (m/f) tourist
turístico tourist
turnarse to take turns
turno (m) turn
tutor(a) (m/f) guardian; tutor
tuyo (of) yours

U

u or (before words beginning with o)
ubicación (f) location
ubicar to locate
ubicado located
Ud. you
Uds. you (pl)
últimamente lately
último last
  por último last of all
un/una a, an

unos/as some
único only; unique
unidad (f) unit
uniforme (m) uniform
unir to unite, connect, join
  unirse to unite
universidad (f) college, university
universo (m) universe
uno/a one, someone
unos/as some
untar to anoint; to smear, grease
uña (f) fingernail
urgente urgent
usar to use
uso (m) use
usted you
  ustedes you (pl)
útil useful
utilizar to utilize, use
uva (f) grape

V

vaca (f) cow
vacaciones (f) vacation
  ir de vacaciones to go on vacation
vacante vacant
vaciar to empty
vacío empty
vacuna (f) vaccine
vacunar to vaccinate
vago idle, lax, lazy
vagón (m) railroad car
vainilla (f) vanilla
vajilla (f) dishes
valentía (f) bravery, courage
valer to be worth
  más vale + inf it's better to
  vale O. K.
  valer la pena to be worth the trouble
  valer para to be useful for
  valerse to fend for oneself
válido valid
valiente brave
valor (m) value
valle (m) valley
vanidad (f) vanity
vanidoso vain
vano vain
  en vano in vain
vapor (m) steam
vaquero/a (m/f) cowboy/cowgirl
vara (f) rod, pole
variable variable, changeable
variado varied
variar to vary
varicela (f) chicken pox
variedad (f) variety
varios/as several
varón (m) man, male
vasco Basque
vaso (m) glass
vecindad (f) neighborhood

vecino/a (m/f) neighbor
vegetal vegetable; (m) plant
vehículo (m) vehicle
veinte twenty
vejez (f) old age
vela (f) sail; wakefulness
velar to watch over; to stay awake
velo (m) veil
velocidad (f) speed; gear
  primera velocidad first gear
veloz rapid
vencer (z) to conquer; to beat, win
venda (f) bandage
vendar to bandage
vendedor(a) (m/f) salesperson
vender to sell
veneno (m) poison
vengar to avenge
  vengarse de to take revenge on
venida (f) coming
venidero future
venir (ie) to come
  venir a + inf to come to
venta (f) sale
  venta-liquidación clearance sale
ventaja (f) advantage
ventajoso advantageous
ventana (f) window
ventanilla (f) window (vehicle); ticket window
ventilado ventilated
ventilidor (m) fan
ver to see
  a ver let's see
  tener que ver con to have to do with
veranear to spend the summer
verano (m) summer
verbo (m) verb
  el Verbo (m) the Word (theology)
verdad (f) truth
  de verdad in truth, really
  ¿verdad? right?, really?
  la verdad es que the truth is that
verdadero true, real
verde green
verduras (f) green vegetables
vergonzoso shameful
vergüenza (f) shame; embarrassment
  tener vergüenza to be ashamed
verificar to verify, check
versículo (m) verse (Bible)
verso (m) verse (poetry)
verter (ie) to pour; to shed (tear, blood)
vertiginoso dizzy, dizzying
vestíbulo (m) lobby
vestido (m) dress
vestir (i) to dress
  vestirse to get dressed
veterinario/a (m/f) veterinarian
vez (f) time
  a veces at times
  dos veces twice
  en vez de instead of

  por primera vez for the first time
vía (f) route, way; rail, track
viajar to travel
viaje (m) trip
  hacer un viaje to take a trip
viajero/a (m/f) traveler
víbora (f) viper
vicio (m) vice
víctima (f) victim
victoria (f) victory
vida (f) life
  ganarse la vida to earn a living
video (m) video
videocasetera (f) video cassette player
vidrio (m) glass
viejo old; (m) old man
viento (m) wind
  hace viento it's windy
vientre (m) belly
viernes (m) Friday
  Viernes Santo Good Friday
vigilar to watch over; to keep guard
vigor: en vigor in effect
vil vile, base
villancico (m) Christmas carol
violencia (f) violence
vinagre (m) vinegar
vino (m) wine
viña (f) vineyard
violar to rape
violín (m) violin
virgen virgin; (f) virgin
virtud (f) virtue
viruela (f) smallpox
visita (f) visit
  tener visitas to have company
visitar to visit
víspera eve, day before
vista (f) sight; view
vitamina (f) vitamine
vitrina (f) display window
viuda (f) widow
viudo (m) widower
vivienda (f) dwelling
viviente living
vivir to live
vivo living, alive; bright (color)
vocabulario (m) vocabulary
volante (m) steering wheel
volar (ue) to fly
volcán (m) volcano
volcar to overturn
volibol (m) volleyball
volumen (m) volume
voluntad (f) will
voluntario/a (m/f) volunteer
volver (ue) to return
  volverse + adj to become
  volver a + inf to do again
vomitar to vomit, throw up
vosotros/as you (fam pl)
votar to vote
voto (m) vote; vow

voz (f) voice
  en voz alta out loud
  en voz baja softly
vuelo (m) flight
  vuelo con escala indirect flight
  vuelo sin escala non-stop flight
vuelta (f) turn; return
  dar la vuelta to turn around
  dar vuelta a to turn
  vuelta del mundo trip around the world
vuelto (m) change
vuestro your
vulgo (m) common people

Y

y and
ya already; now; right away
  ya no no longer
  ya que since
yacer to lie
yate (m) yacht
yegua (m) mare
yerno (m) son-in-law
yeso (m) plaster
yo I
yugo (m) yoke
yogur (m) yogurt

Z

zambullirse to dive
zanahoria (f) carrot
zapatería (f) shoe store
zapatero/a (m/f) shoemaker; shoe dealer
zapatilla (f) slipper; loafer
zapato (m) shoe
  zapatos de tenis tennis shoes
zarpar to set sail
zona (f) zone
zoológico (m) zoo
zorro (m) fox
zumbar to buzz, hum
zumbido (m) buzzing
zumo (m) juice
zurdo left-handed

Dictionary

ENGLISH SPANISH ENGLISH

English-Spanish Vocabulary

A

a un, una
ability la habilidad/capacidad
able capaz
   to be able poder
aboard abordo
abolish eliminar, suprimir
abortion el aborto
about de, acerca de, sobre
above encima de
abroad en el extranjero
absent ausente
   to be absent faltar
accompany acompañar
acomplish realizar, lograr
according to según
accuse acusar
ache doler (ue)
achieve alcanzar, lograr
acknowledge reconocer
across enfrente, al otro lado de
   to go across cruzar, atravesar
act (deed) el hecho
activity la actividad
actually en realidad
ad anuncio
add agregar, añadir
address la dirección
addressee el destinatario
adjust ajustar, arreglar
admire admirar
admit admitir, reconocer
advertise anunciar
advertisement el anuncio
advertising la publicidad
advice el consejo
advise aconsejar, avisar
affect afectar, influir en
afford (something) permitirse algo
afraid asustado
   to be afraid tener miedo
after después de (que)
   after all después de todo
afternoon la tarde
afterwards después, luego
again otra vez, de nuevo
against contra
age la edad
agency la agencia
agent el/la agente
ago hace
   a week ago hace una semana
agree estar de acuerdo
ahead of delante de
air el aire
air conditioning el aire acondicionado
air mail el correo aéro
airplane el avión

airport el aeropuerto
aisle el pasillo
alarm clock el despertador
alert listo, vivo
alike igual, semejante
   to look alike parecerse
alive vivo
all todo, todos
allow permitir, dejar
all right está bien, de acuerdo
almost casi
alone solo
along por, a lo largo de
aloud en voz alta
already ya
also también
alternate alternar
although aunque
always siempre
amazed: to be amazed at asombrarse de
amazing asombroso
among entre
amount la cantidad
amuse divertir, entretener
amusemet park el parque de atracciones
amusing divertido
ancient antiguo
and y (e before an i)
angel el ángel
anger la rabia
angry enojado
   to get angry enojarse
annoy molestar, fastidiar
annoying molesto
another otro
announce anunciar
announcer el/la locutor(a)
answer la respuesta
   to answer contestar, responder
answering machine el contestador automático
anxious ansioso, nervioso
any algún, alguno
   not any ningún, ninguno
anybody alguien, cualquiera
   not anybody nadie
anymore: not anymore ya no
anyone alguien, cualquiera
   not anyone nadie
anything algo
   not anything nada
anyway de todos modos
anywhere dondequiera
   not anywhere en ninguna parte
apartment el apartamento
apologize disculparse
appear aparecer (z)
appearance la apariencia
apple la manzana

application la solicitud
apply solicitar
appoint nombrar
appointment la cita
appreciate apreciar
approach acercarse a
approve aprobar (ue)
appliance el electrodoméstico
April abril
Arab el árabe
architect el arquitecto
area el área (f)
argue discutir
arm el brazo
armchair el sillón
army el ejército
around alrededor de
arrange arreglar
arrest arrestar, detener
arrival la llegada
arrive llegar
as como
   as...as tan...como
   as far as hasta
ashamed avergonzado
   to be ashamed tener vergüenza
aside aparte
   aside from además de
ask (about) preguntar (por)
   ask a question hacer una pregunta
   ask for pedir
asleep dormido
   to fall asleep dormirse
assist ayudar
assistant el/la ayudante
at en
athlete el/la atleta
attack atacar
attend asistir a
attention la atención
   to pay attention prestar atención
   to attract attention llamar la atención
attitude la actitud
attractive guapo, atractivo
audience el público
August agosto
aunt la tía
author el/la autor(a)
autumn el otoño
available libre, disponible
avenue la avenida
avoid evitar
awake despierto
   to awake despertar
award el premio
away ausente
   to go away irse
awful horrible

B

baby el bebé
baby sitter la niñera
   to babysit cuidar a los niños
back la espalda
   at the back en el fondo
   in back of detrás de
backpack la mochila
backyard el jardín trasero
bad malo
badly mal
bag el saco
baggage el equipaje
baggage checkroom la consigna de equipaje
baggage claim la sala de reclamación de equipaje
bake hornear
baker panadero
bakery la panadería
ball la pelota, el balón
banana la banana, el plátano
ballpoint el bolígrafo
band la banda, el conjunto
bank el banco
   bank account la cuenta bancaria
baptism el bautismo
baptize bautizar
barber el barbero, el peluquero
babershop la barbería
barely apenas
bargain la ganga
   to bargain (haggle) regatear
baseball el béisbol
basement el sótano
basket la cesta, la canasta
basketball el básquetbol
bath el baño
   to take a bath bañarse
bathing suit traje de baño
bathroom baño, cuarto de baño
bathtub baño, bañera
be ser, estar
be able poder
beach playa
beard barba
beat (eggs) batir; (sports) ganarle a uno
beautiful hermoso, bello
beauty parlor el salón de belleza
because porque
   because of por, a causa de
become hacerse, llegar a ser
bed la cama
   to go to bed acostarse
bedroom el dormitorio, la alcoba
beef la carne de vaca
beer la cerveza
before antes (de)
beg rogar (ue)
begin comenzar (ie), empezar (ie)
behave comportarse
behind detrás (de)
believe creer

bell la campana, el timbre
bellhop el mozo, la moza
belong pertenecer
below abajo, debajo de
belt el cinturón
beneath debajo de
benefits las ventajas
beside junto a, al lado de
besides además de
best mejor
betray traicionar
better mejor
   to get better mejorarse
between entre
beverage la bebida
beyond más allá (de)
Bible la Biblia
bicycle la bicicleta
big grande
bill la cuenta, la factura
   to pay the bills pagar las facturas
bird el ave (f), el pájaro
birth el nacimiento
birthday el cumpleaños
   to have a birthday cumplir años
bite morder (ue)
bitter amargo
black negro
blackboard la pizarra
blame culpar
blanket la manta, la cobija
bless bendecir
blessing la bendición
blind ciego
blind man el ciego
block (houses) la cuadra, la manzana
blond rubio
blood la sangre
blood pressure la presión arterial
blood test el análisis de sangre
blouse la blusa
blow soplar
   to blow one's nose sonarse las narices
blue azul
board la tabla
board (plane) abordar
boarding gate la puerta de embarque
boarding pass la tarjeta de embarque
boarding house la pensión
boat el barco
body el cuerpo
boil hervir (ie)
bone el hueso
book el libro
bookcase la librería, el estante
bookstore la librería
boot la bota
booth (phone) la cabina
boarder la frontera
bore aburrir
   to get bored aburrirse
boring aburrido

born nacido
   to be born nacer
borrow tomar prestado
boss el jefe, la jefa
both los dos, ambos
bother molestar
bottle la botella
bowl jugar a los bolos
box la caja
box office la taquilla
boy el muchacho, el chico
boyfriend el novio
bracelet la pulsera
brake el freno
   to brake frenar
brand la marca
brave valiente
Brazil el Brasil
bread el pan
break romper, quebrar
   to break one's... quebrarse el...
   to break up with romper con
breakfast el desayuno
   to eat breakfast desayunar
breathe respirar
bridge el puente
bright vivo, brillante
bring traer
broad ancho
broken roto
broom la escoba
brother el hermano
brother-in-law el cuñado
brown café, pardo, castaño, marrón
brunette moreno
brush el cepillo
   to brush one's hair cepillarse el pelo
bug el insecto, el bicho
build construir
building el edificio
bull el toro
bullfight la corrida de toros
bullring la plaza de toros
burn (down) quemar(se)
bury enterrar (ie)
bus el autobús
bush el arbusto
business el negocio, el comercio
businessman el hombre de negocios
busy ocupado
busy signal la señal de ocupado
but pero
   but rather sino (que)
butcher el carnicero
butcher shop la carnicería
butter la mantequilla
butterfly la mariposa
button el botón
buy comprar
by (near) cerca de, al lado de
   (done by) por
   (no later than) para

C

cabin la cabaña
cabinet el gabinete
cable el cable
  cable T. V. la televisión por cable
café el café
cafeteria la cafetería
cake el pastel
calculate calcular
calculator la calculadora
calculus el cálculo
calendar el calendario
call la llamada
  to call llamar
  to call up llamar por teléfono
  to call collect llamar por cobrar
calm tranquilo, quieto
  to calm down calmarse
Calvary el Calvario
camera la cámara
camp acampar, ir de campamento
campground el campamento
can (be able) poder (ue)
can la lata
can opener el abrelatas
Canada el Canadá
cancel cancelar
candle la vela
candy los dulces
cap la gorra
capability la aptitud, la capacidad
capable capaz, hábil
capital la capital
car el coche, el carro
  dining car el coche comedor
  sleeping car el coche cama
card la tarjeta
  credit card la tarjeta de crédito
care: to take care of cuidar a
career la carrera
careful: to be careful tener cuidado
carefully con cuidado
Caribbean el Caribe
carpet la alfombra
car-rental el alquiler de coches
carrot la zanahoria
carry llevar
carry-on luggage el equipaje de mano
cart la carreta
cartoon la caricatura
case el caso
  in this case en este caso
  in case en caso de que
cash el dinero contante
  to pay cash pagar al contado
  to cash a check cobrar un cheque
cashier el cajero, la cajera
cash register la caja
castle el castillo
cat el gato
catch coger, atrapar
cathedral la catedral

Catholic católico
catsup la salsa de tomate
cause la causa
  to cause causar
cease cesar de
CD el CD, el disco compacto
ceiling el techo
celebrate celebrar
celery el apio
cellar el sótano
cemetary el cementerio
censureship la censura
  to censure censurar
Central America la América Central
century el siglo
cereal los cereales
certain cierto
  a certain cierto
chair la silla
chalk la tiza
challenge el desafío
  to challenge desafiar
champion el campeón, la campeona
championship el campeonato
chance la oportunidad
  to have the chance to tener la oportunidad de
change (money) el cambio
change cambiar
  to change clothes cambiar de ropa
  to change one's mind cambiar de idea
  to change the subject cambiar de tema
  to change trains cambiar de tren
chapter el capítulo
character (play) el personaje
channel el canal
charge (price, person) cobrar
  to charge to one's account cargarle a uno en cuenta
  to take charge of encargarse de
charge account la cuenta abierta
charge card la tarjeta de cuenta
chase perseguir
chat charlar, platicar
cheap barato
cheat hacer trampas
check (bank) el cheque; (restaurant) la cuenta
  traveler's check el cheque de viajero
  to cash a check cobrar un cheque
  to check verificar, revisar
  to check in luggage facturar
checkbook el talonario (de cheques)
checking account la cuenta corriente
checkroom la consigna
checkup el reconocimiento general
cheese el queso
chemistry la química
chess el ajedrez
chest el pecho
chest of drawers la cómoda
chewing gum el chicle
chicken el pollo

child el niño
childhood la niñez
chili (pepper) el chile
chimney la chimenea
chin la barbilla
Chinese chino
chocolate el chocolate
choice la elección, la selección
choir el coro
choose escoger
chop (cut of meat) la chuleta
chores los quehaceres
Christ Cristo
Christian el cristiano, el creyente
Christianity el cristianismo
Christmas la Navidad
Christmas Eve la nochebuena
church la iglesia
circle el círculo
  to circle (block) dar la vuelta a
citizen el ciudadano
city la ciudad
  city block la cuadra, la manzana
  city hall el ayuntamiento
claim (luggage) recoger
clarify clarificar
class la clase
  first class de primera clase
  second class de segunda clase
classified ads los anuncios clasificados
classmate el compañero de clase
classroom la sala de clase, la aula
clean limpio
  to clean limpiar
cleaning la limpieza
clear claro
  to clear the table quitar la mesa
clerk (store) el/la dependiente
client el/la cliente
cliff el acantilado
climate el clima
climb (tree) trepar a; (mountain) escalar
clock el reloj
close (to) cerca (de)
close cerrar (ie)
closed cerrado
closet el armario
cloth la tela
clothe vestir
clothes la ropa
clothes dryer la secadora (de ropa)
clothes hangar la percha
cloud la nube
cloudy nublado
  It's cloudy Está nublado
club el club
coach el/la entrenador(a)
coast la costa
coat el abrigo
coat hanger la percha, el colgador
coffee el café
coffee pot la cafetera
coin la moneda

cold el frío; (illness) el resfriado
  to be cold (weather) hacer frío
  to be cold (person) tener frío
  to be cold (food) estar frío
  to catch a cold resfriarse
  to have a cold tener catarro
collar el cuello
collect coleccionar
college la universidad
collide chocar con
color el color
comb el peine
  to comb one's hair peinarse
come venir
  to come back volver, regresar
  to come in entrar
  to come out salir
  to come near acercarse
  to come up subir
  to come down bajar
comfortable cómodo
comic strip la tira cómica
command mandar, ordenar
commandment el mandamiendo
comment comentar
commerce el comercio
commercial el anuncio (comercial)
communication la comunicación
compact disk el disco compacto, el CD
company la compañía, la firma
  to have company tener visitas
compare comparar
compassionate compasivo
compete competir (i)
competition (contest) el concurso; (business) la competencia
complain quejarse
complete completar
complexion la tez
compliment el cumplido
compose componer
composer el/la compositor(a)
composition la composición
computer la computadora, el ordenador
computer programmer el/la programador(a)
computer science la informática
conceited orgulloso
concentrare concentrarse
concerning respecto a
concert el concierto
condemn condenar
condition la condición
  on condition that a condición de que
conduct dirigir
conductor (train) el/la inspector(a) (music) el/la director(a)
confess confesar (ie)
confront confrontarse con
congratulate felicitar
conquer vencer (z), conquistar
consist (of) consistir (en)
construct construir

consult (with) consultar (con)
contact ponerse en contacto con
contact lense el lente de contacto
contaminate contaminar
contest el concurso
continue continuar, seguir
contrary: on the contrary al contrario
control controlar, mandar
  to be in control mandar
  remote control el control remoto
converse conversar
convert convertir (ie)
convince convencer
cook el cocinero
  to cook cocinar, cocer (ue)
cookie la galleta
cool fresco
  It's cool (weather) Hace fresco.
copier (machine) la fotocopiadora
copy (from machine) la fotocopia
  to copy copiar
  to make copies sacar fotocopias
corn el maíz
corner (room) el rincón; (street) la esquina
  to turn the corner doblar la esquina
correct correcto
  to correct corregir
cosmetics los cosméticos
cost el costo
  to cost costar (ue)
cotton el algodón
couch el sofá
cough la tos
  to cough toser
  to have a cough tener tos
counselor el/la consejero/a
count contar (us)
counter el mostrador
country el país; (countryside) el campo
couple la pareja; (married) el matrimonio
course (school) el curso, la asignatura
  of course claro, por supuesto
court (tennis) la cancha
courtyard el patio
cousin el primo, la prima
cover cubrir
cow la vaca
crash (into) chocar con
crazy loco
create crear
credit card la tarjeta de crédito
crime el crímen, el delito
criticize criticar
cross la cruz
  to cross cruzar
cross country la carrera a campo traviesa
crowded lleno de gente, atestado
crown la corona
crucify crucificar
cruise el crucero
  to take a cruise hacer un crucero
cry llorar
cup la taza

curl el rizo
  to curl one's hair rizarse el pelo
curler el rulo
curly rizado
curse maldecir
curtain la cortina
custom la costumbre
customer el/la cliente
customs la aduana
cut cortar
  to cut one's hair cortarse el pelo
  to cut in line colarse (ue)

D

daily diario
dance el baile
  to dance bailar
dangerous peligroso
dark oscuro
  to get dark oscurecer, hacerse de noche
dark-complexioned moreno
dark glasses las gafas del sol
dark-haired moreno
darkness la oscuridad
date la fecha; (appointment) la cita
daughter la hija
daughter-in-law la nuera
day el día
  every day todos los días
  on the following day al día siguiente
  the day after tomorrow pasado mañana
  the day before yesterday anteayer
dead muerto
deaf sordo
death la muerte
debate el debate
  to debate debatir
debt la deuda
deceitful engañoso
deceive engañar
December diciembre
decide decidir
declare (customs) declarar
decorate decorar
deep profundo
defeat derrotar
defend defender (ie)
degree (temp) el grado; (college) el título
delay el retraso
delicious delicioso, sabroso
delight encantar
deliver entregar
demand exigir
demonstrate demostrar (ue)
demonstration (rally) la manifestación
dental floss el hilo dental
dentist el/la dentista
deny negar (ie)
deodorant el desodorante
department (store) la sección
department store la tienda departamental, el almacén

departure la salida
departure time la hora de salida
depend (on) depender (de)
deposit depositar
descend descender (ie), bajar
describe describir
desert el desierto
deserve merecer (z)
desire el deseo
  to desire desear
desk el escritorio; (student) el pupitre
dessert el postre
destination el destino
destroy destruir
develop desarrollar; **(film)** revelar
devil el diablo
devout devoto
dial (telephone) marcar el número
dial tone el tono de marcar
dictator el dictador
dictatorship la dictadura
dictionary el diccionario
die morir(se)
diet la dieta
  to be on a diet estar a dieta
difference la diferencia
  to make no difference no importar
difficult difícil
dig cavar
dine cenar
dining car el coche comedor
dining room el comedor
dinner la cena, la comida
diploma el diploma
direct directo
  to direct dirigir
dirt la tierra, el suelo
dirty sucio
disadvantage la desventaja
disagree (with) no estar de acuerdo (con)
disagreeable desagradable
disappear desaparecer
disappoint desilusionar, decepcionar
disappointed desilusionado
disciple el discípulo
discount el descuento
discourage desanimar
discover descubrir
discrimination la discriminación
discuss discutir
disease la enfermedad
dish el plato
  main dish el plato principal
dishcloth el trapo
dishonest deshonrado
dishwasher el lavaplatos
disobey desobedecer (z)
distance la distancia
distinguish distinguir
distribute distribuir
distrust desconfiar de
dive: to scuba dive bucear
divide dividir

divorce el divorcio
  to get a divorce divorciarse
do hacer
  to have to do with tener que ver con
  to do well/poorly on a test salir bien/mal
doctor el médico
doctrine la doctrina
dog el perro
dollar el dólar
door la puerta
dormitory la residencia estudiantil
dot: on the dot en punto
double bed la cama matrimonial
doubt la duda
  to doubt dudar
doubtless sin duda
down abajo, hacia abajo
  to go/bring down bajar
  to lie down acostarse
  to sit down sentarse
downstairs abajo
downtown el centro
dozen la docena
draw dibujar
drawer el cajón
dream el sueño
  to dream (about) soñar (ue) (con)
dress el vestido
  to get dressed vestirse (i)
dresser la cómoda
dressy elegante, de vestir
drink la bebida
  to drink beber, tomar
drinking fountain la fuente (de agua potable)
drive el paseo en coche
  to drive manejar, conducir (z)
driver's license el permiso de manejar
drop dejar caer
drown ahogarse
drug la droga, el medicamento
drug store la farmacia
drunk borracho
dry seco
  to dry secar
  to dry one's hair secarse el pelo
dry cleaner's la tintorería
  to dry clean limpiar en seco
due: due to debido a
during durante
dust el polvo
  to dust limpiar/quitar el polvo
  to dust the furniture sacudir los muebles
dustcloth el trapo para quitar el polvo
DVD el DVD

E

each cada
  each other uno a otro
ear la oreja; **(inner)** el oído
earache el dolor de oído
early temprano

earn ganar
  to earn a living ganarse la vida
earring el arete, la pendiente
earphones los audífonos
earth la tierra
earthquake el terremoto
easily fácilmente
east el este
Easter la Pascua
easy fácil
eat comer
  to eat breakfast desayunar
  to eat lunch almorzar (ue)
  to eat dinner cenar
edge el borde
  on the edge of al borde de
efficient eficiente, eficaz
effort el esfuerzo
  to make an effort esforzarse (ue) (por)
  to be worth the effort valer la pena
egg el huevo
eighty ochenta
either (one) uno u otro
  not either tampoco, no...tampoco
either...or o...o
elbow el codo
elder el anciano
elect elegir (i)
electric eléctrico
  electric appliance el electrodoméstico
  electric shaver la afeitadora eléctrica
elegant elegante
elevator el ascensor
else: something else otra cosa
  nothing else nada más
  someone else otra persona
  nobody else nadie más
e-mail el correo electrónico
embarass avergonzar
  to become embarassed avergonzarse
embarassing vergonzoso
emphasis el énfasis
emphacize subrayar, hacer hincapié en
employ emplear
employee el/la empleado/a
employment el empleo
employer el/la empleador(a)
empty vacío
  to empty vaciar
encourage animar
end el fin, el final
  at the end of (street) al final de
  at the end of (month) a fines de
  to end terminar
  to put an end to poner fin a
enemy el enemigo
engaged comprometido (para casarse)
England Inglaterra
English el inglés
enjoy gozar de, disfrutar
enjoyable agradable
enough bastante
enter entrar en

entertain entretener (g), divertir (ie)
entertaining divertido
entertainment el entretenimiento
entrance la entrada
envelope el sobre
envy envidiar
equal igual
equipment el equipo
erase borrar
eraser el borrador
errand el mandado
  to run an errand hacer un mandado
error el error
escalator la escalera mecánica
escape escaparse
especially especialmente, sobre todo
essay el ensayo
establish establecer (z)
eternal eterno
eternity la eternidad
Europe Europa
even aun, hasta
  even if aunque, aun cuando
  not even ni siquiera
evening la tarde
  in the evening por la tarde
event el acontamiento
  sport's event el encuentro deportivo
ever alguna vez, jamás
  not ever nunca, jamás
  ever since desde entonces
every cada, todos los
  every other day cada dos días
everybody todo el mundo, todos
everyday todos los días
everything todo
everywhere en/por todas partes
evil malo, malvado
exactly exactamente
exam el examen
  to take an exam hacer un examen
examine examinar
example el ejemplo
  for example por ejemplo
except excepto, con excepción de
exchange el cambio
  to exchange cambiar
excited (about) entusiasmado (con)
  to get excited entusiasmarse
exciting emocionante
excursion: to go on an excursion ir de excursión
excuse excusar, disculpar
exercise el ejercicio
  to exercise hacer ejercicios
exit la salida
expensive caro
expect esperar
experience la experiencia
  to experience experimentar
explain explicar
explore explorar

F

face cara
  to face (look towards) volver la cara hacia; (be opposite) estar enfrente de
  to face a situation hacer frente a
facing frente a, enfrente de
fact el hecho
  in fact en realidad
  the fact is that es que
factor el factor
factory la fábrica
fail fracasar, no tener éxito
  to fail to dejar de + inf
  to fail a test salir mal en, no aprobar (ue)
  to fail a course ser suspendido (en)
  to fail a person faltar a, decepcionar
fair justo
fairly bastante
faith la fe
faithful fiel
fall (season) el otoño
fall caer
  to fall asleep dormirse
  to fall in love enamorarse
false falso
familiar: to be familiar with conocer
family familia
family name el apellido
famous famoso
fan el/la admirador(a)
  to be a fan of (sport) ser aficionado de
far (from) lejos (de)
faraway lejano, distante
fare el pasaje
  to collect fares cobrar el pasaje
farm la granja, la finca, la hacienda
  to farm cultivar la tierra
farmer el/la granjero/a
farther más lejos
  farther on más adelante
fashion la moda
fashionable de moda
fast rápido, rapidamente
fat gordo
father el padre
father-in-law el suegro
fault la culpa
  to be at fault tener la culpa
favor el favor
  to do a favor hacer un favor
  to be in favor of estar por
favorite favorito, preferido
fear el temor
  to fear temer, tener miedo de
February febrero
feed el alimento, la comida
  to feed dar de comer a
feel sentir (ie)
  to feel bad sentirse mal
  to feel sorry sentir (ie)
  to feel sorry for compadecer (z)
  to feel like + activity tener ganas de + inf

feeling el sentimiento
fence la cerca
fever la fiebre
  to have a fever tener fiebre
few pocos
  a few unos pocos
fiancé el prometido
field el campo
fifty cincuenta
fight la lucha
  to fight (with) luchar, pelear (con)
file (nail) la lima de uñas; (cabinet) el archivo
  to file one's nails limarse las uñas
  to file papers archivar, clasificar
fill llenar
  to fill out a form llenar un formulario
film la película
  to film filmar
finally por fin
find encontrar (ue), hallar
  to find out saber, informarse de
fine la multa
  to pay a fine pagar una multa
finger el dedo
fingernail la uña
finish terminar, acabar
fire el fuego; (destructive) el incendio
  to set on fire pegar fuego a
  to be on fire estar ardiendo
  to fire someone (job) despedir (i)
fire fighter el bombero
fireplace la chimenea
fire station la estación de bomberos
first primero
  at first al principio
  first-class de primera clase
  first floor la planta baja
  first name el nombre de pila
fish el pez; (caught) el pescado
  to fish pescar, ir de pescas
fisherman el pescador
fit (clothes) quedarle bien
  to fit in caber
five hundred quinientos
fix arreglar, reparar
  to fix oneself up arreglarse
flag la bandera
flashlight la linterna
flat plano; (tire) desinflado
  to have a flat tener un pinchazo
flavor el sabor
flavorful sabroso
flee (from) huir (y) (de)
flesh la carne
flight (plane) el vuelo
  flight attendant el/la auxiliar de vuelo
flood el diluvio
floor el piso, el suelo]
  first floor la planta baja
  second floor el primer piso
flour la harina

D-31

flower la flor
flu la gripe
fluent: to speak fluently hablar con fluidez
fly la mosca
  to fly volar (ue), ir en avión
fog la niebla
  It's foggy Hay niebla
fold doblar
folder la carpeta
follow seguir (i)
food la comida, los comestibles
fool el tonto, el necio
  to fool engañar
foot el pie
  on foot a pie
football el fútbol americano
for por, para
forbid prohibir
force forzar (ue), obligar
forecast el pronóstico (del tiempo)
forehead el frente
foreign extranjero
  foreign languages lenguas extranjeras
foreigner el/la extranjero/a
foresee prever
forest el bosque
foretell predecir
forever para siempre
forget olvidar
  to forget to do something olvidarse de
  I forgot se me olvidó
forgive perdonar, disculpar
fork el tenedor
form el formulario
formal (dress) de etiqueta
forsake abandonar
fortunate afortunado
fortunately afortunadamente
forty cuarenta
fountain la fuente
fourteen catorce
France Francia
free (not occupied) libre; (no charge) gratis
  to free libertar
freedom la libertad
  (of speech) de palabra
  (of the press) de imprenta
  (of worship) de cultos
freeze helar (ie), congelar
freezer el congelador
freezing: it's freezing hace un tiempo glacial
French francés
french fries las papas fritas
frequent frecuente
frequently con frecuencia, a menudo
fresh fresco
freshman el estudiante de primer año
Friday el viernes
  Good Friday Viernes Santo
fried frito

friend el amigo, la amiga
  boyfriend el novio
  girlfriend la novia
friendly amistoso
friendship la amistad
frighten asustar
  to become frightened asustarse
frightened asustado
from de, desde
front delantero
  in front of delante de; (facing) enfrente de
frozen congelado
fruit la fruta
frustrated frustrado
  to become frustrated frustrarse
fry freír (i)
frying pan la sartén
fuel el combustible
fulfill cumplir
full lleno
full-time de tiempo completo
fully completamente
fun el divertimiento
  to be fun ser divertido
  to have fun divertirse (ie)
  to make fun of burlarse de
funny cómico, gracioso, chistoso
furnished (apartment) amueblado
furniture los muebles
furniture store la mueblería
furthermore además
future el futuro, el porvenir

G

gain weight engordar, aumentar de peso
game el juego; (sport) el partido
  to play a game jugar (ue) a un juego
garage el garaje
garbage la basura
garbage can el basurero
garden el jardín
gas el gas
gasoline la gasolina
gas pump el distribudor de gasolina
gas station la gasolinera
gas tank el tanque
gate (airport) la puerta (de embarque)
gather recoger
  to gather together reunirse
generally generalmente, por lo general
generous generoso
gentleman el caballero
geometry la geometría
German (language) el alemán; (people) el/la aleman(a)
Germany Alemania
gesture el ademán, el gesto
get conseguir (i), obtener, recibir
  to get along (with) llevarse bien (con)
  to get angly enojarse

  to get better mejorarse
  to get dressed vestirse (i)
  to get lost perderse (ie)
  to get married casarse
  to get off/out of (vehicles) bajar de
  to get on/into (vehicles) subir a
  to get ready prepararse
  to get sick enfermarse
  to get together reunirse
  to get to know conocer (z)
  to get up levantarse
  to get used to acostumbrarse a
  to go get ir por, buscar
girl la muchacha, la chica
  little girl la niña
girlfriend la novia
give dar; (gift) regalar
  to give back devolver
  to give in ceder, rendirse (i)
  to give up rendirse (i), no poder más
glad alegre, contento
  to be glad (to) alegrarse (de)
glass el vidrio; (drinking) el vaso
glasses los anteojos, las gafas, los lentes
glorify glorificar
glove el guante
go ir
  to be going to ir a + infinitive
  to go away irse, marcharse
  to go back volver (ue), regresar
  to bo by pasar delante de
  to go down bajar
  to go fishing ir de pescas
  to go for ir por; (pick up) ir a buscar
  to go for a walk/ride dar un paseo
  to go get ir a buscar
  to go hunting ir de caza
  to go in entrar
  to go on seguir (i), continuar
  to go on vacation ir de vacaciones
  to go out (with) salir (g) (con)
  to go shopping ir de compras
  to go through pasar por
  to go to bed acostarse (ue)
  to go together (colors) armonizar
  to go up (climb) subir
  to go with ir con, acompañar; (match) armonizar con, hacer juego con
goal la meta; (soccer) el gol
God Dios
god/goddess el dios, la diosa
godless infiel, impío
godly devoto, pío
gold el oro
golden de oro, dorado
golf el golf
Golgotha el Gólgota
good bueno
  to be good in estar fuerte en
  to be good at estar bueno para + infin.
  good afternoon buenas tardes
  good-bye adios

to say good-bye to despedirse de
good morning buenos días
good evening buenas tardes, buenas noches
good night buenas noches
Good Friday Viernes Santo
good-looking guapo, bien parecido
good time: to have a good time divertirse, pasarlo bien
Gospel el Evangelio
gossip los chismes; (person) el/la chismoso/a
   to gossip chismear
govern gobernar (ie)
government el gobierno
governor el gobernador
grace la gracia
grade (level en school) grado; (letter grade) la nota, la calificación
   to get a good grade sacar una buena nota
   to grade calificar
gradually poco a poco
graduate: to be a graduate of ser graduado/a de
   to graduate (high school) graduarse; (college) licenciarse
grammar la gramática
grandchildren los nietos
granddaughter la nieta
grandfather el abuelo
grandmother la abuela
grandson el nieto
grant conceder, dar permiso
grape la uva
grass la hierba
grateful agradecido
grave el sepulcro, la sepultura
gravy la salsa
gray gris
gray-haired canoso
great grande
Great Britain la Gran Bretaña
greedy ávaro
green verde
green-eyed de ojos verdes
greet saludar
greeting el saludo
groceries los comestibles
grocery store la abacería, la tienda de comestibles
groom el novio
ground el suelo; (earth) la tierra
ground floor la planta baja
group el grupo
grow crecer (z)
grownups los mayores
guess adivinar
   I guess so Creo que sí
guest el/la huésped/a, el/la invitado(a)
guide el/la guía
guidebook la guía (turística)
guilt la culpa

guilty culpable
guitar la guitarra
gum el chicle
gun el arma de fuego
gym el gimnasio
gymnastics la gimnasia
   to do gymnastics hacer gimnasia

H

habit la costumbre
   to be in the habit of acostumbrar, tener la costumbre de
hair el pelo
   to comb one's hair peinarse
   to do one's hair arreglarse el pelo
hairbrush el cepillo
haircut el corte de pelo
   to get a haircut cortarse el pelo
hairdo el peinado
hairdresser el/la peluquero(a)
hair dryer el secador de pelo
hair spray la laca para el pelo
half medio
   half of la mitad de
   half an hour media hora
hall el pasillo
ham el jamón
hamburger la hamburguesa
hammer el martillo
hand la mano
   on the one hand por un lado
   on the other hand por otro lado
   to hand in entregar
   to hand out repartir, distribuir
   to join hands darse las manos
   to shake hands with dar la mano a
handbag el bolso
hankerchief el pañuelo
handmade hecho a mano
handsome guapo, atractivo
hanger la percha, el colgador
hang up colgar (ue)
happen pasar, suceder, ocurrir
happiness la felicidad, la alegría
happy feliz, contento
   to be happy to alegrarse de
   happy birthday feliz cumpleaños
harbor el puerto
hard (surface) duro; (difficult) difícil
hardly apenas
   hardly ever casi nunca
hardware store la ferretería
harm el daño
   to harm dañar, hacer daño a
harmful dañoso, dañino
harvest la cosecha
hat el sombrero
hate el odio
   to hate odiar, detestar, disgustarle
have tener
   to have a cold tener catarro

   to have a good time divertirse (ie)
   to have breakfast desayunar
   to have dinner cenar
   to have lunch almorzar (ue)
   to have just (done something) acabar de
   to have something (to eat) tomar algo
   to have to (do something) tener que
he él
head la cabeza
headache el dolor de cabeza
   to have a headache tener dolor de cabeza
headlight el faro
headline el titular
heal curar, sanar
health la salud
   to be in good health estar bien de salud
helathy sano; (food) saludable
hear oír
   to hear from tener noticias de
   to hear of oír hablar de
   to hear that oír decir que
heart el corazón
   by heart de memoria
heater el calentador
heating system la calefacción
heaven el cielo
heavenly celestial
heavy pesado; (fabric) grueso
Hebrew hebreo
height: of medium height de talla mediana
hell el infierno
hello ¡hola!; (telephone) ¡diga!, ¿aló?
help la ayuda
   to help (to) ayudar (a)
helpful útil; (person) servicial
hen la gallina
her (possessive) su; (direct object) la; (indirect object) le; (object of preposition) ella
here aquí, acá
   around here por aquí
   here is/are aquí está(n), aquí tiene Ud.
hers el suyo, el de ella
herself se
   with herself consigo
hesitate vacilar
hey! ¡oye!
hi ¡hola!
hide (oneself) esconder(se)
high alto
high school la escuela secundaria, el colegio
highway la carretera
hike la caminata
   to take a hike hacer una caminata
hill la colina
him (direct object) lo; (indirect object) le; (object of preposition) él
himself se
   with himself consigo
hire emplear, contratar
his su; (pronoun) el suyo, el de él
Hispanic hispano

history la historia
hit golpear, pegar; (crash into) chocar con
hitchhike hacer autostop
hobby el pasatiempo
hold tener
  to hold up (rob) asaltar, atracar
  to take hold of agarrar
holiday el día de fiesta, el día festivo
holy santo
Holy Spirit el Epíritu Santo
home la casa, el hogar
  at home en casa
homeland la patria
homeless sin hogar
homework la tarea
honest honrado
honesty la honradez
honey la miel
honeymoon la luna de miel
honk tocar la bocina
honor la honra
  to honor honrar
hood (car) el capó
horn (car) la bocina
horse el caballo
host(ess) el/la anfitrión(a)
hostel: youth hostel el albergue juvenil
hot (temperature) caliente; (spicy) picante; (weather) caluroso
  it's hot hace calor
  I'm hot tengo calor
hotel el hotel
  hotel manager el/la hotelero(a)
hour la hora
  half an hour media hora
house la casa
house cleaning la limpieza de la casa
housewife el ama (f) de casa
housework los quehaceres domésticos
housing la vivienda
how cómo
  how long? ¿cuánto tiempo? ¿desde cuándo?
  how many? ¿cuántos?
  how much? ¿cuánto?
  how often? ¿cuántas veces?
hope la esperanza
  to hope esperar
however sin embargo
hug el abrazo
  to hug abrazar
humble humilde
  to humble oneself humillarse
humor: sense of humor el sentido de humor
humility la humildad
hundred ciento, cien
hunger el hambre (f)
hungry hambriento
  to be hungry tener hambre
hunt la caza
  to hunt cazar
  to go hunting ir de caza
hurry la prisa

to be in a hurry tener prisa
to hurry up darse prisa
hurt (injured) herido, lastimado
  to hurt someone hacerle daño
  to hurt oneself hacerse daño, lastimarse
  to hurt one's arm lastimarse el brazo
  to injure herir (ie), lastimar
  to harm (environment) dañar
  to offend ofender (ie)
  to ache doler (ue)
husband el esposo, el marido

I

I yo
ice el hielo
ice cream el helado
ice cube el cubito de hielo
ice skate patinar en hielo
idea la idea
identification (card) la tarjeta de indentidad, el carné
identify identificar
idol el ídolo
if si
  even if aunque
ignore no hacer caso de
ill mal, enfermo
illness la enfermedad
imagine imaginar(se)
immediately inmediatamente, en seguida
impatient impaciente
impolite descortés, mal educado
import importar
importance la importancia
important importante
  to be important importar
imported importado
impossible imposible
impress impresionar
impression: to make a good impression on someone caerle bien a alguien
impressive impresionante
improve mejorar
in en
  in case en caso de que
  in the morning por la mañana
include incluir
including incluyendo
increase el aumento
  to increase aumentar
indicate indicar
indorse endosar
inexpensive barato
influence influir en
information la información
  information desk la oficina de información
inside (of) dentro (de)
injure herir (ie), lastimar
  to injure oneself lastimarse
injured herido
inn la posada, el hostal
inquire (about) preguntar (por)

inside adentro, dentro de
insist (on) insistir (en)
inspect inspeccionar, registrar
instead of en vez de
instrument el instrumento
insurance el seguro
insure asegurar
intelligent inteligente
intend pensar (ie)
interest el interés
  to interest interesar
interested interesado
  to be interested in estar interesado en
interesting interesante
Internet la Internet, la Red
interpreter el/la intérprete
interrupt interrumpir
intersection el cruce
interview la entrevista
  to interview entrevistar
into en
introduce presentar
introduction la presentación
invest invertir (ie)
investment la inversión
invite invitar
invitation la invitación
iron la plancha
  to iron planchar
irritate irritar
ironing board la tabla de planchar
island la isla
Israel Israel
it él, ella; (direct object) lo, la
Italian italiano
Italy Italia
its su, suyo
itself se; sí mismo

J

jacket la chaqueta
jail la cárcel
jam la mermelada
January enero
Japan Japón
Japanese japonés
jar el tarro
jealous celoso, envidioso
  to be jealous of tener celos de
jeans los jeans, los vaqueros
Jesus Jesús
Jesus Christ Jesucristo
jet el avión de chorro
Jew el/la judío/a
jewel la joya
jewelry las joyas
Jewish judío
job el empleo, el puesto, el trabajo
  to get a job conseguir un empleo
job ad la oferta de empleo
jobless sin empleo
jog trotar, correr

jogging el trotar, el correr
join (church) hacerse miembro de; (club) hacerse socio de; (army) alistarse en
joke el chiste, la broma
journalism el periodismo
journey el viaje
joy el gozo, la alegría
judge el juez
  to judge juzgar
judgment el juicio
juice el jugo
July julio
jump saltar
June junio
jungle la jungla, la selva
just justo
  to have just (done something) acabar de + infinitive
justice la justicia
justify justificar

K

keep guardar, quedarse con
  to keep a promise cumplir una promesa
  to keep in/out no dejar salir/entrar
  to keep on seguir (i) + present participle
  to keep quiet estarse quieto
  to keep someone from doing somehthing impedir a uno hacer algo
key la llave
keyboard el teclado
key in teclear, grabar
kick dar un puntapié
kill matar
kilogram el kilo
kilometer el kilómetro
kind (nice) bueno, amable
  kind to someone bueno para con alguien
kind (type) el tipo, la clase
  all kinds of toda clase de
kind of (somewhat) algo, bastante
kindergarten el jardín de infancia
king el rey
kingdom el reino
kiss el beso
  to kiss besar
kitchen la cocina
kitchen sink el fregadero
knapsack la mochila
knee la rodilla
kneel arrodillarse
knife el cuchillo
knock el golpt
  to knock at (door) tocar/llamar a
know (facts) saber; (person, place, feeling, work of art) conocer (z)
  to know how to saber + infinitive
knowledge el conocimiento

L

label la etiqueta
labor el trabajo, la labor
laboratory el laboratorio
lack la falta
  to be lacking faltar
ladder la escalera
lady la señora, la dama
lake el lago
lamb el cordero
lamp la lámpara
land la tierra
  to land (plane) aterrizar
landscape el paisaje
landscape architect el arquitecto paisajista
lane (freeway) el carril
language la lengua, el idioma
large grande
last (in a series) último; (previous) pasado
  last night anoche
  last week la semana pasada
  at last por fin
last durar
lastly por último
last name el apellido
Last Supper la Cena
late tarde
  to be late (hour) ser tarde
  to be late (person) llegar tarde
  to arrive late (train) llegar con retraso
  to be getting late hacerse tarde
lately recientemente, ultimamente
later más tarde; después
Latin America Latinoamérica
laugh la risa
  to laugh reír(se)
laundromat la lavandería
laundry la ropa sucia
law la ley
lawn el césped
lawn mower el cortacésped
lawyer el/la abogado/a
lay poner
lazy perezoso
lead dirigir
  to lead one to llevar a uno a + infinitive
learn (to) aprender (a); (find out) saber
leather el cuero
least menos
  at least por lo menos
leave salir, irse; (leave behind) dejar
lecture la conferencia
  to lecture dar una conferencia
left izquierdo
  on the left of a la izquierda de
leg la pierna
leisure el ocio
lemon el limón
lemonade la limonada
lend prestar
less (than) menos (que)
lesson la lección
let dejar, permitir
let's vamos a + infinitive
letter la carta; (alphabet) la letra
lettuce la lechuga

liberty la libertad
library la biblioteca
license la licencia
  driver's license el permiso de manejar
license plate la placa
lie la mentira
  to lie mentir (ie)
lie down acostarse (ue)
life la vida
  eternal life la vida eterna
lifeguard el/la salvavidas
lift levantar
  to lift weights levantar pesas
light (in color) claro; (in weight) ligero
light la luz; (traffic) el semáforo
  to light encender, prender
  to turn on the light poner la luz
light bulb la bombilla
lightning el relámpago
like (prep) como; (adj) parecido a
  to look like parecerse a
like (verb) gustarle a uno
likely probably
likewise igualmente
limit: speed limit la velocidad máxima
line la línea, la fila
  to line up hacer cola, ponerse en fila
lip el labio
lipstick el lápiz de labios
listen (to) escuchar
liter el litro
literature la literatura
little (in size) pequeño; (in amount) poco
  a little un poco
  little by little poco a poco
live vivir
livingroom la sala (de estar)
load cargar
loan el préstamo
  to loan prestar
  to get a loan conseguir un préstamo
locate situar
located: to be located estar situado
lock la cerradura
  to lock cerrar (ie) con llave
locker le lóquer, el ropero
lodging el alojamiento
long largo
  how long? ¿cuánto tiempo?
  long-distance de larga distancia
  long-sleeved de mangas largas
  as long as con tal que
longer: no longer ya no
look (gaze) la mirada; (appearance) el aspecto, la apariencia
  to look (appear) verse, parecer
  to look at mirar
  to look for buscar
  to look forward to tener ganas de
  to look good on (clothes) lucir lindo
  to look like (resemble) parecerse a
loose flojo; (clothes) suelto, amplio
the Lord el Señor

Lord's Prayer el padrenuestro
Lord's Supper la Cena del Señor
lose perder (ie)
  to lose weight perder peso, bajar de peso
loss la pérdida
lost perdido
  to get lost perderse (ie), errar el camino
lot: a lot of mucho
loud (voice) fuerte, alto; (noisy) ruidoso
  out loud en voz alta
love el amor
  to love (person) querer, amar; (thing, activity) encantarle
  to fall in love enamorarse
low bajo
  in a low voice en voz baja
lower bajar
luck la suerte
lucky afortunado
  to be lucky tener suerte
luggage las maletas, el equipaje
lunch el almuerzo
  to eat lunch almorzar (ue)

M

machine la máquina
mad enojado, furioso
  to get mad enojarse
made of de + material
made in (country) hecho en
magazine la revista
maid la criada, la moza
maiden name el apellido de soltera
mail el correo
  to (send by) mail mandar por correo
  to mail (deposit) echar al correo
mailbox el buzón
mail carrier el/la cartero/a
main principal
main dish el plato principal
mainly principalmente
maintenance el mantenimiento
major (college) la especialización
  to major in especializarse en
majority la mayoría (de)
make hacer
  to make a mistake equivocarse
  to make one do something hacerle + inf
  to make one angry darle rabia
  to make one laugh darle risa
  to make one ashamed darle vergüenza
  to make one envious darle envidia
makeup el maquillaje
  to put on makeup maquillarse
mall el centro comercial
man el hombre, el señor
manager el/la gerente
manner la manera
manufacture fabricar
many muchos
  as many as tantos como
  how many? ¿cuántos?

  so many tantos
  too many demasiados
map el mapa
  street map el plano
March marzo
margarine la margarina
mark la marca, la señal;
  to mark marcar
markdown la rebaja
  to mark something down rebajar
marked down rebajado
market el mercado
marriage el matrimonio
marry casar
  to get married casarse con
match el fósforo; (game) el partido
  to match hacer juego con, armonizar con
mathematics las matemáticas
matter importar
May mayo
maybe quizá, tal vez
mayonnaise la mayonesa
me (dir/indir obj) me; (obj of prep) mí
meal la comida
mean (temperament) mezquino, antipático
mean (signify) significar, querer decir
meaning el sentido, el significado
means: by no means de ninguna manera
meantime entretanto
measure medir (i)
measurement la medida
meat la carne
mechanic el/la mecánico/a
media los medios de comunicación
medicine la medicina; (medication) el medicamento
meet encontrar (ue), encontrarse con; (make acquaintance) conocer (z); (get together with) reunirse con
meeting la reunión
member el miembro
memorize memorizar, aprender de memoria
mention mencionar
menu el menú; la carta
mercy la misericordia
mess el desorden
message el mensaje, el recado
  to leave a message dejar un mensaje
Messiah el Mesías
meter: parking meter el parquímetro
Mexican mexicano
Mexico México
microphone el micrófono
microwave (oven) el (horno) microondas
middle: in the middle of en el centro de
  in the middle of June a mediados de Junio
midnight la medianoche
mild blando, suave
mile la milla
miliage el kilometraje
milk la leche
milkshake el batido
million: a million un millón de

mind la mente
  to mind (care) importarle
  to change one's mind cambiar de opinión
  to make up one's mind (to) decidirse a, resolverse (ue) a
mine el mío
mineral water el agua mineral
minority la minoría
minute el minuto
miracle el milagro
mirror el espejo
mispronounce pronunciar mal
miss (bus, test) perder (ie); (person) echar de menos, extrañar
  to be missing something faltarle
missionary el/la misionario/a
misspell escribir mal
mistake el error
  to make a mistake equivocarse
mistaken equivocado
mistreat maltratar
mistrust desconfiar de
misunderstand entender mal
mix la mezcla
  to mix mezclar
mock burlarse de
model (fashion) el/la modelo
modern moderno
moment el momento
Monday le lunes
money el dinero
  money exchange el cambio
  money order el giro postal
month el mes
monthly mensualmente
mood: to be in a good/bad mood estar de buen/mal humor
moon la luna
mop el trapeador
  to mop trapear
more más
  more than más que; (numbers) más de
  more than ever más que nunca
  more or less más o menos
  more and more cada vez meas
moreover además
morning la mañana
  in the morning por la mañana
  yesterday morning ayer por la mañana
mortgage la hipoteca
mosque la mezquita
most más
  most of la mayoría de
mother la madre
mother-in-law la suegra
motive motivo
motorcycle la motocicleta
mountain la montaña
  mountain climbing el montañismo
mouse el ratón
moustache el bigote
mouth la boca
move mover (ue)

to move away (home) mudarse de casa
to move from...to... mudarse de...a...
to move forward salir adelante
movie la película
movie star la estrella de cine
movie theater el cine
to go to the movies ir al cine
mow (lawn) cortar (el césped)
Mr. señor, Sr.
Mrs. señora, Sra.
much mucho
as much as tanto como
how much? ¿cuánto?
too much demasiado
very much muchísimo
mud el lodo, el barro
murder el asesinato
to murder asesinar
murderer el/la asesino/a
muscular musculoso
museum el museo
music la música
musician el/la músico/a
must (ought to) deber, tener (ie) que
One must hay que
mustache el bigote
mustard la mostaza
my mi
myself me
I myself yo mismo
with myself conmigo

N

nail clavo; (fingernail) la uña
to nail clavar
nail file la lima para las uñas
nail polish el esmalte de uñas
name el nombre; (last) el apellido
what's your name? ¿cómo se llama Ud.?
named: to be named llamarse
nap la siesta
to take a nap echar una siesta
napkin la servilleta
narrow estrecho
nationality la nacionalidad
native (by birth) el/la natural; (original inhabitant) el/la indígena, el/la nativo/a
native land la patria, el país de origen
native tongue la lengua materna
native town el pueblo natal
naturally naturalmente
nature la naturaleza
nausea la náusea
nauseous: to be nauseous tener náuseas
near cercano
near (to) cerca (de)
neat ordenado
necessary necesario
neck el cuello
necklace el collar
need necesitar
neglect descuidar

to neglect to olvidarse de + infinitive
neighbor el vecino
neighborhood el barrio
neither tampoco
neither one ninguno (de los dos)
neither...nor ni...ni
nervous nervioso
never nunca, jamás
never mind no importa
nevermore nunca más
nevertheless no obstante, sin embargo
new nuevo
news las noticias, (program) el noticiero
newspaper el periódico
newsstand el quiosco de periódicos
next próximo, siguiente
next to al lado de, junto a
next door la casa de al lado
next week la semana que viene
next year el año que viene
nice (person) simpático, amable; (car, house) bonito
niece la sobrina
night la noche
at night de noche, por la noche
last night anoche
nine hundred novecientos
nineteen diecinueve
ninety noventa
no no
no longer ya no
nobody nadie
nobody else nadie más, ningún otro
noise el ruido
noisy ruidoso
none ninguno
nonstop flight el vuelo sin escala
noon el mediodía
at noon al mediodía
no one nadie, ninguno
normally normalmente
north el norte
North America Norteamérica
nose la nariz
not no
not any ninguno
not anyone nadie
not ever nunca, jamás
not yet todavía no
not either tampoco
not even ni siquiera
note la nota; el apunte
to take notes tomar apuntes
notebook el cuaderno
nothing nada
notice el aviso
to notice notar, fijarse en
notify avisar
novel la novela
November noviembre
now ahora
from now on de aquí en adelante
just now hace un momento

now and then de vez en cuando
now that ya que
right now ahora mismo
nowadays hoy día
no way de ninguna manera
nowhere en ninguna parte
nuclear nuclear
nuclear energy la energía nuclear
nuclear plant la planta nuclear
nuclear reactor el reactor nuclear
number el número
nurse el/la enfermero/a
nut la nuez
nylon el nilón

O

obedient obediente
obey obedecer (z)
obtain obtener (ie)
occasion la ocasión
occasionally de vez en cuando
occur ocurrir, suceder
ocean el océano
October octubre
of de
of course cómo no, por supuesto, claro
of course not claro que no
off de
to get off bajar de
to take off (clothing) quitar(se)
to turn off (elec) apagar; (water) cerrar
offend ofender (ie)
to get offended ofenderse
offer ofrecer (z)
office la oficina
often a menudo, muchas veces
oil el petróleo; (cooking) el aceite
O.K. está bien, ya, de acuerdo
old viejo, antiguo
old man/woman el anciano/la anciana
to be...years old tener (ie)...años
older mayor
oldest el/la mayor
old-fashioned pasado de moda
Olympic Games los Juegos Olímpicos
on en, sobre
on arriving al llegar
on top of encima de
on foot a pie
on horseback a caballo
on Monday el lunes
on sale en liquidación
on the contrary al contrario
on the phone/radio por teléfono/radio
on time a tiempo
on vacation de vacaciones
to be on (radio, light) estar puesto; (water) estar abierto
to have on (wear) llevar, tener puesto
to turn on (light) poner, encencer (ie)
once una vez; (conjunction) una vez que
at once en seguida

once in a while de vez en cuando
once upon a time érase una vez
one un, uno
  one another un al otro, unos a otros
one-way ticket un boleto de ida
only (adj) único; (adv) sólo, solamente
  not only...but also no sólo...sino también
open abierto
  open-air al aire libre
  to open abrir
opera la ópera
operate (machinery) manejar
  to operate on someone operarle a uno
operator el/la telefonista, el/la operador(a)
opinion la opinión
  in my opinion a mi parecer
opportunity la oportunidad
oppose oponerse a
opposite opuesto; (facing) de enfrente
optometrist el/la oculista
or o (u before word beginning with o)
  either...or o...o
orange la naranja; (color) anaranjado
  orange juice el jugo de naranja
order el orden; (command) la orden
  in order to para + infinitive
  in order that para que + subjunctive
  out of order descompuesto
  to order (meal) pedir, ordenar
  to order someone to do something mandar
other otro
otherwise de otra manera
ought (to) deber
our nuestro
ours el nuestro
ourselves nos
out (of) fuera (de); (light) apagado
  out loud en voz alta
  out of order descompuesto
  out of stye pasado de moda
  to be out no estar (en casa)
  to be out of no tener (ie)
  to get out of (vehicle) bajar de
  to go out salir
  to put out (fire) apagar
  to run out of quedarse sin
  to take out sacar
outdoors al aire libre
outer space el espacio exterior
outing: to go on an outing ir de excursión
outlet (electrical) el enchufe
outside afuera
oven el horno
over sobre, por encima de
  over here por aquí
  over there allí
overcoat el abrigo
overlook (skip) pasar por alto
overpopulation la superpoblación
overseas en el extranjero
owe deber
own propio
to own poseer
owner el/la dueño/a, el/la propietario/a

P

pack (suitcase) hacer la maleta
package el paquete
page la página
pain el dolor
paint la pintura
  to paint pintar
painter el/la pintor(a)
painting la pintura, el cuadro
pair el par; (people) la pareja
pajama el pijama
pale pálido
pan la cacerola
  frying pan la sartén
pants los pantalones
pantry la despensa
paper el papel
paper clip le sujetapapeles
parade el desfile
pardon el perdón
  to pardon perdonar
parents los padres
park el parque
  amusement park el parque de diversiones
  to park estacionar
parking lot el estacionamiento
part la parte
  a large part of buena parte de
participate participar
particular: a particular cierto
partner el/la compañero/a
party la fiesta
  to give a party dar una fiesta
pass el permiso, el pase
  to pass pasar; (test) aprobar (ue); (car) pasar, rebasar; (time) pasar
passengar el/la pasajero/a
passport el pasaporte
past el pasado
pastime el pasatiempo, la diversión
pastor el pastor
pastry los pasteles
pastry shop la pastelería
path la senda, el sendero
patient paciente
  to be patient tener paciencia
patio el patio
pay pagar
  to pay cash pagar al contado
  to pay attention prestar atención
payment el pago
peace la paz
  peace treaty el tratado de paz
peach el durazno, el melocotón
peanut el cacahuate
pear la pera
peas los guisantes
pen la pluma; (ballpoint) el bolígrafo
pencil el lápiz

pencil sharpener el sacapuntas
people la gente, las personas
pepper la pimienta; (chile) el chile
per por
  per cent por ciento
perfect perfecto
perform (sing) cantar; (play) tocar; (act) actuar
performance (theater) la función; (movies) la sesión
perhaps quizá, tal vez
perish perecer
permit permitir
person la persona
persuade persuadir
pet la mascota, el animal doméstico
pharmacist el/la farmacútico/a
pharmacy la farmacia
phone el teléfono
  to phone llamar por teléfono, telefonear
  to talk on the phone hablar por teléfono
  to answer the phone contestar el teléfono
phone call la llamada telefónica
  to make a phone call hacer una llamada telefónica
photo la foto
  to take a photo sacar una foto
photograph fotografiar
photographer el/la fotógrafo/a
physical education la educación física
physics la física
piano el piano
pick (choose) escojer; (flower) coger;
  pick up recoger; (phone) descolgar (ue)
picnic la merienda
  to go on a picnic ir de picnic
picture: to take a picture sacar una foto
pie el pastel
pill la píldora
pillow la almohada
pilot el piloto
pineapple la piña
pink rosado
pity: It's a pity Es una lástima
pizza la pizza
place el lugar, el sitio
  in the first place en primer lugar
  in the second place en segundo lugar
  to place poner, meter, colocar
  to take place tener lugar
plaid a cuadros, de cuadros
plain ordinario, sencillo; (prairie) la llanura
plan el plan
  to plan (a trip) planear (un viaje)
  to plan to pensar (ie) + infinitive
plane el avión
  by plane en avión
plant la planta
  to plant plantar
plate (dish) el plato
plateau la meseta
platform (train) el andén
play (theater) el drama, la obra de teatro

to play (sport) jugar (ue) a
to play (instrument) tocar
to play the role of hacer el papel de
player el/la jugadora
pleasant agradable
please por favor
  to be pleasing to someone gustarle
  pleased to meet you mucho gusto
pleasure el gusto, el placer
  with pleasure con mucho gusto
plug (electrical) el enchufe
pocket el bolsillo
poem el poema
poet/poetess el poeta/la poetisa
poetry la poesía
point el punto
  to point at señalar con el dedo
  point of view el punto de vista
police la policía
  police officer el/la policía
  police station la comisaría
polite cortés, bien educado
political party el partido
politician el/la político
politics la política
poll la encuesta, el sondeo
  to take a poll hacer una encuesta
pollute contaminar
pollution la contaminación
pool la piscina
poor pobre
popcorn las palomitas
population la población
Pope el Papa
popular popular
pork el cerdo
port el puerto
porter el/la maletero/a
portrait el retrato
position (job) el puesto
possible posible
postage el franqueo, el porte
post card la tarjeta postal
post office la oficina de correos, el correo
  post office box el apartado postal
poster el cartel
pot la olla
potato el papa, la patata
pottery la alfarería, la cerámica
pound la libra
pour (into) verter (ie) (en)
poverty la pobreza
powder el polvo
power el poder
powerful poderoso
practice practicar; (sports) entrenarse
practical práctico
praise la alabanza
  to praise God alabar a Dios
pray orar
prayer la oración
preach predicar
preacher el predicador

predict predecir (g)
prefer preferir (ie)
prejudice el prejuicio
prerequisite el requisito
prescribe recetar
prescription la receta
present el presente; (gift) el regalo
presently actualmente
preserve conservar
president el/la presidente/a
press la prensa
pretend fingir
pretty bonito, lindo
prevent impedir (i)
previous previo
price el precio, el valor
  price tag la etiqueta
pride el orgullo
priest el sacerdote
prime minister el primer ministro
prince el príncipe
principal el/la director(a)
print imprimir
printed (fabric) estampado
printer la impresora
prison la cárcel
prisoner el/la preso/a
private privado, particular
  private school el colegio (particular)
prize el premio
probable probable
probably probablemente
problem el problema
produce producir (z)
product el producto
profession la profesión
professor el/la profesor(a)
profit la ganancia; el provecho, el beneficio
  to profit from aprovechar, beneficiarse de
program el programa
programmer el/la programador(a)
progress el progreso
  to make progress progresar
prohibit prohibir
promise la promesa
  to promise prometer
propaganda la propaganda
prophecy la profecía
prophesy profetizar
prophet/profetess el profeta/la profetisa
protect proteger
proud orgulloso
provide (give) proporcionar algo a alguien
  to provide for someone mantener a uno
public el público
  in public en público
pull tirar (de); (tooth) sacar
pulse el pulso
  to take one's pulse tomar el pulso a
punctual puntual
punish castigar
punishment el castigo

pure puro
purify purificar
purple morado
purpose el propósito
purse la bolsa
push empujar
put poner, meter, colocar
  to put on (clothes) ponerse
  to put on lipstick pintarse los labios
  to put on make-up maquillarse
  to put out (light, fire) apagar
  to put up with soportar

Q

quality la calidad; (attribute) la cualidad
quarter el cuarto; (school) el trimestre
  a quarter cup un cuarto de taza de
queen la reina
question la pregunta
quick rápido
quiet callado, silencioso
  to keep quiet callarse
  to quiet down calmarse
quit (job) renunciar
  to quit doing something dejar de + infin.
quite bastante, muy
quote la cita
  to quote citar

R

race (people) la raza; (sports) la carerra
  to race correr una carrera
radio (broadcast) la radio; (set) el radio
  on the radio por la radio
radio announcer el/la locutor(a0
radio-tape player el radiocasete
radioactive radioactivo
radioactive waste los residuos radioactivos
rag el trapo
railroad el ferrocarril
rain la lluvia
  to rain llover (ue)
rainbow el arco iris
raincoat el impermeable
raise (salary) el aumento
  to raise (lift) levantar; (children) criar; (plants) cultivar; (the dead) resucitar
ranch el rancho
rapidly rápido, rapidamente
raquet la raqueta
rare raro; (meat) poco cocido
rarely raras veces
rather algo, bastante
  rather than antes que, más bien que
raw crudo
razor la afeitadora
reach alcanzar
read leer
ready listo
  to get ready prepararse
real real, verdadero
real estate los bienes raíces

real estate agent el/la vendedor(a) de inmuebles
realize darse cuenta de; (come true) realizar
really de veras
rear criar
reason la razón, el motivo
rebel rebelarse
recall recordar (ue)
receipt el recibo
receive recibir, obtener
receiver (telephone) el auricular
recently recientemente, ultimamente
recipe la receta
reception desk la recepción
receptionist el/la recepcionista
recognize reconocer
recommend recomendar (ie)
record el disco
   to break the record batir el record
   to record (tape) grabar
record player el tocadiscos
recover recobrar(se)
recuperate recuperarse, recobrarse
recycle reciclar
recycling el reciclaje
red rojo
   Red Cross la Cruz Roja
red-haired pelirrojo/a
redhead el pelirrojo
redeem redimir
redeemer el redentor
reduce reducir; (prices) rebajar
   reduced rebajado
refer (to) referirse (ie) (a)
referee ella árbitro/a
refreshment el refresco
refrigerator el refrigerador, la nevera
refuse rehusar, negarse (ie) a
regarding respecto a, en cuanto a
regardless of a pesar de
region la región
register (hotel) registrarse
registered (mail) certificado
registration fee los derechos de matrícula
regret lamentar, sentir (ie)
rehearse ensayar
reign reinar
reject rechazar
rejoice alegrarse, regocijarse
relative el pariente
religion la religión
religious religioso
remain quedarse
remember recordar (ue), acordarse de
remind recordar (ue)
remove quitar
renovate renovar (ue)
rent el alquiler
   to rent alquilar
repair arreglar, reparar
repair shop el taller (de reparaciones)
repeat repetir (i)

repent arrepentirse (ie)
repentance el arrepentimiento
reply la respuesta
   to reply responder, contestar
report el reportaje, el informe
   to report informar; (crime) denunciar
   to make a report hacer un informe
   to give an oral report hacer una presentación oral
report card el boletín
reporter el/la reportero/a
request pedir (i)
require exigir
requirement el requisito
rescue rescatar
research las investigaciones
   to do research hacer investigaciones
resemble parecerse (z) a
reservation la reservación
   to reserve reservar
resolve (to) resolver (ue) (a)
resource (natural) el recurso (natural)
respect el respeto
   to respect respetar
respond responder
responsibility la responsabilidad
rest el descanso; (remainder) el resto; (the others) los demás
   to rest descansar
restaurant el restaurante
result el resultado
   as a result como resultado
   to result resultar
resumé el curriculum vitae
resurrection la resurrección
retell contar (ue), relatar
retire jubilarse, retirarse
return (go back) volver (ue), regresar; (give back) devolver (ue)
   in return for en cambio de
review el repaso
   to review repasar, revisar
reward recompensa
   to reward recompensar
rice el arroz
rich rico
ride el paseo; (amusement park) la atracción
   to go on the rides subir a las atracciones
   to ride a bike andar en bicicleta
   to ride a horse montar a caballo
   to go for a ride dar un paseo (en coche)
   to take a boat ride dar un paseo en barco
right correcto; (human right) el derecho
   all right está bien
   to be right tener razón
   on the right a la derecha
   right after justo después
   right away en seguida
righteous justo
ring el anillo
   to ring sonar (ue)
ripe maduro

rise subir; (from the dead) resucitar; (sun) salir
risk el riesgo
   to risk arriesgar
river el río
road el camino; (highway) la carretera
   road map el mapa
   road sign la señal de carretera
roast asar
   roasted asado
rob robar
robbery el robo
robe la bata
rock la roca; la piedra
rock music el rock
rocket el cohete
role el papel
   to play the role of hacer el papel de
roll (bread) el panecillo; (film) el rollo de película
   to roll hacer rodar
   to take roll pasar la lista
roller coaster la montaña rusa
roller skate el patín de ruedas
   to roller skate patinar (sobre ruedas)
roof el techo, el tejado
room el cuarto, la habitación
   room and board la pensión completa
   room and breakfast la media pensión
roommate el/la compañero/a de cuarto
rooster el gallo
rope la cuerda
   to jump rope saltar la cuerda
rose la rosa
rough áspero
round redondo
round-trip (ticket) de ida y vuelta
route la ruta
row la fila
   five days in a row cinco días seguidos
   to row remar
rubber el caucho, la gomar
rubber band la liga de goma
rude descortés, mal educado
rug la alfombra
ruins las ruinas
rule la regla
   to rule gobernar (ie)
ruler la regla
run correr
   to run away irse, escaparse
   to run across dar con
   to run for presentar su candidatura a
   to run out of quedarse sin
   to run over atropellar
running el correr
runway la pista
rush ir de prisa
Russia Rusia
Russian ruso

S

Sabbath el Sábado
sack el saco
sacrifice el sacrificio
　to sacrifice sacrificar
sad triste
　to become sad entristecerse (z)
　to make one sad darle pena
sadness la tristeza
safe seguro, salvo
sail la vela
　to sail navegar (a la vela)
sailboat el barco de vela, el velero
saint el santo, la santa
sake: for the sake of por (amor a)
salad la ensalada
salary el sueldo
sale la venta
　clearance sale la liquidación, la oferta
　for sale en venta
　on sale en liquidación, en oferta
salesclerk el/la dependiente
salesperson el/la vendedor(a)
salt la sal
salvation la salvación
Salvation Army el Ejército de Salvación
same mismo
　the same igual
sample la muestra
sand la arena
sandal la sandalia
sandwich el sandwich
satisfy satisfacer (g)
Saturday el sábado
saucepan la cacerola
saucer el platillo
sausage la salchicha
save (person, file) salvar; (money, time) ahorrar; (keep) guardar; (preserve) conservar
savings account la cuenta de ahorros
Savior el Salvador
say decir (g)
　how do you say...? ¿cómo se dice?
　that is to say es decir
　to say hello to saludar a
　to say good-bye (to) despedirse (i) (de)
　to say yes/no decir que sí/no
scale la balanza
scarcely apenas
scare asustar
scared asustado
　to be scared of tener miedo de
　to get scared asustarse
scarf la bufanda
scary espantoso
schedule (plane, train) el horario (de salidas y llegadas)
scholarship la beca
　to apply for a scholarship solicitar una beca
scholastic académico

school la escuela
　high school el colegio, la escuela secundaria
　private school el colegio particular
science la ciencia
　computer science la informática
scientist el/la científico/a
scissors las tijeras
score (game) el tanteo; (test) la puntuación
　to score (a point) marcar (un punto)
　to keep the score tantear
scout el/la explorador(a)
scream el grito
　to scream gritar
screen la pantalla
Scripture la Escritura
scrub fregar (ie)
scuba: to scuba dive bucear
sculpture la escultura
sculptor el/la escultor(a)
sea el mar
seafood los mariscos
search la busca
　to search for buscar
seaside la orilla del mar
season la estación
　to season sazonar
seat el asiento
seat belt el cinturón de seguridad
second segundo
　second class de segunda clase
　second hand de segunda mano
secret el secreto
　to keep a secret guardar un secreto
secretary el/la secretario/a
section (department) la sección
security la seguridad
see ver
　see you later hasta luego
　see you tomorrow hasta mañana
seem parecer (z)
seldom rara vez
select seleccionar, escoger
selection la selección
self sí mismo
　by oneself solo, sin ayuda de nadie
　self-employed que trabaja por cuenta propia
selfish egoísta
sell vender
seller el/la vendedor(a)
semester el semestre
senator el/la senador(a)
send mandar, enviar
　to send for enviar por
　to send a letter mandar una carta
　to send regards mandar recuerdos
sender (letter) el/la remitente
sense el sentido
　sense of humor el sentido de humor
　to make sense tener sentido
sensitive sensible

sentence la oración, la frase
separate separado
　to separate separar
separately por separado
September
serious (person) serio; (illness) grave
servant el/la criado/a; (slave) el/la siervo/a
serve servir (i)
service station la estación de servicio
set poner, meter, colocar
　to set aside poner a parte
　to set out (for) salir/partir (para)
　to set the table poner la mesa
　to set fire to poner fuego a
　to set (sun) ponerse
　to set up (technical) armar, montar
seven hundred setesientos
seventeen diecisiete
seventy setenta
several varios, varias
sew coser
sewage las aguas negras
shade la sombra
shake sacudir, agitar
shame la vergüenza; la lástima
　what a shame! ¡qué lástima!
shampoo el champú
share compartir
　to share a room compartir un cuarto
　to share expenses compartir los gastos
sharp (edge) afilado; (point) puntiagudo
shave el afeitado
　to shave afeitar(se)
shaving cream la crema de afeitar
she ella
sheep el carnero; (female) la oveja
sheet la sábana
shelf el estante
shellfish el marisco
shepherd el pastor
shine brillar
ship la nave, el barco
shirt la camisa
shirt sleeve la manga
shoe el zapato
　shoe size el número
　shoelace el cordón de zapato
　shoe store la zapatería
shoot (at) tirar (a), disparar (a)
　to shoot dead matar a tiros
　to shoot (goal) marcar (un gol)
shop la tienda
shopping las compras
　to go shopping ir de compras
shopkeeper el/la comerciante
shopping center el centro comercial
shopwindow el escaparate
shore la orilla, la ribera
short corto; (stature) bajo
short-sleeved de mangas cortas
short story el cuento
shorts los pantalones cortos, los shorts

shot la injección
  to give a shot poner una inyección
should deber
shoulder el hombro
shout el grito
  to shout gritar
show la función, el espectáculo
  to show enseñar, mostrar (ue)
  to show a film dar una película
shower la ducha
  to take a shower ducharse
shut cerrar (ie)
shy tímido
sick enfermo, mal
  to be sick of something estar harto de
  to get sick enfermarse
  to make one sick darle asco
sickness la enfermedad
side el lado
  on the other side of al otro lado de
sidewalk la acera
sight la vista
sightseeing el turismo
  to go sightseeing ir a ver los puntos de interés
sign la señal, el letrero
  to sign firmar
signal (traffic) el semáforo
signature la firma
silence el silencio
silent silencioso
silk la seda
silver la plata
similar similar, parecido, semejante
simple (style) sencillo
sin el pecado
since desde (que); (because) ya que
  since when? ¿desde cuándo?
sinful pecaminoso
sing cantar
  to sing in the choir cantar en el coro
singer el/la cantante
single (not married) soltero
  single room la habitación individual
sink (kitchen) el fregadero; (bathroom) el lavamanos, el lavabo
sinner el/la pecador(a)
sister la hermana
sister-in-law la cuñada
sit estar sentado
  to sit down sentarse (ie)
site el sitio
situation la situación
six hundred seis cientos
sixteen dieciseis
sixty sesenta
size el tamaño; (clothes) la talla; (shoes) el número
skate (roller) el patín (de ruedas)
  to skate patinar
  to ice skate patinar sobre hielo
  to roller skate patinar sobre ruedas
skateboard la patineta

to skateboard andar en patineta
skater el/la patinador(a)
ski el esquí
  to ski esquiar
skill la destreza, la habilidad
skin la piel
skinny flaco
skirt la falda
sky el cielo
sleep el sueño
  to sleep dormir (ue)
  to go to sleep dormirse (ue)
sleeping bag el saco de dormir
sleeping car el coche-cama
sleepy: to be sleepy tener sueño
sleeve la manga
slender delgado
slip la combinación
slipper la zapatilla
slow lento
slowly lentamante, despacio
small pequeño
smart listo, inteligente
smell el olor
  to smell (bad) oler (ue) (mal)
smile la sonrisa
  to smile sonreírse
smog el smog
smoke el humo
  to smoke fumar
smooth liso, suave
snack el bocadillo, la merienda
snake la serpiente
snorkel (dive) bucear con respiración
snow la nieve
  to snow nevar (ie)
so (in that way) así; (therefore) entonces, por eso, así que
  I (don't) think so creo que sí (no)
  so big tan grande
  so much/many tanto/tantos
  so-so así, así
  so that para que
  so what? ¿qué importa?
soap el jabón
soap opera la telenovela
social science las ciencias sociales
social worker el/la trabajador(a) social
soccer el fútbol
sock el calcetín
soda el refresco
sofa el sofá
soft blando
soft drink el refresco
software el software
solution la solución
solve resolver (ue)
some algún, alguna; unos, unas
somebody alguien
someday algún día
somehow de alguna manera
someone alguien
something algo

something else otra cosa
sometime alguna vez
sometimes a veces
somewhat algo, un poco
somewhere en alguna parte
somewhere else en otra parte
son el hijo
son-in-law el yerno
song la canción
soon pronto
  as soon as tan pronto como
  how soon? ¿cuándo?
  soon after poco después
  sooner or later tarde o temprano
sore throat el dolor de garganta
sorrow el dolor
sorry: to be sorry sentir (ie)
  I'm sorry lo siento
  to feel sorry for compadecer (z) a uno
soul el alma
sound el sonido
  to sound sonar (ue)
soup la sopa
south el sur
  to the south al sur
South America Sudamérica
South American sudamericano
souvenir el recuerdo
space el espacio
space shuttle el transbordador espacial
Spain España
Spanish español
Spanish-speaking de habla española
speak hablar
special especial
  nothing special nada de particular
specialize in especializarse en
specialty la especialidad
spectator el/la espectador(a)
speech el discurso
  to make a speech pronunciar un discurso
speed limit la velocidad máxima
spell deletrear, escribir
spend (money) gastar; (time) pasar
spice la especia, el condimento
spicey picante
spider la araña
spirit espíritu
  Holy Spirit el Espíritu Santo
spite: in spite of a pesar de
spoil (child) mimar; (food) echar a perder
spoon la cuchara
sport el deporte
  to play sports practicar deportes
  sports car el coche deportivo
  sports field el campo deportivo
  sports shoe el zapato deportivo
  sporting goods store la tienda de deportes
spot el sitio; (mark) la mancha
sprain (ankle) torcerse (ue) el tobillo
spring (season) la primavera
square cuadrado; (town square) la plaza
stadium el estadio

stair la escalera
stamp la estampilla, el timbre
stand el puesto
  to stand estar de pie
  to stand up levantarse, ponerse de pie
  to stand in line hacer cola
  to stand out sobresalir
standard of living el nivel de vida
stapler la grapadora
star la estrella
  movie star la estrella de cine
start el comienzo, el principio
  to start comenzar (ie), empezar (ie)
  to start the motor arrancar
state el estado
station la estación
  station wagon la camioneta
stationery store la papelería
statue la estatua
stay la estancia, la visita
  to stay quedarse; (guest) hospedarse
  to stay in bed guardar cama
steak el filete, el bistec
steal robar
steering wheel el volante
step el paso
  to take a step dar un paso
stepbrother el hermanastro
stepfather el padrastro
stepmother la madrastra
stepsister la hermanastra
stereo el estereo
stewardess la azafata
stick el palo
  to stick pegar
  to stick out one's tongue sacar la lengua
still (motionless) inmóvil; tranquilo, quieto; (time) todavía, aún; (even so) con todo, sin embargo
  to keep still estar inmóvil
  keep still! estáte quieto
stingy tacaño
stir revolver (ue)
stockings las medias
stock market la bolsa
stockbroker el/la agente de la bolsa
stomach el estómago
stomachache el dolor de estómago
stop la parada
  bus stop la parada de autobús
  to stop (doing something) dejar de
  to stop (stand still) parar, detenerse
  stop! ¡alto!
  stop it! ¡basta!
store la tienda, el almacén
  department store el almacén, la tienda departamental
  store window el escaparate, la vitrina
storm la tormenta; (sea) la tempestad
story la historia, el cuento; (floor) el piso
stove la estufa
straight derecho; (hair) liso, lacio
  straight ahead todo derecho

straighten up (room) arreglar, poner en orden
strange extraño, raro, curioso
stranger el/la forastero/a; el desconocido
stream el arroyo
street la calle
  street corner la esquina
  street map el plan
streetcar le tranvía
strength la fuerza
stress el estrés, las tensiones/presiones
  to stress something subrayar algo
strict estricto
strike (labor) la huelga
  to go on strike ir a la huelga
string la cuerda
striped con rayas
strong fuerte
stubborn obstinado
student el/la estudiante
study el estudio
  study hall la sala de estudio
  to study estudiar
stuffy (room) mal ventilado
stupid tonto
style el estilo
  in style de moda
  out of style pasado de moda
stylish de moda, elegante
subject (topic) el tema; (course) la materia
subscribe to subscribirse a, abonarse a
suburbs las afueras
subway el metro
  subway line la línea de metro
succeed tener éxito
success el éxito
such a tal
such as tal como
suddenly de repente
suffer (from) sufrir (de), padecer (de)
sugar el azúcar
suggest sugerir
suicide el suicidio
  to commit suicide suicidarse
suit el traje; (woman's) el traje sastre
  bathing suit el traje de baño
suitcase la maleta
  to pack one's suitcase hacer la maleta
summary: in summary en resúmen
summer el verano
  summer school la escuela de verano
sun el sol
sunbathe tomar el sol
sunburn la quemadura de sol
  to get a sunburn quemarse (al sol)
sunburnt quemado por el sol
Sunday el domingo
  Sunday school la escuela dominical
sunblock la loción protectora, el filtro solar
sunglasses las gafas de sol
sunlight la luz del sol
sunny soleado

  to be sunny hacer sol
sunrise la salida del sol
sunset la puesta del sol
suntan lotion el bronceador
supermarket el supermercado
supernatural sobrenatural
superpower la superpotencia
superstore el hipermercado
supper la cena
  to have supper cenar
supply el suministro, la provisión
  to supply facilitar, proporcionar
support (moral) el apoyo
  to support (uphold) apoyar; (financially) mantener a
  to support oneself mantenerse
supporter el/la partidario/a
suppose suponer
  to be supposed to deber
sure seguro
  sure! ¡claro!, ¡por supuesto!
surf hacer surf
surfing el surfing
surfboard la tabla de surf
surprise la sorpresa
  to surprise sorprender
surrender rendirse (i)
surround rodear
  surrounded by rodeado de
survey la encuesta
survive sobrevivir
swallow tragar
swear jurar
sweat el sudor
  to sweat sudar
sweater el suéter
Sweden Suecia
sweep barrer
sweet dulce
  sweet roll el pan dulce
swim nadar
swimmer el/la nadador(a)
swimming la natación
  swimming pool la piscina
  swimming suit el traje de baño
swindle la estafa
  to swindle estafar
Swiss suizo
Switzerland Suiza
symtom el síntoma
syrup (cough) el jaraba para la tos
system el sistema

T

table la mesa
  to set the table poner la mesa
  to clear the table quitar la mesa
tablecloth el mantel
tablespoon la cuchara
tabloid el periódico sensacional
tag la etiqueta
tailor el/la sastre

take tomar; (take along) llevar
  to take a course seguir/tomar un curso
  to take a picture sacar una foto
  to take a trip hacer un viaje
  to take a walk/ride dar un paseo
  to take advantage of aprovecharse de
  to take away (remove) quitar
  to take care of (oneself) cuidar(se)
  to take into account tener en cuenta
  to take off (clothing) quitarse
  to take off (plane) despegar (ie)
  to take out sacar
  to take place tener lugar
  to take seriously tomar en serio
  to take size 10 usar la talla 10
  to take the train tomar el tren (para)
talent el talento
talk hablar
  to talk over discutir
talkative hablador(a)
tall alto
  how tall is he? ¿Cuánto mide?
  he's two meters tall Mide dos metros
tan bronceado
  to get a tan broncearse
tape la cinta
tape record grabar
tape recorder la grabadora
task la tarea
taste el gusto, el sabor
  to taste gustar; (try) probar (ue)
tasty sabroso, rico
tax el impuesto
  to tax someone poner impuestos a alguien
taxi el taxi
  taxi driver el/la taxista
  taxi stand la parada de taxis
tea el té
teach enseñar
  to teach a class dar una clase
teacher el/la profesor(a)
team el equipo
tear la lágrima
teaspoon la cucharadita
technical school la escuela técnica
technological tecnológico
  technological advance el adelanto tecnológico
technology la tecnología
tee shirt la camiseta
teenager el/la jóven
teeth los dientes
  to brush one's teeth cepillarse los dientes
telephone el teléfono
  on the telephone por teléfono
  telephone book la guía telefónica
  telephone booth la cabina telefónica
  telephone call la llamada telefónica
  telephone card la tarjeta telefónica
  telehone number el número de teléfono
  telephone operator el/la operador(a)
  to telephone telefonear, llamar por teléfono

television la televisión; (set) el televisor
  on television por la televisión
  television channel el canal
  television program el programa
  to watch television ver/mirar la televisión
tell decir; (story) contar (ue)
  to tell about hablar de
  to tell a lie mentir (ie)
  to tell a story contar (ue) un cuento
  to tell jokes contar chistes
  to tell the truth decir la verdad
teller el/la cajero/a
temper: to have a temper tener genio
temperature la temperatura
temple el templo
tempt tentar (ie)
  to tempt someone to do something tentar a alguien a hacer algo
temptation la tentación
tempting tentador
ten diez
tenant el/la inquilino/a
tend to tender (ie) a
tennis el tenis
  tennis court la cancha de tenis
  tenis shoe el zapato de tenis
tent la carpa, la tienda de acampar
terrace la terraza
terrible terrible, muy mal
test el examen, la prueba
  to test examinar
  to take a test hacer un examen
testament el testamento
  New Testament el Nuevo Testamento
  Old Testament el Viejo Testamento
testify testificar
testimony el testimonio
than que; (before numbers) de
thank agradecer, dar las gracias a
thankful agradecido
thanks a lot muchas gracias
Thanksgiving el Día de Acción de Gracias
that (demonstrative) ese/esa, aquél/aquella ; (neuter) eso; (conjunction) que; (relative pronoun) que
that's why por eso
the el/la/los/las
theater el teatro; (movie) el cine
theft el robo
their su; suyo
theirs el suyo/la suya/los suyos/las suyas
them (dir obj) los/las; (indir obj) les; (obj of prep) ellos/ellas
theme el tema
themselves se; with themselves consigo
then entonces; (next) luego, después
  from then on desde entonces
there allí, allá
  around/over there por allí
  there is (pointing out) allí está
  there is/are (presence) hay
  there was/were había
  there will be habrá

therefore por eso, por lo tanto
thermal inversion la inversión térmica
thermometer el termómetro
these estos/estas
they ellos/ellas
thick grueso
thief el ladrón
thin delgado, flaco; (cloth) fino
thing la cosa
  the important thing lo importante
  the thing about the class lo de la clase
think pensar (ie)
  to think about pensar en
  to think of (opinion) pensar de
  to think it over pensarlo
  I think (don't) think so Creo que sí/no
  I think that... Creo/Pienso que...
thirst la sed
thirsty: to be thirsty tener sed
thirteen trece
thirty treinta
this este/esta; (neuter) esto
those esos/esas, aquellos/aquellas
though aunque
  as though como si
thousand mil
threaten amenazar
thrilling emocionante
throat la garganta
throne el trono
through por, a través de
throw tirar, lanzar
  to throw away tirar, echar, botar
  to throw up vomitar
thumb el pulgar
thunder el trueno
Thursday el jueves
thus por consiguiente
ticket (train) el boleto, el billete; (theater) la entrada; (traffic) la multa
  ticket collector el revisor
  ticket window la taquilla, la ventanilla
tidy limpio
  to tidy up arreglar
tie la corbata
  to tie atar, amarrar
tight (clothing) apretado, ajustado
till hasta, hasta que
time el tiempo; (hour) la hora; (occasion) la vez, la ocasión; (period) la época
  a long time (ago) (hace) mucho tiempo
  at this time (of year) en esta época
  at this time (moment) en este momento
  at another time en otro momento
  at the present time actualmente
  at the right time en el momento oportuno
  at the same time al mismo tiempo
  at times a veces
  from time to time de vez en cuando
  for the first time por primera vez
  in former times en otros tiempos
  in Biblical times en tiempos bíblicos
  It's time to es hora de + inf

It's the time to es el momento para + inf
on time a tiempo
to have time to tener tiempo para
to have a good time divertirse (ie)
to have a bad time pasarlo mal
to spend time pasar tiempo
to take time tomar tiempo
to take a long time to tardar mucho en
timetable el horario
timid tímido
tip (restaurant) la propina
tire la llanta, el neumático
tired cansado
to become tired cansarse
tithe el diezmo
to a
up to (until) hasta
in order to para
toast el pan tostado
toaster el tostador, la tostadora
today hoy
toe el dedo del pie
together juntos
to get together reunirse
toilet el excusado
toilet paper el papel higiénico
toiletries los artículos de tocador
tolerate tolerar
tomato el tomate
tomorrow mañana
see you tomorrow hasta mañana
tone el tono
tongue la lengua
tonight esta noche
too (also) también; (too much) demasiado
tool la herramienta
tooth el diente
toothache el dolor de muelas
toothbrush el cepillo de dientes
toothpaste la pasta dentífrica
top: on top of encima de
totally totalmente
touch tocar
tough duro
tour el viaje largo
to tour recorrer, viajar por
tourism el turismo
tourist el/la turista
tourist class de clase turista
tourist industry el turismo
tow remolcar
tow truck la grúa
towards hacia
towel la toalla
tower la torre
town el pueblo
town hall el ayuntamiento
town square la plaza
toy el juguete
track (railroad) la vía; (field) la pista; (sport) el atletismo
tract el folleto, el tractado
trade (exchange) cambiar...por...

traffic el tráfico
traffic jam el embotellamiento
traffic light el semáforo
traffic sign la señal de tráfico
traffic ticket la multa
traditional tradicional
trail el sendero
train el tren
train car el vagón
train platform el andén
train station la estación de trenes
train track la vía
to train (practice) entrenarse
trainer le/la entrenador(a)
transcript el expediente académico
transfer (money) transferir (ie); (plane) transbordar; (train) cambiar de tren; (bus) hacer transbordo
translate traducir (z)
translation la traducción
transportation el transporte
trash la basura
trash can el basurero
travel viajar
travel agency la agencia de viajes
travel agent el/la agente de viajes
travel bureau la oficina de turismo
traveler el/la viajero/a
traveler's check el cheque de viajero
treasure el tesoro
treat tratar
I'll treat you te invito
tree el árbol
trial el juicio, el proceso
trick (fool) engañar, burlar, estafar
trip el viaje
to be on a trip estar de viaje
to take a trip hacer un viaje
to take a field trip ir de excursión
triumph triunfar
trolley el tranvía
trouble el apuro, la dificultad, el aprieto
the trouble is that lo malo es que
to be in trouble estar en un apuro
to get into trouble meterse en un lío
to have trouble doing something tener dificultad en hacer algo
to be worth the trouble valer la pena
truck el camión
true verdadero
to come true hacerse realidad, realizarse
trunk (car) el baúl
trust la confianza
to trust confiar en, fiarse de
truth la verdad
try to tratar de, intentar, procurar
to try on (clothing) probarse (ue)
to try out probar (ue)
t-shirt la camiseta
Tuesday el martes
tuna el atún
tune (motor) afinar
tunnel el túnel

turkey el pavo
Turkey Turquía
turn el turno; (twist) la vuelta
it's your turn le toca a Ud.
to take turns alternar
to turn (age) cumplir...años
to turn (key) dar vuelta a
to turn around dar la vuelta, volverse (ue)
to turn down (volume) bajar
to turn into convertirse (ie) en
to turn off (power) apagar; (faucet) cerrar (ie)
to turn on (power) poner, encender (ie); (faucet) abrir
to turn out well/badly salir bien/mal
to turn out to be resultar ser
to turn right doblar a la derecha
turn signal la luz direccional
TV la tele
twelve doce
twenty veinte
twice dos veces
twin el/la gemelo/a
type el tipo
to type escribir a máquina
typewriter la máquina de escribir
typical típico
typically típicamente

U

ugly feo
umbrella el paraguas
umpire el árbitro
unbelievable increíble
uncle el tío
uncomfortable incómodo
uncommon raro, poco común
uncover descubrir
under bajo, debajo de
underdeveloped subdesarrollado
underline subrayar
underpants los calzoncillos
underprivileged necesitado
understand comprender, entender (ie)
understanding comprensivo
underwater submarino
underwear la ropa interior
undo deshacer
undocumented indocumentado
undoubtedly sin duda
undress desvestirse (i)
uneducated ineducado, sin instrucción
unemployed desempleado
unemployment el desempleo, el paro
uneven desigual; (number) impar
unexpected inesperado
unfair injusto
unfaithful infiel
unforgettable inolvidable
unfortunate desgraciado
unfortunately desgraciadamente
unfurnished desamueblado

ungodly impío
ungrateful ingrato
unhappy infeliz
uniform el uniforme
unify unificar
unit la unidad
unite unirse
unimportant poco importante
uninteresting poco interesante
Unite Nations las Naciones Unidas
United States los Estados Unidos
universe el universo
university la universidad
unjust injusto
unless a menos que
unlike a diferencia de
unlikely improbable, poco probable
unlock abrir
unlucky desgraciado
   to be unlucky tener mala suerte
unmarried soltero
unoccupied desocupado
unpleasant (person) antipático; (experience) desagradable
unplug desenchufar
unsafe inseguro, peligroso
unselfish desinteresado
unskilled inexperto
untie desatar
until (prep) hasta; (conj) hasta que
unusual raro
unwrap desenvolver (ue)
up arriba
   to be up estar levantado
   to get up levantarse
   to go up subir
   up to hasta
   up-to-date al día, al corriente
   up the street calle arriba
upon en, sobre, encima de
   upon entering al entrar
upset disgustado, alterado, perturbado
   to get upset alterarse, perturbarse
upside down al revés
upstairs arriba
upward hacia arriba
urgent urgente
us nos; (obj of prep) nosotros/as
use el uso
   to use usar, utilizar, emplear
   to use up gastar
used usado, de segunda mano
   to be used to estar acostumbrado a
   to get used to acostumbrarse a
useful útil
useless inútil
usually generalmente
utilize utilizar

V

vacant vacío
vacate (room) desocupar
vacation las vacaciones
   to be on vacation estar de vacaciones
   to go on vacation ir de vacaciones
vacuum aspirar, pasar la aspiradora
vacuum cleaner la aspiradora
vain vano
   in vain en vano
Valentine's Day el Día de los Enamorados
valley el valle
valid válido
value el valor
van la camioneta
vanilla la vainilla
varied variado
variety la variedad
vary variar
vegetable la legumbre
   green vegetable la verdura
vehicle el vehículo
vending machine el vendedor automático
ventilated ventilado
verify verificar, comprobar (ue)
verse el verso; (Bible) el versículo
very muy
vest el chaleco
veterinarian el/la veterinario/a
vice el vicio
victim la víctima
video el video, el vídeo
   video camera la videocámara
   video cassette el videocasete
   video cassette player la videocasetera
   video game el videojuego
   video recorder la videograbadora
videotape grabar en video, videograbar
view la vista
   from this point of view desde este punto de vista
   to keep in view no olvidar, tener presente
viewer (TV) el/la televidente
village el pueblo, la aldea
vinegar el vinagre
vineyard la viña
violin el violín
virgin la virgen
virtue la virtud
virus el virus
visit visitar
   to be visiting estar de visita
   to pay someone a visit hacer una visita a alguien
visitor le/la visitante
vitamine la vitamina
vivid vivo
voice la voz
   in a loud voice en voz alta
   in a low voice en voz baja
volcano el volcán
volleyball el volibol
volume el volúmen
volunteer el voluntario
   to volunteer to ofrecerse a
vomit vomitar

vote el voto
   to vote votar
voter el/la votante
vowel la vocal
voyage el viaje

W

wage el salario
waist el talle
wait for esperar
   to wait on atender (ie)
   to wait until esperar a que + subjunctive
waiter el camarero, el mesero
waiting room la sala de espera
waitress la camarera, la mesera
wake despertar (ie)
   to wake up despertarse (ie)
walk el paseo
   to take a walk dar un paseo
   to walk andar, caminar, ir a pie
   to walk the dog caminar con el perro
wall (room) la pared; (city) el muro, la muralla
wallet la cartera
wander errar (yerro)
want querer (ie), desear
war la guerra
wardrobe (cabinet) el guardarropa; (clothes) el vestuario
warm (food) caliente; (climate) caluroso
   it's warm hace calor
   I'm warm tengo calor
   to warm up (food) recalentar (ie)
   to warm up (exercise) hacer ejercicios de calentamiento
warn advertir (ie), avisar
warning la advertencia, el aviso
wash lavar; (dishes) fregar (ie)
   to wash one's hands lavarse las manos
wash basin el lavamanos, el lavabo
washcloth el paño para lavarse
washing machine la lavadora
waste el desperdicio; (industrial) los desechos industriales
   to waste (money) malgastar
   to waste time perder (ie) tiempo
wastebasket la papelera
watch el reloj
   to watch (look at)
   to watch TV ver la tele
   to watch one's weight cuidarse el peso
   to watch out tener cuidado
   to watch over vigilar
water el agua (f)
   to water (plants) regar (ie)
   to water (animals) dar de beber a
waterfall la catarata
water polo el polo acuático
water skiing el esquí acuático
   to water ski esquiar en el agua
waterslide la resbaladilla
wave la ola

wavey (hair) ondulado
way el camino; (manner) la manera, el modo
  by the way a propósito
  in this way de este modo, de esta manera
  on the way to rumbo a, camino de
  this way por aquí
  which way? ¿por dónde?
we nosotros/as
weak débil
wealth la riqueza
wear llevar, llevar puesto; (shoe size) calzar; (put on) ponerse
weather el tiempo
  It's good/bad weather Hace buen/mal tiempo
  What's the weather like? ¿Qué tiempo hace?
  weather forecast el pronóstico del tiempo
web (world wide) la red mundial
  web page la página web
  web site el sitio web
wedding la boda
Wednesday miércoles
weed la mala hierba
week la semana
  weekday el día laborable, el día de semana
  weekend el fin de semana
weigh pesar
  How much does he weigh? ¿Cuánto pesa?
  to weigh oneself pesarse
weight el peso
  to gain weight aumentar de peso
  to lose weight bajar de peso
weights las pesas
  to lift weights levantar pesas
welcome bienvenido
  to welcome dar la bienvenida a
  You're welcome De nada, No hay de qué
welfare el bienestar; (aid) la asistencia social
  to be on welfare vivir de la asistencia social
well bien; (hesitation word) pues
  to get well curarse
well-done bien cocido
well-known bien conocido
west el oeste
western del oeste
wet mojado
  to wet mojar
whale la ballena
wharf el muelle
what (interr) ¿qué?; (that which) lo que
  so what? ¿y qué?
  what? ¿cómo?
  what a...! ¡qué...!
  what about...? qué hay de...?
  what else? ¿qué más?
  what if...? ¿qué tal si...?
whatever cualquier
  whatever happens pase lo que pase
  whatever it may be sea lo que sea

  whatever you like lo que quieras
wheat el trigo
wheel la rueda
  ferris wheel la rueda de feria
  steering wheel el volante
  wheel chair la silla de ruedas
when (interr) ¿cuándo?; (conj) cuando
whenever siempre que, cada vez que
where (interr) ¿dónde?; (conj) donde
  from where? ¿de dónde?
  to where? ¿adónde?
whereas mientras que
wherever dondequiera que
whether si
  whether you...or not si...o no
which (interr) ¿cuál?; (before a noun) ¿qué?; (rel pron) que, el que, el cual
  which one(s)? ¿cuál(es)?
whichever cualquier
while mientras (que)
whisper susurrar
whistle silbar
white blanco
who (interr) ¿quién?; (rel pron) que, el que, el cual
whoever quienquiera que, cualquiera que
whole entero, todo
  the whole class toda la clase
  on the whole en general
wholesale la venta al por mayor
whom (interr) ¿a quién?; (rel pron) que, a quien, al que
  for whom? ¿para quién?
whose (interr) ¿de quién(es)?; (rel pron) cuyo, de quien(es)
why (interr) ¿por qué?
  that's why por eso
  the reason why la razón por lo cual
wicked malo
wide ancho
widow la viuda
wife la esposa, la mujer
wig la peluca
wild salvaje
wilderness el desierto
wildlife los aninales salvajes
wild plant la planta silvestre
will la voluntad; (legal) el testamento
  he will come tomorrow vendrá mañana, Va a venir mañana
  Will you...? ¿Quiere Ud. + infinitive?
willing: to be willing to estar dispuesto a
win ganar
wind el viento
wind (watch) dar cuerda a
windmill el molino de viento
window la ventana; (vehicle, ticket office) la ventanilla; (store) el escaparate
windshield el parabrisas
  windshield wiper los limpiaparabrisas
windsurf el windsurf, la tabla vela
  to windsurf hacer windsurf
windy: it's windy hace viento

wine el vino
wing el ala (f)
winner el/la ganador(a)
winter el invierno
wire el alambre
wisdom la sabiduría, el juicio
  wisdom tooth la muela del juicio
wise sabio
  the Wise Men los Reyes Magos
wish el deseo
  to wish desear, querer
  I wish that... Ojalá (que) + imp subj
  I wish you a good trip te deseo un buen viaje
witch la bruja
with con; de
  filled with lleno de
  with me/you conmigo/contigo
withdraw (money) retirar, sacar
within dentro (de)
without sin
  without a doubt sin duda
  without fail sin falta
  without knowing it sin saberlo
  without our knowing it sin que lo sepamos
  to do without pasar sin
witness el/la testigo/a
  to bear witness dar testimonio, testificar
  to witness (see) presenciar
wolf el lobo
woman la mujer
  old woman la anciana
wonder la maravilla
  to wonder if preguntarse si
wonderful maravilloso
wood la madera
woods el bosque
wool la lana
woolen de lana
word la palabra
  to keep one's word cumplir su palabra
  the Word (theol) el Verbo
  the Word of God la Palabra de Dios
word processing el tratamiento de textos
word processor el procesador de palabras
work el trabajo, la labor; (job) el empleo; (work of art) la obra
  good works las buenas obras
  to be at work estar en la oficina
  to be out of work estar desempleado
  to work (at, on) trabajar (en)
  to work as trabajar de
  to work (have effect) dar resultado, ser eficaz
  to work (machinery) funcionar
  to work out hacer ejercicios
  to work together to colaborar para
workbook el cuaderno de ejercicios
worker el/la trabajador(a), el/la obrero/a
workshop el taller
world el mundo
  world wide web la red mundial
  world war la guerra mundial

worn raído, gastado
worry preocuparse
worse peor
worship el culto, la adoración
  to worship adorar
  worship service el culto
worst el peor
worsten empeorar
worth: to be worth valer (g)
  to be worth it valer la pena
worthless sin valor
worthy digno
wound herir (ie)
wounded herido
wrap envolver (ue)
wreck destruir (y)
wrestle luchar
wrestling la lucha libre
wrist la muñeca
wrist watch el reloj (de pulsera)
write escribir
  to write down anotar, apuntar
writer el/la escritor(a)
wrong equivocado, incorrecto
  the wrong number el número equivocado
  it's wrong to... es malo + inf
  that's wrong eso no es cierto
  you were wrong to... hiciste mal en + inf
  to be wrong no tener razón
  what's wrong ¿qué pasa?
  what's wrong with you? ¿qué tienes?

X

Xerox (machine) la fotocopiadora; (copy) la fotocopia
  to Xerox fotocopiar
x-ray la radiografía
  x-ray exam el examen con rayos X
  to x-ray radiografiar

Y

yard (courtyard) el patio; (land around home) el jardín; (farm) el corral
yawn el bostezo
  to yawn bostezar
year el año
  to be...years old tener...años
yearbook el anuario
yell el grito
  to yell gritar
yellow amarillo
yes sí
yesterday ayer
  the day before yesterday anteayer
yet todavía, aún
  as yet hasta ahora
  not yet todavía no
yield (cede) ceder
yogurt el yogur
yolk la yema
you (subj) tú, usted, ustedes; (dir obj) te, los, las; (indir obj) te, les; (obj of prep) ti, usted, ustedes; (refl obj) te, se
  with you contigo, con Ud.
young jóven
  young people los jóvenes
younger menor
youngest el/la menor
  my younger brother mi hermano menor
your tu, su
yours el tuyo, el suyo
yourself te, se
  for yourself para ti/si mismo
  you yourself usted mismo
youth la juventud
  youth hostel el albergue juvenil

Z

zeal el celo
zealous celoso
zebra la cebra
zero cero
  it's 10 below zero hace diez grados bajo cero
zip code el código postal
zipper el cierre, la cremallera
  to zip open abrir el cierre
  to zip up cerrar el cierre
zoo el (parque) zoológico

adjectives 4, 22
   comparison 26
   demonstrative 22
   descriptive 4
   multiple 22
   nationality 4
   numerical 22
   possessive 22
   specifying 4
   superlative 26
adjective clauses 168
adverb clauses 180, 202, 214
adverbs 30
   superlative 26
como si 418
commands
   tú 8
   Ud./Uds./nosotros 60
comparison 26
conditional 38
conditional perfect 248
conjunctions 48
dates 12
de-phrases 4
definite article 28
demonstrative adjectives 22
demonstrative pronouns 40
direct vs. indirect object 46
double negatives 26
future tense 38
future perfect tense 270
haber (vs. *ser/estar*)10
hace (weather) 13, (time) 44
if-clauses 408
imperfect subjunctive 340, 351, 353, 374, 386, 408, 418
imperfect tense 20
indefinite article 28
indefinite words 48
interrogative words 26
joining words 48
jugar vs. *tocar* 28
negative words 26, 48
neuter article *lo* 40
nominalization 40
numbers 12
ojalá 418
past perfect tense 328
perfect infintive 280
perfect tenses
   conditional perfect 248
   future perfect 270
   past perfect (pluperfect) 238
   perfect infinitive 280
   pluperfect 238
   present perfect 38
   present perfect subjunctive 302, 314

pero vs. *sino* 28
personal *a* 46
personal pronouns
   direct object 6, 74
   double object 24, 42, 74
   indirect object 24, 74
   prepositional object 6
   reflexive object 42, 74
   reflexive verbs of "becoming" 42
   stress 24, 42
   subject 6
pluperfect tense 238
por vs. *para* 28
possession with *de* 4
possessive adjectives 22
possessive pronouns 40
preguntar vs. *pedir* 28
prepositions 30
present participle 38
present perfect tense 38
present perfect subjunctive 302, 314
present progressive 38
present tense 2
preterite 20
preterite vs. imperfect 46
relative pronouns 44
saber vs. *conocer* 10
salir vs. *dejar* 28
ser vs. *estar* 10
ser vs. *haber* 10
Shall I...? 8
Shall we...? 8
subjunctive mood
   forms
      imperfect 340, 351
      present 60
      present perfect 302
   uses
      after expressions of doubt and denial 144, 341, 351
      after expressions of emotion 135, 341, 351
      after *ojalá* and *como si*
      after relative pronouns and adverbs 214
      in adjective clauses 168, 314, 374
      in adverb clauses 180. 202, 214, 314, 386
      in formal commands 60
      in if-clauses 408
      in indirect commands 98, 110
superlative constructions 26
telling time 12
tener (expressions) 48
tiempo vs. *hora/vez/momento* 24
time expressions with *hace* 44
tomar vs. *llevar* 28
verbs taking infirnitive complements 48
weather 12
Will you...? 8

Clip Art Credits

Clip art on the following pages is used by permission from *Nova Development Corporation*: i, 55, 58, 70, 79, 85, 93, 96, 126, 129, 132, 139, 163, 166, 181, 185, 197, 200, 213, 219, 230, 233, 236, 243, 265, 268, 272, 285, 297, 300, 304, 313, 325, 332, 335, 338, 357, 362, 369. 372, 397, 403, 406, 413, 429, 434, V-1, D-1, D-25

Article Credits

Readings from *Nuestro pan diario* (*Our Daily Bread*) used by permission from *Radio Bible Class* are found on pages: 66, 78, 84, 104, 114, 120, 238, 150, 156, 174, 184, 190, 208, 218, 224, 242, 252, 259, 274, 284, 290, 308, 318, 324, 344, 356, 362, 378, 390, 396, 412, 422, 428

www.ingramcontent.com/pod-product-compliance
Lightning Source LLC
Chambersburg PA
CBHW080538230426
43663CB00015B/2628